FILOSOFIA NO BRASIL

FUNDAÇÃO EDITORA DA UNESP

Presidente do Conselho Curador
Mário Sérgio Vasconcelos

Diretor-Presidente
Jézio Hernani Bomfim Gutierre

Superintendente Administrativo e Financeiro
William de Souza Agostinho

Conselho Editorial Acadêmico
Carlos Magno Castelo Branco Fortaleza
Henrique Nunes de Oliveira
João Francisco Galera Monico
João Luís Cardoso Tápias Ceccantini
José Leonardo do Nascimento
Lourenço Chacon Jurado Filho
Paula da Cruz Landim
Rogério Rosenfeld
Rosa Maria Feiteiro Cavalari

Editores-Adjuntos
Anderson Nobara
Leandro Rodrigues

Ivan Domingues

FILOSOFIA NO BRASIL
LEGADOS E PERSPECTIVAS

Ensaios metafilosóficos

© 2017 Editora Unesp

Direitos de publicação reservados à:

Fundação Editora da Unesp (FEU)
Praça da Sé, 108
01001-900 – São Paulo – SP
Tel.: (0xx11) 3242-7171
Fax: (0xx11) 3242-7172
www.editoraunesp.com.br
www.livrariaunesp.com.br
feu@editora.unesp.br

Dados Internacionais de Catalogação na Publicação (CIP)
Vagner Rodolfo CRB-8/9410

D671f

Domingues, Ivan
   Filosofia no Brasil: legados e perspectivas – Ensaios metafilosóficos / Ivan Domingues. – São Paulo: Editora Unesp, 2017.

   Inclui bibliografia.
   ISBN 978-85-393-0667-1

   1. Filosofia. 2. Filosofia brasileira. I. Título.

2017-119   CDD: 199.81
                                                           CDU: 1(81)

Editora afiliada:

*Para Telma
e as meninas*

"Compreendendo que não há na vida indiana todo o patrimônio da literatura brasileira, mas apenas um legado, tão brasileiro como universal, não se limitam os nossos escritores a essa só fonte de inspiração. Os costumes civilizados, ou já do tempo colonial, ou já do tempo de hoje, igualmente oferecem à imaginação boa e larga matéria de estudo. Não menos que eles, os convida a natureza americana, cuja magnificência e esplendor naturalmente desafiam a poetas e prosadores.

[...] Devo acrescentar que neste ponto manifesta-se às vezes uma opinião, que tenho por errônea: é a que só reconhece espírito nacional nas obras que se tratam de assunto local, doutrina que, a ser exata, limitaria muito os cabedais de nossa literatura. [...]. Mas, pois que isto vai ser impresso em terra americana e inglesa, perguntarei [...] se o Hamlet, o Otelo, o Júlio César, a Julieta e Romeu têm alguma coisa com a história inglesa, nem com o território britânico, e se, entretanto, Shakespeare não é, além de um gênio universal, um poeta essencialmente inglês."

(Machado de Assis, 1959, p.816-817)

SUMÁRIO

PREFÁCIO 1

1º Passo
O ARGUMENTO METAFILOSÓFICO DA FILOSOFIA NACIONAL: FORMULAÇÃO DO PROBLEMA E INTRODUÇÃO DO RECORTE TEMPORAL.. 17
1. Introdução / 2. O argumento da filosofia nacional / 3. As diferentes experiências do filosofar e a questão da originalidade da filosofia nacional / 4. Cinco modelos ou tipos de intelectuais / 5. O recorte temporal, a hipótese do déficit e sua neutralização

2º Passo
O PASSADO COLONIAL E SEUS LEGADOS: O INTELECTUAL ORGÂNICO DA IGREJA 69
1. A sociedade colonial brasileira / 2. Grandes números do período colonial / 3. O sistema colonial, a cultura adventícia luso-brasileira e a filosofia / 4. Seis argumentos para pensar a filosofia colonial / 5. A Ratio Studiorum, o sistema jesuítico de ensino e a segunda escolástica / 6. A Ratio Studiorum, o sistema de ensino e a filosofia colonial brasileira / 7. O ethos da pedagogia dos jesuítas e o ensino da filosofia: o intelectual orgânico da Igreja e da Colônia / 8. Fim de uma época: legados da Ratio Studiorum e novas experiências intelectuais

3º Passo
INDEPENDÊNCIA, IMPÉRIO E REPÚBLICA VELHA: O INTELECTUAL ESTRANGEIRADO.. 207
1. Estrutura da sociedade pós-colonial / 2. Novas influências, instauração do aparato institucional e impacto sobre a cultura nacional / 3. Situação da filosofia / 4. O intelectual estrangeirado

4º Passo
OS ANOS 1930-1960 E A INSTAURAÇÃO DO APARATO INSTITUCIONAL DA FILOSOFIA: OS FUNDADORES, A TRANSPLANTAÇÃO DO SCHOLAR **E O HUMANISTA INTELECTUAL PÚBLICO**.. 333
1. A grande ruptura da Revolução de 1930: Da sociedade pós-colonial agrário-exportadora à sociedade moderna urbano-industrial / 2. A intelligentsia e a questão nacional / 3. A instauração do aparato institucional da filosofia / 4. Uma nova figura intelectual: a missão francesa e o scholar especializado / 5. Outra figura da Intelligentsia do período: O humanista intelectual público

5º passo
OS ÚLTIMOS 50 ANOS: O SISTEMA DE OBRAS FILOSÓFICAS, OS SCHOLARS **BRASILEIROS E OS FILÓSOFOS INTELECTUAIS PÚBLICOS**.. 429
1. A Grande Virada dos anos 1960 / 2. A filosofia no Brasil nos últimos 50 anos: Uma nova experiência intelectual / 3. Os filósofos brasileiros intelectuais públicos

6º Passo
CONQUISTAS E PERSPECTIVAS: OS NOVOS MANDARINS E O INTELECTUAL COSMOPOLITA GLOBALIZADO.......................... 503
1. O paradigma da formação e a filosofia / 2. O paradigma da pós-formação e o intelectual cosmopolita globalizado

REFERÊNCIAS BIBLIOGRÁFICAS.. 551

– PREFÁCIO –

Este livro dá continuidade a *O continente e a ilha – duas vias da filosofia contemporânea*, publicado pela Loyola em 2009.

Tais vias abarcam, por um lado, a tradição continental franco-alemã, que concede grande espaço à argumentação histórica, e mesmo historiográfica, fazendo filosofia na extensão da história da filosofia, como postulava Brunschvicg, que dizia que a história é o laboratório do filósofo. E, por outro, a tradição anglo-americana, que com Carnap vira as costas à história e concede maior espaço à argumentação lógica, e mesmo analítica, recobrindo a filosofia analítica, o positivismo lógico e o neopragmatismo.

Salta à vista de todos que o leram e ainda o leem a ausência do Brasil nas reflexões realizadas: apenas um parágrafo nas páginas finais do Prefácio. Então, como era de se esperar, muitos amigos, colegas e leitores das mais variadas proveniências me perguntaram: por que tão pouco do Brasil? Passados sete anos, estou dando a resposta agora, quer dizer não a resposta negativa sobre uma lacuna ou a justificativa de uma ausência, a qual eu já fornecei nas inúmeras e repetidas ocasiões em que o livro foi assunto em palestras e conversas, mas a resposta positiva e a supressão da lacuna, ao dedicar um livro inteiramente à filosofia no Brasil.

Ao me dar a tarefa de redigi-lo – um verdadeiro desafio intelectual, a cuja revisão final dediquei as duas últimas férias, depois de ter acumulado ao longo dos anos as inúmeras e indispensáveis leituras –, fui levado a quebrar mais de uma vez os paralelismos das duas tradições com o estado atual ou pretérito da filosofia feita no Brasil. A razão da quebra se prendeu basicamente ao pouco lastro das duas clivagens, devido ao aparecimento tardio da influência anglo-americana contemporânea entre nós, tendo só recentemente penetrada nos diferentes Departamentos de Filosofia a influência do neopragmatismo e da filosofia analítica. Outro paralelismo quebrado, e por tabela da quebra do anterior, por depender dele, foi o rompimento da isomorfia da ética, da epistemologia e da metafísica observada n'*O continente e a ilha* para introduzir a comparabilidade das duas tradições, com as aproximações e os afastamentos. Simplesmente, no livro dedicado ao Brasil não se falará de ética, de epistemologia e de metafísica, por lhes faltar lastro de obras nas duas tradições e permitir a comparabilidade: assim, pode até haver obra de metafísica considerada emblemática em uma, mas faltará o equivalente em outra – daí a renúncia em comparar e a quebra da isomorfia.

Todavia, foram mantidos dois componentes ou aspectos essenciais do livro anterior, justificando a ideia de continuidade: o primeiro deles constitui o propósito de oferecer um livro de *metafilosofia*, na extensão da natureza essencialmente reflexiva da filosofia, autorizando-a a tomar a si mesma como objeto e fazer uma reflexão filosófica sobre a filosofia, uma filosofia da filosofia: o objeto, no caso, é a filosofia brasileira ou, mais precisamente, o problema filosófico da existência ou não de uma filosofia no Brasil, justificando o qualificativo de *brasileira*; o segundo constitui o propósito de imprimir às reflexões a forma de um *ensaio* filosófico, procurando tirar o máximo de proveito do ensaísmo, que por índole é um gênero literário que procura enraizar-se no presente ou no contemporâneo, de onde vai extrair sua motivação e onde vai encontrar suas matérias. Um gênero que, à blindagem lógica do argumento, à acurácia histórica das fontes e à exaustividade sociológica dos dados, escolhe a provisoriedade dos resultados, a aventura do pensamento não objetual e a abertura de picadas ou de caminhos das tentativas, pois ensaiar é *tentar*, como viu Montaigne, que o inaugurou em filosofia. E ainda: caminho que levou Foucault, no Prefácio à edição inglesa de *As palavras e as coisas*, a solicitar ao leitor anglo-saxão ler o livro como um "open site", portanto marcado pelo selo da tentativa e do inacabamento, e nesse sentido como um "work in progress", poder-se-ia dizer.

Com esse duplo propósito, espero que não se cobre do livro o que ele não pôde ou não pretende oferecer: nem o monumento do tratado ou o enciclopedismo do sistema, nem a unidade e a completude de uma monografia historiográfica. Sou o primeiro a reconhecer o imenso serviço que a empreitada historiográfica poderá fazer para a filosofia no Brasil. Sabidamente, um campo ainda pobre em estudos diretos de fontes, e mais ainda com as credenciais requeridas pelos historiadores de *métier*, ao se afastar do gênero que ainda teima em prevalecer em nossos meios e tomar uma outra direção, percorrendo um novo caminho. Ou seja: o caminho da história "historiográfica" da filosofia – ao forçar o pleonasmo – e como tal considerado distante e ao abrigo das tentações da doxografia, além das ilusões da história das ideias esquemáticas e desencarnadas, combatidas por Lucien Febvre e Quentin Skinner. Nesse sentido, um caminho mais próximo dos métodos e das técnicas da História, em seus ramos de história da cultura e história intelectual. Sobre esse ponto, a lacuna dos estudos sobre o passado colonial e o século XIX ainda é grande, embora tenham-se avolumado, nos últimos tempos, contribuições importantes, como o livro de Paulo Margutti que saiu pela Loyola e se colocou no terreno da exegese ou do comentário de textos. Todavia, faltam-nos ainda estudos comparativos das Colônias das duas coroas da Ibéria, que viviam de costas umas às outras, embora compartilhassem tendências, datas e características comuns. Conquanto importante o assunto, comparativo ou unifocal, não é este o meu propósito e não é este o escopo das minhas reflexões. Trata-se não de um livro de história das ideias ou história historiográfica, nem sequer de exegese, com um escopo maior ou menor de textos e autores, mas de uma outra coisa: um livro de ensaios sobre diferentes experiências do filosofar em nossas terras, recobrindo os *ethei* dos filósofos e baseado em tipologias – como o leitor notará mais à frente –, sem qualquer veleidade, portanto, de capturar tudo do real empírico e da nossa história. Nessa empreitada, a análise metafilosófica certamente terá a companhia da análise histórica, em busca de embasamento e do contexto, ao emparelhar história social, história cultural, história intelectual e história das ideias, filosóficas no caso. Tratando-se de um ensaio e fiel à sua índole, a circunscrição contextual começa pela época contemporânea, tendo como marco os anos 60 do último século, e como horizonte final o início do atual. Ou seja, iniciando-se quando se implanta a Reforma Universitária em 1968 – não aquela que a maioria queria, é verdade, porém a que foi imposta pelo regime –, abrindo o caminho que levará nos anos 1970 à implantação do Sistema Nacional de Pós-Graduação (SNPG) pela Capes, a filosofia incluída, e terminando nos anos 10-15 dos tempos atuais, com um horizonte total de quase cinquenta anos. Acredito que tal período é o tempo onde se decide o destino da filosofia brasileira em nosso país e, por isso, onde vai procurar suas matérias e motivações o presente ensaio.

Contudo, na montagem do argumento, junto das liberdades antes mencionadas, mais de uma vez fui levado a quebrar o intervalo temporal, de modo a recuar o problema metafilosófico – não certamente historiográfico –, até o início do passado colonial, com o intuito de fundamentar as hipóteses e fixar as diretrizes gerais das análises. Então, mais de uma vez as considerações históricas entraram com tudo que elas têm direito na montagem da argumentação, mas, se isto ocorreu, a história entrou como meio e fonte, não como objeto ou objetivo da pesquisa. A mesma coisa com respeito às considerações histórico-sociológicas sobre a natureza da sociedade brasileira no passado colonial e no Brasil moderno, definidas, uma como sociedade agrário-oligárquica e outra urbano-industrial, como essenciais para a configuração da hipótese: a sociologia entrou como fonte e meio, não como objeto e objetivo das investigações.

Sobre esse tópico, sem poder desenvolvê-lo agora, devendo o leitor se dirigir diretamente ao livro, procurei articular, no ensaio, dois procedimentos ou dois métodos: os chamados métodos *in praesentia* e *in absentia*, herdados indiretamente da linguística estrutural, mas usados com vistas a outros fins e mediante outros meios ao se perguntar pela positividade ou não de certos traços que definem aquilo que se poderia chamar de filosofia brasileira: grosso modo, a existência de autores, de obras, de leitores e de temas brasileiros ou ligados ao Brasil – podendo estar presentes uns e ausentes outros. Combinando-os com liberdade, mas atento à pertinência, o resultado foi um ensaio metafilosófico, com os elementos empíricos e reais (sociológicos, históricos, políticos e culturais) perscrutados pelo método das positividades, o método *in praesentia*, e os elementos abstratos – especulativos, ideais e virtuais – pela via do método *in absentia*, descolado do real comum e voltado para a ordem das ideias ou do pensamento. Um pouco como na ordem paradigmática da linguística estrutural, com seu lote de virtualidades que, como campo de possibilidades, serão selecionadas e realizadas *in concretum* na língua real e, por extensão, na ordem sintagmática.[1] Expediente cujo nome em filosofia, em contraste com o método histórico da *praesentia*, bem poderia ser

---

[1] Não tenho a menor condição de desenvolver este ponto aqui – de resto, nada pacificado, nem mesmo em linguística, como mostra Ducrot em seu importante artigo no *Dictionnaire encyclopédique des sciences du language* que ele organizou com Todorov (1972). Para situar minimamente o leitor, forneço as principais características dos termos sintagma e paradigma, suas figurações e o uso que eu intenciono fazer, deixando de lado as tecnicidades e as grandes correntes da linguística que se dividiram ao tratar do assunto, como a glossemática, a distribucionista e a funcionalista.
Então, por *sintagma*, dever-se-á entender uma frase ou uma sentença composta pela associação de ao menos duas unidades significativas, como em "le vase est fêlé" ("o vaso está rachado"), com "fêlé" podendo ser aproximado de "cassé", e "vase", de "récipient" ou de "objet mobilier" (Ducrot, 1972, p.139-140; "cassé" = exemplo meu). Efetivamente o sintagma é a frase em apreço, cuja unidade constitui uma ordem abstrata em que é possível reconhecer as seguintes propriedades: [1] a unicidade significativa e a restrição categorial do campo semântico: trata-se do vaso e, como tal, de algo fabricado e que pode ser quebrado ou partido, não da água ou do ar, que têm outras características; [2] a regularidade dos usos e em diferentes contextos, podendo estar o vaso remendado, abandonado ou cheio de água; [3] a linearidade, autorizando o linguista a ver no sintagma uma ordem a um tempo de sucessão e de simultaneidade, atendo às coocorrências das unidades, e como

método lógico, senão, e talvez melhor ainda, método dialético que, afinal, deverá coordenar e articular os dois: bem entendido, na acepção grega de dialética das ideias, com sua possibilidade e mesmo necessidade de descolar do real empírico, para, assim, melhor instalar e operar o argumento. O outro método a estes associado, mas com outra proveniência – a saber, a lógica modal, lastreado em contrafatos da experiência e controlado pelas regras de funcionamento da mente –, consistiu no uso de tipos ideais. Ou seja, weberianamente concebidos como constructos mentais ou modelos teóricos e que se revelaram essenciais para vencer a opacidade do real empírico e trabalhar os diferentes tipos ou figuras de intelectuais a que o exercício da filosofia se viu ligado nas diferentes épocas de nossa história: empregados como lentes de aumento e personagens conceituais, como o leitor terá a ocasião de checar nas páginas que seguem, os tipos são essenciais para identificar os protótipos

---

tais descontínuas e encadeadas, como de resto todo o discurso do qual o sintagma faz parte, segundo Ducrot (p.140-141).
Por paradigma, diferentemente, que em grego quer dizer "exemplo", mas que em linguística terá um sentido técnico distinto, dever-se-á entender um grupo de associações ainda mais abstratas do que as do sintagma e que vai constituir a ordem das substituições (não da sucessão linear), designando a classe ou a categoria de palavras da qual o termo então empregado pelo falante faz parte. Ou, como diz Ducrot: duas unidades fazem parte de um mesmo paradigma se, e somente se, elas podem se substituir uma à outra em um mesmo sintagma, constituindo o eixo vertical das substituições composto pelos termos que poderiam ser usados em seu lugar (p.142), como "jarro", em vez de "vaso" (exemplo meu).
Sobre a relação das duas ordens, segundo Ducrot, embora ambos correspondam e tenham tudo a ver com a natureza combinatória e associativa da linguagem (associação de ideias ou de sons), o paradigma está subordinado ao sintagma que o antecede e é a realidade concreta da língua; porém, o paradigma não se limita a reescrevê-lo ou a repeti-lo, mas lhe adiciona informações novas (p.144), e é através dele que a linguagem constitui um *sistema*.
Por fim, em meu caso específico, ao fazer a aproximação da ordem do conhecimento com as ordens sintagmática e paradigmática, estou apenas me alinhando a Martinet que, como lembra Ducrot, com sua concepção funcionalista toma a linguagem como veículo do pensamento e vê os usos do lado do sintagma como *escolhas* ou *seleções* de um conjunto paradigmático, tornando a comunicação e a linguagem possíveis (p.144). Assim, escreve Ducrot: no sentido de Martinet, "para saber o que é escolhido quando uma unidade A é empregada num momento dado do discurso é indispensável saber quais outras unidades poderiam ter sido usadas em seu lugar. O que é escolhido em A é somente aquilo pelo qual A se distingue destas unidades. Assim, para compreender o valor do adjetivo 'boa', utilizado na língua diplomática, para qualificar a atmosfera de uma negociação, é preciso: 1) que a [análise] sintagmática tenha estabelecido a *lista dos outros adjetivos possíveis em seu lugar*; 2) que a [análise] paradigmática mostre que 'boa' é, nesta categoria, o adjetivo menos eufórico". Donde a conclusão de Ducrot, essencial para meu caso, segundo a qual "o estudo paradigmático não tem outro interesse, para Martinet, senão determinar, em cada momento do discurso, o *inventário dos possíveis*", e desde então será reconhecida não só sua importância, mas sua relativa autonomia na ciência da linguagem (p.144-145; ênfases minhas).

históricos e as realizações emblemáticas das diferentes figuras intelectuais em apreço, cuja captura é o objetivo maior do livro.

Muitos estudiosos que se ocuparam do assunto antes de mim – as figuras intelectuais – foram buscar a inspiração em historiadores da estirpe de um Sérgio Buarque, por exemplo, especialmente nesta figura tão ambígua e tão brasileira do "homem cordial". E não só o fizeram, mas ainda o fazem, muitas vezes ignorando e sem dar importância ao fato de que aquela figura vem com seu antípoda – como, aliás, no ilustre historiador, ao explorar uma acepção menos corrente do termo *cor-cordis*: a passionalidade e a pessoalidade nas relações, típicas das sociedades agrárias, frente ao par da civilidade e da impessoalidade, típicas das sociedades e culturas urbanas –, e que é justamente o "brasileiro violento" tão conhecido e arrasador das grandes metrópoles, capaz de cometer o mais hediondo dos atos com a maior desfaçatez dos sorrisos. Todavia, mesmo que se admita que a figura do homem cordial em sua ambivalência defina a alma do brasileiro e nos leve muito perto ao intelectual brasileiro naquilo que ele tem de mais próprio, ela está longe de ser suficiente. Ou seja, a receptividade desarmada e a dificuldade de polemizar e discutir ideias, de medo de arranjar um inimigo jurado, ao lado dessa coisa brasileira, como notou Lévi-Strauss, que é de criar verdadeiros feudos e neles se encastelar, como se fossem verdadeiros estados gerais, de resto não muito diferente da França, como é sabido. E o que é importante: na linha de Lévi-Strauss, não hesitando a intelectualidade brasileira de tomar a crítica das ideias como ataque pessoal, trocar a autoridade do argumento e da doutrina pelo argumento da autoridade e da reputação do autor, transformar o par ou o colega em inimigo de morte e contra ele despejar toda sorte de *argumentos ad hominem* e a ira santa. Contudo, mesmo que se admita tudo isso e os estudiosos continuem a fazê-lo – e de minha parte concedo que o homem cordial nos deixa perto do intelectual brasileiro e mesmo ibero-americano,

---

Ora, ao estender essas considerações à filosofia e, mais ainda, ao Brasil, deverei introduzir um *tour de force* analítico e acrescentar à relação da ordem da linguagem com a ordem do pensamento a relação da ordem do pensamento com a ordem da realidade, quando a questão cognitiva ocupará o primeiro plano e sua associação não será mais com a linguística, mas com a filosofia. Então, será alguma coisa como a velha relação entre a ordem do conhecimento e a ordem do ser que estará em jogo, além da necessidade de efetuar o inventário dos possíveis e considerar as escolhas e as seleções efetuadas pelos indivíduos e pela própria realidade, bem mais do que pelos falantes e pela linguagem. Nesse quadro, os métodos *in praesentia* e *in absentia*, em sua combinação, poderão vencer a tirania do dado e da ordem dos fatos, colocando o foco na presentificação, deixando na penumbra sua abstração (*in absentia*), tanto no real comum quanto no campo das virtualidades do possível.

como acreditavam Sérgio Buarque e Ribeiro Couto[2] –, ainda assim ela não diz tudo do mundo acadêmico e nos mantêm longe do produto da atividade intelectual e suas características, a supor que a guerra dos feudos e das ideias não destruiu as ideias junto dos adversários, a saber: a gestação e a cristalização das ideias na *obra de pensamento*, sem a qual nenhuma atividade intelectual pode ser medida ou sopesada.

Convencido disso, fui buscar a inspiração não em Sérgio Buarque, embora o tenha seriamente considerado, mas em Antonio Candido, que me forneceu aquilo de que eu precisava: a ideia de *sistema de obras*, que ele cunhou para a literatura, ao falar de sistema de obras literárias, e que eu simplesmente, junto de Bento Prado e Paulo Arantes, a estendi à filosofia,

---

2 Penso que devo me estender um pouco mais sobre o homem cordial, com sua fortuna crítica extraordinária, evidenciando sua fertilidade e sua capacidade de iluminar aspectos essenciais da cultura brasileira, bem como as limitações e as desconfianças que a ideia de cordialidade ainda inspira em nossos mais diferentes meios intelectuais. Um exemplo da recepção negativa, com a carga adicional de mal-entendidos e polêmicas em torno da expressão, é a pesada controvérsia com Cassiano Ricardo, levando Sérgio Buarque a passar a vida toda explicando o termo "cordial" e se explicando. De resto, mal-entendidos que continuarão mesmo depois de o historiador ter decidido pôr fim às controvérsias com Cassiano, que à cordialidade preferia a bondade do brasileiro e via no uso que Sérgio fazia do termo cordial a atestação de confusão das ideias. Cansado da polêmica, Sérgio eliminaria na quinta edição de *Raízes do Brasil* a réplica a seu crítico, dizendo que já se havia gastado "muita cera com esse pobre defunto", ao dar a entender que o brasileiro cordial já estava em processo de extinção quando ele escreveu a obra famosa.
Sobre esse tópico importante, eu gostaria de precisar o contexto mais amplo em que surge a figura do brasileiro cordial e recomendar bibliografia atinente, caso o leitor decida aprofundar o assunto.
Primeiro, o surgimento da figura, de fato, precede várias décadas a sua aparição nas obras de Sérgio e Ribeiro Couto, estando nas *Memórias* de Visconde de Quesnay, ambientadas no Segundo Império, nas quais é contraposto ao espanhol e hispano-americano violentos, cuja crueldade está na "massa do sangue" e lhes é "inata", à "cordialidade e mansuetude" do Brasil, bem como ao "instinto suave, bonachão do nosso povo" (Taunay, 2005, p.487).
Segundo, o contexto em que a figura reaparece em nossos meios, nos anos 1930, quando Sérgio Buarque escreveu a obra, é a troca de missivas de Rui Ribeiro Couto com o embaixador mexicano então radicado no Rio de Janeiro, Alfonso Reyes, na qual ambos, ao se referirem ao *Homo americanus* – brasileiro e hispano-americano inclusos –, aludem ao "homem cordial", com sua "sensualidade dócil" e nossa singularidade latino-americana, em contraposição à "supiscácia", ao "egoísmo" e à "intolerância" do europeu, inclusive o europeu oriundo da Ibéria. Nesse quadro, Sérgio Buarque, que era ligado aos dois, retomou o tema à sua maneira, ao contrapor ao homem sempre bom de Alfonso Reyes e de Ribeiro Couto a figura ambivalente do brasileiro a um tempo cordial e violento, mantendo, no entanto, a ideia de aversão de nossa sensibilidade à polidez artificial e a tudo que não seja ditado pela espontaneidade dos sentimentos e pela generosidade transbordante do coração (sobre esse ponto, a referência é a obra de Elvira Bezerra, citada a seguir, na qual ela transcreve a carta famosa e informa que ela pode ser lida na íntegra na biblioteca de Reyes na Cidade do México, com cópia na Casa de Rui Barbosa, no Rio de Janeiro).

distinguindo o tal *sistema* das assim chamadas *manifestações literárias* isoladas ou episódicas (Candido, 2000, p.23). Feita a distinção, o desafio consistiu em verificar nos diferentes períodos históricos a consumação de uma outra, com a suspeita de que a filosofia poderia seguir uma rota e a literatura outra. Quanto ao autor que acompanha a obra, deixando à parte o letrado da Colônia que era lusitano ou luso-brasileiro antes de ser brasileiro, numa época em que o clérigo jesuíta dominava a vida cultural, eu me persuadi logo de saída da necessidade de polarizar a figura do intelectual cordial em duas outras, ao considerar os diferentes contextos. *Primeira*: ao trocá-la pela figura do intelectual colonizado diletante do século XIX, definido pelo transoceanismo e tomando Joaquim Nabuco como modelo. Bem entendido, não o homem público Nabuco, que era engajado, liderou a campanha abolicionista e apoiava a monarquia constitucional. Mas a figura intelectual criada pelo pensador e memorialista ao se referir ao *ethos* dos letrados de seu tempo, que se sentiam desterrados em seu próprio país, como ele próprio, aliás, quando mais jovem, com o coração no Brasil e a mente na Europa, nostálgico das curvas da costa amalfitana. *Segunda*: ao trocá-la pela figura do intelectual público republicano combativo, tendo Zola como modelo, o qual teve suas réplicas entre nós. Na República Velha, Ruy Barbosa e sua campanha civilista, com seu passado monarquista e convertido ao republicanismo antes da queda do regime, além de Euclides da Cunha, que era um estrangeirado no início e depois assimilou a questão nacional, ao colocar na agenda nacional o Brasil profundo longe do litoral, o Brasil do interior ou dos *sertões*. Depois

---

Terceiro, a polêmica com Cassiano Ricardo, deflagrada na *Revista Colégio*, n.2 e 3 de 1948, quando a crítica de Cassiano e a resposta de Sérgio foram publicadas, em boa parte se explica pelo uso pouco corrente do vocábulo "cordial" na acepção que lhe dá o historiador, a pretexto da etimologia latina (*cor, cordis*) e à diferença do emprego que lhe dão Cassiano e o próprio Ribeiro: ambos alinharam-se às acepções correntes de "caloroso" e "afável" encontradas no dicionário Houaiss, como faz notar a estudiosa Elvira Bezerra, e ficou Sérgio com a acepção mais restrita de "referente a ou próprio do coração".
Sobre a fortuna crítica, o leitor poderá consultar com proveito o livro de Robert Wegner, *A conquista do oeste*, caps. 1 e 2, nos quais encontrará preciosos esclarecimentos sobre o assunto, inclusive acerca da polêmica com Cassiano Ricardo, e a interpretação de Wegner, segundo a qual, com o tema do homem cordial, há no livro de Sérgio a constatação da existência de uma espécie de *cultural lag* entre a cordialidade remanescente de nosso agrarismo e associada ao sentimento (relações pessoais e mandonismo, diga-se), em processo de dissolução, e o desenvolvimento insuficiente da civilidade, associada à racionalidade e à vida urbana (relações impessoais e igualitárias), algo bloqueadas em nossos meios (2000, p.50). E, ainda, poderá consultar o livro de Elvira Bezerra, *Ribeiro Couto – Três retratos de Manuel Bandeira* (2004), especialmente o cap. "Ribeiro Couto e o homem cordial", no qual ela oferece uma excelente reconstrução do homem cordial de Sérgio Buarque, Ribeiro Couto e Alfonso Reyes.

da Revolução de 1930 e no novo período republicano, iniciado em 1946, com o fim do Estado Novo, o que não falta são nomes eminentes, com ou sem vínculo partidário, que fizeram as vezes de intelectual público, destacando-se Sérgio Buarque e Antonio Candido, ambos ligados ao Partido Socialista e depois ao PT, bem como Fernando de Azevedo e Santiago Dantas. Contudo, embora comum nas letras, no direito e nas ciências sociais, em filosofia a figura do intelectual público só foi modelada mais tarde, nas últimas décadas do século XX, conforme mostrarei mais à frente, junto de outros tipos ou figuras, como o *scholar* e o intelectual cosmopolita globalizado.

Ora, quem fala em sistema de obras, de pensamento ou literárias, fala em gêneros literários, autores e estilos. No caso da filosofia e do Brasil, o leitor encontrará com certeza espalhado nas bibliotecas, nas livrarias e nos arquivos todo esse conjunto que define o sistema filosófico brasileiro, com suas características gerais e idiossincrasias particulares, mas somente uma pequena amostra disso se deparará no livro que ora vem a lume. É que me faltaram tempo e motivação para me dedicar a tal empreitada, com a esperança que algum dia alguém mais disposto faça esse importante trabalho de estilística filosófica, para não falar de estética filosófica, a supor que, além do estilo, o gênero literário deve ser tematizado, autorizando a falar de estética *literária* filosófica. Desse pouco que encontrará, o leitor poderá deparar-se com as referências inevitáveis ao gênero muitas vezes chato e cansativo das teses universitárias, bem como com o estilo verboso da filosofia dos séculos XIX-XX influenciada pelo direito e a retórica jurídica, para não falar dos manuais e das "sebentas" da Colônia. Não bastasse, serão igualmente escassas as referências a outros gêneros e estilos de primeira grandeza, ainda incipientes entre nós, porém destinados a ganhar em escala nos tempos que virão, com o adensamento das obras e o aumento da massa crítica. Como exemplos, além daqueles poucos mencionados no livro, posso elencar uma boa amostra deles no terreno do ensaio, do tratado e da exegese. *Ensaio*: o excelente e sumamente atual *Brava gente brasileira*, de José Henrique Santos, acrescido do genial ensaio de historiografia imaginária, de Bento Prado Jr., publicado nas páginas finais de *Alguns ensaios: filosofia, literatura e psicanálise*, no qual ele cria a figura de ficção chamada de Desgaudriolles – palavra bizarra que em francês quer dizer falastrão e que pode ser vista como uma espécie de alegoria para tratar de uma deriva da filosofia francesa, a deriva pós-moderna, tendo Derrida na linha de frente. *Tratado*: os vários volumes de Ética e Antropologia Filosófica, de padre Vaz, em que é possível reconhecer, para além das marcas do espiritualismo francês em suas várias vertentes modernas (personalismo etc.), a influência do espírito de sistema da escolástica (não digo a *disputatio*), uma imensa erudição histórica e a *techne* da dialética das ideias tradicional (sentido dos problemas, importância das definições, atenção ao argumento, uso de esquemas etc.). *Exegese*: Nervura do real – liberdade e imanência em Espinosa, com suas 1.200 páginas, de autoria de Marilena Chaui, e que agora está publicando o segundo tomo.

Continuando, ao par obra e autor, com o autor visado não como indivíduo e personalidade biográfica, mas como arquétipo e figura intelectual, havendo poucos candidatos a espécime ou ilustração, será preciso acrescentar o *público* dos leitores para o sistema semiótico de Antonio Candido ficar completo, abarcando o autor, a obra e o público. Um tripé que se abre à estética da recepção, ao incorporar a recepção da obra, e lido com liberdade e por minha conta como um caso da semiótica de Peirce com o *pragma* triangulando o sujeito, a representação e o objeto, levando ao autor, obra e público de Candido, e estendendo-o no meu caso à filosofia. Trata-se, no caso do tripé semiótico do sistema filosófico, com as características apontadas pelo crítico uspiano, e que no tocante à filosofia nos levará a perguntar pelo público e o leitor das obras filosóficas, bem como por sua escala e sua cultura média, com um padrão de gosto mais ou menos definido e com suas próprias demandas intelectuais (ilustração, informação, formação etc.): minguado e confessional na Colônia; diletante, mais laico e ainda diminuto no período pós-colonial; mais especializado, além de diversificado, e bem mais amplo em anos recentes.

Por fim, algumas breves palavras sobre como o livro foi organizado: através de um conjunto de ensaios filosóficos, porém – acrescente-se – não ao modo de matérias soltas ou justapostas, como em Montaigne. Ao contrário, dispostos em passos argumentativos com unidade temática, um total de seis, reservando ao primeiro o delineamento do argumento metafilosófico da filosofia nacional e seus recortes temporais, em que o propósito dos ensaios é debatido e a metodologia justificada, e consagrando-se os cinco restantes a cada um dos recortes e seus temas específicos, em que o núcleo duro da argumentação é apresentado e desenvolvido, a saber:

1º Passo, a título de prolegômeno, que apresenta a formulação do problema e a justificação do recorte temporal em que se concentrará o empenho analítico: o problema da filosofia *no/do* Brasil, considerado à luz da atualidade bem como do passado histórico, abrindo o caminho para a introdução de recortes temporais, com o intento de compreender o presente atual e as perspectivas que se delineiam para o nosso futuro próximo. Problema histórico e filosófico ao fim e ao cabo, com o tripé semiótico de Antonio Candido ao fundo, e caracterizado em termos metodológicos pela necessidade de articular dois componentes à primeira vista díspares ou extrínsecos: o componente filosófico e conceitual – metafilosófico – que leva à pergunta pela *ratio* das obras filosóficas, pela experiência do filosofar e pelo *ethos* do filósofo como pensador e homem do mundo; o componente histórico e empírico das correntes de pensamento, das instituições que as abrigam e difundem-nas, dos agrupamentos intelectuais e das próprias obras de pensamento, considerando os contextos da produção e da difusão.

2º Passo, onde se dá o recuo ao passado colonial e seus legados, evidenciando que a pouca filosofia existente nessa época, difundida pelos colégios e seminários dos jesuítas, com alguns deles fazendo as vezes de ensino superior, como os da Bahia e do Rio de Janeiro, era ramo da portuguesa, comandada pela segunda escolástica e dando vazão à figura do *Homo scholasticus*, conforme a terminologia de Bourdieu: ou seja, o clérigo funcionalmente definido como intelectual orgânico da Igreja, como irei propor mais à frente, ao ressignificar a terminologia usada em outro contexto pelo italiano Antonio Gramsci e retomada com grande liberdade por Jacques Le Goff, em seu instigante livro consagrado aos intelectuais da Idade Média.

3º Passo, que procede ao exame da hipótese da deficiência institucional, já iniciada antes, no contexto do passado colonial, e agora estendida ao período pós-colonial, quando será implantado um novo sistema de ensino e uma nova figura intelectual irá comandar a cena filosófica. *Ensino*: por um lado, no tocante ao superior, adiando indefinidamente a implantação das universidades, à diferença da América Hispânica, a ex-colônia portuguesa seguirá a via de fundar escolas ou faculdades isoladas (Medicina, Engenharia e Direito), de natureza profissional e com ambição antes de tudo técnica; por outro, paralelamente, deixará no limbo a filosofia e outros ramos das humanidades, não fundando no período nenhuma faculdade imperial ou pública nessas áreas do conhecimento, e cujo ensino respeitante à filosofia continuará incipiente e controlado pelos clérigos nos seminários, como o Mosteiro de São Bento, que criou a sua Faculdade (a pioneira) em 1908 – situação que começará a ser alterada no ensino médio na Regência, quando foi criado o Colégio Pedro II (1837), e no ensino superior com a oferta de cursos complementares da ex-rainha do saber nas Escolas de Direito, como as de Recife e São Paulo, junto das disciplinas de economia, história e ciências sociais. *Intelectual*: deixando à parte o clérigo, que continua com seus serviços, a figura emblemática do período, cujas raízes no entanto vêm do fim da Colônia, será o diletante "estrangeirado" egresso do direito – o bacharel letrado –, havendo mais de um candidato ao posto eminente em filosofia, como Tobias Barreto.

4º Passo, com foco na instauração do sistema de ensino superior de filosofia no Brasil moderno, quando se iniciou a neutralização do déficit institucional, cujo exame se dará em duas direções: [1] a fundação das primeiras universidades no século XX, ao longo dos anos 1930, com São Paulo e Rio de Janeiro na linha de frente; [2] a passagem do padrão oligárquico-agrário que dominou o Brasil até o fim da República Velha ao padrão urbano-industrial, na esteira da Revolução de 1930 e da agenda nacional-desenvolvimentista a ela associada e que se estendeu à segunda metade do século. O resultado é a modelagem de uma nova figura intelectual saída das primeiras faculdades de filosofia e ciências humanas então criadas, havendo mais de uma denominação, e como tal menos generalista e nada diletante. Em vez, uma figura mais especializada como o antigo erudito, porém, recalibrado para os novos tempos, quando as ciências passam a dominar a cena do conhecimento, inclusive no campo das humanidades: ou seja, nada menos que o *expert* e a figura do *scholar*, em sua maioria composta por *normaliens* franceses, como no caso da FFLCH da USP – tudo isso, em mais uma experiência de transplantação direta, a primeira foi na Colônia com os jesuítas, e desta feita patrocinada pela Missão Francesa, a que se somavam em outras paragens aqueles oriundos de outros centros, como a Universidade de Lovaina e a Gregoriana de Roma.

5º Passo, vencidas as deficiências institucionais e de *backgrounds*, com foco na instauração do sistema de obras filosóficas, no sentido de Antonio Candido, e lastreada na implantação do sistema de pós-graduação brasileiro: ou seja, o sistema implantado na esteira da Reforma Universitária de 1968, como antecipado, no início uma reforma *top-down* imposta pelo regime militar e que ninguém queria, mas que depois adquiriu uma dinâmica institucional diferente, com a abertura política e findo o regime. De resto, um sistema – como se diz – sociologicamente robusto, como nenhum outro na América Latina, e, como tal, associado a novas experiências intelectuais e ao mesmo tempo estendendo-as aos quatro cantos do país. De fato, não tão novas assim, mas como arremate das experiências iniciadas nas décadas anteriores, tendo agora ao centro a figura do *scholar* brasileiro modelado sobre o *normalien* francês (nesse sentido, a Reforma significará a proliferação do mais do mesmo) e abrindo o caminho, com o seu adensamento, para o surgimento de um novo tipo de intelectual, ao menos em filosofia: o filósofo intelectual público, que somará a *expertise* dos tempos novos à agenda política do antigo intelectual das humanidades.

6º Passo, o último da série, com uma agenda diferente, ao focalizar as perspectivas que se abrem hoje ao sistema, uma vez atingida a maturidade, completando o exame dos legados, e visando-as como sondagem do futuro, ao se combinar os métodos *in absentia* e *in praesentia*, quando será focalizada a possibilidade de surgimento entre nós da figura do intelectual cosmopolita globalizado.

Voltarei a esse tópico no 1º Passo, como já salientado, ao longo do qual a questão metafilosófica da filosofia nacional será apresentada e desenvolvida junto de outros elos importantes do argumento, relativos à periodização e aos contextos.

Ao concluir, precisando o sentido geral das análises e da argumentação, lembro ao leitor que não se encontrará nada de inédito ou que não tenha sido já tratado, antes, por outros estudiosos. O que poderá ser encontrado é um novo arranjo conceitual ou uma nova dialética das ideias, por vezes dispondo o *conceptual core* de uma nova maneira, outras vezes ousando experimentar novas abordagens, como no caso do intelectual público moldado pelo cosmopolitismo e o engajamento nas causas nacionais, em contraste com o intelectual diletante colonizado, moldado pelo filoneísmo e o transoceanismo. Ao tratar dessas e de outras coisas, em busca da adequada perspectiva histórica, evitando o anacronismo de procurar uma filosofia nacional numa época em que esse canto das Américas não tinha projeto de nação e estava submetido à metrópole de ultramar, fazendo parte de um mesmo sistema, o sistema colonial, a grande referência bibliográfica foi a obra de Cruz Costa *Contribuição à história das ideias no Brasil*.

A perspectiva, de resto, é parecida não só com a dele, mas com a adotada por outros estudiosos que se ocuparam do problema e dos dilemas da filosofia americana, e como tal mais vasta do que a questão da filosofia brasileira, evidenciando o compartilhamento de um mesmo legado, ainda que com desenlace e destino diferentes. É o que de pronto mostra Cruz Costa logo na Introdução de seu livro, ao citar o norte-americano Schneider, da Columbia University, e o argentino Frondizi, da Universidad de Buenos Aires, da qual foi reitor e que teve certa influência entre nós. Assim, nas palavras de Schneider:

> O leitor desta História notará que a filosofia norte-americana recebeu continuamente vida nova e novas diretrizes graças a ondas de imigração. Na América não se costuma procurar uma tradição nativa para a filosofia, mesmo porque as nossas mais vaidosas tradições estão saturadas de inspiração estrangeira. Franciscanos espanhóis, jesuítas franceses, puritanos ingleses, pietistas holandeses, calvinistas escoceses, filósofos cosmopolitas, transcendentalistas alemães, revolucionários russos e teósofos orientais, todos têm contribuído para dar, à assim chamada filosofia americana, continuidade e impulso.

Tão firme e profundo é esse *background* que, passados os tempos coloniais, antes que a América se convertesse em centro do mundo, esse legado continuou e continua agindo na mentalidade americana, dando azo à impressão de os Estados Unidos estarem condenados a forjar símiles e à condição de "franja" do sistema:

> A América [prossegue Schneider] continuou intelectualmente colonial por muito tempo ainda depois de ter conseguido sua independência política e foi provincial ainda durante muito tempo, depois de ter deixado de ser intelectualmente colonial. Nós ainda vivemos intelectualmente na franja da cultura europeia. (Schneider apud Cruz Costa, 1967, p.3-4)

Evidentemente, esses vaticínios do autor formulados nos anos 1940 do último século logo se evidenciaram equivocados, tendo já os americanos décadas antes exibido ao mundo sua própria filosofia e não tardando os Estados Unidos a se instalarem no Centro e protagonizarem a globalização da filosofia: uma globalização antes de tudo *para dentro,* com eles próprios como seus interlocutores, e só num segundo momento *para fora,* como mostrarei mais à frente. Nas palavras de Frondizi: "Até os dias atuais a filosofia ibero-americana equivale às vicissitudes do pensamento europeu em nossa América. Por certo, superamos muitas etapas e não poucas limitações, porém, estamos ainda sob o peso das concepções europeias" (Frondizi apud Cruz Costa, 1967, p.4).

Ao colocar o Brasil no centro das atenções, entendo que o mesmo processo se passa por aqui. Com esse intuito seguirei os passos de Cruz Costa e de estudiosos como Gilberto Freyre, Caio Prado, Raymundo Faoro e Sérgio Buarque. Especialmente o pernambucano que soube como poucos pôr em relevo o peso do passado colonial em nossa mentalidade e nossas instituições, levando-o a afirmar que o patriarcado agrário-escravocrata não morreu com o advento da república e da sociedade urbano-industrial, ao contrário do que se pensa.[3] De fato, ele continuou com sua obra sociológica e o mesmo padrão casa grande & senzala ao ceder o lugar para o par sobrado & mucambo, malgrado ter terminado o regime político que lhe deu sustentação até o fim do período imperial, a saber, a monarquia. E o que é importante: ele o diz com ajuda de um conjunto de considerações cuja analogia com as fórmulas de Schneider salta às vistas, a denunciar que estamos diante de um

---

3 Refiro-me às duas obras seminais de Gilberto Freyre: *Casa-grande & senzala* (1993) e *Sobrados e mucambos* (1936).

mesmo fenômeno sociológico. Assim, num artigo publicado pelo *Estadão* em 1943 e citado por Cruz Costa, ele escreve:

> Seria absurdo pretender que as formas políticas não se relacionam com uma instituição e com um processo de vida social e de produção econômica da força e da amplitude do patriarcado agrário e escravocrata. Oficialmente este teria morrido de vez no Brasil um ano antes de iniciar-se o período republicano. Sociologicamente não morreu; já ferido de morte pela Abolição, acomodou-se à República e durante anos viveram ainda patriarcado semiescravocrata e república federativa quase tão simbioticamente como outrora patriarcado escravocrata e Império unitário. Várias sobrevivências patriarcais ainda hoje convivem com o brasileiro das áreas mais marcadas pelo longo domínio do patriarcado escravocrata-agrário e mesmo pastoril – e menos afetado pela imaginação neoeuropeia (italiana, alemã, polonesa etc.) ou japonesa ou pela industrialização da vida nacional brasileira [...]. (Freyre apud Cruz Costa, 1967, p.321)

Nas páginas que seguem vou mostrar coisas parecidas. Pretendo que um laço análogo entre a política e a realidade sociológica também se observa no plano cultural, numa relação que não tem nada de linear, nem tampouco é homogênea e da ordem do espelhamento, permitindo toda sorte de avatares, inflexões e referências cruzadas. Todavia, várias décadas se passaram entre essas publicações e a situação da filosofia no Brasil nos últimos cinquenta anos, assim como nos Estados Unidos depois de terminada a Segunda Grande Guerra, exigindo outros desenvolvimentos e a introdução de novos aspectos, com uma série de retificações e um conjunto de corretores de rumo ou de rota. Com esse propósito, ao retomar um ponto que acabo de evocar, mostrarei no 1º Passo a mudança profunda por que passou a filosofia norte-americana, antes mesmo que levas de filósofos e professores de filosofia se dirigissem às universidades do país dos *yankees* fugindo do nazismo, quando na curva do século XX William James, John Dewey e outros fundaram o pragmatismo. Algo análogo, porém menos espetacular, ocorrerá no Brasil nos últimos cinquenta anos, quando a filosofia brasileira abandona a rota do diletantismo bacharelístico-livresco e trilha as sendas do *scholar* e do profissionalismo, passando a remodelar a filosofia europeia, depois de ter sido moldada por ela.

***

Meus sinceros agradecimentos àqueles familiares, amigos, colegas e estudantes que de uma forma ou de outra são partícipes do livro, da sua feitura e da sua publicação, com os quais em diferentes momentos repassei os originais e discuti soluções e estratégias, especialmente Telma Birchal, Hugo Amaral, Luiz Carlos Villalta, Eduardo França Paiva, Eliana Dutra e Oswaldo Giacoia.

Meus agradecimentos à doutoranda Cecília Neves, que me ajudou a editar uma seção dos estudos.

Meus agradecimentos ao parecerista da Unesp, meu providencial interlocutor anônimo, cujas judiciosas observações me proporcionaram realizar uma revisão profunda e segura do livro, não só resultando em modificações pontuais, mas na reformatação de várias seções e mesmo na formatação de um passo inteiro, como o segundo consagrado ao passado colonial.

Meus agradecimentos também ao PPG em Filosofia da UFMG, à Capes e ao CNPq pelo apoio institucional e financeiro à publicação do livro.

– 1º PASSO –

O ARGUMENTO METAFILOSÓFICO DA FILOSOFIA NACIONAL: FORMULAÇÃO DO PROBLEMA E INTRODUÇÃO DO RECORTE TEMPORAL

1. INTRODUÇÃO

Este livro inspirou-se em dois outros: a *Contribuição à história das ideias no Brasil*, de João Cruz Costa, hoje um clássico, e o essencial *Um departamento francês de ultramar*, de Paulo Eduardo Arantes. Porém, seguiu outra rota, a rota da metafilosofia, e não da história, o que resultou em procurar outras companhias e trabalhar outras classes de problemas.

A *avant-première* foi em um artigo publicado na revista *Analytica*, em 2013, com o título "Filosofia no/do Brasil: os últimos cinquenta anos – desafios e legados", no qual o essencial do argumento metafilosófico foi apresentado, mas não totalmente desenvolvido, exigindo que eu voltasse a ele e fizesse o remate da dialética das ideias.

Como o leitor notará na sequência, ao seguir os passos argumentativos, duas são as vertentes que compõem o argumento metafilosófico tendo a filosofia no/do Brasil como contexto e ponto de aplicação: [1] a vertente semiótica, como explicada antes, no sentido de Peirce, porém fletida para a literatura por Antonio Candido, ainda que sem citar o norte-americano ou se comprometer com sua pragmática, mas com a sociologia da cultura e consolidada no tripé autor-obra-público, que eu tomei de empréstimo e estendi à filosofia; [2] a vertente histórica, igualmente referida no Prefácio, vazada como história intelectual, como em Jean-François Serinelli e conforme o *Dictionnaire* de *sciences historiques*, de Roger Chartier e publicado em 1986 (Paris: PUF, 1986; organizado por André Burguière): seguindo as pegadas de Serinelli[1] em seu esforço de articular a história da *intelligentsia* francesa, atento aos aspectos geográficos, sociológicos e culturais, tratei, então, ao estender seu *approche* à filosofia – do/no Brasil – de estabelecer os liames entre a história intelectual, a história das mentalidades e a história social.

Esses são, pois, os dois eixos do argumento que estou chamando de metafilosófico, cuja dupla pertinência filosófica e nacional levou-me a introduzir um *tour de force* analítico, mediante a incorporação de dois componentes adicionais: por um lado, os aportes das exegeses e das histórias da filosofia "brasileira" – de onde as centralidades de Cruz Costa e Paulo Arantes – e, por outro, os resultados de meu esforço pessoal de formular a questão metafilosófica e estendê-la ao contexto brasileiro. Ou seja: a questão metafilosófica da filosofia e sua vertente da filosofia nacional, brasileira ou não, como será visto na sequência. E mais especificamente: em uma direção, a questão da racionalidade filosófica, consistindo na pergunta pela *ratio* da filosofia, ao distingui-la da mera logicidade, abri-la à retórica e à dialética, e considerar as diferentes *technai* e gêneros literários que conformam as diferentes filosofias ao longo do tempo; em outra direção, a questão das experiências intelectuais ou das distintas experiências do filosofar que nucleiam as filosofias, associadas às diversas figuras de intelectuais e filósofos que constituem a *intelligentsia* de um país ou de uma região do globo; e assim por diante.

Foi nesse quadro, ao pavimentar o caminho interligando a filosofia e a história intelectual, com a questão metafilosófica no centro das atenções, que o tripé semiótico de Antonio Candido mostrou toda sua serventia, proporcionando os meios e as ferramentas para operar as obras, bem como os autores e o público. Assim, trata-se da distinção essencial entre sistemas de obras, autorreferentes e seriadas, na esteira de Sylvio Romero, e manifestações soltas e episódicas, cuja extensão à filosofia não apresentou maiores dificuldades, apenas a recalibragem ao novo contexto, algo defasado e distinto da literatura. Diferentemente, as questões acerca do autor e do leitor – menos

---

[1] Especialmente em *Les intellectuels en France: de l'affaire Dreyfus à nos jours*, Paris, Armand Colin, 1986, em coautoria com Pascal Ory, e em *Histoire culturelle de la France. Tome 4: Le temps des masses, le XXe siècle*, Paris, Éditions du Seuil, 1998, em parceria com Jean-Pierre Rioux.

centrais no tripé de Candido – exigiram um esforço analítico adicional, requisitando outros *tours de force* e expansões. Por um lado, o *tour de force* weberiano e a incorporação da metodologia dos tipos ideais, que se revelaram essenciais para figurar os tipos de experiência filosófica, bem como os diferentes *ethei* dos intelectuais-filósofos que dominaram a cena brasileira desde a Colônia. Por outro, o estabelecimento de dados e estatísticas das mais diferentes proveniências – históricas, demográficas, linguísticas, antropológicas etc. – que se revelaram essenciais tanto para periodizar e dar estofo sociológico ao segmento da intelectualidade filosófica nacional quanto para calibrar o público, a autoria e a obra, dando uma ideia de escala e da magnitude das atividades. Trata-se, em suma, da questão dos grandes números e, como tal, integrada à questão metafilosófica, cuja fertilidade se mostrou fundamental na elaboração dos passos argumentativos que compõem esses estudos.

Por fim, já apresentados no Prefácio, dispensando-me o detalhamento deles, os passos argumentativos serão vazados de diferentes maneiras (efeitos de contexto) e organizados em torno de duas hipóteses: [1] a distinção de Antonio Candido entre sistema de obras e manifestações soltas, já referida mais de uma vez e cuja centralidade presumida em filosofia será colocada à prova ao longo dos estudos; [2] a postulação de déficits e defasagens – culturais, institucionais e intelectuais – na filosofia nacional em diversas épocas, como propugnada por Cruz Costa, padre Vaz e Leonel Franca, e sua neutralização em anos recentes. Essas hipóteses, ao serem aplicadas a um dado período histórico, lastreado sociologicamente, serão somadas a outras específicas. Assim, a suposição da transplantação das instituições e correntes de ideias da Metrópole para a Colônia, como o sistema de ensino dos jesuítas; porém, ao serem transplantadas, essas instituições e correntes deverão ser ajustadas ao novo mundo, quando a abordagem genética se verificará insuficiente e deverá ceder o passo à abordagem situacional, cuja fertilidade foi mostrada por Sérgio Buarque em obras como *Monções* e *Caminhos e fronteiras*. Assim, a hipótese da *formação* – bem entendida, formação da intelectualidade brasileira –, associada à hipótese dos déficits/defasagens e vista como a resposta ou seu contraponto, é essencial para pensar vários períodos de nossa história. Mas ela deverá ser abandonada na atualidade e ceder o passo ao paradigma da *pós-formação*, como mostrarei nos dois últimos passos destes estudos.

Os passos, por isso, não são organizados da mesma maneira, com a filosofia nestas paragens apresentando agendas diversas nos diferentes períodos, e mesmo diferentes protagonistas. E o resultado é um conjunto de ensaios lastreados histórica e sociologicamente, como os 2º, 3º, 4º e 5º Passos, seguidos de um último caracterizado por sua índole especulativa e conjectural, com uma argumentação descolada da história e voltada para o futuro, como o 6º Passo, ao pensar a figura do intelectual globalizado entre nós: ou seja, sua possibilidade ou virtualidade, na linha do "inventário dos possíveis", conforme Ducrot.

2. O ARGUMENTO DA FILOSOFIA NACIONAL

A questão da filosofia nacional está longe de ser uma matéria pacificada, vindo a lume com as controvérsias sobre as ideias de nação, de Estado nacional, de Colônia e de circunscrições geográficas, como norte e sul ou centro e periferia.

A dificuldade é que, como viu Platão no *Eutidemo*, a filosofia não dispõe de um *métron* para apartar as desavenças sobre as medidas, diferentemente das matemáticas, nem está equipada com as balanças de precisão do químico para afastar as confusões das opiniões – pode-se acrescentar –, de modo que está condenada às controvérsias. Para afastá-las, não há outro meio senão o sopesamento dos argumentos e a decisão de tudo passar pelo crivo da razão, com a esperança de obter o assentimento dos litigantes. Porém, no fim, não se tarda a descobrir que a filosofia e o filósofo não põem fim às controvérsias, mas vivem delas.

Foi pensando nessas coisas que, no artigo publicado na revista *Analytica*, idealizei um caminho diferente para trabalhar o problema da filosofia *no* Brasil/*da* filosofia brasileira, avançando primeiro com as opiniões correntes dos protagonistas dos processos em curso, para depois formular *meu* problema e buscar embasamento, expressando minha visão pessoal e encaminhando solução, se é que há. Com efeito, acerca do embasamento, em vez de contrapor uma opinião a outra, é preciso controlar os argumentos com a ajuda de fatos e exemplos, fatos e exemplos emblemáticos, que sejam bem entendidos, encontrados nos livros dos bem pensantes ou buscando-os na experiência, individual ou coletiva. Um pouco das duas coisas foi o que procurei oferecer ao leitor naquela ocasião, ao buscar os elementos para levar adiante a reflexão sobre o problema da filosofia *no* Brasil/*da* filosofia brasileira naqueles depoimentos e experiências pessoais, tomando ambos como referências e as opiniões como indícios. Contudo, não podendo correr o risco de terminar tudo em uma mera doxografia e um mero registro de opiniões dos outros, logo tratei de abrir minha própria rota e trabalhar meu problema: o problema da filosofia nacional, em especial o problema da filosofia *no/do*

Brasil, antes de falar de *brasileira*. E, ao mesmo tempo, buscar, em vista de sua solução, o amparo em outras fontes – dados estatísticos, *rankings*, mapas, registros diversos – para circunscrever o "nacional", aquilatar as referências e embasar as análises.

Ao voltar ao ponto – agora nas dimensões mais dilatadas e exigentes de um livro –, deverei adicionar novos e importantes elementos acerca do argumento da filosofia nacional, incidindo sobre o "nacional" e sobre a "filosofia", cada qual com um escopo próprio e um questionamento definido, e que, não obstante, irão cruzar-se o tempo todo.

Começando pelo escopo, como visto no artigo, havia uma decisão preliminar a ser tomada sobre a pertinência ou não de se falar de uma *filosofia brasileira*, havendo aqueles que preferiam *filosofia no Brasil*. Ora, esse problema não é exatamente de natureza histórica, mas metafilosófica, abarcando a vocação universal da filosofia, vazada *in abstracto* e amparada na lógica, assim como a aclimatação da filosofia em regiões ou espaços geográficos, ao dar vazão às culturas nacionais, à idiossincrasia dos povos, ao estilo das escolas de pensamento e aos cacoetes de indivíduos. Foi nesse quadro que a discussão sobre o *do* e o *no* desenvolvida no artigo mostrou toda sua pertinência, e para dar lastro à hipótese que eu intencionava desenvolver, tomando o Brasil como foco, recorri ao livro organizado por Marcos Nobre e José Mário Rego, *Conversas com filósofos brasileiros* (2000), e construí três diagramas. De resto, diagramas construídos com a ajuda dos argumentos tipificados nas entrevistas, permitindo várias combinações – argumentos factuais-empíricos, lógico-linguísticos, transcendentais, sociológicos, pragmático-retóricos, histórico-ontológicos e lógico-metafísicos, p.ex. –, levando uns, como Guido de Almeida e Balthazar Barbosa, a falar de filosofia brasileira, e outros, como Marilena Chaui e Raul Landim, a falar de filosofia no Brasil. Não sendo o caso nem de retomar os argumentos *ipsis litteris*, nem de desenvolvê-los ou aprofundá-los ao longo desses novos estudos, limito-me a endereçar ao referido artigo o leitor interessado na matéria, no qual poderá avistar os tipos de argumento, certas combinações a que dão lugar e algumas de suas variantes.

Ao passar ao "nacional", ressalto que na mesma ocasião, uma vez instaurada a dialética das ideias, quando a noção de filosofia *nacional* foi colocada em primeiro plano, logo me vi às voltas com os poderes do *adjetivo* de definir, e mesmo de modificar a coisa, introduzindo uma qualidade ou uma determinação, bem como de neutralizar e até afastar essas qualidades, evidenciando suas impropriedades e inconveniências. Ao reconhecer esses poderes, como descobri depois, não fiz senão seguir as pegadas de Machado de Assis que, na *Teoria do medalhão*, diz coisas parecidas ao se referir a expressões idiomáticas como "o *anilado* dos céus" e "o *prestimoso* dos cidadãos", sentenciando "[...] ser isso [...] o principal, porque o adjetivo é alma do idioma, sua porção idealista e metafísica. O substantivo é a realidade nua e crua, é o naturalismo do vocabulário" (Machado de Assis, 2013, p.88).

Convencido disso, cuidei de mostrar então que tais são os casos da ideia de filosofia nacional e das confusões que a acompanham, como o psicologismo e o naturalismo metafísico, ao se falar de espírito dos povos, do caráter das nações e dos eflúvios da natureza, como se eles irrompessem diretamente da terra ou da alma, conduzindo uns a falar de filosofia francesa, alemã e inglesa, e outros a perguntar pela filosofia argentina, mexicana ou brasileira. Ora, como a matemática e a biologia, a filosofia transcende as nações, é fruto do intelecto e está enraizada na experiência humana, e o melhor a se fazer ao tentar compreendê-la é trocar o determinismo geográfico e psíquico forte pelas formas mais brandas da preposição: da preposição "de", introduzindo uma relação de origem, de dependência ou de pertença; da preposição "em", demarcando um lugar ou uma posição no espaço e no tempo. Desfeita a confusão, poder-se-á reconhecer a pertinência de se falar de filosofia *no/do* Brasil: acepção neutral de filosofia feita no Brasil ou feita por filósofos do Brasil e de nacionalidade brasileira. Até aí, nada demais, e o essencial passa a ser a distinção de Antonio Candido, ao trocar a metafísica dos povos pelos gêneros literários do intelecto, distinguidos entre as manifestações soltas das publicações e o sistema articulado de obras literárias – as primeiras marcadas pela aleatoriedade ou o "randomismo"; as últimas, pela recursividade e a autorreferência. Assim, ao fazer o traslado para a filosofia, mostrei que a segunda acepção, a nos autorizar a falar de filosofia brasileira, lastreada por obras recorrentes e autorreferenciadas – livros autorais, *papers*, ensaios, teses, pouco importa o gênero literário –, e com o *scholar* à frente, deixando o diletante para trás, só vai ocorrer bem mais tarde em comparação à literatura. Ou seja, no caso da literatura, a julgar pelo bruxo do Cosme Velho, tão central no argumento de Candido, tudo se consumou no fim do século XIX, quando foi concluído o processo iniciado com os árcades mineiros nas décadas derradeiras do século XVII. Já na filosofia, tal se deu a partir dos anos 1960, quando São Paulo começou a colher os frutos da Missão Francesa e terminou o período de *formação* de seus primeiros virtuoses, período esse tão bem retratado por Paulo Arantes, ao falar do departamento francês de ultramar da Universidade de São Paulo (USP).

Nesse quadro, em meio a uma discussão difícil e quase sempre pouco conclusiva, mais uma vez as vistas largas e profundas de Machado me mostraram algo importante, e não tardei a incorporá-lo ao argumento, adensando a primeira ideia-força ou tese que nucleou o livro, incidindo justamente sobre a ideia de filosofia nacional e as relações entre o universal e o particular, bem como entre o nacional e o local. Às voltas com o mesmo problema na literatura, aos 34 anos, não tendo ainda publicado nenhum de seus principais romances, porém com seu talento extraordinário já evidenciando ter compreendido tudo, e como se tivesse antevisto e procurasse neutralizar as acusações posteriores de que era um estrangeirado, Machado diria no artigo "Instinto de nacionalidade" três coisas importantes.

Primeira: querer reduzir o nacional ao local é um grave erro, e tanto mais sério que, a ser exata tal doutrina nacionalista, ela teria o inconveniente de limitar "os cabedais da nossa literatura" (Machado de Assis, 1959, p.817), e o próprio Gonçalves Dias não seria poupado:

> [...] com poesias próprias [ele] seria admitido no panteão nacional; [porém,] se excetuarmos *Os Timbiras*, os outros poemas americanos e um certo número de composições, pertencem os seus versos pelo assunto a toda a mais humanidade, cujas aspirações, entusiasmo, fraquezas e dores geralmente cantam; e excluo daí as belas *Sextilhas de Frei Antão*, que essas pertencem unicamente à literatura portuguesa, não só pelo assunto que o poeta extraiu dos historiadores lusitanos, mas até pelo estilo que habilmente fez antiquado. (Ibidem, p.817)

O mesmo inconveniente apareceria na consideração de ícones da literatura mundial, como Shakespeare, em uma passagem citada na epígrafe: eu perguntarei então – escreve Machado – "se o *Hamlet*, o *Otelo*, o *Júlio César*, a *Julieta e Romeu* têm alguma coisa a ver com a história inglesa nem com o território britânico, e se, entretanto, Shakespeare não é, além de um gênio universal, um poeta essencialmente inglês" (ibidem, p.817).

Segunda: "Um poeta não é nacional só porque insere nos seus versos muitos nomes de flores ou aves do país, o que pode dar uma nacionalidade de vocabulário, e nada mais. Aprecia-se a cor local, mas é preciso que a imaginação lhe dê os seus toques, e que estes sejam naturais, não de acarrêto" (ibidem, p.821). Simplesmente, digo eu, nas criações literárias, a cor local, a experiência pessoal e o tempo contam muito e são suas matérias-primas; mas é preciso o pensamento e a imaginação para plasmá-los e transformá-los em arte, de acordo com o cânon e a *techne*, não sendo as mesmas as situações da poesia e do romance.

Terceira: a perspectiva correta está em buscar o universal no particular e em elevar o local ao universal, de modo que a boa literatura é um *mix* do universal e do local, sendo o *décor* importante no romance e nulo ou quase nulo na poesia, como reconhece Machado. Ao fim e ao cabo, a qualidade do grande escritor não está em sua habilidade em revestir sua obra com as roupagens e as cores de seu país, povoando suas criações com a beleza das palmeiras e o canto de sabiás, mas reside em um "[...] certo sentimento íntimo, que o torne homem do seu tempo e do seu país, ainda quando trate de assuntos remotos no tempo e no espaço" (ibidem, p.817). Concluindo, o nome que em filosofia habitualmente se dá a esse sentimento interior é *ethos*, e é a ele que alude Machado ao se referir ao "*scotticismo* interior" de um David Masson, que era bem um escocês típico, por índole e formação, ainda que sem falar em sua obra de plantas exóticas como o cardo e sem revestir suas criações literárias com nada estereotipado e superficial (ibidem, p.817). Da mesma forma, acredita Machado, estaríamos autorizados a buscar algo parecido nos escritores brasileiros desde os tempos dos árcades das Minas setecentistas – dir-se-á –, e poderíamos falar de um "brasilianismo interior".

Em analogia ao bruxo do Cosme Velho, um século e meio depois, penso que podemos falar de algo parecido acerca da filosofia brasileira, porém como circunscrição histórica, cultural e geográfica, sem os arroubos psicológicos e os eflúvios metafísicos – e é o que farei sem mais delongas nas páginas e nos capítulos que seguem, relativizando com o autor de Quincas Borba as preposições atributivas *de* e *em*, junto com as derivadas *do/da* e *no/na*, não sem deixar de revelar certa preferência pela partícula de lugar, como o leitor irá notar, e uma vez livrado das inconveniências metafísicas das essências e quididades.

Todavia, antes de dar o veredito da filosofia nacional, será preciso decidir quando ou em que época fez sentido para os pensadores de um território a ideia de nação, autorizando-os a falar, com Machado, de um instinto de nacionalidade e das cores locais de um país ou de uma nação.

Trata-se, de fato, de um velho problema que extrapola de longe os trópicos e esta parte das Américas, com as cores do nacional e do local podendo ficar mais ou menos esmaecidas em diferentes contextos geográficos e épocas históricas.

Ontem, na Europa, com os primeiros estados-nações se constituindo no início da Era Moderna, deu-se azo às primeiras manifestações das filosofias francesa e inglesa, e à situação contrastante que caracterizou os períodos inicial e final. Primeiro, houve o regime de um bilinguismo com o latim como língua culta e as línguas nacionais como língua de comunicação dentro das fronteiras, como na época de Descartes. Ou simplesmente falando-se em francês, como Montaigne tempos antes, e como se consumaria mais tarde, antes que o inglês se convertesse no fim do século XX em língua filosófica franca universal. Em contrapartida, a Alemanha, que não tinha identidade de nação, mas de povos espalhados pelo leste da Europa, chegou tarde a esse novo estado de coisas, com Leibniz escrevendo em francês e Kant publicando em latim, até vir à luz a *Crítica da razão pura*.

Por seu turno, não podendo a questão ser colocada antes devido ao regime colonial, quando também por aqui o latim era a língua culta universal, em outros costados do Novo Mundo o problema da filosofia nacional de fato só foi formulado no século XIX, depois de findo os vice-reinados hispânicos, com o advento das primeiras repúblicas. É o que mostra Cruz Costa citando o jurista argentino Juan Bautista Alberdi, ao se referir tacitamente à filosofia aquele que é considerado o autor intelectual da Constituição argentina (1853), contrapondo as luzes do intelecto ao pragmatismo do direito: "Tenemos ya una voluntad própria; nos falta una inteligência própria", devendo os povos sul-americanos – acrescento eu – abdicar do exótico pelo nacional, do extemporâneo pelo oportuno e do entusiasmo pela reflexão, para proporcionar "el triunfo de la mayoria sobre la minoria popular" (Durante, 2013, p.104). Algo parecido poderá ser dito no tocante ao México e a Octavio Paz, que em seu instigante ensaio sobre a conquista contrasta as formas artísticas do Renascimento – poesia, pintura, novela e arquitetura – com as tradições e instituições medievais – filosóficas e políticas –, "transplantadas a nuestro Continente" e ao país dos astecas antes de tudo (Paz, 1989, p.89).

Em contraponto, em que pesem as reservas de Schneider assinaladas no Prefácio, o certo é que não faltaram aos norte-americanos "vontade e inteligência próprias" – ao retomar o fraseado de Bautisa Auberdi –, tendo ambas levado-os com a grande autoestima que os caracteriza a revelar ao mundo que eles tinham criado sua filosofia e ela tinha um nome. Foi o que aconteceu quando, na década de 1870, um grupo de intelectuais criou em Cambridge, Massachusetts, o Clube Metafísico (*The Metaphysical Club*), do qual faziam parte William James e Charles Sanders Peirce, de cujas hostes surgiu aquela que viria a ser a filosofia nacional norte-americana: o pragmatismo. Ao voltar à questão, vou colocar-me na companhia de Aristóteles, quando ele disse certa vez que as coisas só existem para nós quando lhes damos nomes. Ora, foi justamente isso o que conseguiram os norte-americanos, quando criaram não um nome, mas dois para sua filosofia, ou seja: um para o grupo (*The Metaphysical Club*, escolha nada neutra, posto que irônica, em alusão à metafísica clássica, sinalizando que eles queriam outra) e o segundo para a corrente de pensamento que faz do *pragma* a chave das coisas e da filosofia nova. Filosofia cujo apadrinhamento é atribuído a James, que empregou o nome *pragmatism* pela primeira vez ao se referir ao pai, Peirce, e cuja data de nascimento é 26 de agosto de 1898, por ocasião da conferência por ele proferida atendendo a convite da Berkeley Philosophical Union, na universidade e na cidade de mesmo nome, na Califórnia. Tudo somado, desde esse dia a filosofia norte-americana teve seus fundadores, seu mito fundador (a narrativa de fundação) e sua escola de pensamento fundada, autorizando outra reconstrução de sua história, diferente da visão negativa de Schneider que falava de filosofias importadas da Europa e concluía que seus compatriotas estavam na "franja do sistema".

Convencido disso, e sabendo que nas Américas, diferentemente da Europa, o Estado e o Rei chegaram antes do Povo (colonos) e da Nação, cuja construção só entraria nas agendas das ex-colônias depois da Independência, o que vou fazer na sequência é dar um passo a mais na argumentação, retomando a proposta de Antonio Candido e ajustando-a à situação da filosofia, mais tardia que a literatura brasileira. A supor que a filosofia colonial era europeia e luso-brasileira, de fato nem lusa nem brasileira, como se verá mais à frente, a ideia de filosofia brasileira/filosofia no Brasil, rigorosamente falando, só fez sentido a partir dos anos 1960 – tal é a hipótese, ao endossar as ideias de déficit e defasagem, lastreadas histórica e sociologicamente na instauração algo tardia da *intelligentsia* nacional (filosófica, no caso) e do sistema de obras no sentido de Antonio Candido. Esse ponto será desenvolvido na última seção, com a ajuda de padre Vaz, Leonel Franca, Bento Prado, Giannotti, Paulo Arantes e outros estudiosos, que falam de coisas parecidas e ajudam a firmar a convicção. Agora, antes de concluir o tópico, gostaria de deixar claro o que penso acerca das vertentes filosofia brasileira e filosofia no Brasil, com receio, não o fazendo involuntariamente induzir possíveis mal-entendidos ou confusões, depois de relativizar as duas preposições.

Certamente, não é a mesma coisa colocar no centro das atenções o adjetivo e um traço de caráter, seja de um indivíduo ou de um povo, ou então a localidade e uma região geográfica. Mas o que desconcerta e surpreende, ao contrastar as opiniões dos entrevistados no artigo de minha autoria já referido, é como os mesmos argumentos podem aparecer indistintamente em uma e em outra vertente – o que sugere que podemos estar diante de uma mera questão nominal, com termos e usos reversíveis, não exatamente diante de uma questão real ou substantiva. Quanto ao restante, tudo depende do que convencionamos, colocando em um ou em outro dos pratos da balança, e tudo depende também do orgulho das nações e de até onde os povos estão dispostos a levar suas ambições, até mesmo os de pequena população e extensão territorial. Assim, com a mente colonizada, e vítima do transoceanismo, o brasileiro do Império e da República Velha julgava que não tinha cabeça filosófica. Passados mais de cem anos, hoje o sentimento mudou, e fala-se sem reservas e autodepreciação que se faz filosofia de qualidade nestas paragens e que há bem uma filosofia no Brasil com cores locais (uspiana, p.ex.) e tiques nacionais (a herança da tradição bacharelesco-retórica).

Forçando um pouco as coisas e os contextos, dir-se-á que algo parecido ao ocorrido nos Estados Unidos em fins do século XIX – deixando, porém, de lado a analogia com a questão da globalização e a grande reviravolta do século XX que levou a América do Norte a se instalar no "centro" do sistema – bem poderá ou poderia acontecer com o Brasil, e por que não? Trata-se de um exercício intelectual e de amostra da fertilidade do "inventário dos possíveis", segundo Ducrot, cujo requisito é a verossimilhança e a possiblidade das virtualidades, não se estando a falar de essência de povos ou do espírito da terra, mas de criações humanas e convenções linguísticas. Trata-se ainda, no Massachusetts, na Bacia do Prata ou no Brasil Colônia, de uma mesma matriz de pensamento – ocidental, helenística e europeia –, com seu cortejo de problemas, seu "core" conceitual, suas várias tradições e suas inúmeras correntes. De resto, tradições que, a depender do solo onde se enraízam e dos indivíduos que as atualizam, terá sempre um aporte particular e uma coloração local, autorizando a falar tanto de síntese do diverso quanto de estilo próprio, e até mesmo de estilo mimético, provinciano e colonial. Por isso, a questão do adjetivo ou do substantivo – espaço geográfico ou traço de caráter, filosofia *no* Brasil ou filosofia *brasileira*, pouco importa a disjuntiva – autoriza mais de uma solução, além de mais de um uso, de modo que, segundo os contextos, vou permitir-me empregar uma ou outra expressão, não sendo a mesma a situação da filosofia no passado colonial e a nos tempos recentes.

Voltando a Antonio Candido e à ideia de sistema de obras filosóficas, antecedido por Sylvio Romeiro, que falava de falta de seriação de nossas produções filosóficas, e endossada por Bento Prado e Paulo Arantes, penso que ela será de grande utilidade e até mesmo servirá de limiar ou de divisor de águas, como já ressaltado, com a condição de não se forçar a mão na ideia de "originalidade" – uma tolice, como notou Paulo Arantes, e ponto ao qual voltarei na próxima seção.

Ora, quem fala em sistema de obras se refere a um gradiente, que inclui livros autorais, livros de divulgação, antologias, manuais, histórias da filosofia, ensaios, *papers*, exegeses ou comentários de texto, teses de doutorado, dissertações de mestrado, e assim por diante. Com tamanha diversidade, uma vez livre do enfeitiçamento da originalidade absoluta e de seu par indissociável – o autor original e o culto do gênio –, logo o estudioso irá dar-se conta de que nesse gradiente estará diante de uma originalidade relativa, contrastando um índice mais alto e um índice mais baixo de originalidade. Assim, no período colonial, em um extremo, Suárez e seu estupendo *Disputationes metaphyscae* (1597); em outro, o muito influente e menos original tratado *De juititia et jure* (1609), de autoria do também jesuíta Leonardus Lessius, que, segundo padre Mac Dowell, "teve vinte edições no século XVII" (Mac Dowell, 2014, p.25 e 29). Da mesma forma, na filosofia francesa contemporânea, ao se comparar Sartre com Granger ou Foucault com Goldschmidt: dois eminentes filósofos e dois gênios criadores, em um caso; dois professores competentes e dois disciplinados estudiosos da filosofia, criativos e prolíficos, mas em um plano mais baixo, em outro caso, e, como aliás eles mesmos reconheceriam, não tendo nunca se apresentado como filósofos originais.

Por isso, além de ser equivocada a questão da originalidade absoluta, que no limite para ser respaldada deveria ser da ordem de uma criação *ex-nihilo*, coisa impossível no mundo da cultura, no qual tudo surge em contraste, considero artificial a oposição entre filosofia e história da filosofia, como mostrei em *O continente e a ilha*, ao me referir à querela entre os continentais e os analíticos. Justamente, a contrapelo dos continentais, é a querela que o pessoal de São Paulo herdou dos franceses fundadores, vítimas de uma confusão nunca inteiramente desfeita entre história da filosofia e exegese, como no caso de Gueroult. Analogamente, deixando a exegese de lado, os analíticos anglo-americanos fizeram coro com Carnap, dizendo que uma coisa é fazer história da filosofia, e outra bem diferente é fazer filosofia. Como Porchat, ao se livrar do "pré-juízo" estruturalista da imanência absoluta que faz em torno da obra analisada um verdadeiro "vácuo histórico", entendo que ninguém em filosofia está obrigado a fazer história da filosofia nem a se livrar dela para fazer a verdadeira filosofia: simplesmente, cada um de nós pode tentar ser "filósofo por conta própria", procurando as mais diferentes companhias, e até mesmo "buscando na história da filosofia um alimento precioso, como parte do desenvolvimento e da exposição de seu próprio pensamento" (Nobre; Rego, 2000, p.122).

Por fim, indo além de Antonio Candido, a questão da filosofia nacional só estará completamente formulada se, a par das ideias de local, povo e circunscrição geográfica (franja/excentricidade/periferia), for adicionado no caso das Américas o modo como a filosofia chegou até aqui: uma filosofia tendo vindo pronta, e em cuja origem mais remota está a transferência da Europa para as Américas de instituições inteiras, de costumes e das próprias ideias lá geradas, inclusive as filosofias. Trata-se da hipótese da transplantação, já referida e analisada por Robert Wegner em seu excelente *A conquista do*

Oeste – A fronteira na obra de Sérgio Buarque de Holanda, especialmente nos capítulos 1 e 4, aos quais eu remeto o leitor, certo de que fará uma boa colheita.

Por ora, sem poder desenvolver o tópico, ressalto o contexto das discussões, tendo ao centro a ideia de fronteira e podendo estar em jogo duas coisas: por um lado, a expansão das fronteiras da Europa na direção do Novo Mundo, com o centro do Velho Mundo situado no Mediterrâneo se deslocando para o Atlântico e mudando as velhas referências, como ultramar e outras; por outro, o deslocamento das fronteiras internas de um país, como no Centro-Oeste do Brasil e no Oeste dos Estados Unidos. Trata-se, antes de tudo, da segunda experiência, no caso de Robert Wegner, que, com argúcia e sólida base textual, compara o historiador brasileiro Sérgio Buarque ao norte-americano Frederick Jackson Turner. Precisamente, *The frontier in American History* (1893), ao colocar a saga do Oeste na literatura historiográfica do país dos *yankees*, e *Caminhos e fronteiras* (1957), ao trilhar o brasileiro os caminhos dos bandeirantes e monçoneiros, e escrita sob a influência do norte-americano. Contudo, mais do que a comparação e seu embasamento historiográfico, o que eu gostaria de ressaltar no livro de Wegner, tendo já reconhecido no Prefácio seu aporte à elucidação da questão do brasileiro cordial, é o fato de ele mostrar que ambas as trajetórias permitem estabelecer um contraponto de grande interesse epistemológico entre as abordagens genética e situacional.

De minha parte, além de reter a distinção de Wegner, ressalto a centralidade da segunda, que é a de Sérgio e a que tomou de empréstimo de Turner, dizendo que ela bem poderia receber outros nomes, como abordagem contextual. E, ainda, para além da questão nominal, que ela poderia levar não forçosamente à sua mera contraposição à análise genética, resultando na exclusão de uma ou de outra, em um jogo de tudo ou nada, ao agrado do noviço, mas – o que é mais interessante – à sua flexibilização, algo como seu complemento e mesmo seu remate. E, tanto mais pertinente e fecunda a perspectiva de associá-las, em vez de dicotomizá-las, o estudioso será levado a reconhecer – com ganhos analíticos notórios – a transplantação de instituições inteiras de um continente a outro (trata-se da análise genética), com sua adaptação, fricção, ajuste e mesmo transformação profunda (trata-se da análise situacional), evidenciando que uma não vai sem a outra.

Um pouco é o que procurarei mostrar no 2º Passo, consagrado ao período colonial, incluído o ensino nos colégios dos jesuítas, aos quais foram acrescentados as escolas das reduções e o ensino de técnicas agrícolas, bem como a troca do hebraico e do grego pelo português e pelo nhangatu, sendo conservado o latim como *lingua franca* e de cultura.

É sobretudo nisso, no contexto da sociedade colonial, que a questão da filosofia nacional seria decidida, preliminarmente pela negativa, no sentido de *brasileira*: na esteira de padre Vaz, a quem recorrerei mais de uma vez neste e no próximo passo, que argumenta que a filosofia colonial não era nem brasileira nem portuguesa, mas a filosofia transnacional da Companhia de Jesus, a saber, a segunda escolástica, nascida na Ibéria, ensinada e difundida em latim, no Reino e na Colônia, e espalhada pelos quatro cantos do globo. Depois, na sociedade pós-colonial, com o fim do monopólio da segunda escolástica e a abertura a novas influências, a questão da filosofia nacional seria encaminhada de maneira mais nuançada, ao acrescentar ao exame dos pronomes *do* e *no* – sem o tudo ou nada das dicotomias absolutas – as questões adicionais do déficit inicial e de sua ulterior neutralização, e mesmo superação. Essas se dariam no curso do século XX, e, antes de tudo, nos últimos cinquenta anos.

Assim, com a discussão do déficit/superação do déficit ficando reservada à última seção, vou me limitar agora, ao concluir o tópico, a adiantar aqueles que serão os argumentos decisivos para pensar a filosofia nacional no âmbito da Colônia:

[1] o argumento histórico das descobertas, associado ao argumento antropológico do choque das perspectivas do ameríndio derrotado e do europeu vencedor, com a cultura indígena recalcada e deixada ao largo pela filosofia colonial: a segunda escolástica;

[2] o argumento etnológico das várias etnias, associado ao escravismo colonial das grandes *plantations*, resultando na escravização em massa do negro africano, que seria arrancado de suas terras para nunca mais voltar e reduzido ao silêncio por mais de três séculos, em uma situação talvez pior do que o escravo romano: lá definido como *instrumentum vocale*, aqui como *instrumentum mutum*, como a enxada, e, portanto, sem *vox* filosófica;

[3] o argumento demográfico, atestado pelos grandes números do período, com a Colônia exibindo uma população minguada, espalhada ao longo do litoral, com pouquíssimas cidades e o grande interior vazio, gerando um déficit permanente de escala em tudo na vida colonial, e mais ainda na filosofia: um luxo das elites, e assim mesmo para poucos;

[4] o argumento linguístico do latim como língua da cultura, e do nhangatu ou do tupi geral como língua da comunicação no interior da Colônia, terminando o português colonial precarizado e sem relevo

como língua filosófica: associado ao analfabetismo que atingia mais de 95% da população durante o período colonial, a questão do déficit institucional se veria agravada pelo déficit linguístico e cultural ("Colônia de poucas letras" era o bordão);
[5] o argumento político da Colônia, das fronteiras e dos mapas, em suas quatro vertentes, todas elas minando definitivamente as ideias de "nação" e de "nacional" na época colonial: [i] por causa do *status* de Colônia e do pacto colonial com sua dissimetria de nascença e incancelável; [ii] por causa do acordo dos dois reinos ibéricos celebrado no Tratado de Tordesilhas, que reservava à Colônia portuguesa as terras que iam, em linha reta, de Belém do Pará até Laguna, em Santa Catarina, ficando o Rio Grande do Sul de fora, bem como todo o Centro-Oeste e a Amazônia; [iii] por causa da posterior divisão política da Colônia portuguesa em dois Estados: o Estado do Brasil, ao sul, com sede em Salvador, na Bahia; o Estado do Maranhão e do Grão-Pará, ao norte, com São Luís como sede (1654-1751), seguido da inversão (Estado do Grão-Pará e do Maranhão), com a transferência da sede para Belém (1751-1772).[2] De sorte que a unificação dessas unidades com o Brasil do sul só se deu com a transferência da Corte para o Rio de Janeiro em 1808, tendo o Grão--Pará aderido ao Brasil independente tempos depois.

Sobre esses argumentos, todos decisivos para o encaminhamento não só da filosofia colonial, mas da discussão acerca da filosofia nacional, penso que a questão dos mapas condensa tudo e é aquela que melhor sumariza todo o dilema da Colônia em seus três séculos de existência e seus dois destinos: [1] o destino de Colônia, o tempo todo à sombra do jogo das potências europeias, dramaticamente escancarado no episódio do traslado da Corte; [2] o destino de país independente, depois do rompimento com Portugal, com a agenda posterior de criar a nação e a identidade do povo por todo o Período Imperial, em mais um episódio – quiçá o último – de uma terra em que o Estado chegou antes da sociedade, como comentado antes.

É o que mostra a historiadora Júnia Furtado em seu livro consagrado ao assunto, no qual ela se dedica ao exame minucioso do *affaire* dos mapas que tiveram grande protagonismo na revisão do Tratado de Tordesilhas, com

---

2 Assinale-se que a instabilidade do Estado do norte continuará até o fim do período colonial, tendo ocorrido a posterior divisão do Estado em dois outros: Maranhão e Piauí, um, com sede em São Luís; Grão-Pará e Rio Negro, outro, com sede em Belém.

seus "tempos fortes" em 1750, por ocasião das negociações diplomáticas que redundaram no Tratado de Madrid, assim como em outros tratados revisionistas que se lhe seguiram, como os Tratados del Pardo e de Santo Idelfonso. O resultado, ao qual voltarei no 2º Passo, será a incorporação de parte de Minas Gerais, do Centro-Oeste, da Amazônia e do Rio Grande do Sul ao Brasil, dando ao território brasileiro a feição atual, levando ao reconhecimento daqueles vastos territórios que faziam parte das terras *extra-Tordesilhas*. Ou seja, terras que ou não apareciam nos mapas, como o Brasil Central (grafado nos mapas dos geógrafos franceses com a expressão *Inconnu*), ou que estavam nas zonas de disputas com os espanhóis, como aquelas terras meridionais que hoje constituem o Rio Grande do Sul.[3]

Na mesma direção, mas com implicações diferentes para a filosofia nacional, foi a necessidade de considerar, além do mapa referido e das duas colônias lusitanas, os dois Brasis, ou melhor, os quatro: o do Norte/Nordeste e o do Sul/Sudeste, e ainda o do Litoral e o do Sertão, levando o frei Vicente de Salvador, com a reputação de nosso primeiro historiador, a dizer em pleno século XVII que os colonos dessas terras ficavam a "andar arranhando ao longo do mar como caranguejos". E, ainda, o imperador D. Pedro II a dizer, em meados do século XIX, conforme lembra o Visconde de Taunay, ao se referir aos dois Brasis:

> Com toda razão, dizia-me certa feita, o Imperador: "A Serra do Mar é uma espinha atravessada na garganta do Brasil. Muito o tem incomodado. Antes de mais, cumpre atacar este obstáculo no maior número possível de pontos, levando perpendicularmente à costa linhas de comunicação e de respiro ao pobre do Centro" (Taunay, 2005, p.148)

Trata-se do conhecido e renitente *topos* da litoralização, tendo como contraparte ou *pendant* o *topos* do sertão desconhecido (o *Inconnu* do mapa francês), cuja agenda – a conquista do interior –, além do Segundo Império, consistiria nas agendas dos governos republicanos que vieram depois, passando pelos anos JK, com a transferência da capital para Brasília e terminada recentemente com a revolução do Cerrado e a expansão final da fronteira agrícola protagonizada pelo agronegócio.

---

[3] Cf. Furtado, J., 2012, no qual o leitor encontrará uma excelente recapitulação do *affaire* do novo mapa e do contexto colonial e extracolonial, com grande destaque concedido a Luís da Cunha e a d'Anville. Ver também meu artigo publicado na revista *Analytica*, supracitado, p.80-82, no qual prossigo com as discussões, visando à filosofia.

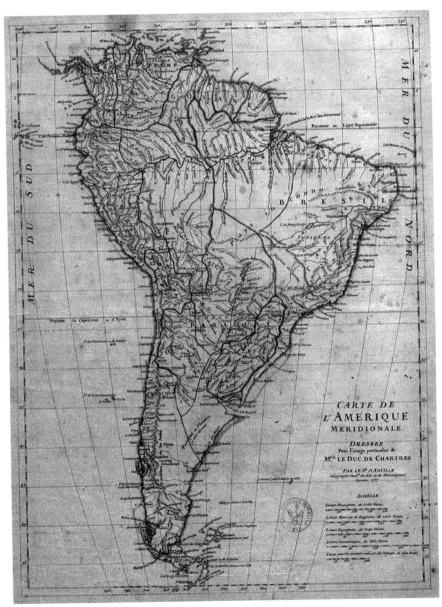

Para dar embasamento histórico e sociológico a esse tema clássico da historiografia brasileira, com remissão tácita e mesmo óbvia ao Tratado de Tordesilhas que "litoralizou" o Brasil, buscarei as companhias de Sérgio Buarque de Holanda, em suas incursões ao tema das bandeiras e das monções (*Monções* e *Caminhos e fronteiras*), de Roberto Wegner (*A conquista do*

Oeste – a fronteira na obra de Sérgio Buarque de Holanda) e de Jorge Caldeira (*Nem céu nem inferno*).

Todavia, por mais importante que seja, essa questão contextual não poderá sobrepor-se à questão filosófica, devendo resguardar-nos dos exageros da abordagem de Jorge Caldeira, que, em seu afã de originalidade, pretendia que a economia dos sertões no fim da Colônia, e mais ainda durante o Império – aquela voltada para o mercado interno –, seria maior do que a do Litoral e do latifúndio agrário-exportador, voltada para a Metrópole e o mercado externo: simplesmente, exagerado ou não, no tocante à filosofia, o certo é que no Período Colonial eram cinco ou seis os colégios de jesuítas onde existiu curso de filosofia, segundo Serafim Leite: "Rio de Janeiro, S. Paulo, Olinda, Recife, Maranhão e Pará" (Leite, 1948, p.109), com Minas Gerais criando o seu só em 1750, em Mariana, na região de Ouro Preto, e assim mesmo sem curso autônomo de filosofia.

Daí a decisão metodológica de não considerar o argumento da litoralização, ou antes, o argumento de sua contraparte do interior – o sertão esquecido – na abordagem da filosofia colonial, tal como ela se dará no 2º Passo, reservando-o ao 3º e ao 4º, quando Euclides da Cunha, em seu livro seminal, iria colocar na agenda nacional a questão do sertão. Contudo, a filosofia do período não tomaria conhecimento desse acontecimento capital na história do Brasil moderno, nem mesmo da Semana da Arte Moderna, tão importante para as letras e as artes nacionais, ocorrida 25 anos depois, continuando por muito tempo com sua agenda europeia e "estrangeirada". Isso perdurou até, pelo menos, os anos 1960, como se sabe, quando finalmente os primeiros filósofos intelectuais públicos irromperam na cena política brasileira.

3. AS DIFERENTES EXPERIÊNCIAS DO FILOSOFAR E A QUESTÃO DA ORIGINALIDADE DA FILOSOFIA NACIONAL

À diferença de outras áreas do conhecimento, como a física, em que se pode falar de *mainstream*, de estado da arte ou de modelo teórico padrão, as atividades intelectuais encontradas no interior da filosofia são diversas e recorrentes, desautorizando qualquer tentativa de tomar uma delas como a verdadeira filosofia ou a filosofia genuína, à exclusão de outras, consideradas falsas ou desnaturadas e de segunda mão.

A começar pela Antiguidade clássica, época em que tudo principiou e na qual, desde a origem, a cena filosófica foi uma diversidade só, havendo aqueles que viram na filosofia uma sabedoria, como no caso de Aristóteles, e outros que diziam ter trocado a sabedoria pela filosofia, a exemplo de Pitágoras – ambos, porém, deram-lhe um sentido existencial e viram na atividade filosófica um modo de vida. Não faltaram outras estirpes ilustres que enxergaram e buscaram outras coisas, umas fazendo da filosofia uma terapia (Sócrates, Plutarco, Cícero, Crisipo), outras, uma erudição ou exegese (Alexandre de Afrodisia), e outras, ainda, uma ascese, afastada de preocupações políticas e mundanas, vista como o ideal (Plotino).

A essas experiências e esses caminhos, somaram-se outros, não menos emblemáticos, como a busca da companhia da religião, como na Idade Média, a exemplo de São Tomás e Santo Agostinho; ou da companhia das artes, como o segundo Heidegger; ou, enfim, da ciência, como uma legião de filósofos analíticos em nossos dias. Não bastasse, há, ainda, a diversidade de ferramentas e métodos, uns contentando-se com os equipamentos e os serviços da lógica, outros acercando-se da retórica, outros da dialética, no sentido grego, e outros da matemática, como Descartes, Hobbes e Espinosa. Contudo, hoje ninguém mais faz isso, tendo a geometria perdido seu antigo apelo, quando os filósofos se convenceram com Kant acerca da impossibilidade de geometrização da experiência do filosofar, bem como da capacidade da filosofia de blindar os argumentos.

Ao tratar no livro dessas experiências e rotas intelectuais, focalizarei o importante tópico da originalidade, que vai somar-se a esse fundo comum e ser buscada em cada uma delas, inclusive entre nós, com a filosofia da Colônia denegada como cópia da Metrópole e, pior ainda, como *má* cópia, mero artigo de segunda mão, no entender de muitos. Contra esse modo de ver as coisas, considero que os filósofos modernos e contemporâneos são vítimas deles próprios, quando a contenção medieval e mesmo renascentista perdeu a razão de ser e cedeu o passo aos arroubos modernos, compartilhando uns e outros com os físicos de uma mesma arrogância, a saber: o culto do gênio e da genialidade, proveniente do Romantismo alemão, mas não só, colocando a filosofia nas vizinhas da arte e somando ao narcisismo do artista o narcisismo do filósofo. O resultado na ciência, na filosofa e na arte é o enfeitiçamento do novo e do inédito, bem como a conhecida frustração quando ele, ansiado, não aparece e não se consuma, ou aparece e se efetiva como o *déjà-vu* ou o velho. Todavia, bem pesadas as coisas, a criação é coisa rara e, como deixa entrever Charron no *Pequeno tratado da sabedoria*, o novo só sai ancorado na tradição e em contraste com o velho, podendo até chocar o leitor, acostumado às velhas calibragens e referências. Quanto ao restante – acrescento eu –, a criação absoluta e a busca renitente da novidade têm um custo muito grande e levam a uma grande entropia, devendo ser neutralizadas com a imitação e a repetição, como mostram a biologia e a história natural, que não têm dificuldades em indicar sua vantagem evolucionária. E por que não na cultura e no mundo humano? – pergunto eu, desconfiado que, entre a repetição pura e simples, e a novidade e a criação absolutas, há o espaço intermediário da novidade relativa e do crescimento incremental no qual tudo se decide, no fim das contas.

Com efeito, como muitos notaram, se o Brasil já chegou lá ao criar o sistema de obras e o *scholar*, o resto virá ou viria como por acréscimo e graças à força da tradição, não sendo diferente a situação da França, da Inglaterra, da Alemanha e da América do Norte. Ao fim e ao cabo, essas nações só chegaram antes e tiveram seus gigantes, corrigindo Newton, porque puderam apoiar-se sobre uma massa enorme, não digo de anões, mas de *experts* e *scholars*, e ousaram correr o risco do pensamento: o risco de pensar, de comparar e de falhar – coisa que ainda nos ameaça e que desde os tempos coloniais nos deixa paralisados e com a mente servilizada. Todavia, passado o tempo da cópia e do mimetismo, e já dispondo de uma tradição irradiada por São Paulo e espalhada em diferentes pontos do país, quem hoje ainda quer isso?

Ninguém – diga-se. Melhor faremos se, ao construirmos e manejarmos os tipos do filosofar, dispusermo-los em um gradiente e, com Kant, distinguirmos várias classes de filosofia, bifurcadas em filosofia acadêmica e filosofia cosmopolita, interpondo entre os extremos variantes, assim como acrescentando-lhes outras tantas bifurcações e variantes, cujo resultado serão as "n-furcações" e um verdadeiro emaranhado: assim, as filosofias populares e os filósofos *pop* na extensão cosmopolita, bem como os *scholars* e os eruditos no interior da filosofia acadêmica, depois que a filosofia se profissionalizou e passou a ser ensinada em universidades a partir do século XIX. Antes era matéria, não de erudição, mas de ensino, linha auxiliar da teologia e difundida nos seminários e colégios religiosos, como aqui no Brasil Colônia, ou então corria solta, longe das escolas, matéria de leitura e coisa de diletante. Trata-se, portanto, essas variantes, de possibilidades, as quais não foram tratadas no artigo nem o serão neste livro, devendo eu limitar-me a cinco figuras intelectuais, que lhes estão associadas de uma maneira ou de outra. Só estou comentando isso para mostrar que, ao propor-lhes os tipos e desenvolvê-los, como prometido, não quero dizer que a realidade da experiência se limita a eles ou que eles esgotem a realidade da filosofia brasileira. Longe disso. Eles foram modelados para pensar a complexa realidade autor-obra-público, na esteira de Antonio Candido. Para tanto, ao considerar o público, será preciso incorporar os efeitos da mídia, da indústria do livro e da universidade de massa, o que acarreta três conhecidas consequências:

[1] o aparecimento do filósofo e da filosofia *cult*, variante da filosofia popular e do filósofo *pop*; [2] o aumento do raio de influência do intelectual público e do filósofo cosmopolita, em um sentido algo diferente de Kant (filosofia que se fez mundo), aparecendo o filósofo na cena nacional de mãos dadas com a política; [3] o surgimento e a expansão maior ainda do *scholar* ou *expert* e sua repercussão sobre a indústria e a escala do livro, como mostrou Giannotti na entrevista no livro comemorativo dos quarenta anos do Centro Brasileiro de Análise e Planejamento (Cebrap), com Frege vendendo 100 mil exemplares na Coleção Os Pensadores (Giannotti, 2009, p.60).

A pressuposição, ao tratar desses aspectos, é que aconteceu por aqui nas últimas cinco décadas algo já ocorrido no curso dos anos 1950 em outros países. Por exemplo, na França, a julgar por Michel Foucault, que fala da massificação da filosofia francesa na entrevista "Estruturalismo e pós-estruturalismo", concedida em 1983 e publicada em *Dits et écrits II*. Segundo o filósofo,

> [...] havia na França, até as proximidades dos anos cinquenta, dois circuitos de pensamento, que eram praticamente, se não estranhos um ao outro, ao menos independentes um do outro: de um lado, o que eu chamaria de circuito universitário ou circuito acadêmico [...] de outro, o circuito do pensamento aberto ou do pensamento corrente; quando eu digo "corrente", eu não quero dizer absoluta e forçosamente de baixa qualidade.

Foucault exemplifica o tipo de obra que entraria no primeiro caso: livros, teses, manuais de cursos, destinados a leitores universitários e cuja difusão não transcendia os muros da universidade. Do segundo circuito, nada fala, e também do tipo de obra, a não ser a rápida menção a Bergson, cujos livros tinham muito sucesso junto ao grande público e cujos cursos no Collège de France eram seguidos por uma legião de admiradores – poder-se-ia acrescentar. Porém, o certo é que essa *dóxa* filosófica a que alude Foucault, chamada por ele de pensamento "corrente" e que está associado à sua voz "corrente", tem uma grande influência naquela parte da Europa, à diferença de outros países, e que se verá aplainada e rebaixada nessa nova situação. Ou seja, a voz da opinião pública ou da opinião comum que tinha e tem na França uma ampla área de influência e de irradiação, tendo por vetores os liceus, os sindicatos, os grupos de igreja, os cafés filosóficos e as diferentes mídias, sempre tão ativos e presentes no hexágono – e isso desde o início da Era Moderna, à época dos saraus e dos salões (exemplos meus). Ora, comenta Foucault, foi justamente esse estado de coisas que seria profundamente transformado a partir dos anos 1950, devido

[...] ao espalhamento das universidades, [à] multiplicação do número de estudantes e dos professores, que constituíam finalmente uma sorte de massa social, [ao] deslocamento das estruturas internas e [à] ampliação do público universitário, [e também à] difusão – que está longe de ser um fenômeno negativo – da cultura.

Dois são os resultados desse processo. Um positivo:

> O nível cultural médio se elevou consideravelmente, e, não importa o que se diga, a televisão desempenha [neste novo ambiente] um papel importante: as pessoas aprendem que há uma nova história etc. Acrescentem-se a isso todos os fenômenos políticos, de grupos, de movimentos que estavam a meio caminho ["à cheval"], no interior e no exterior da universidade. Tudo isso deu ao trabalho universitário um eco que ultrapassava mui largamente a instituição universitária ou mesmo o grupo de intelectuais especializados, profissionais.

Tais foram os casos de Sartre e de Merleau-Ponty, que, segundo Foucault, tinham um enraizamento profundamente universitário e, ao mesmo tempo, conseguiam chegar ao grande público, ficando o pensamento deles como que "ao alcance de todo o mundo". Outro resultado, negativo e mesmo fatal nessas circunstâncias: "[...] o advento de um discurso pouco elaborado" que, em vez de dar lugar a um trabalho de aprofundamento mais exigente e mais técnico, daria vazão à facilitação e ao rebaixamento do nível e das expectativas, conduzindo ao aparecimento de um público apressado e por demais disposto a trocar o esmerado ou o refinado pelos *slogans* ou os chavões.

Foucault vê na base desse novo fenômeno que levou à fusão dos dois circuitos e à sua indistinção algo muito perigoso e capaz de pôr tudo a perder: o nome que ele lhe deu foi "entropia", a qual era menor antes, quando existiam os dois circuitos independentes, poupando o universitário de maiores estragos, devido a seu fechamento e dogmatismo, e passou a ser significativamente maior depois dos anos 1950, quando a filosofia "se transforma em matéria de consumo corrente", conduzindo aos modismos e aos descartes em uma rapidez impressionante. E, segundo ele, um bom exemplo disso é seu caso pessoal:

> [...] foi preciso quinze anos para que se transformasse meu livro sobre a loucura num *slogan*: "Todos os loucos estavam presos no século XVIII", e não foi preciso nem mesmo quinze meses, mas três semanas, para transformar meu livro sobre a vontade de saber neste *slogan*: "A sexualidade nunca foi reprimida". Eu vi, em minha própria experiência – conclui –, a aceleração do fenômeno da entropia,

num sentido detestável para o pensamento filosófico; mas é preciso dizer, também, que isto [a entropia crescente] responsabiliza ainda mais aqueles que escrevem. (Foucault, 2001, p.1274-1275)

Mostrarei, então, ao seguir as pegadas de Foucault, que o fenômeno brasileiro seguiu outra rota e cumpriu uma agenda diferente. Assim, na França, com sua cultura geral poderosa, o grande público solicita o tempo todo o filósofo, alimentando as modas filosóficas, em cujo circuito intelectual, segundo o filósofo, faltam as revistas filosóficas acadêmicas especializadas, prevalecendo os magazines vendidos nas bancas e um punhado de revistas generalistas, como a *Esprit* e a *Revue de Métaphysique et de Morale*. Em contrapartida, no Brasil é algo distinto que sucedeu no mesmo período: um público cultivado menor solicitando a filosofia, exceto a autoajuda, cuja demanda é grande, e um circuito universitário com outras características, tendo ocorrido o aumento crescente das revistas acadêmicas devido às injunções da avaliação da Capes[4] e cujo resultado será o taylorismo acadêmico, disseminando a entropia e aumentando o descarte. No entanto, a comunidade filosófica brasileira não parece preocupada com isso, todo mundo funcionando no *modus* Capes – o *Qualis* –, bem como no *modus* CNPq – a plataforma Lattes –, feliz da vida ao lançar-lhe uma linha a mais e seguir adiante descartando e publicando, sem pensar e olhar para trás, como se fosse a coisa mais natural do mundo.

É o que mostrarei no 5º Passo, ao tratar da filosofia nos últimos cinquenta anos, na esteira do Sistema Nacional de Pós-Graduação (SNPG), quando um novo mandarinato e um novo império foi criado nos quatro cantos do Brasil: o mandarinato do *scholar* e o império do *expert*.

4. CINCO MODELOS OU TIPOS DE INTELECTUAIS

Prosseguindo as considerações metodológicas, na esteira do eixo do autor da tríade de Antonio Candido, depois de ter repertoriado o eixo da obra e sua originalidade, bem como alguma coisa do público, vou ressaltar nesta seção o expediente adotado para tipificar a natureza do trabalho intelectual

---

4 Conforme documento da área, disponível no website da Capes, no levantamento do Qualis a respeito de revistas de 2013, sobre um total de 1.333 periódicos listados, a produção estava concentrada em 1 estrangeiro, português, no caso, e 57 nacionais, ligados aos programas de pós-graduação, em sua maioria genéricos como os franceses, mas todos eles acadêmicos e com uma maioria de artigos especializados.

preponderante em diferentes períodos de nossa história. Trata-se do expediente dos tipos ideais, vistos a um tempo como "lentes de aumento" do real comum e "personagens conceituais" magnificados, e, como tais, construções mentais criadas pelo intelecto e consistindo em uma *inventio*, mas com informações e materiais supridos pela experiência e a partir de fontes históricas, antes de tudo. Ademais, como expediente, em si mesmo e *in abstracto*, cada tipo não quer dizer nada e redunda em pouca coisa, ficando sua fertilidade e seu rendimento a dependerem das aplicações à realidade histórica e a contextos específicos. E, ainda, expediente nada rígido e definitivo, variando o número de tipos segundo as épocas, as circunscrições geográficas e os campos intelectuais – é aqui que a história intelectual entra com seus inestimáveis serviços de fonte supridora –, e resultando nos casos específicos do Brasil e da filosofia em cinco modelos ou tipos intelectuais, já referidos no Prefácio, a saber:

[1] o clérigo colonial, tipificado pelo mestre-escola jesuíta, o qual via seu ofício como um apostolado intelectual e ao qual chamarei de intelectual orgânico da Igreja, na esteira do *Homo scholasticus*, conforme Bourdieu ao se referir ao *Homo academicus*: mais do que ninguém, o protótipo do apostolado é o padre Vieira, grande pensador e verdadeiro cidadão do mundo, cuja linhagem recua a Manuel da Nóbrega, lusitano como ele, tendo estudado em Salamanca, bem como a Anchieta, que era espanhol, tendo desembarcado no Brasil aos 20 anos de idade e aqui passado a maior parte de sua vida;

[2] o intelectual diletante estrangeirado, nostálgico da Europa e que se sentia desterrado em sua própria terra, conforme expressão cunhada por Antônio Sérgio e cujo tipo foi estudado e aprofundado por Jaime Cortesão (1950),[5] referindo-se ao contexto português e um pouco menos ao Brasil Colonial: mostrarei, então, que esse tipo prevaleceu no final da Colônia, depois da expulsão dos jesuítas, e se estendeu bem mais além, tendo como modelo Joaquim Nabuco, que dele falou e o identificou consigo mesmo em sua biografia. Precisamente, ao se referir a seu anglicismo, que o levou a agir no Senado brasileiro como se estivesse sob as ordens de Gladstone no Parlamento inglês, e cujo melhor exemplo em filosofia talvez seja Tobias Barreto, com seu germanismo e sua revista em alemão;

---

5 Especialmente os capítulos "Castiços e estrangeirados", p.90-106, e "O grupo social dos luso-brasileiros", p.108-119.

[3] o intelectual público engajado nas causas nacionais, cuja figura mais emblemática é Emile Zola, na França (*affaire Dreyfus*, final do século XIX), mas que foi criado e adensado entre nós no curso do século XX, tendo como um de seus modelos Euclides da Cunha, que, com sua pena brilhante, colocou os cafundós do Brasil – justamente os "sertões" esquecidos – na agenda nacional: tipo esse que se revelou essencial e a ele voltarei daqui a pouco ao perguntar quais são os filósofos brasileiros que podem ser considerados intelectuais públicos;

[4] o *scholar*, termo pelo qual os ingleses traduziram o vocábulo de origem latina *erudito*, referido a um tipo de intelectual comum ao campo das humanidades, tendo o filólogo e o historiador à frente, mas que no ambiente contemporâneo sofreria a influência crescente do *expert* egresso da ciência e com ele finalmente se fundiria, criando uma espécie de novo mandarinato: no caso da filosofia, seguindo as pegadas de Paulo Arantes em seu importante livro, mostrarei que sua gênese deverá ser remontada aos anos 1930, quando da fundação da USP, dando origem a uma experiência transplantada, com a Missão Francesa trazendo para o país seus próprios *experts* em filosofia que nos serviriam de modelo – não exatamente Maugüé, como quer Paulo Arantes,[6] e que não era exatamente um *scholar*, mas um professor, de resto um professor excelente, conforme depoimentos de Antonio Candido e de Cruz Costa, porém uma estirpe coletiva com Granger, Gueroult, Lefort, Goldschmidt e Lebrun como os principais nomes e representantes;

[5] o intelectual cosmopolita globalizado, tipo criado a partir do *a-polis* do historiador grego Luciano, pensador parecido com o intelectual público, porém diferente dele, com sua agenda política local e inscrita no espaço público da *polis* (cidade ou país), bem como diferente do intelectual estrangeirado ou desterrado, com os pés em um local e o pensamento em outro: o intelectual cosmopolita globalizado transpõe os limites do local e do país, para ganhar virtualmente o globo ou o mundo, tendo como realizações mais emblemáticas Foucault, Ralws e Habermas em filosofia, paralelamente a Weber, Dawkins e Amartya Sen nas ciências – e, diga-se, nem sempre colocando no centro das ações a agenda política (ver

---

6 De fato, segundo Cruz Costa, antes dele veio outro *normalien*, Etienne Borne, que por aqui ficou pouco tempo. Cf. entrevista concedida à revista *Trans/form/ação*, v.2, 1975, p.87.

o caso de Dawkins e Sen, o primeiro colocando em foco a religião e a defesa do ateísmo, o segundo, os temas da pobreza econômica e da desigualdade social).

Sobre essas cinco figuras, nas quais vislumbram-se tanto experiências históricas bem datadas quanto o *ethos* e a conduta de indivíduos, ou melhor, os *ethei* de grupos ou de coletividades inteiras mais do que de indivíduos isolados, é preciso dizer que se está diante de um gradiente com linhas de continuidade, e não exatamente de cisões e descontinuidades definitivas, podendo haver pontes sobre os *gaps* e vazios entre as extremidades. Ademais, as figuras são elas mesmas ambivalentes, e as experiências em que se enraízam são moventes, podendo cambiar e deixar tudo de ponta-cabeça. Esse é o caso do intelectual estrangeirado, cujo mal-estar e sentimento de estranhamento, desenraizado e desterrado em seu próprio país, pode levar tanto à alienação e ao esnobismo quanto ao engajamento crítico, e do intelectual público, pautando sua conduta pela comparação que não quer calar e pela indignação moral contra os males de seu país e as injustiças deste mundo. Esse é também o caso do autodidata diletante, figura que pode dar lugar ao improviso e à incompetência, devendo ser deplorado, bem como historicamente se revelar como o liame que leva ao *expert* ou ao *scholar*, com seu profissionalismo e sua dedicação, depois de romper com o intelectual da Igreja e abrir as vias para o pensamento laico: então, em vez de lamentado, seu serviço deverá ser reconhecido e premiado, como nos casos de Capistrano de Abreu e de Benedito Nunes, que eram autodidatas e se revelaram depois eminentes, respectivamente, historiador e filósofo. Quer dizer, em todos esses casos e essas situações, não se está diante de essências ou de substâncias, mas de tipos e de gradientes, cristalizados em comportamentos e em diferentes *ethei* da atividade intelectual, como salientado no Prefácio.

Com efeito, tudo isso é importante e deve ser considerado, com repercussão direta sobre a formação da *intelligentsia* brasileira, e em cuja modelagem, ao focalizar a filosofia, fui buscar apoio em uma gama de autores e estudos anteriores para respaldar as figuras intelectuais propostas, bem como para embasar os candidatos aos tipos.

A começar pela Colônia e pelo *Homo scholasticus*, ou o intelectual orgânico da Igreja: a fonte consultada foi, antes de tudo, a *opera omnia* do historiador jesuíta Serafim Leite, na qual relata a história da Companhia e dos principais protagonistas, em sua maioria entregues à ação pastoral. Acrescente-se, ainda, seu artigo, já referido, publicado em 1948 pela revista *Verbum* e intitulado "O curso de filosofia no Brasil e tentativas para se criar a universidade no Brasil no século XVII", no qual vários nomes de "lentes" de filosofia são apontados, atuando no Rio de Janeiro, Salvador e São Luís: assim, p.ex., Francisco de Faria e Manuel Xavier no Rio (Leite, 1948, p.133); Domingos Ramos, Antônio de Andrade e Luiz Carvalho (ibidem, p.137), sem indicação de lugar; Jerónimo Moniz e Roberto da Costa, na Bahia (ibidem, p.138); Bento da Fonseca, Rodrigo Homem e Manuel da Silva, no Maranhão (ibidem, p.124-125).

Por seu turno, além de Vieira, a joia da Coroa da Companhia de Jesus, Alcides Bezerra citou na conferência sobre a "Filosofia na fase colonial" o beneditino Mateus da Encarnação Pina, autor do ainda inédito *Tratado de theologia dogmatica e scholastica*, e o frade franciscano Manoel do Desterro, radicado no Rio de Janeiro e autor de *Philosophia scholastica*. E o que é importante: ambos os clérigos foram atuantes e com obras que lhes justificam a inclusão na estirpe do *Homo scholasticus*, evidenciando que tal *Homo* não é uma exclusividade dos jesuítas. Cruz Costa, enfim, acrescentou-lhe o franciscano Manuel do Desterro e o beneditino Gaspar da Madre de Deus, rivais dos jesuítas e propriamente filósofos, da mesma forma espécimes do *Homo scholasticus*, testemunhando que se está diante de um verdadeiro "molde" (cf. Cruz Costa, 1967, p.45, nota 3).[7]

Desses nomes, todos virtuais candidatos ao tipo, a preferência deverá recair sobre os jesuítas, em razão da centralidade da Ordem no sistema de ensino do Brasil Colônia. O escolhido foi Vieira. Entretanto, como já antecipado, nem sempre o encaixe é perfeito, podendo o tipo ideal e o intelectual real discreparem em mais de um ponto: esse é o caso de Vieira, que não era professor de filosofia, mas cuja obra tinha e tem até hoje atraído grande interesse e impacto filosófico, porém destoante do gênero que dominou o período: a segunda escolástica e os manuais conimbricenses. Então, para o tipo ficar completo, ao nome de Vieira devemos acrescentar outros jesuítas eminentes consagrados ao ensino de filosofia nos colégios, como Francisco de Faria, no Rio de Janeiro, apontado por Serafim e ao qual voltarei no 2º Passo, ao examinar-lhe mais detidamente o perfil, junto com outros candidatos jesuítas.

Passando para o intelectual estrangeirado, o segundo modelo, nostálgico de Portugal e da Europa, além de Jaime Cortesão, as fontes brasileiras

---

7 Em seu livro consagrado ao assunto, Paulo Margutti lista, ainda, do século XVIII, os nomes de Nunes Marques Pereira e Matias Aires, ambos de grande envergadura intelectual e algo destoantes do padrão da época, porém mantendo o mesmo teor salvífico e moralizante em suas obras. Voltarei ao ponto no próximo passo.

usadas para sua tipificação e a indicação de candidatura foram, respectivamente, Joaquim Nabuco e Sylvio Romero: Nabuco, ao criar o tipo nacional; e Sylvio, ao apontar e celebrar Tobias Barreto, ainda que sem lhe colar a etiqueta de estrangeirado. O outro candidato é o cearense Farias Brito, ao qual voltarei mais especificamente no 3º Passo.

Sobre os dois, os quais eu classifico de estrangeirados em razão de seu germanismo e de sua indefectível evasão intelectual, mesmo não tendo vivido na Europa e passado por Portugal, digo que são vistos, além do mais, como nossos primeiros candidatos a filósofos brasileiros originais.

Todavia, à exceção de Sylvio Romero, no tocante ao sergipano, padre Vaz e outros estudiosos não tiveram dificuldades em mostrar que, além de estrangeirados, Tobias e Farias faziam uma filosofia importada e de segunda mão, não merecendo a regalia. E, como eles, havia um sem-número de diletantes e curiosos, ávidos por novidades e entregues às ondas de modismos que aqui chegavam, em uma época em que não tinha aviões, pelos *paquebots* atracados nos portos do Rio e de Santos.

Por seu turno, no caso da terceira estirpe da intelectualidade filosófica, o *scholar*, a fonte usada para a tipificação da variante brasileira foi, antes de tudo, Paulo Arantes e seu livro *Um departamento francês de ultramar*, ao qual se somou um depoimento oportuno de Antonio Candido acerca da época em que ele foi aluno na recém-fundada Faculdade de Filosofia, Letras e Ciências Humanas (FFLCH) e do curso de filosofia, onde assistia às aulas dos jovens professores franceses aqui desembarcados, com Maugüé na linha de frente. Outras fontes importantes foram as entrevistas de Bento Prado, Giannotti, Marilena Chaui e Porchat publicadas no livro organizado por Marcos Nobre et al., várias vezes referido, ao se reportarem aos anos de fundação do Departamento de Filosofia da USP, bem como aos anos 1950, quando nossos primeiros jovens *scholars* nacionais entraram na cena filosófica brasileira.

A essa experiência paulistana e uspiana, protagonizada pela Missão Francesa e sua discipulagem nacional, será preciso acrescentar a de outros centros, como Rio de Janeiro, Minas Gerais e Rio Grande do Sul, e, antes de tudo, o papel decisivo da Capes e do SNPG implantado nos anos 1970, quando foi iniciada a formação da *intelligentsia* brasileira dentro do próprio país e com o *scholar* nacional na linha de frente.

Quanto aos candidatos, não podendo ser apenas um, posto que eles são uma legião nos quatro cantos do país, uma das fontes que se revelou fecunda para chegar aos nomes mais emblemáticos e influentes foi o livro de Marcos Nobre et al. já referido: p.ex., Guido de Almeida e Raul Landim, no Rio de Janeiro; Oswaldo Porchat, em São Paulo; Balthazar Barbosa Filho e Ernildo

Stein, no Rio Grande do Sul; e José Henrique Santos, em Minas Gerais – os dois últimos não entrevistados no livro, mas que não foram menos influentes e decisivos. Quanto ao restante, todos eles somados são essenciais e, além de eminentes *scholars* e especialistas em seus diferentes campos, formaram toda uma geração de futuros *scholars*, dando continuidade à obra iniciada, mesmo que não exatamente discípulos, como no caso de muitos deles e no meu próprio, que fui aluno de José Henrique nos anos 1970-80 e por quem tenho grande admiração.

Por fim, os intelectuais públicos, cuja tipificação se mostrou especialmente complexa, levando-me a buscar fontes diversas dentro e fora da filosofia, bem como nacionais e estrangeiras: assim, no tocante às nacionais, há Paulo Arantes, no *Departamento francês de ultramar*, em *O fio da meada* e em seu excelente depoimento-obituário sobre padre Vaz.

Tendo como exemplo emblemático internacional Émile Zola e o famoso *affaire Dreyfus*, e como contraponto *La trahison des clercs*, de Julien Benda, ao procurar os espécimes nacionais fora da filosofia logo deparei-me com os nomes de Ruy Barbosa e Joaquim Nabuco. Contudo, embora eminentes, logo os descartei, pois, se eram homens públicos, não eram intelectuais públicos, por não viverem da pena, mas até mesmo de prebendas e benesses do Estado, como no caso de Nabuco, oriundo da aristocracia da cana de Pernambuco, senador do Império e diplomata de carreira.

Então, na esteira de Cruz Costa, o escolhido foi Euclides da Cunha: ele, sim, vivia da pena e transcendeu a figura do intelectual erudito e acadêmico, fosse como jornalista, fosse como escritor e intelectual público, e ainda mais do que como político e homem público, ao colocar os sertões no centro da agenda política brasileira – um nome excelente, sem dúvida, e que só não é perfeito por causa de sua morte trágica, não por algum motivo público, mas privado, devido a uma desavença amorosa, como é sabido. Não obstante, não há dúvidas de que Euclides é um exemplo emblemático da estirpe, só que ele não era exatamente um filósofo.

Quanto aos filósofos, depois de pensar bastante, descartei os nomes de Benjamin Constant e de Álvaro Vieira Pinto. Na época em que escrevi o artigo da *Analytica*, o argumento parecia sólido: não passavam de intelectuais de corporações, um do Exército e o outro do Instituto Superior de Estudos Brasileiros (Iseb). Hoje tenho minhas dúvidas.

Sobre Benjamin Constant, sobre quem serei breve, deve-se considerar seu grande protagonismo tanto na proclamação da República quanto como ministro de Estado, além de sua grande influência sobre a chamada opinião pública, pelo menos a do Rio de Janeiro, para além dos quartéis e do Exército.

Porém, como estava à procura de nomes que melhor se enquadrassem no tipo ideal do intelectual público, unindo os requisitos de *expertise* em alguma área do conhecimento, filosofia, inclusive, e de notoriedade política, concluí que o eminente positivista atendia apenas à segunda metade (a face política), ficando a primeira meio combalida (o positivismo não era uma especialidade, mas uma corrente de pensamento, não sendo ele um filósofo de formação por paixão ou afinidade, mas militar, engenheiro e professor de matemática).

Sobre Álvaro Vieira Pinto, hoje meio esquecido entre nós, e até recentemente alvo de avaliações bastante negativas por filósofos da estirpe de padre Vaz, Bento Prado, Paulo Arantes e Gérard Lebrun, penso que é preciso nuançar bastante, considerando outros aspectos de sua trajetória intelectual e política, para bem aquilatar o papel e a envergadura do autor, bem como o significado e o alcance de sua obra.

Como ele próprio reconhece em entrevista concedida a Dermeval Saviani (Cortez, 1982, cf. referências mais precisas na nota de rodapé), o início de sua carreira filosófica foi marcado pelo diletantismo, depois de formado em medicina e ter-se consagrado à pesquisa laboratorial por um longo tempo. Tudo isso no Rio de Janeiro, e eis que as coisas mudaram. Convidado por Alceu Amoroso Lima, começou a carreira na velha Universidade do Distrito Federal (UDF) e, posteriormente, passou a ensinar na nova Universidade do Brasil, onde prosseguiu sua vida obscura trancado pelos muros da academia. Depois de um golpe de sorte – o convite meio aleatório de Corbisier –, seu destino pessoal viu-se atado ao do Iseb, recém-criado, abrindo-lhe o caminho para o fim do anonimato e a ocupação da cena política, ao associar seu pensamento ao projeto desenvolvimentista de JK e às reformas de base de João Goulart. Porém, passados dez anos do *turning point*, ao se transformar em intelectual público, veio o golpe de Estado de 1964, que lhe forçou o caminho do exílio, terminando abruptamente sua carreira *pública* de intelectual e anônima de professor universitário, quando beirava os 55 anos. Tudo estava terminado, e no mesmo compasso a possibilidade de ver seu nome como intelectual público ligado à filosofia, ficando a pecha de intelectual do Iseb e de chapa branca – injusta, ao fim e ao cabo, mas real.[8]

---

8 Penso que essas referências ficariam lamentavelmente incompletas sem informações adicionais acerca de seu exílio e de sua volta. Começando pelo exílio, ele foi parar na Iugoslávia e, um ano mais tarde, no Chile, onde se ligou por algum tempo a uma Agência das Nações Unidas. Durante todo esse período, ele foi forçado a improvisar bastante para viver dos favores do intelecto, chegando a publicar livros importantes no campo da demografia, com sucesso no México e sem tradução para o português. Some-se, ainda, sua atuação como educador, consagrado à alfabetização de adultos, tendo chegado a publicar um

À diferença deles, mais próximos de nós e menos controversos, realizando melhor o tipo ideal, havia ao menos três ilustres filósofos brasileiros que, além de filósofos, foram e são intelectuais públicos, com reconhecida repercussão fora dos muros da filosofia e, inclusive, com repercussão política: [1] Giannotti, tendo como plataforma o Cebrap, ligado na época da ditadura ao Movimento Democrático Brasileiro (MDB) e depois ao Partido da Social Democracia Brasileira (PSDB); [2] Marilena Chaui, tendo como plataforma a USP, ligada ao Partido dos Trabalhadores (PT) desde sua fundação e vista como intelectual do partido; [3] padre Vaz, cuja figura de intelectual público eminente é traçada por Paulo Arantes no referido documento-obituário: na origem, uma elocução oral em sessão de homenagem ocorrida na Pontifícia Universidade Católica de São Paulo (PUC-SP), depois da morte de Vaz, em 2002, e publicada pela revista *Síntese* um pouco depois, na qual Arantes recupera sua ressonância e ação política, com a credencial de mentor da Ação Popular (AP), em um período importante da história de nosso país, os anos 1960 e o início da ditadura.

Sobre os três como intelectuais públicos, os nomes de Giannotti e de Marilena Chaui, familiares ao público contemporâneo, não colocam maiores embaraços ou estorvos, exceto no campo dos partidarismos e das opiniões políticas, nunca no enquadramento como tais intelectuais. Porém, não é o caso de padre Vaz, passado tanto tempo a conjuntura nacional a que seu nome viu-se associado, estendendo-se dos anos anteriores a 1964 até 1968 e um pouco depois, quando foi instado ao silêncio obsequioso e depois, por vontade própria, se afastou da cena política.

---

livro e merecendo todo o apreço de Paulo Freire, que o chamava de "mestre brasileiro": idealizado em 1966 sob a forma de um roteiro para cursos extras de verão quando vivia no Chile, o livro seria publicado pela Cortez em 1982, com o título de *Sete lições sobre educação de adultos*, e logo abriu para o autor outro percurso intelectual, com amplo reconhecimento e ampla notoriedade fora da filosofia. Sobre sua volta, consumada em 1968, quando o AI-5 foi promulgado, A. V. Pinto nunca mais conseguiu levar uma vida acadêmica estável, até que foi anistiado em 1981 e reintegrado como aposentado à Universidade Federal do Rio de Janeiro (UFRJ). Enquanto isso, consagrou-se ao ofício de tradutor, quando foi contratado pela Ed. Vozes, usando pseudônimos e sem poder se revelar ao público. Finalmente, outras obras importantes de Álvaro Vieira Pinto depois do Iseb foram *Ciência e existência* (Paz e Terra, 1969), *O conceito de tecnologia* (Contraponto, v.1 e 2, 2005) e *A sociologia dos países subdesenvolvidos* (Contraponto, 2008). Resultado: se foram a política e uma corporação que deram ao autor certa fama, também foram a política e o fim da corporação, sem qualquer esteio acadêmico, que lhe retiraram da cena pública e o condenaram ao ostracismo. Porém, ele continuou escrevendo, e muito, e a obra terminou por salvar a memória do autor.

Voltarei aos três no 5º Passo, quando terei a ocasião de desenvolver as análises e adensar-lhes os tipos e as biografias.

Por ora, para respaldar a inclusão de padre Vaz – mais do que como candidato – como eminente intelectual público, vou na sequência destacar um conjunto de depoimentos dentro e fora da filosofia que atestam o liame de Vaz com a política – a supor que seu papel como *scholar* e erudito é mais conhecido, dispensando-me de maiores considerações nesse passo –, e portanto, ao somar os dois componentes, garantindo sua inclusão nessa importante estirpe.

De saída, cabe citar o registro de Herbert de Souza, o Betinho, 1º coordenador da AP e um dos fundadores do PT, que evoca a contribuição fundamental de padre Vaz no processo de elaboração do *Documento de base*, por ocasião da fundação da AP em 1963. Escreveu Betinho: "O padre Vaz foi nosso ideólogo. [...] Quando a gente quis elaborar para o documento da AP a parte ideológica, teórica, filosófica, foi ele quem escreveu. Já nascemos com a teoria elaborada, a gente elaborou mais a parte da análise histórica e política" (Souza, 1996, p.38).

Some-se a isso a fala de José Henrique Santos, em seu obituário, no qual destaca – antes da AP – os vínculos do jovem jesuíta com a Juventude Universitária Católica (JUC) e o Movimento de Educação de Base (MEB):

> Em sua última entrevista – escreve José Henrique –, padre Vaz fala de sua participação política naqueles anos, do trabalho com a Juventude Universitária Católica (JUC) e com o Movimento de Educação de Base, bem como de textos, como "Cristianismo e Consciência Histórica", de 1961, que exerceram considerável influência nos movimentos cristãos, embora, modestamente, dissesse que "eram textos de reflexão, não de ação". (Santos, 2002)

Encerrando o tópico, duas breves observações adicionais sobre a faceta política de padre Vaz, com a expectativa de o leitor interessado se dirigir ao 5º Passo, no qual terá o perfil completo tanto de Vaz quanto de Giannotti e de Marilena. 1ª observação: sobre a AP, cujo papel na resistência à ditadura foi fundamental, lembro ao leitor sua centralidade na constituição e na organização da esquerda católica nos anos 1960, bem como seu legado histórico, que se estenderia para além daqueles anos, ao gerar e deixar desenvolver aquele embrião ou componente que, mesmo com a AP extinta e uma grande parte dela anexada ao Partido Comunista do Brasil (PCdoB), nos anos 1980 daria nascimento ao PT, como de pronto reconhecem Betinho e outros estudiosos, como Reginaldo B. Dias (ver 5º Passo). 2ª observação: para uma maior precisão do vínculo de Vaz com a AP, é preciso considerar seus próprios comentários publicados na entrevista concedida aos *Cadernos de filosofia alemã*, na qual ele observa, nas p.85-86, que "nunca fui membro da AP, nunca me inscrevi; fui uma espécie de assessor informal [...], mas colaborei na redação de alguns documentos".[9]

Por fim, antes de passar à quinta figura, noto que as anteriores foram exaradas retrospectivamente, apoiadas em análises históricas e experiências institucionais, bem como com a ajuda de uma ampla literatura que extrapolava a filosofia e que se revelou pertinente, como no caso das relações de padre Vaz com a AP ou do clérigo da Colônia com a Companhia de Jesus.

Diferentemente, com a quinta figura – o intelectual cosmopolita globalizado – o expediente consistirá em olhar para a frente e, com apoio no presente, indagar pelo futuro que nos espera. A rigor, não está em jogo nem a

---

9   No 5º Passo, no qual eu volto ao tópico, o leitor terá a ocasião de aprofundar esse importante elemento da biografia de padre Vaz, com destaque, p.ex., para o depoimento de Landim no livro de Marcos Nobre et al., que traz à luz outras faces dos documentos fundadores da AP. Ao concluir as observações adicionais, acrescento dois outros acontecimentos não menos significativos para aquilatar o Vaz político, ocorridos em dois momentos distintos de sua vida e sobre ela repercutindo direta e profundamente, como sacerdote religioso e como professor de filosofia. Um deles, o conflito entre a chamada igreja do povo (à qual estava vinculada a JUC, bem como seu braço laico: a AP) e a igreja hierárquica, com Roma e a cúpula da Companhia de Jesus exigindo-lhe o recolhimento e o "silêncio obsequioso", que ele, bom jesuíta, cumpriu rigorosamente por vários anos. O segundo, ocorrido mais tarde, foi o afastamento e a desconfiança *vis-à-vis* do marxismo e de sua companheira de viagem, a teologia da libertação, receoso de que aquela corrente de pensamento terminasse por engolir a teologia e, por fim, o cristianismo. Por último, para o perfil político ficar completo, há que se registrar o Plebiscito de 1993, quando a população brasileira foi convocada para deliberar sobre o sistema de governo, e Vaz apoiou a monarquia. Com a ressalva, conforme vim a saber depois, ao conversar sobre o assunto com pessoas mais chegadas, como Hugo Pereira do Amaral, de que tal apoio era devido menos a convicções ideológicas do que a certo enfado com a política. Todavia, ao fazer esses registros e trazê-los a público, não tenho a intenção de questionar ou denegrir as opiniões políticas tardias de padre Vaz, mas tão só de registrar o que se poderia chamar de inflexão conservadora de seu pensamento, quando ficou mais velho. Inflexão essa que certamente pode desconcertar, ou mesmo frustrar, certas expectativas, mas que deverá ser nuançada, se não quisermos cometer injustiça à sua memória. Na época da ditadura, Vaz acolheu e foi prestativo com muitos amigos e admiradores perseguidos pelo regime. Data dessa época, até os anos de chumbo, a frequentação a seu círculo do jovem Paulo Arantes, dando nascimento a uma amizade e uma admiração recíprocas que continuaram pela vida afora, mesmo quando estiveram mais distanciados. No fim da ditadura, o ambiente mais favorável a outros credos e a novas influências não o impediu que circulasse por Belo Horizonte, na UFMG, na casa dos jesuítas, na Avenida Álvares Cabral ou na faculdade da Cia, localizada na região da Pampulha, assistindo a seus cursos e tomando-lhe conselhos, até sua morte, uma legião de admiradores e de discípulos, inclusive Landim. Penso que é o bastante.

construção de um tipo – na falta da matéria histórica – nem o apontamento de candidaturas. Trata-se, antes, de uma figura conceitual e especulativa, nesse sentido parecida com o tipo ideal, e trata-se também, no plano metodológico, como venho dizendo com Ducrot, de fazer um "inventário dos possíveis", com uma dupla ancoragem e uma dupla perspectiva: apoiado no real comum ou no presente histórico, e, ao mesmo tempo, apoiando-se em projeções intelectuais e abrindo-se ao futuro, como exercício conjectural e como sondagem do futuro.

Assim, uma possibilidade que já está no horizonte é vingar entre nós, como já ocorre pelo mundo afora, a tirania de um novo mandarim e instituir um novo mandarinato: o mandarinato do *scholar*, com sua concepção técnica da filosofia e o risco que a acompanha – o sacrifício do intelecto e a morte do pensamento. Outra possibilidade, que ainda não aparece no horizonte, é o surgimento de um pensador original e, com ele, o da primeira escola filosófica brasileira – um pouco como os norte-americanos o fizeram, depois que Peirce e James criaram o *Metaphysical Club* em Massachusetts, nos Estados Unidos, e mais tarde anunciaram que os norte-americanos já tinham sua filosofia, uma filosofia própria, tendo, inclusive, lhe dado um nome de batismo: justamente o pragmatismo.

Impressionados com o exemplo norte-americano, e fiando-se na analogia entre as duas Américas, Bevilácqua e Cruz Costa profetizaram que, se alguma filosofia própria pudesse vingar e crescer nestas paragens – como lá no Norte, deixando a metafísica de lado –, ela bem poderia ser o pragmatismo. Contudo, tal não ocorreu, o pragmatismo chão, pedestre e empiricista dos portugueses não deu frutos intelectuais, e o quadro hoje está mais embaralhado, estando ainda por ser concluída nesta parte do globo e na filosofia destas terras aquilo que já tinham feito os filósofos norte-americanos, bem como nossos escritores e cientistas sociais: a crítica ao culto do gênio europeu e ao modelo do intelectual estrangeirado.

Tendo nossa *intelligentsia* chegado aonde chegou, quando o gênero da história da *formação* do Brasil moderno nos legou essas obras-primas que são os livros de Antonio Candido (literatura), Celso Furtado (economia), Gilberto Freyre (família), Raymundo Faoro (patronato) e Caio Prado Júnior (nação), foi a vez de a filosofia fazer algo parecido. Desta feita, com Paulo Arantes dedicando seu livro à formação da filosofia uspiana e abrindo o caminho para aquilo que seria a *formação da filosofia brasileira*, que até hoje ainda não veio à luz. No entanto, se ainda não há a obra, não nos faltam a experiência e a realidade da página virada, com a agenda da *pós-formação* ocupando hoje o primeiro plano (mais à frente darei os créditos ao último termo).

Então, a meio caminho do *scholar* – hoje uma legião – e do *intelectual público* – este mais raro e diretamente aliado à política[10] –, uma nova figura da experiência intelectual poderá irromper na *Terra Brasilis*: justamente, a do intelectual cosmopolita globalizado, como Foucault,[11] Bertrand Russell, Habermas, Dawkins e Rawls, e, como tal, típico das sociedades urbanas e globalizadas da segunda metade do século XX, e a exemplo do Brasil do século XXI.

5. O RECORTE TEMPORAL, A HIPÓTESE DO DÉFICIT E SUA NEUTRALIZAÇÃO

Cobrindo cinco séculos de nossa história, o livro só se tornou metodologicamente viável mediante a introdução de recortes temporais mais ou menos longos, tendo como pontos de corte as figuras intelectuais emblemáticas em diferentes épocas, e auxiliados por um *mix* de critérios adicionais, uns de ordem semiótica e outros de ordem histórica.

Por um lado, há os critérios associados às obras consideradas segundo o gênero literário, com o crivo recaindo sobre aquele tipo visto como icônico ou mais difundido e adotado pela maioria, bem como ligados ao público de leitores com seus gostos *standards* e suas demandas diversificadas, prevalecendo uma ou outra nos diferentes períodos (aquisição de conhecimento ou de uma habilidade, formação da mente ou do caráter, cultivo da consciência crítica, autoajuda e outras). Por outro lado, constam critérios históricos e sociológicos recaindo sobre a estrutura da sociedade, com suas diversas formas de organização e estratificação, suas clivagens e demarcações, as relações de poder prevalecentes e os principais campos de força que irão moldar a mentalidade e a cultura: o latifúndio agrário-exportador, o padrão casa--grande & senzala e o aristocratismo que, com uma inflexão ou outra (fim da escravidão etc.), se estenderam da Colônia à República Velha; a empresa capitalista, o padrão da civilização urbano-industrial e o desenvolvimentismo

---

10 Daí o qualificativo *público*, no passado com uma interpretação restritiva que identificava a esfera pública com a política e com o domínio do Estado (*res publica*), e hoje consideravelmente ampliada, cujo raio de ação abarca tanto o social quanto o cultural, e cujo espaço público, ainda que bastante dilatado, o filósofo tem dificuldade de ocupar, ao sofrer a concorrência mais aparelhada do pensador de ciências humanas e sociais.

11 Não obstante ele se dizer um "intelectual específico", sua influência se estende pelos quatro cantos do planeta, com uma agenda que extrapola largamente a da política, à diferença do segundo Sartre, que acabou engolfado por ela.

que comandaram a agenda do Brasil moderno; os limiares, as permanências e as rupturas da sociedade colonial e pós-colonial, abarcando a instauração da colonização de povoamento e o modelo da *plantation*, a expulsão dos jesuítas, a transferência da Corte, a independência, a Proclamação da República, a Revolução de 1930, o Golpe Militar de 1964, o fim do regime militar etc.

Adicione-se a tudo isso a hipótese contrafactual do futuro do país e da filosofia nacional, e ter-se-á, então, os cinco passos argumentativos que irão nuclear os ensaios metafilosóficos, ou seja: [1] a Colônia, a estrutura social bifurcada (senhor e escravo) e o intelectual orgânico da Igreja, tendo como figura emblemática o clérigo jesuíta; [2] a sociedade pós-colonial, a continuidade da estrutura bifurcada depois do fim da escravidão e da monarquia, até a República Velha, e o surgimento do intelectual diletante estrangeirado, tendo como figura emblemática o bacharel egresso do direito; [3] o período pós-Revolução de 1930 até o início dos anos 1960, caracterizado pela estrutura social ramificada, com a incorporação das classes médias urbanas e o surgimento intelectual disciplinar especializado, tendo como figura emblemática o *scholar* proveniente da ciência: o *expert*, e em filosofia o virtuose francês que fundou a USP; [4] o período pós-1964, a permanência da estrutura social ramificada, a implantação do SNPG liderado pela Capes, a universalização do *scholar* especializado e o surgimento dos primeiros intelectuais públicos em filosofia; [5] a sondagem do futuro, o "inventário dos possíveis", das novas experiências intelectuais no Brasil de amanhã e as hipóteses contrafactuais que lhe estão associadas, a saber: a instauração de um novo mandarinato, fundado sobre a realidade da hegemonia do *scholar* na cena acadêmica atual, inclusive na filosofia, ou seja, como dito, o mandarinato do *scholar* ou do *expert*, tendo como contraponto lógico e especulativo – de ordem contrafactual, portanto – o intelectual cosmopolita globalizado. De resto, intelectual que não é senão o velho sábio e pensador, como será evidenciado no 6º Passo, porém recalibrado para os tempos novos, quando a sabedoria cedeu lugar à ciência. E, ainda, com uma agenda parecida, mas não confundida com a do intelectual público, na qual a política aparece em primeiro plano, e semelhante mas não igual ao polímata, ou mesmo ao *cosmopolitès* antigo, com seu universalismo, que tinham uma agenda mais ampla, sem os vieses da política nacional e da nação moderna.

Definidos os recortes temporais, passo às duas hipóteses que comandaram os passos, já referidas no Prefácio e às quais volto com a intenção de desenvolvê-las, concluindo os prolegômenos: [1] a hipótese do déficit institucional/cultural de padre Vaz e de Leonel Franca, endossada por Cruz Costa em seu artigo sobre a universidade no Brasil e na América Hispânica, com circunscrição para os tempos coloniais, porém com validade segundo Vaz até o início dos anos 1960;[12] [2] a distinção entre sistema de obras literárias e manifestações episódicas delas, introduzida por Antonio Candido para a literatura, e que eu estendi, a título de hipótese, para o terreno da filosofia, como já ressaltado no Prefácio (cf. Candido, 2000; 2009, p.23).

Ao procurar coordenar as duas hipóteses, logo me dei conta de que precisava de um método comparativo para contrastar o antes e o depois no tempo, bem como o aqui e o acolá no espaço, importando tanto o real e as positividades quanto as negatividades e as virtualidades. Tal método, como antecipado, encontrei na linguística estrutural, que me deu os dois componentes de que precisava: o método *in praesentia*, para operar as positividades ou as realidades empíricas; o método *in absentia*, para trabalhar as virtualidades e os afastamentos, e mesmo os elementos abstratos e especulativos tão caros à filosofia – procedimento que se revelou essencial para vencer a opacidade do real empírico e conferir inteligência e algum atrativo a essa matéria por vezes tão anódina e tão cinzenta como a atividade intelectual. Então, mais do que um método comparativo ou uma técnica auxiliar a seu serviço, a serviço das comparações, o duplo foco nas ausências e nas presenças, combinando os aspectos empíricos e abstratos da dialética do conhecimento, revelou-se essencial para trabalhar as positividades elas mesmas e por elas mesmas, ao se fundir com o método dos tipos ideais de Weber e à máxima que o comanda: para compreender o real comum precisa-se de uma construção mental e explicar o primeiro pela segunda.

Ora, como o leitor notará, é justamente esse aparato metodológico que foi montado ao se procurar instanciar as duas hipóteses ao longo destes estudos, com o propósito de restituir o liame lógico e também histórico – ou o

---

12 Várias vezes Vaz voltou a esse ponto, uma espécie de *topos* em suas reflexões sobre a situação da filosofia no Brasil. No artigo já mencionado, "O problema da filosofia no Brasil", *Síntese*, 1984, ele sentencia na p.20 que "a sociedade colonial, em suma, não apresentava densidade cultural tal que pudesse alimentar uma reflexão filosófica como exigência ou expressão da cultura", para concluir na p.21 que a ruptura com esse estado de coisas só vai ocorrer no século XX, depois da fundação da USP. Em uma de suas últimas entrevistas, publicada nos *Cadernos de filosofia alemã*, da USP, p.98-99, ele ressalta a dificuldade que enfrentou em sua primeira incursão nessas matérias, ao preparar seu primeiro artigo para a *Revista Portuguesa de Filosofia* (não havia quase nada), reiterando mais uma vez o fato decisivo que foram a fundação da USP e o papel da Missão Francesa, e concluindo que "de 1960 para cá houve uma mudança radical daquele quadro [de indigência]", com a "multiplicação dos departamentos de filosofia"; a aparição de "muitas revistas de filosofia, cada dia aparece uma"; e, ainda, a existência "de centros de interesse filosófico diversificados, no Rio Grande do Sul, em Belo Horizonte, em São Paulo, no Nordeste, no Rio de Janeiro. O panorama é bem diferente".

fio da meada, se se quiser –, que vai da instauração dos déficits na Colônia à sua superação ou neutralização no Brasil moderno e contemporâneo.

Começo, então, pela hipótese do déficit ou, melhor, dos déficits.

O *locus* de seu surgimento e de sua circunscrição temporal foram a Colônia e o Período Colonial, na esteira da transplantação das instituições e dos dispositivos da Metrópole para o Novo Mundo. Uma vez instalados, eles iriam sofrer os efeitos do contexto ao se adaptar ao novo ambiente, resultando na impressão recorrente de precariedade das coisas, de *gaps* invencíveis e de desterro permanente, com a periferia, ou a Colônia, longe, ex-cêntrica e na franja do sistema. Tudo isso consistiu em um *topos* obrigatório de análises das mais diversas procedências acerca da sociedade colonial, e mesmo pós-colonial, com Sérgio Buarque falando da existência de um verdadeiro *cultural lag*, como comentado no Prefácio, ao se referir ao brasileiro cordial e ao contexto de seu surgimento. Ou seja: a sociedade colonial com seu agrarismo e o império das relações pessoais, fundadas sobre o sentimento, o mandonismo local e a hierarquia das dependências – tudo isso em contraste com os Estados Unidos, como notou Tocqueville, que puseram fim às hierarquias e constituíram uma sociedade de iguais, fundada sobre relações impessoais e protegida contra os transbordamentos do coração, ao opor-lhes os freios do direito e os ditames da razão republicana, ao menos no tocante a seus pais fundadores. Nesse sentido, haveria um *cultural lag*, ou uma defasagem cultural e mesmo temporal, ao se comparar os dois países, segundo Sérgio Buarque. Ambos ex-colônias, porém com destinos diferentes, como deixa entrever Sérgio, ao sublinhar a situação em que estávamos quando escreveu seu famoso livro, nos anos 1930, com o brasileiro cordial e a sociedade agrária em que ele nasceu em franco processo de decomposição, e a sociedade urbana e industrial ainda bloqueada entre nós e relegada para as calendas.

Como se viu no Prefácio, não serão diferentes os diagnósticos e as análises atinentes à filosofia, com a ideia de *cultural lag* de uma maneira ou de outra sendo referida pelos estudiosos, inclusive por norte-americanos, no tocante a seu próprio país. Assim, Schneider, ao falar da filosofia norte-americana de seu tempo, nos anos 1940, referiu-se à sua situação de "franja" da Europa, e, também, Cruz Costa e padre Vaz, ao fazerem menção ao Brasil e à filosofia colonial, adicionaram impressão negativa e, pior ainda, de precariedade e de falta de densidade, com o largo predomínio em nossos meios de uma filosofia rala e de segunda mão.

Quem fala de precariedade e de falta de densidade fala de deficiência cultural e de déficit institucional, e foi o que fizeram Vaz e Leonel Franca – eles, que eram jesuítas e, portanto, insuspeitos quanto a diminuir os feitos da Companhia, a exemplo do papel e das produções dos colégios na sociedade colonial – no quadro de uma argumentação mais geral convergente com Cruz Costa, segundo a qual o déficit institucional leva a outro, como o déficit cultural, e esconde um terceiro, como o déficit sociológico, e mesmo político. Estendida a hipótese à filosofia, ela leva à ideia de deficiência de obra, facilmente atestada ou verificável, devido à proliferação de obras importadas e de segunda mão ou, então, repetindo à exaustão o mesmo molde da escolástica e da *Ratio Studiorum*, escapando apenas as manifestações soltas ou episódicas de alguns poucos diletantes e eruditos.

A tais deficiências soma-se outro tipo de déficit: o de escala das instituições e das atividades filosóficas, tópico ao qual voltarei no próximo passo, ao focalizar o sistema de ensino dos jesuítas. Por ora, bastarão alguns números e os dois grandes limiares. No início, quando os jesuítas desembarcaram pela primeira vez no Brasil, em 1549, com o primeiro governador-geral do Brasil, Tomé de Souza, e com Manuel da Nóbrega à frente, eles eram poucos: seis, segundo os registros do jesuíta historiador Serafim Leite, e a Companhia havia sido criada pouco tempo antes, em 1534.[13] No fim, 210 anos depois, em 1749, quando Pombal expulsou os jesuítas do Brasil, eles eram 670 e tinham dezessete colégios e seminários, dos quais apenas sete ensinavam filosofia. Tal situação justifica a impressão, como a do padre Vaz ao se referir ao Período Colonial, de que a filosofia entre nós, sem escala e sem densidade, não só era rala, mas obra de poucos e de segunda mão, à exceção das teses (mestre em artes, título máximo conferido nas faculdades de artes onde se ensinava filosofia), imperando os manuais e os compêndios. Precisamente, manuais e compêndios provenientes, em sua maioria, da Península Ibérica ou de outros cantos da Europa, e nesse sentido em nada nacionais ou brasileiros.

Não bastasse, há que se considerar o largo período que veio depois, na pós-independência, quando passou a vigorar o ensino de uma filosofia mais e mais secularizada, na esteira da criação das primeiras instituições laicas. Além do Colégio Pedro II, no Rio de Janeiro, havia as faculdades de direito de Recife e a de São Paulo, nas quais, a par do espiritualismo cristão, outras correntes de pensamento foram difundidas, porém sem quebrar a precariedade de quadros especializados e reverter o déficit institucional: simplesmente,

---

13 Segundo Serafim Leite, os seis jesuítas eram: Manuel da Nóbrega, João Azpilcueta, Leonardo Nunes, Antônio Pires, Diogo Jácome e Vicente Rodrigues. Passado algum tempo, o número de inacianos chegou a 61, em 1568, e a 154, em 1594 (Leite, 1945, p.240).

dentre as novas faculdades criadas no Segundo Império, não havia uma única de filosofia, e, em 1889, na época da Proclamação da República, os positivistas – considerados os mais influentes – não passavam de 53 indivíduos, conforme Cruz Costa (1967, p.224). O resultado é conhecido: anômala, coisa de lunático e completamente precarizada fora dos colégios e seminários, desde os tempos em que foi transplantada a um país vasto, mas com solo avaro e poucas luzes de intelecto, como mostrou à exaustão Gilberto Freyre, foi preciso esperar o século XX para que essa situação de indigência começasse a ser alterada.

Sem poder esmiuçar esse ponto, vou prender-me a duas datas e a dois acontecimentos, os quais introduzem um *no turning point* no ensino superior brasileiro, abrindo uma nova rota para a filosofia nestas paragens no curso do novo século. Trata-se da implantação do primeiro embrião das universidades federais, com a criação em 1920 da Universidade do Rio de Janeiro. O contexto foi a viagem do rei Alberto I, da Bélgica, que estava cumprindo uma agenda intensa na capital federal, bem como em Minas Gerais, na ocasião em que um grupo econômico de seu país comprou a Cia. Siderúrgica Mineira e fundou a Belgo-Mineira. Segundo estudiosos, como Fernando Correia Dias, a criação daquela que seria a primeira universidade do Brasil de fato foi marcada pelo improviso, como é comum entre nós, tendo sido consumada em um contexto controverso e pouco digno quando o governo brasileiro quis dar ao monarca o título de *doctor honoris causa*: não havia nenhuma universidade pronta e à mão que pudesse lhe dar o título. Então, decidiu-se criar às pressas a nova universidade, depois transformada em Universidade do Brasil e, hoje, Universidade Federal do Rio de Janeiro (UFRJ).[14]

---

14 Cf. p.ex. o estudo do autor publicado na revista *Diversa*, da UFMG, n.11, 2007, que se refere ao artigo 6º do Decreto n.11.530, de 1915, que estabelecia, quando fosse oportuno, que o governo federal reuniria em universidade faculdades e escolas espalhadas no Rio de Janeiro, acrescentando que a criação daquela que seria a Universidade do Rio de Janeiro foi acelerada em 1920 quando da visita do rei Alberto I, ao ressaltar o motivo fortuito a que sua fundação estava associada: a concessão do referido título honorário. Dias não citou o diploma que criou a universidade e embasou a concessão, o Decreto n.14.343, baixado por Epitácio Pessoa; mas não deixa dúvida que a titulação teria ocorrido, bem como o fato de significação maior de que a honraria não teria redundado em favor da boa compleição da nova instituição, cuja inconsistência só foi alterada em 1925, através do Decreto n.16.782-17, quando foram criadas, além da Universidade do Brasil no Rio de Janeiro, as universidades de Minas Gerais, de Pernambuco, da Bahia e do Rio Grande do Sul. Sobre essas matérias, ver, ainda, de Fernando Correia Dias, obra considerada de referência: *Construção do sistema universitário no Brasil: memória histórica do Conselho de Reitores das Universidades Brasileiras* (Dias, 1989). Note-se que essa genealogia improvisada é contestada por outros estudiosos, como Maria de Lourdes Fávero, que, em artigo importante, "A suposta outorga do

A partir de então, apesar de sua origem pouco digna e mal-ajambrada, estava aberto o caminho para o importante grupo das universidades federais que seria criado depois, e onde boa parte da filosofia que se preza no Brasil é hoje ensinada a uma legião de estudantes. Trata-se, esse, do primeiro grupo das universidades públicas, prosseguindo com a criação da Universidade de Minas Gerais, em 1927, e de outras mais ou menos na mesma época.

A ele se associa o grupo das PUCs criado depois, com as do Rio de Janeiro (1941) e de São Paulo (1946) no início da fila. Porém, foram precedidas pela Faculdade de Filosofia, Ciências e Letras de São Bento (1908), com seus laços históricos com a Universidade de Lovaina e o abade Miguel Kruse à frente: com o lustro de primeiro curso superior de filosofia do Brasil pós-independência, sua aula inaugural – a primeira – foi proferida por Mons. Charles Sentroul, egresso de Lovaina, à qual deu o título "Q'uest-ce que la philosophie?" e a qual, segundo Salma Tannus Muchail, teve grande sucesso de público e de crítica, inclusive na Europa, conforme depoimentos da época (Muchail, 1992).[15]

Já o segundo grupo importante das públicas contou com as estaduais paulistas à frente e teve a USP como pioneira, fundada em 1934, ou melhor, refundada, por ter seguido a via usual da integração de faculdades isoladas já existentes, como a Poli, a Medicina e o Direito, reservando à FFLCH – esta sim uma criação nova – duas missões importantes. Por um lado, a missão de promover a integração da nova universidade, ao colocar em seu berço, ao nascer, um conjunto de ciências básicas: matemática, física, química, história natural, dispostas ao lado de disciplinas das humanidades, como a filosofia, as letras, a história e as ciências sociais. Por outro, a missão de difundir entre nós o que de melhor havia no primeiro mundo em diferentes campos das humanidades, inclusive a velha rainha do saber, quando uma filosofia europeia e de primeira mão passou a ser ensinada: se não a filosofia francesa, coisa que muitos não ensinavam, ao se falar de filosofia alemã ou de filosofia

---

título de *doctor honoris causa* ao rei da Bélgica e a criação da URJ", alega que não há prova do liame da visita do rei e a criação da URJ, nem mesmo da concessão do título de *doctor honoris causa*. Trata-se, portanto, de uma matéria ainda cheia de controvérsias e a merecer pesquisas ulteriores para o restabelecimento dos fatos e da verdade. O certo é que, independentemente de provas cabais, uma vasta tradição memorialística associa a visita à honraria e à criação da nova universidade, e em história a memória e a tradição oral costumam funcionar como testemunhas dos fatos, na falta de provas escritas ou documentais.

15 Assinale-se que a situação da faculdade dos beneditinos foi alterada quatro décadas depois, devido à sua incorporação à PUC-SP (1946), tendo voltado às atividades em 2002. Contudo, nesse novo contexto de refundação, o velho laço com Lovaina não podia mais ser restabelecido.

grega, ao menos a filosofia ensinada por franceses, como Martial Gueroult, Gilles Gaston Granger e Gérard Lebrun, nos quadros da Missão Francesa.[16]

Então, terminado o período de formação e de incubação nas federais e nas estaduais paulistas, com a USP à frente, haveria uma mudança de escala e a filosofia ficaria mais densa, com o espaço ocupado pelos *scholars* e profissionais, no lugar dos eruditos e diletantes de outros tempos: se em 1950 havia cinco ou seis professores de filosofia na USP, três revistas dessa temática e nenhum curso de pós, hoje somos milhares de professores, e há mais de uma centena de revistas e mais de quarenta cursos de pós-graduação, precisamente 44, segundo a Capes, em 2016.

Tudo isso dá uma ideia de pujança, aparecendo a filosofia brasileira hoje razoavelmente bem classificada em vários *rankings* internacionais, como o QS, mas a verdade é que o ensino superior chegou muito tarde entre nós, e não é difícil comprovar essa ideia de atraso, bastando fazer uma comparação com a América Espanhola. Assim, em sua famosa obra, Sérgio Buarque

---

16 Sobre a fundação da USP e da FFLCH, a julgar por depoimentos importantes de seus fundadores, como Paulo Duarte, o modelo teria sido a Universidade de Paris, ou simplesmente a Sorbonne, tendo como arcabouço a tríade filosofia, ciências e letras. Contudo, naquela época não existia tal modelo de faculdade na França, devido à dualidade grandes escolas/universidades, ficando o ensino de ciências e de engenharias fora da universidade, inclusive da Sorbonne. Ao tratar do tópico em seu instigante livro republicado em 2001 com o título *Uma janela para a ciência*, Simon Schwartzman argumenta que faltam evidências históricas e institucionais que deem respaldo a essas ilações franco-uspianas, não havendo mais do que duas alternativas em termos de modelos quando a FFLCH foi fundada: uma, mencionada por Paulo Duarte, era a Universidade de Cambridge, que entretanto nunca foi considerada realmente, conforme o próprio Duarte; a outra, era "a Itália, que não é mencionada pelos paulistas, [mas de fato] foi a fonte de boa parte das ideias sobre educação de Francisco Campos e Gustavo Capanema, e tinha uma organização similar" (cf. Schwartzman, 2001, cap.5 – "A Revolução de 1930 e as primeiras universidades", p.31). Schwartzman não diz aonde Francisco Campos e Gustavo Capanema foram buscar o tal modelo. O contexto – pode-se dizer – é a Itália fascista, com sua grande influência sobre o governo Vargas e seus dispositivos legais e institucionais, e também a cultura geral italiana que exerce uma influência enorme e difusa em São Paulo, através e sobre a imensa colônia proveniente das diferentes regiões da Bota, uma das maiores do mundo. Quanto ao modelo e à localidade, minha suspeita é a Universidade Sapienza, de Roma; conversando com um colega da Universidade de Bologna, RobertoVecchi, vi que a hipótese era verossímil: Sapienza e o ensino superior já estavam reformados na época, assim como o segundo grau italiano, com sua divisão em liceu clássico (humanidades, latim e grego) e liceu científico, o primeiro dando acesso a todos os cursos universitários, e o segundo, apenas aos cursos de ciência, e, portanto, com forte hegemonia das humanidades sobre os outros saberes no ensino superior italiano. Trata-se da reforma de Gentile de 1923, que transformou a escola e a universidade italiana dentro do projeto fascista, tendo o regime chegado ao auge nos anos 1930, com suas ramificações e influências por toda parte, incluindo o Brasil. A verificar. Voltarei a esse tópico no 4º Passo, ao incorporar outras experiências institucionais, como as do Rio de Janeiro e de Minas Gerais no mesmo período.

registra que datam do século XVI as três mais antigas universidades dessa parte das Américas: a de São Domingos (1538), a de São Marcos, no Peru (1551), e a do México (também em1551) (Holanda, 2013, p.98).[17] E a crônica fundacional não para nas três: antes de findar o Período Colonial, um total de 23 universidades tinham sido instaladas nas diversas possessões de Castela, permitindo que "dezenas de milhares de filhos das Américas" (ibidem, p.98) pudessem "completar seus estudos sem precisar transpor o oceano", bem como vir a lume uma escala bem maior de obras acadêmicas, inclusive teses de doutorado – e de filosofia, com certeza.

Tudo isso dá uma ideia de defasagem, justificando a impressão de *cultural lag*, bem como a afirmação de que o Brasil chegou tarde quando criou suas primeiras universidades, condenando todo um país, e mesmo suas elites, a uma cultura generalista e bacharelesca: certamente, elites ávidas das luzes do intelecto e dos *backgrounds* do conhecimento, mas não encontrando nada disso aqui, fadadas elas mesmas a buscá-los no exterior, resultando no mais indisfarçado dos filoneísmos.

Sobre esse ponto, em sua conhecida obra sobre o Brasil, *Tristes trópicos*, Lévi-Strauss traçou com muita argúcia e rara maestria o perfil dos estudantes paulistanos que os jovens professores franceses recém-desembarcados encontravam nas salas de aula da USP, bem como nos salões das elites paulistas. De um lado, o gosto desmesurado pela moda e as novidades, gosto que – pode-se dizer –, se não era muito diferente do modismo parisiense, não se deixava de distinguir do congênere gaulês por seu renitente provincianismo, mas ainda assim capaz de deixar os mestres franceses embaraçados por chegar às "novidades" meses antes nas livrarias da capital paulista. De outro, a sedução incurável pelas ideias gerais e as sínteses vastas e abstratas, de preferência encontradas prontas nos manuais de segunda mão e com a ajuda facilitadora dos virtuoses franceses, em vez de pacientemente construídas com esforço próprio e muita persistência (Lévi-Strauss, 2010, p.98-99). Quanto ao perfil dos colegas, o dos professores brasileiros, além da falta de massa crítica e do arrebatado provincianismo, Lévi-Strauss referiu-se ao tribalismo, à luta de vida e morte pelo controle do espaço e à divisão das áreas e disciplinas em feudos e verdadeiros "estados gerais". Tal situação não era, de resto, muito diferente dos estados gerais da Sorbonne e de outros feudos e lugares sagrados da França, que em regra se evitam para

---

17 Já Cruz Costa, no artigo "A universidade latino-americana – suas possibilidades e responsabilidades: contribuição brasileira ao estudo do problema", supracitado, p.390, fala em 26 universidades.

não se engalfinharem e não se destruírem uns aos outros – poder-se-ia dizer (questão de etiqueta ou, antes, estratégia de sobrevivência). Porém, no Brasil, em plena capital paulista, dava vazão tanto à luta aberta pelo controle do território ainda vazio e sem dinastias quanto a soluções de compromisso e a verdadeiras mesuras de uns feudos em relação a outros vizinhos, levando ao paroxismo as ambiguidades do "brasileiro cordial", já referidas antes (ibidem, p.95-96).

Penso que essas descrições de Lévi-Strauss acerca da intelectualidade paulista dos anos 1930 têm grande atualidade e podem perfeitamente ser estendidas a toda a *intelligentsia* brasileira como uma marca de nossa cultura, bem como de nossa filosofia, autorizando recuar sua gênese à Colônia, quando foi gestado o bacharelismo livresco em nossos meios. E, ainda, ampliar a gênese e acompanhar seu alastramento por todo o século XIX, até chegar às primeiras décadas do século XX, quando as primeiras universidades e faculdades de filosofia foram criadas, iniciando a implantação do ensino especializado e a formação do embrião que iria crescer depois e funcionar como o antídoto ou o remédio aos males do bacharelismo e do generalismo: a *expertise* e a especialidade disciplinar.

Tudo isso deverá ser considerado, e é o que procurarei fazer ao longo destes estudos, ao introduzir a hipótese da deficiência, que deverá ser contrastada com a existência na Colônia dos colégios e dos seminários dos jesuítas, resultando na produção seriada de teses de *magister* em filosofia. E, em seguida, acompanhar o longo período pós-colonial em que o país se caracterizou pela continuidade desses *gaps* e defasagens, até consumar sua neutralização e superação ao longo do século XX.

A reconstrução desse estado de coisas se iniciará no 2º Passo, no qual procederei a uma incursão histórica em nosso passado colonial, com a intenção de compreender por que a filosofia laica e profissional chegou tão tarde entre nós.

Para tanto, irei examinar uma pista deixada por padre Vaz, ao retomar uma passagem de Leonel Franca partilhada com Cruz Costa sobre a situação da filosofia em nosso país dos tempos da Colônia até o início do século XX: na raiz das deficiências seculares de nossa produção filosófica, o eminente jesuíta fundador da PUC-Rio apontava "certeiramente", segundo Vaz, "a falta de Faculdades e Institutos Superiores onde o estudo da Filosofia se desenvolvesse em nível universitário, com as exigências de método e pesquisa que tornam possíveis as grandes criações do pensamento" (Vaz, 1961, p.236). Quem se der ao trabalho de examinar a 7ª parte das *Noções de história da filosofia*, acrescida à segunda edição de 1928, na qual a passagem aparece, logo se convencerá de que se trata de uma hipótese sólida, ou mesmo "robusta", para se empregar uma palavra da moda. A ressalva é que na Colônia existiam tais faculdades, ao menos de filosofia e de teologia, tendo sido essa situação dramaticamente alterada depois que Pombal expulsou os jesuítas, quando aquele núcleo institucional foi destruído e o ensino de filosofia foi descontinuado: então, a hipótese de Franca deverá ser restringida em alguma extensão, ao falar de déficit relativo, e não de lacuna total naqueles tempos, e, não obstante, ficar amplamente respaldada para o longo período pós-colonial. Assim, poder-se-á acompanhar Leonel Franca quando, com ideia de déficit institucional, concluirá o excerto dizendo:

> [...] o que para logo se nota na generalidade dos escritos filosóficos brasileiros é a falta de originalidade. Não podemos pleitear, como as grandes nações civilizadas, certa autonomia de pensamento. De novo e de nosso, bem pouco e mesquinho é o que podemos reclamar. Refletimos, mais ou menos passivamente, ideias alheias; navegamos lentamente e a reboque nas grandes esteiras abertas por outros navegantes; reproduzimos, na arena filosófica, lutas estranhas e nelas combatemos com armas emprestadas. Não há, por isso, entre os pensadores que aqui se sucedem, continuação lógica de ideias nem filiação genética de sistemas. Não temos escolas, não temos iniciadores que houvessem suscitado, ou por sequência da evolução ou por contraste de reação, continuadores ou opositores. (Franca, 1990, p.264)

É impossível não enxergar nessas formulações de padre Franca uma grande sintonia com a categoria de sistema de obras literárias de Antonio Candido, fundado sobre a recursividade das obras, sem o qual não há tradições, filiações genéticas, linhas de evolução, continuadores ou opositores. Só que pelo avesso, um vendo déficit de realidade ao focalizar a filosofia, o outro, o máximo de realidade ao focalizar a literatura, tomando a obra de Machado como paradigma. É preciso, no entanto, assinalar que uma página antes o jesuíta tinha neutralizado seu pessimismo, após citar Tobias Barreto, que dizia que "não há domínio algum da atividade intelectual em que o espírito brasileiro se mostre tão acanhado, tão frívolo e infecundo como no domínio filosófico". Contra o sergipano ilustre, afirmará que tal situação estava começando a mudar no Brasil, através da criação de "Faculdades e Institutos superiores de estudos filosóficos, [tais] como se encontram em todas as nações cultas do velho continente [...]" (ibidem, p.263).

Convencido disso, padre Vaz, em seu artigo seminal, procurou dar conta dos dois grandes momentos de nossa história intelectual: aquele de déficit total de filosofia, à exceção dos seminários e colégios religiosos, e aquele em que a filosofia mostrou a face e passou a ter uma presença mais vistosa com uma produção menos rala, graças a um novo arcabouço institucional criado a partir dos anos 1920 e fundado sobre a tríade da USP, das universidades federais e das pontifícias católicas.

Sobre os dois jesuítas, padre Vaz é quem se mostra mais sensível, no tocante aos déficits institucionais e culturais, à necessidade de recuar os liames das lacunas até a chamada estrutura profunda da sociedade colonial, com o povoador português ocupado demais com a sobrevivência imediata em um meio duro e hostil para poder dispor de algum tempo livre e dedicar-se ao intelecto – um luxo naqueles tempos para poucos. Meu propósito inicial era acompanhar padre Vaz nesta caminhada, ao longo da qual me acercaria de outras companhias, como Sérgio Buarque, Gilberto Freyre e Raymundo Faoro, e no fim voltar à hipótese dos déficits de padre Vaz/Leonel Franca para ver se ela se sustenta. Contudo, tendo me deparado com a afirmação de Caio Prado de que o Brasil Colônia era uma sociedade "sem superestrutura", seguirei outra rota: em vez de focalizar, como Vaz, pessoas e autores descolados de seus legados e de suas obras, colocarei em relevo instituições, escolas filosóficas e correntes de pensamento, além de tipos ou figuras de intelectuais, ao modo de arquétipos, distinguindo os fundadores de instituições e os autores de publicações que fizeram época. Destarte, com outros propósitos, a evocação de nomes deverá ser feita com senso de economia, reconhecendo que a filosofia tem ainda uma organização tribalista, constituída por fundadores de escolas de pensamento, verdadeiros caciques, e o fato de que os nomes e as correntes passam, são as instituições e as tradições que ficam. Exemplo chocante: o artigo-referência de Vaz que, ao listar as grandes matrizes do pensamento filosófico brasileiro, ateve-se aos principais nomes dos últimos quarenta anos, recuando aos anos 1920, nomes esses que hoje ninguém sabe ao certo quais são, convertendo a história da filosofia em um verdadeiro cemitério, no qual todos são enterrados em vala comum, sem qualquer lápide ou outra distinção. Voltando duas vezes ao assunto cerca de vinte anos depois – em "Filosofia no Brasil hoje", publicado pelos *Cadernos Seaf* em 1978, e em "O problema da filosofia no Brasil", pela revista *Síntese* em 1984 –, Lima Vaz se mostrou mais avaro quanto a nomes, evitou predições de carreiras brilhantes como a da profa. Maria do Carmo Tavares de Miranda, da Federal de Pernambuco, e trocou o cortejo de autores pelas tópicas socioinstitucionais, socioideológicas, axiológicas e teleológicas, em que acomoda as disciplinas, as correntes e os autores.

Essa via pode parecer demasiadamente esquemática e abstrata, por abrir mão das biografias e dos talentos, mas a meu ver é o melhor método, focalizando tipos e arquétipos, que são perenes e permanecem, não subjetividades e indivíduos, que são efêmeros e se vão. Esse ponto nos leva ao método tipológico de Max Weber, como antecipado no Prefácio, e com cuja ajuda irei examinar nos próximos passos o *ethos* das diferentes tribos e corporações filosóficas, inclusive indivíduos desgarrados, e junto com os *ethei* as figuras intelectuais emblemáticas que dominaram os diferentes períodos. Com isso aceito, as questões do nome (filosofia do/no Brasil) e do recorte temporal, aliadas aos critérios adotados em sua escolha e delimitação, deixam de ser aporéticas e podem ter um encaminhamento pertinente. Um encaminhamento, para ser preciso, com uma solução não epistêmica ou lógica, mas sociológica, senão pragmática e mesmo semiótica, como venho dizendo ao me referir a Antonio Candido: a referência e o ponto de corte é a existência ou não de um sistema de obras filosóficas públicas e recenseáveis.

Atento ao mesmo aspecto, em busca do arcabouço institucional do sistema filosófico brasileiro e com o período contemporâneo como horizonte, padre Vaz, em seus artigos, recuou a gênese até os anos 1920, como foi ressaltado, tomando como referência a fundação da Universidade do Rio de Janeiro. Indagado mais uma vez sobre o *topos* na importante entrevista publicada pelos *Cadernos de filosofia alemã*, da USP, em 1997, ao se referir a seu artigo seminal e à situação conhecida de o pouco de filosofia profissional existente no Brasil contemporâneo estar concentrado em São Paulo, na USP, disse que

> [...] de 1960 para cá, houve uma mudança radical naquele quadro. De fato, eram poucas as faculdades, duas ou três revistas, muito rala a produção filosófica; portanto, para escrever aquele artigo, tive que me desdobrar, não havia muita coisa para escrever. Hoje, a situação é totalmente diferente: houve uma enorme multiplicação de departamentos de filosofias; muitas revistas de filosofia, cada dia aparece uma; ademais, centros de interesse filosóficos diversificados, no Rio Grande do Sul, em Belo Horizonte, em São Paulo, no Nordeste, no Rio de Janeiro. O panorama é bem diferente. (Vaz, 1997, p.99)

Na mesma linha, em uma entrevista concedida ao *Mais!*, da *FSP*, em 1995, e depois reunida a outras em livro organizado por Adriano Schwartz, Giannotti disse que, diferentemente de seu tempo de estudante na USP, quando ele e seus colegas eram arrastados pelas "vagas de ideias" vindas da Europa, a partir do início dos anos 1960 as coisas mudaram, e ele percebeu que "o estudioso de filosofia [...] estava construindo seu próprio público" e "[...] que existe uma produção média tanto em filosofia como em ciências sociais [...]" (Schwartz, 2003, p.89). Por seu turno, em seu livro *Um departamento francês de ultramar*, Paulo Arantes também ressaltou a importância dos anos 1960 para a filosofia paulista, ou melhor, uspiana, que, depois de décadas de incubação, graças aos franceses, chegou à "sua hora da verdade". Por fim, em entrevista ao *Mais!* publicada em 2000 e posteriormente republicada no mesmo livro em que saiu a de Giannotti, Bento Prado afirmou que "a filosofia em nosso país cresceu muito nos últimos 30, 40 anos", tendo aumentado a publicação de traduções e teses, de modo "[...] que há, enfim, um mercado e um público leitor de textos filosóficos" (ibidem, p.185).

É aqui que as duas hipóteses se cruzam e se fazem uma só. Afinal, quem fala de déficits culturais e institucionais fala de déficits de autores, déficits de público, déficits de obras, déficits de originalidade, e assim por diante, que nos levam de volta à tríade semiótica de Antonio Candido. Candido, que não tem dificuldades de colocar na raiz de tudo, em seu artigo sobre a cultura brasileira e a Revolução de 1930 (Candido, 1984, p.27-36),[18] o déficit sociológico de classes médias, que só começou a ser sanado naqueles tempos com a implantação depois da reforma de Capanema de um ensino médio mais amplo e consistente. De fato, não só o crítico uspiano, mas vários outros estudiosos e observadores falam de um déficit sociológico parecido, como, no final do século XIX, o francês Couty, radicado no Rio de Janeiro, ao afirmar que o Brasil era um país sem povo. E, de resto, eu mesmo sigo no rastro deles, ao mostrar ao longo destes ensaios outros tantos déficits, como déficits de escala, com os grandes números que comprovam essa situação, bem como sua reversão nas últimas décadas do século XX.

Esse é, aliás, como mostrei no artigo publicado na revista *Analytica*, o sentimento generalizado de estudiosos dos mais variados pontos do país, atestando o interesse crescente na matéria, bem como o papel de protagonistas dessas mudanças eles mesmos, com a vantagem de poderem dar seu testemunho direto, vazado em entrevistas e em depoimentos pessoais, como os de padre Vaz, Bento Prado e Paulo Arantes. Hoje, ao voltar ao assunto, mas sem poder desenvolver o argumento em sua inteireza nesse passo, vou tão só antecipá-lo e esboçá-lo em seus delineamentos gerais, sumariando a mudança do estado de coisas e as evidências que a confirmam. Ora, o que não faltam são dados e evidências, como o já comentado fato, a todos os títulos

---

18 O artigo é excelente e será usado no 4º Passo.

extraordinário, de o livro de lógica de Frege, da coleção Os Pensadores, ter virado um best-seller com números de causar inveja a qualquer megaeditor norte-americano, vendendo 100 mil exemplares. Então, o sentimento generalizado, porém subjetivo, se veria não só objetivado, mas verificado e lastreado nas três vertentes sociológicas que lhe confeririam robustez e iriam dar vazão a uma verdadeira tradição com uma comunidade setorizada e definida (a comunidade filosófica), a saber: o sistema de obras, que explodiu; o padrão a acompanhá-lo ou sua padronização ("produção média", conforme Giannotti, e "público médio", na vertente de Antonio Candido, com seu padrão médio de gosto e definido como consumidor), que se despontou e se adensou; e o arcabouço institucional da filosofia, que expandiu e se consolidou – todo esse conjunto, enfim, daria consistência e acurácia ao critério pragmático-sociológico adotado na delimitação do intervalo temporal, circunscrito aos últimos cinquenta anos, devendo o expediente ser visto como o complemento da análise conceitual.[19]

Concluindo, com respeito à segunda hipótese, ao fazer sua transposição da literatura à filosofia, logo seriam notadas duas diferenças contrastantes. A primeira é a quebra de todo paralelismo entre os dois campos da atividade intelectual, com a filosofia colonial definida como um sistema orgânico de obras, mesmo que meio raquítica e padecendo de déficit de escala, ao passo que a literatura não, no seu caso era a produção episódica que caracterizava o período. A segunda é a quebra de toda linearidade e mesmo continuidade nas diferentes épocas ou períodos. A sequência de quebras é conhecida. Antes, quando tudo começou, houve a implantação do sistema de obras – a segunda

---

19 Esse sentimento difuso de mudança de rota da filosofia no Brasil, compartilhado por Paulo Arantes, Bento Prado, Giannotti e padre Vaz, foi também vocalizado por Balthazar Barbosa e Guido de Almeida, ainda que sem falar de datas, nas entrevistas publicadas no livro referido de Marcos Nobre et al., dando a entender que se está diante de um *topos* ou de um lugar comum, no sentido rigoroso da expressão. E coisa notável: não um sentimento, mas algo mais firme, como uma crença ou uma convicção, transparece em um importante trecho do artigo consagrado à América Latina, de autoria de Gracia e Vargas, em: *Stanford encyclopedia of philosophy*, publicado em 2013 com o título "Latin American Philosophy". Ei-lo: "É indiscutível que, nos anos 1960, a Filosofia na América Latina atingiu um nível de maturidade filosófica em que a originalidade e a profundidade do trabalho filosófico aumentaram significativamente, e os trabalhos nessa área alcançaram alguma visibilidade internacional. Este período de maturidade se estende até o presente. Para avaliação da peculiaridade dessa nova situação, recordar que o período de normalidade se caracterizou por (1) interação crítica com as ideias filosóficas provenientes de fora da América Latina, (2) um aumento do diálogo no interior da América Latina, e (3) a institucionalização da Filosofia. No período de maturidade, essas características tornaram-se estáveis e a qualidade do trabalho filosófico continuou melhorando proporcionalmente". (Gracia e Vargas, 2013, seção 2.3 – Maturity (1960 – Present), par. 1, s/p).

escolástica e seu aparato literário (livros-textos, manuais etc.) –, com a unidade vinda de fora e garantida pela Metrópole. Depois, sobreveio o desastre da expulsão da Companhia, com a abertura a novas influências, francesas, antes de tudo, e foi o tempo dos modismos intelectuais e das manifestações soltas ou episódicas, com a maioria dos livros importados e como que de supetão, aleatoriamente. No fim, haverá a re-instauração do sistema orgânico de obras, porém em outras bases, com os *papers* e os livros especializados no primeiro plano, e protagonizado o processo não pelo apostolado intelectual, como no caso do clérigo jesuíta, mas pelo narcisismo intelectual e pelo mais brutal taylorismo acadêmico. Então, rigorosamente, não há nem linha evolutiva nem inevolutiva, mas experiências intelectuais diferentes e diversas orientações no tempo.

Às voltas com esse estado de coisas, desafiado pelo mesmo par de questões ao formular as duas hipóteses – por que chegamos tão tarde e por que tamanho déficit intelectual marcou o percurso da filosofia em nosso país até recentemente – e obcecado pela necessidade de encontrar uma resposta convincente – e não podendo ser esta o simples estado de Colônia e seu sucedâneo, o neocolonialismo –, duas ordens de considerações me vieram à mente e definiram o rumo da pesquisa. Por um lado, na esteira do *cultural lag*, a centralidade da agenda da neutralização dos déficits e da superação do atraso dominou uma grande porção de nossa história, iniciada na época de Pombal, retomada e aprofundada no Segundo Reinado, e elevada aos píncaros com o projeto nacional-desenvolvimentista pós-Revolução de 1930, passando pelos anos JK e o regime militar, até chegar a nossos dias. Por outro, na esteira da agenda nacional-desenvolvimentista, a superação da agenda da superação e a suspeita de que o taylorismo acadêmico instaurado nas últimas décadas, com seu produtivismo avassalador e seus resultados acachapantes, fatalmente deixará a agenda filosófica nacional de ponta-cabeça: não mais vencer os *gaps* e não mais com a agenda da formação na linha de frente, mas com a agenda da pós-formação[20] em um mundo globalizado, com *links* internacionais e plataformas em rede, e na qual a linha de combate não será mais o déficit ou a falta, porém o inflado e o inflacionado – o mais do mesmo.

O resultado são os passos – os cinco restantes – como eles foram idealizados, todos eles com a mesma estrutura argumentativa, porém flexionadas e ajustadas aos contextos, mediante a incorporação de novos elos

---

20 Trata-se de expressões empregadas por Marcos Nobre, que fala de paradigmas, como mostrarei no 6º Passo, e, ao tomá-las de empréstimo, dou-lhes o sentido de formação da *intelligentsia* brasileira (= formação ou preparação de quadros), incluída a intelectualidade filosófica.

argumentativos e um sem-número de hipóteses auxiliares. Ou seja, invariavelmente, com a seguinte tópica: [1] estrutura social, [2] impacto da estrutura sobre a cultura e a modelagem da mentalidade, [3] extensão à filosofia e seu aparato, [4] experiências do filosofar, tipos de intelectuais e *ethos* do filósofo. A única exceção foi o 6º Passo, que obedeceu a outra tópica, não à análise das positividades, mas ao inventário das possibilidades, ao voltar à excelente expressão cunhada por Oswald Ducrot.

Em todos eles, o esforço consistiu em articular duas vertentes da pesquisa: a histórica e a filosófica. Antes de mim, Paulo Arantes e Cruz Costa tinham feito algo parecido em seus livros, tomando o Brasil como objeto, bem como Bento Prado e padre Vaz em seus artigos. Porém, em meu caso, ao aliar programaticamente as vertentes da história intelectual e da metafilosofia, fui levado a ampliar bem mais do que eles o campo da história, ao buscar o liame entre a história da filosofia, a história da cultura, a história da mentalidade e a história social.

A alternativa era ficar só com a filosofia e a história das ideias, recomendando ao leitor um programa específico de leitura complementar, e não só no tocante aos chamados pensadores do Brasil, havendo, ainda, toda uma vasta literatura especializada. Só que eu precisava fazer os liames para mim mesmo, e, tendo-os conseguido depois de anos de trabalho, devo, por uma questão de coerência e de honestidade intelectual, simplesmente trazê-los a público e compartilhá-los com o leitor. Afinal, como dizem os franceses, *noblesse oblige*, e eu me senti obrigado, entre ansioso, com expectativa de acolhida pelo público, e preocupado, com medo de falhar, por ter saído da zona de conforto disciplinar, correndo riscos que ninguém quer correr.

Esses serão os assuntos dos próximos passos, a começar pelo passado colonial.

– 2º PASSO –

O PASSADO COLONIAL E SEUS LEGADOS: O INTELECTUAL ORGÂNICO DA IGREJA

1. A SOCIEDADE COLONIAL BRASILEIRA

A primeira tarefa do Passo consistirá em sumariar a estrutura da sociedade colonial brasileira, antes de introduzir o *tour de force* – as seleções e os filtros – que abrirá o caminho para as coisas do intelecto e da cultura, às quais serão reservadas as próximas seções.

A abrangência é vastíssima, exigindo não menos do que a esfera da cultura, a introdução de filtros e recortes específicos, que irão incidir sobre sua composição social, passando por sua organização econômica e seu regime político, e concluindo com a apresentação dos "grandes números" daquela importante fase de nossa história, referentes à demografia, à economia e às comparações com a Metrópole.

Três ordens de considerações – provenientes de uma pesquisa contextual mais ampla, tendo o conjunto das Américas e o processo de colonização como quadro geral, necessária para dar o embasamento comparativo e a aquilatação da singularidade brasileira – irão conduzir as análises:

[1] as diferentes rotas e os respectivos modelos da colonização seguidos pelos ingleses, franceses e ibéricos, abarcando os dois tipos de colônias, isto é, as de *feitorias* e de *povoamento*. As primeiras, associadas ao extrativismo e caracterizadas pela centralidade dos entrepostos comerciais, bem como pelo contato esporádico (e nada orgânico) do colonizador com a terra; as segundas, caracterizadas pela centralidade da agricultura, o vínculo permanente (e orgânico) do colonizador com a terra e as suas duas variantes. Por um lado, a via do senhorio e da *plantation*, definida pela grande extensão territorial (o latifúndio), o cultivo em larga escala de um bem ou produto destinado ao mercado externo (monocultura) e o emprego igualmente em larga escala de mão de obra escrava;[1] por outro, a via do *farmer* e do colonato, protagonizado pelo camponês e sua família, com sua pequena propriedade de terra e uma pauta diversificada de produtos, destinada ao consumo da família, e o excedente, ao mercado interno. Ora, esse conjunto de rotas e modelos já era conhecido pelo colonizador europeu, ainda que não estivesse em curso o regime do escravismo, o qual cedeu lugar ao feudalismo e foi simplesmente transplantado para as colônias do Novo Mundo, onde – com a vantagem de não ter de partir do zero – tal conjunto foi ajustado e calibrado ao novo ambiente e, depois, teria seu caminho e desenvolvimento próprios;

[2] os modelos jurídico-políticos da colonização, autorizando o estudioso a falar de pacto colonial. Certamente, não se trata de contrato celebrado entre vontades horizontais livres, contrato que nunca houve e que ninguém nunca assinou, dele estando excluído seu objeto, ou melhor, sua vítima: o nativo. Mas algo imposto *top-down* pelo rei, abrangendo seus parceiros ou sócios da empresa colonial (a nobreza e o alto clero, ele mesmo egresso de estratos da nobreza) e obrigando todos os súditos, reinóis e colonos. Este será, então, o arcabouço ou o molde da colonização, definindo a empresa colonial como assunto e negócio do rei e seus sócios, cujos instrumentos

---

1 Associa-se a esta, ao manter a centralidade do latifúndio, porém sem a escravidão, a variante das grandes fazendas de gado, como as encontradas na Bacia do Prata e no interior do Brasil, as quais são voltadas para o mercado interno, ou *plantation*, associada ao trabalho assalariado, orientada para o mercado externo (ou não), ou, ainda, a combinação das duas, como no Brasil republicano até hoje. Contudo, essas variantes, assim como outras, pressupõem a colônia já habitada e estabilizada, podendo lançar-se a novas experimentações e buscar outros caminhos.

legais e dispositivos serão igualmente transplantados e ajustados aos diferentes ambientes do Novo Mundo, podendo ter mais de uma variante: a das *Leyes de las Indias*, seguidas pelos espanhóis, a das *Ordenações manuelinas e filipinas*, observadas pelos portugueses, e, por fim, a *Common law*, dos ingleses. De resto, encontramos dispositivos jurídicos que irão regular e organizar o mundo da economia, em plena fusão do mercantilismo e do escravismo no Brasil Colônia: as capitanias hereditárias, as sesmarias, a derrama e o quinto. E ainda dispositivos que irão, por um lado, ordenar o mundo da política, ao instituir a dissimetria ou desigualdade estrutural entre a Colônia e a Metrópole (com o senhor de casa-grande afastado da política e dos negócios do reino, mas com direito de vida e morte em seus domínios), e, por outro, dispor as grandes diretrizes que irão definir a natureza do reino e o formato da administração. Ou seja, como resumiu José Murilo de Carvalho, o centralismo dos Bourbon, no que diz respeito a Portugal, e o federalismo dos Habsburgo, com relação a Castela (Carvalho, 2013, p.70),[2] levando a Espanha a descentralizar a administração colonial e a multiplicar os vice-reinos, e Portugal a seguir a rota inversa;

[3] o choque cultural que irá contrapor o ameríndio nativo e o europeu invasor, levando à polarização entre o bárbaro e o civilizado, assim como ao surgimento de outras polaridades no processo de colonização, tal como o adventício e o reinol, ou entre o senhor e o escravo, e, junto com elas, a necessidade de definir estratégias para operar as contradições e resolver ou evitar os conflitos: a consideração desses polos e o mapeamento das diferentes estratégias levarão à elaboração de uma *gramática da alteridade*, virtualmente mundial, na extensão da espécie humana, mas que deverá ser contextualizada nas Américas e em suas diferentes bandas – hispânica, portuguesa, francesa e inglesa.

---

2 Tive dificuldade em respaldar a ascendência Bourbon da monarquia portuguesa, hipótese atribuída por J. M. Carvalho a Hanns-Albert Steger (1970, p.100) em seu livro *A universidade no desenvolvimento social da América Latina*. Dificuldade surgida, em meu caso, ao considerar, por um lado, que os Habsburgo dominaram a União Ibérica por sessenta anos (1580-1640), distinguindo as leis e os costumes dos dois reinos na implantação das suas colônias nas duas bandas das Américas, e, por outro, a ascensão ao trono português da dinastia Orléans-Bragança no período colonial tardio que se lhe seguiu.

Aqui, ao tratar do tópico, foi possível contar com a preciosa ajuda de Tzvetan Todorov e seu até hoje muito atual *A conquista da América*. Tendo como o subtítulo "A questão do outro" e o México como contexto, este livro reconstitui a gramática da alteridade no que diz respeito à relação dos nativos com os espanhóis, utilizando fontes de ambos os lados, e cujos resultados podem servir de bom guia para o estudo de outros legados e contextos.

Antes de tudo, e como mostra Torodov, na perspectiva do nativo o espanhol invasor possuía uma imagem magnificada, sendo visto como deus ou como enviado dos deuses (Todorov, 1991, p.73-74): foi o caso de Montezuma II diante de Cortés (de barba e montado a cavalo), que ficou indeciso em meio a evidências sobrenaturais e dúvidas teológicas, que o deixaram paralisado e levaram à derrota de seu povo. Na perspectiva dos espanhóis, havia uma visão vacilante do nativo, marcada ora pela clivagem "bom selvagem" (inocente)/"cão imundo" (bárbaro), passando da humanidade à total animalidade (e vice-versa), ora como ente intermediário entre os humanos e as bestas (gado), ficando sua humanidade senão negada, no mínimo diminuída. Num caso e noutro é toda uma gramática da alteridade que fica virtualmente autorizada, com suas bifurcações, seus elos intermediários, suas crispações e seus fossos incomensuráveis, resultando nas inúmeras figurações do Outro com as exclusões e as inclusões: por um lado, o espanhol como deus e ser totalmente Outro, com sua humanidade recusada; por outro, a ambivalência da alteridade ameríndia, ao mesmo tempo revelada e recusada. Essa gramática está recoberta pelos pronomes eu, tu, nós, ele e eles; mas, para que se torne completa, proponho o acréscimo do termo "outro" subsumido por "ele", seus dois equivalentes latinos *alter* (de *alter ego*, com a ideia de alma gêmea e do outro familiar) e *aliud* (que leva a *alien*, o alienígena, o alienado ou o estrangeiro, radicalmente outro ou diferente).

Donde, voltando a Todorov:

[1] a ideia de que a pedra de toque da alteridade não é o "tu", presente ou próximo, mas o "ele", ausente ou afastado (ibidem, p.154);

[2] as diferentes figuras e gradações da alteridade: o repertório é amplo e variado, abarcando o outro próximo, familiar e simplesmente diferente, como os totonocas que, segundo os astecas, falavam uma língua bárbara, mas tinham uma vida civilizada;

[3] a denegação do outro e a diminuição de sua humanidade, tal como faziam os gregos ao se referirem como bárbaros aos metecos e aos povos vizinhos, o que se repetiu entre os mexicas e os espanhóis perante os astecas, dando azo ao velho conhecido etnocentrismo,

acompanhado da ideia de que os outros são bárbaros e inferiores porque falam mal ou não falam absolutamente "a minha língua": era o que pensava Colombo acerca dos ameríndios; era assim que os eslavos se referiam aos alemães, chamando-os de *nemec*, "os mudos"; também era esse o modo como os maias do Yucatan chamavam os invasores toltecas de *numov*, "mudos", e, igualmente, os maias cakchiquel se referiam aos maias *mam* como "gagos ou mudos"; e, enfim, o modo como os astecas se referiam aos povos do sul de Vera Cruz, chamando-os de *nonoualca*, "mudos", e aos povos que não falam o nahuatl de *temime*, "bárbaros", ou *popoloca*, "selvagens" (ibidem, p.73).

Ora, o que Todorov coloca para o México e para as populações que viviam ali à época da conquista espanhola poderá ser aplicado a outros povos e culturas. É em parte o que pretendo fazer com relação ao Brasil nesta e nas próximas seções, nas quais poder-se-á vislumbrar a mesma atitude de desprezo dos tupis frente aos tapuias: na língua deles, literalmente, *tapuia* designa o bárbaro que não sabe falar tupi geral e vive longe, no meio do mato, como mostrou José de Alencar.

Dois serão os motes nessas novas investidas, agora num terreno mais sociológico do que cultural, invertendo-se na sequência.

O primeiro é a frase famosa de Pero Magalhães Gândavo que aparece em seu importante livro *História da província de Santa Cruz*, publicado em 1576 e considerado o primeiro livro de história do Brasil, tendo sido o primeiro documento ou registro a famosa Carta de Caminha que, não obstante sua grande importância, ficou inédita até 1773. A frase – que define aquela que será a agenda da colonização dos trópicos portugueses em seus dois aspectos, profano e sagrado (conquista da terra e conquista da alma) – remete ao tupi geral, língua cuja gramática os jesuítas e o próprio Magalhães Gândavo estavam às voltas com a sua ortografia, e é a seguinte:

> [...] a língua deste gentio toda pela Costa é uma: carece de três letras – não se acha nela F, nem L, nem R, cousa digna de espanto, porque assim não tem Fé, nem Lei, nem Rei; e desta maneira vivem sem Justiça e desordenadamente. (Gândavo, 1576, p.34)[3]

---

3 A citação em apreço aparece na p.34 em português antigo e foi modernizada por mim. Ao que parece, quem está na origem dessa fórmula famosa é Américo Vespúcio que, numa correspondência datada de 1502, dirigindo-se a seu protetor, Lorenzo di Pier Francesco de

Uns selvagens em suma.

O segundo mote, extraí do escritor mexicano, ganhador do Prêmio Nobel de literatura, Octavio Paz, que formulou a frase em que se pode ver o *pendant* das três lacunas *FLR* de Gândavo e, desde logo, uma como o avesso e outra como o lado direito da agenda da colonização: agenda negativa num caso, a erradicação da barbárie; agenda positiva noutro, a instauração da civilização nesta parte do mundo. A frase e o segundo mote, deixando ao fundo todo o contexto da violência em que a colonização ocorreu nas terras dos astecas, são: "*Frente a la variedad de razas, lenguas, tendencias y Estados del mundo prehispánico, los españoles postulan un solo idioma, una solo fe, un solo Señor*" (Paz, 1989, p.90).[4] Isto é, justamente as três lacunas do tupi e também da sociedade dos mexicas, a qual não tinha aqueles fundamentos da vida civilizada, mas possuía outros arrimos sociais e espirituais, devendo, pois, ser removidos e, em seu lugar, colocados os do conquistador.

É neste contexto, com o terreno preparado e as ferramentas analíticas ajustadas, inclusive os motes que se converterão no lema da demonstração a ser ensejada, que entram o Brasil e a questão da estrutura da sociedade colonial.

Nessa caminhada, além das viagens da descoberta, deixarei de lado o ciclo extrativista do início, com suas intermitências e do qual não restou nada, para ficar com o ciclo manufatureiro do açúcar, quando a Ordem Colonial – aquela que foi feita para durar, conforme as palavras de Octavio Paz (ibidem, p.91) – foi implantada nos trópicos e durou quase trezentos anos.

Dos estudiosos consultados, Gilberto Freyre foi, sem dúvida, aquele que avistou mais longe esse vasto período, com suas lupas de antropólogo, sociólogo e historiador da cultura. Isto pode ser constatado em seus dois livros essenciais, *Casa-grande & senzala* (doravante *CG&S*) e *Sobrados e mucambos* (doravante *S&M*), sobretudo *CG&S* para o caso em apreço, estando em jogo a implantação e a estabilização da sociedade colonial, ficando *S&M* com a tarefa de acompanhar sua decomposição e transição para a sociedade pós-colonial.

Medici (importante banqueiro, político e diplomata florentino, conhecido como Il Popolano, primo e desafeto de outro Lorenzo Medici, Il Magnifico), a havia proferido. Em um trecho dessa correspondência, depois amplamente divulgada, ele se refere aos nativos das Américas dizendo "*qu'ils n'ont ni loi ni foi aucune, ils vivent en accord avec la nature et il's ne connaissent pas l'immortalité de l'âme. [...] Ils n'ont pas de roi et n'obéissent à personne. Chacun est maître de lui-même*" (Vespucci apud Duviols, 2005, p.110).

4 Trata-se de um curto e instigante ensaio em que o leitor brasileiro descobrirá inesperados paralelismos entre a história da conquista do Brasil e a do México, cuja contribuição revelou-se essencial para a construção de meu argumento.

Reduzindo, então, o arcabouço à sua dimensão mínima, Freyre resumirá tudo ao dizer (ficando as possessões inglesas e espanholas na penumbra) que ele é um tripé, dado que "formou-se na América tropical [Brasil, no caso] uma sociedade agrária na estrutura, escravocrata na técnica de exploração econômica, híbrida – e mais tarde de negro – na composição [social]" (Freyre, 2006, p.65). Em outras passagens, tendo aprofundado as análises e levado a cabo sua propensão de pôr tudo em díades, como nos títulos de seus livros (*CG&S*, *S&M*, *Ordem e Progresso*, doravante *O&P*), ele mostrará que haverá um duo estruturante em tal arcabouço, com todas as implicações que tal reconhecimento acarreta, inclusive o risco do reducionismo. Trata-se, justamente, do par senhor/escravo, nos quadros de uma sociedade pouco ou nada estratificada, com reduzidíssimas ocupações urbanas para dar vazão às classes médias. Tudo isso se passa no ambiente de uma economia agrária exportadora, na qual será possível ver tanto o símile do escravismo romano (que também tinha os seus *latifundia*) quanto a singularidade brasileira, que irá reinventar o escravismo antigo ao acrescentar-lhe dois novos componentes, gerando um novo híbrido: componentes semifeudais, com o senhor encastelado na casa-grande, e componentes semicapitalistas, ao colocar a escravidão na rota do mercantilismo moderno, tendo como eixos a grande monocultura exportadora e o próprio comércio negreiro, em moldes e numa escala nunca antes vistos.[5]

O padrão resultante desse processo e que, ao mesmo tempo, lhe servirá de apoio, ao ser continuamente relançado com seus efeitos de *feedback*, vai ser o par casa-grande/senzala: a primeira, avistada do alto das colinas com seus varandões, como notaram Schwarcz e Starling (2015, p.67), nada menos o *château* do senhor dos trópicos, com seu *mix* de funções de fortaleza (militar), hospedaria, escritório e capela religiosa; a segunda, como elas lembram ao se reportarem à sua etimologia africana (do quimbundo *sa'nzala*, morada de escravos), feita de barro ou sapé, onde se amontoavam centenas de escravos (como ocorria no Nordeste) e que eram trancadas à noite pelos feitores, a fim de evitar fugas e de estabelecer a disciplina (ibidem, p.70). Ora, segundo Freyre, são essas edificações (mais do que nas duas metáforas que condensarão todas as mazelas e as vergonhas da brasilidade – as mazelas e as vergonhas da mentalidade colonial aristocrática e escravista de um país que foi o último a abolir a escravidão no Ocidente) que se converterão nos dois pilares da sociedade colonial: o senhor e o escravo. Trata-se de um

---

5 Ver mais à frente, na nota 10, a comparação com o escravismo romano.

dos vários arranjos possíveis da combinatória social em sua realização histórica efetiva na colônia portuguesa dos trópicos, nos quadros do escravismo colonial com uma estrutura bifurcada e não ramificada, dela estando ausentes, por exemplo, aqueles elos intermediários imensos que constituíam a plebe romana.

Essa situação, além de nos trazer de volta ao *topos* da singularidade brasileira, à singularidade do escravismo colonial e às inevitáveis comparações com o escravismo grego ou romano, dará lugar a toda uma literatura com clara ressonância política e justifica as invectivas de estudiosos da estirpe de Afrânio Peixoto contra esse estado de coisas, sintetizadas na fórmula do francês Couty, que por aqui esteve: "*Le Brésil n'a pas de peuple*" (Freyre, 2006, p.98). Assim como Morgado de Mateus, aludindo à situação da Colônia no século XVIII: "Nesta terra não ha povo, e por isso não ha quem sirva ao estado; excepto muito poucos mulatos que uzão seos offícios, todos os mais são senhores ou escravos que servem aquelles senhores" (ibidem, p.141). E o próprio Afrânio Peixoto, ao dizer: "Na realidade, só há uma civilização na América: a civilização branca importada, apenas americanizada" (ibidem, p.262). A exceção é Joaquim Nabuco, que diz: "são milhões que se acham nessa condição intermédia, que não é o escravo, mas também não é o cidadão" (ibidem, p.98). Contudo, aí o contexto é o século XIX, quando era possível haver povo em maior número, as camadas populares urbanas, cobertas pelo anonimato do "vulgo" privado de direitos, mas não o cidadão no sentido francês do termo. Não na época colonial, e não apenas na porção portuguesa das Américas, com seu aristocratismo, mas igualmente na América hispânica, como notou Alexander von Humboldt ao se referir aos vice-reinos de Castilla, dizendo que "*en América, todo blanco es caballero*" (Humboldt apud Schwarcz; Starling, 2015, p.68).

Voltando a Gilberto Freyre e à *CG&S*, depois de aberto o mapa da alteridade, ao prosseguir o exame de seu legado, logo se constata que as coisas não param por aí, com o império da díade, e menos ainda com a dupla senhor/escravo. Ao longo de *CG&S* abundam as passagens em que o senhor está no centro das atenções, as quais avalizam a ideia de que não é esse par que funda a sociedade colonial, mas o Uno, ou o Um, como no pensamento estoico. Vem a ser não o cosmo, mas a sociedade colonial como um "fato social total" – para usar a conhecida expressão de Marcel Mauss –, entrevista no propósito do autor de consagrar-se ao estudo do patriarcalismo colonial brasileiro. Este último tem por unidade a família patriarcal com o *pater familias* no centro de tudo: da família, do latifúndio, da escravidão (grande senhor) e do poder. Tão grande é a sua embocadura, que ela chega a coincidir com o Todo, a tal ponto que, em *S&M*, Gilberto Freyre passa a falar de complexo como se ele equivalesse ao todo, como se o senhor, como *pater familias*, fosse deus ou pai de tudo (inclusive do escravo ou do servo), o que o leva a propor a categoria sociológica ultradensa de sociedade patriarcal – não em *CG&S*, mas em *S&M*, na segunda edição, tendo como horizonte a hipótese dos vários começos da sociedade patriarcal que será considerada no próximo Passo, ao se referir ao seu projeto de estudar "o sistema patriarcal brasileiro: *patriarcal, monocultor, latifundiário, escravocrático* e, sociologicamente, feudal, embora já misto, semifeudal, semicapitalista, em sua economia" (Freyre, 2004a, p.44).

O nome que Gilberto Freyre deu a esse sistema, como aparece no subtítulo de sua obra maior, *CG&S*, é "economia patriarcal", ou, em sua inteireza, ao qualificar o campo de estudos abarcado pelo livro: "Formação da família brasileira sob o regime da economia patriarcal".[6] Caio Prado Jr., em seu livro fundamental, nomeia a sociedade colonial como "latifúndio monocultural escravista", enquanto José Murilo de Carvalho chama-a de "sociedade agrário-exportadora-escravista". Diferentemente, Raymundo Faoro em *Os donos do poder*, em vez de sociedade/família patriarcal, prefere Estado patrimonial e patrimonialismo, evidenciando os elos inesperados que vão interligar em nossa história o patrimonialismo do Estado, num sentido weberiano, e o chamado patronato brasileiro, com um pé no privado e outro no público. Ou seja, uma situação não só inusitada, mas promíscua desde o início da Colônia, na qual é possível ler, em filigrana, a invasão do público pelo privado, ao evidenciar o liame entre o patronato político de aquém e de além-mar e o patronato econômico das oligarquias da terra e dos capitães de indústria (o subtítulo do livro é "Formação do patronato político brasileiro"). É um pouco como se a sociedade nascesse do Estado, e não o contrário, e como, aliás, o Brasil Colônia, onde o Estado chegou antes da Sociedade nas praias de Porto Seguro, pode-se dizer. Na mesma linha, mas sob uma perspectiva diferente da de Faoro, ao falar de patriarcalismo em vez de patrimonialismo, e, ao mesmo tempo, reconhecendo o elo de tudo na economia colonial com a Coroa – de resto, uma Coroa ávida por conquistas e riquezas, dando ensejo ao mercantilismo do grande comércio e dos negócios: seguros, empréstimos, financiamentos –, Sérgio Buarque de Holanda falará de "capitalismo

---

6 Sobre este ponto, Freyre (2004a, p.44) evidencia que, mais do que a economia patriarcal, está-se diante um sistema total, a sociedade patriarcal, "caracterizada em áreas e em espaços diversos pela organização mais ou menos patriarcal ou tutelar, não só da família como da economia, da política, da socialidade; pela monocultura; pelo latifúndio; e pelo trabalho escravo ou servil com todas suas decorrências ou correlações, inclusive a técnica de transporte, a da cozinha, a sanitária. Por conseguinte, por um verdadeiro complexo".

de Estado". Trata-se de uma questão nominalista, a qual não pretendo resolver aqui, sem esconder, contudo, minha preferência por "sociedade agrário-exportadora-escravista", alinhando-me com José Murilo de Carvalho: não digo usando o mesmo argumento, mas alegando, em sua defesa, a vantagem de colocar em evidência melhor do que as outras a ligação entre a agricultura (o latifúndio, inclusive) e a escravidão no Brasil Colônia com o mercado internacional, cujo equivalente poderia ser "monocultura escravista exportadora".

Aceitando isso, uma questão nominal (supondo-se que em meu caso o conceito é o mesmo, sem pressupor, porém, que será o mesmo no caso dos outros, o que não quero sugerir), pode-se, então, prosseguir com a análise, precisando cinco pontos fundamentais, cuja consideração autorizará o estudioso a falar de "singularidade brasileira". Singularidade que ficará notória, desfeitos certos mal-entendidos ou equívocos, ao se focalizar, mais uma vez, as três letras de Pero Magalhães Gândavo junto com a maneira como o pacto – e, por extensão, a sociedade – colonial se realizou nos trópicos no ambiente do latifúndio de mercado ou do latifúndio exportador. Eis os pontos:

[1] rigorosamente falando, no regime da monarquia absoluta, como é a portuguesa, o rei é o pai de todos (*pater familias* da maior das famílias – o reino equivale à colônia), o senhor dos senhores e o senhor dos escravos, vindo o resto da família – como a dos senhores das casas-grandes da Colônia, com suas relações verticais e horizontais, agregados e afilhados inclusive – por derivação ou acréscimo: assim, visto dessa perspectiva, paternalismo, patriarcalismo e patrimonialismo são uma coisa só;

[2] ao instituir a família como centro ou unidade fundadora da sociedade colonial, ou uma de suas colunas ou vigas-mestras – a figura pode variar, mas não o conceito –, será preciso distinguir a família nuclear da família patriarcal. Ambas são a principal unidade de produção, respectivamente nos EUA (costa leste) e no Brasil Colônia. Ou seja, o modelo do *farmer* e a família nuclear americana, composta pelo peregrino, a mulher e os filhos; o modelo da *plantation* e a família patriarcal brasileira, composta pelo senhor, sua família nuclear (mulher e filhos), a família ampliada (a parentela, os afilhados) e os agregados da casa-grande (mucamas etc.);[7]

---

7 Sobre este ponto, ver Araújo, 1994, p.98-99.

[3] do colonizador, será preciso distinguir, antes de o senhor se instalar na casa-grande e comandar tudo, as figuras do degredado e do aventureiro, pois eles existiram e foram bem reais, não havendo outra maneira de alguém vir para a Colônia: ou por curiosidade e espírito de aventura, como o aventureiro, ou forçado e por castigo, cumprindo ou comutando penas.

Todavia, será preciso desfazer o mito do degredado para se compreender a gênese real que leva do primeiro colonizador português ao senhor e ao fidalgo como vetores da segunda colonização, a qual definiu o arcabouço da sociedade colonial e decidiu o futuro do Brasil Colônia: é que dentre os degredados, ou entre eles e os aventureiros, havia o contingente dos "moçárabes", o português arabizado ou o cristão-novo que vivia na península nas terras ocupadas pelos árabes – contingente que vinha do sul de Portugal (Algarves e área próxima), constituindo aproximadamente 28% da primeira leva de imigrantes, e, como tais, diferentemente dos condenados, "gente boa" no dizer de Freyre, com formação técnica e cabedal moral.

Tais "moçárabes", segundo ele, tanto se achavam entre a comitiva de Tomé de Souza (integrada por mestres-construtores, carpinteiros, pedreiros e fabricantes de cal), quanto compunham a aristocracia militar em torno de Duarte Coelho, em Pernambuco. Tudo isso é factual, tem lastro histórico e ajuda a compreender o componente "branco" do colonizador – de fato, em boa parte, nada branco, mas misturado e mourisco.

Duas são as consequências disso no plano sociológico, ao se considerar a composição social da sociedade colonial: [i] a quebra da homogeneidade do colonizador português, com repercussão direta sobre o império da díade, levando à introdução entre os dois extremos – o senhor e o escravo – do contingente moçárabe. Este não se aristocratizou e se converterá, mais tarde, na primeira *branch* das classes médias da Colônia, conforme ressalta o próprio Gilberto Freyre em duas passagens de *CG&S*: [1] "a presença, não esporádica, porém farta, de descendentes dos moçárabes, de representantes da *plebe enérgica e criadora*, entre os povoadores e os primeiros colonizadores do Brasil", colocando em evidência seu componente sociológico (a plebe como camada social); [2] "através desse elemento [...] que tantos traços de cultura moura e mourisca se transmitiram ao Brasil", ao colocar a hipótese difusionista em primeiro plano, e, junto com ele (o elemento moçárabe), o engenho, as treliças das janelas, as frutas cítricas e os pátios das casas do Brasil Colônia – pode-se acrescentar (Freye, 2006, p.297-298); [ii] a preservação da díade senhor/escravo como os dois polos fundamentais da sociedade colonial, levando à hegemonização do senhorio como polo dominante (o Uno estoico e o *pater familias*) e à aristocratização da sociedade colonial, protagonizada não pela aristocracia de sangue (o cristão velho e o português castiço, dos quais só alguns poucos vieram para cá), mas a aristocracia do mérito, pela via do enobrecimento e da ascensão social (fidalgo ou senhor), em reconhecimento aos serviços prestados a El-Rei na península ou no Novo Mundo.

Segundo Freyre, o núcleo duro dessa nova aristocracia é o pequeno contingente branco que aqui desembarcou, que se ocupará da administração colonial (o notário, o coletor de impostos, o mascate, o capitão da armada), das atividades ligadas ao clero ou às *plantations* da casa-grande (o senhor do engenho, o mestre do açúcar etc.). Seu montante era reduzido, bem reduzido (não passando de cem famílias), mas esse contingente ocupava o topo da hierarquia e desfrutava uma vida de fausto nessas terras ao longo do século XVII e das primeiras décadas do XVIII. Mais do que qualquer outro período, foi quando se assistiu ao apogeu do regime do escravismo colonial, época em que o Recôncavo Baiano e a Zona da Mata pernambucana "eram os dois centros de opulência, econômica e social" da Colônia (ibidem, p.341-342).[8] E período cuja figura mais emblemática desses lugares e indivíduos enobrecidos talvez seja o Castelo de Garcia D'Ávila – ou a Casa do Forte –, com sua vista imponente e cujos restos ainda podem ser visitados no litoral norte da Bahia;

[4] passando aos estratos mais baixos da sociedade colonial, do nativo ameríndio haverá pouco a dizer, pois ele ficou fora do engenho, da casa-grande e da *plantation*, vencido e afastado da sociedade colonial. Cabe, antes, concentrar o empenho analítico – ao pôr em foco a segunda haste da forquilha social – no componente negro-africano, em sua situação calamitosa de desterrado e, ao mesmo tempo, de arrimo e vetor da sociedade brasileira. A exemplo do mito dos

---

8 Entendo que essa ideia de fausto, difundida por Gilberto Freyre, deverá ser relativizada, com a ajuda decisiva do próprio autor, inclusive, o qual, em outras passagens, pinta a pobreza das casas-grandes, sem decorações e outros aparatos da nobreza europeia, com os senhores de camisolão durante o dia e muitos deles completamente analfabetos; os casarões, porém, impressionavam, as montarias eram paramentadas e os estribos podiam ser de prata.

degredados, a compreensão de seu papel nas *plantations* e no *melting pot* em que se converterá a cultura brasileira exigirá nada menos que o afastamento do mito da unidade étnica dos africanos: de fato, eles eram de diversas etnias, com culturas diferentes, distintos agrupamentos linguísticos e diferentes níveis de civilização, havendo bantos, iorubás, negros da Guiné e de Angola, etíopes, sudaneses, maometanos, letrados e iletrados (ibidem, p.381-384; 393; 473-474; 477 especialmente);[9]

[5] o resultado é o reconhecimento da especificidade do escravismo colonial, não exatamente por causa da dupla senhor/escravo, desde sempre existente por toda parte onde houve escravidão e seu odioso regime, mas devido tanto à incorporação quanto à desincorporação de um conjunto de elementos que acabarão tornando o escravismo colonial moderno estranho à escravidão antiga e mesmo à ibérica da mesma época: [i] o acoplamento do regime à *plantation* transforma a escravidão doméstica, como a existente em Portugal, em escravidão do "eito" (lavoura), do engenho, ou, antes, "fabril" (produtora de bens) e de mercado (*commodity* para tráfico e comércio, não o indivíduo vencido nas guerras, e, portanto, como categoria econômica e jurídica, e não como categoria moral); [ii] a inclusão do escravo doméstico na casa-grande (Araújo, 1994, p.56), enquanto os escravos das *plantations* e dos engenhos ficavam amontoados nas senzalas, cujas sortes (dos dois contingentes) não podiam ser revertidas e eles não tinham para onde ir ou como voltar às suas tribos, estando longe de seu continente. Outra era a situação dos escravos gregos ou romanos, que vinham das vizinhanças e ficavam presos às galés, havendo mais de uma maneira de serem alforriados, em sua maioria por volta dos trinta anos na Roma Imperial; [iii] o ensimesmamento do senhor nos afazeres do *oikos* (isto é, da casa-grande, à diferença do que acontecia na Grécia), dos quais os nobres gregos eram alforriados "para a sua plena dedicação à vida pública da *polis*" (ibidem, p.89). No Brasil, havia total desinteresse do senhor de engenho pela vida pública (ibidem, p.90), conservando este as prerrogativas da

---

9 Sobre o *melting pot* brasileiro, há estudos que incorporam outros elementos além dos afrodescendentes e oferecem visões das experiências ibero-americanas contrastantes com a de Gilberto Freyre, como o livro recentemente publicado pelo historiador Eduardo França Paiva (2015), *Dar nome ao novo: Uma história lexical da Ibero-América ente os séculos XVI e XVIII (As dinâmicas de mestiçagem e o mundo do trabalho)*.

magistratura, de fazer justiça, com direito de vida e morte, feudo adentro: mais do que de magistratura, prerrogativas de mando e supervisão, que em Roma eram exercidas por escalões especializados da escravatura, abarcando feitores, administradores e "engenheiros", enquanto na Colônia eram da competência do senhorio, que as dividia com os capatazes, despenseiros e os mestres do açúcar, estes não escravos, mas livres ou libertos.[10]

Além de Freyre, Sérgio Buarque de Holanda, ao focalizar o processo de colonização nas Américas (fundado sobre a transplantação de instituições inteiras e do modo de vida da Europa para as terras inóspitas do Novo Mundo), salientará, em seu importante livro, o ineditismo ("sem símile")

---

10 Haverá, sem dúvida, mais de um elemento comum entre o escravismo colonial e o escravismo antigo, já repertoriados pelos estudiosos e assinalados antes (tais como além do cativeiro doméstico o escravismo do eito ou agrícola nos latifúndios romanos – plantação de trigo, oliva e uva, por exemplo). Haverá, ainda, os mesmos vocábulos, ou melhor, sua significação comum, que constituem o núcleo duro do campo semântico das escravidões antiga e moderna: desde a ideia de trabalho, com o latim retendo as formas concretas de penúria e sofrimento (verdadeira tortura), que irão acompanhar e definir o trabalho escravo, ao reservar-lhe o termo *tripalium* (literalmente, três paus em X com que se crucificava o infeliz), até os vocábulos associados a equipamento e a instrumento, distinguindo e assimilando o cativo e a besta de carga, aos quais voltarei na sequência, quando poderei precisar o assunto. Haverá os *latifundia* romanos enormes, caracterizados pela produção em grande escala (trigo, azeite e vinho), porém ao lado da pequena e da média propriedade, sem portanto dar vazão ao sistema total, como os *latifundia* do Brasil Colônia. E haverá, por fim, o elo entre as leis antiga e moderna da escravidão, tendo como ligação a legislação do Imperador cristão Justiniano, cujo legado terá uma posteridade milenar, quando foi reconhecida e celebrada a união do cristianismo e da escravatura (Finley, 1986, p.123): assim, ficarão não só toleradas, mas justificadas, práticas escravistas das mais diferentes formas e conveniências, desde a escravização dos povos eslavos antes de sua cristianização (cuja memória é guardada pelo inglês, ao verter escravo como *slave*, ou seja, eslavo), até a escravização em larga escala dos negros africanos no Brasil Colônia, tendo a própria Igreja os seus escravos, e a Companhia de Jesus se convertendo em latifundiária escravista. Contudo, é inegável que, além desses elementos comuns e pontos de contato, não faltam discrepâncias e pontos de afastamento, o mais saliente deles, já apontado, vindo a lume ao contrastar: [1] a nossa aristocracia, que era rural e vivia na casa-grande; [2] a aristocracia romana, que era citadina e vivia nos palácios das cidades: portanto, longe de suas propriedades rurais e não se ocupando nem mesmo das funções de mando e de supervisão dos *latifundia*, passadas a libertos e a escravos (cf. Anderson (1982, p.23-24), em que se afirma que em Roma as funções executivas e administrativas, como as dos feitores e supervisores, das propriedades rurais eram delegadas a escravos. Cf. também Géza Alföldy (1989, p.150), que esclarece que, além das atividades manuais de sempre, havia em Roma um conjunto de funções intelectuais da competência de escravos especializados: além das tarefas executivas e administrativas citadas, as funções de médico, professor, artista, músico, escriba, engenheiro e arquiteto. A exceção (p.73) eram os juristas, saídos sempre da nobreza, como – acrescento eu – mostra o exemplo de Cícero, que além de senador era magistrado.

dessa experiência, junto com os efeitos de *feedback* que as contingências do meio promoverão sobre o *background* europeu. O resultado desse processo singular, mas não único, pois algo parecido havia se dado na América espanhola, mas sem o escravismo sistemático, como no México – cerca de três séculos depois, os ingleses seguiriam a mesma via na colonização da Austrália e Nova Zelândia –, será uma "civilização adventícia" afinal americana ou mesmo brasileira. De resto, uma civilização ocidental, com as Descobertas como limiar, acarretando o traslado do "ultramar" medieval da Palestina e do Mediterrâneo para as Américas e o outro lado do Atlântico. Uma das consequências desse processo, não certamente inédita, mas extraordinária em sua escala e significação (povoar um vasto território com a Europa demograficamente fragilizada depois das pestes e das guerras), é a ambivalência do fato de o *Homo americanus* – não o nativo, mas o adventício europeu aqui instalado e vivendo – se sentir "desterrado" em seu próprio torrão ou nova pátria, conforme Buarque de Holanda afirma no início do livro. É o que mostra uma passagem retida por Cruz Costa e de cujo resumo, ao aceitar sua adaptação com as glosas e os recortes, sirvo-me aqui por comodidade:

> Se é certo que "todo estudo compreensivo da sociedade brasileira há de destacar o fato verdadeiramente fundamental de constituirmos o único esforço bem-sucedido, e em larga escala, de transplantação da cultura europeia para a zona tropical e subtropical", como escreve Sérgio Buarque de Holanda; se é certo que "vivemos uma experiência sem símile", e que "trazendo de países distantes as nossas formas de vida, nossas instituições e a nossa visão de mundo", timbramos ainda em "manter tudo isso em um ambiente muitas vezes desfavorável e hostil"; que "somos uns desterrados em nossa terra" e que participamos de um "estilo e de um sistema de evolução naturais (próprios) a um outro clima e a outra paisagem"[11] – não é menos certo que tudo isso sofre bastante com o contato do novo meio da América, recebendo dele uma ação transformadora ou modificadora de aspectos mais salientes da civilização adventícia e que, por isso mesmo, vivemos uma *experiência sem símile*. "Colocada perante as contingências do meio (a civilização adventícia) pôde aceitar, assimilar e produzir novas formas de vida, revelando-se até certo ponto criadora e não somente conservadora de um legado tradicional nascido em clima estranho". (Holanda apud Cruz Costa, 1967, p.5)

---

11 Até aqui as citações marcadas com aspas foram extraídas do livro *Raízes do Brasil* (Holanda, 2013, p.3), usado pelo autor.

Na esteira de Gilberto Freyre e Sérgio Buarque de Holanda, voltarei, na próxima seção, à civilização adventícia americana saída do "molde" da sociedade colonial, ao focalizar a cultura e a mentalidade luso-brasileira. Agora, ao prosseguir, serão as vezes da economia açucareira, já parcialmente esboçada ao se falar da díade fundadora e do padrão casa-grande/senzala, bem como da ordem política, em boa parte já antecipada, mas ainda exigindo, ambas, importantes complementos. Só então a apresentação da rota da *plantation* nestas paragens e seu regime – o escravismo colonial – estará concluída, quando será o momento de perguntar pelas outras, como o *farmer* e o colonato.

Antes, porém, para fechar o quadro anterior, no qual a rota e o modelo luso-brasileiros foram delineados, será preciso fornecer, como dizem os franceses, a *grille* ou, na falta de melhor nome em português, o esquema lógico da sociedade colonial: uma sociedade, como acabamos de ver, definida como patriarcal, ou até mesmo como família patriarcal, tendo o *pater familias* no centro de tudo que importa na vida da Colônia – das casas-grandes às *plantations*, das senzalas aos engenhos, ficando a vida política da Colônia decidida no reino e pelos governadores gerais de Salvador da Bahia e, depois, de São Sebastião do Rio de Janeiro. Mais do que Buarque de Holanda, quem vai fornecer o tal esquema é Gilberto Freyre, ao dar-lhe, em *CG&S* – para além do recenseamento das díades, ao desenvolver seus aspectos mais salientes ligados às diferentes estratégias das sociedades ao lidar com as oposições e neutralizar as contradições, evitando que tudo caia por terra e termine em ruína –, a denominação geral de "equilíbrio de antagonismos" e a variante "antagonismos em conflito", em *S&M*. Precisando em *S&M* a centralidade dessas duas noções, Freyre dá a entender que, nos dois lapsos temporais abarcados pelos dois livros, o estudioso está diante de dois esquemas diferentes e complementares. Diversamente de Freyre, e embora reconheça o acerto fundamental de seu modo de ver a vida colonial e pós-colonial ao propor esses esquemas (autorizando o estudioso a neles enxergar menos categorias lógicas ou mentais do que sociológicas e culturais, encontradas em diferentes quadrantes da experiência humana), penso que, de fato, está-se diante de algo distinto, cabendo mais de um reparo. Precisamente, não diante de dois esquemas diferentes, mas de um mesmo esquema – o esquema da sociedade patriarcal, como, aliás, pretende o pernambucano ilustre. Por um lado, duas variantes ou maneiras de lidar com os antagonismos, forçando os embates ou buscando a conciliação, e recorrentes em quaisquer épocas e sociedades; por outro, várias modalidades dos dualismos, que se desdobram e propagam nas culturas, tendo ao centro na sociedade colonial brasileira (efeito de contexto) o par senhor/escravo e, ao fundo, o perfil conciliador e horizontal do português, ao contrário do espanhol, arrogante e vertical, segundo o sociólogo.[12] Reconhecido isso, essa é a hipótese, uma coisa e outra (o "equilíbrio de antagonismos" e os "antagonismos em conflito") poderão ser encontradas nas sociedades colonial e pós-colonial, e por extensão, em CG&S e S&M, deixando ao fundo, no meu caso, a gramática da alteridade de Todorov, aludida acima.

Assim, considerando as situações tipificadas por CG&S, haverá várias possibilidades. Uma delas é a variante complementaridade dos contrários/antagonismos em equilíbrio, que o leitor interessado poderá remeter-se à página 56 (Freyre, 2006), bem como às páginas 93, 98-99, 116 [excelente] e 213 (ibidem), de cujos exemplos e formulações vou reter apenas a seguinte passagem, na qual ele sintetiza tudo:

> Considerada de modo geral, a formação brasileira tem sido, na verdade, como já salientamos às primeiras páginas deste ensaio, um processo de equilíbrio de antagonismos. Antagonismos de economia e de cultura. A cultura europeia e a indígena. A europeia e a africana. A africana e a indígena. A economia agrária e a pastoril. A agrária e a mineira. O católico e o herege. O jesuíta e o fazendeiro. O bandeirante e o senhor de engenho. O paulista e o emboaba. O pernambucano e o mascate. O grande proprietário e o pária. O bacharel e o analfabeto. Mas predominando sobre todos os antagonismos, o mais geral e o mais profundo: o senhor e o escravo. (Freyre, 2006, p.116)

Outras díades, não menos importantes e massivas, poderiam ser acrescentadas, prevalecendo diferentemente a variante antagonismo em conflito: o antagonismo entre a Colônia e a Metrópole, o centro e a periferia, o clérigo e o senhorio, o nativo e o reinol, e outros mais. Já as outras variantes do esquema são: [1] aquelas formas da experiência e de organização da realidade econômica que passam ao largo dos antagonismos, levando não à sua superação ou ao choque dos contrários, mas a uma terceira coisa ou a algo diferente, à parte ou infiltrada entre os extremos – como no caso do Ceará, com sua economia antiescravocrata, a pecuária de corte como esteio e a Colônia, não a Metrópole, como plataforma e horizonte (ibidem, p.93, 98-99); e [2] aquelas outras formas de antagonismos que conduzem ao choque dos contrários, como nos conflitos dos senhores e dos indígenas, somados aos da

---

12 Essa visão de Gilberto Freyre vastamente difundida e encontrada, por exemplo, em Sérgio Buarque de Holanda, é fortemente contestada por Octavio Paz no artigo citado, p.89, no qual ele ressalta outras qualidades dos espanhóis herdadas pelos hispano-americanos, como a abertura ao novo, a procura de contato com o exterior e a *"voluntad de universalidad"*.

aristocracia rural e da burguesia nascente, além daqueles entre os agentes da coroa e os senhores/caudilhos rurais (ibidem, p.56). E ainda: as variantes da fusão e da síntese dos contrários, repudiadas pelos lógicos, mas sociologicamente reais e massivas, como no Brasil Colônia o *melting pot* de culturas, com elementos afro penetrando em vastos segmentos da vida brasileira. Por fim, a variante destruição de um dos polos, como na destruição da cultura nativa pelo contato com o missionário jesuíta, causando-lhe a degeneração moral (destruição da alma), ou com o colono branco, provocando-lhe as doenças e a morte (destruição do corpo).

Tal é, pois, o esquema "lógico" da estrutura da sociedade colonial, revelando seu arcabouço, com suas coações ao forçar caminhos ou preferências e sua recursividade ao repetir processos e reiterar experiências, bem como sua flexibilidade ao integrar os novos elementos do real, e ainda sua habilidade ou, antes, seu poder em afastar e neutralizar as contradições. Um caminho é o afastamento dos polos e a introdução de amortecedores entre os extremos; outro, é a sua supressão, pura e simplesmente, de medo de comprometer e ver destruir-se o todo, destruindo antes os dois polos ou um deles. Tudo isso faz parte das estratégias de hegemonização, com seus dispositivos e expedientes podendo ser usados nas mais variadas circunstâncias, visando aos mais diversos fins, e tanto mais importantes que nos ajudam a compreender e a explicar a força e a perenidade da sociedade colonial: por que – pergunta-se – uma sociedade tão injusta, tão dura e tão excludente pôde durar tanto? Porque ela tinha uma estrutura e a estrutura funcionava. Tal estrutura não é senão a estrutura do sistema econômico patriarcal que, segundo Gilberto Freyre, é o "Deus todo--poderoso" (ibidem, p.432) da sociedade patriarcal até a Primeira República.

Todavia, quem diz díades, não diz tudo da sociedade colonial, da mesma forma que aquele que mapeia os antagonismos em equilíbrio não mapeia tudo. Como notou Freyre, além das díades há o Uno, e além dos antagonismos em equilíbrio, há os antagonismos em conflito. Tal situação, ao ser considerada, levará à necessidade de introduzir novos elementos nos esquemas gilbertianos e refinar ainda mais o aparato lógico, com a inclusão de novos elos na argumentação, para sopesar os antagonismos, apurar as soluções, aquilatar as novidades e medir a escala das coisas. Antes de tudo, será preciso admitir, quer se goste ou não, a situação única da experiência, da sociedade e da cultura humanas vinculada à nossa propensão a fabricar, radicalizar as diferenças e levar o narcisismo das pequenas diferenças às alturas desorientadoras do abissal e do incomensurável. A imaginação e a sagacidade humanas tudo fizeram, com a ajuda do intelecto, para que aparecessem e fossem justificadas a separação e a tiranização de indivíduos e povos inteiros, criando fossos e precedências; instituindo castas e estamentos; elevando hierarquias e barreiras por toda parte; inventando diferenças onde há identidades e fazendo com que um igual ou uma mesma unidade (o indivíduo) valha o dobro ou mais do que um e do que a outra, expedientes esses sem sentido em física e em matemática e com todo o sentido em política e em sociologia – tudo isso, como se não fôssemos parte da mesma humanidade, como se a espécie humana não fosse, ainda que com diferenças individuais, a única e a mesma espécie. Daí, não só os gregos frente aos metecos e aos trácios, os europeus frente aos tamoios e aos caraíbas, mas também os tupis frente aos tapuias, os astecas frente aos toltecas, enfim, todos, se considerarão não só diferentes, mas melhores do que os outros, tachando-se uns e outros de barbáros e autores de toda sorte de sandices: uns canibais, uns cães imundos, os filhos de Cam da segunda criação, como acreditavam Léry e Gómara, ao se referirem aos ameríndios como "esta pobre gente da raça maldita de Adão".[13]

Donde a necessidade de, junto com as diferenças e as díades, introduzir as hierarquias e a hegemonização de um polo sobre o outro, como, aliás, reconhece Gilberto Freyre ao ressaltar a centralidade do *pater familias* na sociedade patriarcal, à qual deverá somar-se a função estruturante dos polos hegemônicos ou dominantes: a primazia da casa-grande sobre a senzala, do senhor sobre o escravo, do reinol sobre o nativo e o adventício, do rei sobre o súdito, da metrópole sobre a colônia, do campo sobre as cidades etc., e as consequências que essas primazias e precedências implicam. Ou seja: nada menos que o advento de uma sociedade hierarquizada em seu corpo (estrutura) e aristocrática em sua alma (cultura e mentalidade) – e, como tal, fundada sobre a nobreza do mérito e não do sangue (quase não havia portugueses castiços e cristãos velhos entre os lusos imigrados para a Colônia), tendo, no entanto, a fidalguia como guia, o escravismo como instituição, a Metrópole como horizonte, o catolicismo como fé e o ruralismo como visão de mundo. Voltarei a esses elementos da sociedade colonial na 3ª seção.

Sem ter algo mais a considerar, passo às fases da economia colonial, aos limiares políticos e aos pequenos *quakes* que anunciaram o grande terremoto e o *no turning point* da separação da Colônia de Portugal, quando a análise histórica e conceitual finalmente estará concluída e poder-se-á, então, amparado sobre seus resultados, fornecer os grandes números que permitirão aquilatar a sociedade colonial – ambas as considerações e análises essenciais para dimensionar a cultura e a filosofia do período, como será mostrado.

---

13 A expressão é de de Léry apud Lúcio Álvaro Marques (2015, p.54).

Sobre as fases da economia colonial, tendo deixado o primeiro extrativismo de lado, antes de tudo a coleta e o comércio de "pau-tinta", as atenções deverão voltar-se para o ciclo da cana, que prevaleceu sobre todos os outros, seguida das indispensáveis referências ao ciclo do ouro, que o acompanhou sem, porém, sucedê-lo, e que pode ser visto como uma forma do extrativismo – o segundo no caso, ligado à mineração. Referências mínimas, de fato, como a das fazendas de gado do Ceará, ou mesmo dos bandeirantes do Sudeste e dos monçoneiros e dos tropeiros do Centro-Oeste, todas essas vias e variantes como contrapontos e corretores de rota dos excessos do litoral em nossa historiografia.

Começo pelo ciclo da cana, cuja longevidade é conhecida, levando à celebração da sua civilização por Gilberto Freyre, a civilização do açúcar tendo o Nordeste como epicentro, onde o Brasil nasceu, e o padrão casa-grande e senzala que lá se instalou e depois se espalhou pelo restante da Colônia.

Largamente facilitado pelo arcabouço da sociedade colonial e seu esquema lógico, que, afinal, foram construídos para a civilização do açúcar e a partir dela, limitar-me-ei, na sequência, a acrescentar seus dispositivos e componentes propriamente econômicos relacionados com a terra, a *plantation*, o engenho e seu aparato, os agentes de produção, a divisão do trabalho, o nível técnico e as qualidades do produto.[14]

Começando pela terra, sua posse e seu uso, é preciso considerar, antes de tudo – numa época em que não existia a economia de mercado com sua dinâmica própria –, o arcabouço jurídico que está associado à estabilidade da sociedade colonial, já existente anteriormente em Portugal desde a Idade Média, e que será o arcabouço jurídico da *plantation* e do ciclo do açúcar: isto é, justamente, o regime das sesmarias (palavra derivada de *sesma*, do latim *sexĭma*, "sexta parte"), que, como se sabe, foi implantado em Portugal em 1375, tendo como contexto a grande fome que assolava o reinado, estendido com

---

14 Além de Gilberto Freyre e *CG&S*, tendo-os seguido de perto, deles me afastarei agora para ficar com o livro de Lilia Schwarcz e Heloísa Starling, com a vantagem de abarcar um elenco maior de estudiosos e contar com referências mais atualizadas, tendo dedicado ao assunto todo o capítulo 11, no qual o leitor descobrirá um conjunto de fatos, processos e outras coisas de grande importância. Conforme antecipado, como contraponto, à economia açucareira e ao efeito litoralização que o acompanha, às vezes com cores excessivas em Gilberto Freyre, buscarei a companhia de Sérgio Buarque de Holanda, não exatamente *Raízes do Brasil*, passagem obrigatória de quem estuda nosso passado colonial e pós-colonial, mas, numa perspectiva complementar, *Caminhos e fronteiras* e *Monções*. Para o conjunto da economia colonial, a fonte primária consultada foi a essencial *Cultura e opulência do Brasil*, que abarca, além da cana, o tabaco, as minas e as fazendas de gado (cf. Antonil, 1997 – edição com uma excelente introdução de Affonso Taunay).

adaptações ao Brasil Colônia, e que só será extinto em 1822, por ocasião da Independência (cf. Schwarcz; Starling, 2015, p.53).[15] O resto virá por acréscimo, como o modelo dos *latifundia* romanos ajustado às sesmarias e aos novos tempos. Isto somado às *Ordenações manuelinas* e *filipinas* já comentadas, além de um conjunto de outras medidas do Conselho Ultramarino sediado em Lisboa, onde eram decididas as petições da Colônia, e acrescido das resoluções da própria Igreja Católica, ao coibir a escravização do nativo e tolerar, até mesmo chancelar, a escravização em massa de africanos.

Segue-se a esses dispositivos jurídico-econômicos um conjunto de aspectos técnicos, e mesmo tecnológicos, ligados ao ciclo da cana e do açúcar, abarcando a *plantation*, o engenho e suas atividades.

Primeiro, a *plantation*, ou a lavoura da cana-de-açúcar que, segundo Gilberto Freyre, era cultivada nas melhores terras do planeta. A cana ali se adaptou e se desenvolveu, havendo espécimes melhores do que as nossas, segundo os entendidos (ibidem, p.73). Em contraste com a terra e sua generosidade, como mostram Schwarcz e Starling, prevalecerão técnicas primitivas de cultivo, até mesmo antigas e já ultrapassadas, não havendo sequer arado; enxada, sim, com a coivara indígena por toda parte (ibidem), e tudo tocado à tração humana: o escravo.

Segundo, o engenho e seu aparato. Três tipos de engenho, uns mais rudes, outros menos:

[1] o engenho d'água ou real, considerado superior, "mas poucos proprietários podiam se dar ao luxo de dispor dessa facilidade";
[2] o engenho de roldanas, movido por bois, cavalos ou escravos, conhecido como trapiche, molinete ou almanjarra, espalhado por toda a região açucareira e considerado inferior;
[3] o engenho de palitos, tendo como dispositivo principal três cilindros revestidos de metal, considerado melhor do que o de roldanas, por requerer um número menor de trabalhadores e produzir bem mais, cuja modalidade se espalhou pela zona da cana no século XVII, a partir de 1610 (ibidem).

---

15 Nessa obra, ressalta-se a adaptação desses institutos ao modo de produção colonial [expressão minha], fundado sobre "a produção especializada, em larga escala para o mercado europeu", sem conexão direta com o povoamento da Colônia ou a fixação da população, chegando "até a faltar açúcar nas colônias". O modelo da economia açucareira, segundo as autoras (cf. Schwarcz; Starling, 2015, p.52), foi formatado pelos portugueses antes das descobertas nas ilhas de São Tomé e Madeira, tendo sido depois transplantado para cá, e a Colônia se convertido no fim do processo, de cópia que era, em modelo para o restante das Américas, inclusive para os Estados Unidos.

Comum a todos, soma-se o aparato dos tachos, das caldeiras, dos reservatórios (também chamados de paróis), das formas (conhecidas também como "pão de açúcar", recipiente de barro onde se armazenava o açúcar antes de ser comercializado e embarcado para a Europa) etc., fabricados aqui, como o pão de açúcar, nas olarias instaladas junto aos engenhos; outros, importados da Metrópole, como as caldeiras, e outros, ainda, montados na Colônia com madeirame local e peças importadas. Antonil (1997, p.95-96) comenta que esse aparato era empregado nas diferentes fases da fabricação e armazenagem do açúcar, e associado a um conjunto de tarefas mais ou menos especializadas, como se verá na sequência, ao combinar a mão de obra escrava em grande escala e trabalhadores livres em menor proporção (Schwarcz; Starling, 2015, p.74).

Ao se considerarem a *plantation* e o engenho, somados à mão de obra, à supervisão do processo produtivo e aos dispositivos técnicos empregados, passa-se àquilo que poderia ser chamado de divisão técnica do trabalho, diferente da divisão social do trabalho, a qual, fundamentalmente, é a divisão da sociedade em camadas sociais. Ora, é no nível da divisão técnica que pode ser apurado um dos primeiros elementos da chamada civilização técnica, o nível da civilização material, em que tudo se decide, à qual se liga a civilização espiritual – donde a importância de sua consideração. Assim, não menos do que a *plantation* (lavoura da cana) com a coivara e sem a enxada, a base técnica do engenho e da fabricação do açúcar era rude, numa época em que imperava a manufatura com as características que ela cristalizou ao ser trasladada para cá. Tratava-se de mais uma das singularidades coloniais brasileiras, a saber, a grande dependência de mão de obra humana, como em toda manufatura (*manu* + *factura*, ou seja, artigos feitos com a mão, como no artesanato, e não pela máquina), em larga escala no que diz respeito a atividades manuais e braçais, e em pequena escala com relação a serviços técnicos especializados. Aquelas, na conta de escravos, diferentemente da manufatura europeia; estes, na conta tanto de trabalhadores livres quanto de alforriados, abarcando feitor-mor, caixeiro, cobrador, escrivão ou despenseiro, solicitador ou o procurador do engenho, além de advogados, caldeireiros de escumar (limpeza do caldo), mestre de açúcar – o qual, segundo as autoras, era quase um engenheiro e, de todos, o profissional mais estimado, mais bem remunerado e quem comandava todo o processo (ibidem, p.77).[16]

---

16 Cf. também Antonil, 1997, p.85 e 87, que fornece descrições abundantes desses ofícios, bem como informações sobre as remunerações praticadas, como nas referentes ao feitor-mor e mestre de açúcar.

Um excelente exemplo que retrata esta situação – de dependência extrema do escravo e seu emprego massivo, e de emprego de corpo técnico diminuto que, em vez de aumentar, diminuiu com o tempo (isto quando os negócios do açúcar expandiram) – é o engenho do Sergipe do Conde. Localizado no Recôncavo Baiano, na região de Santo Amaro, ele era um dos maiores do Brasil Colônia, de propriedade do Conde de Linhares, posteriormente herdado pela Condessa e passado, depois, para o Colégio Jesuíta de Salvador, findo um rumoroso processo judicial: ali, segundo Schwarcz e Starling, no curso do século XVII (auge da produção açucareira), trabalhava-se em média 300 dias por ano, abarcando-se um total de 203 tarefas, dia e noite, alternando duas turmas – uma entregue à moagem, outra ao cozimento, podendo a jornada durar "18 horas ou mais" (ibidem, p.75); já a mão de obra instalada vai passar de 80 escravos e 13 assalariados em 1635, para 200 escravos e 6 assalariados no início do século XVIII (ibidem, p.77).

Por último, as características do produto: sonho de consumo das classes abastadas da Europa, havia vários tipos de açúcar, como o branco e mais elaborado, considerado superior, e o mascavo e menos elaborado, considerado de segunda. Essas informações aparecem no livro referido de Antonil, acompanhadas das cifras respectivas (Capitanias da Bahia, Pernambuco e Rio de Janeiro), evidenciando que quase toda a produção era destinada à exportação (Antonil, 1997, p.140). As duas historiadoras adicionam, ainda, a existência de um terceiro tipo de açúcar, o refinado, processado "nas indústrias de refinação da Europa do Norte" a partir da matéria-prima importada da Colônia, uma matéria-prima malvista ou vista com desconfiança por causa de truques de falsificação – mistura com outros ingredientes, peso adulterado por pedras nas embalagens etc. (Schwarcz; Starling, 2015, p.75).

Somando-se tudo, e considerando-se a *plantation* e a escravidão do eito (lavoura), o engenho e a escravidão "fabril" (manufatura da cana e processamento do açúcar) juntamente com a matéria-prima usada (a cana "crioula" da Sicília) e o produto final obtido (de segunda e ainda assim adulterado), só com muito favor alguém poderia falar de "civilização" material e tecnológica nestas paragens. O que havia, simplesmente, era um *gap* tecnológico, com os Estados Unidos mais produtivos em suas *plantations* de algodão e a mesma base escravista, o Caribe escravocrata com açúcar e cana melhores, e a Colônia fadada a uma só cultura e a uma única manufatura: à monocultura da cana e à manufatura do açúcar, numa situação de monopólio quase total, e de cuja exclusividade e padrão técnico atingido Schwarcz e Starling dão uma ideia nada lisonjeira. Tudo era feito "no olho", com a técnica longe da ciência e atada ao saber empírico para nunca mais sair – dir-se-á –, ficando o país condenado até hoje ao mundo "do mais ou menos". A única exceção, talvez, fosse o conhecimento da fauna e da flora, de origem indígena e que foi conservado pelos jesuítas. Não no que diz respeito à técnica, como mostram os estudiosos e os documentos do período colonial, atestando "que faziam falta métodos mais científicos, contando-se demais com a experiência individual e acumulada", como testemunham os viajantes que por aqui passaram e "costumavam dizer que no Brasil tudo 'era feito no olho', sendo a produção calculada em carros de boi ou barcos cheios de cana".[17]

Estes foram os casos da lavoura da cana e do engenho do açúcar nos quais encontramos os setores mais internacionalizados e dinâmicos da economia colonial, com a missão de atender um mercado e uma clientela exigentes. Quanto às outras técnicas, seu nível e seus dispositivos, não há nada de positivo a dizer. As manufaturas urbanas (como a do ferro) foram proibidas por todo o período colonial, devendo aguardar a transferência da Corte para que as primeiras fossem implantadas, como é o caso da imprensa, ficando o regime da grande indústria adiado para o século XX. Antes, porém, o Nordeste açucareiro havia trocado o engenho pela usina, mas os tempos eram outros e o regime do escravismo colonial já havia chegado ao fim.

Resultado: de fato, nem com muito favor, alguém poderá falar de civilização material na zona da cana, onde estava o melhor do Brasil Colônia. Com o território sem potencial e sem classes médias para embasar e diversificar a base técnica/tecnológica, o período colonial terminou com uma composição social mais pobre e simplificada do que Roma (apenas duas classes sociais – senhores e escravos –, somadas aos minguados comerciantes, notários das cidades e os mestres de açúcar da casa-grande) e o açúcar brasileiro desbancado pelo do Caribe. Além disso, de uma parte a outra da Colônia, o analfabetismo beirava 100%; do lado de cima da hierarquia e no interior da casa-grande tudo era rude, chapado como o chão, e sem nenhum *pedigree*; do lado de baixo e nas senzalas, os banzos sem esperança da terra distante, os açoites e as marcas em carne viva, e uma expectativa de vida muito baixa, inclusive em comparação com outras colônias escravistas, como o sul dos EUA: 25 contra 35 anos, segundo Schwarcz e Starling (2015, p.95). Por isso, nem com muito favor alguém poderá falar de civilização material, e menos ainda de espiritual: simplesmente não havia nenhum *glamour* na casa-grande,

---

17 Ver sobre este ponto Schwarcz e Starling, 2015, p.76-77, onde as autoras acrescentam que nas *plantations* os "equipamentos eram poucos – machados, enxadas e picaretas limpavam a terra e preparavam o solo – e [...] nem arado se utilizava regularmente", tendo em tudo contado mesmo "com o suor escravo e o açoite para tocar o trabalho e torná-lo produtivo".

e a vida na Colônia, como viu Antonil, era um verdadeiro "inferno dos negros, purgatório dos brancos" (ibidem, p.96).

Ora, até aqui acompanhei de perto Gilberto Freyre e sua obra seminal, autor que, como ninguém, compreendeu a força e a dinâmica da sociedade colonial, com seu aristocratismo e *pater familias* (ou o senhorio da casa-grande) no centro de tudo, a ponto de sobreviver ao término da era colonial continuando com sua obra até o fim da República Velha.

Todavia, ao concluir as considerações acerca da ordem econômica colonial e tendo aprendido com Freyre a necessidade de nos livrarmos de dois mitos da historiografia tradicional (a saber, o mito do degredado que se enobreceu, retificado pelo contingente expressivo dos moçárabes no processo de colonização, e o mito da etnia única dos afrodescendentes, retificado pela diversidade dos povos e dos estágios civilizatórios dos que para cá vieram), devemos, agora, desconfiar do próprio sociólogo pernambucano, e livrarmo-nos de um terceiro mito: o da litoralização. Este último foi construído desde a Colônia e sua origem remete ao Frei Vicente do Salvador, nosso primeiro historiador (ou segundo, se computarmos Pedro de Magalhães Gândavo, que, no entanto, não nasceu aqui), ao dizer que os *brasiliensis* viviam em nossas praias como caranguejos, de costas para o interior e andando para lá e para cá, sem se afastarem do litoral. Depois do frade franciscano, foi a vez de outros historiadores, como Caio Prado e, como nenhum outro estudioso, Gilberto Freyre, com sua indisfarçada nostalgia da civilização do açúcar, do engenho e da casa-grande. Nenhuma outra obra, como o seu *opus magnum CG&S*, desenhou os personagens, o *décor*, o enredo e a narrativa do mito e conferiu-lhes a densidade ontológica de um arquétipo, com o padrão casa-grande e senzala comandando tudo, como tantas vezes ressaltado.

Donde, também, além dos dois mitos da historiografia contra os quais se insurge Freyre, a necessidade de nos livrarmos daquele que seria o terceiro mito, construído com a ajuda do próprio autor, e apontado por Sérgio Buarque de Holanda: o mito do Brasil do litoral, que vitima ainda hoje quase todos os estudiosos da sociedade colonial, não só os historiadores, e que os leva a pensá-la como se tudo na Colônia se resumisse naquela faixa que se estendia da Zona da Mata de Pernambuco, passando pelo Recôncavo Baiano, até os costados de São Vicente. Este é o lado, ou a faixa, onde o Brasil nasceu e por onde se desenvolveu, com as sesmarias indo do litoral ao agreste e ao sertão, sem poder distanciar muito da costa e dos rios afluentes, estendendo-se rumo ao sul, numa linha de fortalezas e feitorias que ia de Belém do Pará a Laguna, em Santa Catarina. Este foi, aliás, o Brasil que venceu e hegemonizou o resto da Colônia, com o interior ou anexado e servilizado, ou esquecido e clandestino: o Brasil do litoral e da casa-grande. Essa visão aristocrática e tradicional da sociedade colonial, porém, vem sendo desmontada por uma plêiade de historiadores e estudiosos, como Sérgio Buarque de Holanda e Jorge Caldeira.

A começar por Buarque de Holanda, como mostra Robert Wegner em *A conquista do Oeste*, consagrado ao exame legado do historiador sobre o tema da expansão da fronteira brasileira e da marcha para o interior, constituindo-se de um conjunto copioso de publicações, como *Caminhos e fronteiras* e dezenas de artigos, nos quais as figuras do bandeirante e do monçoneiro ocupam a *avant-scène* da Colônia, e não exclusivamente o senhor da casa-grande e o governador-geral. Para terminar, Jorge Caldeira, em *Nem céu nem inferno*, obra na qual ele se insurge contra o mito da litoralização, apresentando um conjunto tanto de argumentos quanto de cifras das mais variadas proveniências para desmontá-lo. Demográficos e também econômicos, esses dados estatísticos, especialmente aqueles ligados à estimativa do PIB da Colônia e que mostrariam a pujança da economia do interior – a economia dos sertões –, autorizavam segundo o autor o vaticínio que sua participação na riqueza colonial seria maior do que a gerada pela cana-de-açúcar e pelo comércio exterior. Na seção 2, ao concluir a descrição da estrutura da sociedade colonial, fornecerei essas cifras, no quadro mais geral dos grandes números da colonização, não apenas econômicos, mas também demográficos.

Contudo, não examinarei o argumento da litoralização *in extenso* neste Passo, mas, no próximo, quando de fato a economia e a sociedade do interior – o Sertão esquecido dos mapas coloniais – ficam mais robustas, aparecem nos mapas oficiais e vão dar espaço a uma dinâmica da expansão da fronteira na direção do Oeste, fazendo lembrar a epopeia norte-americana. Dinâmica esta iniciada com o ciclo do ouro em Minas Gerais, estendendo-se até Mato Grosso e Goiás e concluída anônima e quase que imperceptivelmente com os monçoneiros e os tropeiros: essas duas grandes figuras desprezadas do Brasil Colônia – o bandeirante de Piratininga e o monçoneiro de Porto Feliz do alto do Tietê – vão, então, "dar-se os braços" mais de duzentos anos depois. Tudo isso foi muitíssimo bem estudado por Sérgio Buarque de Holanda, e a ele voltarei no Passo 3, com a companhia de Robert Wegner, que dedicou ao historiador paulista e ao tema um instigante e precioso estudo.[18]

---

18 Cf. Wegner, 2000, especialmente capítulos VI e VII. Além da ascendência do litoral, somam-se a ascendência e a primazia da influência lusa sobre a vida e o destino da Colônia, como comenta Robert Wegner em outro contexto (ibidem, p.127) – o contexto dos sertões e da americanização –, ressaltando no capítulo V que, "de fato, os casos de americanização

Além de Wegner, Sérgio Buarque de Holanda e Jorge Caldeira, quem ajuda a desconfiar do mito da litoralização e seus excessos é o próprio Gilberto Freyre, ao se referir ao Ceará, dado que este não teve nem ciclo da cana, nem engenho de açúcar e nem escravismo colonial. O Ceará trocou a *plantation* pelo gado e o escravo pelo índio, o qual, aliás, foi o vaqueiro das fazendas. A economia do Ceará e do gado, contudo, só existiu para abastecer o Nordeste e a casa-grande, não podendo, pois, ser tomada em total independência da rota do litoral. A rota do interior, portanto, foi mesmo iniciada com Minas e com o ciclo do ouro.

Esse ciclo durou pouco, tendo sido mais curto do que o do açúcar (vai de fins do século XVII a meados do século XVIII, tudo não passando de sessenta anos), e deve hoje sua reputação menos ao terremoto que provocou e ao pesadelo que lhe seguiu – com a Coroa temendo o pior, isto é, ver o reino e vastas áreas da Colônia despovoados – e mais como limiar econômico do que como limiar político. Não tanto por si mesmo ou por sua causa, mas devido ao seu fim, com a decadência chegando quando ele se viu associado ao iluminismo das montanhas e à Inconfidência mineira, de que se falará na sequência. Trata-se de mais um de seus paradoxos, e, como estes, houve outros, no início e no apogeu do ciclo.

Por um lado, quando a violenta repressão se abateu sobre os insurgentes, havia Vila Rica com seus casarões elegantes, ruas pavimentadas, igrejas barrocas belíssimas, a grande praça, a rua direita, o teatro, os árcades, as bodegas e os saraus; por outro, as matas destruídas, a terra escalavrada, os rios turvos e sem o charme do Mondego da região de Coimbra, para tristeza de Cláudio Manuel – e isto não só no entorno da capital mineira, mas na vasta extensão da zona mineradora que ia de Vila Rica a Diamantina, passando por Sabará e Serro do Frio. Antes da decadência, no início, havia muitos forasteiros e muita riqueza, surgidos da noite para o dia, mas, também, muita penúria e muita fome na região mineradora, com as crises de abastecimento irrompendo de tempos em tempos e provocando verdadeiros desastres – em 1697-1698, 1700-1701 e 1713 –, como notou Antonil, nas quais muitos moradores de Minas morreram de fome e com as mãos cheias de ouro (Schwarcz; Starling, 2015, p.115).

Certamente, houve muito fausto e muitas francesias na Minas colonial, como as moças de família tocando piano, inclusive as francesias políticas

[adaptação do colono ao índio e à terra, uso de técnicas nativas, adoção na dieta alimentar do milho e da mandioca, influência do tupi-guarani na comunicação] quase não têm efeito sobre o legado transatlântico [...]".

e o ideário iluminista espalhado no entorno de Vila Rica. Uma andorinha, porém, não faz verão, como dizia Aristóteles... Passado o ciclo, Minas se trancou no interior das montanhas e nas fazendas dos Geraes por todo o século XIX: sem o fausto de Ouro Preto, tudo muito rude e muita tristeza no interior, segundo os viajantes (como Saint-Hilaire ao visitar as fazendas de Minas), com as pessoas não sabendo conversar e a maioria nem ler e escrever, como, aliás, o restante da Colônia. Por isso, nada mais inexato do que a ideia de uma Minas Gerais urbana por causa de Ouro Preto e da mineração. Isso até pode ter sido no começo, ou tudo ter começado assim, mas não permaneceu ou continuou.

Daí minha decisão de adiar o exame desse importante fator da vida colonial e pós-colonial: primeiro, porque, de fato, o Brasil do litoral, como mais uma expressão direta da hegemonização de um dos polos ou das hastes da forquilha sociológica, comandou a vida colonial; segundo, porque a vida do interior e a economia dos sertões não influenciaram a filosofia colonial, não havendo nexos causais diretos entre uma coisa e outra, e tudo sendo decidido nos colégios e seminários que se espalharam ao longo da costa – de São Luís do Maranhão a São Paulo de Piratininga, tendo Minas fundado o seu somente em 1750, e, ainda assim, tendo sido o último da saga dos jesuítas no Brasil Colônia, nove anos antes de a Companhia de Jesus ser expulsa de nossas terras por decisão do Marquês de Pombal, em 1759.

Para terminar o exame do arcabouço da sociedade colonial, passo à ordem política. Esta não é outra senão a do regime colonial fundado sobre a relação de dissimetria entre a Colônia e a Metrópole, em sua dupla face, de pacto de associação e de submissão, tendo como dispositivo jurídico as *Ordenações manuelinas e filipinas*, e tudo terminando como terminou: com o patrimonialismo imperante por toda parte (não há "repúblicos" na *Terra Brasilis*, dizia o Frei Vicente do Salvador); o processo de colonização como negócio e assunto do rei e seus parceiros que estabeleceram o primeiro comodato da parceria público/privado nos tempos modernos (as sesmarias, os fortes, os tribunais e o sistema de defesa); os senhorios trancados em seus *châteaux* (nas casas-grandes) longe da política; a Coroa e a Corte longe da Colônia e dos senhores. E não é só: na outra haste da forquilha social, com os escravos africanos reduzidos à condição de instrumento ou ferramenta, como na Grécia, conforme Aristóteles define os escravos gregos na *Ética a Eudemo*, e mais ainda em Roma antiga. Lá, assim como no Brasil, eles estão num grau mínimo acima do gado e de outras bestas de carga, com os romanos distinguindo ao menos três instrumentos: o *instrumentum vocale*, que designava o escravo agrícola; o *instrumentum semi-vocale*, referido ao gado; e o *instrumentum mutum*, ou mudo, podendo ser designada a alfaia como um destes, e que é um equipamento agrícola parecido com o arado ou a charrua (Anderson, 1982, p.24).

Pior ainda na Colônia, ao contrário de Roma, onde a mobilidade social era mais rápida e efetiva. Aqui, onde quase não havia mobilidade (com um fosso enorme interpondo-se entre os escravos e os livres instalados acima deles na hierarquia social), os cativos terminavam desterrados e tiranizados por uma violência pré-política pior do que na dialética do senhor e do escravo de Hegel, na qual, ao menos, havia dialética e a esperança de saída, ao passo que aqui, não. No outro patamar da hierarquia social, espremidos entre os dois polos ou entre as duas grandes hastes sociológicas, havia o pequeno contingente das camadas médias e o restante dos súditos, com o *status* social inferior ao reinol, sem direitos políticos, uma espécie de súditos bastardos de segunda classe. Em todos esses casos e situações – à exceção dos nativos e dos escravos, numa sociedade comandada pelo aristocratismo e pelo agrarismo, com o padrão casa-grande e senzala como modelo a que todos os lusos aderiam e aceitavam –, era a ordem colonial que reinava absoluta, quase que sem contestação, e o mesmo ideal de fidalguia hipnotizava toda a mentalidade colonial.

Por toda parte, como havia notado Gilberto Freyre, o mesmo "Deus todo-poderoso" da economia colonial – a sociedade patriarcal, o senhorio e a escravidão – comandava simplesmente tudo, gerando uma sociedade profundamente conservadora, ao fim e ao cabo. Nesse cenário de quase trezentos anos, quase não houve vida política, muito menos revolta ou insurgência política. Houve as invasões francesas e holandesas, mas a agenda política não era dada pela Colônia, mas pelas potências europeias, suas cobiças, suas alianças e suas rivalidades. As notórias exceções, sem instalar, mas anunciando novos tempos e um novo limiar político, são a Inconfidência mineira e a Conjuração baiana: aquela inspirada na Revolução norte-americana e na ideia de república, tendo os árcades e os bacharéis letrados de Ouro Preto como protagonistas; esta tirando sua inspiração na Revolução Francesa, ao associar república e democracia pela primeira vez nos trópicos portugueses, tendo os alfaiates de Salvador como novos Dantons e Robespierres – duas insurgências diferentes, portanto uma elitista e outra popular, mas tendo um ponto em comum (sem dúvida, sintomático, além de desconcertante): ambas propugnam libertar Bahia e Minas Gerais de Portugal, mas não o Brasil, com os inconfidentes mineiros falando no máximo da libertação do Rio e de São Paulo, ao procurarem aliados nas duas províncias, e os alfaiates baianos falando da Bahia. Assim, também lá não estava em jogo uma conjuração nacional, mas baiana, como ficou conhecida (Schwarcz; Starling, 2015, p.149).

Sobre esse ponto, ao que parece, prevaleceu nas montanhas o mesmo ideal de fidalguia já referido ao litoral e ao Recôncavo – nada mais natural, com efeito, ao menos por aqui: num tempo como o colonial, profundamente conservador, marcado pelo agrarismo mesmo nas cidades coloniais, no qual as precedências da hierarquia aristocrática falavam mais alto, não tardou Minas a ter seus barões. De fato, eles não seriam poucos, no fim do Segundo Reinado, sobretudo, quando o Imperador se mostrou mais generoso, repartindo-o pelos quatro cantos das Minas e dos Geraes, sem que Ouro Preto, até onde se saiba, tivesse o seu.

Quem tem razão, então, sobre a ordem política e os dispositivos ideológicos da sociedade colonial, com seus componentes rudes, suas instituições precárias e suas populações minguadas, é Caio Prado Jr., ao dizer que o Brasil Colônia era uma terra "sem superestrutura". Não que não existissem, contudo, instituições e dispositivos jurídicos, pois a Colônia os tinha e eles eram poderosos; Prado fala mais no sentido de que não havia instituições internas e vida política própria na Colônia, com os chefes das capitanias se dirigindo diretamente ao governador-geral em Salvador, depois no Rio de Janeiro, e por meio deste a El-Rei e seu Conselho de Estado no Palácio da Ribeira, em Lisboa. Caberá ainda perguntar pelos outros componentes e dispositivos da superestrutura, como aqueles relativos às artes e ao ensino; esse tópico, porém, só será tratado nas próximas seções.

Por fim, encerrando o tópico dos limiares, com a sociedade colonial caracterizada por sua longa imobilidade como a *longue durée* de Braudel, o último limiar foi a transferência da corte para o Rio de Janeiro, já no fim da Colônia: este, sim, o limiar da separação do Brasil de Portugal. Paradoxalmente, ela foi consumada no momento em que os dois reinados estavam mais próximos do que nunca, tendo o *status* de Colônia sido cancelado e o Reino Unido de Portugal, do Brasil e de Algarves, instituído e já uma realidade, com a sede da Corte no Rio de Janeiro.

Todavia, esse novo limiar, limiar político, será, antes de tudo, analisado no próximo Passo, por entendermos que, num mesmo lapso temporal, podem ocorrer defasagens, sobrevivências e antecipações, instalando o tempo histórico não uma ordem homogênea como o tempo físico, mas heterogênea. Este foi o caso do Brasil ao chegar ao fim do período colonial, podendo o traslado da corte, em 1808, ser visto como um claro exemplo da não coetaneidade do contemporâneo e do seu avesso, a coetaneidade do não simultâneo ou do não contemporâneo, e de direito pertencer ao novo período que se lhe seguiu: o pós-colonial. Um pouco como na época das descobertas, em que se pode ver, como notou Octavio Paz no caso da conquista do México, o alinhamento de duas ordens temporais distintas que, no fim, se uniram e se fizeram uma só, com seus *gaps*, defasagens e avatares: a da Renascença, protagonizada pelos navegadores espanhóis e italianos, com os olhos para a frente e na companhia da nova mentalidade irradiada da França e da Itália; a da Idade Média, com Cortés fazendo figura de *El Cid* em sua batalha legendária contra os Mouros e os Nativos como novos Infiéis a serem derrotados ou convertidos.[19]

2. GRANDES NÚMEROS DO PERÍODO COLONIAL

Ao terminar esse grande painel da sociedade colonial, tratarei de fornecer na sequência os grandes números da demografia e da economia do período – os agigantados e os miúdos –, ao iniciar um expediente que será continuado nos próximos Passos: necessário para dimensionar a estrutura da Colônia, o procedimento e seus resultados se revelarão também essenciais – é o que se espera, sob a pena de ficarmos condenados à análise da *doxa* filosófica e da opinião dos outros, sem nenhum controle empírico e respaldo analítico – para aquilatar a situação da cultura colonial e da própria filosofia, quando a esse levantamento inicial adicionarei, nas próximas seções, um conjunto de dados e informações sobre a cultura, o ensino e o livro nestas paragens, fechando o quadro e firmando as convicções.

Começando pela demografia, vou servir-me, sobretudo, das informações do IBGE, com sua vantagem de órgão credenciado, que fornece, para o período, estimativas históricas, ficando os dados censitários reservados para o período pós-colonial, quando o Instituto foi criado. Onde as informações faltarem irei recorrer a outras fontes, obviamente, sempre que possível buscando a comparabilidade, escandindo as informações por segmentos ou setores e variando o século, as décadas e os anos, segundo os contextos e as fontes existentes: população total da colônia; composição étnica; rural e urbana; principais províncias; colônia e metrópole. Assim, sumariando ao máximo os dados e estabelecendo os principais contrastes com seus pontos de corte, a situação da Colônia é a seguinte:

---

19 Ver Paz, 1989, p.88-89. Segundo Octavio Paz, embora fizesse lembrar *El Cid*, Cortés não era um homem medieval, mas um renascentista.

População total – Segundo o IBGE, a população saltou de pouco mais de 15.000 almas, indígenas excluídos, em 1550, passando a ser 100.000 em 1600 e 300.000 em 1700, para chegar a 3.250.000 em 1800 e 4.717.000 em 1820, na véspera da Independência.[20] Algo diferente do IBGE, com datas mais vagas, em seu livro testamento publicado em 1995 pela Companhia das Letras, Darcy Ribeiro estabelece, na Tabela 2: "Fins do século XVI: 60.000 [;] Fins do século XVII: 300.000 [;] Fins do século XVIII: 3.000.000".[21]

Composição étnica – Esse componente da demografia histórica comporta incertezas de vários quilates, e me levará a usar fontes discrepantes ao estabelecer o quadro geral dos elementos ameríndios, africanos e europeus (portugueses, no caso):

[1] *nativos*: o órgão oficial, numa importante edição comemorativa por ocasião das festividades do quinto centenário da descoberta, falará em mais de 2 milhões de indígenas na época em que Cabral aqui aportou, algo entre 2 e 2,7 milhões (IBGE, 2000). Outros estudiosos, como o antropólogo Viveiros de Castro, falam em 4-5 milhões. Já Schwarcz e Starling (2015, p.15) afirmam que o número estimado em 1500 ficava em torno de 1 a 8 milhões, tendo o "encontro" com os europeus "dizimado entre 25% e 95%";

[2] *negros africanos*: na mesma publicação, o órgão fala em mais de 4.000.000 no período que vai do século XVI a meados do século XIX, tendo a Colônia se transformado na maior importadora de "escravos africanos, [...] o equivalente a mais de um terço de todo comércio negreiro", e, antes de tudo, no curso do século XVII-XVIII, com a população escrava saltando de menos de 2 milhões, em 1650, para o dobro cerca de cem anos depois;[22]

[3] *brancos europeus*: por fim, o IBGE registrará que nos dois primeiros séculos de colonização vieram para o Brasil cerca de 100.000 portugueses,

---

20 Cf. *IBGE – Censo Histórico (1550-1870)*, especialmente Tabela 1 – Estimativas da população, dados históricos do Censo, Brasil Colonial (1550-1823).

21 Cf. "Tabela 2: Brasil – Rede urbana colonial". Fonte: Estimativas baseadas em cronistas contemporâneos" (Ribeiro, 1995, p.194).

22 Sobre esse componente da população brasileira, Schwarcz e Starling (2015, p.82) consignam que "foram transportados para as Américas de 8 milhões a 11 milhões de africanos durante todo o período do tráfico negreiro; desse total, 4,9 milhões tiveram como destino final o Brasil". Esta situação dará ao Brasil o título de "campeão do tráfico negreiro", levando o país a ser chamado de "Novo Guiné" (p.89) e ainda, não sem um certo exagero, a ser considerado pelas autoras de o maior país com população negra do mundo, afora a Nigéria (Ver nota, p.15).

uma média mensal de 500 imigrantes. No século seguinte, esse número aumentou: foram registrados 600.000 e uma média anual de 10.000 imigrantes.

Precisando esses dados, outros especialistas falam em números menores, como Roberto Simonsen, considerado até hoje autoridade no assunto, com cifras que se estendem bem mais além do período colonial, segundo o qual, em 1600, a população total era 100.000, compreendendo 30.000 brancos e 70.000 mestiços, negros e índios (Simonsen, 1969, p.271). Por seu turno, Darcy Ribeiro, no livro citado, ao se referir no bloco da população total da Colônia ao contingente português estimará a cifra de 50.000 brancos (portugueses) em 1600, contra 150.000 em 1700 e 2.000.000 em 1800 (Ribeiro, 1995, p.151).

Tomando os três componentes em conjunto, porém com diferentes referências temporais, para fazer as comparações, com o intuito de evidenciar os pesos relativos respectivos, Darcy Ribeiro no livro citado estimará, em 1600, a cifra de 50.000 brancos (portugueses), 30.000 escravos e 120.000 indígenas "integrados", contra, em 1700, respectivamente, 150.000, 150.000 e 200.000, e, em 1800 – o fim do período que se está a analisar –, da ordem de 2.000.000 de brancos, 1.500.000 de escravos e 500.000 ameríndios (ibidem). Jorge Caldeira, por sua vez, ao focalizar o fim do período colonial, mas com outros propósitos, fornecerá os percentuais relativos, asseverando que, "segundo as estatísticas oficiais brasileiras disponíveis, em 1819 a população total brasileira seria de 4,39 milhões de pessoas, considerados os índios livres", cuja composição seria a seguinte: "56,6% de colonos livres; 18,2% de índios livres (portanto, um total de 74,8% de pessoas livres; 25,2% de escravos"– situação que, segundo ele, acarretaria a necessidade de repensar o padrão casa-grande e senzala – e, por extensão, escravista (a escravidão como sistema total) – da sociedade brasileira (Caldeira, 2015, p.290).

População rural e urbana – Na impossibilidade de se obter os dados acerca do Brasil, numa época em que tudo na Colônia acontecia e era decidido no campo, dando azo ao mantra da civilização essencialmente agrícola, com a curva demográfica só se invertendo no curso do século XX, foi necessário trabalhar com os dados relativos às cidades, às principais, cuja comparação, usando fontes e estimativas diversas, encontramos no precioso livro mencionado de Darcy Ribeiro:

(1) População urbana:
Fins do século XVI: número de cidades – 3, número de vilas – 14 Fins do século XVII: número de cidades – 7, número de vilas – 51 Fins do século XVIII: número de cidades – 10, número de vilas – 60

(2) População das principais cidades e vilas:
Fins do século XVI: Salvador – 15.000, Recife/Olinda – 5.000, São Paulo – 1.500, Rio de Janeiro – 1.000
Fins do século XVII: Salvador – 30.000, Recife – 20.000, Rio de Janeiro – 4.000, São Paulo – 3.000
Fins do século XVIII: Salvador – 40.000, Recife – 25.000, Rio de Janeiro – 43.000, Ouro Preto – 30.000, São Luís – 20.000, São Paulo – 15.000. (Ribeiro, 1995, p.194)

Para fechar o quadro, passando ao fim do período colonial, no precioso estudo publicado pela PUC-RIO, com o título *A economia brasileira no Império, 1822-1889*, Marcelo de Paiva Abreu e Luiz Aranha Correa do Lago estabelecem que, "em 1821, um levantamento estatístico detalhado revelou população total de 112.695 habitantes na Corte, ou seja, na cidade do Rio de Janeiro. Salvador possivelmente tinha cerca de 70 mil habitantes e Recife de 25 a 30 mil" (Abreu; Lago, s.d., p.3).[23] Enquanto isso, Vila Rica, cinquenta anos antes, por volta de 1770, tinha 80.000 habitantes, segundo as historiadoras Schwarcz e Starling (2015, p.123), dizendo se tratar da Comarca.[24]

População das principais províncias – Schwarcz e Starling, citando a mesma fonte, calculam a população de Minas Gerais em cerca de 320.000 na mesma época, em 1770. Não foi possível levantar a população da Província de São Paulo, nem para antes ou para depois. Trabalhando outras fontes, o artigo da Wikipedia intitulado "Ciclo do Ouro", cujas informações, segundo consta no *site*, são consideradas respaldadas por fontes seguras, fornece o quadro comparativo de ao menos quatro províncias catalogadas como "principais", tomando como referência o ano de 1772: 1º) Minas Gerais: 319.769;

---

23 Publicação on-line do Departamento de Economia, com a informação em nota dos autores de que se trata da "versão preliminar do Capítulo 1 de nova edição, a sair, de *A Ordem do Progresso*. Neste capítulo, são utilizados textos de trabalhos anteriores dos autores, principalmente Lago (1978), e, para temas monetários e financeiros, Abreu e Lago (2001)".
24 Schwarcz e Starling citam como fonte estudo Rocha, 1995. Darcy Ribeiro fala em 30.000 h; trata-se visivelmente de mais um caso de estimativas disparatadas, que vitimam não só Ouro Preto ou Vila Rica, mas todas as cidades do período.

2º) Bahia: 288.848; 3º) Pernambuco: 239.713; 4º) Rio de Janeiro: 215.678 (Medina, 1997). Creio que essas informações ajudarão a aquilatar a vida cultural e filosófica da Colônia. *Faute de mieux*, como dizem os franceses, é preferível ficar com elas e considerá-las, ainda que com reservas, do que privar de qualquer dado, e seguir adiante.

População da Colônia da Metrópole – da população total, além da Colônia, é preciso considerar a da Metrópole, com Portugal, segundo Darcy Ribeiro, tendo um contingente de 1 milhão de almas em 1500 (Ribeiro, 1995, p.142) e saltando para cerca de 3 milhões em 1800, ano em que o Brasil tinha 5 milhões, segundo o antropólogo (ibidem, p.151). Com números mais precisos, a estudiosa portuguesa Teresa Rodrigues Veiga (2004) distingue a população lusitana em termos de população europeia e continental [1] e população das ilhas [2], Madeira e Açores inclusas, achando para 1801 um total de 3.115.330 h, decompostos em 2.931.930 h [1] e 283.400 h [2]. A conta, porém, não fecha, havendo a autora, no quadro 1, da página 21, fixado o total geral de 3.115.330, ao passo que o correto é 3.215.330. Contudo, fica respaldada a informação de Ribeiro, ao arredondar as cifras, tendo a autora falado em 3 milhões de almas em duas páginas ao iniciar o capítulo (Veiga, 2004, p.21).

Termino considerando a economia colonial, com dados mais pobres e menos diversificados do que a demografia, mas com o bastante para respaldar a análise histórico-conceitual desenvolvida antes e iluminar as investidas que se seguirão. Os números – os grandes e também os pequenos – recobrirão a organização da economia colonial, evidenciando os seus dispositivos e o seu tamanho, a relevância das *commodities* e do setor exportador, o papel e o tamanho do mercado interno, a comparação com Portugal e Estados Unidos. Ei-los:

Organização e tamanho da economia colonial – Como já ressaltado, o escopo jurídico são as *Ordenações manuelinas e filipinas*, que regularam tudo na vida da Colônia, a economia inclusive, e, antes de tudo, os institutos das capitanias hereditárias e das sesmarias: aquelas, quinze ao todo, doadas a doze fidalgos (Schwarcz; Starling, 2015, p.54), tendo vingado apenas duas, as de Pernambuco e de São Vicente; estas, em número bem maior, como divisão daquelas, perfazendo "uma linha de fortalezas e feitorias de dez mil milhas de cumprido", conforme lembra Sérgio Buarque de Holanda citando o historiador britânico Tawner – nunca custa repetir essa imagem tão sugestiva,[25] tendo como epicentro as casas-grandes, as *plantations* de cana "crioula" e os engenhos de açúcar: um pouco mais de uma dúzia na Capitania de São Vicente no fim do século XVI (Schwarcz; Starling, 2015, p.55);[26] quatro estabelecimentos em 1550 (ibidem), e 121, em 1630, em Pernambuco, antes da invasão holandesa (ibidem, p.59); e 26 na Bahia (Recôncavo e Ilhéus), em 1570, segundo Gândavo, passando a 50 nas alturas de 1620, conforme o Frei Vicente do Salvador, que não computa Ilhéus (Salvador, 1982, p.112). Por fim, no século XVIII, por volta da primeira década, Antonil estabelece para as três capitanias um total de 146 engenhos para a Bahia, 246 para Pernambuco e 136 para o Rio de Janeiro, com a ressalva de que os da Bahia, embora proporcionalmente menores do que os de Pernambuco, eram "de maior rendimento" (Antonil, 1997, p.140).

Relevância das commodities e do setor exportador –Abreu e Lago (s.d., p.1) atestam a pujança atingida pelo setor ligado ao mercado externo: por um lado, o latifúndio agroexportador, com a Colônia a partir de 1580 tornando-se "o principal produtor mundial de açúcar, com base no trabalho de escravos africanos, posição que manteve até a segunda metade do século XVII", quando passou a sofrer "a concorrência de colônias inglesas, francesas e holandesas no Caribe"; por outro, o setor de mineração, tendo o Brasil se transformado no século XVIII no "maior produtor mundial de ouro, com cerca de 40% do volume total produzido entre 1701 e 1800, com produção estimada entre 800 e 900 toneladas" (ibidem).

Papel e tamanho do mercado interno – Sua dinâmica e seu tamanho são objeto de especial atenção de Jorge Caldeira, às voltas contra a hipótese da litoralização e os excessos do setor exportador, ressaltando, contra uma e outros, o papel da atividade interna, ao estimar sua participação no Produto Interno Bruto da ordem de 84%, lembrando, à guisa de comparação, que "em 2008 o mercado interno representou 86,7% do PIB" (Caldeira, 2015, p.264). Por fim, ainda que reconheça a importância do setor exportador na dinâmica da vida da Colônia em sua relação com o reino, argumenta que a "alta participação nos negócios metropolitanos era obtida com uma fração relativamente pequena da produção local", e arremata dizendo que "estudos recentes

---

25 Holanda apud Wegner, 2000, p.135. A fonte é Sérgio Buarque, 2013, p.37-38.
26 Gândavo fala de quatro.

indicam que algo em torno de 85% da produção brasileira era consumida no mercado interno e apenas 15% era destinada à exportação" (ibidem, p.292).[27]

Comparação com Portugal e Estados Unidos – Trata-se de um lugar-comum da literatura especializada: na época da separação, não só a população, mas a economia da Colônia era maior do que a Metrópole. Assim, Jorge Caldeira, no livro citado, ao traçar o quadro comparativo global, sem descer em detalhes, coloca:

> [...] ao longo dos trezentos anos, durante os quais o Brasil era uma colônia dentro do Império português, sua economia revelou um dinamismo muito forte – ao menos, bem superior ao da metrópole. Por volta de 1800, seria bem mais correto dizer que a economia do reino era inteiramente dependente daquela de sua colônia. (Ibidem, p.263)

E, um pouco mais à frente, ao fornecer os números contundentes que atestam a situação invertida das relações entre Brasil e Portugal no fim do período colonial:

> Entre 1796 e 1807, as exportações brasileiras corresponderam a 83,7% de todas as colônias portuguesas para a Metrópole; no mesmo período, as reexportações dessas mercadorias foram responsáveis por 56,6% das receitas portuguesas no comércio exterior. Na via inversa, o Brasil consumia 78,4% dos produtos enviados por Portugal a todas as suas colônias e 59,1% dos produtos importados pelo reino. (Ibidem, p.292)

Já com relação aos Estados Unidos, é bem mais controversa a comparação. Caldeira pretende – ao considerar o argumento do mercado interno e a prática generalizada do escambo no Brasil desde o início da colonização – que, "em termos de tamanho no cenário na América, a economia colonial brasileira era provavelmente maior que a norte-americana na primeira década do século XIX" (ibidem, p.293). Contudo, como ele reconhece, o Brasil iria perder a primazia ao longo do século XIX, quando o grande país do Norte já disputava a liderança mundial e a ex-colônia portuguesa tinha entrado no longo sono inercial do agrarismo secular, que irá perdurar até o fim da República Velha. Não obstante a importância dessa alteração, a sua consideração está fora do escopo do presente Passo e será reservada ao próximo.

---

27 A fonte é Caldeira, 2011, p.168, ver capítulo "O processo econômico".

Com esses números e comparações em mente, passarei, nas próximas seções, à análise da cultura colonial, seus dispositivos e suas ligações com a filosofia.

3. O SISTEMA COLONIAL, A CULTURA ADVENTÍCIA LUSO-BRASILEIRA E A FILOSOFIA

Trata-se, agora, de tematizar e restituir aquilo que seria o molde ou o arcabouço da superestrutura do sistema colonial.

De saída, ela é menos compacta e constringente do que o sistema econômico, com suas coerções poderosas, por consistir em estruturas difusas e randômicas, mas, ainda assim, coercivas, com o poder de moldar e determinar a mente de todo um povo ou agrupamento social. Tal molde ou arcabouço é chamado por Sérgio Buarque de Holanda de "civilização adventícia", nele incluindo a cultura material e os dispositivos técnicos/tecnológicos. Prefiro nomeá-lo *cultura adventícia*, ao pôr o foco sobre a mentalidade colonial e a assim chamada cultura espiritual (ideias, valores, costumes), a qual é uma pobreza só, segundo Gilberto Freyre. À exceção do clero, ninguém escapava dessa situação; nem mesmo, como ele lembra – ponto ao qual volto para desenvolvê-lo mais detida e especificamente, mediante a inclusão de uma massa nova de elementos e informações do período –, as elites opulentas das casas-grandes, sendo, aliás, elas mesmas, com a sua proeminência, as responsáveis diretas pela tacanhice e a mediocridade da vida colonial.

Com efeito – indaga-se –, tirantes o mandonismo e a prepotência do senhor de engenho, além da indolência e da lascívia, o que sobrava para a alta cultura e as obras do intelecto? Nada, ou melhor, tudo – o tudo de uma cultura rude e do total analfabetismo, o tudo de um mundo sem letras e sem as luzes do intelecto, condenando todos à pobreza de espírito e aos prazeres dos baixos instintos, nada mais. Assim, conforme Freyre,[28] ao colocar a lente de aumento sobre esses dois componentes negativos da sociedade patriarcal:

Cultura rude – O rico, por toda parte, vivia igual ao pobre, salvo no Recôncavo Baiano e na Zona da Mata pernambucana – com seus respectivos 18 e 23 engenhos nas alturas de 1570, segundo Gândavo (cuja lista da

---

28 Com sua insuspeição, ele, no mais das vezes, parecia mais disposto a reconhecer-lhe as virtudes, descrevendo a paisagem da *plantation* e da casa-grande da Zona da Mata pernambucana como se dela fizesse parte e se pintasse a si mesmo, como notou Araújo (1994, p.189).

Bahia acrescenta 8 em Ilhéus, totalizando 26). Naquelas áreas, os senhores de engenho eram riquíssimos, levavam "vida mole", montados a cavalo e cercados de criados, enquanto as mulheres vestiam roupas de seda e abundavam nas mesas "serviços de prata" (Freyre, 2006, p.341-342). Ou seja, a julgar por Gilberto Freyre, havia na zona da cana bastante conforto e mesmo certo refinamento na cultura material, mas nada comparável ou equivalente ao plano da alta cultura ou da cultura espiritual, não tendo as paredes das casas-grandes nenhum *portrait* e reinando por toda parte, escritórios toscos sem nenhum livro nas estantes, nem mesmo para decorar o ambiente. Nas outras capitanias era pior ainda, como em São Vicente e em São Paulo do Piratininga – todos uns franciscanos, como testemunhou Anchieta acerca dos colonos do século XVI, dizendo que mesmo "os mais ricos e honrosos" andavam descalços, como os índios (ibidem, p.101). Segundo Freyre, o mesmo costume permanecia no século XVII, inclusive nas regiões opulentas, com os senhores de engenho andando a cavalo, como se fossem fidalgos, de estribo de prata, e "em casa uns franciscanos, descalços, de chambre de chita e às vezes só de ceroulas" (ibidem).

Tal cenário de pobreza e desolação não escapou aos poucos viajantes estrangeiros que por aqui passaram, como a inglesa Jemina Kindersley, no século XVIII, com estadias no Rio de Janeiro e na Bahia, quando reparou nas mulheres e suas indumentárias, achando "horrorosa a situação [...], segundo Gilberto. Ignorantes. Beatas. Nem ao menos sabiam vestir-se. [...] trajavam-se que nem macacas: saia de chita, camisa de flores bordadas, corpetes de veludo, faixa", e outros detalhes mais, como o hábito de usar muito ouro, muitos colares, além de braceletes e pentes (ibidem).

Uma segunda viajante, Maria Graham, também inglesa e ligada à família imperial e preceptora de uma das princesas, tendo por aqui passado alguns anos entre o Rio e o Nordeste, testemunhou, por volta de 1820, no fim do período colonial, o costume, em Pernambuco, de as pessoas comerem com as mãos (ibidem, p.101). Enquanto outros observadores, em plena Colônia, repararam a comum falta de asseio e o costume de as mulheres falarem alto, aos gritos com as mucamas e os serviçais.

Analfabetismo – Aqui, ao cenário da pobreza e da desolação soma-se a indigência que assolou "a grande maioria dos colonos brancos", segundo Freyre,

> portugueses e filhos de portugueses quase sem instrução nenhuma, analfabetos uns, semianalfabetos na maior parte. Gente que quando tinha de escrever

uma carta ou de fazer uma conta era pela mão do padre-mestre ou pela cabeça do caixeiro. Quase só sabiam lançar no papel o jamegão; e este mesmo em letra troncha. Letra de menino aprendendo a escrever. (Ibidem, p.382)

Não bastasse isso, a indigência não poupará nem mesmo a casa-grande, a começar pelos senhores de engenho, como comenta Freyre, suspeitando que, "[...] nas senzalas da Bahia de 1835, havia talvez maior número de gente sabendo ler e escrever do que no alto das casas-grandes" (ibidem). Já ruim com os senhores e no início da colonização, ela continuará depois e chegará à prole, revelando que o ambiente de poucas letras dos pais não será alterado com a descendência. A começar pelos filhos varões: assim, já no século XIX, em Pernambuco, o beneditino padre Lopes da Gama pergunta qual haveria de ser a situação dos filhos de senhor de engenho e responde: "Muitos nem aprendem a ler, e escrever" (ibidem, p.453). Para terminar, continuará com as filhas, que, segundo Freyre, tinham o livrinho de missa "encadernado de madrepérola", mas ler que era bom, nem sempre sabiam, acrescentando outro viajante que por aqui passou, o francês "Tollenare, que observou em princípios do século XIX, no fim da sociedade colonial: 'Há ainda muitos pais que não querem que as filhas aprendam a ler e a escrever'" (ibidem, p.428).

Foi em meio a esse ambiente tosco e deplorável que foram moldadas a cultura e a mentalidade coloniais – paroquiais, de poucas letras e tacanhas. Antes de seguir adiante, com os números, as evidências e as comparações que atestam essas conclusões sumamente negativas, será preciso, porém, mostrar como tudo começou e chegou até aí.

O fio da meada, como notou o historiador Luiz Carlos Villalta, são as três lacunas tupis *FLR* de Pero Magalhães Gândavo, as quais nos levam de volta ao início da colonização e ao primeiro embate com o nativo, colocando a questão da barbárie ameríndia no centro das atenções, dela decorrendo toda uma agenda que, ao fim e ao cabo, será de toda sociedade colonial: uma agenda da conquista em suma, em que a educação das mentes e a disseminação da civilização – a civilização do conquistador – são equacionadas à base de "língua, instrução e livros" (Villalta, 2002, p.332), e em seu conjunto entregue aos jesuítas.

Não se tratava, porém, de um caso isolado ou algo exclusivo do Brasil. Como viu-se na seção anterior, algo parecido será encontrado no México, conforme reportado por Octavio Paz, dando ensejo, no contexto mexicano, ao mesmo propósito de instrução colonial que iria disseminar pelo vasto território conquistado a civilização do conquistador – e isto num ambiente demarcado e caracterizado pelas civilizações asteca e maia. Uma alta civilização em suma, com seus alfabetos, seus manuscritos (mapas, anais, poemas etc.) e suas escolas infantis, como em Tenochtitlan, e, portanto, em situação de competição e de confronto de ideias, cuja tarefa de recivilização espanhola, com as cores do norte e do sul (pois muitos andaluzes foram para lá), e de conquista da alma será entregue aos dominicanos, antes de tudo.

Em contraste, no Brasil, com a população ameríndia mal saída do paleolítico – sem escola, sem alfabeto e sem escrita –, tal tarefa, porém com outros desafios, será passada, segundo Gilberto Freyre (e no contexto do pacto colonial, como havia ocorrido no México), à Igreja e ao clero vocacionado – no caso, a Companhia de Jesus, mas não exclusivamente, a qual assumirá o controle de quase tudo em duas frentes (a da catequese e a do colono, no campo e na cidade), perfazendo o conjunto de um sistema misto, com dois eixos ou componentes:

[1] o ensino, nas cidades, em escolas elementares de ler, escrever e contar, bem como em colégios e seminários, além das ações de catequese nas reduções e em povoados rurais, pelos mestres-escolas jesuítas;
[2] o ensino em casa nos engenhos, por capelães agregados ou por mestres particulares, aqueles saídos do clero regular submetido à Coroa (não se sabe ao certo), deixados na penumbra por Freyre (2006, p.500-501).

São estes dois sistemas, portanto, que espalharam as poucas "luzes do intelecto" existentes pela sociedade colonial, com a Igreja no comando de tudo, até mesmo daquele punhado de mestres particulares laicos desgarrados, e, antes de tudo, nas e pelas mãos dos jesuítas, numa situação de quase monopólio – fato reconhecido por Gilberto Freyre, com a sua tripla credencial de protestante batista de formação, franciscano por adoção e antijesuíta por convicção (ou por desconfiança), e, portanto, insuspeito, ao ressaltar o legado extraordinário dos jesuítas em dois planos essenciais da vida na Colônia. Primeiramente, como agentes de coesão da sociedade, com grande protagonismo em todos os lugares e pelos mais variados meios e formas: "Estavam os padres da S. J" – escreve o autor de *CG&S* – "em toda parte; moviam-se de um extremo ao outro do vasto território colonial; estabeleciam permanente contato entre os focos esporádicos de colonização, através da 'língua-geral', entre os vários grupos aborígenes" (ibidem, p.90). Em segundo lugar, como eminentes educadores nas escolas elementares, nos seminários e nos colégios,[29] com igual protagonismo e em todo território nacional: os mestres-escolas jesuítas – continua o autor – foram os "grandes focos de irradiação de cultura no Brasil colonial" (Freyre, 2006, p.501). Esse reconhecimento não o impede, em outras passagens, de insurgir-se contra aquilo que seria o legado negativo da Companhia, usando expressões ultracontundentes, ao comparar as reduções com estufas artificiais e falar de genocídio cultural promovido pelos inacianos contra os nossos nativos. Contudo, em se tratando de letras e de intelecto, como não reconhecer o legado da Companhia? Só um desalmado, e este não era o caso de Freyre – que podia ser conservador e extremamente vaidoso, como muitos notaram, mas não um escritor sem fibra e, menos ainda, sem alma.

Sumariando, ao considerar o arcabouço da cultura adventícia transplantada da Ibéria e aclimatada no Novo Mundo, onde sofrerá os efeitos dos trópicos, pode-se reconhecer na pedagogia e no sistema de ensino dos jesuítas[30] o programa de provisão das três letras *FRL* de Gândavo que "faltavam" ao tupi e realizado em sua dimensão material e espiritual como agenda da sociedade colonial – vale dizer, resposta da Coroa, ao fim e ao cabo. Por um lado, ao prover ela mesma os arrimos institucionais *FRL* da posse e conquista da terra (a Igreja católica [F], o governador-geral [R] e as leis do reino [L]); por outro, ao delegar o provimento dos suportes espirituais do cultivo e da conquista da alma (o tripé "língua, instrução e livro", para usar a fórmula de Villalta, ou o programa *LIL*, como poderá ser abreviado) à Companhia de Jesus, com sua pedagogia poderosa, vazada em três vertentes ou direções:

[1] provisão da *língua* (L), por meio da (a) disseminação do português como língua de comunicação, a qual logo sofrerá a concorrência do tupi, levando à criação do *nhangatu* como acomodação das duas, ponto ao qual voltarei mais à frente; (b) da difusão do latim como língua culta nos colégios e língua franca de comunicação internacional, ou seja, o latim da Igreja, cujo *status* de língua franca vem da Idade Média e cujo monopólio de língua culta será mantido na Europa Moderna e aqui nas Américas até pelo menos meados do século XVIII;

---

29 Estes últimos, distinguidos em cursos superiores e intermediários, também chamados de colégios de letras ou de humanidades, estando na origem dos cursos "ginasiais" que os sucederão no Império.
30 Respectivamente, a *Ratio studiorum*, que será descrita na seção 5, e o conjunto escola de primeiras letras, colégios e seminários que será apresentado na sequência.

[2] provisão da *instrução* (*I*) e seus dispositivos, por meio da criação das escolas de ler, escrever e contar, para o colono e o nativo já catequizado, bem como de colégios e seminários, para fazer as vezes de ensino intermediário e superior;

[3] provisão do *livro* (*L*), por meio da difusão dos "livros úteis", como manuais e compêndios: com ênfase na multiplicação das cópias dos já existentes e testados na Ibéria, com o duplo *imprimatur* da Coroa e do Santo Ofício, e sem negligenciar a produção própria naquelas situações não providas pelos livros *standard*, como no caso da gramática tupi e dos livros de catequese, que a Companhia gerou os seus desde os tempos de Anchieta.

Desse imenso programa, levado a cabo em várias frentes – o sistema de ensino dos jesuítas, resultando numa total simbiose da ação apostólica e da ação pedagógica, e enaltecido pelo padre Vieira ao colocar como fim maior das atividades intelectuais a piedade cristã, e não a mera busca ou propagação do conhecimento pelo conhecimento, que ele compara à "gula"[31] –, poder-se-á ressaltar ainda dois elementos de grande importância, ao compararmos com outras experiências e outras épocas.

A primeira, sobre o sistema de ensino dos jesuítas: como se verá adiante, era mais do que um conjunto de escolas e de uma pedagogia que nele estava em jogo, ao contrário do que a palavra "instrução" poderia sugerir, induzindo a um erro bastante conhecido e comum nos dias de hoje, quando o ensino se transformou na aquisição de um conjunto de habilidades técnicas. Tratava-se, antes, de uma "educação" no sentido nobre do termo: uma educação humanista, vazada no humanismo cristão, pensada como cultivo da mente e do coração do pupilo – virtualmente, um fiel da Igreja –, e, como tal, uma educação integral ou completa, como poucas vistas antes ou depois. Ou seja, ao comparar com outras "pedagogias" semelhantes, algo como a antiga *Paideia* e uma verdadeira *Bildung*, com suas propostas de educação total (cultivo do corpo e da mente) naquela e humanista, porém laica, nesta (cultivo da razão e do sentimento ou da ciência e da cultura, como em Herder). De resto, no caso da *Ratio* e do ensino dos jesuítas, devendo ser considerados bem mais poderosos do que as experiências grega e alemã, que não puderam contar com o *monopólio* do ensino como o que contou a Companhia de Jesus

---

31 Textualmente: "A maior gula da natureza racional é o desejo de saber" (Vieira apud Leite, 1948, p.122).

nestas paragens (incluindo a Bacia Platina), com suas escolas elementares, seus colégios e seus seminários, e isso durante duzentos anos.

A segunda, sobre a obra pedagógica e espiritual dos jesuítas e seus resultados: voltando a Gilberto Freyre, a ideia de que os mestres-escolas inacianos – aos quais poder-se-iam acrescentar "os lentes" dos seminários e colégios, como eram conhecidos os professores no período colonial – são os "grandes focos de irradiação de cultura no Brasil colonial", aumentando mais ainda, ousaria dizer, o significado dos feitos terrenais e da obra espiritual dos jesuítas. Estes últimos seriam os verdadeiros "pais" do Brasil Colônia, como dirão Capistrano de Abreu e Cruz Costa. "Pais" no sentido espiritual e moral, ao dividirem com a Coroa e os senhores de engenho – estes, antes, no plano material, mas também político[32] – os títulos de dupla paternidade, ao fim e ao cabo, e se isso fosse possível.

Aqui o paralelo possível é com o México e os Estados Unidos, dos quais se pode dizer, quanto às duas Califórnias – a que permaneceu mexicana (a Baixa) e a que se tornou americana (a Alta) –, que elas são obras dos jesuítas (a primeira) e dos franciscanos (a segunda). Num sentido mais radical e bem mais exigente aqui, na *Terra Brasilis*, do que lá, na América do Norte (ambas as Califórnias são católicas até hoje), com a experiência dos jesuítas, que também tiveram seu monopólio em áreas do México, descontinuada na Baixa Califórnia. Lá, como aqui, depois da expulsão da Companhia de Jesus, do México, em 1767, quando seu legado foi passado aos seus rivais dominicanos, tão influentes ali desde os tempos de Las Casas.

Em contraste com isso, vemos a simplesmente nula ou inexistente presença deles na Alta Califórnia, esta sim obra exclusiva dos franciscanos, que lá fundaram suas 21 missões, tendo como grande protagonista o frade Junípero Serra, beatificado em 1988 e convertido em santo, recentemente, em 2015. Ocorreram ali a primeira missão em San Diego del Acalá, hoje nas vizinhanças da fronteira com o México, e a última em San Francisco Solano de Sonoma, em 1823, bem mais ao norte, na região hoje famosa pelo vinho. Uma experiência que durou cerca de sessenta anos e depois foi descontinuada com a Guerra dos Estados Unidos com o México (1846-1848), quando este último perdeu o restante da fronteira norte para os Estados Unidos, tendo anteriormente já perdido o Texas e outras regiões. Em seguida, já em posse dos norte-americanos, houve a Corrida do Ouro, que trouxe para aquelas terras, ainda vazias, ondas de aventureiros dissolutos, ávidos por riqueza

---

32 Por um lado, as *plantations*, os engenhos e o açúcar; por outro, o poder central, as ordenações e os editos do reino, a administração colonial e os dispositivos de defesa.

fácil, tudo terminando com as igrejas tomadas e laicizadas, até o momento em que Lincoln decidiu reconhecê-las e devolver-lhes as propriedades. Mas tudo estava, então, terminado, o monopólio partido e a mentalidade WASP (*White, anglo-saxon and protestant*), com seu fundo puritano, dominava o restante do país – um pouco menos na Califórnia, que continuou com seu casario espanhol, seu clima quente e sua cultura, algo frouxa, católica.

Ora, não será este o caso do Brasil com os jesuítas, que puderam monopolizar todo um país, não apenas uma região ou um Estado, e por muito mais tempo, ao menos até serem expulsos pelo Marquês de Pombal, em 1759. Tudo começara quando para cá vieram os primeiros sacerdotes em plena Contrarreforma, logo depois que a Companhia de Jesus fora fundada, e continuara por muito tempo, uma vez a obra iniciada – e por todo o período em que duraram os tempos heroicos, quando, com o protagonismo de soldados de Jesus, os jesuítas trataram de implantar (com seu sistema de ensino e suas missões apostólicas) a "Ilha da Purificação" nesta parte das Américas, como notou Cruz Costa (1961).

É a isto que estou chamando de cultura espiritual, ao colocar em foco a mentalidade colonial brasileira, com os jesuítas na linha de frente, moldando os corações e as mentes do colono e dando azo tanto ao aristocratismo das elites quanto ao agrarismo colonial (o popular e o das elites) uma feição e um fundo católicos. Um catolicismo que, no fim das contas, é como um caso a mais do conhecido fenômeno do paradoxo das consequências – em que pesem o seu ascetismo estrito e a sua disciplina rígida (como a de um cadáver, no dizer de Santo Inácio), somados à firme intenção dos jesuítas de implantar a tal "Ilha" nessa parte do mundo. Não foi bem isto o que aconteceu, mas a implantação de um catolicismo frouxo, sensualista e sincrético – ainda assim, contudo, um catolicismo, pois o que não faltam são catolicismos vários sob a fachada da unidade do Vaticano e do Papa. Um catolicismo pagão, como no caso do catolicismo colonial, um catolicismo popular e carnavalesco, com as festas, as missas, os casamentos, as procissões, as devotas de São Gonçalo do Amarante, e por aí vai, como observou Gilberto Freyre.

Não obstante, um catolicismo que não deixa de ser dos jesuítas e ter a ver com sua atitude hábil e pragmática de ajustar-se ao mundo em suas ações apostólicas, e não se refugiar nos mosteiros no alto das montanhas e longe do mundo: um ascetismo intramundano, e nisso como os calvinistas, ou parecido com eles – os quais são filhos da Contrarreforma e como que sua alma gêmea invertida. Parecido ou semelhante porque aristocratas como os calvinistas, porque melhores e fazendo parte de uma elite superior – um, porque escolheu (livre-arbítrio), outro, porque foi escolhido (predestinação), donde a inversão. Parecido ou semelhante, porque ascetas como os calvinistas, e, todavia, diferentes, e até mesmo opostos: dualista, adaptativo, gradualista e melhorista no caso dos jesuítas (ajustamento ascético ao mundo); integrista, sectário, tensionista e puritano como nos calvinistas (recusa ascética do mundo) – e, desde logo, uma atitude mais maleável e solícita nos meios, porém não menos firme e exigente em seus propósitos salvíficos, levando o jesuíta a cancelar o ensino do hebreu nos colégios, aprender o nhangatu para se comunicar com o nativo nas missões e permitir performances de músicas e cantos profanos nos colégios da Companhia.

Não é o catolicismo popular, alimentado ou não pelos inacianos, que terá, porém, conexão direta com a filosofia colonial, mas o catolicismo estrito dos jesuítas, com seu *ethos* de cruzado (soldados de Jesus) e vendo na atividade de ensino um verdadeiro apostolado intelectual. Voltarei, na sequência, a esses pontos da mentalidade colonial, ao evidenciar o fosso que foi instaurado entre a cultura popular e a cultura das elites, reservando, por razões metodológicas, o exame da ética da Companhia ao 3º Passo: exame sumário, de fato, ao confrontá-la com a ética puritana protestante tipificada por Max Weber, a um tempo europeia e norte-americana, e a ética pragmático-burguesa do tropeiro e do monçoneiro brasileiros do século XIX.

Antes, porém, para dar uma ideia dos números e da situação do ensino superior na Colônia, será preciso listar os colégios e os seminários, deixando de lado as escolas de primeiras letras, estabelecimentos em que, em regra, a situação da filosofia se decide e se decidiu nestas paragens: antecipando os resultados, o leitor notará que, a despeito do monopólio, da excelência do ensino e da coisa única da experiência dos jesuítas, a Colônia se verá caracterizada por um ambiente de déficit cultural, além de um raquitismo intelectual endêmico – situação que não só justificará, porque de saída ruim, a invectiva desconcertante de Gilberto Freyre, mas piorará ainda mais ao se considerar as bibliotecas existentes e a situação do livro, bem como ao se comparar o ensino superior da Colônia e o do restante da América hispânica.

Sobre o sistema de ensino, tendo reservado o exame da situação específica da filosofia para a próxima seção, eram dezessete os colégios e os seminários ao se chegar às vésperas do fim do período colonial: números acanhados, sem dúvida, aos quais devem ser somados os de outras ordens, como os dos beneditinos, com o primeiro dos jesuítas fundado em 1572 em Salvador, e o último, em 1750, em Minas Gerais, na cidade de Mariana, que tardou um pouco para criar o curso de filosofia/teologia, em 1753, e, portanto, cerca de seis anos antes da expulsão da Companhia (Cunha, 2007, especialmente p.30-37).³³ Para tocar o conjunto das ações da Companhia, Serafim Leite fornece os números dos clérigos e autoriza as comparações, com as datas contrastantes: eles eram 6 no início, incluindo o padre Manuel da Nóbrega, quando o primeiro agrupamento dos jesuítas chegou à Colônia, em 1549, passaram a 154 em 1594, e chegaram a 670 em 1759, quando a Ordem foi expulsa (Leite, 1945, p.240). Conhecidos os números, será preciso descontar aqueles clérigos dedicados à ação de catequese nas reduções para se ter uma ideia real da capacidade instalada de "lentes" atuando nos colégios e seminários: infelizmente, esse levantamento nunca foi feito, nem poderá sê-lo um dia, por causa do estado da documentação.

Quanto aos estudantes, somados os de teologia e de filosofia, os números eram ínfimos no mais importante deles, o de Salvador, por volta de 28 alunos no início do século XVII, "4 da Companhia e 24 de fora", segundo Serafim Leite (1948, p.131), e sendo crônica, conforme Luís Antônio Rodrigues da Cunha, a deficiência destes no Maranhão e Grão-Pará. Essa situação levou a Ordem a tomar a providência de integrar os cursos de Artes, pouco depois de Belém ter criado o seu, em 1695, e São Luís alguns anos antes: atribuída a deficiência, por Cunha citando Serafim Leite, ao "pequeno número de estudantes interessados em cursos superiores" e consistindo a integração em ministrar certas matérias "ora em um, ora em outro". Quase na mesma época medida semelhante foi tomada pelos colégios do Rio e da Bahia, mas por motivos econômicos, ligada à necessidade de poupar recursos para construir a igreja do colégio baiano, "hoje a Catedral de Salvador" (Cunha, 2007, p.36). Para todo o conjunto, escolas elementares e colégios de humanidades inclusos, dando uma ideia de escala das atividades no final do século XVI (ano de 1589, precisamente), Cunha chegou a um total de 216, assim distribuídos: elementar = 120, humanidades = 57 (2 internos e 55 externos), artes = 24 (8 internos e 16 externos) e teologia = 15 (4 internos e 11 externos) (ibidem, p.32-33).³⁴

Outro ponto importante a considerar para aquilatar a situação da "alta cultura" na Colônia, a par do sistema de ensino dos jesuítas com suas duas

---

33 Em *A universidade temporã* é fornecida a lista deles, com as respectivas datas de fundação, bem como informações sobre o sistema completo de ensino, a duração dos cursos, os níveis em que eram divididos: Elementar, Humanidades, Artes [Filosofia] e Teologia), e outros tópicos importantes. Note-se a necessidade de distinguir Humanidades e Artes [Filosofia], por vezes assimiladas pelos estudiosos, ao confundirem o local onde eram ensinadas – o Colégio, e ainda o Colégio de Artes – e os graus acadêmicos conferidos, com os cursos de humanidades durando dois anos, e os de artes e teologia alguns anos a mais, com a teologia adicionando quatro ao de filosofia, e este, três ao de artes.

34 A fonte é Serafim Leite.

vertentes, maiores e menores, é a situação dos estudos superiores, com as elites enviando os filhos a Portugal – após terem realizado o primeiro ciclo desses estudos nos colégios –, onde irão estudar medicina e direito, em Coimbra especialmente, e depois retornar ao Brasil. Trata-se de um tópico sem dúvida de extrema relevância, já copiosamente estudado pelos especialistas, que ressaltam duas coisas:

[1] a constatação de que esse arranjo, fundado sobre o pacto colonial, será mantido até o final da Colônia; de resto, o pacto colonial português proibia o ensino superior neste lado das Américas, salvo o de teologia e ao qual estava ligado o de filosofia; e não o pacto colonial espanhol, com a América hispânica criando, desde o início, universidades completas, conforme o padrão da época (três cursos: teologia, medicina e direito), as quais, cerca de 25, irão somar-se às 8 existentes em Castilla, em contraste com Portugal, que possuía só uma (ibidem, p.18);[35]

[2] associada à primeira, a situação de insatisfação que esse estado de coisas gerava, e por mais de um motivo, não só nas elites coloniais, mas também na própria Companhia, vendo seus graus acadêmicos recusados ou diminuídos em Portugal, por não terem a chancela real, apenas o reconhecimento eclesiástico. Os estudos superiores ofertados pelos jesuítas funcionavam apenas *interna corporis*: formação de teólogos, e, por tabela, de filósofos, ou, antes, de "lentes" de filosofia, que iriam atuar nos colégios de artes da Companhia, ou então nos colégios/seminários de outras ordens religiosas e, igualmente, *interna corporis*.[36] Pior: não lhes dando sequer o mesmo *status* daqueles de Évora, que seguiam o mesmo padrão (padrão jesuíta), pois a Universidade de Évora era jesuítica, nem mesmo reconhecendo entre os pré-requisitos o curso de lógica, dispensando-o, na faculdade de direito da Universidade de Coimbra.

---

35 Trata-se de Coimbra, obviamente, fundada na Idade Média; mais tarde, será acrescida uma segunda universidade, a de Évora, fundada pelos jesuítas.

36 Sobre a função endógena *interna corporis* e suas inúmeras quebras, Serafim Leite (1948, p.132-133) comenta no artigo citado que, "a par dos que se destinavam à carreira eclesiástica, se matriculavam outros alunos com destino às carreiras militares ou da magistratura". Luís Antônio Rodrigues da Cunha (2007, p.27), por seu turno, além da função de preparar quadros para a atividade eclesiástica e a administração colonial, destaca o seu papel de ilustrar "as classes dominantes" da Colônia, "fossem filhos dos proprietários de terras e de minas, fossem os filhos de mercadores metropolitanos aqui residentes".

Donde a insatisfação constante e donde os reiterados pleitos, seguidos de reiteradas negativas, da autorização de criação, senão de universidades, ao menos de cursos superiores na Colônia (medicina e direito, no caso),[37] provenientes, antes de tudo, da Bahia, e também de Minas e do Rio de Janeiro.[38]

Dito isso, sem poder deter-me mais sobre o assunto, recomenda-se ao leitor interessado em aprofundá-lo consultar as obras referidas de Serafim Leite, especialmente – na impossibilidade de prospectar a sua monumental história da Companhia – o artigo que ele publicou sobre o curso de filosofia e a universidade no Brasil: muito erudito, com o rigor que caracteriza seu trabalho, o eminente jesuíta português, no fim, lamenta que, se não tivessem sido esses colégios destruídos no vendaval de 1759, como o da Bahia e suas três faculdades,[39] eles "seriam hoje, com a inelutável evolução dos tempos e das ciências, e com a riqueza de suas bibliotecas, outras tantas universidades de renome, como as muitas que a Companhia de Jesus atualmente dirige na Europa, Ásia e América" (Leite, 1948, p.143) – inclusive Brasil, como se sabe, depois da criação da PUC-Rio e da Unisinos na região de Porto Alegre.

Outro estudo recomendado, que também foi citado juntamente com Serafim Leite como principal fonte no que diz respeito ao sistema de ensino da Companhia, ao qual dedica um precioso capítulo, é o livro de Luís Antônio Rodrigues da Cunha, *A universidade temporã*, publicado em 1980 e considerado referência pelos especialistas: entre as experiências temporãs, estão listados os colégios e os seminários dos jesuítas, vistos pelo autor como verdadeiras universidades *avant la lettre*, incluindo os colégios de artes, onde se ensinavam filosofia e humanidades.

Ao considerar essa situação nas páginas que seguem, trabalharei em duas direções, aparentemente contraditórias, mas que no fim se revelarão solidárias e complementares: [1] na direção de estabelecer e elaborar a ideia de déficit institucional e, por extensão, cultural, ao comparar – e tirar as consequências disso – a situação do Brasil Colônia com a América hispânica.

---

37 Não os de engenharia, que mal existiam na época, realizados nas academias militares, como a Academia de Artilharia, fundada na Colônia, em 1650, no Rio de Janeiro, segundo Cunha (2007, p.19).

38 Ver sobre ponto Leite (1948, p.111-121), onde ele apresenta o histórico dos pleitos e a sucessão de negativas, até que uma solução mais satisfatória acerca do reconhecimento dos títulos obtidos na Colônia fosse definitivamente encontrada em 1689.

39 Além das Faculdades de Teologia e de Filosofia, havia a Faculdade de Matemática, conforme registrado por Leite (1948, p.143).

Para tanto, apoiar-me-ei em Sérgio Buarque de Holanda, que, em seu livro seminal, estabelece que "só da Universidade do México sabe-se com segurança que, no período entre 1775 e a independência, saíram 7850 bacharéis e 473 doutores e licenciados", ao passo que o número dos "[...] naturais do Brasil, durante o mesmo período (1775-1821) em Coimbra, [...] foi dez vezes menor, ou exatamente 720" (Holanda, 2013, p.119); [2] na direção de fixar e reconhecer a centralidade do sistema de ensino dos jesuítas, inclusive no plano do ensino superior, embora estorvado pela legislação colonial e o raquitismo intelectual reinante. Diferentemente do restante da Colônia, havia envergadura no sistema jesuítico, cujos colégios e seminários – ao menos oito deles, segundo Cunha (2007, p.30) – faziam as vezes se não exatamente de universidades (na falta de outros cursos superiores), mas de faculdades ou escolas superiores, a ponto de fornecerem, conforme Serafim Leite, não apenas os títulos de bacharel e *licentia docendi*, como até mesmo os títulos máximos de *magister artium*, em Filosofia, e *doctor*, em Teologia. Estes são os casos dos colégios/seminários da Bahia, do Rio de Janeiro e do Maranhão,[40] ainda que em números minguados (como tudo na Colônia, aliás), mas reais e significativos.

Duas ressalvas, entretanto: a primeira, acerca da filosofia, consiste em negar ver nessas produções e nesses títulos o sinal e o aval de uma filosofia afinal *brasileira*, pela razão muito simples, como notou padre Vaz, de que se está diante de produções e títulos saídos em série da Companhia de Jesus, com o reconhecimento pontifical e um padrão internacional – como, aliás, todas as coisas da Sociedade de Jesus, e, não obstante, ajustadas aos meios onde suas afiliadas atuavam, como mostra o caso da gramática tupi (exemplo meu). A segunda, acerca dos colégios e do *status* de ensino superior dos

---

40 Sobre esses títulos, Serafim Leite lembra as pompas e as circunstâncias com que o grau de mestre em artes era conferido na Bahia, com anel, capelo azul de seda e outros paramentos (Leite, 1948, p.109). Ele acrescenta que a mesma pompa e fórmula se dava em outros cursos dos estados do Brasil e do Maranhão e Pará, bem como o detalhe importante segundo o qual "nas conclusões de Teologia", em que se seguiam as regras das disputas, com hierarquias e lugares definidos de acordo com a praxe universitária, a "expectação [era] ainda maior do que as Filosofia" (ibidem, p.128). Como dito, a duração dos cursos, segundo as estipulações da *Ratio*, era de dois anos em humanidades, três em filosofia e quatro em teologia, podendo o curso de filosofia, no caso dos externos, terminar sem a defesa de tese, com o egresso indo para Coimbra, ou assumindo algum cargo na administração colonial ou, simplesmente, voltando para a casa-grande. Some-se ainda a isso, a título de comparação, para se ter uma ideia do significado dos graus acadêmicos, o grau de *magister artium* em filosofia na Sorbonne, humanidades inclusas, consumia seis anos de estudos, ao passo que em Bolonha o grau de *doctor* em direito e em teologia, curso de filosofia incluído, consumia dez anos naquele e doze anos neste.

cursos ali ofertados, consiste em negar ver em sua extemporaneidade, na existência de uma experiência temporã da universidade, o sinal e o aval de uma *nação* que não existia ainda e iria existir depois, como se a prefigurasse ou a trouxesse em germe: tal projeto de nação simplesmente nunca esteve na mente das elites adventícias coloniais, nem na mente das autoridades eclesiásticas jesuíticas quando fizeram as petições de reconhecimento do curso de filosofia e do grau de mestre. As elites e autoridades portuguesas (ibéricas) permaneceram por muito tempo submetidas à união das Coroas e com o ideal de fidalguia ibérico-católico comandando toda a mentalidade colonial (*"Todo blanco es caballero en América"*, dizia Alexander von Humboldt, como vimos), o projeto de nação tendo que aguardar o século XIX para finalmente entrar na agenda nacional, depois da Independência.

Por fim, terminando o cômputo do aparato da cultura colonial e de seus principais dispositivos, será preciso considerar a situação das bibliotecas e dos livros, deixando o exame das teses e produções correlatas para depois, ao focalizar mais especificamente a filosofia. De saída, a situação reinante era de enorme estorvo, com a dupla, e por vezes tripla, censura prévia, incidindo sobre a importação de obras até mesmo autorizadas em países católicos, bem como sobre a difusão da produção colonial própria. Não havia nada parecido com uma "indústria" do livro, diferentemente dos vice-reinados espanhóis (a proibição de importação da imprensa só será levantada por D. João VI, à época da transferência da Corte), terminando esta parte das Américas com Descartes e Antonil no *Index,* e isso por todo o período colonial.[41] Tudo isso dá uma ideia da precariedade do livro na Colônia e da situação das bibliotecas. Quanto a estas, não havendo por aqui uma Biblioteca Real (aquela que será a nossa futura Biblioteca Nacional só será criada por D. João VI e na mesma circunstância), mas particulares, e, a começar pelas bibliotecas das elites, um excelente exemplo (sic) da situação negativa e mesmo calamitosa do livro é o acervo daquele que é considerado um dos homens mais ricos da Colônia. Trata-se do senhor de engenho português João Lopes Fiúza, radicado na Bahia, conforme relato de João Adolfo Hansen no seu livro consagrado a Gregório de Matos: influente e riquíssimo, "quando morre, em 1741, deixa uma biblioteca de cerca de 50 volumes em latim, espanhol e em português, em que se alinham Cícero, Virgílio, Cervantes, Lope de Vega, Sá de Miranda, Francisco Manuel de Melo, entre outros" (Hansen, 2004, p.185).

---

41 A reedição integral do livro virá a lume em 1837, precedida de uma publicação parcial – extrato da parte relativa ao açúcar – em 1800.

Em contraste, do lado da *intelligentsia* colonial – que podia ser minguada, mas existia na Colônia –, é digna de nota a biblioteca particular de Cônego Vieira. Trata-se de um notável filósofo afrancesado e iluminista, que lecionava no seminário jesuíta de Mariana e quem, segundo Lúcio Marques, tinha um acervo maior do que o de Kant e o de Espinosa, um feito extraordinário, sem dúvida: cerca de 800 volumes, contra 160 de Espinosa e 300 de Kant (Marques, 2015, p.158-159). Quanto ao mais, bibliotecas públicas – ou melhor, bibliotecas comunitárias ou franqueadas às comunidades credenciadas (estudantes, professores), se é que as havia –, só as dos jesuítas, como as do Rio de Janeiro e de Salvador, consideradas uma preciosidade e, a todos os títulos, essenciais para a formação da inteligência colonial – o que, de fato, perdurou por muito tempo, até que sobreveio o grande desastre e quase tudo foi destruído: de acordo com Lúcio Álvaro Marques, "quinze mil volumes se perderam no Colégio em Salvador, outros cinco mil no Rio de Janeiro, além de mais de doze mil nos colégios do Maranhão e do Pará" (ibidem, p.122).[42]

Em suma, e voltando às três grandes lacunas da língua tupi, duas foram as ordens de considerações observadas até aqui. De uma parte, a figuração de um *topos*, ou lugar-comum, da mentalidade colonial, com as três letras faltantes interpretadas como o sintoma e a atestação dos déficits e das lacunas de uma cultura e de uma região em estado de barbárie – déficit de religião (F), de política (R), e de direito (L) –, condenando seus povos a uma vida precária e violenta, em meio a canibalismos e a carnificinas, como se guerra fosse o maior dos esportes e a morte a maior das recompensas. De outra parte, como seu *pendant* e sua compensação, a agenda cumprida pelo colono e pelo ensino colonial ao procurar provê-las com a cultura e a língua do colonizador, dando ensejo ao programa da língua, da instrução e do livro, conforme a formulação do historiador Villalta. Ou, em outras palavras, ao programa *LIL*, sintetizando aquilo que será a agenda do ensino colonial levado a cabo pela Companhia de Jesus, segundo minha interpretação.

O resultado do programa é conhecido e típico das sociedades aristocráticas escravistas, especialmente as que apresentam estruturas bifurcadas, como nesta parte das Américas, e não ramificadas, como a escravidão romana, conforme evidenciado na 1ª seção, que tem a estrutura da sociedade colonial como principal foco.

---

42 A fonte é Hallewell (2012, p.80). A título de curiosidade, para se ter uma comparação com o período medieval e a mudança da escala do livro proporcionada pela invenção da imprensa, registre-se a informação de Haskins (2015, p.57), segundo a qual havia na Biblioteca da Sorbonne em 1338 um total de 1.722 volumes.

Ao se passar para a superestrutura da mentalidade e dos valores, com o foco no sistema de ensino, ver-se-á, então, surgir por toda parte na Colônia um imenso fosso entre a enorme massa dos escravos iletrados (somada ao grande contingente de adventícios e reinóis analfabetos ou semianalfabetos, e mesmo ao senhorio das casas-grandes, como viu Freyre) e uma pequena elite consagrada às coisas do intelecto e, antes de tudo, às causas e às necessidades da Companhia. Este fosso entre a cultura popular e a cultura elitista, uma vez instalado, iria ter vida longa na sociedade colonial e mesmo pós-colonial. Como notou Antonio Candido (1984), ele durou quatrocentos anos, até pelo menos a década de 1930, quando o setor público de ensino foi criado e se abriu pela primeira vez a segmentos das classes médias. Até então nada, ou muitíssimo pouco era feito para democratizar o ensino, com a alta cultura e as coisas do intelecto sendo consideradas um luxo das elites e artigos raros de um sistema de ensino pesadamente excludente e, ainda assim, incompleto em seus segmentos superiores. De um lado, encontramos os negros africanos totalmente longe dos bancos das escolas e os pardos da Bahia impedidos de entrar nos colégios e seminários da Companhia de Jesus até fins do século XVII, como mostrou Serafim Leite (1948, p.117); do outro, as elites ou de volta às casas-grandes (findos os cursos de artes), ou de saída para a Metrópole para estudar direito em Coimbra.

Dessa forma, e ao se falar da *Bildung* e da *Paideia*, comparando-as com o sistema de ensino e a obra educativa dos jesuítas – colocando o acento sobre os dois extremos da mentalidade e da cultura colonial –, a pergunta que fica parece não só lógica, mas inevitável: como falar de *Bildung* e de *Paideia* diante de um fosso dessa magnitude e frente à enorme tacanhice da sociedade colonial? Como conciliar as duas falas de Gilberto Freyre tanto no que diz respeito à pobreza, quanto ao raquitismo da cultura colonial em contraste com a ideia do Brasil Colônia como dádiva e obra do jesuíta, assim como o Egito fora uma dádiva do Nilo e a Alta Califórnia obra dos franciscanos? Como conciliar a *Bildung* de um sistema de ensino que, em sua mais alta excelência, nos deu o padre Antônio Vieira e, ao mesmo tempo, a figura do senhor do engenho do Recôncavo Baiano que mal sabia escrever e, ao assinar os documentos, usava o jamegão?

Ora, conforme veremos mais à frente, ao tratar da filosofia colonial, não há contradição alguma nessas afirmações, pois o que se está a falar ao se referir à *Bildung* dos jesuítas é algo mais do que os colégios e seminários e a pedagogia da *Ratio studiorum* que os orientava: trata-se da educação total, no sentido de "formação" (formação do *ethos*, da mente e do caráter do brasileiro colonial, na esteira da *Paideia* e da *Bildung*, formação dos povos grego e alemão) – e, como tal, levada a cabo também, e mais amplamente ainda, nas escolas de ler, escrever e contar, nos catecismos, nas homilias e nos sermões, nas festas religiosas nas praças das igrejas e nas catequeses nas diversas reduções espalhadas pelo interior. Ou seja, a *Bildung* como resultado do conjunto da obra da ação educadora e formadora dos jesuítas, os quais estavam nas duas pontas da alta cultura e da cultura popular, e não apenas do seu sistema de ensino, que, de fato, era precarizado, raquítico e sem escala ao ser comparado com o do México e de outros vice-reinados espanhóis.

Portanto, é mediante essas duas ordens de considerações – algumas negativas (déficits e lacunas), outras positivas (transplantações e ajustes) –, com referências à Metrópole e a outros cantos do Novo Mundo, que a situação da cultura e da filosofia colonial poderá se analisada e posta em perspectiva:

[1] ao comparar povos e países, dando espaço para o levantamento de lacunas e negatividades, todas relativas às comparações e vistas como lacunas correlativas ao método *in absentia*;
[2] ao descrever a vida colonial e falar do sistema de educação dos jesuítas, como positividades e respeitantes ao método *in praesentia*, abrindo o caminho que leva à filosofia e à sua missão nestas paragens (efeito de contexto).

Dupla missão, em suma: salvífica e civilizadora. Uma *única* filosofia, a pouca que havia: a filosofia da escola ou a segunda escolástica, encontrada nos colégios e nos seminários, não por aí e em algum canto da casa-grande – esta é a hipótese, com sua circunscrição, suas instâncias de controle e seus meios de averiguação. Por um lado, o *locus* onde a filosofia é encontrada (instituições), a experiência do filosofar (os filósofos, os professores de filosofia e o pupilo-aprendiz) e o livro em que a experiência e a filosofia estão inscritas e objetificadas (tratados, comentários, manuais etc.); por outro, as instâncias de averiguação que, além da localização, exigirão o cumprimento de outros expedientes: aquilatar a positividade e a dimensão do objeto – grande ou pequena –, aferir a escala das atividades, computar os indivíduos, delimitar ou demarcar os territórios, indagar a nacionalidade e a influência da cultura local, comparar com outras culturas e localidades, mapear a rotina e perguntar pela originalidade das reflexões e produções.

A sua grande vantagem sobre as hipóteses rivais – aquelas que dizem que não há filosofia colonial ou, ao contrário, dizem que há e buscam-na em outro lugar, na literatura ou na tradição oral –, além da pertinência própria ao gênero literário, está em sua analiticidade e empiricidade, podendo ser instanciada e controlada sociológica e historicamente. A dificuldade, nesse caso, é o estado lamentável das fontes – em grande parte destruídas no que se refere à Colônia –, porém neutralizável pela referência à documentação da Metrópole, e mesmo de outros centros das Américas, proporcionando a comparação e a suplementação das lacunas.

Tudo isso constituirá a agenda do restante da seção, e mais ainda das próximas, ao seguir a linha nem sempre reta que ligará a pobreza e a indigência da cultura colonial à filosofia da Colônia, considerada por muitos estudiosos como pobre e de segunda mão. Será preciso verificar o acerto ou o desacerto dessa colocação, independentemente da questão paralela de haver ou não uma filosofia *brasileira* na sociedade colonial. Ao procurar dar-lhes uma resposta, o estudioso se verá às voltas com uma gama de dificuldades teóricas e metodológicas, cujo encaminhamento exigirá o esforço adicional de abrir uma via diferente dos caminhos usuais. Ou seja, nem a via de uma "história desencarnada das ideias" (como dizia Lucien Febvre), nem a da análise lógica dos conceitos e das articulações internas do texto (como na exegese), mas outra coisa: o exame da obra como matéria de uma *techne* ou, na falta de um melhor nome, de uma "estética filosófica" (gêneros literários, estilos, padrões de gosto); seguindo-se a isso a restituição da experiência de pensamento em que obra e a *techne* se enraízam; e concluindo, por fim, com a tipificação do *ethos* da atividade intelectual em que essa experiência se cristaliza, abrindo-se à ética da *praxis* filosófica e às mais diferentes figurações da *intelligentsia* nas diversas épocas – considerações e exames históricos em última análise, acercando-se de uma época que foi e não é mais, mas que deixou legados e indícios que têm de ser aquilatados e interpretados.

Trata-se, portanto, de uma investigação com duas vertentes que, no fim, deverão reunir-se e constituir-se numa só, abarcando dois elementos ou componentes: elementos de uma *história intelectual*, em seus componentes temporais e historiográficos, na extensão da história social e da história da cultura, incluída a das ideias filosóficas; elementos *metafilosóficos*, ou de uma *metafilosofia*, em seus componentes teóricos e conceituais, ao perguntar pela filosofia da filosofia colonial, bem como por sua *ratio*. A primeira pode ser encontrada nas vizinhanças da experiência religiosa e das questões teológicas, fazendo da filosofia, novamente, uma serva da teologia (*philosophia ancilla theologiae*); a segunda, localizada nas vizinhanças da retórica e da lógica, ou seja, na dialética, com as justas e os torneios no centro de tudo (teses, conclusões etc.). Trata-se da *ratio* dialética em suma, abrindo-se, para além da lógica e da retórica, tanto a uma estilística quanto a uma estética filosófica, ao se falar de produção textual (obra), de gêneros literários, da fortuna crítica da obra, do gosto do público, do padrão de leitura, e assim por diante.

Tal exame nos levará ao tripé semiótico de Antonio Candido: *autor-obra--público*, como tantas vezes insistido, exigindo comparações e cotejamentos, mediante embasamentos empíricos, respaldos institucionais e referenciações contextuais, uns e outros sopesados e aquilatados com medidas e cifras, expedientes que, como se sabe, não agradam aos historiadores e exegetas filosóficos – os grandes números e os miúdos, pequenos, porém acurados e contrastantes –, esta é a exigência. E o que é importante: não se tratando mais de exegese e de história das ideias, esses elementos e componentes – operados como peças da metafilosofia e da história intelectual, afinal coordenadas e associadas – serão prospectados num nível mais baixo do texto e da corrente das ideias, ou num plano lateral a eles, mediante um *tour de force* analítico, filosófico em suma. E, como tais, extraídos e interpretados por mais de uma via e com a ajuda de mais de um campo disciplinar: com a ajuda da história (em parte, já referida ao longo da presente seção e nas anteriores, exigindo, porém, a sua retomada e a inclusão de novos elos na argumentação), da antropologia cultural, da geografia, do direito, da política, da demografia, da linguística e – claro – da própria filosofia, elas mesmas fontes dos dados e das matérias sobre os quais incidirão as cifras e as medidas.

Com este propósito – fazer a ponte da cultura e da mentalidade colonial com a filosofia da Colônia –, diante da necessidade de introduzir os filtros por onde a tal filosofia vai passar e os recortes para trabalhar e organizar a enorme massa de informações contextuais reunidas ao longo da pesquisa, idealizei um conjunto de seis argumentos, cujos resultados, junto com os operadores, deverão acompanhar o restante das seções como elos da demonstração já em curso:

> [1] argumentos históricos, ou, antes, historiográficos, a partir de agora contextualizados com a história do ensino na Colônia (educação e aparato), bem como com a história da filosofia colonial, porém com as remissões indispensáveis à história da sociedade colonial já encaminhadas;
> [2] argumentos antropológicos, sobre o nativo e sua cultura, em contraste com a cultura do colonizador e seu cabedal católico e pragmático;
> [3] argumentos demográficos, com foco nos censos da população da Colônia conforme as etnias, importantes para aquilatar a escala e a densidade das atividades intelectuais, largamente considerados

antes para um contexto mais amplo, e que agora deverão ser completados com as informações pertinentes ao ensino e à filosofia;

[4] argumentos político-geográficos, vazados em demarcações com direito a revisões e expansões das fronteiras da Colônia (a questão dos mapas e dos tratados), decisivos para avaliar a pertinência das ideias de nação e filosofia nacional no período colonial;

[5] argumentos linguísticos, para decidir a questão da língua nacional da Colônia e com repercussão direta sobre a filosofia nacional;

[6] argumentos metafilosóficos, consistindo em perguntar pela filosofia da filosofia colonial, a filosofia da escola ou a segunda escolástica, e pelo *ethos* do filósofo da escola ou o escolástico, determinado como caso e especificação do *Homo academicus* ou *Homo scolastichus*, definido – num tempo em que a Igreja definia e abarcava tudo (fora da Igreja não há salvação, dizia-se) – como intelectual orgânico da Igreja.

Tais argumentos darão ensejo a outros tantos nas próximas seções, quando novos objetos forem recortados e incorporados à análise. Uns correlativos ao filósofo e à experiência intelectual do filosofar (o clérigo, antes de tudo, e também o laico desgarrado, pois houve também essa figura intelectual, perto do fim da Colônia); outros, à obra filosófica, aos gêneros literários e estilos do pensamento filosófico, incidindo sobre o livro e suas diferentes modalidades (tratados, manuais, comentários); outros, ainda, às instituições em que a filosofia é difundida (colégios, faculdades) e o modo como ela é aprendida e ensinada (métodos de ensino, graus acadêmicos).

Ao serem desenvolvidos, ao associar a história intelectual e a pesquisa metafilosófica, eles levarão à pergunta pela originalidade da filosofia feita no Brasil e, ainda, pela originalidade nacional ou brasileira. A busca de sua resposta conduzirá à segunda hipótese que será desenvolvida (a primeira, lembro, é a do *locus* da filosofia colonial: os colégios dos jesuítas, com as implicações que serão inferidas no curso da argumentação), hipótese já antecipada no 1º Passo. Ou seja, a ideia segundo a qual não há filosofia brasileira no período colonial, mas uma filosofia feita no Brasil, e enquanto tal ramo da portuguesa (argumento histórico), porém que ao se estender ao Brasil não justifica o qualificativo "luso-brasileira", por se tratar do ramo de um ramo ou do ramo de outro ramo: o ramo da segunda escolástica e obra dos jesuítas, e de resto como gênero internacional, com o que as duas hipóteses se fundem e a sua pertinência se vê reforçada ou acrescida.

4. SEIS ARGUMENTOS PARA PENSAR A FILOSOFIA COLONIAL

Passo, então, à exposição dos seis argumentos que nos permitirão avaliar e – espera-se – responder, por meio de hipóteses formuladas ao final de cada um, a questão maior acerca da existência, ou não, de uma filosofia brasileira no período colonial.

Argumento historiográfico

Tratado rapidamente nas páginas precedentes, focalizarei agora o ensino realizado na Colônia, em especial o de filosofia. Trata-se do ensino superior. Comparado com a América hispânica, que viu surgir 25 universidades desde o início do período colonial, o Brasil não teve sequer uma. O pouco ensino superior que tinha, em teologia e filosofia, era ensinado nos colégios dos jesuítas. Esse fato justifica tanto a estratégia de a análise se concentrar neles, considerado o principal *locus* na Colônia onde a filosofia era difundida e ensinada, quanto a ideia de déficit institucional e cultural.

Ora, a consideração desse ponto nos leva ao contexto histórico das descobertas e das navegações. O contraste a ser estabelecido é entre o antes, o entrementes e o depois, com seus três tempos fortes, abarcando a ascensão, o apogeu e a decadência. Antes está a Escola de Sagres e o legendário Infante, cujo papel, ainda que a Escola nunca tenha existido como Escola, mas quase como um canteiro de obras, não deve ser subestimado. Nem diminuída a importância de dois extraordinários artefatos tecnológicos – mais do que técnicos – como a caravela e a bússola: aquela obra da Escola, e esta uma invenção chinesa, ambas decisivas para a ultrapassagem dos limites fixados à humanidade (o famoso Cabo do Bojador, também conhecido como Cabo do Medo, além do qual ninguém podia ultrapassar) e a inauguração de uma nova era para Portugal, que passou a ter possessões nos quatro cantos do mundo. Depois, tudo se afundou, a decadência começando no século XVIII, com a riqueza do reino drenada rumo à Inglaterra, e terminando com a humilhação da transferência da Corte para o Rio de Janeiro. Segundo Jaime Cortesão, citado por Cruz Costa, o liame entre o apogeu e a decadência deve-se a um mesmo processo, e não poderia ser mais límpido o nexo causal: tudo começou quando o monopólio do comércio na Colônia e suas vantagens acarretou um "teocratismo difuso" e conduziu ao "monopólio do pensamento", tendo como quadro, ligado às guerras de religião, as pesadas coações da Contrarreforma, que, no final das contas, pesaram mais do que as possibilidades proporcionadas pelas descobertas. Essa situação, conhecida pelos historiadores como o "paradoxo da descoberta", iria comprometer definitivamente o destino de Portugal, que, ao trancar-se na península, voltando as costas para a Europa e concentrando-se no Brasil, semeia a sua própria decadência (Cruz Costa, 1967, p.20-21).

Passando ao Brasil, o que nos permitirá vincular a filosofia portuguesa à filosofia brasileira colonial são os mesmos "teocratismo difuso" e "monopólio do pensamento", referidos por Cortesão e avalizados por Cruz Costa. Uma coisa e outra estão relacionadas com os jesuítas, "durante o reinado de D. João III, precisamente quando – observa Cruz Costa – se iniciava a colonização do Brasil", os jesuítas por aqui desembarcaram em 1543 e "foram chamados para a Universidade de Coimbra", em plena atmosfera da Contrarreforma, cujo Colégio das Artes foi entregue à Companhia em 1555 (ibidem, p.21). Antes, havia sido a vez do Colégio de Santo Antão, em Lisboa (1553), que também pertencia aos jesuítas, assim como a Universidade de Évora (1559). Desde então, estava iniciado o monopólio que os jesuítas passaram a exercer sobre a cultura portuguesa e, por extensão, a do Brasil Colônia. Associado a esse monopólio estava a *Ratio studiorum*, publicada em 1599 e seguida pelos colégios, com a proposta de difundir o humanismo cristão, em estado de ruptura com a ciência e a filosofia novas do resto da Europa, e embasado – no caso da filosofia – na escolástica medieval, que será renovada em vista das exigências dos novos tempos. Ora, no tocante à filosofia, foi justamente o modelo do Colégio das Artes, de Coimbra, que será replicado em Évora e adotado em diferentes pontos do Brasil – em Salvador, no Rio de Janeiro, em São Paulo, em Recife e em Belém do Pará –, onde serão ensinadas filosofia, teologia e humanidades, e onde serão conferidos o grau de bacharel e mestre em artes, como os de Portugal e de Coimbra (ibidem, p.44-45).[43] Foi então que, segundo Cruz Costa,

> o notável surto que nascera da pertinácia do Infante [associado com o "magnífico movimento dos descobrimentos marítimos"] decai e a cultura portuguesa científica e filosófica não mais encontrará tão cedo meio para prosseguir. O *humanismo* artificial [urdido e propagado pelos jesuítas], que foi infligido a Portugal, impressionou com tal força a sua inteligência que alguns dos seus traços se notam ainda na nossa: o *formalismo*, em que esta ainda se debate,

---

43 A fonte é o jesuíta Serafim Leite (1945, p.95) e sua monumental história da Companhia no Brasil, com seus dez volumes.

vem – cremos – dessa origem. A *retórica*, o *gramaticismo* e a *erudição livresca* são traços que herdamos da formação dita humanista, derivada do século XVI português. (Ibidem, p.23)

Este é, pois, o quadro geral ou o contexto histórico.

Com ele em mente, a fim de calibrar a escala do ensino superior e o diagnóstico do déficit, será preciso prosseguir com a comparação do ensino superior na América hispânica e na América portuguesa. Segundo o historiador José Murilo de Carvalho, quanto ao número de formados e matriculados,

> calculou-se que 150.000 pessoas se tinham formado nas universidades da América espanhola [elas eram 25, lembro ao leitor]. Só a Universidade do México formou 39.376 estudantes até a independência. Em vivo contraste, apenas 1.242 estudantes brasileiros matricularam-se em Coimbra entre 1772 e 1872. (Carvalho, 2013, p.72)[44]

Quanto ao Brasil, sem nenhuma universidade, dos colégios e seminários dos jesuítas que faziam as vezes de cursos superiores – de fato 8 dos 17 existentes – nada há o que dizer dos cursos de direito e medicina, que eram proibidos, ao passo que o número de alunos dos cursos de artes em que a filosofia era ensinada "orçava" bastante baixo, cerca de 300 em meados do século XVIII, conforme Serafim Leite (1945, p.132).

Tal argumento, junto com a hipótese principal da filosofia no Brasil, assumida no sentido neutro no contexto da Colônia, a filosofia da segunda escolástica dos jesuítas, dará lugar à hipótese auxiliar das lacunas e dos déficits, históricos em última análise (legados negativos), junto com a de sua neutralização e superação.

Argumento antropológico

Muito poderia ser comentado sobre esse tópico, de interesse tanto da filosofia quanto da religião e da ciência, colocando em paralelo as visões dos europeus acerca dos nativos, inclusive do *habitat* – o Novo Mundo, referido

---

44 Sobre o mesmo ponto, Caio Boschi (1991, p.105) precisa que, ao longo do século XVIII, Coimbra recebeu 1.752 brasileiros, dos quais 572 eram baianos, 445 cariocas e fluminenses e 347 mineiros, e, no ano da instalação da sede do Vice-reinado no Rio de Janeiro, 1763, o total será 22 estudantes, com o Rio respondendo por 12, a Bahia por 4, Minas por 3, São Paulo por 2 e Pará por 1 (ibidem, p.106).

em latim na carta de Américo Vespúcio a Lorenzo *"Il Popolano"* de Médici, *Mundus novus* – e vice-versa. E mais ainda: visões que, do lado do europeu recém-chegado, oporão os jesuítas e outros missionários católicos aos navegadores e certos filósofos – ao se deixar o aventureiro de lado (falta de registros) –, homens de outros tempos, verdadeiros renascentistas. De um lado, os cristãos de estrita observância, como o jesuíta Manuel da Nóbrega, atormentados com a questão teológica da origem divina do *Homo americanus*; do outro, os renascentistas, filósofos como Montaigne e navegadores como Américo Vespúcio, que frequentava o círculo dos Médici e estava em contato "com os mais belos espíritos e os mais ilustres artistas da Renascença" (Duviols, 2005, p.8-9) – todos eles professando a mesma concepção "ativista" do homem e crendo, como viu Danilo Marcondes, "no progresso e nos poderes da ciência; do indivíduo que faz suas próprias escolhas, que luta para realizar um projeto pessoal e que retoma o *modus vivendi* dos heróis da Antiguidade grega" (Marcondes, 2013, p.32).

Em artigo publicado recentemente (Domingues, 2011a, p.36-37), tive a ocasião de dedicar-me a um dos aspectos dessa questão delicada, especialmente ao contrapor a natureza pecaminosa do homem, com sua carga negativa e a implicação de salvar o *Anthropos* de si mesmo, frente à visão neutral e otimista da natureza humana do renascentista: este, diferentemente, ao apostar nos poderes do intelecto, fazer o discurso da dignidade do ser humano e patrocinar o aperfeiçoamento do homem. Fica claro que o núcleo do problema filosófico e antropológico que atravessa a colonização das Américas gravita em torno da questão da alteridade, já largamente tratada na 1ª seção, ao me referir a Todorov e aos astecas. Trata-se da dificuldade de se lidar com a diferença que conduz às alternativas extremas de negação do outro, representadas pelo relativismo e etnocentrismo, às quais se somam as variantes bem reais da aculturação (negação de si), da escravização (instrumentalização do outro) e do genocídio (negação e destruição do outro), ou, então, ao culto da novidade e do exotismo.

O espanto e o escárnio do conquistador diante dos costumes exóticos do nativo, a exemplo do canibalismo corrente no Caribe, alimentaram uma sensação de liberdade e uma desinibição moral para a guerra e a escravização desses povos. Num ensaio instigante, Lévi-Strauss alerta para a diferença da atitude do europeu frente ao nativo, e vice-versa, resultando num choque de perspectivas insuperável, tendo o Caribe como *locus* e o continente como horizonte: por um lado, o espanhol, ao buscar a prova da humanidade do Nativo na (existência da) alma, com a desconfiança depreciadora de que os indígenas não eram humanos, convocando para tal uma comissão de teólogos; por outro, o nativo, ao buscar a prova da humanidade no corpo, mergulhando-o num recipiente cheio d'água para ver o que acontecia, desconfiado de que os visitantes recém-chegados não eram humanos, mas deuses, supervalorizando-os (Lévi-Strauss, 1973, p.384).

Da mesma forma, mas numa outra direção, Montaigne no famoso ensaio "Dos canibais" põe de ponta-cabeça a oposição bárbaro/civilizado: Quem é mais bárbaro: o selvagem, que assa o prisioneiro depois de morto, ou o europeu, que assa os "hereges" vivos e atira os restos aos cães, e faz tudo isso em nome da fé? (Montaigne, 2000, p.313). Penso que, descontada a diversidade de contextos, não serão diferentes as atitudes não só do português frente ao nativo e vice-versa, mas também do reinol frente ao colono e, ainda, ao adventício branco nascido nos trópicos: no primeiro caso, o indígena visto como sub-humano e bárbaro (filho de Cam da segunda criação, como visto acima); no segundo caso, como súditos bastardos e inferiores.

Para terminar, indicarei sumariamente dois outros *topoi*, introduzidos por Colombo e Américo Vespúcio, acerca da Terra das Américas e do *Homo americanus*: o Jardim do Éden, ambos qualificando, em suas cartas, o Novo Mundo como "paraíso terrestre", em sintonia com Manuel da Nóbrega (Holanda, 2010, p.353); e o bom selvagem, pagão e hedonista, pintado por Américo Vespúcio, em estado de natureza, vivendo de acordo com ela (Vespucci apud Duviols, 2005, p.138-140).

O argumento antropológico, remetido ao contexto cultural do choque das duas culturas, será assumido pela hipótese auxiliar, segundo a qual, do choque ou embate, resultou-se a vitória do colonizador europeu: [1] abrindo caminho para a transplantação da mentalidade, do sistema de valores e de instituições lusitanas; e [2] conduzindo ao desaparecimento da autóctone, seja por sua destruição, senão pela dizimação pura e simples de comunidades inteiras, seja por aculturação e assimilação, recontextualizados [1] e [2] para o ambiente da Colônia, a um tempo rude e indigente, onde vai deitar raízes a filosofia colonial.

Argumento demográfico

Tendo como fundo o tratamento dado aos grandes números da Colônia na seção 3, ao formular a questão demográfica limitar-me-ei a "puxar os fios" que irão ligar a demografia à questão cultural e, por extensão, à filosofia.

Para isso, começarei balizando a população nativa das Américas. Quando os europeus aportaram no Novo Mundo, as estimativas indicam mais de 100 milhões de almas. Em seu libelo famoso, Las Casas fornece as cifras do grande genocídio dos nativos americanos pelos invasores espanhóis: mais de doze (ou quinze) milhões no México e arredores (Las Casas, 2001, p.29), mais de três milhões na Ilha espanhola – constituída hoje pela República Dominicana e o Haiti (ibidem, p.28), mais de quatro milhões no Vice-reino do Peru (ibidem, p.110), e mais de vinte milhões na Nova Espanha, cuja capital era Tenochtitlan, que corresponde à atual Cidade do México, e cuja extensão territorial ia, nos tempos de hoje, dos Estados Unidos (Arizona, Nevada, Novo México e Utah) à Costa Rica (ibidem, p.133). Tudo isso em menos de 50 anos, com tal furor e crueldade, e numa tal escala, que em 1550, segundo o historiador Eduardo Bueno em sua apresentação do livro "mais de noventa por cento da população indígena do Caribe já estava exterminada" (ibidem, p.25).

Com esses números em mente, focalizarei agora o Brasil. Indagado sobre o assunto numa entrevista concedida ao *Estadão* em 20/04/2008, caderno *Aliás*, o antropólogo Eduardo Viveiros de Castro, depois de observar que "por volta do século XV, a população indígena nas Américas era maior do que a europeia", comenta que, no Brasil, na mesma época, "fala-se de uma população pré-colombiana entre 4 e 5 milhões", tendo ocorrido "uma perda de 80% desde então". O que está em jogo, ao que tudo indica – diferentemente do que pensava Gilberto Freyre, que dizia que foi o açúcar que acabou com o índio –, é o mesmo genocídio em larga escala denunciado por Las Casas, cuja atrocidade terrível e consequências funestas não foram uma exclusividade espanhola. Sobre esse ponto, é verdade que o Brasil colonial não teve o seu Frade Las Casas, mas teve o seu padre Vieira, e Vieira foi grande e é considerado uma fonte confiável. Preocupado com a triste sorte e a matança dos nativos, em carta endereçada em 1657 ao novo rei de Portugal, D. João IV, Vieira fala em 2 milhões de índios mortos pelos portugueses desde o século XVI (Weffort, 2006, p.125).[45]

Passando à população total do Brasil Colônia, europeus e escravos africanos inclusos, as estimativas evidenciam uma população rarefeita e minguada no fim do século XVI, atestando uma situação de grande fragilidade demográfica: cerca de 200.000 h em 1600, segundo Darcy Ribeiro, composta por 50.000 brancos, 30.000 escravos e 120.000 índios domesticados. Esses números já foram apresentados na seção 3 e a eles volto para avivar a memória e a comodidade do leitor, acrescentado outras cifras para aquilatar

---

45 A fonte é Boxer (1957, p.43), estudioso do grande jesuíta e autor de *A great luso-brazilian figure*.

a escala da sociedade colonial. Assim, continuando com Darcy, a população da Colônia irá duplicar em fins do século XVII, mas continuará ainda minguada, comprometendo a escala das coisas: cerca de 500.000 h em 1700, segundo o autor, composta por 150.000 brancos, 150.000 negros e 200.000 ameríndios. Em contraste, apresentará um aumento vertiginoso no fim do século XVIII, já se aproximando do fim do período colonial, quando a população brasileira bate a de Portugal: cerca de 5.000.000 h, conforme o autor, composta por 2.000.000 de brancos, 1.500.000 de escravos e 500.000 ameríndios (Ribeiro, 1995, p.151).

Para aferir o componente rural e urbano da população, num contexto em que a população rural de longe batia a urbana e cujo número preciso ninguém sabe, será preciso fazer um giro de 180 graus e focalizar cidades, onde estavam os seminários e colégios espalhados ao longo do litoral: cerca de três cidades e catorze vilas em fins do século XVI, saltando para dez e sessenta respectivamente em fins do XVIII, em sua maioria burgos acanhados, com população minguada, não mais do que 1.000 habitantes no Rio de Janeiro em fim do século XVI, e cravando Salvador, a mais populosa, 40.000 almas em fim do século XVIII, segundo Darcy Ribeiro (ibidem, p.194). Esse quadro quantitativo e comparativo delineia um padrão ruralista, que moldará a mentalidade reinante até o fim da República Velha, com poucas e pequenas cidades coloniais: apenas quatro com mais do que 100.000 h no fim do século XIX, e nenhuma acima dos 50.000 em fins do século XVIII. Como essas cidades gravitavam em torno das *plantations* e das fazendas, toda essa população – não menos do que a maior parte da população espalhada pelo campo – acabará exposta à grande influência do padrão casa-grande e senzala, num ambiente de cultura rude e de poucas letras, com o analfabetismo ultrapassando a casa dos 95%. Daí a impressão de fragilidade e de grave deficiência na transmissão da cultura até o fim da Colônia.

A esses elementos, será preciso acrescentar o peso dos afrodescendentes (quase a metade da população, ao atingir 1.500.000 de cativos em fins do século XVIII), e que iria aumentar ainda mais no curso do século XIX. Contudo, o componente negro africano não foi exatamente "assimilado" pela cultura colonial ou nela integrado, como será o italiano ou o alemão no curso do século XIX. Em vez disso, ele foi duramente tiranizado, guetizado e silenciado nas senzalas, reduzido a equipamento do senhor nas *plantations* e nos engenhos, junto com o gado e outras bestas de carga, e depois segregado nos sobrados e nos cortiços das cidades. E o que é importante: longe dos colégios e dos seminários, o cativo africano exercerá quase nenhuma influência na cultura letrada e filosófica. No outro extremo, com respeito à cultura popular, não menos apartado e reprimido (veja os casos da capoeira e do culto às divindades africanas), apenas no século XX esse componente demográfico importante será processado em ar livre, e o ideal "mestiço", com sua raiz negra, passará a fazer parte da cultura nacional.

Vertido em hipótese, o argumento demográfico permitirá aquilatar a escala das atividades no período colonial, junto com a densidade ou peso específico, levando à postulação de rala, uma, e de pequeno, outro, e resultando na tripla suposição:

[1] do agrarismo ou ruralismo da cultura colonial, do início ao fim do período, e mesmo mais além, como se verá no Passo 3;
[2] da hegemonia do componente étnico luso e branco da população (efeito de contexto: pacto colonial) duplamente investida [i] no ideal de fidalguia que guiou a vida colonial e [ii] na difusão da cultura e da religião católica por toda a Colônia (obra dos jesuítas, que eram seu *pendant* espiritual, constituindo a casta da aristocracia do espírito);
[3] e da hegemonia do litoral sobre o interior, com as luzes do intelecto difundidas pelos colégios e seminários dos jesuítas estendidos ao longo da costa e só chegando ao interior em Minas Gerais, em 1753, seis anos antes da expulsão da Companhia.

Argumento político-geográfico

Como visto no 1º Passo, o problema da incerteza dos limites e da mobilidade das fronteiras, nuclear à questão geográfica e política da Colônia, constitui a maior dificuldade para se pensar a pertinência da ideia de uma filosofia brasileira, e mais ainda na Colônia. A considerar o grande marco legal que fornecia as balizas para as duas coroas envolvidas na colonização dessa parte das Américas, ou seja, o Tratado de Tordesilhas (1494), pouco era reservado ao Brasil em termos de extensão territorial, a linha divisória (muitas vezes transgredida) se estendendo, conforme as referências atuais, de Belém do Pará até Laguna, em Santa Catarina.

Ao circunscrever o argumento, indicarei na sequência um conjunto de fatos e acontecimentos cruciais em nossa história e que nos permitirão balizar os elementos geográficos e políticos em questão, com o problema dos mapas e das divisas em primeiros plano.

Primeiro, o fato notório de o Rio Grande do Sul de hoje ter pertencido à Coroa espanhola, em meio às disputas com Portugal pelo controle das terras mais ao sul, com os limites definitivos e atuais firmados apenas em 1852, com os acordos sobre as fronteiras assinados pelos governos da Argentina, do Brasil e do Uruguai. Segundo, o fato poucas vezes considerado, mas nem por isso menos essencial, de a região que constitui hoje o Maranhão e o Pará – uma região extremamente vasta – não pertencer ao Brasil na época da Colônia e ter mantido uma relação administrativa direta com Portugal, com a denominação de Estado do Maranhão e do Grão-Pará, e outras. Terceiro, o *affaire* do delineamento do mapa do Brasil à época da revisão do Tratado de Tordesilhas, com a participação e *expertise* de eminentes geógrafos franceses, cuja arbitragem, na ocasião da assinatura do Tratado de Madri, entre Portugal e Espanha, deu ao Brasil a sua feição atual: foi então que uma enorme área do mapa elaborado pelos franceses, cuja zona central recobria todo o Centro-Oeste, uma grande porção da Amazônia e um enorme território do Nordeste, mais o "nariz" de Minas – estava assinalada com a palavra *inconnu*, como se viu no 1º Passo – foi finalmente dada a conhecer e passou a fazer parte do Brasil!

Outra questão importante diz respeito à falta da ideia de "nação brasileira" no sentido que se dá hoje à expressão, com os inconfidentes mineiros incluindo em seu projeto de nação independente, além de Minas Gerais, no máximo São Paulo e Minas Gerais.[46] Para piorar o quadro, as demais capitanias, como, aliás, as três, mal tomavam conhecimento umas das outras, reportando-se diretamente ao Paço, em Lisboa. Tudo considerado, nem mesmo a Independência deu ao Brasil a identidade de nação, mas o país e a autonomia política, enfim liberto de Portugal, ficando o ideal de nação com sua carga cultural e sociológica adiada para o Segundo Reinado, conforme se verá no Passo 3.

Vertido em hipótese (auxiliar), o argumento político-geográfico, como antecipado, levará à recusa da filosofia brasileira no passado colonial, tendo prevalecido uma experiência transplantada (o sistema dos jesuítas), e levando à propagação na Colônia nem de uma filosofia brasileira, nem de

---

46 Cf. Maxwell (2010, p.208-209), obra na qual o autor trata do regionalismo da insurgência mineira, também presente, como se viu na seção 2, na Conjuração baiana. Cf. também, para uma avaliação mais global, Abreu (2000, p.242), obra na qual, ao concluir os estudos considerados referência, dirá que nestas paragens "vida social não existia, porque não havia sociedade", acrescentando que "é mesmo duvidoso [que] se sentiam, não uma consciência nacional [que seria de esperar demais], mas ao menos capitanial". E no fim arrematará: "Cinco grupos etnográficos, ligados pela comunidade ativa da língua e passiva da religião, moldados pelas condições ambientes de cinco regiões diversas, [...] sentindo pelo português aversão ou desprezo, não se prezando, porém, uns aos outros de modo particular – eis em suma ao que se reduziu a séculos".

uma filosofia lusitana, mas de uma filosofia cosmopolita e difundida em latim, a saber: a segunda escolástica, que, por acidente, foi gestada na Ibéria, e, como tal, com a constelação de consequências que advém dessa ordem factual e de seus legados, por obra de uma entidade – a Companhia de Jesus –, internacional e globalizada, funcionando como uma verdadeira multinacional, inclusive no Brasil Colônia.

Argumento linguístico

Sobre a questão da língua, indissociável da questão da nação, bem como da identidade de comunidades menores ou subalternas, com sua tripartição em língua culta, língua franca de comunicação e dialeto regional ou local, admitindo o comércio e as influências, a sua consideração na Colônia nos levaria a uma verdadeira Babel:

[1] o português, a língua do colonizador, se bifurcará com o português popular abrasileirado (meio frouxo e um tanto rústico), num dos galhos da forquilha, e o português castiço no outro, falado por pouquíssimos em meio a uma elite rude e analfabeta, ficando seu cultivo na conta dos padres jesuítas e dos capelães das casas-grandes, conforme afirma Gilberto Freyre;

[2] as línguas africanas, não uma, mas várias, em razão das diversidades étnicas e linguísticas dos escravos, uns falando banto ou angolano, outros falando e escrevendo em árabe, como na Bahia. Línguas de vencidos e de escravos, em suma: escravos que tinham de aprender português para se comunicar com os senhores e os outros escravos. Na origem, línguas dialetais maternas que nunca se puderam fundir e criar algo como uma língua nacional adventícia – tudo isso num processo ainda pouco estudado, em que se as línguas africanas terminaram por influenciar sobre a questão da língua no Brasil, foi pelo fato de o escravo ter aprendido a língua do senhor e elas terem se enxertado no português popular. E mais: numa outra perspectiva, será preciso considerar a Bahia, como lembrado acima, onde o iorubá, o banto e outros dialetos concorreram com o português, chegando a ser mais faladas do que ele, a se acreditar em Gilberto Freyre, que cita Varnhagen (Freyre, 2006, p.385);

[3] a língua dos nativos, reunidas no tronco do tupi-guarani, falada ao longo da costa atlântica, com dialetos variados, mas ainda assim

fazendo parte de uma mesma família, porém sofrendo a concorrência em áreas remotas de outros grupos linguísticos, como os Jês, cujos povos passaram a ser conhecidos genericamente como tapuias, com a carga negativa já comentada;

[4] o latim como *lingua franca* internacional da Igreja e das universidades europeias – língua culta e da comunicação em suma, que, na Colônia, era a língua dos jesuítas e difundida em seus colégios e seminários.

A simples consideração dessa Babel, que nos fornece o escopo do argumento linguístico, desautoriza a ideia de uma filosofia brasileira na sociedade colonial. *Por causa das línguas africanas*, como na Bahia, onde, segundo Gilberto Freyre, eram mais faladas do que o português; *por causa do português*, que era a língua do colonizador, mas nunca conseguiu o *status* de língua geral ou língua franca de comunicação, ao sofrer a concorrência das línguas africanas e indígenas, nem de língua culta ou de língua da cultura, situação que só vai ser alterada no fim do século XVIII, como se mostrará em breve; *por causa do latim*, língua dos livros e língua da Igreja, como assinalado, não de uma nação ou de um povo desde a queda do Império romano, mas em cujo ventre materno – denunciando que não era estéril e nem estava morta, ao menos nas altas esferas intelectuais – nasceu e se desenvolveu a filosofia moderna: de Descartes (que a aprendeu no Colégio La Flèche, colégio de jesuítas), passando por Leibniz e Espinosa, até Wolf e Kant, já no século XVIII. Este não foi, porém, o caso dos jesuítas no Brasil, que nunca tiveram o projeto de fundar uma filosofia colonial ou uma filosofia brasileira. Tratava-se, antes, de difundir a filosofia da Companhia – a escolástica, a segunda escolástica, mais precisamente –, tudo em latim, como era o figurino da época, porém não como berço ou ventre da filosofia luso-brasileira, mas como língua culta e língua franca de comunicação internacional; e, por fim, *por causa das línguas nativas*, dialetais, utilitárias e particularistas, circunscritas à oralidade e, por isso, atadas às esferas imediatas da vida prática; portanto, longe da filosofia acadêmica e da linguagem conceitual-abstrata como veículo do intelecto e do *logos* universal.

Outro fator linguístico da maior importância para o argumento diz respeito à língua franca ou língua geral falada pelos índios, os mamelucos e os missionários, o nhangatu. Precisamente, um patoá artificial criado pelos jesuítas desde os tempos de Anchieta a partir do léxico do tupi e da gramática portuguesa, e ainda hoje falado em várias regiões da Amazônia. Termo que em tupi significa "língua boa", como também "língua geral" ou "língua fácil", e que designa um idioma que era falado de Santa Catarina ao Pará, e que até o final do século XVIII era a língua brasileira, só os portugueses falando português.

Sobre tal língua e sua importância, duas observações: [1] a consideração de Carlos de Araújo Moreira Neto, ao dizer que com o passar dos anos, "os falantes dessa língua eram [...] cada vez mais coloniais e menos índios" (Moreira Neto apud Léry, 2009, p.35),[47] denunciando o processo em curso de fragilização do português; [2] as considerações de Francisco Weffort (2006, p.125), citando Teodoro Sampaio, padre Vieira e Domingos Jorge Velho para chancelar o fato de que, até meados do XVIII, falava-se, em São Paulo, mais a língua geral ou língua dos índios do que o português.

A supor que só há uma filosofia nacional se há uma língua nacional – a língua da comunicação –, essa língua, nos tempos coloniais, não era o português, que, a rigor, era uma língua estrangeira, e que não era a língua principal nem mesmo no Colégio dos Jesuítas, autorizada a ser usada em poucas circunstâncias, como em fins de semana. Destarte, só se poderia falar em filosofia nacional nessa época se fosse escrita em nhangatu, mas, até a presente data, ninguém provou a existência de tal fato entre nós. Certo é que, a despeito de não ter gerado uma filosofia brasileira, o nhangatu foi a língua-geral da Terra brasílica, sua influência foi enorme e durou muito tempo. Assim como é certo que ela só começou a decair em meio ao litígio dos jesuítas com as autoridades portuguesas, quando seu emprego foi proibido por D. José I, em 1758, instigado pelo Marquês de Pombal, um ano antes da expulsão dos jesuítas do Brasil.

Sem outra opção, a *intelligentsia* brasileira do período pós-colonial – que não podia esperar – simplesmente pôs a seu serviço o português castiço das elites coloniais e reinóis, como viu Gilberto Freyre ao colocar o foco sobre o dualismo linguístico português popular/português culto, que substituiu o dualismo tupi geral/português lusitano da época da Colônia: "entre o português dos bacharéis, dos padres e dos doutores, quase sempre propensos ao purismo, ao preciosismo e ao classicismo, e o português do povo, do ex--escravo, do menino, do analfabeto, do matuto, do sertanejo" (Freyre, 2006, p.220) – frouxo, impuro e negligente, acarretando o fosso entre a língua oral e a escrita, com as barreiras e os vícios que isso traz. De resto, vícios e barreiras que vêm sendo atenuados pelos romancistas e poetas, segundo Freyre, mas ainda anda esperando sua hora na filosofia, podemos dizer.

---

47 A tradução é acompanhada de uma introdução geral de autoria de Moreira Neto, donde foi extraído o trecho citado.

Como no argumento geográfico-político, no que diz respeito à nação, a questão do português como língua culta nacional, língua da cultura e por extensão língua filosófica, ficará adiada para o período pós-colonial. Precisamente, depois do hiato ilustrado do fim do século XVIII com o cultivo das francesias que o acompanhou, e, uma vez passada a Independência e já com o português estabilizado no Segundo Reinado – quando os filósofos nacionais abandonaram o latim e passaram a escrever na língua de Camões: até então, tal é a hipótese, por razões linguísticas, não se pode falar em filosofia brasileira no período colonial, havendo uma filosofia internacional escrita, difundida e discutida em latim, a filosofia da escola e da Companhia de Jesus ou a segunda escolástica –, numa época em que a língua dos romanos e da Igreja católica era, a um tempo, a língua culta na Colônia e a língua franca internacional.

Argumento (meta)filosófico

Trata-se do argumento principal, devendo introduzir o *tour de force* analítico que irá nuclear e articular os cinco anteriores, ele mesmo já introduzido pela ideia de "teocratismo difuso" de Cruz Costa e Jaime Cortesão.

Transplantada para o Novo Mundo, a tarefa de educar a nova colônia e, por extensão, de propagar esse "teocratismo difuso" será entregue aos jesuítas. Estes, já influentes em Portugal na metade do século XVI, serão mais ainda nos trópicos, onde terão virtualmente um monopólio total em suas ações pastorais e pedagógicas, à frente de seus colégios e seminários, apenas quebrado aqui e ali pelos beneditinos e outras ordens rivais. Nesse contexto, quase que sozinhos, eles passarão a difundir o núcleo duro ou a essência desse "teocratismo", a saber: o assim chamado humanismo cristão, gestado na Idade Média e reatualizado pela Companhia de Jesus para os novos tempos, em meio às querelas teológicas e às voltas com a filosofia da escola – a escolástica, ou melhor, a segunda escolástica, ela mesma obra dos jesuítas da Península e para cá trasladada, sem a necessidade de começar do zero.

A estratégia que será seguida ao montar o argumento é a mesma do 1º Passo: a distinção introduzida por Antonio Candido no seu livro essencial entre: [1] sistema de obras, caracterizado pela organicidade, serialidade e autorreferência, e manifestações soltas ou episódicas, portanto, aleatórias, exteriores e exorreferenciadas (Candido, 2000, p.23-24), e [2] a proposta de considerar o tripé semiótico autor-obra-público, apresentada no "Prefácio à segunda edição", de 1962, da obra em apreço (ibidem, p.15-16).

Diante dessa distinção, se o problema do crítico era como articular "a nossa atividade literária com o sistema expressivo da civilização a que pertencemos" (ibidem, p.17), com seus diversos gêneros literários e seus diferentes cânones ou padrões, o meu será o de articular a filosofia da Colônia com a tradição ocidental e sua variante cristã, como no caso da Península Ibérica. Sobre a questão da literatura nacional, duas conclusões de Candido são da maior importância, e me levarão a abrir um caminho diferente para a filosofia:

[1] a afirmação de que, na Colônia, prevaleceu, no que diz respeito à literatura, o tipo "manifestação" solta, sendo seus maiores expoentes o padre Vieira e Gregório de Matos;

[2] a postulação de que o tipo "sistema" só se iniciará na sociedade colonial em meados do século XVIII, com a fundação da Academia dos Seletos e dos Renascidos, guiados pelo projeto de fazer literatura brasileira, no sentido de Julien Benda, associado ao projeto de nação, e representado por Cláudio Manuel da Costa, com o seu *O parnaso obsequioso*. Ora, ao trazer a filosofia para o campo da literatura colonial, não será possível manter nem a periodização nem o teor dos recortes literário-semióticos ou o seu vetor sociológico, devido a dois fatos históricos e sociológicos que conduzirão o estudioso: [i] a reconhecer que havia uma filosofia colonial, sim, sistemática, seriada e autorreferenciada, embora precária, ibérica e de segunda mão, como dirá padre Vaz, a maioria das obras gerada em função das necessidades do ensino (apostilas, manuais e, literalmente, cópias manuscritas); [ii] a constatar que havia igualmente produções soltas e episódicas, que só aparecerão no século XVIII e no curso do XIX, no fim da sociedade colonial, e, ainda assim, em grande parte saídas do "molde" da catolicidade, a saber: as obras dos oratorianos modernizados, que trocam Aristóteles por Malebranche e a *Ratio Studiorum* por *O verdadeiro método de ensinar*, de Verney, como no caso de Silvestre Pinheiro Ferreira, que era lusitano, tendo passado uns tempos por aqui, e que além da influência de Verney sofreu a de Wolf e Leibniz; a obra de Nuno Marques Pereira, *Compêndio narrativo do peregrino da América*, de 1728, de quem se falará na última seção; ou então peças literárias, como as *Cartas chilenas*, publicadas em 1789 e de autoria de Tomás Antônio Gonzaga – surgidas num contexto de grande influência ideológica e política das luzes nas inconfidências mineira e baiana; sem, no entanto, dar vazão a obras filosóficas *tout court*.

Esta é, pois, a hipótese principal do argumento metafilosófico. De saída, em sintonia com Antonio Candido, é preciso considerar que, a exemplo da literatura, a pouca filosofia que havia em nossas terras era, de fato, "ramo da portuguesa". Essa situação, também verificada na outra banda da América Latina, explica-se pelas coerções do Pacto entre Colônia e Metrópole, que previa não apenas um vínculo de dependência econômica, mas também política e cultural da Colônia em relação à Metrópole.[48] Nesse quadro, com o projeto de nação adiado, fica justificado o emprego, como propõe o renomado crítico, da expressão "literatura comum" ou "literatura luso-brasileira", reunindo as obras literárias e filosóficas da Colônia e da Metrópole num mesmo sistema literário, como eu mesmo intenciono fazer ao longo desses estudos.

Continuando, outro ponto essencial da filosofia colonial foi notado por padre Vaz ao indicar que esta não se configura como ramo da portuguesa ou espanhola, mas, antes, como ramo da escolástica e do pensamento católico que, graças aos jesuítas, tornou-se influente na Península, no Brasil e América hispânica. Nesse sentido, como sugere Vaz – e esse ponto é decisivo, conforme já salientado –, a Companhia se apresenta como uma ordem transnacional, uma espécie de multinacional com filiais e aliados por toda parte; nada paroquial ou local, portanto, estendendo sua influência até os confins da Ásia e do Japão. E ainda, com o mesmo *modus faciendi* – *lectiones*, teses, exercícios, livros-textos – dos filósofos da Companhia, verificando-se sua presença em Salvador, no Rio de Janeiro, em Évora, no Colégio de Santo Antão, no La Flèche e em Viena.

---

48 Sobre esse ponto, o historiador Caio Boschi lembra que a razão das várias recusas das autoridades de Lisboa relativamente à criação de universidades no Brasil, e mesmo de faculdades como medicina e direito, não era senão o Pacto Colonial, como se pode vislumbrar nas justificativas de "espíritos cultos e arejados como Ribeiro Sanches – autor, acrescento eu, de uma famosa *Cartas sobre a educação da mocidade* (1760), considerado como filho das luzes e um eminente enciclopedista, tendo escrito um verbete para a obra famosa – [que] apregoavam o colonialismo cultural, ao defenderem a necessidade e a exclusividade de o ensino superior – especialmente o destinado a carreiras profissionais – ser ministrado no Reino" (Boschi, 1991, p.102). Em abono às suas considerações sobre o português ilustre, filósofo e médico afamado, Caio Boschi cita um trecho da obra pedagógica fundamental de Ribeiro Sanches, na qual, em plena era Pombal e quase no fim da era colonial, ele "advoga que 'nas colônias devem ser consentidas apenas as escolas elementares, com programa e currículo idênticos aos do Reino' a fim de impedir que 'nelas os súditos nativos possam adquirir honra e tal estado que saiam da classe dos lavradores, mercadores e oficiais [...] porque todas as honras, cargos e empregos deviam sair somente da autoridade e da jurisdição do Soberano, para ficar dependente a dita colônia da capital [...]'" (Sanchez apud Boschi, p.110). A referência é Sanches (1922, p.137).

À diferença da literatura que se aclimatou por aqui e deu às obras uma coloração local e brasileira, justificando a ideia de civilização adventícia e sem símile, como diziam Sérgio Buarque e Cruz Costa, a filosofia colonial foi adventícia, mas com símile. Símile cujo original está na Europa, não sendo o "local" e a cópia outra coisa senão o *simulacro* da segunda escolástica nascida da Ibéria e logo espalhada pela Europa e depois pelo Novo Mundo. Porém, ao se transplantar para cá – numa terra avara e num meio intelectual pobre, diminuto e sem escala –, cresceu pouco e deu poucos frutos, justificando os diagnósticos de anemia intelectual e raquitismo filosófico – esta é a hipótese que vai guiar o 2º Passo, nas demais seções que se seguirão a essas considerações iniciais.

Essa hipótese (histórica e sociologicamente lastreada no sistema de ensino dos jesuítas, podendo por isso mesmo ser instanciada e controlada) incide sobre aquilo que poderia ser chamado de o *corpo* da filosofia colonial – ou seja, a *obra* em sua elasticidade, vazada na segunda escolástica e catalogada em autoral e anônima, compreendendo livros, manuais, apostilas, chamadas de sebentas em Portugal e também na Colônia –, e a ela faltam duas *legs* ou pernas, como dizem os americanos, para que fique de pé e possa ser posta à prova em sua inteireza: uma perna (ao voltar ao tripé de Antonio Candido, autor-obra-público), numa época de poucas letras, é o *público* da Companhia espalhado pelos colégios e seminários. Outra, e que também merecerá toda a atenção na sequência desses estudos, relativa ao *autor*, não é senão o *ethos* do intelectual jesuíta que dominou o período: o *Homo scholasticus* – contraparte da filosofia da escola ou a segunda escolástica – e seu modelo consagrado pela Companhia, a saber, o clérigo intelectual orgânico da Igreja, e, antes da Igreja, da Companhia.

É o que será tratado nas três próximas seções.

5. A *RATIO STUDIORUM*, O SISTEMA JESUÍTICO DE ENSINO E A SEGUNDA ESCOLÁSTICA

Antes de passar à filosofia colonial, deixando os seis argumentos à mão, como uma espécie de "caixa de ferramentas", que se poderá abrir e empregar segundo as necessidades do trabalho analítico, será preciso examinar o contexto mais amplo em que tal filosofia vai se inscrever, e o aparato institucional-pedagógico onde ela será ensinada e difundida. Ou seja: o contexto da filosofia metropolitana portuguesa e o aparato educacional junto com a pedagogia dos jesuítas, transplantados do Reino e compartilhados em comum. Ora, como antecipamos, a filosofia metropolitana não é senão a segunda escolástica, enquanto o aparato educacional e a pedagogia são respectivamente o sistema de ensino – colégios e seminários, antes de tudo – e a *Ratio Studiorum*. Minha proposta num primeiro momento é, então, tomar em bloco a Colônia e a Metrópole, numa visada mais abrangente e mesmo fora da Ibéria, ao considerar a atuação transnacional da Companhia, e reservar mais especificamente as próximas seções ao Brasil e à filosofia colonial.

Desse bloco, tendo já examinado na seção 2 o sistema de ensino, ao qual voltarei de tempos em tempos para adicionar uma ou outra novidade, deverei agora consagrar-me à pedagogia, ou seja, à *Ratio*, e seu elo com a filosofia, em cujo interior a ex-rainha do saber comparece duas vezes por assim dizer: como seu *background* ou fundamento, ao consubstanciar, juntamente com a teologia, as bases teóricas e doutrinais do humanismo cristão, e, ao mesmo tempo, como matéria ou campo de conhecimento nos colégios e seminários onde ela é difundida, seguindo os parâmetros e os ditames da própria *Ratio*. Trata-se da sua vertente filosófica, em suma, e, além dela, há outras, como a teológica e a dos estudos humanísticos, afora a do próprio ensino primário, acerca das quais quase nada será dito ou considerado na sequência. Como o leitor notará, nesse esforço de circunscrição prevalecerá o argumento metafilosófico, ao voltar-se a atenção, não exatamente para o *background* filosófico da *Ratio*, constituindo aquilo que poderia ser a filosofia da educação, mas para a filosofia como sua matéria ou objeto de circunscrição. Precisamente, a filosofia vertida no sistema jesuíta de ensino sob os auspícios de sua pedagogia, a segunda escolástica, no caso, colocando em evidência o tripé semiótico autor-obra-público e ficando total ou parcialmente abstraídos os outros. Contudo, ao mudar o contexto e passar-se ao exame da filosofia colonial nas próximas seções, entrarão em cena – além do argumento metafilosófico e seu viés semiótico – os argumentos historiográficos, linguísticos, políticos e de escala (grandes números do sistema).

Começo, então, ao focalizar a pedagogia, com os documentos e as principais diretrizes atinentes.

Sobre esse ponto, sabe-se que a massa de documentos ligados à história da Companhia é densa e copiosa, cabendo destacar – dentre aqueles relativos às diretrizes de suas ações pastorais e educativas – ao menos três, publicados no curso do século XVI, com uma defasagem, entre o primeiro e o último, de cerca de cinquenta anos. Ou seja:

[1] as *Constituiciones*, aprovadas em 1558 e promulgadas em 1559, que, juntamente com as *Formula instituti*, que as precederam e, como ela,

foram várias vezes emendadas (1539, 1540 e 1550), consolidam o estatuto da Ordem e conferem ao inaciano o papel maior de verdadeiro soldado de Cristo, como se fosse um novo cruzado;

[2] os *Ejercicios espirituales*, datando de 1548 e diretamente associados à formação do clérigo, nos quadros de uma experiência ao mesmo tempo ascética (ascese em grego quer dizer exercício) e religiosa (não é outro o sentido do qualificativo "espirituales", espiritualidade cristã e, por extensão, jesuítica): esta um artigo de fé confirmada e renovada pelos exercícios; estes concebidos para um horizonte de 28-30 dias e em que se poderia ver uma verdadeira máquina de conversão, se é que essa expressão faz sentido, ao evocar uma mecânica, ao passo que o inaciano prefere caminho com paradas e sequências;

[3] a *Ratio Studiorum*, vindo a lume em 1599 com seu nome completo, *Ratio atque Institutio Studiorum Societatis Iesu*,[49] e que estipula as regras que deverão ser seguidas no sistema de ensino dos jesuítas no mundo inteiro e em seus três níveis ou degraus: primário, intermediário e superior, ao se empregar uma terminologia à qual o leitor dos tempos de hoje está mais familiarizado.

Ora, com respeito à pedagogia dos jesuítas e à sua conexão com o ensino de filosofia, dos três documentos não há a menor dúvida de que a primazia cabe à *Ratio Studiorum*,[50] porém a sua promulgação foi algo tardia, tendo sido iniciada a implantação dos principais colégios e seminários antes de sua existência, como o de Messina na Itália, os de Évora, Lisboa e Coimbra em Portugal, e o da Bahia no Brasil Colônia.

Em todos esses casos, a falta da *Ratio* não impediu que o sistema de ensino dos jesuítas fosse implantado e que o modelo deles fosse formatado com o *design* que prevaleceu e foi chancelado por ela posteriormente: bastou seguir as especificações das *Constituiciones*, o documento maior da Ordem, com sua legislação ampla, que dedica ao ensino toda a sua quarta parte, totalizando dezessete capítulos, tendo, inclusive, servido de moldura institucional para a *Ratio* e seu raio de ação – e, portanto, com repercussões diretas sobre o ensino e a pedagogia, inclusive sobre o ensino colonial, ao dispor sobre a oferta de canto, música instrumental e técnica agrícola em escolas

---

49 Em português *Método e programa de estudos da Sociedade de Jesus*.
50 A edição consultada é a tradução de Leonel Franca, que é acompanhada de uma preciosa introdução e publicada como parte do volume das obras (Franca, 1952).

dos jesuítas localizadas nas aldeias e reduções, bem como sobre a língua de comunicação, em português e também na língua geral, o nhangatu.[51]

Não menos importantes, e talvez até mais, eram os *Exercícios espirituais* que, além da figura central do "diretor espiritual", fornecerão aquilo que será a grande metáfora ou alegoria que dará a imagem que, desde então, irá acompanhar a atividade de ensino como *apostolado intelectual*: nada menos que a analogia do processo de ensino e aprendizagem com "o trabalho humano de preparar o solo para a germinação da semente divina" (ibidem, p.16). Tanto mais poderosa e irresistível – mais até do que uma centena de conceitos juntos e como é comum acontecer com as grandes imagens fundadoras –, que a essa metáfora poderão juntar-se outras, não menos poderosas e sugestivas: assim, as imagens de "caminhada espiritual" e de "sal da terra", esta extraída do evangelho de Mateus e encontrada naquele que é talvez o maior jesuíta do século XVIII, o padre Antônio Vieira. Acrescentem-se ainda os exercícios, com os retiros espirituais e as meditações continuadas – e eis que, de um só golpe, todo um pacote de exames, técnicas de memorização, certames e defesas públicas de teses se lhes adicionará, neles se acomodando e como que naturalmente.

Sobre a pedagogia dos jesuítas e do seu tripé visto da perspectiva do pupilo – *estudar*, *repetir* e *disputar* (Regra 27 do Prefeito de estudos, conforme a *Ratio Studiorum*) –, muito poderia ser dito da sua relação e proximidade com o programa de ensino da universidade medieval.

Por um lado, o mesmo ímpeto de promover o humanismo cristão, como já ressaltado, professando uma visão religiosa de mundo que parte do homem decaído e invadido pelo pecado, mas que, com a ajuda divina e a assistência da Igreja, pode vencer o estado pecaminoso e encontrar o caminho da salvação – todo mundo, e mesmo o gentio das Américas, o nosso indígena, ao qual mais tarde se somará o escravo africano, não sem certo estorvo, como se sabe. Trata-se, então, de uma pedagogia que alia a ciência e a piedade (*Ratio Studiorum*, Regra 1 das Regras dos alunos externos da Companhia), bem como a razão e a fé, díade da qual a *Ratio* não fala, mas a

---

51 Cf. Mac Dowell (2014, p.12), obra em que ele informa que o título da quarta parte é justamente "Como instruir nas letras e em outros meios de ajudar o próximo os que permanecem na Companhia", acrescentando que as *Constituições* iriam instaurar um "apostolado intelectual" que não poderia ser assumido "sem problemas" pela Companhia: assim, por exemplo, meu no caso, o choque entre [i] o voto de pobreza e de desapego a bens materiais do jesuíta, que não podia cobrar pelos seus ofícios e ações, e [ii] a prática de cobrar "propinas" para pagar professores, somada ao gosto pelas pompas e as honrarias das universidades.

pressupõe, podendo ser vista como o correlato do par ciência/piedade, e, como tal, largamente tratada em suas diferentes faces pela segunda escolástica, a saber: a razão que ilumina e a fé que opera, inclusive milagres, evocando o apóstolo Paulo (a fé é o argumento das coisas invisíveis), e num sentido muito próximo dos teólogos e filósofos medievais. Assim, as fórmulas de Santo Anselmo (*Fides quaerens intellectum*, isto é, "a fé em busca da inteligência), de Tertuliano (*Credo quia absurdum est*, "eu creio porque é absurdo"), de Santo Agostinho (*Intellige ut credas, credo ut intelligas*, "entender para crer, crer para entender") e resumida pelos escolásticos na fórmula sintética que se tornou moeda corrente na Idade Média, em que Le Goff vê a mão e a mente de São Tomás: *Ratio fide illustrata*, razão iluminada pela fé (Le Goff, 2003, p.119).

Por outro lado, a disposição de defender e atualizar a pedagogia medieval, fazendo a ponte entre os tempos de ouro da cristandade – os séculos XII e XIII, quando as catedrais e as universidades surgiram – e os tempos modernos, depois que os mouros foram derrotados e a cristandade viu-se exposta a novos e pungentes desafios: o surgimento das ciências novas, a descoberta das Américas e as guerras de religião, sobretudo. Tudo isso num ambiente como o da Europa Ocidental, onde não só os *Studia Humanitatis* dos renascentistas italianos, com seu paganismo, estavam ganhando terreno, mas as universidades e os colégios protestantes estavam procurando os seus próprios caminhos: diferentemente, em busca de uma nova aliança entre religião e ciência, ao seguirem a máxima do livre exame, herética segundo a Sociedade de Jesus.

O resultado desse duplo embate – de volta ao antigo e à tradição, bem como de abertura ao novo e recentramento no moderno, em acordo com a opção pró-modernidade da Companhia e ao seu preceito de atuar no tempo, em vez de se trancar nos conventos e mosteiros, a exemplo das ordens tradicionais – foi a *Ratio Studiorum*. Obra cuja autoria, ou, antes, coordenação dos trabalhos que nela resultou, é atribuída a Jerome Nadal, atendendo a uma solicitação de Santo Inácio em 1552, e publicada em 1599;[52] ou seja, 47 anos depois da comissão, 50 anos depois do desembarque da primeira leva de jesuítas no Brasil, após cruzar o oceano nas caravelas de Tomé de Souza (1549), e 46 anos depois da fundação do primeiro colégio dos jesuítas no

---

52 Ver, sobre esse ponto, Mac Dowell (2014, p.16 e especialmente n.22), em que o autor destaca as consultas realizadas, evidenciando tratar-se de um empreendimento coletivo, endossa o reconhecimento da centralidade de Nadal, que era reitor do Colégio de Messina, e cita em apoio outros estudiosos.

Brasil. Este, na cidade de Salvador, Bahia (1553), onde será de pronto adotada e cuja experiência pedagógica servirá de modelo para os outros colégios e seminários da Colônia.

Não podendo entrar em detalhes dessa história e experiência extraordinárias, além da edição brasileira da *Ratio* (acompanhada da preciosa introdução do padre Leonel Franca que proporciona uma excelente visão de conjunto), recomendaria ao leitor o estudo supracitado de padre João Mac Dowell, jesuíta como o padre Franca, e que enfatiza a sua vertente filosófica. Desse estudo – sem prejuízo da consulta direta da fonte primária – gostaria de retomar um conjunto de informações contextuais e desenvolver um ou dois pares de ideias adicionais, antes de passar para a filosofia dos jesuítas e fazer, na próxima seção, o trânsito para o Brasil colonial.

Antes de tudo, fiel ao método de abordagem que estou seguindo no Passo, vale a pena mencionar os grandes números do sistema de ensino dos jesuítas, por ocasião da promulgação da *Ratio* e da época em que se deu a supressão da Companhia: 245 instituições em 1599, chegando a 845 em 1749 (Mac Dowell, 2014, p.18). Por seu turno, quanto ao número de estudantes, padre Leonel Franca fornece os montantes de vários países, dos quais destaco os de Portugal: "em Lisboa, os alunos passavam de 1.300 em 1575 a quase 2.000 em 1588; em Évora, de 1.000 em 1575 cresciam a 1.600 em 1592; e em Coimbra, os estudantes que frequentavam o Colégio das Artes regulavam por 1.000 em 1588 e em 1594 por 2.000" (Franca, 1952, p.5).

Em seguida, vale observar o estado da arte do problema pedagógico quando Jerome Nadal e seus companheiros se deram a tarefa de elaborar a *Ratio* e a pedagogia inaciana: por um lado, o esgotamento das pedagogias tradicionais, fundadas sobre a *lectio* e centralizadas no professor, deixando o estudante ao escutar a lição ditada ou comentada em situação de total passividade (contraponto meu, ao explicitar um importante elo da argumentação do autor); por outro, o surgimento e a concorrência de outras pedagogias, humanistas como a *Ratio*, mas de outras extrações intelectuais e mesmo de outra vertente religiosa, cristã, mas não católica: Mac Dowell cita três, das quais eu retenho duas: [1] a proposta de reforma pedagógica de Erasmo, alinhada aos *Studia Humanitatis* dos renascentistas e intitulada *Ratio Studii*; [2] e, nas palavras do autor, "o plano de estudos do mais brilhante adepto de Lutero, Melanchton [...]", cujo título não é fornecido, mas é apontada a fonte de onde a informação foi extraída (Mac Dowell, 2014, p.17):[53] de resto, um

---

53 A fonte é Labrador (1984, p.17-36).

pensador prolífico, de cuja obra pedagógica os estudiosos citam, por exemplo, a *Instrução de visitantes*, publicada em 1518, e, ao que parece, devendo-se a ela a reputação do autor como o grande reformador da universidade alemã, como as de Tubingen, Leipzig e Heidelberg.

Somem-se ainda as preferências de Inácio de Loyola, levando-o e seus companheiros a darem à pedagogia dos jesuítas uma orientação francesa e parisiense: homem do mundo, tendo estado na terra santa e passado por várias universidades da Europa – em Paris, em Salamanca e em Alcalá, nas cercanias de Madri –, Inácio, ao fundar a Companhia, já tinha feito as suas escolhas. Segundo Mac Dowell, ele preferia, à Universidade de Salamanca, a Universidade de Alcalá, por sua orientação modernizante reformadora, e às duas espanholas, a Universidade de Paris. Universidade que ele conhecia de perto, depois de ter vivido na cidade por uns bons sete anos, entre os Colégios de Santa Bárbara e de Saint-Jacques, culminando sua estada com a obtenção do título de *magister* em filosofia.

Ora, como bem mostram as fontes, lembradas por Mac Dowell, o fundador da Companhia de Jesus, que "seguira todo o currículo utilizado na Universidade de Paris, não perdia a ocasião de louvá-lo, preferindo-o a outros vigentes em outras universidades" (ibidem, p.16). A lista das vantagens ali encontradas é expressiva e convincente: [1] começa pela "distribuição dos alunos em classes de acordo com a idade e o grau de conhecimento, cada classe tendo um professor único e um programa de estudos definido, o que evitava repetições ou improvisações estéreis"; [2] continua com a divisão do ensino em níveis, resultando na seriação e na adoção de pré-requisitos explícitos, cujo conjunto constitui o currículo de cada curso e faculdade; [3] prossegue com a quebra da centralidade excessiva do *magister*, levando àquilo que segundo Mac Dowell talvez tenha mais atraído "os jesuítas no método parisiense", a saber, "a exigência da participação ativa dos estudantes mediante numerosos exercícios, dosados segundo a capacidade de cada um";[54] e [4] termina com aquilo que será o *telos* da pedagogia dos jesuítas, em que se verá o arremate da educação como *apostolado intelectual*, e cuja inspiração Inácio de Loyola e seus companheiros – eles que tinham fundado a nova ordem religiosa em Paris – encontraram nos colégios parisienses: justamente por eles unirem "a promoção do progresso intelectual à formação

---

54 Some-se a isto a questão disciplinar, reportada pelo eminente jesuíta um pouco antes, e que está associada à adoção pelos inacianos de um sistema de punições e recompensas destituído das sanções exorbitantes do ensino tradicional e "condenadas por humanistas como Erasmo".

religiosa e moral", constituindo em algo que – lembra Mac Dowell – "naturalmente foi assumido na *Ratio Studiorum*" e nos quatro cantos do mundo (ibidem, p.16-17).

Por fim, as questões relativas aos dois componentes da *Ratio Studiorum* – por um lado, a *ratio*, traduzida de hábito por método; por outro, a *institutio*, que poderia ser traduzida por "instauração" e para a qual o francês prefere *"instituition"*, e Mac Dowell e outros dão por "programa", que combina bem com estudos –, a ideia desconcertante segundo a qual não há nada que nos dê uma *pedagogia*, no sentido forte de ciência da educação – ou seja, a acepção que passou a prevalecer a partir do século XIX, com uma teoria nucleadora e um *corpus* articulado de conceitos, como o *Emílio* de Rousseau, mas algo diferente. Trata-se de algo como uma *pragmática* – o que é sugerido pelo sufixo grego *"ôgia"* (*paidagôgia*) e, melhor ainda, em *"ôgos"* (*paidagôgos*), resultando no português pedagogo ou "aquele que conduz as crianças", "mestre" –, autorizando a pensar não uma ciência, mas uma arte (*techne*) com um método (regras a serem seguidas) e um conjunto de técnicas. De fato, Mac Dowell não usa este nome, mas um conjunto de descrições que leva até ela (pragmática), em meu modo de ver, tendo como embocadura a "ação" de educar, ao dizer que "não se trata de um tratado pedagógico, mas de uma série de prescrições concretas relativas à organização dos estudos nos colégios e universidades" (ibidem, p.16). Todavia, lida nas entrelinhas, nessa série seria possível encontrar um conjunto de "opções de fundo que orientaram sua elaboração", incidindo umas sobre diretrizes de método e outras de conteúdo (ibidem). De resto, opções e diretrizes doutrinais que, ao serem assumidas na e pela *Ratio*, irão conferir, segundo Mac Dowell, toda a "mística" particular que envolve o sistema jesuíta – uma mística cujo fundamento, digo eu, não é filosófico, mas teológico e religioso, extraído da "experiência espiritual dos exercícios inacianos", conforme lembra o ilustre jesuíta (ibidem, p.17).

Dando um passo a mais, ao sumariar esses excelentes esclarecimentos de Mac Dowell, destaco alguns aspectos desse conjunto de características do sistema de ensino, bem como da pedagogia dos jesuítas, e acrescento-lhes três observações complementares:

[1] a orientação moderna da pedagogia dos jesuítas, ressaltada por ele páginas antes ao destacar o contexto da reforma pedagógica e os *enjeux* do novo sistema de ensino, ou seja, como visto há pouco, o contexto do duplo movimento de retorno às origens e volta ao presente e recentramento no atual, levando àquilo que chamei anteriormente de a experiência no mesmo lapso temporal da não coetaneidade do atual e coetâneo. Assim, observa padre Mac Dowell,

sem partilhar o desprezo indiscriminado pelo pensamento medieval, os jesuítas tomaram partido decididamente pela cultura moderna. Inácio e seus primeiros companheiros, com o seu projeto apostólico, não tentam de modo algum escapar aos desafios contemporâneos; antes, os assumem conscientemente, com a intenção de temperar a massa humana em ebulição no caldeirão da cultura com o sabor evangélico. O próprio fundador, arraigado pela experiência de sua conversão no fundamento trans-histórico de Cristo, acessado mediante elementos da tradição medieval, não hesita em revestir a mensagem que dele decorre, com a roupagem inusitada das modas contemporâneas. Não, porém, pelo simples desejo de sucesso, e sim pela convicção de que a promoção da fé deve inculturar-se na mentalidade de cada tempo e cada lugar. (Ibidem, p.14-15)

Ora, não será diferente a especificação da *Ratio*, conforme se verá, ao prescrever que as regras a serem seguidas deverão observar os costumes de cada povo ou país, como no caso do Brasil Colônia, com os protestantes longe, na Europa, e o clérigo jesuíta em seu apostolado frente aos novos gentios, os ameríndios do Brasil e da Bacia do Prata.

Voltando à escolástica medieval, tão atacada no século XVI e mais ainda no XVII, pode-se ver nessa situação de desgaste generalizado em que Inácio de Loyola a encontrou, em Paris e alhures, alguma coisa como a "fadiga do produto", como dizem os *marketing designers*, por que passam todos os objetos e processos culturais. Quer dizer, uma escolástica esvaziada e cansada, em meio a disputas sem-fim e com Aristóteles atacado por todos os lados, dando ensejo ao aparecimento dessas "filosofias sem proveito", no dizer de Dom Duarte: nada menos que o "rei-filósofo" dos portugueses à época das descobertas, ao aludir ao saber reinante na Península, e como se a escolástica dos santos padres fosse mais uma delas. Diante de tal situação, de plena fadiga do produto, duas são as alternativas: ou descartá-lo, ou modificá-lo e relançá-lo. A segunda foi a via de Inácio e dos jesuítas ao criarem a segunda escolástica como a filosofia da escola e da *Ratio Studiorum*.[55]

---

55 Sobre as modificações e reatualizações processadas pelos inacianos – obra de mais de um século – seria preciso proceder a um levantamento meticuloso das continuidades, adaptações, supressões e novidades introduzidas, impossíveis de serem levadas a cabo nos limites desses estudos, que não se propõem a assumir essa responsabilidade historiográfica. Noto, no entanto, os principais resultados a que cheguei no curso de minha pesquisa, os quais compartilho com o leitor. (1) *Continuidades* – Além da conservação da filosofia como propedêutica à teologia, ficarão mantidas as centralidades [I] do latim, obrigatório nos cursos superiores – teologia e filosofia –, inclusive como língua de comunicação; [II] da *lectio* e da *disputatio*, organizadas em certames ou justas; e [III] de Aristóteles e de São Tomás, dando ensejo à fidelidade flexível no caso dos inacianos, à diferença dos dominicanos, que

[2] a originalidade da *Ratio*, encontrada não no método mas no programa de estudos, levando à conclusão, assumida por Mac Dowell, segundo a qual, rigorosamente falando, a *Ratio Studiorum* não fundou uma nova pedagogia, ao modo de um tratado teórico e filosófico, mas instaurou um conjunto de regras e medidas práticas que foram seguidas e flexibilizadas nos quatro cantos do mundo pelos colégios e seminários: algo como uma tecnologia ou uma pragmática do ensino. Porém, cuja percepção[56] entrará em choque com a minha avaliação proferida anteriormente, ao aquilatar seu papel decisivo na educação da Colônia: precisamente, a *Ratio Studiorum* como uma espécie de *Bildung* e uma nova *Paideia*, e, portanto, como um sistema de educação total, com o clérigo da

---

invocam os mesmos como autoridades maiores, mas são bem mais rígidos segundo Mac Dowell (2014, p.20 e 26). (2) *Distinções e adaptações* – Elas serão de várias sortes, das quais destaco a introdução da distinção entre a filosofia e as humanidades, e a consequência que ela acarreta: a filosofia e a teologia no rol dos cursos superiores; as humanidades, retórica e gramática entre os inferiores, com funções propedêuticas ao da filosofia, levando ao rearranjo das matérias ensinadas num e noutro nível. (3) *Supressões* – Haverá um conjunto de eliminações de quilates variados, incidindo sobre aquilo que pode ser considerado o núcleo duro da filosofia medieval, ou seja, o sistema do *trivium* e do *quadrivium*: esses dois conjuntos na pedagogia jesuíta deixam de ser um sistema, tendo ocorrido de fato sua desestruturação completa, aliada à implantação de uma nova organização do saber. Assim, por exemplo, do antigo *trivium* será mantida a lógica no colégio de artes, ficando a retórica e a gramática no colégio de humanidades, onde serão oferecidas junto com novas matérias como cronologia e geografia, ao passo que do *quadrivium* haverá a supressão da música (musicologia hoje), ficando assegurada a educação musical nas atividades extracurriculares dos colégios e seminários, e mantidas a astronomia (renomeada cosmologia) e a matemática (fusão da geometria e da aritmética). (4) *Novidades* – Também de várias extrações, além da inclusão de disciplinas novas, elas recobrem – e este ponto é fundamental – a nova organização dos cursos, com a instauração da filosofia como curso autônomo, sem a concorrência das humanidades e sem a sua servilização total pela teologia: então, com a nova seriação e organização do curso, rigorosamente o colégio de artes passa a ser um colégio de filosofia, e o antigo curso de *Studia generalia* – o sistema do *trivium* e do *quadrivium* – simplesmente desaparece, e, em seu lugar, fica um novo *Studium generale* e que não é senão a filosofia; paralelamente, como observou Mac Dowell (2014, p.16), haverá uma maior "disciplinarização" das atividades, com a designação de um professor por série e classe de matéria, levando – acrescento eu – a uma melhor distinção entre a filosofia e a teologia, algo confundidas na Idade Média com a filosofia requisitada nos colégios das catedrais, nos conventos religiosos e nas faculdades de teologia. Para o conjunto, ver Charles Holmer Haskins (2015, p.46-49 e 52), em que o leitor encontrará tanto preciosas referências ao currículo do curso de artes na Idade Média, como a informação acerca da incorporação da metafísica, da ética, da psicologia e de outros estudos de filosofia natural de Aristóteles na Universidade de Paris em meados do século XIII: precisamente, a partir de 1254 (ibidem, p.49).

56 No contexto da curva da decadência da Companhia iniciada segundo Mac Dowell (2014) em meados do século XVIII, com a *Ratio* progressivamente diminuída – ao perder, como dizem os norte-americanos, a sua *"rationale"*, depois de reduzida a um conjunto de técnicas e especificações – e passando a sofrer a concorrência das novas pedagogias modernas: sem espiritualidade e com a pedagogia se resumindo na aquisição de uma habilidade profissional.

Companhia – o mestre-escola jesuíta dos tempos heroicos – investido nas atividades de ensino, nas reduções ou nos colégios, como um verdadeiro apostolado intelectual.

Contradição aparente em suma, como evidenciado na 2ª seção, e ponto ao qual volto mais uma vez, ao ressaltar que, na visada da educação total, e junto com ela, a ideia de superioridade da experiência dos jesuítas, em razão da situação única de quase monopólio, estava em jogo não a exclusividade da *Ratio* e a obra de uma superpedagogia, mas o sistema de ensino e o conjunto da obra dos jesuítas. E, desde logo, dessa perspectiva, está-se autorizado a dizer, com Capistrano de Abreu, como ressaltou Cruz Costa, que

> a Companhia tem toda a razão de dizer com o padre Nóbrega: *Esta terra é nossa empresa; o Brasil é nosso*; mas também o Brasil pode dizer: "o jesuíta é nosso, pela dedicação e afeto com que, desde sua chegada, ele se colocou ao lado dos brasis, na infância de sua vida cívica, como afetuoso e devotado pedagogo". (Cruz Costa, 1961, p.375, grifos do autor)

De fato, não só Brasil, mas também a Argentina, o Paraguai e toda a Bacia do Prata – como notou a historiadora gaúcha Eliane Cristina Deckmann Fleck (2014, p.53-72) na mesma publicação em que se encontra o estudo de Mac Dowell, ao focalizar o legado da Companhia na implantação de uma cultura científica na América Platina: citando outro historiador, o argentino Miguel de Asúa, e que é também filósofo da ciência, ela endossará a ideia segundo a qual, antes da expulsão da Companhia em 1767, "os jesuítas teriam ocupado 'o cenário cultural e científico do Rio da Prata', e desenvolvido, especialmente, nas reduções [...]", como atestam os documentos da época, evidenciando "que a Companhia de Jesus era 'a frente mais avançada da ciência no Rio da Prata'" (ibidem, p.54).[57] Ora, também aqui, não era a *Ratio* sozinha que estava em jogo nem algo que se passava nos colégios, mas a ação dos boticários, superintendentes de fazendas e dos protocientistas jesuítas, e portanto, mais uma vez, como a consequência da obra completa da Companhia, resultando numa verdadeira civilização e em toda uma cultura: uma cultura americana e jesuítica, ao fim e ao cabo.

[3] a ideia do *telos* da educação dos jesuítas como apostolado intelectual com o cruzadismo que o caracteriza em suas diferentes frentes de ação e combate – contra os hereges na Europa e em irmandade com a gentilidade

---

57 A fonte é Asúa (2010, p.192-193).

das Américas, ao se procurar reduzir os "bárbaros à fé católica", como notou Serafim Leite (1945, p.118) – e cuja inspiração, segundo Leonel Franca e Mac Dowell, os inacianos encontraram nos colégios parisienses, a saber, a já várias vezes citada aliança entre a ciência e a fé, ao unirem "a promoção do progresso intelectual à formação religiosa e moral" do pupilo. Ou seja, a aliança que constituirá um dos eixos que "naturalmente foi assumido na [e pela] *Ratio Studiorum*", como lembra Mac Dowell, e a qual remeto aos dois outros documentos essenciais e assumidos pelo conjunto do sistema de ensino dos jesuítas, resultando no lema famoso que resumirá tudo. Os outros dois são os já citados *Exercícios espirituais* (1548) e as *Constituições da Companhia de Jesus* (1558-1559). Já o lema famoso está exibido naquelas quatro iniciais AMDG que aparecem nos brasões dos jesuítas e reenviadas à frase latina que, em menos de uma linha, condensará toda a espiritualidade inaciana: tudo *Ad Majorem Dei Gloriam*.

Chego agora à filosofia, caminho já bastante facilitado pelas considerações anteriores, quando o essencial do que é preciso para situar a ex-rainha do saber foi colocado. Dois recortes darão o contorno dos estudos. [1] Dos níveis de ensino abarcados pela *Ratio*: o elementar, o médio e o superior, ocupar-me-ei na sequência daquele em que efetivamente a filosofia era ensinada, o ensino superior, composto por ela própria e a teologia, e desse conjunto apenas a filosofia, com a filosofia ocupando o estrato mais baixo e a teologia o mais alto. Assim, não serão examinadas, por exemplo, as matérias da filosofia requisitadas pela teologia e ensinadas novamente nos seminários, como a metafísica e a ética. [2] Do conjunto da filosofia, uma vez reservado o exame específico da filosofia colonial à próxima seção e abstraído o exame do *background* filosófico da pedagogia dos jesuítas, limitar-me-ei, na sequência, a duas ordens de considerações: [i] ao levantamento das diretrizes gerais do ensino de filosofia estipuladas pela *Ratio*, abarcando as disciplinas, os graus acadêmicos, o papel do mestre-escola e as regras a serem observadas pelo pupilo etc.; [ii] a explicitação da filosofia que o sistema de ensino irá difundir e será chancelado por ela – a segunda escolástica –, apresentada, todavia, não *in extenso* e considerando a sua história, mas em sua face ou dimensão metafilosófica, ao se perguntar pela filosofia da segunda escolástica e pelo tipo de experiência filosófica ou mesmo pela natureza da experiência intelectual (pensar filosófico) a que ela está ligada: assim, com a questão contextual sensivelmente aliviada e circunscrita à Ibéria, e ainda assim à Ibéria portuguesa, será deixado de lado tanto o exame do conjunto da escolástica "moderna" e sua relação com outras ordens religiosas quanto a análise das obras de seus grandes expoentes jesuítas, com Suárez na linha de frente. Por isso o leitor não espere nem uma visão completa do ensino superior, nem da própria filosofia – não é esta a proposta –, mas uma visão segmentada e seletiva, com a ajuda de alguns poucos parâmetros, introduzidos com uma pequena porção dos seis argumentos acima e com a filosofia colonial subsumida e, ao mesmo tempo, adiada para a próxima seção.

Para dar ao leitor uma ideia das regras e disposições da *Ratio Studiorum* com respeito à filosofia, indiferentemente de se tratar do colégio instalado em Salvador da Bahia, em Évora ou Lisboa, em Roma ou Messina, antes de tudo é preciso considerar que elas constituem, como antecipado, um subconjunto de um total maior e em boa parte composto por um *corpus* de práticas e preceitos já encontrados de alguma forma na universidade medieval. Reatualizados e trazidos para um novo ambiente, contudo, esses elementos medievais serão objeto de ajustes e regramentos específicos na *Ratio*, levando a uma maior e melhor regulação de provas, disputas, lições e usos do tempo, que se verão mais amiudados e também mais disciplinados, conforme a índole ascética da Companhia e sua famosa tenacidade.

Assim, nada escapava à jurisdição da *Ratio*, cujas 466 regras abarcavam tudo na vida do estudante e do mestre: do ensino nos colégios e seminários, passando pelas relações do escolástico (como era chamado o estudante da Companhia) com seus superiores fora da sala de aula, até a relação do noviço com o mundo externo, a família, os lazeres e as obrigações religiosas. Tudo isso com tal minúcia e uma tal vontade legiferadora, que deu ao conjunto da obra educativa dos jesuítas a natureza não só de uma "pedagogia ativa", como ressaltou o padre Leonel Franca, mas de uma "pedagogia integral", resultando numa educação total, como venho insistindo, abarcando tudo em seu raio de ação, a filosofia inclusive: o dispêndio do tempo, dentro e fora do seminário: as semanas e os dias, os dias úteis e os dias santos, as férias e os feriados; as regras administrativas e disciplinares, afetas umas ao "prefeito de estudos" (equivalente hoje ao diretor acadêmico ou coordenador do curso), outras aos "lentes" (mestres) e outras ao reitor; o tipo de formação dos professores: filosofia, teologia, gramática, e assim por diante; a admissão dos alunos: internos e externos, estudos superiores e inferiores; a relação com os pais e responsáveis; os planos de ensino: humanidades, retórica, gramática, filosofia, ciência e teologia; os autores e as autoridades: Aristóteles em filosofia, São Tomás em teologia; os livros, os compêndios e os manuais de ensino: lógica, metafísica e ética; os métodos de ensino e as técnicas pedagógicas: a lição, os exames, as disputas, a memorização, os exercícios e a repetição; os regimes de avaliação: orais e escritos; os graus acadêmicos, a atribuição de notas e o número de examinadores: *licentia*, *magister*, ritos, escrutínio secreto; os prêmios e os castigos; as festas, os teatros e as músicas; as confissões e as orações; a constituição de academias; o dever de obediência e a aliança da ciência com a piedade etc.

Trata-se não de uma forma de ensino (técnica didática), mas de um verdadeiro *molde*, se não de uma verdadeira indústria, se fosse possível usar esse termo naquela época, comandado pela manufatura e as corporações de ofícios. Mas, em analogia com a manufatura e suas atividades sequenciais, a conduta padronizada na fabricação do produto, os requisitos que deverão ser atendidos na certificação de sua qualidade final (graus acadêmicos etc.) e seu sentido da organização do tempo, é bem uma manufatura, não do espírito, posto que seria um exagero, mas do ensino, que está em jogo e foi instalada nos quatro cantos do mundo. O resultado é o padrão jesuíta de ensino e o papel da *Ratio* nesse conjunto, com o poder de modelar corações e mentes, e cujo resultado vai ser aquilo que se poderia chamar de *ethos*. *Ethos* em sua dupla determinação, de *ethos* do *Homo scholasticus* e *ethos* do intelectual da Companhia, conformando em comum a personalidade e o modo de ser do *magister* de teologia, de filosofia e de gramática – no Brasil Colônia, em Portugal, na Espanha, em outros cantos da Europa, em Goa e no Japão. Voltarei a esse ponto mais à frente, ao mostrar a sua gênese não a partir do *erudito* laico das letras, que mal existia nessa época nessas paragens, mas do mestre--escola jesuíta – isto é, o mestre em artes, senão o licenciado, ambos produzidos na escala da manufatura e no nível do artesanato, por assim dizer, mas não em série e em larga escala como na indústria taylorista (que fabricará o *expert* contemporâneo), consistindo na aquisição de uma *techne*, de acordo com as necessidades da Companhia e segundo especificações da *Ratio*.

Quanto à *Ratio* e suas regras para a filosofia, o ensino da filosofia, apresentarei uma *selecta* daqueles artigos e quesitos em que ela, a filosofia da escola ou filosofia escolástica, está diretamente concernida – não digo a velha rainha das ciências, mas a fiel serva da teologia, pois ainda se está a falar da *Philosophia ancilla theologiae* e cujo *magister*, a *Theologia*, desde a Idade Média passou a ocupar o topo. Tais artigos e quesitos incluem, sumarizando, a duração do curso: três anos (Regra 7 do Professor de filosofia); o uso do latim como língua de comunicação, exceto nos dias de feriado e na hora do recreio (Regra 8 do Reitor e Regra 9 dos Escolásticos da Companhia); os preceitos de seguir Aristóteles (Regra 2 do Professor de filosofia), demonstrando-lhe afeição e respeito, bem como os doutores (São Tomás: cf. Regra 6 do Professor de filosofia) e as autoridades da Igreja (cf. Regra 2, mais para o fim, em que é mencionado o Concílio de Latrão, e também a Regra 30 do Prefeito de estudos, que se refere ao Concílio de Trento, conhecido como o "Concílio da Contrarreforma"), evitando a novidade de opiniões (Regra 6 Comuns a todos os professores das faculdades superiores) e se filiar a seitas ou partidos facciosos (Regra 5 Professor de filosofia; a organização e a concepção do curso – propedêutica à teologia); a centralidade do livro, os de Aristóteles e os dos comentadores (Regra 10 Comuns a todos os professores das faculdades superiores); a maneira de proferir a *lectio* de filosofia, que não pode ser confundida com o ditado (Regra 9 Comuns a todos os professores das faculdades superiores); as questões que podem ser colocadas aos textos e nas lições (Regras 14 e 15 do Professor de filosofia); as modalidades de exames – graus acadêmicos, intra e interdisciplinares (Regra 4 do Professor de filosofia moral, que estipula para as disputas de metafísica a recomendação de ele formular proposições de ética, tendo o defendente de metafísica 15 minutos para responder) e as periodicidades de disputas – mensais, semanais, anuais, solenes (Regras 6 e 24 Comuns a todos os professores das faculdades superiores, e Regras 17 e 19 do Professor de filosofia); e um sem-número de especificações sobre as teses, abarcando prazo, tamanho, publicação, revisão, constituição de bancas ou júri etc. (assim são, por exemplo, a Regra 14 do Prefeito de estudos, que estabelece que as teses não podem ser muito longas e seu número não pode ultrapassar 50, e a Regra 4 Comum a todos os professores, que estabelece a primazia do Prefeito de estudos, a quem cabe rever todas as teses antes de elas serem trazidas a público e zelar pela observância da tradição, evitando a introdução de novos autores e de "métodos novos no ensino e nas disputas").

Desse conjunto importa destacar mais especificamente as diretrizes acerca da organização do curso de filosofia, focalizando a duração deste, as matérias ensinadas em cada ano, os livros recomendados e os comentadores mais usados:

[1] *Organização do curso de filosofia*: três anos, com carga de quatro horas, duas pela manhã e duas à tarde,[58] e assim divididos ao longo de cada ano: 1º ano, Lógica, com foco nos princípios da ciência e nas formas de predicação; 2º ano, Física, com foco na física celeste e na física terrestre, para usar uma terminologia mais moderna, mas que, na prática, abarcava a cosmologia, a

---

58 Serafim Leite (1945, p.130) nota que no Brasil Colônia os cursos eram ministrados em regra de 8h às 10h e de 15h às 17h, "mais meia hora de manhã de outra meia de tarde em que o professor ou o seu substituto esclarecia fora das classes, no pátio, as dúvidas que lhes propunham os estudantes".

meteorologia, a mecânica e a história natural (geração e corrupção); 3º ano, Física, psicologia e metafísica, com ênfase nesta última.

Paralelamente, havia a obrigação de o estudante de filosofia seguir, no fim do curso, a matemática (bastante condensada e que não era exatamente uma matemática aristotélica), bem como a ética, também chamada de filosofia moral, esta sim aristotélica – meio espremida na grade escolar e muitas vezes enxertada na aula de metafísica (à qual hoje se poderia chamar de ética filosófica, para diferenciar da teologia moral com sua casuística e a tarefa bem mais indigesta de examinar os "casos de consciência", de acordo com a *Ratio*);

[2] *Livros e manuais*: a começar pelos livros, os chamados livros-textos, todos de Aristóteles: [i] *Lógica*: *Topica, analytica priora e posteriora, Sophisticis elenchis*; [ii] *Física*: *Physisica, De coelo, De la generatione* e *metereologica*; [iii] *Metafísica*: antes de tudo a *Metaphysica*, sem esquecer que o terceiro ano também se consagrava ao estudo da psicologia e da história natural, com dois livros de Aristóteles sendo recomendados: o *De anima*, sobretudo a parte consagrada ao estudo dos órgãos do sentido, e o *De generatione* (2º livro); [iv] *Ética*: *Ethica nicomachea*, em suma.

Junto com esse elenco, são recomendados, mas não listados, os textos de apoio, manuais e comentários. Estes com um nível maior de elaboração, integrando o gênero da exegese e, por vezes, de uso exclusivo do professor (livro de consulta) e aqueles como livros de facilitação, destinados especialmente aos estudantes. Desse conjunto, embora não compulsório, é possível apontar aqueles livros que fizeram época e ainda, com respeito aos manuais, os que eram adotados pelos professores e foram lidos e relidos por uma legião de estudantes, constituindo as chamadas "postilas de filosofia", conhecidas, de tanto serem usadas e folheadas, como "sebentas".

Assim, ao considerar a grade curricular do curso de filosofia, que incluía as humanidades como pré-requisito, oferecidas em seu colégio: [i] *Gramática*: *De institutione grammatica libri tres*, do jesuíta Manuel Álvares, impressa em Portugal no ano de 1572, usada ainda no século XIX e adotada em toda a Europa para o ensino da língua latina; [ii] *Retórica*: *De arte rhetorica libri tres ex Aristotele, Cicerone & Quintiliano praecipue deprompti*, do jesuíta Cipriano Suárez, editado em Coimbra em 1562 e reeditado em 1575 e 1583, usado até o século XVIII; [iii] *Filosofia*: "Curso conimbricense", já referido, composto de 6 volumes, publicados na década de 1592 e 1606, com o título *Comentarii collegii conimbricensis Societatis Iesu*, concebido por Pedro da Fonseca e de autoria de dois portugueses e dois espanhóis: supostamente padres Manuel de Góis, Baltasar Álvares, Cosme de Magalhães e Sebastião Couto.[59]

Além do *Cursus conimbrincesis*, os outros livros de consulta em que o gênero exegese ou comentário de texto é elevado ao estado da perfeição, conforme Mac Dowell e outros estudiosos, são: para a Lógica, *Instituitionum dialecticarum libri octo*, de Pedro da Fonseca (1567), e os *Commentaria una cum quaestiionibus in universam Arisotelis logicam*, de Francisco Toledo (1572); para a Metafísica, o impressionante tratado de Pedro da Fonseca *Commentatorium Petri Fonsecae Lusitani, doctoris theologi Societatis Iesu, in libros in Metaphysicorum Aristotelis Stagiritae*, em 4 volumes (editados respectivamente em 1577, 1589, 1604 e 1612); para a Física, ou filosofia natural, os do mesmo Francisco Toledo, *Commentaria una cum quaestionibus in octo libros de Physica auscultatione* (1573); para a Psicologia, ainda do mesmo autor, os *Commentaria una cum quaestiionibus in tres libros Aristotelis De anima* (1575); e para a Ética ou filosofia moral, além dos *Comentários dos Conimbricenses à Ética a Nicômaco*, as grandes referências do campo jesuítico são o imponente *De legibus*, de Francisco Suárez (1612) e *De justitia et jure*, de Luís de Molina, em 6 volumes, editados respectivamente em 1593, 1597 e 1600 (volumes 1, 2 e 3), e os demais publicados depois de sua morte.

Paralelamente a essas obras fundamentais e de altíssimo nível, podem ser citados, ainda em ética, ética aplicada em suma, na interface da filosofia política e da filosofia do direito, num nível mais abaixo, a muito influente e, segundo Mac Dowell, menos original, *De justitia et jure*, de Leonardus Lessius, que teve nada menos do que "20 edições no século XVII" (Mac Dowell, 2014, p.29), bem como os inúmeros compêndios, existentes em profusão no Brasil Colônia e destruídos por ocasião do grande desastre de 1759, quando a Ordem foi expulsa do Brasil. Voltarei a esse ponto na próxima seção ao focalizar a filosofia colonial.[60]

---

59 Sobre os cursos de gramática e de retórica, a historiadora baiana Antonietta d'Aguiar Nunes nota que "os autores lidos nos colégios da América Portuguesa eram, em fins do século XVI, os mesmos do Colégio de Évora: obras de Cícero, César, Ovídio, Quinto Cúrcio [Rufo] e Sêneca, a *Eneida* de Virgílio, a *Arte da Gramática Latina* do padre Manuel Álvares, a *Arte da Retórica* do padre Cipriano Soares" (Nunes, 2008, p.7). A informação sobre o manual de filosofia aparece na página 4, sem indicação de nomes de autor. A autora é historiógrafa do Arquivo Público do Estado da Bahia.

60 Sobre a organização curricular do programa filosófico da Companhia, padre Mac Dowell (2014, p.21) comenta que uma característica surpreendente é o tempo dedicado a cada uma das disciplinas que compõem grade, com a física ocupando mais de um ano, a lógica praticamente um ano inteiro, em detrimento da metafísica e da ética, "que ficavam espremidas em menos de um ano completo". Há, no entanto, uma explicação para essa situação: não

Por fim, a duração do curso de filosofia, as titulações ou os graus e a composição do júri ou, como o chamamos hoje, as bancas: o curso durava três anos, conforme mencionado, totalizando seis ao serem adicionados os outros três de humanidades, que eram o pré-requisito; os títulos abarcavam o bacharelado ao concluir o curso (o outro nome era licença, habilitando o portador ao ensino no mesmo grau ou abaixo) e o de mestre em filosofia (o *magister artium* ou ainda *magister philosophiae*), obtido algum tempo depois com a defesa pública de tese – ambos diante de uma banca de três a cinco membros conforme a *Ratio*, alguns deles externos à corporação.

Sobre o título de *magister*, que Santo Inácio obteve em Paris, como lembrado, com a credencial de titulação máxima em filosofia tanto na universidade medieval quanto nos colégios dos jesuítas, deve-se ainda considerar que na prática era equivalente ao grau de doutor em direito, medicina e teologia, não havendo em filosofia um grau maior possível. Porém, com relação à habilitação que ele conferia, de ensinar na faculdade de artes, e no contexto em que ele era obtido, no curso de artes – como era chamado o curso de filosofia, ele próprio considerado de *status* inferior, servindo de vestíbulo às faculdades superiores de teologia, medicina e direito, conforme visto anteriormente –, o diploma ou o título não era igual e era considerado, portanto, como inferior. Além disso, àquele que depois fosse prosseguir seus estudos em medicina ou direito, bastava-lhe ter concluído o bacharelado em artes, mas o mesmo não se dava com relação ao curso de teologia: além de *magister artium*, aquele que o concluísse acumulava o título de *doctor in teologia*.[61]

Com o quadro geral da *Ratio* esboçado e suas principais diretrizes para a filosofia suficientemente delineadas, podemos concluir o tópico e apresentar o tripé pedagógico da *Ratio* e seus dois eixos ao se estender à filosofia: o tripé da *lectio*, do livro e do exercício, numa pedagogia ativa protagonizada pelo par mestre/discípulo e num ambiente como os colégios, onde tudo terminava em disputas e certames; os dois eixos do *Homo scholasticus* – o homem do livro ou o mestre-escola, com o livro-texto e proferindo no púlpito a *lectio* – e da segunda escolástica ou a filosofia da escola, ou ainda, a filosofia do livro.

---

há nenhuma surpresa e mesmo nenhuma diminuição do valor e dos serviços da filosofia, posto que, simplesmente, a filosofia continuava sendo ensinada nos cursos de teologia, especialmente ética e metafísica, por exemplo, no estudo "da primeira e da segunda parte da *Summa theologica* de Santo Tomás".

61 Ver mais sobre os títulos de *magister* e *doctor* em Haskins (2015, p.28), em que ele estabelece que no período medieval os dois títulos eram sinônimos, ficando o mestre em artes qualificado para ensinar as artes liberais.

Como, por razões metodológicas, reservei o desenvolvimento do tripé e dos dois eixos para as próximas seções, depois de incluir novos elos na cadeia argumentativa, finalizarei o tópico adicionando um breve comentário sobre a "filosofia" da filosofia da escola ou a segunda escolástica.

Indo direto ao ponto, ao colocar o foco sobre a filosofia ensinada nos colégios e nos seminários, com a atenção voltada para os manuais e os comentários, duas são as considerações: uma, de ordem doutrinal, ao se perguntar pela natureza da filosofia ou a filosofia da filosofia; outra, de ordem técnica e metodológica, ao se perguntar pela *techne* filosófica e a *ratio* da filosofia – remetidas, ambas, ao solo comum que as tem como núcleo e onde se enraízam, que é a própria experiência do filosofar.

Assim, no que diz respeito à questão da natureza da filosofia difundida pela segunda escolástica, ou a filosofia de sua filosofia, há a constatação – e, por conseguinte, a resposta – segundo a qual se trata de uma filosofia assente sobre uma experiência do filosofar próxima da religião, vazada em questões teológicas prementes. Exemplos é que não faltam: o problema da salvação, a prova da existência de Deus, a criação do mundo, a natureza da fé, a relação entre razão e fé, e assim por diante, e desde logo deixando--a na companhia da teologia, com a filosofia vista como seu prolegômeno ou vestíbulo, e a teologia como a sua conclusão ou arremate (*Philosophia ancilla theologiae*). Solução e companhia que podem causar certo estorvo hoje, numa época em que a filosofia é feita e pensada em termos mais ímpios, e busca a companhia da ciência e das artes. Rigorosamente falando, porém, ao serem historicamente colocadas em perspectiva, essas vias em si mesmas não têm tecnicamente nada de inusitado ou de errado, podendo a filosofia, em princípio, buscar mais de uma companhia – como a do mito em Platão, a da política em Rousseau ou do senso comum em Locke –, ou então se ensimesmar e buscar sua própria companhia, como na história da filosofia e na exegese filosófica.

Quanto à questão técnica, a da *techne* filosófica, ao se perguntar pela *ratio* da filosofia, a resposta é a *dialética*, com o discurso filosófico e a profusão de seus gêneros literários – tratados, sumas, compêndios etc. – compondo-se ou se constituindo com a ajuda de questões disputadas e da busca de respostas em certames ou justas: precisamente, torneios dialéticos, nos quais as ideias defendidas pelos argumentadores eram postas à prova e contraprova, podendo a situação criada ser vista como sucedânea dos diálogos de Platão, com um "eu", um "tu", e ao menos um "ele", a arbitrar a contenda, e aos quais se soma a audiência ao redor, assistindo a tudo. Novamente, num mundo como o de hoje, no qual desapareceu a cultura filosófica dialógica oral e ficou em seu lugar a cultura solitária livresca e "paperista", tendo a dialética e a retórica cedido o lugar à lógica, é natural que nos espantemos com tamanha profusão de *quaestiones, theses, conclusiones* e *disputationes*, e as acusações e os ataques a que esse estado de coisas dará lugar: nada menos que jogos dialéticos estéreis, prevalecendo a sutileza em vez da busca da verdade, como irão assacar os críticos desse sistema pedagógico. Mas em que se deve ver, ao contrário, em minha opinião – e não menos do que a questão doutrinal da natureza da filosofia –, algo absolutamente normal e um *modus faciendi* que, rigorosamente, não tem nada de errado, podendo o filósofo em princípio buscar as suas ferramentas na dialética, na lógica, na retórica ou na matemática. Esta última foi a via de Descartes, Hobbes e Espinosa ao buscarem a companhia e as ferramentas da geometria. A ressalva é que hoje ninguém mais faz isso, mas nem por isso alguém em nossos dias vai impugnar *in limine* suas filosofias por causa disso.

Donde o estrito paralelismo entre [1] a filosofia patrocinada pela *Ratio* nos colégios dos jesuítas, com suas teses, disputas e certames e [2] a escolástica medieval, com suas justas em Paris, Oxford e Bolonha, tendo Abelardo como campeão: o ponto de união é a segunda escolástica, nascida na Ibéria com Molina e Suárez, e logo transplantada para o Brasil e acolhida nos colégios e seminários dos jesuítas.

Nesse quadro, ao arguir a originalidade das produções, é preciso convir que nos três contextos, tão parecidos, não há de ser da mesma maneira, com os mesmos pesos e agravantes (negativos ou positivos), que o problema maior da criação e das produções intelectuais deverá ser colocado e resolvido. Simplesmente porque as réguas, as referências e as escalas não são as mesmas.

Três eram as vias para aprender filosofia e adquirir os *backgrounds* lógicos e metafísicos em Salamanca, em Coimbra e na Paris medieval: a *lectio*, o livro e o exercício (disputas etc.). Sobre os livros, certamente os grandes manuais medievais foram descartados, por causa da fadiga do produto, gerando a necessidade de sua substituição pelos novos. Em contrapartida, o mesmo não se deu com respeito aos grandes tratados de Aristóteles e às sumas de São Tomás, que foram mantidos. Ademais, nada mais distante das duas épocas do que a demanda de ineditismo e de originalidade oriunda da literatura e das artes que irá prevalecer na modernidade tardia, dando vazão à busca do conhecimento pelo conhecimento como valor absoluto, em meio ao mais despudorado dos narcisismos. Busca e ideal malvistos e condenados como pecado, conforme São Bernardo de Claraval – que, a exemplo de Paulo, vê nessa atitude pagã a soberba –, tendo sido também este o caso de Malebranche já na era moderna, e como também o de Antônio Vieira, que compara o desejo desmesurado de saber à gula e põe acima da ciência a piedade.

Se a originalidade deve ser relativizada (e certamente deve e foi), nem por isso o ideal aristocrático da excelência deixou de governar as mentes das duas épocas, levando à quebra do padrão da mediania do manual comum e à elevação do gênero exegese e comentário de texto aos píncaros da excelência da obra de arte e como coisa única. Estes foram os casos dos cursos conimbricenses consagrados a Aristóteles e adotados com admiração no Brasil, autorizando a comparar Pedro da Fonseca ao Doutor Angélico, bem como – e num nível de excelência mais elevado ainda, como bem notou Mac Dowell – o caso de Suárez e sua inigualável *Disputationes mataphysicae*: obra já citada e a qual, segundo o jesuíta ilustre, foi o "primeiro tratado escrito sobre esta matéria", inaugurando na filosofia da escola aquilo que poderíamos chamar de gênero tratadístico, cujo modelo será buscado em Aristóteles, e, no mesmo compasso, rompendo com "a tradição medieval dos comentários e das questões" (Mac Dowell, 2014, p.25). Não bastasse isso – além da quebra da mediania do manual, porém sem desautorizá-lo e impugnar as sebentas, que tinham sua serventia em seu nível próprio –, num contexto como o ibérico e o colonial, em que a atividade de ensino era vista como um apostolado intelectual, haverá o abandono do modelo do erudito medieval e sua substituição pelo *magister* ou o mestre-escola da Companhia. O resultado será a condenação de Pedro, O Comedor de Livros, de que fala Le Goff ao se referir ao erudito espanhol que lia tudo sem se saciar nunca, em que se verá no contexto de Inácio e seus companheiros, nele e em outros exemplos análogos, o protótipo da gula intelectual e, portanto – acrescente-se –, não cristão, anticatólico e nada jesuítico.

Esses tópicos terão continuidade na próxima seção, na qual o foco passará a ser a filosofia colonial no Brasil.[62]

---

[62] Diante da mudança do contexto, ao se passar do Velho ao Novo Mundo, o argumento da originalidade deverá ser recalibrado, forçando a consideração das especificidades advindas do pacto colonial, com a imprensa proibida e outras restrições que irão impactar a política do livro, e não podendo o livro colonial – nem mesmo o manual – competir em pé de igualdade com o livro metropolitano.

6. A *RATIO STUDIORUM*, O SISTEMA DE ENSINO E A FILOSOFIA COLONIAL BRASILEIRA

O próximo passo consistirá em considerar o Brasil português e a filosofia colonial. Com a documentação irremediavelmente comprometida, em razão do grande desastre da expulsão, não poupando os acervos das bibliotecas e os registros da rotina da Companhia, as analogias e as inferências deverão socorrer o estudioso ali onde faltam os dados e as informações. Todavia, o desastre não foi devastador a ponto de não sobrar nada e forçar a desistência da pesquisa, levando o investigador interessado na escolástica moderna dessa parte das Américas a trocar o Brasil pelo México. Não foi, nem será forçado a trocar, porque há e houve a investigação contextual desenvolvida por outras mãos e mentes sobre a vida da Colônia, a relação Colônia/Metrópole e o sistema de ensino dos jesuítas, com os colégios e seminários na linha de frente. E ainda: porque há e foi preservado um conjunto de registros e documentos em Portugal, especialmente Lisboa, Coimbra e Évora, nos quais poderão ser prospectadas preciosas informações sobre a filosofia colonial e ainda pouco exploradas em nossos meios.

A proposta consiste, então, em apoiar-me nesses materiais bem como nos resultados da seção anterior, cujo conjunto irá proporcionar tanto o embasamento histórico quanto o lastro sociológico requeridos para fazer o trânsito à filosofia colonial brasileira, junto com as instâncias de controle necessárias para respaldar as ilações e avalizar as conclusões. Assim, vistos dessa perspectiva, não só os estudos desse jaez poderão avançar com essa ajuda externa, vinda de outros campos disciplinares, mas também mediante o aporte de historiadores da filosofia colonial atentos à filosofia da Companhia de Jesus, como Serafim Leite, tantas vezes citado.

Com essas ideias em mente, inicio o exame do primeiro tópico, vendo nele e em seus dispositivos um elemento essencial para aquilatar o tamanho das atividades filosóficas na e da Companhia, durante seus dois séculos de presença intensa na vida intelectual da Colônia, a saber: o sistema de ensino, a relação de colégios e seminários onde a filosofia era ensinada, o número de estudantes de filosofia, o levantamento de professores e a relação das principais obras (livros-textos, manuais etc.) que circulavam pela Colônia – tudo isso onde e quando o levantamento for possível, a depender do estado da documentação, tendo quase tudo de específico do ensino colonial desaparecido.

Antes de iniciar o levantamento numérico, será preciso dar mais algumas informações históricas sobre a implantação dos primeiros colégios e seminários, bem como acerca dos modelos seguidos ao longo desse processo, tanto ao criar o primeiro símile aqui no Brasil, tomando os de Portugal como modelo, quanto ao criar os demais depois, tendo já o original da série colonial aqui dentro.

Sobre esse tópico, dos estabelecimentos existentes na Metrópole, a primazia temporal cabia ao Colégio de Santo Antão, fundado em Lisboa no ano de 1553 no rastro do de Messina, na Itália (1548), e, portanto, no mesmo ano em que o Colégio da Bahia foi fundado, sendo o italiano, de fato, o modelo de todos. Contudo, o modelo dos colégios e dos seminários seguido quando o Colégio de Salvador criou a Faculdade de Filosofia/Teologia foi, antes de tudo, a Universidade de Évora, fundada em 1559 pelo Cardeal D. Henrique, mais tarde rei de Portugal, e entregue aos jesuítas, que a comandaram por exatos dois séculos, lá instalando o Colégio de Humanidades, assim como as Faculdades de Filosofia e de Teologia: seguindo primeiro as *Constituições*, mais tarde as estipulações da *Ratio Studiorum*, cedo Évora – então chamada de Universidade do Espírito Santo – rivalizou com Coimbra, como é sabido. Não exatamente em tudo, posto que jamais lhe fora permitido criar cursos de medicina e de direito (exceto o ensino do direito canônico), à diferença da universidade real, mas em prestígio e em certas precedências. Tanto que seu modelo, no que diz respeito à filosofia, será depois seguido em Coimbra, com a Companhia durante tempos sendo a responsável pelo Colégio de Artes, cuja direção lhe foi passada em 1555.

Quanto ao Brasil e aos colégios/seminários da época colonial, o primeiro estabelecimento criado foi na Bahia, em 1553, com o nome *Collegio do Salvador da Bahia*. Contudo, o colégio baiano só formou seus primeiros bacharéis em artes em 1573, tendo iniciado o curso um ano antes, em 1572. Em contrapartida, o primeiro *magister* teve que esperar 1578, seguindo o modelo de Évora, como dito, e se convertendo ele próprio em modelo para os outros Colégios que foram criados mais tarde nestas paragens: São Paulo (Pateo do Collegio: 1556), Olinda (1576) e Rio de Janeiro (1567).

Sobre o seu número total na Colônia, deixando as escolas elementares de lado – as escolas de ler, escrever e contar, mais espalhadas e encontradas com as adaptações de praxe nas reduções –, são 17 os colégios e os seminários, dentre os quais Serafim Leite destaca 7 onde a filosofia era ensinada: Salvador, Rio de Janeiro, São Paulo, Olinda, Recife, São Luís e Belém do Pará (Leite, 1945, p.109). Essa lista, de fato, pode ser glosada, tanto no sentido de encompridá-la – ao se incluir o possível curso existente na Paraíba, assinalado por outras fontes e que Serafim Leite não pôde respaldar, na falta de documento que o confirme (ibidem), totalizando 8, ou mesmo mais, ao se incluir o de Mariana (MG), criado em 1753, onde o Cônego Vieira ensinava filosofia, perfazendo então 9 cursos –, quanto no sentido de diminuí-la – ao considerar o estado de fusão dos cursos de filosofia de Belém e São Luís, devido à falta de alunos regulares, sendo oferecido alternativamente em uma e em outra localidade, conforme Luís Antônio Rodrigues da Cunha (2007, p.36),[63] e resultando em 6 cursos. E diminuído mais ainda, ao se descontar um dos dois de Pernambuco, na maior parte do tempo um só em Olinda, resultando num total de 5. Esta é, pois, a situação, com o mais e o menos não alterando o argumento já avançado de que eles eram poucos, e, por consequência, havia poucas luzes do intelecto na Colônia.

Sobre o número de alunos, apoiado em Serafim Leite, Luís Antônio Rodrigues da Cunha dá duas cifras importantes no início das atividades, depois que o Colégio da Bahia criou o seu curso de humanidades, em 1553, e o de artes/teologia, em 1572: eles eram 57 em humanidades, 24 em artes (filosofia) e 15 em teologia em 1589, e passaram a ser 40 em artes em 1598. Considere-se nesse conjunto a informação adicional do autor, ao decompor os dados, segundo a qual, daquele contingente de 1589, havia em humanidades 2 estudantes internos e 55 externos, em artes 8 internos e 16 externos, e em teologia 4 internos e 11 externos. Já no ano de 1598, por seu turno, sobre o total de 40 correspondiam 6 internos e 34 externos, incluindo entre estes 5 carmelitas (ibidem, p.32-33). Por fim, em meados do século XVIII, todos os colégios de artes somados, os pupilos chegaram a 300 quando a Companhia foi expulsa, conforme já informado, chegando o Colégio da Bahia a ter mais 100 estudantes de filosofia tempos antes da data fatídica, externos em sua maioria. (Leite, 1945, p.132).

Lamentavelmente, não consegui levantar o número de professores dedicados exclusivamente à filosofia nos chamados, por Serafim Leite, grandes colégios, onde eles pudessem ser computados como corporação independente. Com a ressalva de uma época como essa, no início da era moderna e agravada ainda mais na Colônia, em que a relação entre a filosofia e a teologia nas instituições confessionais era marcada pela promiscuidade disciplinar e o livre-trânsito dos "lentes" nos dois domínios. Mas, sabidamente,

---

63 O contexto é o fim do século XVIII e a situação foi verificada logo depois de Belém ter criado o seu colégio/seminário. A falta crônica é atribuída pelo estudioso, citando Serafim Leite, ao "pequeno número de estudantes interessados em cursos superiores" e consistindo a integração em ministrar certas matérias "ora em um, ora em outro". Quase na mesma época, como já comentado, medida semelhante foi tomada pelos Colégios do Rio e da Bahia, porém por motivos econômicos, ligada à necessidade de poupar recursos para construir a igreja do colégio baiano, "hoje a Catedral de Salvador" (Cunha, 2007, p.36).

os números não eram expressivos, a julgar pelas informações existentes: cerca de dois no Colégio do Rio de Janeiro na época em que lá estudou Cláudio Manuel da Costa, e não havendo talvez mais de um na época em que o Cônego Vieira ensinava filosofia no Seminário Boa Morte, em Mariana, onde prevalecia a teologia – ambos os exemplos perto do fim do período da Companhia no Brasil Colônia, podendo ser vaticinado que eles eram menores ainda no início. Donde, mais uma vez, feitos os descontos da precariedade de documentação e mesmo de sua inexistência pura e simples, os indícios existentes mostrarem que era minguado o número de estudantes e lentes consagrados à filosofia no período colonial: assim, quanto ao número de alunos, basta comparar com a Universidade de Évora, cuja Faculdade de Filosofia tinha o mesmo montante de todo o Brasil no fim do período colonial, de fato um pouco mais, devendo à sua faculdade de artes serem somadas as equivalentes de Lisboa e de Coimbra para se chegar à soma total do reino.[64]

Prosseguindo com o levantamento contextual, com a ajuda do historiador jesuíta e de estudiosos como Cruz Costa, que era especialista em Francisco Suárez, poder-se-á dar ao leitor uma ideia precisa dos nomes dos professores que ensinavam filosofia nos principais colégios. Não digo de todos eles – missão impossível –, mas de alguns deles. Tanto dos "lentes", como eles eram chamados, que atuaram nos colégios de artes dos jesuítas, e mesmo lentes de outras ordens; quanto dos autores das obras gestadas na Colônia e saídas do "molde" da *Ratio Studiorum*, que afinal existiram, com seu padrão jesuítico e seu selo internacional de qualidade, podendo discutir até mesmo sobre sua originalidade ou não.

Os nomes dos "lentes", primeiro. Eles não são muitos, mas suficientes. Serafim Leite aponta alguns deles em seu artigo citado, sendo já do conhecimento do leitor dois do Colégio do Rio de Janeiro, aqueles que foram professores de Cláudio Manuel da Costa na época em que ele estudou por lá e obteve o título de *magister artium* em filosofia: Francisco de Faria e Manuel Xavier (Leite, 1945, p.133). Alhures, no mesmo artigo, Serafim aponta vários nomes vinculados ao Colégio do Maranhão, citando como o mais importante deles Bento da Fonseca, com muito prestígio nos meios jesuíticos, e ladeado

---

64 Cf. sobre este ponto Rosa (2013, especialmente p.126), em que é informado que, no ano letivo 1758-1759, havia 320 estudantes de artes. Em termos de titulação, 41 bacharéis em artes no ano de 1758, o último em que houve a titulação, já perto da data fatídica. Destaque-se ainda o montante total de doutores, licenciados e bacharéis: 248 em 1660 contra 404 em 1717. Para terminar, o número de colégios jesuítas no Reino: 8, e o número de estudantes de humanidades, em que se pode ver o celeiro dos cursos de artes: cerca de 1000 matriculados em média no decênio 1600-1610 (ver Rosa, 2013, quadro 2, p.124).

de outros menos ilustres, mas reais. Assim, Rodrigo Homem, acrescido de um certo Manuel da Silva, cuja existência pode ser atestada em exemplar impresso de suas *Conclusiones philosophicae* encontrado nos arquivos da Biblioteca de Évora, em Portugal, e defendidas em São Luís em 1731 (ibidem, p.124-125). No artigo citado não é fornecida a lista de nomes do mais importante Colégio do Brasil colonial, o de Salvador, pelas razões já apontadas; apenas um único nome, o do "P. Manuel Tenreiro, que 'mostrou nas mesas muito bom saber'", segundo documento da época, citado pelo jesuíta ilustre (ibidem, p.131). E não é só: vinculados não a colégios, mas a obras e manuais, com a informação adicional de serem obras gestadas nestas paragens, são citados, ao terminar a lista, os nomes Domingos Ramos, Antônio Andrade e Luiz Carvalho (ibidem, p.137). Em suma, embora poucos, nomes significativos, permitindo dar uma ideia do estado de coisas. Ademais, nomes cuja significação não é biográfica, tendo todos eles caído no esquecimento do grande anonimato da história, mas semiótica, no sentido do tripé autor-obra-público, levando à ideia de padrão e seriação. No caso deles, com a recomendação de tomá-los como espécimes ou exemplares de uma série saída de um mesmo "molde" e de uma grande manufatura: a fábrica da *Ratio*. Junto com a expectativa de que poderá um dia aparecer um estudioso com cabedal histórico, além de filosófico, e a disposição de ampliar a lista mais ainda, com dois caminhos entreabertos, bastando tomá-los e seguir adiante: ao prospectar os códices de Évora, por exemplo, dos quais se falará alguma coisa mais à frente, e com a ajuda do próprio Serafim Leite, ao seguir suas incontáveis pistas e levantar os nomes espalhados na sua monumental história da Companhia no período colonial.

Deixando os lentes jesuítas à parte, ao passar aos nomes ligados a outras ordens religiosas atuantes na Colônia, Cruz Costa fornece a lista deles em seu importante livro, ao retomar uma listagem anterior elaborada pelo estudioso paraibano Alcides Bezerra: meio a contragosto no caso de Cruz Costa, numa nota de rodapé, na qual aparecem referências a Matias Aires e Nuno Marques Pereira (Cruz Costa, 1967, p.45). Trata-se de um levantamento historiográfico importante, sem dúvida, no qual, além dos nomes, o leitor encontrará as referências das obras respectivas, cerca de uma dezena, junto com a avaliação taxativa do filósofo uspiano de sua total falta de relevância filosófica. Voltarei a essa lista na sequência, ao tratar das obras em apreço. Por ora, ao concluir o tópico, vou acrescentar outros dois nomes, não citados por Cruz Costa nem por Serafim Leite. Primeiro, o de Cônego Vieira, que atuava no seminário dos jesuítas de Mariana. Não obstante, seu cabedal filosófico não parece ter saído diretamente do molde da *Ratio Studiorum*, em razão de sua filiação à filosofia francesa do Iluminismo, como mostram sua biblioteca pessoal e seu envolvimento com a Inconfidência Mineira. Segundo, o nome de Francisco Luís Leal (1780-1818?-1820?), que também era padre (secular), nascido no Rio de Janeiro, mas que passou boa parte de sua vida em Portugal ensinando filosofia moral, dentro do mesmo molde e com o mesmo figurino referidos por Cruz Costa, e, portanto, só com muito favor, podendo ser considerado filósofo brasileiro.

Conhecidos os lentes, passo às obras e aos autores. Não menos precária do que a lista dos nomes, como acabamos de ver, a sua listagem revelará a reiteração do mesmo "molde" da *Ratio*: exclusivamente em latim, no caso dos jesuítas, com o padrão manual ou compêndio imperando, em que era vertida a filosofia da escola, a filosofia da segunda escolástica, e mediante o qual, junto com a *lectio*, ela foi difundida no Brasil Colônia – em latim no caso de outras ordens rivais dos jesuítas, mas com exemplares já existentes em português lusitano no fim do período colonial, na conta de alguns clérigos e diletantes desgarrados, como se verá adiante, ao nos reportarmos à lista de Cruz Costa.

Começando por Serafim Leite e o artigo citado, a referência por excelência é, sem dúvida, o famoso *Cursus conimbricensis*, com a dupla credencial de glória nacional lusitana e cartão de visita do Colégio de Artes de Coimbra: "[...] jamais houve entre nós atividade comparável" àqueles decênios, "[...] empreendimento único, sem similar, sequer longínquo, com a obra de qualquer outro filósofo", dirá Joaquim de Carvalho. Não obstante, como já antecipado, houve obras tanto de adventícios quanto de lusitanos atuando no Brasil, como o homônimo do padre Vieira, que atuou no Colégio da Bahia e lá gestou aquele que teria sido o primeiro *Curso de filosofia* escrito no Brasil, segundo Serafim Leite (1945, p.136-137). Somem-se ainda outras três, de quilate parecido, ligadas aos nomes de Domingos Ramos, Antônio de Andrade e Luiz Carvalho: assim, "o *Cursus philosophicus* de Domingos Ramos" [...], "o *Cursus philosophicus* de Antônio de Andrade, e as *Questiones selectiores de philosophia problematice expositae*, de Luiz Carvalho [...]" – todos os três datando de fins do século XVIII, como não tarda em anotar Serafim Leite. Com a ressalva de que, segundo ele, embora prontos para imprimir, tendo sido de começo os originais enviados para a Europa com esse intuito, e já na reta final, nenhum desses manuais foi publicado, não querendo isto dizer, evidentemente [ressalva minha], que alguma versão manuscrita dessas obras não tenha sido usada nos cursos a que eram destinadas, tendo inclusive eles como lentes. A explicação dessa frustração, ou, antes, a hipótese que, somada a outras dificuldades encompridando a lista das precariedades, se revelará essencial para meu argumento do *gap* institucional e cultural, não poderia ser mais límpida e convincente: "talvez porque chegavam ao Brasil textos provenientes de outros países da Europa, com os quais não pudessem ainda competir", tendo sido – suponho eu – dada alguma contraordem em sentido contrário pela hierarquia da Companhia, quando a obra estava já no prelo, como a de Domingos Ramos, que se encontrava em Roma para a revisão final e o *Imprimatur* para sua publicação em Lyon jamais foi dado (ibidem, p.137).

Some-se a isso a lista de Alcides Bezerra citada por Cruz Costa, lista esta de extração não jesuítica, em sua maioria com autores de outras ordens religiosas e padres seculares, em que é possível reconhecer o mesmo padrão escolástico – e em latim, ainda que não exclusivamente. Assim, escreve Cruz Costa, ao se reportar à lista, para, no fim, extrair sua conclusão acachapante:

> Alcides Bezerra, no seu livro *Achegas à história da filosofia*, reproduz uma conferência que pronunciou na *Sociedade Brasileira de Filosofia* sob o título de *A filosofia na fase colonial*, e aí enumera, sem que lhes examine as doutrinas, os seguintes *filósofos* brasileiros: no século XVII, o padre Antônio Vieira (1608-1697); Diogo Gomes Carneiro (1618-1696); Frei Manuel do Desterro (1652-1705), que escreveu uma *Philosophia scholastica*; Frei Mateus da Conceição Pina (1687) que pertenceu à Ordem Beneditina e que teria escrito um tratado de *Theologia dogmática e scholástica*. No século XVIII, enumera ainda Nuno Marques Pereira (1652-1728) que escreveu *O peregrino da América*. Ajunta à lista o nome de Matias Aires [que não era clérigo, tendo estudado no Colégio de Santo Antão em Lisboa e depois cursado filosofia no Colégio de Artes de Coimbra, ambos vinculados aos jesuítas, e autor da celebrada *Reflexões sobre a vaidade dos homens*]. Este escritor passou, porém, quase toda a sua existência na Europa e seria descabido, pelo simples fato de ele ter nascido no Brasil, estudá-lo num trabalho relativo à filosofia no Brasil (Cf. E. Ennes – *Dois Paulistas Insignes*). Frei Gaspar de Madre de Deus (1715-1800), do historiador da Capitania de S. Vicente, da Ordem Beneditina, escreveu um tratado de filosofia, resumo de suas lições no convento beneditino do Rio de Janeiro em 1748, cujo título, segundo informa Afonso de Taunay in Fr. Gaspar de Madre de Deus, *Memórias para a história da Capitania de São Vicente* (p.94-99), é o seguinte: *Philosophia platonica seu rationalem, trannaturalem, philosophia, sive logicam, phisicam et metaphysicam complectens* (apud Bezerra, 1935, p.80-96). Todos estes autores não apresentam grande interesse, pois são eclesiásticos que se limitam a reproduzir a filosofia escolástica. (Cruz Costa, 1967, p.45)

Last, but not least, ao dar azo a outro gênero de publicações – às vezes sob a forma de livros, certamente poucos e dos quais não se tem mais registro, mas ao menos de resumos, quando não de cartazes evidenciando que elas existiram –, chego às teses defendidas nos colégios dos jesuítas, como os da Bahia, do Maranhão e do Rio de Janeiro. Trata-se de um conjunto de "teses", referidas em abundância nas diferentes seções da *Ratio*, abarcando os diversos exercícios ou testes ligados às diferentes etapas do curso, com as questões e os certames associados. Trata-se, ainda, e principalmente, das teses relativas às licenças, ao *magister artium* (mestre em artes) e ao doutorado, este reservado à teologia. Tal situação, acarretando a inconveniência algo inflacionada do termo – tudo, afinal, na *Ratio*, relacionado com os exercícios, envolve questões, teses, sessões, júris e mesmo audiências –, exigirá do estudioso especial atenção ao exarar os documentos e tirar as conclusões. Quanto às teses de filosofia da Colônia, no que tange ao título de mestre em artes – o grau mais elevado, comparável em seu nível próprio ao título de doutor em teologia –, elas eram correntes nos grandes colégios, como os da Bahia, São Luís e Rio de Janeiro, tendo seu ciclo se iniciado em 1572 em Salvador, para não mais parar. Delas quase nada restou, porém, depois do grande desastre da expulsão da Companhia e da pesada repressão que se lhe seguiu, com as bibliotecas destruídas e os documentos desaparecidos, inclusive teses de *magister* em filosofia. Tal situação calamitosa agravava ainda mais o quadro de precariedade da vida cultural da Colônia, uma Colônia rude e de poucas letras, e atingirá mortalmente aquele colégio que era, desde o início, o mais importante de todos – o da Bahia –, do qual nada sobrou com respeito às teses.

Nem por isso, contudo, estamos perdidos. Ainda que escassos, há algo que restou dessas teses, como o cartaz de uma tese defendida no Colégio do Rio de Janeiro em 1747, impresso naquela cidade, consistindo no sumário das mesmas (pois uma tese consistia no exame de um conjunto de teses), segundo a praxe da Companhia, que as chamava de *Conclusiones philosophicae*, e usado como peça de divulgação da defesa pública. No caso, como relata Serafim Leite, as *Conclusiones* do padre Francisco de Faria, em que ele vê "um exemplar precioso, que constitui um dos primeiros monumentos da Imprensa no Brasil". De fato, mais do que um monumento da imprensa ou o testemunho da primeira gráfica aqui instalada, sob os auspícios de um comerciante lusitano morando no Rio de Janeiro, um documento logo convertido em verdadeiro ícone da produção acadêmica colonial, celebrado por padre Vaz como o remanescente único das teses de *magister* em artes no Brasil Colônia – donde a sua preciosidade –, como enfatiza o próprio Vaz, lembrando que, conservado por sorte, ele se encontra guardado na Biblioteca da

Faje, em Belo Horizonte, e com uma cópia arquivada na Biblioteca Nacional no Rio de Janeiro (Vaz, 1984, p.19-20).

Sobre essa tese tão festejada, acrescento que na realidade ela não é de Francisco de Faria, pois, de acordo com as próprias informações de Serafim Leite, o ilustre clérigo já era mestre em artes no período relatado, quando Cláudio Manuel da Costa estudou no Colégio do Rio de Janeiro, ou seja, entre 1744 e 1749 (Leite, 1945, p.133), devendo, portanto, ser atribuída a um terceiro, no caso a Francisco Fraga, aluno de Francisco de Faria: presidente da sessão, conforme estipulado pela *Ratio* ao definir o ritual desse acontecimento solene, e como, aliás, em muitas sessões de defesa de tese hoje em dia em diferentes partes do mundo, ele assumiu a sua titularidade, conforme costume da época, na qualidade de orientador dos trabalhos, e, portanto, como o principal responsável por ela ter sido trazida a público. Outra evidência da real autoria, do pupilo e não do mestre, é que ela foi defendida pelo pupilo, na qualidade de aspirante ao título, e por ele dedicada a João Francisco Fraga, um certo comendador ligado à Ordem de Cristo com possíveis laços de parentesco com o defendente da tese: de fato, uma dedicatória imensa, tão grande quanto as teses enunciadas nas *Conclusiones*.[65]

De minha parte, enfeitiçado pela notícia e a aura de espécime rara que a cerca, procurei avistá-la pessoalmente na Biblioteca da Faculdade dos Jesuítas, em Belo Horizonte, ladeado pelos padres Mac Dowell e Delmar Cardoso, tendo-a apreciado na sala de raridades onde o exemplar de grandes proporções, impresso sobre papel especial, está exibido envolto por um vidro de proteção. Dos seus dizeres em latim padre Mac Dowell gentilmente me forneceu uma preciosa tradução portuguesa, de seu próprio punho, de uma boa parte do material exibido, a qual eu compartilho no parágrafo que se segue:

[Dedicatória]
Ao Excelentíssimo Senhor [varão e senhor]
JOÃO GONÇALVES FRAGA
Diligentíssimo Cavaleiro da Ordem de Cristo
Comendador do S[antíssimo] Salvador das Minas ["Lavra" (mineração) não é palavra latina]

---

[65] Note-se ainda sobre as teses de filosofia, de tamanho médio de 4 páginas, com duplo crivo do professor da matéria e do Prefeito de estudos, que elas eram raramente publicadas como livros, podendo para fins de defesa ser apresentadas como manuscritos ou não, somando-se os cartazes em apreço como a face mais saliente delas que vinha a lume, e devendo ser adicionado todo o desenvolvimento oral das mesmas pelo pupilo no curso da sessão pública de defesa, depois do que o júri deliberava e dava a nota final em escrutínio secreto.

Ilustríssimo Vice-comandante do Exército [*pro-tribunus militum*, patente militar; qual?]
Digno dos maiores louvores etc.
[Segue-se a *laudatio* do homenageado]

TESES [CONCLUSIONES] DE METAFÍSICA SOBRE O ENTE REAL SOB A PRESIDÊNCIA DE FRANCISCO DE FARIA da Companhia de Jesus
Professor no Colégio Real das Artes do Rio de Janeiro
Defendidas [*defendendas offert*] por
FRANCISCO FRAGA da mesma Companhia
No dia 15 [25?] deste mês no horário das aulas vespertinas
Com a aprovação do R[everendo] P[adre] M[estre] JOÃO BORGES, Decano dos Estudos Gerais [Diretor da Instituição]
[.........]
QUESTÃO PRINCIPAL
Se a existência atual é [pertence ao] do conceito metafísico da divindade? Resp. afirmativa

PRIMEIRA PARTE DA EXPOSIÇÃO [PROGRAMA: *Conclusio Prima*]
Do Ente real em comum
Trazemos à discussão o nobilíssimo objeto da metafísica. Costuma ser definido: *Aquilo que pode realmente existir*. Se é possível um conceito de Ente abstraído perfeitamente de seus inferiores? Resp. afirmativa. Segue-se daí que este conceito é unívoco em relação a todos os seus inferiores? A acalorada disputa a esse respeito é: Se a noção [*ratio*] formal de Ente transcende formalmente as suas diferenças? A verdadeira conclusão é afirmativa. O Ente real, assim considerado, tem três propriedades principais: unidade, verdade, bondade. A Unidade consiste na *indivisão da coisa por si mesma*. Consideramos positivamente esta tese. A Verdade transcendente é definida adequadamente: *a conformidade da coisa com a regra do ser, ou seja, o Exemplar Divino*. A Bondade enfim se explica corretamente como *a perfeição intrínseca da coisa, ou seja, a integridade essencial de seus predicados*. Perguntas: Se há na realidade [nas coisas] falsidade ou maldade transcendente? Respondo negativamente. O Ente real se divide adequadamente em Divino e Criado; em substância e acidente. A divisão em substância e acidente é, porém, a primeira de todas e a principal.

SEGUNDA PARTE DA EXPOSIÇÃO [PROGRAMA]
Do Ente Divino
Não sem merecimento os filósofos estudam o Ente Divino na medida em que a razão natural permite. Declaramos: 1) A existência de Deus é demonstrável

naturalmente *a posteriori*, como qualquer criatura confirma contra a infame posição dos Ateus. Declaramos: 2) A mencionada existência pode ser demonstrada não apenas *a posteriori*, mas como que *a priori* pela Ideia do Ente Supremo [*Optimi*] ou sumamente Perfeito. Por isso queremos em particular: (1) explicitar para nós a Ideia do Ente sumamente Perfeito; queremos (afirmar que) (2): a proposição *Deus existe* é conhecida por si mesma [*esse per se notam*]. Perguntas: Que é Deus? Responde-se: A essência de Deus considerado Metafisicamente é *Ente por si* [*Ens a se*]. Segue-se daí: 1. A mencionada essência não consiste no agregado de todos os atributos. Segue-se 2. Não consiste no inteligível radical, ou seja, no Racional Divino [*in intellectivo radicali, sive Rationali Divino* // Talvez: ou seja, na Racionalidade do Divino]; 3. Nem no inteligível potencial nem na intelecção atual. 4. Não é constituído pela Infinitude: pois unicamente a Aseidade [Cf. *Ens a se* = não contingência] é o constitutivo formal da Essência Divina. De, porém, falamos no sentido físico, a Essência Divina considerada Teologicamente constitui-se unicamente pelos atributos absolutos; todavia, considerada filosoficamente, tanto pelos absolutos como pelos relativos; consequentemente, pela convergência adequada das perfeições Divinas.

TERCEIRA PARTE DA EXPOSIÇÃO [PROGRAMA]
Do Ente Criado
[............]

Por fim, para que o leitor possa admirar a preciosidade, disponibilizo, em anexo (p.206), uma foto dessa tese, que também me foi enviada gentilmente pelo padre Dowell. Sobre os estudos existentes sobre ela, lembro o livro de Lúcio Álvaro Marques, já citado, que dedica uma alentada análise do pouco que dela restou (Marques, 2015, p.195-272),[66] fazendo eco à assertiva de Serafim Leite, segundo a qual a centralidade de São Tomás não significa que tudo que vem do santo doutor deva ser acatado e seguido à risca. Ao contrário, conforme mostram os documentos da época, os mestres e os pupilos em Portugal e na Colônia podiam questionar e ir além dele, evidenciando que

---

66 Trata-se do capítulo *Metaphysica de enti reali*, extraído do título da tese do ofertante, em que o leitor encontrará referências a estudos importantes, como os de lavra de Fernando Arruda Campos, publicados nos anos 1960. Note-se que, ao se falar do que restou – nesse julgamento, é óbvio o fato de se estar diante de uma súmula, não de um livro nunca publicado –, deve-se computar também que não houve nenhum registro ou apontamento do desenvolvimento da tese, ou seja, da sessão da arguição pelo júri, com as perguntas e as respostas de praxe: dessa parte não se tem a menor ideia, ficando, portanto, a tese irremediavelmente incompleta e mutilada.

Santo Tomás devia ser considerado como "farol, não meta, além da qual não se pode passar, nem sequer discutir" (Leite, 1948, p.135). Da mesma forma, Mac Dowell, ao lembrar a centralidade do princípio da fidelidade flexível a São Tomás, que distinguia os jesuítas frente à rigidez dos dominicanos dos tempos coloniais (Mac Dowell, 2014, p.26), acrescenta que o tomismo de Suárez – não menos que o de outros jesuítas da época, como Toledo, Fonseca, Arriaga e Oviedo – estava "contaminado por ideias escotistas e nominalistas" (ibidem, p.25). Um pouco é o que mostra Lúcio Marques, que não tem dificuldades em evidenciar o escotismo nas estrelinhas da tese atribuída a Francisco de Faria. Porém, carrega nas tintas da originalidade do autor, quando estava em jogo algo que fazia parte da cultura filosófica da época, e era, portanto, um *locus communis*, como nota padre Vaz.[67] Por isso, de tanto prestar atenção no escotismo do debutante jesuíta, endossado pelo mestre padre Faria, perdeu a ocasião de desenvolver, entre as teses enunciadas, aquela em que poderia estar uma possível originalidade, ou ao menos discrepância do padrão: justamente, o seu possível cartesianismo, subjacente às provas da existência de Deus.

Some-se ao espécime, já suficientemente valorizado, a lista das teses de mestre em artes de que se tem notícia nos "dois Brasis". Leite enumera as seguintes no Estado do Brasil: além da do padre Francisco de Faria, com os documentos da Bahia e do Rio de Janeiro destruídos, quase não há a dizer dessa parte da América portuguesa, havendo, no entanto, notícias esparsas e indícios indiretos, como cartas assinadas de próprio punho com referências ao título (grau) ou em documentos diversos com fé pública. Assim, um certo clérigo de nome Antônio de Oliveira, que não era jesuíta e estudou teologia e filosofia no Colégio de Salvador (Leite, 1948, p.125-126); Hyacinthus de Carvalhais, também ele egresso deste Colégio (ibidem, p.129); Antonius Cardoso, do Rio de Janeiro (ibidem, p.30); Pedro Serqueira de Varejão, egresso do Colégio de Olinda (ibidem) e Caetano da Silva, do de Recife (ibidem). Nessa lista precaríssima, faltou incluir o nome de Vieira – o maior de

---

67 Cf. Vaz (1961, p.20), em que, depois de consignar que a tese em apreço "pode ter algum interesse para a História da Filosofia Escolástica na Companhia de Jesus", pergunta: "que relação [ela] apresenta com a sociedade colonial?", e por extensão, especificamente, com a filosofia colonial brasileira? E responde: "Nenhuma" – e isto pela simples razão de que teses como essas "eram defendidas na mesma época nos Colégios dos Jesuítas de Viena ou de Praga". Quer dizer, tudo, menos filosofia brasileira – filosofia escolástica, tomista ou neotomista, pouco importa, por toda parte escrita em latim eclesiástico, e de acordo com o método e o escopo da *Ratio Studiorum*, tanto criticada quanto admirada pelo mais renitente dos oponentes, como Descartes.

todos –, não mencionado por Serafim Leite, mas que estudou em Salvador e lá obteve o título de mestre em artes.

Acrescente-se a lista do Estado do Maranhão e do Pará, remetendo-se Serafim Leite – na falta de documentação local, pelos motivos já expostos – aos arquivos da Universidade de Coimbra e aos Códices da Universidade de Évora, dos quais ele cita, da primeira, cinco teses impressas, com o padrão de quatro páginas cada uma delas, sem os nomes dos candidatos a mestre, apenas os nomes dos professores responsáveis pelo feito, Rodrigo Homem e Bento da Fonseca; da segunda, ele destaca as *Conclusiones* do professor Manuel da Silva, defendidas em 1731, estas impressas, "e ainda diversas Teses manuscritas", dos dois mestres Rodrigo Homem e Bento da Fonseca.[68]

A julgar por Serafim Leite, duas conclusões podem ser tiradas desses importantes documentos junto com as informações contextuais que os acompanham, cuja soma nos dá uma ideia do estado de coisas da filosofia colonial nos "dois Brasis".

Primeira: a conclusão factual, apoiada em provas documentais fartamente evidenciadas ao longo da seção, de que havia atividades que demonstram a existência de teses defendidas e, mais ainda, de livros de filosofia feitos no Brasil. Todavia, escritos com fins didáticos, os livros não eram muitos. Daqueles poucos de que há registro, vários ou mesmo muitos não foram publicados, "talvez porque – esta é a hipótese de Serafim Leite, no tocante aos manuais da Companhia – chegavam ao Brasil textos provenientes dos grandes centros de ensino europeu, com os quais não pudessem ainda competir", como comentado anteriormente. A essa hipótese, poderia ser acrescentada uma suposição complementar [minha], segundo a qual a própria existência desses livros-textos na Península ou alhures, dentro do padrão da *Ratio*, tornava dispensável repetir o já existente aqui, com os pesados

---

68 Cf. Leite (1948, p.124-125). Sobre esse ponto, recebi recentemente a versão preliminar de um artigo de Lúcio A. Marques sobre o *Catalogus eborensis*, disponível na Biblioteca Pública de Évora, tendo como foco os manuscritos e impressos filosóficos do Colégio Máximo do Maranhão, cobrindo os séculos XVII e XVIII, num lapso temporal de quarenta anos (1691-1732). Trata-se do Códice referido acima por Serafim Leite, recobrindo 14 manuscritos e 35 impressos, que são catalogados pelo autor quanto aos gêneros: florilégios, comentários (dois exemplares), disputas, conclusões (32 exemplares, dos quais 20 de filosofia) e teses (uma de lógica e cinco de filosofia geral). Segue-se à catalogação, o descritivo das peças encontradas, em grande parte desconhecidas do público brasileiro, bem como a transcrição de um exemplar de uma tese manuscrita, dando o articulista ciência ao leitor da existência ali de elementos escotistas e baconianos, visivelmente relativos ao frade franciscano. Nota-se certo estorvo na distinção entre teses e conclusões, envolvendo o nominalismo dos títulos que, certamente, será solucionado pelo autor na versão definitiva do artigo quando de sua publicação.

custos que uma publicação ordinária implicava na Colônia (censura, viagens dos originais e dos impressos nos dois lados do Atlântico, custo do papel, pequena escala do mercado), e recomeçar do zero. Contudo, comenta Serafim Leite (1948, p.137), "o fato de se escreverem, denota que o Brasil não se alheava das elucubrações de pensamento".

Segunda: a conclusão teórica, apoiada na hipótese interpretativa difusionista da irradiação das ideias e sua "fricção" ao ser trasladada para um novo ambiente e sofrer a influência da "zona de contato", segundo a qual o fluxo das ideias e das práticas observou na Colônia "a evolução natural que o meio ambiente condicionava". O contexto, segundo Leite, que não fala de difusionismo, é a "renovação europeia da *Philosophia perennis*" – a segunda escolástica no caso da Ibéria, diga-se –, justo no momento em que

> o Brasil começava a nascer para a cultura do pensamento, sem tradição nem lazeres, nem velhas universidades em que se pudessem refletir. Sobretudo sem discípulos, que os não podia haver onde não havia população, e a pouca que chegava a Portugal ou já nascia na terra, tinha que atender aos cuidados mais prementes do desbravamento, organização e colonização de um mundo, que era novo em tudo, e na cultura literária e científica mais do que no resto. (Ibidem, p.130-131)

Apoiando-me no ilustre jesuíta, passo então à questão metafilosófica que vem comandando os presentes estudos e chego às minhas próprias conclusões. Ou seja, com a ajuda dos filtros introduzidos, recobrindo a questão histórica, demográfica, cultural, linguística e política, todos eles tangenciados à filosofia colonial, passo à questão metafilosófica em sua dupla vertente histórica (história dos intelectuais/história da filosofia) e semiótica (autor/obra/público). A conclusão geral, como a de Serafim Leite, é a precariedade da filosofia colonial; não que ela não existisse, pois ela de fato existia e era vertida conforme o molde e o padrão da *Ratio*. Mas uma filosofia sem discípulos, que já chegava pronta com os mestres e era difundida num meio sem densidade cultural, extremamente rude e de poucas letras: de resto, um meio onde todos estavam ocupados com as urgências da colonização, fazendo do colono, como observou Nabuco, literalmente um *squatter*, na acepção ambígua de invasor clandestino e pioneiro desbravador, com a vida inteira dedicada a derrubar matas, sem tempo e lazer para as coisas do intelecto.

Donde o paradoxo: à exceção dos clérigos da Companhia, requerida como etapa de sua formação teológica, a filosofia na sociedade colonial era uma coisa para poucos e um "luxo das elites", como diz Cruz Costa. Coisa de cem famílias, conforme visto antes, em sua maioria concentrada no Recôncavo Baiano e na Zona da Mata pernambucana, e, assim mesmo, um luxo de uma parte ínfima delas, aqueles poucos lunáticos desviados da rota tradicional da aristocracia: primogênito herdeiro da casa-grande, o segundo varão advogado e o terceiro sacerdote, já que não havia cardeal ou bispo. Quanto ao mais, a Colônia era uma desolação só. Em tudo – e também nessas áreas – faltava escala e densidade, com a cascata de legados, distorções e deficiências que a questão colonial implicava: [1] o português precarizado, sofrendo a concorrência do latim como língua culta, quase monopólio, e a do nhangatu como língua da comunicação; [2] a Colônia submetida à Metrópole e dividida em dois Estados, as capitanias sem relações entre si e com contato direto com Portugal, o grande interior desconhecido e fora dos mapas, e o ideal de fidalguia lusa e fidelidade à Coroa comandando a mentalidade colonial por toda parte; [3] a proibição da imprensa e a instauração de universidades na Colônia, ficando o pouco de ensino superior existente restrito ao sistema dos jesuítas, filosofia e teologia: com fins *interna corporis* antes de tudo, os livros e os manuais vindos prontos da Europa e os títulos de mestre em artes conferidos na Colônia, com chancela eclesiástica e antes só para os clérigos, só sendo reconhecidos pela Coroa com fins gerais em 1689 (ibidem, p.121).

Este é, pois, o quadro e esta é a conclusão, ao se focalizar o tripé semiótico de Antonio Candido:

[1] o *público* colonial diminuto, extremamente minguado e clivado entre [i] o clérigo vocacionado à filosofia (descontado daquele total máximo de 630 quando a Companhia foi expulsa), a ele se somando o pupilo inaciano e de outras ordens que frequentavam os colégios e, em boa parte, destinados à teologia (na mesma época os cerca de 300 matriculados nos cursos de filosofia em todos os colégios) e [ii] o leigo das casas-grandes e dos casarios lusos das cidades, em sua maioria de passagem pelos colégios e com destino à faculdade de direito de Coimbra;

[2] o *autor* colonial, em sua maioria nem adventício era, mas havia exceções – e a maior de todas era Vieira –, e quase todos os assim chamados, que, antes de serem escritores, eram lentes, oriundos da Península: de fato, em seu conjunto, reconhecidamente o motor e o eixo da pedagogia, como lente e mestre-escola, às voltas com livros-textos – compêndios, sebentas, exegeses – e, rigorosamente, professores de filosofia, não filósofos ou pensadores;

[3] e a *obra* colonial diminuída e precarizada, como viu Serafim Leite, não havendo imprensa na Colônia, à diferença do México e de outros Vice-reinos espanhóis, e com o ensino colonial dominado pela "indústria" do livro-texto da Ibéria, ao ser trazido, copiado e recopiado à mão aqui dentro – donde a situação contrastante gerada entre o livro adventício, que mal existia, e o metropolitano, que dominava a cena colonial.

Todavia, todo esse conjunto não pode ser tomado em bloco, pois há livros e livros, autores e autores.

Por um lado, dos lotes de livros ibéricos aqui chegados, havia, [i] constituindo a base do edifício, os manuais padronizados e marcados pela mediania (média das opiniões filosóficas sem poder ousar muito e deles esperar qualquer criatividade ou originalidade), de ampla consulta e de tanto serem consultados, serem chamadas essas obras – as "postilas de filosofia" – de "sebentas", como visto; [ii] dispostos num nível acima da escala dos valores e da hierarquia colonial, os tratados e os comentários de textos, segundo o padrão de exegese, aparecendo na linha de frente os *Cursos conimbricenses* consagrados a Aristóteles, com vários autores, depois de anos de pesquisa histórica, filológica e filosófica, e considerados a perfeição máxima do gênero; e [iii] no alto, no topo do edifício, os livros de Francisco Suárez, o maior filósofo jesuíta que já existiu, e o mais importante de seus livros, considerado o livro dos livros, as *Disputationes metaphysicae*, e verdadeiro ícone das produções da Companhia, e rigorosamente autoral.

Por outro, a Colônia reduzida à sucursal, integrada, contudo, ao sistema de ensino dos jesuítas, com seu padrão internacional, dispondo de pouquíssimos livros aqui gestados, em sua maioria dentro do padrão manual, ponto ao qual volto para acrescentar alguns detalhes, ao arguir a originalidade da filosofia colonial. Havia muitos manuais ou compêndios (e, até onde se sabe, nenhum no campo da exegese), mesmo que se deixe de lado a exigência de perfeição comparável aos *Cursos conimbricenses* – pois havia outros e muito bons, embora de padrão inferior, ou mesmo igual, como outros comentários de Pedro da Fonseca. Ao fim e ao cabo, na Colônia e na Metrópole, o que não faltavam eram comentários de textos no sistema de ensino dos jesuítas, sendo a própria aula magistral comentário de texto, e todos eles, em sua maioria, vindos da Ibéria. Muito menos existiram por aqui obras autorais comparáveis ao do *Doctor eximious*, como Suárez era conhecido e reverenciado, tornando os requisitos de originalidade e de ineditismo, associados à ideia de obra autoral, definitivamente comprometidos, ao menos dentro das hostes jesuíticas (voltarei a esse ponto na seção 6 ao concluir o Passo). De fato, nem era este o propósito de uma pedagogia integral como a *Ratio* e do sistema do ensino como apostolado intelectual: não era o caso de se fabricar gênios ou eruditos, mas o cristão médio e verdadeiro. Ou, numa outra formulação: tratava-se não de formar bons latinistas, como lembra Cruz Costa, mas "bons católicos" – era esta a orientação geral da *Ratio* e da retórica dos jesuítas. Daí o que sobrava era o gênero manual ou o compêndio: eles, sim, existiram, mas eram poucos e nem sequer publicados, como mostrou Serafim Leite.

Donde a avaliação negativa que essa situação do ensino, bem como a produção intelectual da Colônia, recebeu dos estudiosos, inclusive de *experts* jesuítas como Serafim Leite e padre Vaz. Dessa avaliação negativa, de fato, não escapa nem mesmo a situação internacional e europeia, como evidencia Mac Dowel ao constatar que o sistema, depois da fase heroica da Companhia e de ter chegado ao apogeu na virada do século XVI ao XVII, iniciou a curva da decadência em meados do século XVIII, vítima que foi de uma espécie de bloqueio estrutural e histórico. Visto o sistema do ensino e a história da Ordem em conjunto, a contradição jamais resolvida "entre a abertura à novidade do contemporâneo e a fidelidade à solidez do tradicional impediu, ao que parece, os jesuítas de desenvolver um pensamento filosófico suficientemente original e coerente" (Mac Dowell, 2014, p.29) – situação que Mac Dowell atribui, ao procurar suas razões, à circunstância de ter faltado, "após as primeiras conquistas do século XVI e inícios do século XVII, as condições para um autêntico diálogo com o mundo circundante" (ibidem). Da mesma forma, o Brasil Colônia – dir-se-á –, agravado, porém, pelo Pacto Colonial que impunha a via de mão única das mercadorias, dos moldes institucionais e do fluxo das ideias da Ibéria Lusitana à *Terra Brasilis*.

Donde a redução da Colônia à condição, não digo de anexo da Metrópole, mas de sucursal e receptadora ou mesmo de "franja" do sistema. Como no caso de padre Vaz, ao usar uma imagem tomada de empréstimo do historiador norte-americano Schneider, já referida (Cruz Costa, 1967, p.3-4), levando a seus julgamentos taxativos desconcertantes, com a sua insuspeição de jesuíta e o seu conhecido equilíbrio: precisamente, ao dizer, por exemplo, que não havia vida filosófica autêntica no Brasil colonial, predominando, de norte a sul, uma produção adventícia rala e de segunda mão, conforme comentado antes. Não muito diferente será a opinião de Cruz Costa, ao dizer que essas produções, a julgar pela lista de Alcides Bezerra, não tinham nada de original, não passando de exemplares do modelo já batido e, nessas alturas, irremediavelmente desgastado da escolástica, somando-se aos jesuítas os beneditinos, franciscanos, carmelitas, *défroqués* e assemelhados.

Donde a conclusão, ao tomar o tripé semiótico de Antonio Candido como fio condutor, à luz dos filtros dos seis argumentos introduzidos, de que havia, certamente, vida filosófica e mesmo ensino superior na América portuguesa, incluindo o Estado do Brasil e o Estado do Maranhão e do Pará; não havia, porém, filosofia *brasileira*, nem mesmo *portuguesa* ou *luso-brasileira*, mas a mesma filosofia dos jesuítas encontrada pelo mundo afora, com o selo e o padrão internacional da *Ratio*: a filosofia da segunda escolástica em suma, como tal adotada no sistema de ensino da Companhia que, com o privilégio de um quase monopólio, educou nossas elites durante dois séculos, a exemplo dos sete ou oito colégios onde havia cursos de filosofia nos dois "Brasis". De resto, ensinada com os mesmos manuais e compêndios, com os mesmos tratados e comentários, e com a Metrópole suprindo a Colônia de todas as classes de livro, em sua maioria destinadas ao ensino, quase nada ao deleite, todas com o duplo *imprimatur* da Coroa e do Vaticano, ao mesmo tempo que cerceava a livre circulação dos livros gestados na Colônia quer dentro ou fora dela. Daí o bloqueio estrutural, devido ao Pacto Colonial, e a conclusão acerca da originalidade da produção intelectual – a pouca que havia no campo da filosofia colonial onde predominavam os manuais –, segundo a qual nem com muito favor, como notou padre Vaz, seria possível falar de uma filosofia colonial *brasileira*, e menos de uma filosofia *original* ou *genuinamente* brasileira.

***

Penso que a partir desses elementos, tendo como quadro comparativo mais amplo o sistema de ensino dos jesuítas no mundo inteiro, é possível sumariar os resultados e definir os três grandes arrimos da *Ratio Studiorum* e acrescentar os dois grandes eixos em torno dos quais vai girar a filosofia patrocinada pelos inacianos e difundida em suas centenas de Colégios (mais de 800), e, por extensão, no Brasil Colônia, como acabamos de ver.

Por um lado, os arrimos da *Lectio*, do *Livro* e dos *Exercícios*, à diferença da pedagogia medieval que era antes de tudo a pedagogia da *Lectio ex-cathedra do magister*, com o pupilo passivo sentado e assistindo a tudo em silêncio. Não muito diferente do que se passava nas Faculdades de Direito e de Medicina, como tive a ocasião de mostrar em artigo recente, no qual dou o exemplo de uma aula de anatomia no século XVI, na Universidade de Pádua, na Itália, com a cena característica que definia tudo: o *magister* no púlpito lendo e comentando o livro-texto e os pupilos embaixo, escutando o mestre e ao mesmo tempo atentos à dissecação do cadáver que transcorria naquele momento no centro do anfiteatro, graças aos ofícios dos auxiliares-barbeiros que tinham habilidades com uso dos instrumentos e punham a mão à massa (Domingues, 2013, p.109).[69] Ora, foi contra esse estado de coisas que se insurgiu a *Ratio*, mantendo, todavia, a centralidade do Livro e dando azo a uma pedagogia ativa, no dizer de Leonel Franca, com a *Lectio* a fazer uma parte do serviço e o Exercício, em sua variedade, o restante, com o pupilo instado a um maior protagonismo. Ou seja: uma pedagogia fundada sobre a relação dinâmica lente/pupilo, caracterizando-se pela hierarquia ou desnível no início do processo, levando depois à sua reversibilidade parcial, mas continuada, com o progresso intelectual, e chegando à reversão total no fim de tudo, com o ex-estudante formado, autônomo e virtual *magister*.

Por outro lado, ao se estender à filosofia, os dois eixos ou vetores [1] do *Homo scholasticus*, tendo ao centro o mestre-escola, a um tempo o homem da escola e do livro, e ao lado dele o pupilo-aprendiz e futuro mestre-escola, e [2] da *Segunda escolástica*, tendo Aristóteles e São Tomás ao centro, a um tempo filosofia do livro e filosofia da escola.

Já introduzido na seção anterior, cabendo agora completá-lo com as informações do período colonial, trata-se do *Homo scholasticus* modelado com o mesmo molde que na Idade Média moldou o intelectual – o erudito, o letrado ou simplesmente o clérigo – com uma cultura ornamental, o culto reverencial das autoridades, o horror às novidades e a superstição dos livros: na Idade Média uma corporação nascida das escolas catedrais e dos conventos, com domínio dos dominicanos, dos franciscanos e dos beneditinos, tendo o *magister* em sua origem mais remota o erudito, num ambiente marcado pela competição das ordens e a pluralidade dos votos religiosos, como viu Le Goff; na Colônia, como acabou-se de ver, num ambiente de monopólio dos jesuítas e com o erudito – ou antes o *magister* que já existia, o mestre-escola – como matéria-prima e que, ao longo de sua formação, irá receber no contexto da *Ratio* e do sistema de ensino dos jesuítas o *tour de force* do apostolado intelectual. Apostolado que aqui no Brasil se deu bem, ao aclimatar-se e prestar seus serviços a uma incipiente, como disse Cruz Costa, "civilização patriarcal, latifundiária e escravocrata", ensinando às elites e aos seus filhos as primeiras letras e preparando-as em seus colégios, diretamente ou depois de voltar de Portugal, para os altos escalões da Colônia. Tudo isso, nos quadros de uma verdadeira *Bildung*, como legado do conjunto da obra educativa e formadora da Companhia de Jesus no Brasil Colônia, e com o resultado

---

69 Ver também o Anexo 124-127, no qual são fornecidas as informações contextuais e são apresentadas as capas de dois livros-texto usados na época.

que caracterizou a obra, ainda que a contragosto e não intencionado pelo clérigo jesuíta: o formalismo e o *páthos* da distância das hierarquias, o gosto pela fórmula e a pompa, como relatado por Serafim Leite, e, ainda, a disseminação da cultura livresca que, segundo Cruz Costa, nos marcou profundamente desde os tempos coloniais e "da qual não faz muito começamos a liberar" (Cruz Costa, 1967, p.388).

Por fim, ao considerar as informações contextuais adicionadas, a *Segunda escolástica* é, antes de tudo, obra dos jesuítas espanhóis e portugueses disseminada na Península, depois nas Américas e antes mesmo da *Ratio*, que a herdou ao mesmo tempo que a patrocinou, adotando, nos colégios e seminários espalhados pelo mundo, os mesmos livros, com os mesmos propósitos e em latim, que era a língua franca da Companhia e da Igreja. Assim, como visto, o *Cursus conimbricensis*, com vários volumes, de largo uso em Portugal e no Brasil Colônia, e as obras maiores de Francisco Suárez, como o *De legibus* e as *Disputiones metaphysicae*, que elevaram a filosofia da escola aos pincaros. Aqui, fazendo parte do mesmo gênero e difundindo a filosofia da escola entre nós, as teses de *magister philosophiae* defendidas em Salvador, no Rio de Janeiro e São Luís.

7. O *ETHOS* DA PEDAGOGIA DOS JESUÍTAS E O ENSINO DA FILOSOFIA: O INTELECTUAL ORGÂNICO DA IGREJA E DA COLÔNIA

Tendo já finalizado o exame de uma das *legs* da pedagogia da *Ratio*, o argumento da filosofia da escola e o papel da segunda escolástica, configurando o seu eixo filosófico, com Aristóteles ao centro secundado por Tomás de Aquino, e com a discussão da segunda *leg* já encaminhada, o argumento do *Homo academicus* e sua vertente jesuítica: o *Homo scholasticus*, é hora de terminar o quadro esboçado e chegar às conclusões finais. O roteiro a ser cumprido nos colocará na rota não mais da semiótica do tripé autor-obra--público, mas da história intelectual, com o *autor* cedendo passagem ao intelectual e, portanto, ao processo de formação do intelectual e pensador da Colônia. Vale dizer, o intelectual como uma entidade coletiva, não este ou aquele, mas com relação a uma corporação e a um ofício: à corporação dos intelectuais – lentes, clérigos, diretores espirituais, visitadores e provinciais – e, como tal, indiferente à clivagem mestre/aprendiz, devido à sua anulação e mesmo reversão ao longo do processo, e associada às suas várias funções, bem como aos seus diversos ofícios no mundo das letras e nas atividades de ensino. Trata-se, em suma, de uma inteligência coletiva ou simplesmente a intelectualidade ou ainda a *intelligentsia*, a qual – pelo fato de ser um grupo ou uma entidade coletiva – não quer dizer que seja uma comunidade inteira ou todo um povo. Mas uma elite, uma elite que só chegou ali por meio da educação, por ter adquirido a *techne* e o embasamento, determinando-se, por um lado, como uma verdadeira aristocracia, a aristocracia intelectual dos bem pensantes, e, por outro, como um ofício, com regras de acesso e um *ethos* próprio. Assim os mandarins chineses, e como será também o caso do intelectual jesuíta saído da corporação dos clérigos da Companhia e que, funcionalmente, se determinará em seus diversos ofícios ligados ao seu apostolado intelectual como intelectual orgânico da Igreja e, antes da Igreja como um todo, da Companhia.

O esforço, então, consistirá em traçar não a história desse intelectual, do intelectual orgânico da Companhia de Jesus, que deverá ficar a cargo do historiador da cultura, da religião e da Igreja, sem dúvida com seus prestimosos serviços. Em vez disso, traçar o "tipo ideal" desse pensador-intelectual, com cuja ajuda, weberianamente falando, essa história poderá ser pensada, e introduzir em sua construção ou modelagem um *tour de force* analítico com o intuito de trazer o tipo em apreço para o terreno da metafilosofia: esta, nesse novo contexto, além de perguntar pela natureza da filosofia da filosofia escolástica e pela sua *ratio* ou sua *techne*, como eu vinha fazendo, deverá perguntar também pela natureza do trabalho intelectual que funda a filosofia e está ligado à experiência do filosofar, nucleando-a, e ainda por seu *ethos*, o *ethos* do filósofo como intelectual e seu ofício de pensador. Então, o desafio da construção do tipo, o tipo ideal do intelectual jesuíta que vê a inserção de suas atividades no ensino antes de tudo como apostolado intelectual – e, além desse tipo, *of course*, haverá outros, como será visto nos outros Passos –, consistirá em atar os fios que irão ligar o *Homo academicus*, o *Homo scholasticus* e o jesuíta letrado e pensador, resultando na figura do intelectual orgânico da Igreja acima referido. Uma figura que, em sua unidade proteiforme, cristalizará todo o conjunto.

Para tanto, fui buscar apoio em dois autores, que se revelaram essenciais na modelagem do tipo.

Max Weber, como era óbvio, forneceu-me os parâmetros da sua construção dos tipos em sociologia, ao associar a história e a lógica, mediante um uso bastante parcimonioso da lógica modal em sua versão básica aristotélica, ao remanejar o argumento dos futuros contingentes, com Weber trazendo-o para o campo da história: ao explorar a variação de cenários do campo das ações possíveis, por definição abertos onde o que é pode não ser e o que não é pode ser, ao considerar as restrições do real e "ensanduichar" as ações abertas e o fechamento da história passada, é todo um conjunto de fenômenos históricos e sociais que poderá ser pensado sem cair nos dois extremos aporéticos: o necessitarismo, que leva ao fatalismo da ação e anula a liberdade do agente, tudo estando inscrito nas estrelas desde o início dos tempos; o contingencialismo, que nega o encadeamento da ação e qualquer constância do mundo humano, tornando tudo virtualmente possível, inclusive a reversão dos processos históricos, como a volta de Napoleão um dia e ele ganhar a batalha de Waterloo, e transformando a liberdade em desregramento e pura licenciosidade. Transplantada para as experiências intelectuais tais como elas se oferecem na história intelectual e da cultura, a metodologia de sua construção, ao seguir as pegadas de Weber, permitirá a atribuição tanto das constâncias ou dos traços constantes daquelas experiências quanto das variações ou dos afastamentos – e isto, significativamente, sem que a existência dessas variações signifique ou acarrete a destruição do tipo, ao tomar erroneamente as discrepâncias como contradições e não como diferenças ou variações no interior de um modelo. Este será o caso do intelectual da Colônia visto na perspectiva do intelectual orgânico da Igreja ou o jesuíta.

O outro autor é Jacques Le Goff, em sua brilhante *Os intelectuais na Idade Média*, obra que, com uma proposta diferente e uma perspectiva complementar à de Weber, sem falar de tipos ideais, possibilitou-me ter acesso aos meios para juntar dois elementos: [1] a segunda escolástica, de que ele não fala, e a escolástica medieval, de que ele fala pouco (porque não é filósofo), mas o bastante, ao retraçar o papel das disputas no ambiente intelectual medieval; [2] o *Homo academicus* jesuíta moderno e o *Homo academicus* medieval: o escolástico ou o professor da escola, ou, antes, da universidade.

Ora, deixando de lado a escolástica, já tratada suficientemente na seção anterior, Le Goff me proporcionou justamente os meios para pensar a gênese do intelectual medieval como corporação e ente coletivo, e, desde logo, desgarrado do erudito solitário já existente aos montes naqueles tempos. Além desses meios, ou seja, os conceitos e a informação histórica, deu-me o nome e a pista que me levaram à intelectualidade da Companhia de Jesus, ao designar esse novo ente em sua função a um tempo intelectual e coletiva, quando se viu definitivamente associado a um pupilo, este na situação de aprendiz e, como aliás, em todas corporações medievais.

Assim, a gênese, ou melhor, a tríplice gênese do intelectual moderno e medieval se dá: [1] na *universidade*, antes de tudo, onde as luzes do intelecto se propagam do ponto mais alto do saber e assim chegam mais longe, sem os obstáculos da platitude da experiência cotidiana e dos preconceitos do senso comum; [2] na *cidade*, onde as universidades estão localizadas, espalhadas na malha urbana assim como as medievais, a exemplo de Cambridge e de Oxford, e, ainda, perto das igrejas ou acomodadas em suas dependências, como nas escolas catedrais de Chartres ou de Paris: segundo Le Goff, não foi nada acidental que a maioria das principais universidades europeias tenha surgido justamente no século XIII, que é uma espécie de renascença medieval, quando a cultura do medievo chega ao seu esplendor e quando as cidades medievais são reinventadas e passam a ter uma vida – precisamente, deixando de ser burgos acanhados e se transformando em *cities* dinâmicas e resplandecentes, como na França e na Itália; e [3] no *métier*, na esteira das corporações de ofícios medievais, levando – a exemplo de outras profissões – à criação do ofício do *magister* ou dos mestres-professores, com suas guildas e estatuto próprio, e com os graus acadêmicos evocando essa origem no artesanato, como mestre em artes, licença para ensinar e assim por diante. Ora, ao seguir as pegadas de Le Goff, cuidei, então, de evidenciar o duplo nexo do novo *métier* com as universidades e as cidades do medievo, tendo a Igreja como grande protagonista nas duas pontas da cadeia: tratava-se de um ofício urbano e intelectual de mestres-professores vivendo nas cidades e vinculados a uma universidade ou a algo equivalente; havendo a variante em que o *magister* vive a soldo da igreja ou de alguma ordem religiosa, ou recebe "propina" da família dos estudantes; e tendo a maioria das universidades medievais surgido como associações de professores, com os bispados e as comunas na linha de frente, ao contratá-los e prover os estabelecimentos: estes foram os casos das Universidades de Paris, de Oxford e de Cambridge, cujas associações eram ligadas às igrejas, em contraste com a de Bologna, que era ligada à comuna e nasceu como associação de estudantes, que contratou os professores, avulsos no início, e se organizando depois em corporações, como em outras cidades.

Esclarecido isso, nada mais fácil do que traçar o paralelo entre a *intelligentsia* dos jesuítas modernos com a intelectualidade medieval, como evidenciado ao longo da seção anterior, quando ficou estabelecida sua vinculação orgânica, congênita. Primeiro, com o equivalente da universidade na Colônia que foram o *colégio* e o *seminário* dos jesuítas, ao menos os sete ou oito principais colégios várias vezes referidos; segundo, com as *cidades*, instalando-se todos os dezessete colégios e seminários no meio ou no centro delas, por pequenas que fossem, mas cidades, sem o resplendor das europeias medievais, espalhadas de norte a sul, e o último no interior de Minas Gerais: a alternativa eram as abadias e os conventos, mas esta não era a opção do apostolado jesuítico, que esperava pregar e ensinar no mundo e não trancar-se em fortalezas no alto das montanhas; terceiro, com o *métier* de professor, como função de uma corporação religiosa, treinada para o ofício de ensinar, sem a necessidade de cobrar propinas pelo trabalho, mas sob a custódia da Companhia, com suas fontes próprias de recursos e os donativos da Coroa.

Já o nome desse ente coletivo, que mais do que a questão nominal ou vocabular remete ao conceito em sua dupla dimensão mental e objetual – a coisa –, Le Goff algo lateralmente vai escolher a certa altura a expressão "intelectual orgânico", já referida várias vezes e à qual eu chegara antes por vias independentes, e em outros contextos, vendo-me agora diante das mesmas analogias e da tentação de empregá-la. No caso de Le Goff, ao se referir a uma época em que o termo intelectual em sua forma nominal e substantivada não existia (o intelectual ou os intelectuais),[70] mas apenas como adjetivo e qualidade das funções espirituais, ele tinha à sua disposição o termo *clerc*. Palavra francesa que se remete a *clergé* e ao latim *clericus*, correspondendo ao português clérigo, e podendo em francês designar o monge e o seminarista, bem como o sábio e o erudito, além do notário e outros *métiers* do direito, encontrados também no inglês *clerk*. Antes dele, bem antes de fato, Julien Benda (2003) em seu famoso livro *La trahison des clercs* (traduzido em português como *A traição dos intelectuais*) já tinha explorado a ambiguidade do termo e o resultado foi um livro que fez época, como é sabido. Le Goff, se o quisesse, poderia ter feito algo parecido, explorando igualmente a ambiguidade do seu jeito e a seu favor. Todavia, não o fez, com a desculpa de que o *clerc* designava, antes de tudo, o monge, ocupado demais nos ofícios religiosos e em outras atividades próprias à vida monástica, não podendo assumir, senão ao acaso e fugazmente, o ofício "de professores, de eruditos e de escritores". Dessa forma, mesmo que os *clercs* o anunciem, e parece que esse foi o caso, "o intelectual dos séculos futuros não o são ainda eles próprios" (Le Goff, 2003, p.30). Simplesmente, aquele a que se está chamando propriamente de intelectual não será encontrado nas abadias e nos monastérios incrustados no alto das montanhas, mas nas cidades e por volta do século XII. E, arremata Le Goff, não se trata de um Alcuíno ou de Loup de Ferrières, que eram eruditos e gostavam de livros, eminentes autoridades e bem pensantes, ocupados em atividades do Estado e da Igreja, mas de "um homem cujo ofício é escrever ou ensinar, e de preferência as duas coisas a um só tempo, um homem que, profissionalmente, tem uma atividade de

---

70 O dicionário de francês *Le Petit Robert* data sua origem e uso como adjetivo de 1265, depois consagrada na distinção trabalho manual e trabalho intelectual, e acusa sua substantivação em fins do século XIX, quando passa a designar uma classe de homens e um *métier* ou profissão.

professor e de erudito, em resumo, um intelectual – esse homem só aparecerá com as cidades" (ibidem), e – acrescento eu, seguindo os passos de Le Goff – com as universidades, onde, contratado pelas igrejas ou sob sua custódia, se ocupará inteiramente do ofício de ensinar como *métier*, consumando a tríplice gênese donde surgirá o intelectual medieval. De fato, não apenas o medieval, pois na sua esteira aparecerá o intelectual moderno, como tenciono mostrar, e também o intelectual da Companhia de Jesus.

Para minha surpresa, em vez de recorrer a Benda e usar *clerc*, Le Goff não hesita em recorrer a Gramsci e em empregar a expressão "intelectual orgânico", deixando de lado, porém, outras acepções importantes que a expressão e suas oponentes carregam no ilustre italiano e que são importantes para calibrar o tipo ideal dessa figura ao fazer o trânsito para o jesuíta. Assim escreve ele, juntando as pontas do sistema chinês do exame, que caracteriza o mandarinato e cria um poder fundado sobre a meritocracia, e do seu correlato na universidade medieval com seus mandarins (os intelectuais), seus exames permanentes e seus serviços prestados ao Estado e à Igreja:

> No termo dessa evolução profissional, social e institucional há um objetivo: o poder. Os intelectuais medievais não fogem ao esquema gramsciano, a bem dizer muito geral, porém operacional. Numa sociedade ideologicamente controlada muito de perto pela Igreja e politicamente cada vez mais enquadrada por uma burocracia dupla – leiga e eclesiástica [...] –, os intelectuais da Idade Média são, antes de tudo, intelectuais "orgânicos", fiéis servidores da Igreja e do Estado. As universidades tornam-se cada vez mais viveiros de "altos funcionários". Muitos deles, entretanto, porque a função intelectual, a "liberdade" universitária, apesar das limitações, ali se desenvolve, são mais ou menos intelectuais "críticos", o limiar sendo o da heresia. (Ibidem, p.10-11)

Todavia, por mais importante que tenha sido e por mais massiva que tenha sido essa experiência tão medieval, fosse qual fosse o seu tipo geral – pois havia particularidades ao se passar de um condado a outro e de uma universidade a outra, e mesmo de uma faculdade a outra –, a sua existência geral como ente coletivo não quer dizer que ele reinou sozinho nesse vasto período. No outro extremo, como contraponto, vai surgir e imperar o intelectual desgarrado e caracterizado pelo inconformismo, em meio ao mais desabusado dos individualismos e não tendo nada de orgânico e do *clerc*: como seu antípoda, então, o intelectual boêmio e laico que despontará, com circunscrição e atuação diferentes, um pouco precarizado no início, mas que terá uma longevidade extraordinária, chegando aos tempos modernos e inclusive sobrevivendo ao *clerc*. Trata-se, assim, de um agrupamento eclético, chamado por Le Goff de "goliardo", termo com etimologia incerta podendo designar na origem tanto "gula" como o gigante "Golias" ou *gaillard* (alegre), e que, no mundo das letras, designará os poetas consagrados a peças satíricas, como em *Carmina Burana*. Trata-se, com efeito, de uma figura relevante cuja importância crescerá com o tempo, quando irá adquirir outras determinações e se tornará sociologicamente mais robusta. Figura à qual Le Goff chega a percorrer os fios de uma outra gênese histórica do intelectual medieval, porém sem chegar ao seu ancestral primevo (quem será ele? o aristocrata desencaminhado ou o erudito *défroqué*?), e figura à qual referir-me-ei na próxima seção, já fora do ambiente do intelectual medieval *standard* e do intelectual orgânico jesuíta – ambos vistos como uma verdadeira aristocracia espiritual, antes de tudo meritocrática, tendo como ancestral o mandarim chinês.

Como Le Goff, conforme antecipado, cheguei à expressão, ou, antes, à figura do pensador que ela designa, porém por outros caminhos, explorando uma pista de Antonio Gramsci (2000), ao distinguir, nos *Cadernos do cárcere*, dois tipos de intelectuais: [1] o intelectual tradicional, composto pelos clérigos, filósofos e escritores; [2] o intelectual orgânico, que, em sua vertente burguesa (o intelectual orgânico à burguesia), inclui o engenheiro, o economista, o advogado, o administrador, o jornalista e o agente público atuante nas mais distintas esferas do Estado: ou seja, um agrupamento social diversificado, composto por segmentos com *backgrounds* específicos e funcionalmente definidos – é este o traço que os une – como "funcionários da superestrutura", com a missão de implantar uma ordem e um conjunto de dispositivos conforme à ordem burguesa ou capitalista. Paralelamente, revelando a flexibilidade do emprego da expressão "intelectual orgânico", há o intelectual orgânico ao proletariado, constituído pelo indivíduo ou a organização social (sindicato, partido político, corpo profissional etc.) que se propõe a assumir inúmeras tarefas no processo de superação da sociedade de classes, sobretudo três, com perfis dialeticamente articulados: as de cunho científico-filosófico, as de tipo educativo-cultural e as tarefas diretamente políticas (Gramsci, 2000).

Reconhecido isso, o paralelo entre Le Goff e Gramsci, ou melhor, entre o "meu" Gramsci e "o" de Le Goff não é completo, levando-me a me afastar de um e de outro ao traçar o perfil do intelectual jesuíta, carregando-o com algumas notas do intelectual tradicional e buscando sua gênese no *clerc*, que leva ao *clergé* da Companhia de Jesus. Em seu conjunto, funcionalmente definido em suas atividades de ensino como apostolado intelectual e cujo ponto de partida ou matéria-prima, ao traçar o tipo puro, é o mestre-escola: a alternativa era o erudito, em sua dupla vertente *clerical*, cujo ícone é o monge beneditino dedicando a vida inteira a copiar os livros santos, e *laica*, como no humanista renascentista. Porém, não é aqui que estaremos no bom caminho para retraçar a via histórica que nos leva ao intelectual jesuíta, que se vê como um apóstolo da verdade e semeando-a no mundo, não como erudito enfurnado em livros e trancado nas abadias e no fundo das catedrais.

A hipótese é que os intelectuais do Brasil Colônia integravam um dos componentes dos intelectuais tradicionais, na acepção de Gramsci – os clérigos e mais precisamente o sacerdote jesuíta –, mas funcionalmente definidos como *intelectual orgânico à Igreja* – antes de tudo – e ao *Trono* – de um modo menos essencial, como se verá depois, com a Companhia se transformando num verdadeiro Estado dentro do Estado. Em abono a essa redefinição conceitual, pode-se apontar duas constantes ou dois traços distintivos que definem os jesuítas e sua missão nas Américas espanhola e lusitana: [1] a militância e o fervor na catequese dos nativos, observados desde os tempos de Nóbrega e Anchieta; [2] o zelo e o empenho no embate teológico-religioso contra ordens religiosas rivais e outras igrejas cristãs (pois a organização dos jesuítas é de cunho militar e o contexto de seu surgimento é a Contrarreforma).

Tratando-se de um tipo, e, mais ainda, de um tipo puro, aplicado a uma categoria da ação – e sendo a ação o terreno da contingência, onde o que é pode não ser e o que não é pode ser, e, portanto, longe da ordem das essências e das quididades, conforme mostrarei na sequência –, nada impede que esses traços definidores do intelectual orgânico da Igreja cedam lugar a outros. Assim, por exemplo, pode ser que desapareça o ímpeto militante dos tempos heroicos e irrompa nos meios históricos um tipo menos ascético e mais pragmático adaptado aos tempos novos. Foi em parte o que aconteceu com a Companhia de Jesus nestas paragens, quando as igrejas, como a da Bahia, deixam de ser construídas com palha e taipa, as reduções cedem a vez aos latifúndios imensos, os braços livres se substituem por uma massa de escravos e as ações nesse mundo se convertem em rotinas e negócios. Porém, quando isso acontece, já perto do fim do período colonial, não se está mais diante do intelectual orgânico de Gramsci, mas do intelectual tradicional – vestido de batina negra ou não, pouco importa, tendo cedido o posto ao bacharel do direito.

A escolha do termo, pois, não foi nada arbitrária, e ela nos coloca na rota que irá nos levar em linha direta ao intelectual do Brasil Colônia: o jesuíta mestre-escola. É o que, aliás, autoriza Le Goff, em cuja descrição do intelectual medieval inclui o *magister* ao lado do erudito e o coloca na raiz da atividade intelectual, ainda que não tenha buscado a sua gênese no *clerc* ou no *clergé*:

> Entre tantas palavras: eruditos, doutos, clérigos, pensadores (a terminologia do mundo do pensamento sempre foi vaga), essa [escolha] designa um meio com contornos bem definidos: o dos mestres das escolas. Anuncia-se na Alta Idade Média, desenvolve-se nas escolas urbanas do século XII, desabrocha a partir do século XIII nas universidades. Designa aqueles cujo ofício é pensar e ensinar seu pensamento. Essa aliança da reflexão pessoal e de sua difusão num ensino caracteriza o intelectual. (Le Goff, 2003, p.23)

Em suma, trata-se de um tipo com circunscrição histórica e função social bem definidas, incluindo uma multidão de *clercs* ou mestres-pensadores, por assim dizer, consagrados ao *métier* de pensar e ensinar, e excluindo outros tantos, menos numerosos, mas significativos: precisamente, aqueles que comporão o agrupamento dos "goliardos", ao deixar de lado os poetas e os cronistas, afastados do ensino e mergulhados em outros afazeres – ao mesmo tempo, no tocante aos *magisters*, tão iguais, por serem modelados por um mesmo molde, e tão diferentes em seu jeito de ser e maneira de agir, como o são Abelardo, Guilherme de Ockham, Alberto Magno e Siger de Brabante (ibidem, p.25). E mais: em seus ofícios cotidianos e rotinizados, no contexto medieval, gozando dos favores do rei e da proteção da Igreja, aos quais se viram definitivamente ligados; tão forte era o liame que contra um deles podiam insurgir-se ou se indispor, mas nunca com os dois simultaneamente, sob pena de perder o chão, parar nas masmorras reais ou ser lançado à fogueira ou ir parar no estrangeiro em exílio penitente, por lá ficando ou depois voltar.

Ora, não será diferente a situação do intelectual orgânico da Colônia, que sempre esteve às voltas com dois senhores, a Igreja e a Coroa, com suas ações ora tangenciando uma e outra, ora mais próximo de uma do que de outra, no contexto do Pacto Colonial, com as desconfianças sobre a sua atuação e real intenção aumentando ao longo do período.

Prosseguindo com o paralelo e a comparação, essencial ao método que está sendo construído, ao combinar os elementos *in absentia* e *in praesentia*, acrescento que, sendo um tipo ideal, o modelo deverá ser flexibilizado ao se aplicar aos dois contextos, e contextos diferentes em suma. Assim, no tocante às atividades intelectuais, o tipo, se fosse construído para o intelectual medieval – coisa que Le Goff não faz e nem era a sua proposta, da mesma forma que não é a minha –, deveria abarcar um gradiente, com as mais diferentes figuras e funções. A título de exercício, aquele que fosse construir o tipo poderia dispor os grandes criadores à frente, filósofos e teólogos da estirpe de um Santo Anselmo, de um Santo Agostinho e de um São Tomás, e, um pouco mais afastado ou num degrau mais baixo do quadro, poderia incluir os serviços e dedicações de milhares de divulgadores, copistas, iluminuristas e outros tantos artesãos anônimos. Variando-se as ênfases e os contextos, pode-se então vaticinar um quadro com um grau mais baixo e um grau mais alto de realidade (ou de "racionalidade" no sentido de Weber), com os intelectuais das universidades tendo a primazia e ocupando o topo do sistema. Foi o que ocorreu com a universidade medieval na época em que ela foi criada, quando se viu polarizada por dois modelos, conforme antecipado: [1] o da Universidade de Bolonha, em sua origem laica, gravitando em torno da faculdade de direito, mas sem nunca poder dispensar a arbitragem do Papa nas ocasiões das crises mais graves, e tendo mais tarde incorporado a faculdade de teologia; [2] o modelo da Universidade de Paris, mas também das Universidades de Oxford e de Cambridge, em sua origem religiosa, ou melhor, eclesiástica, com a faculdade de teologia no centro e as de direito e medicina em posições laterais, mas ainda assim importantes. O esforço então será mostrar – não sem quebrar o paralelo em pontos sensíveis, ao reconhecer as variantes do modelo do intelectual nos mais variados ambientes históricos – que na Colônia se daria algo parecido e ao mesmo tempo contrastante. Precisamente, com os jesuítas na testa do modelo em situação de virtual monopólio, aparecendo Suárez como o grande farol, que ilumina tudo desde a Ibéria, secundado pelos conimbricenses, havendo também os jesuítas-copistas, numa América portuguesa demasiadamente rude e com poucas luzes do intelecto, e por todo o tempo em que a imprensa esteve proibida por aqui.

Terminadas essas considerações, depois de uma longa caminhada quando o avesso e o direito do Pacto Colonial foi mostrado, assim como foram evidenciados os dois eixos ou vetores do sistema educacional dos jesuítas – por um lado, a *Ratio Studiorum* e a filosofia propagada nos Colégios: a 2ª escolástica; por outro, o mestre-escola dos colégios (os "lentes") e o *ethos* do intelectual jesuíta como apostolado espiritual e intelectual orgânico da Igreja, a saber: o *Homo scholasticus* –, pode-se agora fornecer o tipo ideal do intelectual do Brasil Colônia, elencando seus traços distintivos, e perguntar afinal quem ou qual dos padres da Companhia melhor o encarna ou é o melhor candidato para assumir o papel de modelo. Os traços distintivos são:

[1] *Ascetismo intramundano*: pois o jesuíta é um asceta (*askesis*, ou seja, exercício + disciplina) e como um cruzado se propõe a purificar o mundo, agindo dentro dele (donde intramundano), e não fugindo e se instalando fora dele, como nas ordens dos claustros e dos monges (ascetismo extramundano);

[2] *Ativismo*: a ação do jesuíta é um apostolado e busca a eficácia da ação, e, à diferença do puritano protestante que busca coisas parecidas (ambos são ascetas), a ação do jesuíta está caracterizada pelo ajustamento do clérigo ao mundo (ascetismo pragmático intramundano), não pela recusa do mundo e sua reforma purista como o asceta protestante (ascetismo rigorista intramudano);

[3] *Racionalismo*: contraparte do ascetismo, fundado na crença nos poderes da *ratio* e da razão iluminada pela fé (*ratio fide illustrata*), estabelecendo o comércio entre a ciência e a piedade, como estipulado pela *Ratio Studiorum*;

[4] *Salvacionismo*: contraparte do ativismo, visado não como método, mas pelos fins da ação, com o apostolado inaciano definido como salvação pelas obras, obras da fé e operadas pela fé, tudo *ad majorem Dei gloriam*;

[5] *Dualismo*, no caso do jesuíta do Brasil Colônia (efeito de contexto), entre o Missionário da Colônia, engajado nas ações de catequese, e o Clérigo mestre-escola, tendo o latim como língua e a *Ratio Studiorum* como guia.[71]

---

71 Sobre o dualismo, para ele ser bem compreendido e aplicado com proveito ao real comum, as duas linhas não poderão ser interpretadas como duas linhas paralelas que jamais se tocam, nem como as duas partes da forquilha com um tronco em comum e sem passagem entre as duas extremidades, como se houvesse um vácuo ou o vazio entre elas, mas como um gradiente num conjunto, ou caminhos com interseções e atalhos, ou dois conjuntos concêntricos dentro de um conjunto maior, ou como dois eixos saídos de um mesmo conjunto e a ele voltando, ou uma mesma linha ligando dois extremos diferentes – pouco importa, desde que fique assegurada a passagem ou a comunicação. Simplesmente, sendo um tipo ideal, com a possibilidade de o real comum e o ideal em sua pureza discreparem, pode-se ter *in concreto* aquele clérigo totalmente dedicado às ações de catequese, enfurnado no Maranhão e sem sair da Colônia, ou então passar a vida inteira consagrado a um outro tipo de apostado: a atividade de ensino como apostolado intelectual, como vimos nas seções precedentes. Poderão prevalecer outras variantes, inclusive o clérigo passar toda a vida no Vaticano, na chancelaria da Ordem ou do Papa, sem pôr os pés nas Colônias e sem pregar diretamente a boa-nova no mundo. O dualismo em apreço, porém, é contextual e foi isolado como traço ou constante para pensar a ação do clérigo jesuíta no Brasil Colônia. Quanto ao mais, o ideal é articular os dois e transitar de um polo a outro, não sendo as duas ações, nas reduções e nos colégios, outra coisa senão as duas faces do mesmo apostolado. Em outros contextos, o dualismo poderá aparecer nas ações do clérigo dentro da Companhia mediante suas pregações

Quanto aos candidatos ao posto do modelo do intelectual orgânico da Igreja, cuja "instanciação" – para usar os favores do anglicismo – no contexto em apreço é o intelectual jesuíta como um cruzado e um missionário, soldado de Cristo e cidadão do mundo, várias eram as possibilidades. Um dos candidatos certamente seria Pedro da Fonseca, o *Homo scholasticus* por excelência, considerado o Aristóteles português, com várias obras publicadas, como *Instituições dialéticas* (1564) e *Commentariorum in libros Metaphysicorum Aristotelis* (4 volumes: 1577, 1589, 1604 e 1612), e a credencial de ter-se integrado à primeira comissão encarregada da redação da *Ratio Studiorum*, depois dissolvida e substituída por outra; Fonseca foi logo descartado, por nunca ter posto os pés no Brasil. O outro nome, rival de Fonseca e do fonsequismo, em situação de dissidência e na origem do partido rival do sanchismo, é o médico e filósofo Francisco Sanches, que não era jesuíta e cuja obra teve grande irradiação e influência, segundo os especialistas, inclusive por aqui: descartado por seu antiaristotelismo militante e sua máquina de guerra contra a escolástica, a velha e a nova, não tendo nunca posto os pés no Brasil e passando quase toda a sua vida na França. Outro nome ainda é o de frei Vicente do Salvador, com a reputação de ser o primeiro historiador do Brasil, tendo publicado, em 1627, a obra fundadora *História do Brasil*, depois de passar pelo Colégio dos Jesuítas na Bahia e por Coimbra, onde estudou direito e teologia: descartado, porque não era jesuíta, mas franciscano, e suas duas obras não tinham lastro filosófico. Descartados esses, havia dois jesuítas com as credenciais: um, atuando no Rio de Janeiro, o padre Francisco de Faria, já citado e de quem Serafim Leite fornece o perfil;[72] o outro, Bento da Fonseca, atuando no Maranhão, segundo Leite com muito prestígio dentro da Companhia (Leite, 1948, p.124), e que depois voltou para Portugal, ao trocar o colégio de São Luís pelo de Évora, ao que parece.

Todavia, havia outro candidato com um vulto e um raio de influência incomparavelmente maiores, o padre Vieira, embora não fosse propriamente um filósofo e um *Homo scholasticus*, na acepção do erudito retraído. Em vez disso, era um homem da escola no sentido do homem do livro e das letras, pois Vieira ensinou retórica em cursos de humanidades e escreveu

---

no mundo, podendo levar à sua cisão, com a consequente recusa do ambiente circundante, e justificar a famosa restrição mental que acompanha a casuística moral dos jesuítas.

72 Leite (1949, p.216-217) informa que ele era pernambucano, ensinava, além de filosofia, humanidades e teologia, foi membro e presidente da Academia dos Seletos com sede no Rio de Janeiro e passou seus últimos dias em Lisboa e depois Roma, depois de deportado em 1760, com a proscrição da Companhia, tendo entrado para a Ordem de São João de Deus.

muito, sermões e epistolários antes de tudo, numa época em que, nos ofícios da Companhia, filosofia e teologia não se distinguiam tanto assim. Um homem da escola, como Francisco de Faria e Bento da Fonseca, e algo mais, juntando-se a esta a credencial de *clerc* e homem da corporação: este *plus*, ao assumir, por exemplo, a função de Visitador geral do Brasil e, assim, de "curador" – para não dizer "corregedor" – do *ethos* do apostolado intelectual da Companhia, com a missão de verificar *in loco* a sua observância ou não, como nota Serafim Leite, ao relatar uma de suas visitas à Bahia, em 1688 (ibidem, p.121). Porém, antes de tudo, um pensador e um apóstolo da Igreja, bem como um homem de ação, na dupla acepção de missionário da Companhia e de assessor do rei, somando-se a de cidadão do mundo, alterando longas permanências no Brasil e na Europa.

Ora, ao se falar aqui de Vieira, está-se a falar de um tipo ideal, e, sendo ideal, a figura que o encarna ou o realiza pode dele discrepar e se afastar em mais de um ponto. Quanto ao tipo, cuja figura que lhe dá concreção deverá ser antes purificada e idealizada, pode-se então estabelecer com respeito a Vieira, não o Vieira histórico, mas o Vieira emblema ou o Vieira modelo, a satisfação dos cinco traços acima elencados: [1] Ascetismo: pois o grande jesuíta era um asceta e tinha a disciplina de um cadáver, como dizia Santo Inácio, tendo partido como um cruzado para purificar o mundo, em defesa do nativo e do escravo, este não tanto, além dos judeus, o que iria lhe custar muito caro – ascetismo que aliás combina com o misticismo e o profetismo, sendo ele sebastianista e tendo escrito livros proféticos nos quais expressa a firme convicção da proximidade do Quinto Reino, ao prever, além da volta do monarca desaparecido na África, a ressurreição de D. João IV, seu protetor, e a implantação do império de Deus sobre a Terra, conforme a profecia de Daniel; [2] Ativismo: pois Vieira nunca se trancou na erudição e jamais recusou *in limine* o mundo, tendo, ao contrário, nele se embrenhado em suas ações de apostolado, evidenciando profundo senso de realidade, bem como capacidade de adaptação às situações, nos cafundós do Maranhão, no interior da Bahia e na capital do Reino; [3] Racionalismo: pois Vieira acreditava nos poderes da razão e na aliança da *scientia* e da *piedade*, tendo colocado a sua poderosa retórica a serviço da Igreja e da Cristandade, como nos 200 sermões que escreveu, repletos de imagens bíblicas e mensagens salvíficas; [4] Salvacionismo: pois a fé salva e opera milagres, como no episódio do naufrágio na costa africana e a salvação do grupo atribuída por ele à intercessão de Nossa Senhora, que lhe atendeu o pedido de misericórdia, devendo, cada um dos náufragos, devotar à mãe de Deus, em cada dia, a prece prometida em paga até o fim de suas vidas; [5] Dualismo: ou seja, a dualidade militante do missionário da Colônia e do homem do mundo, pois Vieira [i] foi um grande catequizador, falava nhangatu com o nativo, que o chamava de *paiaçú* (pai grande), e se embrenhou pelas terras do Maranhão adentro pregando a boa-nova e dando tudo de si para salvar o colono e o nativo deles mesmos e da vida de pecado, numa ação em que muitos viram o paralelismo com a de Manuel da Nóbrega no sul do Brasil; [ii] foi também político e diplomata no reino, em missões delegadas por D. João IV, ou como refugiado, com a proteção do Papa, no Vaticano, antes de voltar ao Brasil. Foi, então, como intelectual cosmopolita, ao levar até o fim sua missão de cidadão do mundo e intelectual orgânico da Igreja/Coroa, que o jesuíta descobriu, ao mesmo tempo, coexistindo juntas, os céus da ação humana santificada e purificadora, e a descida aos infernos da política, perseguido pela Inquisição e preso em Lisboa.

Todavia, Vieira não era filósofo, mas um pensador religioso, nem professor ou lente, mas um homem de ação e um retórico brilhante – um dos maiores da história do Ocidente –, e cuja obra, não obstante, em claro testemunho da excelente formação teológico-filosófica recebida pelo jovem luso-brasileiro no Colégio da Bahia, tem grande interesse filosófico: não que fosse uma unanimidade, tendo a mexicana sóror Juana discordado dele, porém ainda despertando estudos continuados tanto em Portugal quanto no Brasil,[73] com as duas nações a disputarem até hoje a sua nacionalidade lusa ou brasileira.

Por fim, ao terminar o perfil desse homem extraordinário, o maior jesuíta do século XVII, mais uma ou duas notas acerca do Vieira homem de escola ou *scholasticus*: por um lado, seus dotes imensos para as línguas, tendo aprendido nhangatu, latim, espanhol e italiano, escrevendo obras-primas no idioma de Camões e com desempenho brilhante na língua de Cícero; por outro, seus dotes verbais extraordinários já evidenciados *ad nauseam* nos sermões, e tornados patentes em outro campo de atividade em que o *Homo scholasticus* tinha de mostrar sua habilidade desde os tempos dos Colégios, a saber: as disputas e os torneios dialéticos, centrais na pedagogia da *Ratio Studiorum* e em que Vieira revelará todo seu talento e virtuosismo.

É o que nos mostra o famoso episódio ocorrido em Roma, na Corte da Rainha Cristina, em 1764, na época em que ela tinha abdicado do trono e vivia na cidade das sete colinas, depois de se converter ao catolicismo, quando conheceu Vieira e ele se tornou seu confessor, por instâncias do Geral da Companhia. Ora, a Cristina em apreço é justamente Christina

---

73 Veja-se, por exemplo, o estudo de Ivan Lins sobre a modernidade de Vieira em sua polêmica com Cruz Costa, intitulado "O padre Antônio Vieira e a 'História das ideias no Brasil'" (Lins, 1966, p.149-175).

Alexandra, da Suécia, conhecida em filosofia por seu gosto pela metafísica e suas cartas trocadas com Descartes, com quem tomava lições nas madrugadas frias de Estocolmo. Ela estava então em Roma, encantada com os sermões do jesuíta e íntima da Companhia de Jesus, quando lhe ocorreu propor um problema ao modo de uma disputa, que logo foi aceita, tendo o padre Vieira como um dos protagonistas, e o padre Catâneo como o outro – em italiano e consistindo na seguinte questão: "Se o mundo era mais digno de riso, ou de lágrimas, e qual dos gentios se mostrara mais prudente, se Demócrito, que ria sempre, ou Heráclito, que sempre chorava". Quer dizer, uma questão ao mesmo tempo dialética e filosófica, tendo o padre Catâneo escolhido defender o ponto de vista de Demócrito, ou seja, o riso, e Vieira ficado com Heráclito e as lágrimas.

Quanto ao certame, segundo os estudiosos, tudo transcorreu como deveria ser: uma disputa dialética com uma audiência e dois oradores às voltas com as armas e as bagagens da linguagem oral. Pouco se sabe, porém, do desenlace e como Vieira e Catâneo esgrimiram os argumentos. A se acreditar na *homepage* da Embaixada de Portugal na Suécia, na seção dedicada às relações dos jesuítas portugueses com o país nórdico (relações bilaterais – diplomáticas), na qual há o registro do episódio em apreço, a Rainha, a certa altura, sentiu vontade de aplaudir a tirada oratória que acabara de escutar. No entanto, não o fez, porque era preciso manter o tom algo solene da disputa, diante de um salão repleto de personalidades convocadas pela ex-rainha da Suécia para ouvirem os dois oradores de renome.[74]

8. FIM DE UMA ÉPOCA: LEGADOS DA *RATIO STUDIORUM* E NOVAS EXPERIÊNCIAS INTELECTUAIS

A *Ratio Studiorum*, como é sabido, foi revisada em 1832, portanto quase 75 anos depois da expulsão (1759), cerca de 18 anos depois da Restauração Companhia por ato do Papa Pio VII (1814) e aproximadamente 10 anos antes da volta dos jesuítas ao Brasil, por volta de 1843, segundo Edgard Leite

---

[74] Sobre o episódio, ver a edição brasileira *As lágrimas de Heráclito*, publicada pela Editora 34, em 2001, de fato, uma tradução do original italiano que veio a lume em 1709, precedida de uma versão espanhola, em 1685, e seguida pela tradução portuguesa, em 1710, cuja fortuna crítica confundiu os editores da obra, que se dividiram entre classificá-la como gênero menor (outros textos) ou mesmo como epitáfio (!!!), até ser recentemente reabilitada como obra-prima da retórica barroca-jesuítica. Ver sobre esse ponto o artigo de Maria Cecília de Miranda Coelho (2015, p.225-236), publicado pela Rhetoric Society Quaterly.

Ferreira Neto.[75] padre Mac Dowell comenta, sobre a revisão, que ela se deu mediante poucas, mas significativas alterações no que diz respeito à filosofia da Companhia, e dentre elas, sem dúvida, a mais importante foi a eliminação da "prescrição de fidelidade doutrinal a Aristóteles, mantendo-se, porém, nos termos flexíveis de antes, o compromisso com o pensamento de Santo Tomás". Outra alteração importante, que se seguiu à eliminação da centralidade do estagirita, incidiu sobre a organização da grade curricular do curso de filosofia, quando o *corpus* aristotélico foi trocado por um conjunto de disciplinas cujos programas e nomenclaturas foram influenciados de uma maneira ou de outra pelo esquema mental do racionalismo moderno: "lógica, ontologia, cosmologia, psicologia, teologia natural e filosofia moral", a que se somava a recomendação de "um breve estudo de história da filosofia, bem como a introdução de questões filosóficas levantadas pela física, pela química e pela matemática contemporâneas" (Mac Dowell, 2014, p.31).

Trata-se de uma inflexão mais modernizante ainda do que a opção feita no século XVI, agora com mais ciência no currículo, anunciando a égide das filosofias "de" (filosofa da ciência, filosofia da física e assim por diante) nas grandes universidades contemporâneas, as quais irão perfilar-se, constituindo um terceiro conjunto, ao lado do bloco da história da filosofia e das chamadas disciplinas sistemáticas. E, no mesmo ato, deixando para trás a tradicional formação da primeira *Ratio Studiorum*, que na Ibéria deu Suárez, e na Colônia, o padre Vieira, cuja decadência se iniciou em meados do século XVIII e cuja remodelagem, consumada décadas depois – conquanto necessária e, como era de se esperar, em razão dessa atitude tão jesuítica de adequar as ações ao tempo atual e ao mundo circundante –, nunca mais iria ter o mesmo esplendor e a força irradiadora dos tempos coloniais: simplesmente não havia mais monopólio da educação, o ideário da ilustração e da Revolução Francesa tinham prevalecido por toda parte, e a Companhia não conseguia mais pregar para todo o mundo, numa cristandade dividida, com a outra metade do mundo mais laicizada e ganhando terreno uma mentalidade menos devota no Brasil pós-dependência.

Antes dessa importante revisão, porém, e antes mesmo que o alongado ciclo da primeira *Ratio* tivesse chegado ao fim, veio Pombal e aconteceu o grande desastre: era o ano de 1759, quando o poderoso ministro – que não

---

[75] Para informações adicionais, ver o capítulo "A restauração da Companhia de Jesus no Brasil: Dimensões" de Ferreira Neto (2014, p.278 e ainda p.279-280). Note-se que, na falta de um ato formal no início, a datação é assunto controverso, mas, segundo o estudioso, há evidências que atestam que a volta começou pelo Rio Grande do Sul e Santa Catarina.

era anticatólico, mas era antijesuíta, em franca linha de combate à sua grande influência nesta e em outras partes do mundo, tendo-se convertido em um verdadeiro Estado dentro do Estado, bem como ao seu sistema de ensino e sua pedagogia, que ele considerava antiquado e vencido, condenando o reino ao atraso –, certo de tudo isso, decide fazer a reforma. Uma modernização conservadora no fim das contas, com mais ciência e menos filosofia, ao patrocinar a nova proposta pedagógica de Verney, a quem perseguirá depois, e buscar a companhia de outras congregações religiosas, como a dos oratorianos. Uma reforma laica que, não obstante o firme propósito de seu idealizador, mal teve tempo de se instalar, pois logo em seguida houve a "Viradeira" de D. Maria I, a Louca, a mãe de D. João VI, quando tudo da Era Pombal se desfez. Mas se manteve a diretriz geral do ex-poderoso marquês da proscrição dos jesuítas, a substituição do colégio de humanidades pelo sistema das aulas régias e a troca do monopólio dos jesuítas pelo dirigismo estatal que nunca mais sairia da cena brasileira e portuguesa.

Com esse quadro em mente, ao concluir o 2º Passo, tratarei de fazer o balanço da filosofia colonial, focalizando o legado intelectual e a recepção da obra dos jesuítas pela posteridade. Duas serão as tarefas: por um lado, examinar o impacto do sistema de ensino e da pedagogia da Companhia sobre aquilo que poderia ser chamado de cultura filosófica brasileira, na extensão da história das "mentalidades" ou algo parecido; por outro, delinear as perspectivas que se abriram à filosofia colonial, quer com respeito ao *design* da obra filosófica (gênero literário), quer à experiência do filosofar e à figura do intelectual a que ela está associada, findos o período colonial, o monopólio da Sociedade de Jesus e a hegemonia do intelectual orgânico da Igreja.

Sem delongas, começo o exame do impacto, considerando a tópica e as coerções do sistema de ensino dos jesuítas que foram consagrados pela *Ratio Studiorum* e que reservaram à filosofia um nível mais baixo dos estudos superiores, comparável a uma espécie de primeiro ciclo. Nesse cenário, o estudante que, por vocação ou ambição, quisesse escolher a filosofia não tinha muito o que fazer para ampliar e adensar a sua formação, progredindo em conhecimento e em títulos reconhecidos, contrariamente ao que se passava no curso de teologia. Não tendo outra saída, o escolasticado de filosofia e o alunado externo, candidatos ao título de bacharel, deviam, portanto, contentar-se com as generalidades próprias dos *Studia generalia*. Tal situação – suspeito eu –, ao se somar à formação do direito, digo aos bacharéis de direito egressos da Europa, levará ao bacharelismo e fornecerá o nexo causal à tão difundida descrição da inteligência americana como livresca e generalista, encontrada em Lévi-Strauss (2010) ao falar da elite paulista nos

Tristes trópicos. E ainda, encontrada em Alfonso Reyes ao se referir às Américas, justificando o título "Inteligência americana" dado a um artigo de sua autoria e publicado na Argentina em 1937, tendo, portanto, uma data, mas ainda atual: "inteligência – termo que ele prefere à cultura – cujas características consistem em ser: menos especializada que a europeia; mais extensiva que compreensiva e, portanto, algo *así como una delgada corteza* [casca] em perigo de quebrar-se" (Cruz Costa, 1961, p.387). Trata-se, sem dúvida, de um tópico importante, iniciado com a aventura colonial e que só será concluído no século XX, quando essa página da nossa história será virada, nos quadros de outra experiência intelectual, com o advento do *expert* e o início da era da especialização.

Sobre a filosofia colonial, ao tirar as consequências do quadro traçado na seção anterior, comandada pela segunda escolástica em situação de monopólio, paradoxalmente vista como uma nova renascença, em alternativa à outra e como uma opção pró-modernidade, não foi esta a ideia dos críticos, que nela viram outra coisa: a volta ao medievo e a evidência que a Ibéria tinha voltado as costas tanto para a ciência nova quanto para a nova filosofia. Este, aliás, foi o julgamento de Pombal e, assim como ele, de uma plêiade de pensadores portugueses, os quais foram buscar as luzes do intelecto em outros centros da Europa, gerando esse conhecido *topos* da história intelectual lusitana dos estrangeirados que estará na origem de outra estirpe de intelectuais e que será focalizada mais detidamente no próximo Passo. Dois julgamentos e duas condenações, com efeito: no caso da Metrópole, a condenação de uma filosofia defasada e *old fashioned* que não passava de "vinho velho em tonel novo", a velha escolástica, como se diz, "repaginada", uma cópia de um modelo que não prestava mais; no caso da Colônia, pior ainda, a condenação não apenas de defasagem, mas de algo de segunda linha, ao ver o modelo ser transportado para a Colônia d'além-mar, onde a cópia será copiada e recopiada com o resultado que se conhece. Ou seja, o reino do simulacro, transformando-se em uma série de cópias da cópia e de artigos de segunda mão, que nunca saíram do gênero de manual ou de compêndio, deixando os grandes tratados e as obras originais simplesmente adiados para as calendas.

Ao se examinar a situação diminuída, desenraizada e quase invisível da filosofia nos tempos coloniais, ver-se-á, então – bem pesadas as coisas –, que ela não tem nada de surpreendente, gestada, aclimatada e desenvolvida onde e como foi aquela filosofia, num ambiente em que imperava o raquitismo intelectual e em tudo faltava a escala que dá densidade às coisas.

Este é o pensamento de Cruz Costa que, em seu livro essencial, dando ensejo ao argumento parecido com o de Gilberto Freyre – da cultura rude e da sociedade de poucas letras, com o colonizador entregue às urgências de uma existência dura e difícil, sem lazeres e meios para se ocupar das coisas do intelecto –, dirá que "a filosofia foi, no Brasil, desde os tempos da Colônia, um luxo de senhores ricos e ilustrados" (Cruz Costa, 1967, p.7). Todavia, embora coisa de elite e para poucos iniciados, não se tratava – digo eu – do sumo bem ou de um artigo de luxo, cuja posse e exibição todos sonhassem; era, pelo contrário, uma atividade malvista e "coisa de lunático", demorando bastante a filosofia a penetrar em nossos meios e se converter em peça decorativa para ser exibida nos salões, que quase não existiam, e paramentar com seus floreios dialéticos a razão ornamental. Um luxo inútil, em suma, mas luxo – e, como todo luxo que se preze, não pode ter utilidade ou serventia. Evidentemente, esta não era a visão dos jesuítas, que queriam obras úteis e tinham, desde sempre, colocado a filosofia na rota do cruzadismo e do apostolado intelectual. Mas a matéria-prima era rara, o candidato a filósofo mal existia e os poucos que existiam seriam destinados às rotas mais importantes, que levam à religião e à teologia.

Parecido com Cruz Costa, num artigo luminoso publicado em 1984, padre Vaz argumentará que faltava à sociedade colonial "densidade cultural", tão diminuto era – acrescento eu – o número de missionários espalhados ao longo da costa, de Olinda a São Vicente, e tão rude e dura era a vida que todo mundo aqui levava. Tal déficit – pode-se dizer – atingia a todas as áreas da cultura igualmente, e de um modo especial a filosofia, cuja produção por vários séculos Vaz considera "rala" e de segunda mão. Some-se a isso, para o diagnóstico ficar completo, o argumento da nacionalidade, ajustado a uma situação como a do Novo Mundo – este é contexto com suas coerções: o pacto colonial fundado sobre a submissão da colônia à metrópole – em que não havia nem nação nem filosofia nacional própria. Citando estudiosos como o espanhol depois naturalizado venezuelano Juan D. García Bacca, Vaz diz não ser outra a situação do México, da Colômbia e da Argentina, onde vamos encontrar o mesmo padrão de ensino e a mesma maneira de fazer filosofia, dominada pela escolástica – o que nos autoriza a dizer que "tais textos têm o seu lugar, indiscutivelmente, na História da Filosofia Escolástica", mas seria "um *tour de force* historiográfico anexá-los a uma pretendida história da filosofia venezuelana ou argentina, quando esses países não existiam, e ninguém poderia prever que viessem a existir um dia". E, com efeito, como se poderia falar de uma tal filosofia, e até mesmo de uma filosofia espanhola, se nem mesmo em espanhol os textos estavam escritos? O mesmo ocorre com o Brasil colonial, dirá Vaz.

De tal julgamento – que fulano não era um pensador brasileiro, mas português – não escapa nem mesmo padre Vieira, também ele jesuíta, com uma oratória poderosa, comprometido com os desvalidos da Colônia e considerado o maior pensador dos tempos coloniais, como todos reconhecem: de homens como ele e Silvestre Pinheiro Ferreira

> se pode dizer – conclui padre Vaz – que tiveram os pés por um tempo em terras brasileiras mas seus olhos contemplavam o vasto mundo e nele procuravam descobrir um destino para a pátria portuguesa. A sociedade colonial, em suma, não apresentava densidade cultural tal que pudesse alimentar uma reflexão filosófica como exigência ou expressão da cultura. (Vaz, 1984, p.19-20)

A produção que havia, a pouca que havia, estava atada à forma da *Ratio* e ao padrão da grande manufatura jesuítica de fazer manuais e teses: esta era a situação da filosofia colonial, numa Colônia recém-fundada nos confins do mundo, numa situação de desvantagem e condenada à situação de receptadora de bens produzidos nos principais centros da Europa, tanto de mercadorias ou manufaturados, quanto de pensamentos ou ideias. Não era outra a situação em que se encontrava a filosofia em outras partes das Américas, já evidenciada por Bacca acerca da América hispânica, conforme visto acima. E também nas treze colônias da América inglesa, como mostra Schneider num trecho citado por Cruz Costa, ao longo do qual ele evidencia existir uma importante particularidade naquele contexto: precisamente, a diversidade das correntes de pensamento, abarcando uma torrente de ideias das mais variadas procedências – num diapasão que se estendia dos vários centros da Europa com suas diversas tradições, até os confins do Oriente com seus exotismos (Cruz Costa, 1967, p.3) –, e, portanto, sem o privilégio de pensamento único que a segunda escolástica teve no Brasil Colônia.

Quanto ao legado da filosofia dos jesuítas para aquilo que se poderia chamar de cultura filosófica brasileira, saído em linha direta de seus manuais, de suas bibliotecas e dos bancos de seus colégios, eles não serão menos ambíguos ou ambivalentes, como os evidenciados antes na moldagem da cultura colonial. Por um lado, o *background*, o cultivo das sensibilidades, a educação das mentes e o adestramento dos indivíduos para apreciar, lidar e operar as questões filosóficas – sobrevindo das *lectiones* e dos colégios –, somados ao aparato das bibliotecas e dos livros, sem os quais a filosofia jamais poderia ter sido difundida entre nós, ainda que em proporção diminuta, e com as consequências que a sua inexistência implicaria: a condenação de todo um povo e toda uma civilização a uma espécie de barbárie intelectual, sem cultura filosófica, não bastasse a falta de cultura científica, num ambiente em que só haveria mitos e senso comum, e nada que se pudesse assemelhar a alguma filosofia, escolástica ou não. Por outro lado, os males e os excessos de uma única maneira de se fazer filosofia, com o selo e o padrão do *modus faciendi* da segunda escolástica: a cultura livresca, o gosto desmesurado pelos esquemas simplificados e as fórmulas facilitadoras, a superstição da escrita e do papel impresso, a busca da filosofia entesourada nas bibliotecas e distanciada da experiência, bem como da vida, e a propensão a trocar as incertezas e as inquietudes do presente pela segurança e as certezas da tradição e do passado – e aí tudo que vem dela e é aprendido com ela, constituindo uma vasta tradição, vai ser considerado nulo e em vão. Uma má tradição, em suma, levando Descartes, Hobbes, Kant e toda a filosofia moderna a se insurgirem contra ela, com o resultado que o abandono provocou, até mesmo por uma parcela dos jesuítas: a curva descendente em meados do século XVIII, que irá fadar a segunda escolástica à decadência, como notou Mac Dowell, e, como a europeia, a brasileira, acrescento eu.

Foi então, voltando ao ponto já referido, que veio Pombal e sobreveio o grande desastre, decretando o fim de uma era, com os jesuítas expulsos, as bibliotecas destruídas e os colégios fechados. Como dito, em seu lugar ficou o primeiro esboço da experiência de um ensino laico e público tanto em Portugal como no Brasil, numa experiência pioneira, antes de vários países importantes da Europa.[76] Porém, no tocante à filosofia, uma experiência minguada, bem mais ainda do que a patrocinada pela Companhia, sem Aristóteles e com Rousseau proibido, um número reduzidíssimo de aulas régias de filosofia e a impressão geral de um *déjà-vu* e ainda assim piorado: não vinho novo em tonel velho, quando o vinho pode ser bom e se beneficiar do envelhecimento, mas vinho velho avariado em tonel novo ou em garrafa nova, e de nada adiantando a modernidade. É o que mostra Cruz Costa ao concluir a primeira parte de seu livro tantas vezes citado: "Nas aulas régias, de filosofia racional e moral, uns seguiam os velhos compêndios; outros, os modernos, como se infere da denúncia feita em 1787 por professores régios do Rio de Janeiro, João Marques Pinto e Manuel Inácio da Silva Alvarenga" (Cruz Costa, 1967, p.59).

Assim, aquele que buscar uma filosofia nova, não é bem por esses lados e nessa experiência que a encontrará. Terminada a época da *Ratio* e dos manuais, a filosofia, conquanto continue a ser uma disciplina livresca, passará a se expor no fim do período colonial a outras influências, quando o culto da tradição e a centralidade da Ibéria cederão a vez à centralidade da França e às novidades da moda – "os artigos" de Paris, conforme o bordão

---

76 Voltarei a este ponto no próximo Passo, ao estabelecer o elo entre aulas régias e o sistema oficial de ensino do período pós-independência, especialmente o Segundo Reinado.

da época –, inclusive livros, uma vez levantada a censura, já perto do fim do período colonial:

> Da Europa ela [a filosofia] nos vinha já feita – anota Cruz Costa. E era sinal de grande cultura o simples fato de saber reproduzir as ideias mais recentemente chegadas. A novidade supria o espírito de análise, a curiosidade supria a crítica. O *filoneísmo* [a busca de novidades] é, assim, um velho característico da nossa vida intelectual. Na história da nossa inteligência aparece ainda outro curioso traço: a mais completa e desequilibrada admiração por tudo que é estrangeiro – talvez uma espécie de "complexo de inferioridade" que deriva da situação colonial em que por longo tempo vivemos. (Ibidem, p.8)

Esse ponto é importante e será desenvolvido no 3º Passo, no ambiente pós-colonial, quando uma nova experiência intelectual caracterizará a filosofia destas paragens, abrindo-se a influências francesas, inglesas e alemãs, uma vez terminado o monopólio do pensamento metropolitano.

Antes, porém, no fim desse lapso temporal, de costas para a segunda escolástica e ao mesmo tempo desobrigado das pesadas coerções do apostolado intelectual dos jesuítas (não que este tivesse desaparecido ou que seu *ethos* estivesse fraturado ou ficado combalido, pois se trata de uma outra gênese), será a vez de uma nova experiência intelectual, e é um novo "goliardo" que entrará na cena filosófica colonial: com um perfil similar ao *goliardus* do medievo e, como tal, o antípoda do *clerc* corporativo e do intelectual orgânico da Igreja, ou seja, o goliardo dos poetas renascidos saídos dos árcades mineiros, como Cláudio Manuel da Costa, e, mais ainda, do viveiro maior dos bacharéis do direito. Estes, que não têm nada de "orgânicos" e não passam de indivíduos desgarrados ("inorgânicos"), serão os casos dos novos iluministas de Minas, do Rio de Janeiro e da Bahia, com seu inconformismo frente à situação reinante na Colônia e que depois serão duramente punidos pela Coroa, quando sairão de cena. Tudo isso, sem dúvida, foi da maior importância, quando a Colônia, pela primeira vez, despertou de seu longo e modorrento sono da submissão nunca questionada; não se tratava, porém, de uma nova experiência filosófica, mas de uma experiência política e literária, na qual a filosofia tinha trocado a servidão à teologia pela nova servidão à política: uma filosofia instrumentalizada pela ideologia, em suma, e desde cedo voltada a uma nova causa, propondo-se a travar um novo bom combate, agora mais próxima das hostes da ilustração francesa.

Tendo traçado o perfil, ao se perguntar quem na filosofia poderia nele se encaixar – e precisamente naqueles tempos de insurgências que tão pouco duraram, mas sabendo que houve antes outros "goliardos" literários entre nós, como Gregório de Matos, o famoso Boca do Inferno –, ter-se-ia uma certa dificuldade em achar a resposta. Certamente, o exemplo ou o modelo deveria ser procurado na Bahia ou em Minas, as duas mais importantes províncias da época e os epicentros de duas insurgências – mas quem? O Cônego Luís Vieira, com sua biblioteca iluminista? Ele ensinava no Seminário Jesuíta de Mariana, usando os manuais da Companhia, não tendo deixado nenhuma obra.

Se há algum exemplo, então, há de ser outro. Um excelente candidato é certamente Nuno Marques Pereyra e seu celebrado *Compendio narrativo do peregrino da América*, em português, não em latim, alterando a rota do intelectual tradicional e cujo autor, segundo os biógrafos, perambulava pelo sudeste da Colônia, tendo, portanto, algo do "goliardo". Mas não: o livro, dir-se-á, piedoso ("Dedicado à Virgem da Vitória, Emperatriz do Ceo, Rainha do Mundo, e Senhora da Piedade, Mãy de Deos"), e seu subtítulo-resumo diz "Em que se tratam varios discursos espirituaes, e Moraes, com muitas advertencias, e documentos contra os abusos, que se achaõ introduzidos pela melicia diabólica no Estado do Brasil", publicado em 1728, em Lisboa, *imprimatur* do Santo Ofício "e com todas as licenças necessarias e privilegio Real". Tal situação – forçoso reconhecer – torna problemático o enquadramento no modelo, exigindo um esforço adicional de argumentação, sob pena de abandonar a candidatura e procurar outro nome, mesmo que de menor envergadura intelectual.

Primeiro, algo mais sobre o autor e o livro: ele não era laico, nem *défroqué*, mas padre de batina, como a maioria dos intelectuais da época, porém não era jesuíta, mas de quem quase nada se sabe, senão do livro, que fez muito sucesso na época, várias vezes reeditado, com propósitos doutrinários e fins salvíficos, não tendo nisso nada de original. A originalidade, se há, e há, não estando no conteúdo ou na doutrina, deverá ser buscada na forma – não no compêndio filosófico, enganosamente encabeçando o título, mas na literatura de ficção e na forma da narrativa, ao aliar [1] uma prosa ágil e um enredo convincente, qual um romance ou uma novela, e [2] um ensaio teológico-filosófico – não digo tratado – de teor moral, senão moralizante, com intenção polêmica (contra o jesuitismo, segundo Veríssimo) e o propósito de edificação das pessoas, tornando-as melhores. E assim, como nenhuma outra, dentro do gênero barroco, todavia, arrebatando o leitor de seu tempo e tendo o autor recebido merecido reconhecimento póstumo, ao se ver guindado a patrono de uma das cadeiras da Academia; porém, uma prosa e fabulação hoje algo *old fashioned* para nós, que vivemos em tempos menos devotos e em ambientes mais laicos.

Comparada com outras obras da banda hispânica do hemisfério, de fato ela é menos original e menos poderosa do que outra peça de ficção, publicada sessenta anos depois, também escrita por um padre e, como ele, não jesuíta e igualmente autor de uma fábula – não uma fábula cristã, como no caso do brasileiro, centrada na parábola do peregrino, mas numa fábula pagã, como as de Esopo, ao colocar no centro do *plot* um congresso de filosofia que nunca existiu e um personagem ficcional saído da mente do autor, o Sr. Paparrucho, ladeado de outros nomes e figuras retirados da história da filosofia, mas fictícios de toda sorte. Desconhecida nos nossos meios, refiro-me a uma obra publicada na Colômbia, em 1791, pelo padre José Domingo Duquesne, recentemente reeditada por um historiador, depois de longo esquecimento por parte dos filósofos locais, com a qual travei contato recentemente e para a qual gostaria de chamar a atenção do leitor, fornecendo um conjunto de informações adicionais, ao concluir o 2º Passo.

Escrita em castelhano, com o autor escolhendo o sugestivo título de *Historia de um congresso filosófico tenido en Parnaso por lo tocante al Imperio de Aristóteles*, que sumariza tudo, o leitor, ao vencer as primeiras páginas, logo descobrirá que está diante de algo extraordinário. Extraordinário, sem exagero, não só pela forma e a fabulação, como no caso de Nuno Pereyra, mas também pela doutrina e o conteúdo, ao descobrir que Duquesne, um *outsider* e um descolado dos meios filosóficos de Nova Granada, como a Colômbia era conhecida, faz qual um "goliardo" – com grande maestria, *finesse* de pensamentos e raro talento literário – nada menos que o processo desabusado da filosofia do seu tempo. E, antes de tudo, o processo contra a segunda escolástica, quando condena Aristóteles e os aristotélicos, que também reinavam naquelas terras e deverão ceder parte do seu império. Mais: o processo de outras escolas filosóficas, antigas e modernas, ao fazer o recenseamento das querelas e das disputas que dividem os filósofos. E ainda: um processo que, no fim, fixa os termos de um armistício em que não se sabe exatamente o que foi acordado, nem o tipo de filosofia que será difundido daí em diante, depois da derrota (parcial) de Aristóteles. Salvo, no último parágrafo do livro, a introdução nas escolas dos países confederados do curso de um certo Fortunato de Brescia. Autor que não é apresentado ao leitor, mas de quem se sabe que se tratava de um misto de filósofo italiano, teólogo franciscano e cientista de renome, conhecido no mundo hispânico, tendo fixado residência em Madri. Uma licença poética, em suma, e também uma homenagem, de alguém considerado eminente anatomista com importantes contribuições à história da biologia, cujo livro-texto fez parte de um dos artigos do acordo, e cujo título, porém, não é fornecido, podendo ser o compêndio *Elementa matheseos ad mechanicam philosophiam in privatis scholis tradendam, et comparandam accommodata* (1740). E acerca do qual o colombiano ilustre, na voz do narrador, ressalva que ele será adotado "por ora" e durante todo o tempo em que não houver outro melhor (Duquesne, 2011).

Tudo considerado, está-se diante de um ensaísmo filosófico da melhor cepa, com o autor, como ele mesmo diz, adotando o ponto de vista do historiador da filosofia, e junto com ele o dever de ofício de se ater aos fatos e narrá-los tais quais, com precisão; porém, os fatos são do mundo do "como se", a narrativa é uma fabulação, uma narrativa de ficção como os romances históricos, e a história contada, uma "historiografia imaginária", um pouco e mais copiosamente como em Bento Prado com seu Desgaudriolles. Embora admirável e mesmo extraordinário, com o inusitado de uma peça de ficção que quebra com a monótona produção seriada da nova e da velha escolásticas, em que imperam o mais do mesmo, trata-se, não obstante, de uma experiência isolada, não tendo o livro feito escola nem o distinto padre seguido carreira filosófica. Em vez disso, continuou com a carreira eclesiástica, iniciada na paróquia de Guayabal, minúsculo povoado no interior da Colômbia, e prosseguida em Santa Fé de Bogotá, na capital, em cuja catedral metropolitana ambicionava atuar e para onde se mudou depois de publicada a obra. A conclusão é então que tudo não passa de mais um caso das exceções que confirmam a regra. E desde logo, enquadrando-se a obra na vertente manifestação episódica de Antonio Candido, o gênero ensaísmo, com efeito, e em cujo autor – um *clerc* no sentido de Le Goff, e a este título tradicional, conforme a taxinomia de Gramsci – pode-se ver ainda o anúncio do futuro "goliardo" hispano-americano, que no rastro de Duquesne irá prosperar por aqueles lados.

Do lado de cá da América ibérica, será preciso esperar pelo século XIX para que o estado de coisas reinante – interrompido com a expulsão dos jesuítas, mas com o molde da mentalidade escolástica continuando sua obra, mas agora em crise e como que fraturada – finalmente se alterasse, instaurando aquilo que será o primeiro *no turning point* da filosofia pós-colonial: a filosofia de diletantes afrancesados, incluindo depois anglófilos e germanistas, quando os "goliardos" brasileiros irão à forra, o *Homo scholasticus* sairá de cena e será a vez de uma nova experiência intelectual: a experiência e o *ethos* do intelectual estrangeirado, tendo como matéria-prima não o *clerc* corporativo da Companhia ou da Igreja, mas o bacharel do direito, econtrado dentro e fora do sistema de ensino. Este será o tema do 3º Passo.

– 3º PASSO –

INDEPENDÊNCIA, IMPÉRIO E REPÚBLICA VELHA: O INTELECTUAL ESTRANGEIRADO

1. ESTRUTURA DA SOCIEDADE PÓS-COLONIAL

1.1 Continuidades e inflexões

Se o problema da filosofia nacional ou de sua inexistência pudesse ser atribuído exclusiva ou principalmente às estruturas da sociedade colonial, estruturas tacanhas que falavam mais alto e impediam a gestação de uma filosofia brasileira autônoma, era de se esperar que tal situação fosse alterada tão logo o país se tornasse independente, mas não foi o que aconteceu. Ou melhor, aconteceu sim, mas outro fato, e não de somenos importância: a ruptura "política" da relação Colônia/Metrópole, com a perda da identidade colonial luso-brasileira e a consequente busca dessa jovem nação de sua própria identidade, arriscando-se, ao tomar os caminhos da política, a substituir uma servidão por outra, agora atada à Inglaterra e não mais a Portugal. Tal situação com seus riscos e desafios acarreta o conhecido *topos* da historiografia brasileira formulado desde então – o país de ontem e a nação de amanhã –, dando azo a uma agenda de urgências e acomodações, com suas inúmeras colateralidades nos planos da economia, da sociedade e da cultura, que serão tratadas ao longo deste Passo. E ainda: a uma agenda com seus tempos fortes e *no turning points* no plano político, conforme será evidenciado nesta seção, marcada pelas turbulências do Primeiro Reinado, algo titubeante e meio à deriva durante a Regência, mais estável e alongada no Segundo Reinado, quando as fronteiras do país foram fixadas e a unidade da nação conquistada; e às voltas com o mandonismo dos coronéis e o federalismo da política dos governadores na República Velha.

Importantes e mesmo decisivas, se é verdade que essas mudanças – deflagradas justamente no momento em que a ex-Colônia parecia mais próxima da ex-Metrópole, agora fazendo parte de um mesmo Reino Unido, quando, de repente, tudo ruiu e houve a Independência – foram reais e chegaram tão longe, dando-nos o *país*, primeiro, e a *nação*, depois; se isso é verdade, como reconhecem os estudiosos, não o é menos que elas deixaram intactas a velha estrutura colonial, a qual, segundo Gilberto Freyre, não é senão a estrutura da sociedade agrário-patriarcal, cuja unidade produtiva se fundamenta no colono (senhor) e sua família: a "formação patriarcal do Brasil explica-se, tanto nas suas virtudes como nos seus defeitos, menos em termos de *raça* e de *religião* do que em termos econômicos, de experiência de cultura e de organização da família, que foi aqui a unidade colonizadora" (Freyre, 2006, p.220). Esse aspecto essencial da sociedade colonial foi analisado no 2º Passo, em que evidenciou-se a centralidade da casa-grande e do par senhor/escravo, tendo como fulcro ou matriz o Pacto Colonial, que instaurou a dissimetria e a complementaridade na relação Colônia/Metrópole, ao mesmo tempo que fazia da colonização d'além-mar negócio do rei e de seus sócios, incluindo a Igreja, o Papa e os jesuítas.

Ao passar, agora, ao exame da sociedade pós-colonial brasileira, nesse vasto e importante período que se estende da Independência ao final da República Velha, vou alinhar-me mais uma vez a Gilberto Freyre, que ao se referir em outra ocasião à tal estrutura afirmou que a sociedade colonial continuou com sua obra sociológica mesmo após o término oficial do regime político, tendo-se acomodado ao Império e mesmo à República (Freyre, 1933). Ao me colocar em sua companhia, seguirei o caminho não mais de *Casa-grande e senzala*, mas de *Sobrados e mucambos*, onde essa hipótese continuísta é testada e confirmada, inclusive com a ajuda de deslocamentos e inflexões, até mesmo mudanças, dando razão ao barão de Lampedusa em seus dizeres com respeito à Sicília de que era preciso mudar para tudo continuar igual. Para tanto, visando às continuidades e às mudanças, vou contrastar os períodos colonial e pós-colonial, atento ao impacto dos fatores econômicos, políticos e culturais sobre a questão intelectual, em um momento de nossa história em que a ex-Colônia formatava para si um projeto de nação soberana, junto com o desafio de definir sua própria identidade *brasileira*. Uma identidade por fazer e compósita, a um tempo ameríndia, africana e europeia: ontem com a última matriz única e lusitana, agora diversificada e misturada, com a etnia portuguesa recalcada e a nova nação receptiva a uma grande afluência, na segunda metade do século XIX, de italianos, alemães e outras nacionalidades, principalmente, no Sudeste e no Sul do país. Tal foi, em suma, o projeto de nação concebido e executado por aquele considerado o Patriarca da Independência, ao formular aquela que seria a agenda da nação, passando, segundo ele, pela supressão gradual da escravidão – nossa chaga colonial maior –, bem como pela americanização do país, uma vez rompido o laço secular com Portugal e devido à diversidade de nossos povos – uma agenda política, ao fim e ao cabo:[1]

---

[1] Sobre a Independência, o Imperador, o patriarca e a agenda do Brasil Império com seus dois maiores desafios: conquistar o país e instaurar a nação, nada mais didática e convincente – a supor que uma imagem vale mais do que mil palavras – do que a alegoria pintada por Debret para o Teatro São João (hoje João Caetano), que era o Teatro da Corte da época, onde, lembram as historiadoras Lilia Schwarcz e Heloísa Starling, "d. Pedro faria seu discurso de posse e em seguida assistiria a uma apresentação que celebrava a sua coroação como primeiro Imperador do Brasil" (Schwarcz; Starling, 2015, p.226).
Em 1822, no contexto da Independência e da encomenda de José Bonifácio ao pintor francês ligado à Corte desde os tempos de Dom João, a obra de arte foi originalmente concebida para ser estampada na cortina do palco do Teatro – ou o "pano de boca", como é conhecido nos meios artísticos e referido por Debret – e, posteriormente, reproduzida em litografia sobre papel, com data de 1839, cujos exemplares podem ser vistos nos acervos dos Museus Castro Maya (RJ), da Biblioteca Brasiliana Guita e José Mindlin (SP) e do Instituto do Patrimônio Histórico e Artístico Nacional (Iphan – Brasília). Lamentavelmente, o pano de boca não sobreviveu à História, mas, além das litografias referidas, existe uma aquarela com a imagem correspondente que pode ser apreciada no Museu Chácara do Céu, ligado ao complexo Castro Maya, em Santa Teresa, no Rio de Janeiro.
Quanto à alegoria em si, ao ser contrastada com uma história colonial extremamente pobre em imagens, e de resto nada lusitana naquelas poucas que temos (retratos, paisagens, cenas interiores) ou que restaram daquela época, em sua maior parte devido aos holandeses, mas sim "brasileira" e adequada às circunstâncias – poder-se-ia dizer –, e isso tanto pela cena imperial figurada quanto pela mensagem passada aos súditos.
Cena figurada – atendendo à encomenda de figurar o Império do Brasil, com toda a pompa digna da Europa e com toda sua singularidade tropical, o quadro exibe em seu conjunto e detalhes, segundo as historiadoras, "a fidelidade geral da população brasileira ao governo imperial, sentado em um trono coberto por uma rica tapeçaria estendida por cima de palmeiras" (ibidem, p.226). Tudo está lá, condensado e magnificado na simbologia estampada, em que se podem ver verdadeiros ícones do novo país do presente e da identidade da nação projetada para o futuro: as imagens da tapeçaria e das palmeiras, combinando a arte europeia e a pompa das cortes do Velho Mundo com o ambiente do Novo Mundo e a instauração do Império nos Trópicos (ibidem, p.226-227); os detalhes da mulher ao centro,

É tempo que vamos acabando gradualmente com os últimos vestígios da escravidão entre nós, para que venhamos a formar uma nação homogênea, sem o que nunca seremos verdadeiramente livres, respeitáveis e felizes. É da maior necessidade ir acabando com tanta heterogeneidade física e civil. Cuidemos, pois, de combinar sabiamente tantos elementos discordes e contrários, em amalgamar metais diversos, para que saia um todo homogêneo. (Caldeira, 2015, p.234-235)

Porém, nessas matérias nem a política nem a economia as decidem sozinhas. Há ainda a ação da cultura, da religião (o catolicismo popular antes de tudo) e de uma enormidade de componentes sociais, desde as ondas imigratórias europeias até o fluxo dos escravos africanos com suas diferentes etnias. Desse conjunto resulta um imenso amálgama, o qual já estava na mente de José Bonifácio Andrada, como acabou-se de ver, tendo recebido dos estudiosos os mais diversos nomes, ao evidenciarem que a velha estrutura agrária ainda falava mais alto e ditava o rumo de tudo: por exemplo, ruralismo ou agrarismo, assim como patriarcalismo e seu sinônimo "familismo", no caso de Gilberto Freyre, ao se referir à sociedade patriarcal. Apoiando-me no pensamento deste último, postularei que, finda a Colônia, tal formação patriarcal irá durar até as duas primeiras décadas do século XX, perfazendo cerca de 100 anos, e terminando seu ciclo com a Revolução de 1930, quando finalmente o padrão casa-grande e senzala se desfaz e o agrarismo abre passagem ao urbanismo do Brasil Moderno.

É, pois, nesse quadro que a filosofia dos novos tempos – a do Brasil Independente – será situada e a hipótese do déficit cultural testada, com a ajuda da distinção introduzida por Antonio Candido e amplamente tratada no Passo

---

sentada sobre o trono, com um de seus braços segurando o escudo imperial e o outro a constituição, embaixo a cornucópia ladeada por produtos da terra (frutas) e a água do mar junto à praia; acima, sobre sua cabeça, a coroa imperial, a letra "P" de Pedro ao centro e os anjos ao lado com as trombetas; completando o quadro, ainda, dispostas à esquerda, as etnias, que representam as populações mistas do país, com a família negra em pé, a adventícia branca de joelhos, acompanhada de sua prole mestiça, e uma cabocla sentada com seus filhos; finalmente, dispostos à esquerda, os indígenas em armas, além de mineiros e paulistas também armados, saudando o acontecimento (ibidem, p.226-227; afastei-me algo das descrições fornecidas).

Mensagem – união nacional, paz social, concórdia dos povos e ao fundo – fundo de resto não figurado, como lembram as autoras citadas – o fantasma do Haiti, com seu quadro desolador depois da revolução dos escravos africanos, significando o Brasil. A alegoria representada é o "Anti-Haiti" (ibidem, p.229).

Expandindo o quadro, digo então que a alegoria de Debret condensará também a agenda do Segundo Reinado, tendo Pedro II realizado a unidade da nação tropical ali prefigurada.

anterior, tendo a sociedade colonial na linha de frente. Antes, porém, será preciso restituir a estrutura da sociedade pós-colonial, ou igualmente patriarcal, ao continuar a caminhada com Gilberto Freyre, para então passar à "superestrutura", examinar a mentalidade do século XIX e no fim chegar à filosofia. Com esse intuito, ainda que sem segui-lo explícita e sequencialmente, considerarei os três períodos em que os historiadores habitualmente dividem o período pós-colonial: [1] a Independência e seus antecedentes históricos: transferência da Coroa de Lisboa para o Rio de Janeiro, em que se pode ver o início de tudo; [2] o Império: Primeiro e Segundo Reinados; [3] a República e a Política dos Governadores, também conhecidas como República Velha.

A hipótese histórico-sociológica que será desenvolvida, lastreada por Gilberto Freyre e outros estudiosos, é a continuidade da estrutura patriarcal, renomeada "patrimonial" por Raymundo Faoro e "agrário-exportadora" por Caio Prado Jr. e José Murilo de Carvalho. Tendo sido exposta largamente no Passo anterior, não o farei de novo aqui, poupando assim o leitor de fastidiosa repetição, e cuidarei tão só de mapear as inflexões e as mudanças, que serão investigadas em contraste com as constantes da sociedade patriarcal, fiel à invectiva de Lampedusa e ao conhecido adágio francês: *Plus ça bouge, plus c'est la même chose* (Quanto mais muda, mais fica igual). O contraponto, a supor que a sociedade patriarcal continua, mas em curva descendente, como quer Gilberto Freyre, é a máxima da decadência formulada por Nabuco e que servirá de mote para minhas análises: "Pai rico, filho nobre, neto pobre" (apud Freyre, 2006, p.338) e reescrita pelo ilustre conterrâneo: "Pai taverneiro, filho cavalheiro, neto indigente" (Freyre, 2006, p.138, n.34). Depreendo dessas fórmulas e situações evocadas diferentes faces da continuidade, cuja tópica abarca deslocamentos e inflexões, como nos casos em apreço, em que a linha muda de direção, inclina e decai, podendo, não obstante, haver escaladas, subidas e progressões em outras situações e experiências históricas.

Fórmulas e linhas à parte, em termos históricos e sociológicos, houve dois momentos em que os *backgrounds* da sociedade patriarcal foram postos à prova, e ela venceu as provações, seguindo adiante em claro testemunho da solidez de seu edifício e, mais ainda, de seus alicerces, para ficarmos com a metáfora ao gosto dos engenheiros e arquitetos: na Independência, primeiro, quando os dois esteios da sociedade colonial e da Monarquia foram mantidos, a saber: o latifúndio agrário-exportador e o par senhor/escravo; mais tarde, na República, quando o latifúndio se mantém intacto e esse mesmo par é cindido, mas conserva a centralidade do senhor das terras, com as duas mensagens que essa nova situação traz. Ou seja: por um lado, a Monarquia brasileira era escravista e não podia sobreviver à perda de ao menos um de seus fundamentos ou esteios: o escravo, sem o qual ela não pôde aguentar e ficar em pé nem mesmo um ano depois da abolição da escravatura; por outro lado, malgrado o fim da escravidão e da Monarquia, com a República, a sociedade brasileira continuava oligárquica e patriarcal, como havia observado Nabuco, ao dizer que a escravidão continuava com sua obra, apesar do fim do regime.

Para além de Nabuco, o fundamento da hipótese continuísta é fornecido por Gilberto Freyre na seguinte passagem de *Sobrados e mucambos*, em que ele avança o argumento dos vários começos da sociedade patriarcal, ao se referir aos seus dois livros, às voltas com problemas de datas e de periodização, tão comum nas ciências humanas e sociais:

> Cronologicamente exato nenhum dos ensaios pretende ser. Em nenhum deles os fatos são estudados a prazo fixo, isto é, entre datas determinadas ou inflexíveis. Ao próprio começo da sociedade patriarcal no Brasil, quem ousaria atribuir data certa e única, sem qualificar deste ou daquele modo tal começo – começo econômico ou começo político ou começo civil? A fundação de São Vicente não satisfaz todas as condições de começo único. A sociedade patriarcal no Brasil – esta parece ser a verdade – em vez de um começo só, teve vários em espaços e datas diversas. Em vez de desenvolver-se linear ou uniformemente, no tempo ou no espaço, desenvolveu-se em ambos desigual e até contraditoriamente, amadurecendo numas áreas mais cedo do que noutras, declinando no Norte, ou no Nordeste [...] quando apenas se arredondava [...] no Brasil meridional [...]. (Freyre, 2004a, p.43)

Ora, elemento e vetor da diversidade, o argumento dos vários começos no pensamento do pernambucano, em vez da cisão, leva à hipótese da continuidade, cujo núcleo duro são as constantes e as permanências, da mesma forma que acarreta sua acomodação aos ajustes, às retomadas, às inflexões e às mudanças, sendo a mais famosa mutação o par sobrado e mucambo, que substitui o padrão casa-grande e senzala. Porém, lida sociologicamente como continuidade, ao relançar e restaurar a sociedade colonial em novas bases, justificando o emprego do afixo *neo* ou *pós*, como em meu caso, ao cravar o vocábulo sociedade *pós-colonial*. Continuidade, de resto, não muito diferente da de Raymundo Faoro, que em seu livro fundamental fala de continuidade do patrimonialismo, ao dizer que em quase toda a extensão da nossa história – extensão de fato bem mais vasta do que a de Gilberto Freyre – colonialismo e patrimonialismo continuam (Faoro, 2012, p.391, 331 e 357). E continuam sob a forma vária do caudilhismo, do coronelismo, do patriarcalismo, do neocolonialismo e, inclusive, na República Velha, em que pesem a ruptura republicana e a prevalência do industrialismo sobre o agrarismo em certas iniciativas e diretrizes políticas que tiveram lugar em determinadas épocas de nossa história – desde os tempos de Mauá no Rio de Janeiro até os primeiros capitães de indústria de São Paulo:

> A indústria – escreve Faoro –, será um transplante, amortecido se adverso o quadro exportador-importador, vivaz se estimulado pela crise do sistema maior. Daí o apelo constante ao Estado, ao poder público, capaz de acudir a planta sem o sol e sem estrume. Esse esboço industrial, entretanto, ganha relevo no momento em que adquire a perspectiva, com a promessa de permanência, de substituir as importações, dramaticamente cortadas na Guerra de 1914-1918 e no recesso da crise de 1929-1940. (Faoro, 2012, p.594)

Paralelamente, haverá mudanças e inflexões, a maior delas o fim da escravidão, levando à generalização do colonato no Sul e ao trabalho assalariado no Sudeste e Nordeste, com a Usina no lugar do Engenho, acomodados lá e cá às velhas estruturas das parcerias semifeudais: meeiros, agregados etc. De fato, não só essas mudanças, mas haverá ainda uma outra, tão ou mais importante, e que terminará dissolvendo a grande hegemonia do litoral na *Terra Brasilis* desde a Colônia: o desbravamento do interior esquecido e a conquista do Oeste ou dos sertões, a que voltarei no fim da seção, ao fechar o quadro desse importante lapso temporal da história brasileira.

Sumariando ao máximo o quadro da sociedade pós-colonial, demarcado nos três grandes períodos da Independência, do Império e da República, com a mesma estrutura patriarcal agrário-exportadora ao fundo, Faoro se depara com os seguintes componentes ou vetores, devendo aproximá-los, ajustá--los e coordená-los – tarefa nada fácil, a julgar pelos pontos cegos, zonas de penumbra e linhas de fuga que os acompanham, como, aliás, em todos os processos históricos, terreno da contingência e do randomismo. Assim, numa reconstrução livre, permitindo-me ir além de Faoro quando for o caso, ao mapear as [1] Continuidades, [2] Inflexões e [3] Mudanças:

[1] Continuidades – de várias modalidades e extensões, incidindo sobre a estrutura econômica e a ordem política, ou seja:

(a) *Estrutura econômica e social* – fundada sobre o par senhor/escravo, será mantida até 1878, com o fim da escravidão, quando uma das colunas da sociedade patriarcal entrará em colapso, ao passo que a outra, o senhorio, seguirá intacta; porém, agora, transformada, ao modo de oligarquias aburguesadas, com relações impessoais e monetizadas, tanto com o imigrante recém-desembarcado quanto com o nativo brasileiro: branco, mulato, cafuzo e ex-escravo africano.

(b) *Ordem política* – fundada sobre o Pacto Colonial (pacto de submissão, que resulta na assimetria da relação de poder: mando e obediência), ainda que a Independência o tenha desestruturado, observa-se a manutenção do regime da Monarquia (pacto de submissão das Províncias à Coroa), bem como do aparato jurídico da Colônia.

Por um lado, as Ordenações Manuelinas, sucessoras das Afonsinas e implantadas em 1521, as quais forneceram o fundamento legal para o Pacto Colonial e instauraram o regime das sesmarias do além-mar, extinto no Brasil em 1822, à época da Independência. Por outro, as Ordenações Filipinas, promulgadas no período da União Ibérica em alusão ao grande monarca e circunscrita à América Portuguesa, ficando a América Espanhola sob a jurisdição das *Leyes de las Indias* – Ordenações que tiveram vida longa e sobrevieram ao fim da União em 1640, regulando com afã e minúcia toda a vida da Colônia: da esfera político-administrativa à atividade econômica em sua vastidão e diversidade, ao instaurar, por exemplo, a Lei do Quinto e outros dispositivos.

Sobrevieram ainda – importante para o presente Passo – não apenas ao fim da União Ibérica, mas também ao fim da Colônia, tendo sido emendadas várias vezes, uma delas por Teixeira de Freitas no contexto da *Consolidação das Leis Civis* brasileiras, de 1858, promulgada por Pedro II. E tanto mais elas duraram, como mostram os historiadores do direito, que elas só foram completamente revogadas em 1916, em plena República Velha, quando as Ordenações do Reino e as Filipinas foram substituídas pelo Código Civil, de Clóvis Beviláqua[2] (Faoro, 2012, p.82-85).

(c) *Cultura, religião e ideias* – continuará a imperar a Igreja Católica e o catolicismo popular, frouxo e sensualista, em oposição ao catolicismo doutrinal e teológico das ordens religiosas e das autoridades eclesiásticas, que continuam bebendo nas mesmas fontes do neotomismo e da segunda escolástica, agora sem o monopólio da Companhia de Jesus e com outras ordens religiosas na linha de frente.

[2] Inflexões – inúmeras e de vários quilates, elas introduziram as novidades e, ao mesmo tempo, o liame da sociedade colonial à pós-colonial, sob a forma de continuidades e transições.

---

2 Para o conjunto das Ordenações.

(a) *Estrutura econômica e social* – a mais emblemática delas, na esteira de Gilberto Freyre, e como já antecipado, é a inflexão da díade casa-grande e senzala, que dominava a vida da Colônia, ao par sobrado e mucambo,[3] que passa a dominar a vida da sociedade pós-colonial, com todas as consequências que a transição implica: antes de mais nada, a passagem da cultura rural a uma cultura mais urbana, cristalizada nos sobrados das cidades[4] onde vão acomodar-se segmentos das antigas oligarquias,[5] enquanto os "mocambos" das cidades – os "cortiços" e os "quadros", na acepção elástica que Freyre dá ao vocábulo rural quimbundo – irão abrigar, além da escravaria liberta, imigrantes pobres portugueses e italianos, prevalecendo entre eles o mesmo modelo da família patriarcal da casa-grande e do sobrado (Freyre, 2004a, p.749 e 754).

Outra inflexão importante, na perspectiva da engenhosa maquinaria da identidade e da diferença levada a cabo por Freyre em suas duas obras seminais, e desta feita no tocante ao modelo da família patriarcal, consiste na troca do familismo pelo individualismo (ibidem, p.85): precisamente, a troca que tem lugar quando a família patriarcal, encabeçada pelo *pater familias*, imensa e repleta de agregados, em seu traslado do meio rural ao urbano, simplesmente se desintegra, cede lugar à família burguesa moderna, ou quase:

---

3 Ou antes mocambo, como está dicionarizada, Aurélio, por exemplo, que lembra de sua origem quimbunda "mu'kambu", na acepção de "cumeeira", ou seja, telhado, designando no Brasil tanto o casebre ou a choupana da população pobre e do escravo fugido da Colônia e do Império quanto o lugar ou o esconderijo no mato, próximo de um quilombo.

4 Na acepção vasta que lhes dá Freyre, abarcando os sobrados de dois ou três andares de São Luís do Maranhão (Freyre, 2004a, p.421), os sobrados sem quintal de Recife, de arquitetura holandesa, fechado dentro de si mesmo, menos espaçoso e mais magro do que o similar baiano (ibidem, p.272), e ainda os sobrados dos barões de café no Rio de Janeiro, no fim do Segundo Reinado, quando se converte no ícone da civilização do café instaurada no Sudeste do Brasil (ibidem, p.58).

5 Sobre a composição social comum da aristocracia urbana aburguesada e da aristocracia rural escravista, Gilberto Freyre, em *Sobrados e mucambos*, escreve que nem sempre é fácil estabelecer a distinção entre os senhores que estão à testa das casas-grandes e dos sobrados. "Pois os antigos senhores de casas-grandes de fazendas ou engenhos quase sempre tinham sobrados nas cidades mais próximas onde passavam com as famílias os meses de chuva. E os senhores de sobrados, enriquecidos no comércio ou na mineração, quase sempre adquiriam, logo que sua fortuna o permitia – e às vezes de fazendeiros ou senhores de engenho arruinados –, fazendas, sítios ou engenhos, onde iam com as famílias passar a festa, ou as festas, vivendo então um gênero de vida que se assemelhava ao dos senhores de terras natos. Confundia-se assim, nas exterioridades, o patriarca de cidade com o do campo. E veremos no ensaio que se segue que a transferência de poder de um a outro se fez, muitas vezes, pelo casamento e, por conseguinte, tão suavemente que, à distância de um século ou dois, quase não se distinguem diferenças de forma, de estilo de vida ou de função patriarcal entre tais patriarcas diversos apenas na substância" (Freyre, 2004a, p.93).

a família-celular, e instala a primazia do indivíduo, que em certas variantes trocará a escravidão do eito pela escravidão doméstica.

Soma-se ainda, junto com a transição das casas-grandes das fazendas aos sobrados das cidades, o traslado da hegemonia econômica e política do Nordeste, que dominou a vida da Colônia (Recôncavo Baiano e Zona da Mata) à centralidade do Sudeste, cujo domínio se observa ao longo do período pós-colonial (a princípio no Vale do Paraíba Fluminense e, depois, no Oeste Paulista e Sul de Minas).

(b) *Ordem política* – além do traslado da hegemonia da aristocracia da cana à do baronato do café, nota-se a inflexão dos cortesãos e dos barões da Corte aos fazendeiros e aos coronéis do interior, que se convertem no braço municipal das oligarquias políticas, finda a Monarquia, na chamada República Velha. Ou, então, ao focalizar a passagem da sociedade colonial à pós--colonial, surge a inflexão provocada pela Independência, levando tanto à alteração quanto à manutenção das *relações de poder*, fundadas sobre a lealdade pessoal do súdito ao rei e a seus lugares-tenentes, com as consequências que ela implica. Assim:

Relações inalteradas no tocante às oligarquias, com a transferência da Corte de Lisboa para o Rio de Janeiro, ao trocarem o beija-mão do Paço da Ribeira de Portugal pelo Paço Imperial do Brasil, abolido por Pedro II no Segundo Reinado.

Relações alteradas na sociedade pós-colonial quando as oligarquias passam a fazer política diretamente na Corte, no Senado e nas eleições – entende--se como fazer política não só o direito de fazer a lei nas casas-grandes, com poder de vida e de morte sobre a escravaria, na esfera particular, mas também por delegação de El Rei e com tudo o mais decidido em Portugal.

E relações não alteradas para a plebe e o restante da população – até mesmo na República Velha, com um baixíssimo número de votantes, em um tempo em que Democracia e República ainda não haviam se cruzado, justificando o veredito de que o Brasil continuava a ser um país sem povo (Faoro, 2012).

(c) *Mentalidade, cultura e correntes de ideias* – permanece o padrão de país rude e de poucas letras: mesmo nas casas-grandes, com suas paredes nuas, sem *portraits*, as dependências comuns espaçosas e sem maiores confortos, onde senhores e sinhás levavam vida fácil amparados por muita escravaria doméstica, como comenta Freyre.

No outro extremo, a sociedade colonial dá azo em seus poucos letrados a uma cultura elitista: austera e de corte teológico-religioso, no caso dos jesuítas, que dominavam a cena intelectual; retoricizada, menos lastreada e de talhe ornamental, com seus lustros e pompas avistados nos poucos bacharéis conimbricenses do século XVII e mais ainda do XVIII ("fantasias sem proveito", diria Cruz Costa ao referir-se à razão ornamental que dominou aqueles tempos fora dos colégios da Companhia de Jesus).

Ora, com a passagem da sociedade colonial à pós-colonial, ocorre a transição do clericalismo colonial ao bacharelismo letrado e, antes de tudo, jurídico, bem como a inflexão do pensamento católico ao pensamento laico, com a troca da matriz ibérica e lusitana (segunda escolástica) pelas matrizes francesa, inglesa e alemã (enciclopedismo, positivismo, evolucionismo, materialismo).

Outras inflexões poderiam ser ainda acrescidas, dentre elas a inflexão da Colônia, sem qualquer mecenas nas artes e nas ciências, em que os jesuítas se incumbiam da educação religiosa e humanista, à sociedade pós-colonial laicizada, ou quase, e ao mecenato do Imperador: "a ciência sou eu", dizia Pedro II, e poder-se-ia acrescentar a arte, a engenharia e tudo o mais.[6] Voltarei a este importante tópico nas próximas seções.

[3] Mudanças – de grande monta e sociologicamente robustas, elas levarão à modelagem de uma estrutura de sociedade ramificada, como antecipado no Passo 2, e não mais bifurcada, com profundo impacto na economia, na política e na mentalidade, como veremos.

(a) *Estrutura econômica e social* – agrarismo e oligarquias à parte, na sociedade pós-colonial houve a implantação de uma ordem mais burguesa, pelas mais variadas vias: estimulando o aburguesamento das elites ao trocarem o campo pela cidade e acrescidas das novas camadas dos intermediários e agentes capitalistas – tudo isso por obra da própria Coroa ao longo dos dois Reinados, sobretudo o segundo, com sua disposição para trocar os títulos

---

6 Não é exagerado dizer que, apesar das reservas correntes à escravidão, bem como à Monarquia, a centralidade do Imperador na sociedade pós-colonial é reconhecida pelos estudiosos, dentre os quais Francisco Adolfo de Varnhagen, e de um modo especial no plano político, ressaltando os dois grandes feitos de seu longo Reinado ao nos legar a nação tal como a conhecemos hoje: a estabilidade das fronteiras e a unidade linguística. Algo parecido se dá no plano das artes e da cultura, como mostram Lilia Schwarcz e Heloísa Starling (op. cit., cap.11), ao destacarem o perfil idealizado que o próprio Dom Pedro II ajudou a construir e a difundir, preferindo a imagem de homem culto e refinado, com conhecimento apurado em ciências, fino gosto nas artes e domínio das línguas mortas e vivas, tendo aprendido até mesmo o tupi e o hebreu, em vez da pompa e da liturgia do cargo. Sobre o papel de Pedro II como mecenas das artes e das ciências, associado a esse figurino de Imperador culto e inteligente, com seu projeto de civilização do Brasil e de instaurar a Europa nessa parte dos trópicos, ver adiante nota 38, em que seu mecenato e sua liderança são considerados.

nobiliárquicos e o apoio das oligarquias rurais pelo poder do dinheiro e da companhia das aristocracias urbanas.

O resultado foi a progressiva passagem da sociedade de estamentos (regulada pelas Ordenações do Reino: Manuelinas e Filipinas, no caso do Brasil) à sociedade de classes, caracterizada pela dinâmica e plasticidade da sociedade capitalista, com o mercado no centro e a mobilidade social ao fundo, como notou Gilberto Freyre.[7]

(b) *Ordem política* – a despeito das continuidades do aparato jurídico, verifica-se a ruptura da ordem política vigente ao menos duas vezes: na Independência e na República, entendidas pelos estudiosos como obras e arranjos das elites. Precedida aquela de acontecimentos antecedentes, por exemplo, o traslado da Corte portuguesa em 1808, cuja estrutura imperial e monárquica será mantida depois da ruptura com a Metrópole. Seguida esta, tempos depois, pelo golpe militar, que levou Deodoro ao poder e instaurou a República, e, finalmente, pelo derradeiro ciclo da sociedade pós-colonial, cujo grande protagonista se configura no Convênio de Taubaté (1906), que pavimentou a política dos governadores, com a hegemonia de Minas e São Paulo.

Tal ruptura provoca, no plano jurídico, a modelação de duas Constituições – uma toldada para a nova Monarquia tropical; outra para a República, no caso, a primeira de uma série, pois haverá mais de um período republicano em nossa história, e a última da sociedade pós-colonial, a supor que ela termina em 1930, quando inicia um novo ciclo em nossa história, o do Brasil moderno, ou seja: a Constituição de 1824, cujos mentores foram Antônio Carlos de Andrada e Carneiro de Campos, o Marquês de Caravelas, que deram o embasamento jurídico-político da Monarquia constitucional a partir da Constituição francesa, inspirada no jurista franco-suíço Benjamin Constant (poder moderador), bem como na filosofia política de Montesquieu, conforme Raymundo Faoro (2012, p.320-321, 334-335 e 351). E a Constituição de 1891, dois anos depois da Proclamação da República, tendo como mentor Ruy Barbosa, que irá inspirar-se na Constituição Norte-Americana, bem como na Argentina, promulgada décadas antes, em 1853, e ela mesma americanizada.

---

7 Trata-se segundo o ilustre pernambucano de uma "época de franca desintegração do sistema patriarcal, se não em todas as áreas brasileiras, ao menos nas mais expostas ao impacto das influências individualistas, estatistas ou coletivistas mais particularmente hostis às antigas hierarquias sociais dominantes entre nós – país de quase tanto familismo quanto a China – e às antigas formas de domínio do Estado pela pessoa ou pela família economicamente poderosa; e da própria religião pela família patriarcal e semipatriarcal" (Freyre, 2004a, p.77-78).

Nesse cenário se desenharam as duas experiências institucionais mais salientes dos regimes políticos que prevaleceram ao longo de cento e poucos anos, que vão da Independência ao fim da República Velha: em um primeiro momento, prevalece a centralização imperial, em especial, no reinado de Pedro II, com tudo sendo decidido na Corte, no Rio de Janeiro, como se decidira antes no Paço da Ribeira, em Lisboa; em um segundo momento, a descentralização da República Velha, findo o ciclo militar, com a chamada política do café com leite, que irá comandar o país até o grande terremoto da Revolução de 1930.

(c) *Mentalidade, cultura e ideias* – junto com a inflexão secularizante bacharelesca (advento do pensamento laico), ainda que sem provocar uma verdadeira revolução na cultura e na corrente de ideias, mas "um surto de ideias novas", como viram Sylvio Romero e Cruz Costa, houve – mais do que deslocamentos e inflexões – uma grande mudança no terreno das mentalidades e da cultura: no caso da filosofia, ao substituir a cultura e a filosofia portuguesa por outras influências irradiadas de outros centros da Europa, e antes de tudo da França.

Trata-se da assim chamada *reeuropeização*, mais do que a iberização, consumado o período colonial, com Portugal de fora, e desde logo vista (1) como realinhamento das alianças políticas e econômicas da nova nação; (2) como política demográfica do Imperador, cujo intuito era promover o embranquecimento da nação após séculos de africanização e tráfico negreiro, gerando a fragilização do contingente europeu; e (3) como modernização dos costumes, das ideias e dos valores, depois de séculos de teocratismo medieval católico e alinhamento da Colônia a Portugal, como corroborou Gilberto Freyre em *Sobrados e mucambos*, ao ressaltar o novo modo de vida da principiante aristocracia urbana. Segundo ele, um modo de vida que associa o poder do dinheiro à vida de luxo e opulência na Corte, bem como nas terras fluminenses, em comparação à tacanhice e à rudeza do Nordeste das casas-grandes. Ou seja: o *nouveau riche*

> [...] de corrente de ouro em volta do pescoço, de cartola inglesa, morando em sobrado de azulejo, andando de vitória de luxo, comendo passa, figo, ameixa, bebendo vinho do porto, as filhas uns encantos quando vestidas pelos figurinos de Paris por alguma Madame Theard para assistirem a estreias de cantoras italianas no teatro lírico. (Freyre, 2004a, p.117-118)[8]

---

8 Sobre a reeuropeização, ver também Faoro (2012, p.457), que fala da mudança do vestiário, da alimentação e do mobiliário, levando "a subversão dos hábitos lusos, vagarosamente rompidos com os valores culturais que a presença europeia infiltrava, juntamente

Tudo isso é importante e será considerado na sequência deste Passo, quando – na esteira desse conjunto de continuidades, inflexões e mudanças que circunscreve a sociedade pós-colonial – irei introduzir os recortes analíticos, colocando em relevo a cultura, seus dispositivos institucionais e seu impacto sobre a filosofia. Com respeito à estrutura da sociedade pós-colonial, quem se dispuser, desejoso de aprofundar as análises, poderá dirigir-se com grande proveito aos estudiosos que se ocuparam do assunto, tais como Gilberto Freyre em *Sobrados e mucambos*; Sérgio Buarque de Holanda em *Caminhos e fronteiras*; Robert Wegner em *A conquista do Oeste*; Lilia Schwarcz em *O espetáculo das raças* e, ainda, junto com Heloísa Starling, em *Brasil: uma biografia*; Celso Furtado em *Formação econômica do Brasil* e Raymundo Faoro em *Os donos do poder* – obras a todos os títulos essenciais, às quais voltarei na sequência mais de uma vez e que fornecerão ao leitor o conjunto dos elementos necessários para estruturar uma visão consistente dos três períodos acima sumariados: Independência, Império e República.

O fio da meada é a transição já comentada da estrutura bifurcada da sociedade colonial à estrutura ramificada da sociedade pós-colonial, resultando em um conjunto de mudanças qualitativas, repertoriadas por eles.

A começar por Gilberto Freyre e *Sobrados e mucambos*, com sua maquinaria da identidade e da diferença, já ressaltada, associada à estratégia analítica de focalizar nos processos reais tanto o equilíbrio dos contrários quanto sua polarização, e do mesmo modo em *Casa-grande & senzala*, que junto da primeira me proporcionou o fio condutor da investigação e os meios de expandi-la para além da díade nuclear da sociedade pós-colonial: os sobrados e mucambos. Assim, com respeito aos recortes, ao introduzir a cultura, abrindo o caminho que me levará à filosofia, como o leitor notará na seção 2, a obra seminal de Freyre me dará o encadeamento da cultura urbana (sobrado) em contraste com a cultura rural (casa-grande). Quanto às díades, os sobrados e mucambos, metaforizados e com algum favor poderão combinar e se articular com outras díades, gerando novas antinomias, bem como o fenômeno sociológico ressaltado por Freyre da complementaridade dos contrários e sua contraparte,

---

com as mercadorias importadas". Como contraponto a Freyre, ver Visconde de Taunay que, embora reconhecesse no Imperador um afrancesado, como todo o mundo, aliás, lembra o grande zelo que em regra este mostrava na defesa das coisas do Brasil e do próprio vernáculo, como testemunhou Taunay antes de publicar seu primeiro livro, *Cenas de viagem*, que veio a lume em 1868 e tendo antes ido parar nas mãos de Dom Pedro: "o manuscrito – escreve Taunay – foi com a maior paciência lido pelo Imperador, que corrigiu a lápis várias passagens, atendo-se, como era costume seu, a minúcias filológicas e notando não poucas locuções viciosas, sobretudo galicismos" (Taunay, 2005, p.235).

antagonismos em conflito, em consonância com as díades repertoriadas por Faoro: Estado e nação, Colônia e Metrópole (Faoro, 2012, p.446 e 450) e União e Federação (ibidem, p.691-692), podendo ser acrescidos elite e povo, bacharel e clérigo, centro e periferia, rural e urbano, atrasado e moderno, litoral e sertão e outras tantas mais. Contudo, a estratégia freyriana das díades e suas [1] vertentes, antagonismos em conflito e [2] complementaridade dos contrários, com a profusão de exemplos e a sensualidade carnavalesca do autor, que *Sobrados e mucambos* e *Casa-grande & senzala* elevaram ao estado da arte, não havendo nada de comparável na literatura brasileira dos dois períodos, deverá ela mesma ser reparada e modificada, como aliás o faz Freyre, muitas vezes, sem se dar conta, levando o estudioso, para além das díades e dos espaços vazios das forquilhas, a introduzir elos intermediários e sínteses aglutinadoras. Este é o caso das classes médias, repertoriadas pelo autor e expandidas depois em direções que ele não havia intentado, ou então da categoria "rurbano", esse misto de rural e urbano tipificado por Faoro. Por fim, a figura dos antagonismos em conflito, bem trabalhada, mostrará seus ganhos analíticos ao se estender ao tema da revolução, por exemplo, como mostrarei no próximo Passo, ainda que sem a companhia de Gilberto Freyre, que não se deu essa tarefa ou esse desafio intelectual.

Voltando ao Passo e às duas díades, cuja pertinência para o exame da estrutura das sociedades colonial e pós-colonial foi reconhecida ao longo da presente seção – casa-grande e senzala/sobrados e mucambos –, se Freyre nos abriu o caminho, o fez pela metade e, logo, fomos levados a abandoná-lo, revelando-se as duas díades insuficientes para operar a superestrutura do Brasil colonial e pós-colonial. Mais do que ninguém, Gilberto se ocupou da cultura, porém não de seus dispositivos e menos ainda da filosofia; nesse sentido, ele ficou às voltas com a primeira metade da estrutura social desses dois períodos de nossa história: o latifúndio agrário-exportador do litoral e antes de tudo da Bahia e de Pernambuco, deixando na penumbra a outra metade, ou seja, o Brasil do Interior e dos Sertões.

Ciente disso, à vista de completar o quadro, para no fim situar a situação da filosofia pós-colonial, fui buscar outras companhias e o apoio de outros estudos, na esteira da confidência de Pedro II a Visconde de Taunay, ao ligar o esforço de interiorização empreendido por seu governo, com a implantação das ferrovias que interligavam pontos distantes do Brasil, à necessidade de vencer a grande barreira da Serra do Mar – esta "espinha atravessada na garganta do Brasil" – e "atacar este obstáculo no maior número possível de pontos, levando perpendicularmente à costa linhas de comunicação e de respiro ao pobre Centro" (Taunay, 2005, p.148).

Trata-se, assim formulado, de outro Brasil, pobre e esquecido, que só mais tarde entrará nas letras nacionais pelas mãos e pena de Euclides da Cunha ao debruçar-se sobre a Guerra de Canudos e a figura de Antônio Conselheiro, em seu *opus magnum* publicado em 1902 (*Os sertões*). Mas cujo problema e virtual desafio já estavam séculos antes, pela via negativa, na mente e na escrita do jesuíta Vicente de Salvador, nosso primeiro historiador, autor da frase que fez fortuna em nossa historiografia: o Brasil vive de costas para o interior e de frente para o Atlântico, ao comparar os adventícios portugueses com os caranguejos, vivendo como eles, "caranguejando" em nossas praias, não exatamente no sentido de marcha a ré e andar para trás, como se o colono fosse um retrógrado, mas de andar sobre a areia, para lá e para cá, ao longo de nosso litoral.

Tal situação, de um país encantado no litoral e estendido verticalmente do Nordeste ao Sul, levou ao conhecido *topos* da "Litoralização do Brasil", já comentado no Passo anterior. Um *topos* sem dúvida real e cheio de consequências, e no qual Sérgio Buarque de Holanda viu um dos grandes mitos da historiografia brasileira – o "mito obstinado da avassaladora preeminência agrária na formação brasileira" (Wegner, 2000, p.198) –, devendo, eu acrescentaria, ser reparado mediante a introdução de corretores, tanto de perspectiva quanto de rota.

Litoralização real, como lembram Otávio Velho e Sérgio Buarque, ao invocarem os *enjeux* da colonização e da Coroa portuguesa, tendo ao fundo o reino da Ibéria com seu território diminuto e sua pequena população – ao menos 1/6 de Castilla, estimada em cerca de 7 milhões de habitantes –, frente ao desafio de tomar posse e povoar a Colônia do tamanho do Brasil. Otávio Velho: depois de lembrar que as Bandeiras só podiam partir interior adentro com a autorização da Coroa, acrescenta que "isso era necessário a fim de evitar o perigo de desorganizar a agricultura e o comércio com a dispersão da mão de obra já escassa" (Wegner, 2000, p.134 apud Velho, 2009, p.108). Sérgio Buarque: citando as cartas de doação das capitanias, comenta em artigo que essas cartas estipulavam "que aos donatários será lícito erigirem tantas vilas quantas queiram junto ao mar ou aos rios navegáveis, porém que pela terra adentro as não poderão fazer, salvo se entre uma e outra corra espaço mínimo de seis léguas", por entenderem as autoridades da Coroa que se assim não o fizessem, terminariam por despovoar aqueles sítios, deixando a costa vulnerável. De acordo com Sérgio Buarque, o resultado dessa política foi resumido por um historiador britânico que definiu a situação do Brasil quinhentista como "uma linha de fortalezas e feitorias de dez mil milhas de comprido" (Wegner, 2000, p.134 apud Holanda, 1954, p.1-3).

Corretores de rota geográficos e físicos, como no caso do Imperador Pedro II, ao propugnar as linhas perpendiculares das ferrovias rumo ao interior do país e na direção de Minas Gerais, por exemplo: vistas como corretivo das linhas verticais que predominaram no país desde a Colônia, quando os portos e as capitanias foram disseminados, e ainda assim não para colocá-las em contato umas com as outras, mas com a Coroa do ultramar. Corretores de perspectivas intelectuais, como nos casos de Sérgio Buarque de Holanda (*Monções*; *Caminhos e fronteiras*), Robert Wegner (*A conquista do Oeste: a fronteira na obra de Sérgio Buarque de Holanda*) e Jorge Caldeira (*Nem céu nem inferno: ensaios para uma visão renovada da história do Brasil*), contra os excessos da litoralização e do padrão casa-grande e senzala da nossa historiografia, como os encontrados em Gilberto Freyre e em Caio Prado Jr.: os corretores consistem nas Bandeiras iniciadas nos séculos XVI e XVII, continuadas ao longo do século XVIII com os monçoneiros do Tietê em Espera Feliz e a bifurcação dos caminhos fluviais e terrestres rumo ao Sul e ao Centro-Oeste, e ampliadas com os tropeiros e os fazendeiros do interior no curso do século XIX.[9]

Nesse novo quadro consideravelmente dilatado, ao contrapor o Brasil *inconnu* dos mapas do século XVIII – o Brasil do Interior e dos Sertões – com o Brasil real dos desbravadores, categoria sociologicamente fluida composta pelos bandeirantes, aventureiros, viajantes, tropeiros e fazendeiros, poder-se-á introduzir a comparabilidade requerida pela pesquisa histórica e metafilosófica, com seus períodos axiais, seus modelos paradigmáticos e suas figuras emblemáticas. Assim:

[1] *Períodos axiais* – as sociedades colonial e pós-colonial, com suas linhas de força, suas continuidades e suas rupturas, que as fazem permanecer no mesmo agrarismo, em sua ambivalência escravagista e semifeudal,

---

9 Sobre Jorge Caldeira, em que pese a importância de sua obra para a revisão da história brasileira, como aliás prometido em seu subtítulo, e à qual voltarei mais de uma vez ao longo deste Passo, noto certo exagero em suas análises e considerações, ao pretender, por exemplo, que desde a Colônia houve o primado do mercado interno, em um tempo em que não havia estatísticas e em que o escambo e as prestações predominavam sobre as relações monetizadas de mercado – interno e externo. Exageros à parte, não deixam de ser corretos os vaticínios do autor ao dizer que por volta de 1800 a economia do Brasil era maior do que a de Portugal (Caldeira, 2015, p.263), e não menos duvidosas as comparações com os Estados Unidos, ao estabelecer que nosso PIB "era provavelmente maior" (ibidem, p.293) – em um período como a primeira década do século XIX, em que o grande país do Norte, com suas antigas treze colônias, era menor do que o nosso, porém com uma população parecida e, depois, acentuadamente maior no curso dos anos 1800, terminando o fim do século o Brasil contava com renda *per capita* de 704 dólares e os Estados Unidos com 4.000 dólares, conforme lembra o próprio autor (ibidem, p.294).

infletido, porém, em uma direção mais capitalista desde a época da descoberta. Precisamente, quando foi toldado o modelo do latifúndio agroexportador, em sua variante escravista e mercantilista no início (colonização: negócio do rei e de seus sócios) e, posteriormente, em sua variante comercial e "liberal" (livre iniciativa dos tropeiros e monçoneiros, cujo ponto alto foram o porto de Espera Feliz e as feiras de burro de Sorocaba).

Correndo em linhas paralelas em boa parte do período colonial, o resultado dessa combinação é o "ornitorrinco" dos séculos XVIII e XIX – para usar a sugestiva metáfora de Chico de Oliveira –, lido de duas maneiras em sua significação profunda. (a) Como um capitalismo feudal ou escravista, em que a previdência e o espírito de iniciativa estarão assentados em relações de lealdade pessoal, expandidas depois nas relações de compadrio do coronelismo, conforme será visto mais à frente. (b) Como um feudalismo ou escravismo aburguesado e capitalista, com a monetização das relações por toda parte e a aristocracia de sangue ou de etnia convertida em aristocracia aburguesada do dinheiro, ao se passar do padrão casa-grande da Colônia ao padrão sobrado da sociedade pós-colonial.

Já comentado antes, na vertente do litoral, como em Gilberto e Caio Prado, este ponto será considerado agora, no ambiente da sociedade pós-colonial, na vertente do interior ou do sertão, na linha de Sérgio Buarque e outros estudiosos.

[2] *Modelos paradigmáticos* – antes de mais nada, a tríade bandeirante/monçoneiro/tropeiro junto da figura do fazendeiro, que segundo Robert Wegner dominou o Brasil do Interior desde a Colônia, respectivamente nos séculos XVII, XVIII e XIX (Wegner, 2000, p.181).[10] Não sem deixar de reconhecer sua fertilidade e pertinência, ao modelo em apreço eu prefiro – em outra reconstrução mais consistente com as análises de Sérgio Buarque, em sua tentativa de abrir uma rota diferente do agrarismo, ao cindir o último par e colocar o fazendeiro de lado, porém sem ir rápido demais ao urbanismo do capitalismo clássico europeu e sua ética puritana – a tríade bandeirante/monçoneiro/tropeiro. E a razão não poderia ser mais límpida: a acomodação do grande fazendeiro do interior ao modelo da casa-grande e do ruralismo que prevalecerá nos dois Brasis até a República Velha: ela mesma vista como República dos Fazendeiros e seu braço ideológico-político, o coronelismo.

---

10 De fato, um quarteto ou uma "quadríade", não uma tríade, ao se focalizar a categoria social e não o século em que as categorias apareceram ou predominaram.

[3] *Figuras emblemáticas* – correspondentes aos dois períodos, mas algo defasadas em seu significado histórico e sociológico dos modelos, por extrapolarem os tipos puros, os nomes de João Ramalho, figura quase mítica e citada por todo mundo, Passo, do Barão de Iguape, de que fala Sérgio Buarque, e do Visconde de Mauá, celebrado por Jorge Caldeira.

(a) *João Ramalho* – português, ele, mas que cedo, em 1513, quando tinha 20 anos, veio para a *Terra Brasilis* e por aqui ficou. Aportou em São Vicente, onde permaneceu por algum tempo até iniciar sua caminhada, nu e descalço, como os indígenas, rumo ao interior, na região de São Paulo de Piratininga. Termina seus dias no Vale do Paraíba, em 1580, de modo que não é exagerado fazer sua associação a dois fatos ou processos marcantes do Brasil colonial. Primeiro, ligado ao desbravamento do interior e à origem do Brasil mestiço, por causa de seus inúmeros casamentos com indígenas e sua imensa prole. Segundo, vinculado à abertura das rotas dos bandeirantes e ao protocapitalismo entre nós, o capitalismo pré-concorrencial da acumulação primitiva, com João Ramalho enriquecido: negociando pau-brasil com a Metrópole, vendendo índios aprisionados aos colonos para serem escravizados, construindo embarcações para desbravar os rios, reabastecendo as caravelas portuguesas que por aqui aportavam, e assim por diante.

Normalmente considerado o pai dos bandeirantes e o povoador de São Paulo, proponho ver neste proto-paulista, fiel à metodologia dos tipos ideais, como a lente de aumento e o arquétipo do Brasil do Interior e dos Sertões, do Interior e dos Serões esquecidos, bem entendido, e isto desde a Colônia.

(b) *Barão de Iguape* – cujos *portraits* e significação são fornecidos por Sérgio Buarque no Prefácio ao livro de Maria Thereza Schorer Petrone, publicado em 1976 pela Companhia Editora Nacional (Coleção Brasiliana) com o título *Barão de Iguape*, referido por Robert Wegner e mais tarde, em 1996, republicado por Sérgio Buarque em *Livro dos prefácios* pela Companhia das Letras, com igual título (*O barão de Iguape*, p.288-302). Tal personagem ilustre não é senão o comerciante e aristocrata paulista Antônio da Silva Prado (1778-1875), que no curso do século XIX reuniu em suas mãos um formidável número de atividades: de negociante de açúcar e de animais, passando pela de senhor de engenho em Jundiaí, até a de banqueiro (Wegner, 2000, p.198). Figura sem dúvida emblemática, acrescento eu, em quem se pode ver tanto o protótipo do capitalista brasileiro quanto do aristocrata aburguesado, bem-sucedido do interior. Em outras palavras, não alguém que nasceu aristocrata e depois se aburguesou, mas um adventício luso que se enriqueceu e, então, se aristocratizou, recebendo o título de nobre pelos serviços prestados ao Império.

Todavia, passado tanto tempo, alguém que hoje é lembrado não pelo título nobiliárquico em si, cuja lembrança o levaria ao rol de mais um barão em uma época que inflacionou o título, como o Segundo Reinado, mas por seus feitos e virtudes, antes de tudo, burgueses. Aquele em quem os historiadores celebram o emprego das partidas dobradas em seus negócios do método contábil (ibidem, p.198), ou o "método veneziano", exemplificado pelas colunas do dever e do haver dos antigos livros-caixa. Ou então, na mesma linha, como a prova, com seu exemplo, conforme Sérgio Buarque, de que "[...] os homens da fronteira controlaram minimamente seu hedonismo natural e, de certa forma, colocaram em movimento seu tradicionalismo" (Wegner, 2000, p.199) – e em quem, com seu hibridismo, acrescento eu, vamos encontrar mais uma vez o ornitorrinco referido antes.

À diferença de Ramalho, mantendo-me fiel ao método dos tipos ideais, proponho ver na figura histórica do barão paulista a lente de aumento e o protótipo da sociedade pós-colonial do Interior e dos Sertões: estes em boa parte já aristocratizados e aburguesados, e neste sentido algo típico do Segundo Reinado, com seus barões do café, da banca, da cana, do gado e do que quer que seja.

(c) *Visconde de Mauá* – o grande ícone do Segundo Reinado, cuja centralidade é reconhecida pelos historiadores e a quem Jorge Caldeira dedicou todo um livro, além de um capítulo especial em *Nem céu nem inferno*, obra já referida, em que a figura de Mauá aparece muito bem retratada, mediante um *portrait* rico, variado e consistente; *portrait* de homem do litoral ao fim e ao cabo. Mais do que ninguém em seu tempo, o visconde em suas atividades empresariais, atuava com um olho voltado para o além-mar, como era de esperar, e outro para o interior: da Amazônia ao costado fluminense e ao Sul do país, abarcando os dois extremos de sua vida: o poder e a glória, de braços dados com o Imperador rumo à a falência e ao desastre.

Por um lado, a era Mauá, protagonizada pelo Barão, depois Visconde, e seu empreendedorismo: aos 30 anos já era o homem mais rico do Brasil (Caldeira, 2015, p.131) e promovia atividades nos mais diversos campos da economia – desde a construção naval, cujo estaleiro de Ponta de Areia é considerado a primeira indústria do Brasil, com 1.200 empregados por volta de 1850 (ibidem, p.138);[11] passando por estradas de ferro, engenhos de açúcar, companhia de iluminação a gás (Rio de Janeiro) e empresa de navegação na

---

11 De fato, existem outros concorrentes que disputam a primazia no campo das manufaturas e dos engenhos de cana, a supor que o engenho, assim como a usina que o sucedeu, é uma agroindústria.

Amazônia (ibidem, p.138); até bancos, inclusive, o Banco do Brasil, por ele fundado em 1851 e estatizado em 1853 (ibidem, p.143),[12] e multinacionais, com Mauá "no auge de seus negócios, cheg[ando] a controlar um conjunto de dezessete empresas de sua propriedade espalhadas por seis países [...]", Inglaterra e França incluídos (ibidem, p.138).

Por outro lado, a bancarrota, a moratória e o grande desastre, em 1875, quando o Barão famoso era dono de um conglomerado cujo "capital equivalia ao orçamento do Império [...]" (ibidem, p.133), tendo terminado seus dias em Petrópolis, depois de quitar as dívidas, como corretor de café, com um padrão de vida razoável.

Antes, porém, do desastre e da mediania, Mauá havia sido um ícone, aspecto de sua biografia que convém reter, em se tratando da tipificação de figuras emblemáticas ou modelares. No seu caso, mais do que nos outros, não só um ícone reconhecido e reverenciado no Brasil, mas cultuado mundo afora e transformado em personagem de Júlio Verne, no livro *Da terra à lua*, publicado em 1865, cujo enredo, segundo Caldeira, se desenrola em torno da história de "um capitão que desenvolve um projeto de foguete lunar e imagina uma saída para as dificuldades a fim de que as pessoas ao redor o entendam": saída esta que consiste no "apelo aos homens de grande visão no mundo, que possam investir em algo como um foguete", dentre eles "o Barão de Mauá, do Brasil". (Ibidem, p.139)

Como já antecipado, na esteira da mesma metodologia, Mauá – mais do que os outros dois – é a lente de aumento e o arquétipo que concentra em sua figura e densidade histórica todo o conjunto do Brasil pós-colonial com suas contradições, seus limites e seus potenciais: a fusão do Brasil do interior e do litoral, do antigo e do moderno, da fazenda e da indústria, da locomotiva e do cabriolé, do Estado patrimonial e do baronato, da banca e da casa-grande, e no fim a ruína – e sendo ele mesmo um homem da corte, do litoral e da cidade.

Facilitado pelas considerações anteriores acerca dos tempos axiais, com seus limiares e acontecimentos fortes, somados aos paradigmas dos processos históricos e às figuras emblemáticas que os acompanham, poderei dar o passo

---

12 Trata-se, de fato, de outro Banco do Brasil ou do homônimo do primeiro, fundado por D. João VI em 1808 e que teve suas atividades encerradas em 1823, devido a grave crise financeira provocada pela enorme quantia retirada por D. João quando retornou a Portugal. Por seu turno, o Banco do Brasil de Mauá, depois de fundir-se com outro banco comercial ao ser estatizado, continua existindo até hoje, teve conservado o nome e, subtraídos aproximadamente 30 anos, em que permaneceu fechado, deve ter sua data de fundação também em 1808, como se fossem a mesma instituição financeira.

final e avançar a hipótese que nos levará à filosofia do período pós-colonial. E o que é importante: ao fazê-lo, como no meu caso, presumindo, depois do exposto, que o leitor já compreendeu a vantagem dos três expedientes, a saber, nada menos a de um atalho, ao carregar o real comum com a carga ou o peso da densidade do conceito, facilitado pela massa de informações provenientes da história/dos historiadores, e por isso mesmo sem a necessidade de repetir o que outros já fizeram e de percorrer os mesmos meandros do real comum.

A hipótese que irei desenvolver, ao enquadrar a cultura e a filosofia neste imenso painel, em um lapso temporal que durou cerca de cem anos, abarcando dois países em um só – o Brasil real do interior e o Brasil real do litoral –, poderá parecer desapontadora e frustrante, mas que afinal se revelará consistente com os fatos e a sociedade colonial, a saber: a hipótese da litoralização da filosofia, de costas para o interior e com os olhos voltados para o além-mar. Uma filosofia temporalmente longe dos mucambos e nas proximidades dos sobrados das cidades onde ela era ensinada – nos colégios, nos liceus e nas faculdades, eles mesmos tipos de sobrado, para voltarmos a Gilberto Freyre – e, portanto, coisa de elites e, mais ainda, ordens religiosas à parte, coisa de uma elite marginal e marginalizada, como se verá mais à frente: o diletante estrangeirado egresso do direito, depois de findo o monopólio dos jesuítas no ensino e do desaparecimento virtual do *Homo scholasticus*.

1.2 Grandes números

Como no 2º Passo, finda a análise do contexto do período pós-colonial, procurarei prover os grandes números, ou antes os números significativos, os grandes e os miúdos, com o intuito de fornecer os parâmetros e indicadores quantitativos para as hipóteses e indícios qualitativos, obtidos pelas vias da investigação lógico-filosófica dos conceitos e histórico-sociológica do que se encontra no terreno do empírico. Noto ao leitor que a empreitada será largamente facilitada pelo fato de o estudioso com interesse na matéria poder contar para o período com estatísticas mais confiáveis, como os censos do Instituto Brasileiro de Geografia e Estatística (IBGE), sobre os quais já se debruçaram os especialistas ao analisarem e depurarem os dados. Este não foi o caso dos tempos da Colônia, para os quais só se podia dispor de estimativas da demografia histórica, baseada em levantamentos de registros de nascimentos, batismos e óbitos nas paróquias, bem como de companhias marítimas e capitanias de portos no tocante ao tráfico negreiro. Agora, para o período pós-colonial, existem ao menos três censos demográficos: 1872, 1890 e 1920 – especialmente, o primeiro e o terceiro, se se considera a ressalva de José Murilo de Carvalho acerca das inconveniências do Censo de 1890, com margem de confiança menor, devido à pressa com que o levantamento foi realizado.

Começo pela economia, com foco no PIB e na renda *per capita*, comparando os principais países e as mesmas datas, sem a obrigação de na sequência observar as mesmas datas, nem os mesmos quesitos ou países. Desse modo, a composição do PIB, de acordo com seus segmentos primário, secundário e primário, só será considerada no que diz respeito ao Brasil, assim como as ocupações urbanas e rurais, remetendo o quesito escolaridade ao tópico educação.

Voltando ao PIB e à renda *per capita*, as controvérsias infestam as análises e as referências, como as que contrapõem o brasileiro Jorge Caldeira, autor de *A nação mercantilista*, publicado em 1999, pela Editora 34, que, por ocasião do Seminário *500 anos: revendo os mitos da nossa história econômica*, dirá que

> [...] em 1500, o PIB de Portugal era um dos maiores da Europa; em 1822, ano da Independência, o PIB do Brasil era duas vezes maior que o de Portugal e a economia brasileira era maior que a dos Estados Unidos. O Brasil tinha uma economia interna muito diversificada e dinâmica, e uma produção gigantesca, consumida internamente – mas a maioria dos negócios eram feitos na base da troca, sem o envolvimento de dinheiro.

Ressalve-se, no entanto, em comparação com outros países, "se levamos em conta a circulação de capital em forma de moeda, a economia colonial brasileira é considerada pobre".[13] Traduzida em números, a comparação com Portugal pode ser fornecida com a providencial ajuda do economista britânico Angus Maddison, que em seu estudo *Contours of the World Economy*, publicado em 2007, calcula o GDP *per capita* de Portugal em 923 (do inglês *gross domestic product*, GDP é um indicador econômico equivalente ao produto interno bruto – PIB), com o dólar cotado a preço de 1990, período em que, de fato, o Brasil apresentava uma posição cerca de 50% mais abaixo, como se verá na sequência, após a introdução de outras comparações. Segundo os economistas Marcelo de Paiva Abreu e Luiz Aranha Correa do Lago, já

---

13 Ver Home da USP, onde o seminário foi realizado. Referências parecidas e mais amplas vão aparecer em outro livro do autor: *Nem céu nem inferno – ensaios para uma visão renovada do Brasil*, já referido e ao qual voltarei na sequência.

citados no 2º Passo, acrescendo ainda Jorge Caldeira, com o mesmo economista britânico como fonte:

> [...] utilizando dólares de 1990, com a metodologia de Geary-Khamis, e projetando o PIB *per capita* retroativamente para anos passados, Maddison (2006, p.437-439, p.465 e p.520) estimou o PIB *per capita* brasileiro em 1820 em US$ 646, contra US$ 759 para o México e US$ 1257 dólares para os Estados Unidos e a média de US$ 1245 para doze países desenvolvidos da Europa Ocidental. Esses dados sugerem que o hiato entre o Brasil e os países mais avançados não teria sido ainda muito apreciável naquele ano. Já para 1890, Maddison estimou para o Brasil um PIB *per capita* de US$ 794 dólares, contra US$ 2152 para a Argentina, e US$ 1011 para o México, sendo as cifras correspondentes para o Reino Unido e os Estados Unidos respectivamente US$ 4009 e US$ 3392, o que indicaria crescimento bem mais lento do Brasil e aumento das disparidades em relação a outros países latino-americanos e a países desenvolvidos. De fato, a relação entre o PIB britânico e o brasileiro já excederia 5:1. Em suma, segundo tais dados, o PIB real *per capita* do Brasil teria aumentado apenas 22,9 % entre 1820 e 1890, ou seja, a uma taxa anual ligeiramente inferior a 0,3%. (Abreu; Lago, s/d, p.4-5 apud Maddison, 2006, p.437-439, 465 e 520)

Ora, completando o quadro comparativo com a população, ficando com apenas três países, Brasil, México e Estados Unidos, e remediando os hiatos censitários com outras datas próximas, o resultado mostra o Brasil claramente em posição desavantajada e, de fato, bem mais pobre: [1] Brasil: população estimada em 4.717.000 por Giorgio Mortara em 1820 (IBGE, Demografia Histórica) e PIB *per capita* de US$646 segundo Maddison, perfazendo um PIB total de US$ 3,047,182,000. México: população de 6.204.000 em 1820 (*Anuario Estadístico de los EUM*, 1939, excluída a Califórnia), PIB *per capita* de US$ 759 (Maddison) e total de US$ 4,708,836,000. Estados Unidos: segundo Celso Furtado (ver infra), sua população em 1822 era a mesma do Brasil (conservarei, então, por comodidade, a população de 1820 estimada por Mortara), PIB *per capita* de US$ 1,257 (Maddison) e total de US$ 5,929,269,000. [2] Brasil: população na ordem de 14.333.915 em 1890 (IBGE), PIB *per capita* de US$ 794 (Maddison) e PIB total de US$ 11,381,128,515. México: população de 6.204.000 em 1895 (primeiro Censo Oficial), PIB *per capita* de US$ 1,011 (Maddison) e PIB total de US$ 6,272,244,000. Estados Unidos: população de 62.000.000 em 1890 (Censo Federal, cujos registros foram destruídos por incêndio), PIB *per capita* de US$ 3,392 (Maddison) e PIB total de US$ 210,304,000,000.

Por fim, no tocante às atividades econômicas e às ocupações dos indivíduos, deve-se considerar que em 1872, data do primeiro Censo Oficial, para uma população total de 9.930.478, dos quais 8.399.757 são considerados livres e 1.530.721 escravos, ao computar a mão de obra ativa havia 3.261.340 habitantes no setor primário (69,2%), 323.505 no setor secundário (6,9%) e 1.127.904 no terciário (23,9%) (Carvalho, 2013, p.97). Quanto ao setor secundário, lugar por excelência das indústrias de transformação, tão diminuto era que sua escala ocupava a ordem da centena e no máximo do milhar, como mostrou Raymundo Faoro em seu monumental estudo sobre as elites brasileiras:

> Em 1889 existiam, no país, 636 estabelecimentos industriais, dando emprego a 54.000 operários e utilizando 65.000 cavalos de força, com o capital de cerca de 25 milhões de libras esterlinas. O setor têxtil ocupava 60% da área, com 15% para o de alimentação, 10% no de produtos químicos, 4% na indústria da madeira, 3,5% na do vestuário e objetos de toucador e apenas 3% na metalurgia. Dos 636 estabelecimentos, 398 foram fundados no período de 1880 a 1899, com particular expressão a partir de 1885. Outro dado relevante: mais de metade da atividade industrial, em 1889, concentrava-se na capital federal e no estado do Rio, primazia, em favor do Distrito Federal, ainda saliente em 1907 (30% contra 16% de São Paulo e 7% do Rio Grande do Sul), só perdida, a partir de 1910, para São Paulo. (Faoro, 2012, p.575)

Por seu turno, ao se comparar os censos de 1872 e o de 1920, ver-se-á que a agricultura continua com total primazia, mantendo sua participação praticamente inalterada, ao passar de 69,2% a 69,7% da população ativa, em uma clara demonstração de que era e ainda será por muito tempo o carro-chefe da economia (ibidem, p.606).[14] Enquanto isso, na mesma época, os Estados Unidos já eram uma potência industrial, disputando a liderança com a Inglaterra.

Passo à demografia, dissociando-a da economia e enfatizando seus mais salientes aspectos: segundo Celso Furtado, a população do Brasil, à época da Independência, era mais ou menos da magnitude da norte-americana, como já

---

14 Sobre os percentuais da população ativa, cerca de 69%, consagrada à agricultura, ademais da postulação do autor de essa atividade ser o carro-chefe da economia, alerto o leitor acerca de sua discrepância com outras fontes, como o economista Regis Bonelli, que em estudo recente fixa para 1920, quanto à participação do setor agropecuário no PIB, o percentual de 38,1%, perdendo, por exemplo, para o setor de serviços, com 46,2%. Para as referências, ver o capítulo "O que causou o crescimento no Brasil" (Giambiagi et al., 2005, p.310).

ressaltado (Furtado, 2012, p.152). Ou seja, entre 4,7 e 4,9 milhões, de acordo com a estimativa de Giorgio Mortara, conforme site do IBGE,[15] e maior do que a de Portugal, 3 milhões, conforme as estimativas (Serrão, 1973, p.112).[16]

Desse montante, será preciso considerar seu crescimento dentro do período analisado, para se ter uma ideia do aumento da escala: 8.000.000 indivíduos em 1850, segundo estimativa do IBGE (Censo Histórico – 1550-1870) e 9.834.000 em 1872, quando foi realizado o primeiro Censo Oficial (Carvalho, 2013, p.97). Montante que passa, conforme Faoro, "para 14 milhões em 1889, com 20 milhões em 1905, 27 no ano de 1920 e 34 no começo de 1931" (Faoro, 2012, p.697).

Outro aspecto importante é a discriminação da população entre livres e escravos: 1.500.000 segundo os estudiosos (Abreu; Lago, s/d), 2.000.000 em 1850 e 1.500.000 em 1872 (Furtado, C., 2012, p.100 e 173).

Acrescente-se a evolução do contingente rural e urbano, essencial para a estimativa das atividades intelectuais, a supor que elas são mais favorecidas na cidade do que no campo. Assim, conforme Faoro, o quadro comparativo, tendo ao fundo a incongruência do ano de 1890, como já salientado, é o seguinte:

> Nas cidades (mais de 30.000 habitantes) residem 31% em 1872 da população, 24% em 1890, 36% em 1900 e 51% em 1920. Aqui, o engano maior: os homens da cidade não exercem, na totalidade, funções urbanas. Com o predomínio das atividades da agricultura e da pecuária, há uma faixa instável, *rurbana*, caracterizando-se o corpo social pela influência de interesses rurais. Cidades que servem ao campo, embora isso não expresse o controle financeiro da lavoura pelas próprias unidades produtivas. No recenseamento de 1840, com melhores critérios de classificação, havia ainda 68,74% da população consagrada à vida rural, calculando-se que 84,36% dos habitantes radicaram-se nos municípios do interior. A participação política dependia, no Império, do regime censitário e do regime capacitário. (Faoro, 2012, p.697-698)

Além desse ponto, sem dúvida importante, as ressalvas acertadas de Faoro mostram *ad nauseam* aquilo que todos estudiosos ressaltam e que eu mesmo antecipei na seção anterior: o Brasil pós-colonial, até as primeiras décadas do século XX, era um país rural, comandado pelas oligarquias.

---

15 De fato, a população norte-americana era maior segundo outras fontes, mas não vou examinar esse ponto, em uma época em que as estatísticas eram precárias e lidavam com estimativas.
16 A estimativa é para 1820, época em que não havia censo em Portugal.

Quanto às cidades, em sua maioria burgos acanhados e tacanhos, a situação só era melhor em algumas capitais de províncias e na Corte, como o Rio de Janeiro era chamado. Nesse sentido, José Murilo de Carvalho escreve sobre o conjunto da população urbana:

> A população das capitais [...] representava 8,49% da população total em 1823, 10,41% em 1872, 9,54% em 1890 e 11,4% em 1900. Além disso, mais ou menos 50% dessa população urbana concentrava-se em três capitais, Rio de Janeiro, Salvador, Recife (59% em 1823, 48% em 1890 e 53% em 1900). Os centros urbanos fora das capitais eram, geralmente, de pequena importância, embora houvesse variações de província para província. (Carvalho, 2013, p.96)

Sobre a população total das capitais, José Murilo registra em nota que nesses anos o montante chegava, respectivamente, a 354.396; 1.083.039; 1.912.336.[17] No tocante à população total das três cidades mais importantes, Abreu e Lago nos fornece o cenário da evolução histórica, contrastando os anos 1821, 1872 e 1890:

> Em 1821, um levantamento estatístico detalhado revelou população total de 112.695 habitantes na "Corte", ou seja, na cidade do Rio de Janeiro. Salvador possivelmente tinha cerca de 70 mil habitantes e Recife de 25 a 30 mil. De acordo com o censo de 1872 apenas três cidades tinham mais de 100 mil habitantes. O Rio continuava sendo o maior centro urbano com 275 mil habitantes. Salvador era ainda a segunda maior cidade, com 129 mil habitantes, seguida de Recife com 117 mil. [...] Em 1890, a cidade do Rio de Janeiro tinha 523 mil habitantes, Salvador, 174 mil, e Recife, 112 mil. São Paulo surgia como a quarta maior cidade do país com 65 mil habitantes. (Abreu; Lago, s/d, p.3)

Ao concluir o quadro, no que se refere a Minas Gerais, note-se que Ouro Preto, segundo José Murilo, permanecia na mesma data com os exatos 30.000 habitantes de 1872 (Carvalho, 2013, p.116).[18]

Decisiva para o meu argumento, a situação da educação sofreu alterações significativas no período, cujos principais protagonistas foram D. João VI e D. Pedro II, que implantaram o aparato do ensino superior, porém, em uma escala diminuta, conforme ficará claro na sequência, ao se considerar os

---

17 Para 1823, a fonte é a *Revista do Instituto Historico e Geographico Brazileiro* (IHGB) (1859, p.91-99 apud Carvalho, 2013, p.116). Para 1872, 1890 e 1900 a fonte consultada é o Anuário do Instituto Nacional de Estatística (1931, p.46 apud Carvalho, 2013, p.116).
18 Trata-se de uma estimativa, segundo o historiador mineiro.

números do sistema, incluindo a taxa de escolarização e o peso das chamadas profissões liberais no conjunto da sociedade.

Para se ter uma ideia da situação, convém fazer um contraste com o período anterior, quando era proibida a implantação de universidades na Colônia e o sistema de ensino estava nas mãos dos jesuítas, em cujos colégios e escolas elementares o colono se educava, sendo os colégios e os seminários os responsáveis pelos dois únicos cursos superiores com autorização para funcionar no país, a saber: o de filosofia e o de teologia, de maneira que as demais profissões, como o direito e a medicina, deveriam ser cursadas no exterior, antes de tudo em Coimbra.

Depois da expulsão dos jesuítas, por pouco o caos não impera, não fosse a ajuda de outras ordens religiosas, uma vez que o aparato novo, em que o Marquês de Pombal imaginava a solução para o vazio dos jesuítas, no fim não se prestou a tanto, revelando-se pequeno demais para a dimensão do problema. Falo aqui das Aulas Régias, seguindo os passos de José Murilo, que faz uma avaliação severa do sistema criado por Sebastião de Carvalho, implantado na Metrópole e na Colônia, com seu elenco de matérias composto pelo grego, latim, filosofia, geografia, gramática, retórica, matemática e desenho, além de seu ar modernista, ao substituir a velharia dos jesuítas. No entanto, observava-se, de fato, uma situação de indigência e total precariedade, como mostram os baixos salários pagos aos "lentes" e o número de aulas "ridiculamente pequeno frente às necessidades da Colônia". Segundo José Murilo,

> [...] logo após a introdução do sistema (1765), o número de Aulas Régias foi calculado como segue: 17 de ler e escrever, 15 de gramática, seis de retórica, três de grego e três de filosofia. Ao todo 44, para uma população que girava em torno de 1.500.000. O restante da educação formal era dado em escolas religiosas, seminários, aulas particulares. (Carvalho, 2013, p.69)

Por isso, mais do que as reformas de Pombal, foi preciso esperar outros cinquenta anos para que a situação do ensino na Colônia se modificasse. Isso por obra e graça do traslado da Corte de Lisboa para o Rio de Janeiro, como se sabe, cujos efeitos para o futuro do país, conquanto de monta e definitivo, não podem ser exagerados, em razão da precariedade e pequena escala das coisas, a que se somam a tacanhice e a mediocridade da vida intelectual na ex-Colônia.

Passando aos números, e a começar pela taxa de escolarização, Abreu e Lago comentam que, em 1821, um levantamento estatístico detalhado revelou que "a percentagem de analfabetos era de 84,3% no Brasil como um todo.

Em 1890, [...] o índice de analfabetismo do país como um todo permanecia em torno de 85%" (Abreu; Lago, s/d, p.3). Faoro, na mesma linha, fornece os números absolutos da situação em 1875: "um total de 1.564.481 alfabetizados para 8.365.991 analfabetos" (Faoro, 2012, p.431) e acrescenta que "[...] a população alfabetizada se projetou de 14,8% em 1890 para 24,5% em 1920" (ibidem, p.698). Por fim, José Murilo de Carvalho fornece a estratificação (social, etária, gênero, étnica) do sistema com base no Censo de 1872 e a conclusão é acachapante:

[1] *População alfabetizada* – 15,75% (23,43% homens e 13,43% mulheres) (Carvalho, 2013, p.69).
[2] *Número total de alunos matriculados nas escolas* – "[...] 16,85% da população entre 6 e 15 anos" (ibidem, p.80).
[3] *Número de alunos matriculados em escolas secundárias* – 12.000.
[4] *Analfabetismo* – "altíssimo", atingindo 99,9% da população escrava de acordo com o Censo de 1872, contra 85% da população total no mesmo ano, e caindo para 76% da população total em 1920 (ibidem, p.79).
[5] *Número de pessoas com educação superior em 1872* – 8.000 (ibidem, p.80).

Haveria muito mais o que dizer e a pesquisar acerca desse tópico tão importante para o destino do país e as letras filosóficas, mas encerro por aqui e remato o quadro ressaltando, em consonância com José Murilo, que se trata do mesmo fenômeno da elitização/aristocratização da sociedade colonial, que se prolonga à sociedade pós-colonial depois da Independência e persiste até o fim da República Velha, atingindo por inteiro o sistema de ensino e impactando todo o conjunto da vida política nacional. Ao puxar os fios do setor terciário onde tudo se decide, o Censo de 1872 mostra que havia 1.127.904 indivíduos no referido setor (23,9% da população), dos quais 56.083 de administração e profissões liberais (ibidem, p.97). Desse montante, feitas as depurações, chega-se à população com educação superior: 16.000, composta por advogados, médicos, professores, homens de letras, funcionários públicos, militares, capitalistas e proprietários (ibidem, p.98),[19] ou seja: "0,3% da população ativa, ou 0,1% da população total" (ibidem, p.98).

Segundo José Murilo de Carvalho, foi "desse reduzidíssimo estoque" que surgiu a elite política: cerca de "95% dos ministros, 90% dos deputados, 85% dos senadores, 100% dos conselheiros de Estado" (ibidem, p.98).

---

19 Assinale-se que Carvalho (2013, p.80) havia registrado 8.000 indivíduos com educação superior, referindo-se ao mesmo Censo de 1872; não tive os meios para afastar a discrepância.

Ao virar a elite política do avesso em busca do povo, ou dos plebeus, como diziam os romanos, Faoro não o encontra, nem nas instituições políticas, nem nos processos eletivos, mas sim à margem de tudo e nos porões do sistema. E, como tal, composto não só de escravos despidos de toda cidadania, mas também de descendentes de portugueses e das camadas médias, além de artesãos e abonados de várias proveniências. Aqui, mais uma vez, o nexo elitista da política com a educação ou, antes, a falta dela, se mostra essencial, com seu poder perverso de discriminar e excluir. Prova de tal fato é justamente o número de eleitores: reduzidíssimo em comparação com a população total, a depender do regime censitário e estamental no início, sem a consideração das letras e das luzes do intelecto, e depois a educação, considerada moeda de conta, como ocorreu no fim da Monarquia, quando, ao se estabelecer as novas regras do jogo, o número de votantes despencou.[20]

Destarte, considerando o Censo de 1872, Faoro anota que,

> [...] excluídos os escravos, os analfabetos, os menores de vinte e cinco anos, os filhos-famílias, os religiosos, e os indivíduos desprovidos de renda anual de 100$ por bens de raiz, indústria, comércio ou emprego, poucos são os chamados ao voto e poucos os elegíveis. Em uma população de 10 milhões de habitantes, em 1872, cálculo otimista avalia entre 300.00 e 400.00 as pessoas aptas aos comícios eleitorais, certo que, em 1886, a eleição para a terceira legislatura da eleição direta acusou a presença de apenas 117.671 eleitores em uma população próxima aos 14 milhões de habitantes. Somente entre um por cento e três por cento do povo participa da formação da dita vontade nacional, índice não alterado substancialmente na República, em seus primeiros quarenta anos. (Faoro, 2012, p.370-371)

Sobre a República, que hoje se vê de mãos dadas com a democracia e o presidencialismo, mas que historicamente tem um escopo mais vasto,

---

20 Especificamente, a Lei Saraiva de 1881, que estipulou a exigência de alfabetização, em um tempo em que o analfabetismo era altíssimo, e em contraste com a Constituição de 1824, quando o voto para analfabeto era permitido e a participação popular se mostrava mais elevada do que na França, na Inglaterra e nos Estados Unidos, segundo Jorge Caldeira (2013, p.201). Ver ainda Lilia Schwarcz e Heloísa Starling (2015), que especificam que a Constituição de 1824, embora "outorgada" foi até "avançada", ao estipular que, além dos analfabetos, poderiam votar todos os homens com mais de 25 anos cuja renda mínima anual fosse de 100 mil réis. Como a maioria dos trabalhadores ganhava mais do que esse montante, o número de votantes era consideravelmente alto. Conforme será visto no próximo parágrafo, o paradoxo maior não surgirá da comparação com o fim da Monarquia, quando esse número despencou, mas com a República.

podendo caminhar junto com o parlamentarismo, o federalismo e mesmo com regimes autoritários, como acreditavam os positivistas ao postularem o "ditador central", o certo é que quando foi implantado, em 1889, o regime republicano patrocinou a maior das excludências. Ou seja: extinguiu o "sistema censitário", mas manteve "o capacitário, com a exclusão, agora definitiva, dos analfabetos (Decreto n.200-A, de 8 de fevereiro de 1890)". No contexto de 1898, ano da primeira eleição presidencial direta,

> [...] os eleitores sobem a 462.000, um incremento de 300% sobre 1886. Ainda assim a proporção será de 2,7% sobre a população. Daí por diante só a eleição de 1930, a única que leva mais de 1 milhão de eleitores às urnas, atingirá o percentual de 5,7%. Entre 1898 e 1926 os números oscilam entre 3,4% e 2,3%, em um ciclo mais descendente que estável. A tendência impressiona se se tem em conta que a população alfabetizada se projetou de 14,8% em 1890 para 24,5% em 1920, não havendo o correspondente aumento do número de eleitores. (Ibidem, p.697-698)

Donde a convicção de se estar diante de um sistema profundamente elitista e a conclusão de Faoro de que não há povo no Brasil, tanto na Colônia quanto no Império e na República Velha.

Voltando às elites, ao tomar o agrupamento dos ministros de Estado como indicador do que se passava nas duas metades do século XIX e eleger como critério o tipo de formação recebida e o local dos estudos superiores, Carvalho mostra que a situação geográfica muda, mas fica mantido o mesmo teor do processo iniciado no fim da Colônia, em que o bacharelismo jurídico comanda a cena. Assim:

> [1] *Coimbra dominou a primeira metade do século XIX* – 71,80% (1823-1831), 66,68% (1831-1840) e 45% (1840-1853).
>
> [2] *São Paulo e Olinda/Recife dominaram a segunda metade do século XIX* – (a) São Paulo: 35,42% (1853-1871) e 49,20% (1871-1889); (b) Olinda/Recife: 39,58% (1853-1871) e 34,92% (1871-1889). (Carvalho, 2013, p.81)[21]

---

21 No quadro da referida página, o leitor identificará o baixo número de egressos de outros países e o fato de quase não haver competidores para o egresso do direito, de modo que a formação recebida em escolas militares, em Portugal ou no Brasil, entrava na categoria "outro", variando nas duas metades dos anos 1800.

Mutatis mutandis, a partir das recalibragens inevitáveis, o mesmo raciocínio poderá ser feito para as elites intelectuais, porém, conforme Carvalho, o cálculo é mais difícil, devido ao fato de ela ser menos marcada, em um tempo em que a divisão técnica do trabalho era pobre e limitada. E em que, paralelamente, o mundo das letras era habitado por autodidatas e diletantes, quando "[...] a mesma pessoa podia ser ao mesmo tempo jornalista e advogado, professor e funcionário público, ou professor e advogado" (ibidem, p.98). Não poderia ser diferente a situação da filosofia, sem curso profissional no país, ocupação antes de clérigos bem pensantes e, agora, egressos diletantes do direito.

1.3 Novas elites e novos atores

Tendo em mente o quadro geral da sociedade pós-colonial e informado sobre os números, os grandes e os pequenos, ao compará-la com a Colônia e o padrão casa-grande e senzala, o estudioso irá concluir que está diante de uma sociedade sociologicamente densa e diversificada, que proporcionou o surgimento de novas elites intelectuais. Assim como de novos atores políticos, além de preservar os mesmos esteios ou fundamentos do regime senhorial anterior. De fato, e como defende Gilberto Freyre, se o regime é o mesmo, ou seja, o patriarcalismo, que continua com sua obra, apesar de findo o regime e o Pacto Colonial, a composição da estrutura social se verá alterada em seus dois fundamentos: o senhor semifeudal da casa-grande e a escravidão africana da senzala, provocando no Nordeste a substituição do engenho pela usina e, no Sul, o surgimento do fazendeiro capitalista do café, e também a transformação virtual da escravaria em proletariado ou em formas de lúmpen semiurbano ao transformar a senzala em cortiços e mocambos (ou "mucambos", no vocabulário de Gilberto Freyre). Além dessas inflexões e refuncionalizações no núcleo duro da sociedade patriarcal, houve ainda a entrada em cena de novas extrações sociais a partir da segunda metade do século, por exemplo, as novas classes médias civil e militar instaladas nas burocracias e aparelhos estatais, conforme Celso Furtado (2012, p.254).

A esse contingente se somam os banqueiros, os comerciantes e os comissários, todos os tipos incrustados nos estratos superiores, assim como os operários, os artesãos e os vários técnicos ou trabalhadores qualificados, em parte nativos e em parte imigrantes, dentre eles, os italianos, relegados aos níveis mais baixos do sistema. Nesse quadro, largamente conhecido dos estudiosos e caracterizado pelas transformações significativas da composição social, ainda que em escala limitada, mais uma vez vale a regra de ouro dos processos sociais: no Brasil e alhures, não se trata de um cristal puro ou de camadas geológicas claramente estratificadas, mas de uma estrutura *fuzzy* e de uma unidade compósita. De resto, uma unidade, como antevista por José Bonifácio, qual um amálgama ou um composto químico com suas ligas metálicas, em que tanto o velho – digo eu – pode se alimentar do novo, quanto o novo parasitar o velho, e viverem em simbiose. Tudo continuará assim, até quando não mais for possível, então, há o grande *quake* e a velha unidade se desfaz, como na Revolução de 1930, que desmontou de forma repentina o padrão casa-grande/sobrado e a sociedade agrário-patriarcal, colocando em seu lugar o novo padrão cidade/favela/periferia e a sociedade urbano-industrial.

Sobre as elites e sua conexão com o mundo das letras, ao trilhar o longo caminho que nos levará à filosofia, a qual será focalizada a partir da próxima seção, será preciso distinguir as elites políticas e as intelectuais, cada uma com suas formas próprias de funcionamento e *backgrounds*, umas dependendo da sagacidade do intelecto, da cooptação, do poder do verbo e do jogo bruto do *agon*, da derrota e da vitória; outras da força do intelecto, de concursos de acesso, do recolhimento interior e da calma de espírito entregue às abstrações e especulações. Contudo, umas e outras poderão ter recebido idêntica formação, de modo a apresentar os mesmos cacoetes naquelas situações e extrações sociais em que prevalece o bacharelismo, havendo o bacharel político ou da política, como Ruy Barbosa, José Bonifácio e Joaquim Nabuco, e o bacharel intelectual, que vive da pena e dos ofícios das letras – jornalistas, professores como Benjamin Constant e Tobias Barreto; escritores e críticos literários, como José de Alencar e Sylvio Romero.

Porém, no mundo da política – de resto, mais poderoso e influente do que o mundo das letras e que não conhece outra linguagem senão a da força e do poder –, além do bacharel político, senador ou deputado, existem as oligarquias das terras e do dinheiro, em cujo exercício e poder total não prevalecem a chicanagem jurídica e a sedução do verbo. Em vez disso, prevalece a arte de submeter, de contrapor, de atrair e de transigir, bem como de agir e perseguir o resultado, sem qualquer escrúpulo moral, mas assentado em esquemas meios e fins, pois em política os fins justificam os meios – acredita-se –, à diferença da moral, que questiona uns e outros, e relações *top--down* à base de lealdade pessoal e do poder do mando. Esse será o caso do sistema coronelista que dominou a República Velha, conforme evidenciado mais a diante.

Seguindo os passos de Joaquim Nabuco, senador do Império, monarquista e também abolicionista, que fazia política em meio ao ambiente de fastio e desilusão que prenunciava o fim do regime, ambiente político, em suma, com o Imperador doente e cansado, e a Nação corrompida e esgarçada. Isso, em um tempo em que os súditos e os governantes, como a Europa do *Ancien Régime*, viviam em meio à confusão jamais desfeita do público e do privado, bem como à mercê do furor legiferador do Estado, com a ambição francesa de regulamentar tudo – desde a autorização para a abertura de uma fábrica de alfinetes até a abertura de uma linha especial de crédito para o fazendeiro endividado. Cansado de tudo isso, e procurando uma saída, Nabuco, homem político que era, verá nessas questões e distorções uma obra do patrimonialismo, e Raymundo Faoro fará suas as palavras do ilustre pernambucano, que dizia ser a burocracia do Segundo Império "estamental na forma, patrimonialista no conteúdo" (Faoro, 2012, p.452). Ora, aqui são solicitados o serviço e a expertise do bacharel letrado, também aqui abre-se caminho ao bacharel político, cujo ápice será atingido justamente no reinado de Pedro II, fazendo da segunda metade do século XIX o tempo dos bacharéis e do Segundo Império o reino dos bacharéis (ibidem, p.419). Reino, diga-se, por todo o tempo em que eles passaram a comandar com papel passado – pois é da índole do estamento o diploma e a reverência ao documento – todos os quadrantes da vida nacional, não só a magistratura e a burocracia governamental, mas também a política e o senado brasileiro, com a maioria dos mandantes e representantes egressa dos cursos de direito, como mostrou José Murilo de Carvalho.

Ora, ao se passar à República, que por pouco tempo constituirá a época dos bacharéis de espada do Clube Militar do Rio de Janeiro (ibidem, p.610),[22] será a vez dos coronéis. Ou seja, o braço municipal dos novos donos do poder, que entraram na cena política quando as oligarquias de Minas Gerais e São Paulo quebraram o centralismo monárquico e fundaram a República e a política dos governadores. Ou a República Velha, que abriu caminho para o "localismo" e, por meio do conhecido esquema *top-down* da política, proporcionou grande protagonismo aos coronéis, instalando o sistema coronelista. De resto, um sistema que, por vezes, não veio substituir ou esvaziar o bacharel político, mas sim aliar-se e oferecer os braços a ele, em um regime de comodato. Tal é o tema do fim do livro de Faoro (2012), em cujas páginas

---

22 Sobre a aproximação dos oficiais do Exército aos bacharéis, observa-se uma discrepância por parte do Visconde de Taunay (2005, p.108 e 121), que tinha a ver com ambos e via na República a vitória do militarismo sobre o bacharelismo.

o leitor encontrará um dos momentos mais inspirados do autor, quando com muita criatividade e domínio do assunto mostra a origem do nome coronel nos escalões da Guarda Nacional do Império, no Primeiro Reinado. Conforme Faoro, um qualificativo antes de tudo militar, ao designar o chefe do regimento municipal, espalhado nos quatro cantos do país, cuja nomeação recai sobre pessoa socialmente qualificada ou os chamados "notáveis" em razão de sua posição social, fazendeiros em sua maioria. Em um país governado pelas oligarquias, com os senhores da Colônia fazendo justiça e também, por força de seu estatuto, assumindo, certas vezes, o papel de chefe militar, ao que mais tarde, no período pós-colonial, se somarão as funções políticas na Corte. Segundo o autor, o qualificativo também passará a designar o chamado coronel tradicional ou o coronel político, em paralelo, em simbiose com e mesmo dissociado do coronel militar, depois que a Guarda Nacional foi desfeita em 1922 (ibidem, p.699).

Esta é, pois, a origem histórica do termo, ao que parece de proveniência francesa (*colonel*), e já evidenciando em seu campo semântico uma significação bastante elástica, que vai sobressair nos vocábulos equivalentes em outras línguas, porém, cujo conceito sociológico, Faoro acredita poder estabilizar com a ajuda de Max Weber. Amparado, precisamente, em sua obra monumental *Economia e sociedade*, em que o sociólogo fala dos *honoratioren*, referindo-se ao *rechtshonoratioren*, traduzido em inglês por *legal honoratioren*. *Honoratioren* vem do latim *honoratior*, comparativo de *honoratus*, de sorte que *honoratioren* é a germanização do plural latino: *honoratiores*, literalmente (os que são) mais honrados (do que outros) e, por isso, os escolhidos, como o coronel da Guarda Nacional na época do Império. Termo ao qual corresponde o francês *notables*, do latim *notabilis*, de cuja forma singular o *Dicionário Robert* retém o significado de alguém que ocupa uma posição importante: numa acepção antiga, recuando sua origem à Idade Média (1355), quando o termo passou a designar a pessoa à qual sua situação social confere certa autoridade nas coisas públicas, e a reencontrando no francês moderno, por exemplo, na expressão *Les assemblées des notables convoquées par Le Roi, sous l'Ancien Régime*. Designava, portanto, os nobres e um título de nobreza, também retido em inglês: *The notables*, mas que receberá em italiano, em espanhol e em português outras valências e conotações, em outra deriva semântica, sem a honraria formal nobiliárquica. Assim, acrescento eu, o italiano *Padrino* (*I Padrini*, no plural), ao designar o padrinho da Igreja Católica, mas também ressignificado pela máfia e os políticos da Bota, em referência ao chefe e seus afilhados, como na Sicília, levando ao clientelismo, e traduzido talvez melhor, de acordo com colegas italianos, como *padrinaggio*. O vocábulo *compadrazgo*, em espanhol, designa o compadrio, a afinidade entre os compadres e mesmo entre compadres (padrinhos) e afilhados, encontrados no português brasileiro. Visado em sua significação sociológica, o coronelismo está associado às oligarquias e seu poder é o poder das oligarquias, sendo assim não passa de um dos casos extremos e tardios do patrimonialismo, em que o público aparece confundido com o privado.[23]

Vocábulo parecido e que guarda afinidade com o patriarcalismo, mas dele se distingue em um ponto capital: no coronelismo o vínculo entre compadres e afilhados está fundado sobre a obediência e a lealdade em relações pessoais mais distensionadas e amistosas, tais que a hierarquia abranda-se e suavizam-se as distâncias sociais, faltando-lhe o vínculo familiar direto obrigatório e o temor reverencial ao *pater familias*, como na casa-grande (Faoro, 2012, p.714-715). Ou seja: não se trata do patriarca ou do pai, mas do compadre ou do padrinho, prevalecendo relações de mando e também de favores – prestações e contraprestações. Por isso, nada mais distante do bacharelismo do que o coronelismo, ao menos o coronelismo em sua trajetória ulterior, cujos resultados são a perda de seu valor de face ou nominal, quando o título de nobreza e a medalha não valiam mais nada, e a entrada em cena de seu valor real ou o preço de mercado, por assim dizer, quando passou a valer o poder do mando, o poder das terras e do dinheiro, a um ponto tal que o Coronel Chico Heráclito (1885-1974), não citado por Faoro, e um dos últimos

---

23 Cf. sobre esse ponto a crítica de Faoro dirigida a Sérgio Buarque, segundo a qual o historiador confunde patriarcalismo com patrimonialismo, por não distinguir devidamente os dois componentes que estão em jogo em uma e em outra situação: o público e o privado, por um lado, e o pessoal e o impessoal, por outro. Essa reserva aparece em estudo publicado em 1998 (ver referência infra) e citado por Robert Wegner (2000, p.228), no qual Faoro assevera que Sérgio Buarque distorce Weber ao dizer que "o *funcionário patrimonial* faz da gestão pública *assunto de seu interesse particular*" (ênfases de Faoro), ao passo que, conforme Weber, "o funcionário patrimonial faz da sua gestão 'puro assunto pessoal do senhor'". Ao tratar do assunto, Wegner não endossa a crítica de Faoro, lembrando que Sérgio Buarque nunca quis dizer que nossa ordem social fosse patrimonialista, haja vista a impossibilidade de o público sair da ordem privada em que nossa sociedade estava completamente imersa desde a Colônia. A despeito da sagacidade da observação de Wegner, entendo que o antípoda do patrimonialismo não é o patriarcalismo, mas o republicanismo e a Monarquia constitucional moderna, onde aparecerá a distinção do público e do privado: afinal, o patrimonialismo é indiferente à distinção entre público e privado, como no Antigo Regime europeu, em que os cartórios e as funções públicas eram compradas, herdadas e garantidas pelo monarca como patrimônio nobiliárquico, só sendo possível a esfera pública e a impessoalidade no ambiente e estamento da burocracia moderna. A referência de Faoro é "Sérgio Buarque de Holanda: analista das instituições brasileiras" (Candido, 1998, p.61).

representantes da categoria no Brasil, com base em Limoeiro, Pernambuco, e grande poder político, segundo consta era analfabeto.[24]

Ora, é justamente essa condição, possível entre os coronéis dos cafundós do Brasil, que se mostra impossível entre os bacharéis, políticos ou intelectuais, cujo poder e ação vêm das letras e das plumas, e os quais, mais do que os coronéis, irão moldar a mentalidade e a cultura letrada da sociedade pós-colonial. Num contexto em que é possível, inclusive, que as elites intelectuais e as elites políticas coincidam e se transformem em um único indivíduo, como observou Sérgio Buarque de Holanda ao emparelhar as elites intelectuais e as elites políticas:

> Não admira, pois, que nossa República tenha sido feita pelos positivistas, ou agnósticos, e nossa Independência fosse obra de maçons. A estes se entregou com tanta publicidade nosso primeiro Imperador, que o fato chegaria a alarmar o próprio príncipe de Metternich, pelos perigosos exemplos que encerrava sua atitude. (Holanda, 2013, p.150)

Tudo isso é surpreendente e tem algo de inusitado. Pergunta-se, com um sentimento de perplexidade: com um rei maçom, impetuoso e lascivo à frente da Independência, tendo sido elevado logo depois a grão-mestre na loja Grande Oriente, no Rio de Janeiro, quando foi recebido com o nome de Guatimozin – e justamente pelas mãos de um bacharel maçom moderado e leitor dos iluministas franceses, que ficará na retaguarda como patriarca e garante da nova Monarquia –, como não admirar o quão longe estamos dos tempos da Ibéria quinhentista, com os reis católicos e o projeto de instaurar a Ilha da Purificação na Península e na *Terra Brasilis*!?[25]

Fenômeno mundial e, portanto, urbano, em contraste com o coronelismo, local e rural, em um país que no século XIX continuava comandado pelo agrarismo e suas oligarquias rurais, Faoro ressalta uma das características do bacharelismo intelectual, que surgirá em sua aclimatação ao ambiente

---

24 Embora sem conexão direta com os temas tratados neste Passo, lembro ao leitor que Faoro propõe três figuras emblemáticas que forneceriam três ilustrações do coronelismo brasileiro, a partir das quais as análises sociológicas e políticas poderiam ser controladas como estudos de caso, a saber: os coronéis Rosa e Silva, de Pernambuco (Faoro, 2012, p.719-723), e Nogueira Acioli, do Ceará (ibidem, p.723-725), cujo modelo e pai de todos é o coronel Gentil José de Castro, mineiro de origem, chefe do Partido Liberal de MG, latifundiário na Bahia, região de Ilhéus, e mais tarde com atuação no Rio de Janeiro, tendo falecido em Petrópolis, em 1897, durante um motim (ibidem, p.441-442).
25 Sobre Dom Pedro I, José Bonifácio e a maçonaria, ver Schwarcz e Starling, 2015, p.213-214.

pós-colonial, substituindo Portugal pela França, Alemanha e Inglaterra: o bovarismo, ou antes "a atitude 'bovarista', na qual se insinua o desdém ao mundo atrasado [rural], em favor do mundo civilizado [urbano]". Com a ressalva de que nos bacharéis políticos e intelectuais, assim como nos modernizadores e filoneístas, com seu afã de progredir e propagar a novidade, "há, sem dúvida, forte dose de bovarismo, embora os agite, não o desprezo de sua gente, mas a preocupação civilizatória, pedagógica, de ajustar o passo às estruturas chamadas cultas" (Faoro, 2012, p.534).

Há, ainda, um traço comum ao coronelismo e às oligarquias tradicionais que irá marcar a mentalidade nacional e moldar o *ethos* da intelectualidade brasileira: o sentido de hierarquia, o tribalismo e o gosto do mando, ou o mandonismo, levando a *intelligentsia* brasileira a considerar as cátedras e as áreas de especialidade como verdadeiros feudos e estados gerais, algo precarizados e minguados no período pós-colonial, e mais massivos e notórios no século XX, quando o sistema de ensino superior foi finalmente implantado nestas paragens. Conforme mostrarei no próximo Passo, não sem certa perplexidade, como se a mesma coisa não ocorresse na França e em Paris, foi o que notou Lévi-Strauss nos *Tristes trópicos* ao relatar a paisagem intelectual paulistana dos tempos em que passou na Universidade de São Paulo (USP), quando da fundação da Faculdade de Letras, Filosofia e Ciências Humanas (FFLCH).

Antes, porém, será preciso retroceder e concluir a análise contextual, com o exame das novas influências e correntes de ideias, a incorporação das superestruturas culturais e a investigação do impacto de seus aparatos sobre a *intelligentsia*, quando outros traços do bacharelismo pós-colonial serão acrescidos.

2. NOVAS INFLUÊNCIAS, INSTAURAÇÃO DO APARATO INSTITUCIONAL E IMPACTO SOBRE A CULTURA NACIONAL

2.1 Novas influências

Considerado uma espécie de golpe branco e um arranjo das elites, tendo como protagonista o príncipe português e como garante o patriarca brasileiro, ele mesmo monarquista e lusófilo, que só decidiu regressar ao Brasil depois de ter passado a maior parte de sua vida no país de Camões, o certo é que a Independência aprofundou o afastamento de Portugal da vida da ex-Colônia, em busca, esta, de sua identidade própria e aberta a novas influências: França no plano cultural e político, Inglaterra no comércio e finanças. Tudo isso teve lugar, sem que os arrimos da sociedade patriarcal fossem tocados, até mesmo a escravidão, abolida somente no fim do século XIX, em 1888, mais precisamente, desonroso título para o Brasil, o de ser o último país do Ocidente a acabar com o regime escravista.

No plano econômico, como se estudou na Seção anterior, cujas decisões se davam nas esferas da agricultura, do comércio e das finanças, em grande parte sobre bases escravistas – mas não tudo, longe disso, a julgar pelos estudos de Jorge Caldeira[26] –, a agenda da indústria e da Revolução Industrial ficará adiada por quase um século nestas paragens, ao se contentar com a incipiente manufatura no costado fluminense e em áreas de Minas Gerais e São Paulo.

No plano cultural, com a identidade luso-brasileira quebrada, em meio a um processo de fragilização demográfica do contingente europeu, momento em que a população parda e negra do novo Império era maior do que a branca portuguesa, as elites do período pós-colonial, ao se darem a tarefa de criar a nação depois de lograrem a Independência do país, trataram de implantar a agenda de "embranquecimento" da população. Essa agenda, como se sabe, passadas as ondas de instabilidade e desacerto do Primeiro Reinado, foi formulada e implantada no Segundo Reinado, quando, sob influência de Gobineau, que era próximo de Pedro II, a ex-Colônia inverteu a rota centenária do tráfico negreiro rumo à importação em massa dos desvalidos da Europa. Contudo, as novas levas não terminaram aí, continuaram, inclusive aumentaram ao longo da República Velha, com destinação não só aos cafezais paulistas, mas também às manufaturas da capital bandeirante e às terras do Sul, por exemplo, no Rio Grande, onde alemães e italianos se acomodaram na paisagem gaúcha, uns nas Serras e outros nos Vales. Em síntese, esse processo, que poderia ser chamado "eugenização", não tivesse o anacronismo suportado sua pesada carga semântica negativa, recebeu outros nomes pelos estudiosos: designado por uns de europeísmo, com as variantes francesismo ou anglicismo, ao focalizar o teor ideológico, os países e as afinidades, e por outros, ao focalizar o continente, o processo e o resultado, de europeização ou, antes, reeuropeização, como no caso de Gilberto Freyre.

Sobre esse ponto, Cruz Costa cita uma passagem de *Sobrados e mucambos* em que Freyre nos oferece uma ideia do que acontecia no Brasil dessa época

---

26 Segundo o autor (2015, p.290), havia em 1819 no Brasil 56,6% de colonos livres, 18,2% de índios livres, 25,2% de escravos e 9% de proprietários de escravos, correspondendo a 74,8% de pessoas livres e a 62% de pessoas livres não proprietárias de escravos.

e do sentido geral desse processo de europeização, justificando a adição do afixo "re" para a coisa ficar completa:

> A Colônia portuguesa da América – escreve Freyre – adquirira qualidades e condições de vida tão exóticas – do ponto de vista europeu –, que o século XIX, renovando o contato do Brasil com a Europa – que agora já era outra: industrial, comercial, mecânica, a burguesia de cima –, teve para o nosso país o caráter de uma reeuropeização. Em certo sentido, o de uma reconquista. [...]. No Brasil dos primeiros anos do século XIX e fins do século XVIII, a reeuropeização se verificou (perdoe o leitor os muitos inevitáveis *ão* que vão aparecer na sequência) pela assimilação, da parte de raros, pela imitação (no sentido sociológico fixado por Tarde) da parte do maior número: e também por coerção, os ingleses, por exemplo, impondo à Colônia portuguesa da América – através do tratado de Methuen – quase Colônia deles, Portugal só fazendo reinar – e mais tarde ao Império, uma série de atitudes morais e padrões de vida que espontaneamente não teriam sido adotados, pelo menos com tanta rapidez. (Cruz Costa, 1967, p.69)[27]

Seguindo os passos de Gilberto Freyre, procurarei evidenciar esse processo iniciado no fim da Colônia, com a influência portuguesa deslocada, diminuída, mas não anulada, cujo resultado, nas palavras de Cruz Costa, será a remodelagem da estrutura material da sociedade colonial, à qual corresponderá, com certa defasagem, a remodelagem da mentalidade da *intelligentsia* brasileira. Ao fazê-lo, tal qual o pernambucano ilustre, pondo acento sobre a "mentalidade" e os costumes, e dele me afastando ao examinar os novos dispositivos culturais e seu impacto sobre a *intelligentsia* nacional – coisas que ele não faz –, mais de uma vez recuarei o lapso temporal a décadas e mesmo séculos antes, ao mesmo tempo que avançarei intervalos e acontecimentos que só irão se consumar depois. Além disso, em mais de uma ocasião, deverei remanejar as fases e as datas dentro do intervalo para acomodar processos políticos, culturais e socioeconômicos. Daí ser necessário relativizar o tempo e seus lapsos, ademais da relativização das nações e dos espaços geográficos, como notou Cruz Costa, citando o historiador francês Roger Daval, ao ressaltar a precariedade e, mais ainda, o caráter arbitrário da divisão da história dos povos em épocas:

---

27 O trecho em apreço aparece na edição de *Sobrados e mucambos* (2004a, p.430-431), onde o leitor, ao consultá-la diretamente, poderá reaver um segmento inteiro deixado de lado por Cruz Costa, bem como notar pequenas mudanças no fraseado de Freyre.

O fluir dos acontecimentos faz estalar os esquemas que só o interesse da exposição parece, às vezes, exigir ou justificar. A determinação de datas de origem para certos veios, fios ou correntes de ideias é muito difícil e o historiador das ideias é, sob este aspecto, menos favorecido ainda que o historiador dos acontecimentos políticos. (Cruz Costa, 1967, p.321)

Sem as datas seminais dos historiadores da política, inaugurando um antes e um depois na linha do tempo, tais como fundações de impérios, golpes de Estado, a morte de um tirano ou o início de uma guerra, o historiador de ideias filosóficas poderá remediar a situação lançando mão da data da publicação de um livro seminal ou da data de nascimento de um filósofo ilustre. Ao fim e ao cabo, em matérias de datas, segmentações e classificações, não só em filosofia, mas também nas ciências, está-se diante de questões nominalistas, cuja solução depende de convenções e justificativas, podendo com elas relacionar-se positivamente e mediante sua ajuda levar adiante a tarefa. Quanto ao mais, não muito diferente, com seu sentido agudo da linha do tempo, será a situação da história historiográfica, que também lida com datas e convenções. Da mesma forma, a perspectiva metafilosófica, às voltas com questões lógicas e conceituais em meio a anacronismos de todos os tipos, mas ainda assim devendo recorrer ao trabalho de Penélope do historiador, transferindo-lhe o fardo da justificação das fases e datas, porém não se eximindo de fazer o ajuste às suas necessidades. Assim, na sequência desses estudos serei levado a recuar as referências temporais, ao me reportar aos "enciclopedistas" mineiros, ao retroceder a linha do tempo com vistas aos "goliardos" medievais e fazer a viagem de volta até o intelectual estrangeirado, ou então, paralelamente, ao avançar a linha do tempo e introduzir os contrafactuais do *scholar* e do intelectual público.

Voltando à reeuropeização e a Gilberto Freyre, em sua obra seminal ele mostrará seu enorme talento e criatividade, ao combinar os métodos da historiografia com os expedientes da antropologia cultural, no empenho de evidenciar em sua extensão e riqueza as novas influências do Velho Continente sobre esta parte das Américas, podendo o leitor, se o quiser, se dirigir a *Sobrados e mucambos* (2004a, p.39, p.126, 712-716, 720 e 732). Já no Prefácio à primeira edição, ao comentar uma massa de artigos e anúncios de jornais analisados durante a preparação da obra, ele constata um sem-número de peças que acusam,

> [...] através do século XIX, a admiração quase que supersticiosa do brasileiro pelo estrangeiro, pelo europeu, pelo inglês, pelo francês – cujos nomes "Edgar",

"Lamartine", "Arthur" e até "Benjamin Franklin" foram substituindo, no batismo dos meninos, os "Thales", "Ulysses" e "Themistocles", dos princípios do século XIX, e competindo com os nomes indígenas. (Freyre, 2004a, p.39)[28]

Com efeito, nomes estes nada lusitanos, aos quais deverão somar-se os "Joaquins" e os "Manuéis" portugueses, não sei se também os "Antônios" e os "Joões" – a verificar –, porém, aqueles sim perderão a preferência dos brasileiros e chegarão quase a desaparecer da onomástica dos livros aqui publicados. Assim, também, a indumentária e os costumes, em um culto das coisas da Europa beirando a superstição, mas de

> [...] uma Europa burguesa, de onde nos foram chegando novos estilos de vida, contrários aos rurais e mesmo aos patriarcais: o chá, o governo de gabinete, a cerveja inglesa, a botina Clark, o biscoito de lata. Também roupa de homem menos colorida e mais cinzenta; o maior gosto pelo teatro, que foi substituindo a Igreja; pela carruagem de quatro rodas, que foi substituindo o cavalo ou o palanquim; pela bengala e pelo chapéu-de-sol, que foram substituindo a espada de capitão ou de sargento-mor dos antigos senhores rurais. (Freyre, 2004a, p.712)

Coisas e artigos ingleses, em suma, aos quais devem-se somar os artigos de Paris, as *troupes* de teatro e as missões culturais francesas, com Montigny, Debret e os Taunay na linha de frente, cuja presença solícita e assídua na Corte – muitos deles, inclusive, imigraram para cá, como os Taunay – iria renovar profundamente o cenário da música e das artes plásticas nacionais (Taunay, 2005, p.386).[29]

Tudo considerado, a centralidade da Europa nessas referências não tem nada de novo e aleatório, constituindo um *factum* e um destino desde o início da colonização, quando El Rei e a Companhia de Jesus decidiram instaurar uma "ilha de purificação" nessa parte dos trópicos, de acordo com nossos estudos no 2º Passo. A novidade dos novos tempos poderá ser vislumbrada em duas grandes inflexões iniciadas antes, mas que se consumarão no século XIX. A primeira, no pensamento de Freyre, quando a ex-Colônia substituiu o padrão casa-grande e senzala pelo par sobrado e mucambo e para o lugar

---

28 Contudo, essa "admiração" pelo estrangeiro deve ser relativizada, a julgar pelo relato de Visconde de Taunay (2005, p.33), quando se refere ao seu pai, que nunca quis se naturalizar, por acreditar que "ao estrangeiro os brasileiros têm verdadeira aversão. E por muito tempo assim há de ser [...]".

29 Taunay comenta o papel da missão cultural francesa na fundação da Academia de Belas-Artes, por instância do Marquês de Marialva, em 1816.

do clérigo jesuíta, como agente e difusor da cultura e dos valores da sociedade colonial, abriu espaço ao bacharel letrado das mais variadas proveniências, ponto diversas vezes ressaltado e ao qual voltarei mais detidamente na 4ª seção, na qual irei focalizar o *ethos* da nova intelectualidade:

> Os bacharéis e doutores que iam chegando de Coimbra, de Paris, da Alemanha, de Montpellier, de Edimburgo – escreve Gilberto –, [e] mais tarde os que foram saindo de Olinda, de São Paulo, da Bahia, do Rio de Janeiro, a maior parte deles formados em direito e medicina, alguns em filosofia ou matemática e todos uns sofisticados, trazendo com o verdor brilhante dos vinte anos as últimas ideias inglesas e as últimas modas francesas, vieram acentuar, nos pais e avós senhores de engenho, não só o desprestígio da idade patriarcal, [...] como [também] a sua inferioridade de matutões atrasados. (Freyre, 2004a, p.713)

A segunda, quando se consumou a troca das referências e dos centros de prestígio: não mais Lisboa, o Paço e o Tejo, ou Coimbra, a Universidade e o Mondego, mas Paris, o Louvre e o Sena, ou Londres, o Big Ben e o Tâmisa. Tal troca, como é sabido, no rastro do vazio deixado por Portugal depois da Independência, levará à disseminação do francesismo, bem como do anglicismo, cujos excessos logo foram considerados a maior das ameaças à identidade da nação ainda não concluída. Porém, em cujo processo o autor de *Sobrados e mucambos* reconhece uma ambivalência de fundo, que se mostrará essencial para a trajetória ulterior da *intelligentsia* brasileira. Trata-se da ambivalência do bacharel "estrangeirado", pode-se dizer, o qual justamente porque um estrangeiro em seu próprio país consegue adquirir a distância e o estranhamento requeridos para pensá-lo com objetividade e encontrar a justa perspectiva. Escreve Freyre:

> A ascensão do bacharel ou doutor – mulato ou não – afrancesado trouxe muita fuga da realidade através de leis quase freudianas [parricídio?] em suas raízes ou em seus verdadeiros motivos. Leis copiadas das francesas e das inglesas e em oposição às portuguesas. Mas, por outro lado, afrancesados como Arruda Câmara é que deram o grito de alarme contra certos artificialismos que comprometiam a obra patriarcal de integração do Brasil, como aqueles exagerados sentimentos de nobreza encarnados por Antônio Carlos. (Ibidem, p.720)

Na mesma linha, em seu estudo considerado referência acerca da obra de Gilberto Freyre, Ricardo Benzaquen de Araújo contrasta as paisagens descritas em *Casa-grande & senzala* e *Sobrados e mucambos* no Brasil Colônia e no período pós-colonial, deixando ao fundo a questão da reeuropeização. Por um lado, o ambiente nada europeu da Colônia, em sua arquitetura e em seus costumes, ou seja, uma

> [...] paisagem social com muita coisa de asiático, de mourisco, de africano: as casas com os telhados lembrando a Ásia, o ideal de mulher gorda e de rosto tapado ao sair de casa, e outras coisas mais, testemunhando que foram transplantados para cá pedaços inteiros e vivos destas civilizações, e não somente estilhaços ou restos delas. (Araújo, 1994, p.134)[30]

Por outro lado, as mudanças sobrevindas no século XIX, quando se tem lugar a passagem de uma cultura rural, rude e de poucas letras a uma cultura urbana,[31] algo polida (aristocrática, diria Freyre) e mais letrada, mas não o bastante ainda, ao se comparar com outros centros, como se sabe, além da ressalva de sua "litoralização".

Processo de urbanização. O país continuava e continuará massivamente rural, mas as luzes do intelecto, os lustres da cultura e as comodidades da civilização vinham das cidades, que passaram a se modernizar e novas experiências urbanas tiveram lugar em compasso com as cidades europeias. A começar pelo Rio de Janeiro, no Segundo Reinado, conhecido pelos cronistas por sua sujeira e mau cheiro, agora com rede de esgoto nas áreas centrais, livre dos cortiços infectados e com amplas avenidas. Em plena República, em 1897, esse movimento continua com a fundação de Belo Horizonte, quando Minas Gerais trocou a capital barroca e portuguesa por outra nova e moderna – todas afrancesadas e sob a influência de Haussmann, o famoso arquiteto e urbanista que revolucionou a paisagem de Paris em meados do século XIX.

Cultura algo polida e mais letrada. Menos como resultado do que como processo, não amplo o bastante para autorizar a falar de um fenômeno de massa, mas de elite, com o analfabetismo cravado nestas paragens em mais de 80% no fim do século XIX, ficando o grande interior espalhado nas costas da Serra do Mar, como dizia Dom Pedro II, longe da Corte e ao largo de tudo. Um dos sinais dessas transformações será a mudança de vestuário, tosco na Colônia, em que imperam as cores carregadas e o mau gosto, inclusive entre as mulheres das casas-grandes, agora com as meninas e os meninos das elites

---

30 A fonte é a primeira edição da obra de Freyre (1933, p.258).
31 Ou, ao menos, em processo de urbanização, para sermos mais precisos, e se não queremos correr o risco de sermos desmentidos pela sociologia e pela estatística.

vestidos como inglesinhos e francesinhos, lembra Araújo (1994, p.135) na esteira de Freyre.³²

Tudo isso, como vimos, proporcionado por uma nova composição da sociedade patriarcal de século XIX, caracterizada pela centralidade de uma nova camada de nobres urbanos, composta pela aristocracia dos sobrados e não mais das casas-grandes. Uma aristocracia na qual Gilberto Freyre vê o sexo nobre (sic) e não mais o sexo forte (aristocracia guerreira), mas na qual eu prefiro notar uma nova aristocracia do espírito, o bacharel letrado, este sim urbano, polido e europeizado: "no século XIX, o século mais dos sobrados aburguesados do que das casas-grandes [...], o aristocrata brasileiro foi menos o sexo forte que o sexo nobre" (Araújo, 1994, p.183).³³ Uma aristocracia *sui generis*, ao fim e ao cabo: porque, como toda nobreza, *hierárquica*, fundada sobre primazias e o *páthos* da distância, assente na diferença de *status* e posições (*rangs*, em francês) dos indivíduos, "mas também, e sobretudo, no afastamento deles" (Araújo, 1994, p.133); porque, além do mais, *meritocrática*, fundada não sobre a primazia do sangue, a virtude guerreira ou a força do corpo, mas sobre virtudes intelectuais e qualidades da mente (força do intelecto e educação). De resto, uma aristocracia não endógena e fechada sobre si, como a europeia, com casamentos incestuosos ou arranjados (alianças políticas de famílias, fortunas e terras), mas plástica, para não falar exógena, que com ela não combina, e aberta aos processos de mobilidade social.

Duas são as ressalvas, ao se considerar que se está diante de estruturas *fuzzies*, como quase tudo, aliás, nos processos brasileiros. Aquela – endógena e antiga –, embora cindida e cambaleante, continuou a existir entre nós até bem mais tarde, haja vista o casamento de Mauá com sua sobrinha, e chegando ao século XX, como mostrou Pedro Nava em Minas Gerais. Esta – nova e mais plástica –, podendo se dar pela via do enriquecimento, que foi o caminho mais comum, como no caso de Mauá ao sair dos confins do Sul (fronteira com o Uruguai) rumo ao Rio de Janeiro. Ou então pela via da educação, bem mais rara, de acordo com Gilberto Freyre em *Sobrados e mucambos*, em um tempo como o século XIX, quando amplia-se a extração social do bacharel letrado, abrindo-se na segunda metade desse mesmo século aos mulatos e pardos.

---

32 Cf. também Taunay (2005, p.492), em que ele contrasta as mulheres brasileiras e argentinas, comentando que estas eram *chics* e usavam brincos, ao passo que aquelas não, como se naquele tempo – acrescento eu –, na segunda parte do século XIX, as brasileiras tivessem deixado de lado os costumes herdados de nossas indígenas.

33 A fonte é a primeira edição da obra de Freyre (1936, p.127).

Trata-se, em suma, da assim chamada ascensão vertical, impossível na Colônia aos escravos e nativos, e que passou a ser relativamente comum no período pós-colonial. Bem entendido, "comum" no sentido de frequente e restrito a certas camadas ou estratos sociais, ou seja, um fenômeno das elites e do litoral, e mais ainda da Corte, como a própria europeização que o acompanha (objeto desta Seção). Portanto, não "comum" no sentido do número e de um fenômeno de massa – o que não faz sentido em se tratando de aristocracias –, porém significativo, como mostra Gilberto Freyre, autorizando-o a falar no fim de *Sobrados e mucambos* – de um modo abrupto e inconsistente segundo Araújo – sobre as reversões das relações sociais e enfatizar a incrível mobilidade vertical e horizontal em nosso país, como em nenhum outro lugar. Ascensão de uma classe a outra: do mocambo ao sobrado. E também de uma raça a outra: de negro a branco ou a moreno ou caboclo (ibidem, p.151).[34]

Não menos atento do que Gilberto Freyre aos processos de cisão e mudanças da sociedade pós-colonial em meio a um vasto conjunto de inflexões e continuidades, Sérgio Buarque de Holanda em *Raízes do Brasil* fará o cômputo das identidades e das diferenças, ao contrastar as sociedades americanas e as europeias: como já comentado, ao falar de "americanização", ressaltando a especificidade do Novo Mundo quando transplantou para cá realidades e instituições milenares do Velho Continente e deu um jeito de aclimatá-las aos trópicos. A começar pela

> [...] distinção entre o meio urbano e a "fazenda" [que] constitui no Brasil, e pode dizer-se que em toda a América, o verdadeiro correspondente da distinção clássica e tipicamente europeia entre a cidade e a aldeia. Salvo muito raras exceções, a própria palavra "aldeia", no seu sentido mais corrente, assim como a palavra "camponês", indicando o homem radicado ao seu rincão de origem através de inúmeras gerações, não corresponde no Novo Mundo a nenhuma realidade. E por isso, com o crescimento dos núcleos urbanos, o processo de absorção das populações rurais encontra aqui menores resistências do que, por exemplo, nos países europeus, sempre que não existam, a pequeno alcance, terras para desbravar e desbaratar. (Holanda, 2013, p.88)

Trata-se da outra face da ascensão vertical de Gilberto Freyre, talvez com extensão maior ainda, à qual os sociólogos dão o nome de mobilidade social, ao mesmo tempo mais dinâmica nas sociedades americanas, porém menos

---

34 A fonte é a primeira edição da obra de Freyre (1936, p.368).

diversificadas e mais limitadas. Tal situação, em uma perspectiva diferente da de Freyre, levará o historiador a trazer de volta o argumento do déficit – déficit social, no caso – e propor sua interpretação pessoal, colocando em relevo a mentalidade pós-colonial e sua componente elitista e senhorial:

> Procurou-se mostrar no presente capítulo como, ao menos em sua etapa inicial, esse processo correspondeu de fato a um desenvolvimento da tradicional situação de dependência em que se achavam colocadas as cidades em face dos domínios agrários. Na ausência de uma burguesia urbana independente, os candidatos às funções novamente criadas recrutam-se, por força, entre indivíduos da mesma massa dos antigos senhores rurais, portadores de mentalidade e tendência características dessa classe. Toda a ordem administrativa do país, durante o Império e mesmo depois, já no regime republicano, há de comportar, por isso, elementos estreitamente vinculados ao velho sistema senhorial. (Ibidem, p.88)

Este é, portanto, o quadro e o contexto, ao se encerrar o capítulo das novas influências e seu impacto sobre a mentalidade nacional. Influências, antes de tudo, externas, em que o novo país se coloca na extensão e na rota do Ocidente (Descobertas), faz suas escolhas europeias (ontem, Portugal; agora, França), silencia outras heranças, como a africana, e recalca a destruição do nativo. Dir-se-á que este foi o *script*, o *plot* e a *history* do Brasil do Litoral, cujo padrão casa-grande e senzala dominava a cena brasileira, de Belém do Pará a Laguna de Santa Catarina, substituído depois pelo padrão sobrado e mocambo, que introduziu uma maior plasticidade e dinamicidade nas relações sociais, dando azo a um *tour de force* urbano e europeizado na cultura letrada e na *intelligentsia* brasileira do século XIX, porém, conservando os arrimos da sociedade patriarcal. Voltarei mais adiante às correntes de ideias e de pensamentos que acompanharam esse *tour de force*, depois de introduzir os aparatos culturais que as hospedaram e as difundiram entre nós – e antes de tudo como fenômeno do litoral, com poucas exceções, por exemplo, o caso de Minas Gerais, que seguiu a rota da urbanização e, por conseguinte, da europeização, com suas vertentes afrancesadas (mais) e anglófilas (menos), na esteira da mineração, cujo auge se deu no fim da Colônia, e não do açúcar e do café, como é sabido.

Contudo, europeização à parte, além do Brasil do Litoral, há o Brasil dos Sertões e do Interior, não menos real e quase que totalmente esquecido, cuja história e extrema relevância para a cultura nacional vêm sendo resgatada por uma plêiade de estudiosos, como já foi lembrado, dentre os quais Sérgio Buarque de Holanda, Jorge Caldeira e Antonio Candido. Trata-se de uma influência nativa e subterrânea, com efeito, na esteira não exatamente do colonizador lusitano e das sesmarias, nem sequer do indígena ou nativo dessas terras, mas do adventício gerado na América portuguesa: o paulista, ou melhor, o bandeirante de Piratininga, a estirpe dos Joões Ramalhos e as rotas por terra ou água rumo ao Paraná, ao Mato Grosso ou às Minas Gerais. Foi o que mostrou, com uma periodização mais dilatada, Antonio Candido em *Os parceiros do Rio Bonito*, tendo como protagonista o caipira paulista. Foi o que mostrou também Euclides da Cunha, mas para outra circunscrição geográfica, os cafundós da Bahia, em *Os sertões*, autorizando, como ocorreu depois, a metaforização do sertão, da terra ingrata e da cultura rude, porém sábia a seu modo, a todo o Brasil do Interior. Todavia, à exceção de Minas Gerais, a vida intelectual do novo país era decidida ao longo do litoral, e não veio ao caso nesta seção examinar a influência do bandeirante e do tropeiro sobre a mentalidade e as letras nacionais. Eles que eram iletrados e rudes, à diferença do clérigo jesuíta e do bacharel letrado do direito, com seu anel de rubi e o diploma reconhecido em cartório, em uma ex-Colônia ibérica com o adventício exibindo toda a carga da superstição da escrita do reinol da antiga Metrópole.

Não o tendo feito agora, reservarei para as próximas seções o exame de sua influência ou não – direta ou indireta – sobre a mentalidade pós-colonial e o *ethos* do novo intelectual, quando a nova nação trocou a ética casuística do jesuíta pelo pragmatismo do tropeiro, do fazendeiro e do monçoneiro (Sérgio Buarque de Holanda).

Então, veremos que se trata de alguma coisa parecida com o ornitorrinco de Francisco de Oliveira: uma mentalidade capitalista atada a laços de lealdade feudal ou, melhor, aristocrático-escravagista, lastreada em uma ética hedonista católica (catolicismo popular) e, como tal, longe da ética weberiana, puritana e protestante.

2.2 Instauração do aparato institucional

Esta minúscula palavra que Sérgio Buarque deixou escapar – déficit –, verdadeiro *topos* obrigatório e lugar-comum pelo qual passam todos aqueles que se ocupam do Brasil Colônia e do período pós-colonial. Num contexto em que, como assinalado no 2º Passo, tem seu fundo de verdade. *Cum grano salis*, que deve, porém, ser interpretada em um sentido mais histórico do que sociológico, pois, assim como a natureza, a sociedade tem horror a vácuos e lacunas, e encontra, então, um jeito de preenchê-los, transformando tudo em positividades. Outro historiador que estuda o déficit, do mesmo quilate de Sérgio Buarque e, como ele, com a credencial de eminente pensador do Brasil, é Caio Prado Jr., ao referir-se à Colônia fala da *Terra Brasilis* como uma terra sem superestrutura. Desde os quinhentos, ocupada que estava com a edificação da estrutura material da sociedade colonial, sem tempo para as especulações filosóficas e outras aventuras do espírito – um luxo nesses tempos duros e difíceis.

Não menos do que no caso de Sérgio Buarque, também a fórmula de Caio Prado Jr. tinha seu fundo de verdade, à condição de não ser pega ao pé da letra: como bom historiador que era, certamente sabia da existência da superestrutura jurídica que governou a Colônia – as Ordenações Manuelinas e Filipinas –, e mais ainda da existência do dispositivo superestrutural do sistema de ensino dos jesuítas, podendo uma coisa e outra, ao se referir a déficits, ser evidenciadas por meio de um método comparativo que articulasse as ausências e as presenças – negativas, umas, e positivas, outras. Quer dizer, uma meia-verdade para a sociedade colonial, porque tendo como contraparte a positividade da estrutura real da economia da Colônia, além do aparato superestrutural jurídico-político das Ordenações Filipinas, da mesma forma que para a sociedade pós-colonial nascente, tendo como contexto o século XIX e só terminando sua jurisdição (Código Civil) no início do século XX, como já foi lembrado. Proponho, então, assumir como mote a fórmula de Caio Prado Jr., com as atenuantes em mente, ao focalizar na sequência – elemento adicional do capítulo das mudanças sobrevindas no século XIX – a instauração do aparato institucional da sociedade pós-colonial, considerando como escopo o sistema da educação e da cultura, cujo ápice terá lugar no reinado de Pedro II.

Ao fazê-lo, não vou propor nada efetivamente novo, nada que já não seja do conhecimento dos estudiosos e historiadores, dentre os quais, José Murilo de Carvalho, Lilia Schwarcz e Cruz Costa, por se tratar de matéria pacificada e consensual, com a única ressalva da necessidade de introduzir o filtro seletivo e considerar o liame à filosofia nacional.

Ora, segundo José Murilo de Carvalho, em *A construção da ordem – teatro das sombras*, o grande fator de mudança foi a transferência da Corte, em 1808 (Carvalho, 2013, p.73), a um tempo mal-ajambrada, inusitada e ridícula, por tudo que aconteceu e se converteu em domínio público: a fuga do rei às pressas, deixando os súditos ao léu em seu reino e a Colônia comandando a Metrópole; mas fundamental para o cancelamento do grande interdito colonial, que permitiu a instauração das primeiras escolas superiores neste lado das Américas. Assim, lembra o historiador: "uma Real Academia dos Guardas-Marinha e uma Academia Real Militar foram logo criadas (1808 e 1810), seguidas pelas

Escolas de Medicina do Rio de Janeiro e de Salvador (1813 e 1815) e, em 1820, pela Academia de Belas-Artes" (ibidem, p.73-74).

Ao contextualizar os acontecimentos, os historiadores costumam recuar o processo a alguns anos antes do começo do Vice-Reinado (1763), tendo por protagonista o mesmo ator político, o Marquês de Pombal, o mesmo *plot* (a questão do ensino) e dois atos, com Brasil e Portugal como cenários. Por um lado, já mencionada tantas vezes, a expulsão dos jesuítas do Brasil, em 1759, cujos efeitos danosos o Marquês procurou neutralizar com um maior protagonismo de outras ordens religiosas, como os beneditinos e os oratorianos, além das chamadas Escolas Régias, implantadas depois, tanto na Metrópole quanto na Colônia: de fato, como se sabe, um conjunto de aulas avulsas e não de estabelecimentos escolares, das quais tratarei adiante ao focalizar a filosofia pós-colonial. Por outro lado, a menos conhecida e não menos importante reforma universitária em Portugal, realizada em 1772, com seu legado contraditório, ao dotar a Universidade de Coimbra de modernidades – o Horto Botânico, o Museu de História Natural, o Teatro de Filosofia Experimental (Física), o Laboratório Químico, o Dispensatório Farmacêutico e uma nova Faculdade de Filosofia e Ciências, que substituiu o Colégio das Artes, com uma nova proposta pedagógica e uma nova grade curricular, ao mesmo tempo que proscrevia os filósofos modernos, tais como Spinoza, Hobbes, La Mettrie, Voltaire e Diderot (Cruz Costa, 1967, p.56-58): com certeza, a elite brasileira vinda de lá desde essa época sofreu tal influência, e a despeito da "viradeira" e de tudo o que, em seguida, aconteceu em Portugal, pode-se dizer que as instituições criadas no Vice-Reino herdaram sua influência e modernidade. Contudo, conquanto importante, o maior dos acontecimentos estava ainda por consumar-se, cerca de cinquenta anos depois, e está associado à referida transferência da Corte para o Brasil.

Por seu turno, ao colocar a lupa sobre o grande *tournant*, com a família real recebida com grande júbilo na Bahia, no Rio de Janeiro e por toda parte, à qual sobreveio uma "febre de empreendimentos" nunca vista antes, Cruz Costa acrescenta à lista de José Murilo a criação da Imprensa Régia, que abriu caminho não só para a imprensa nacional, com o surgimento dos primeiros jornais, mas também para a indústria do livro na Colônia. Ressalta a fundação da Escola de Comércio e da Real Biblioteca (1810), "célula da nossa atual Biblioteca Nacional". Adiciona o Museu Real em 1818, igualmente no Rio de Janeiro, criado conforme registra o ato real com a finalidade de propagar os conhecimentos e os estudos de ciências no Reino, e mais tarde integrado como Museu Nacional à Universidade Federal do Rio de Janeiro. E conclui sua crônica fundacional do período joanino dizendo que no mesmo ano também se deram os primeiros passos para a criação do Jardim Botânico, aberto ao público em 1822 e cuja importância é amplamente reconhecida – acrescento eu –, tendo por embrião o Horto Real, antigo Jardim de Aclimação, que data de 1808 (ibidem, p.52).

Haverá, enfim, outra criação, não listada por Cruz Costa nem por José Murilo de Carvalho, que mais tarde se revela a joia da Coroa no que diz respeito às artes e à cultura nos dois reinados, tendo como concorrente a Academia Brasileira de Letras, criada em 1897, na República. Trata-se da Academia Real de Desenho, Pintura, Escultura e Arquitetura Civil de 1816, rebatizada Academia de Artes em 1820 e Academia Imperial de Belas-Artes em 1826.

Após a Independência, passada a turbulência política, a febre de criações continua, serão os Imperadores que farão as vezes do Príncipe Regente, cumprindo papel análogo, especialmente Dom Pedro II, apelidado como o grande mecenas das ciências e das artes.

Assim, no Primeiro Reinado, as criações iniciadas por Dom João no ensino superior continuaram com o Príncipe Herdeiro. Das três grandes colunas que constituíam a universidade moderna faltava o direito, que teve de aguardar cinco anos depois da separação, quando, em 1827, finalmente as Escolas de Direito de Olinda e de São Paulo foram fundadas por Dom Pedro I, porém com implantação efetiva em 1828 – ambas as escolas isoladas, como as de medicina e de engenharia, a cujas conexões com a filosofia brasileira voltarei mais adiante.

A elas está associado, no Segundo Reinado, outro ato imperial, dessa feita protagonizado por Pedro II, tendo o Rio de Janeiro como *locus* e destinatário, ao criar em 1837 o famoso colégio que até hoje porta seu nome: localizado no centro histórico da cidade, o Colégio Pedro II foi abrigado em um prédio onde desde a Colônia funcionava o Seminário de São Joaquim, que não pertencia aos jesuítas, diga-se de passagem, e onde no dia 26 de abril de 1813 teve início, segundo Cruz Costa, o reconhecido curso de filosofia ministrado por Silvestre Pinheiro Ferreira (ibidem, p.55). Os dias de maior glória, no entanto, estavam por vir, e se consumaram quando o Colégio "de" Pedro II – assim era chamado – foi criado em um belo dia de 1837. Desde então, como se sabe, até pelo menos o início dos anos 1930, foi o destino quase que exclusivo, afora os seminários e colégios religiosos, daquelas poucas mentes que puderam dedicar-se integralmente à filosofia neste país, como Farias Brito e Sylvio Romero.

Um ano depois, em 1838, ocorre a fundação do primeiro Instituto Histórico e Geográfico, sediado no Rio de Janeiro, com "a responsabilidade de criar uma história para a nação, inventar uma memória para um país que deveria separar, a partir de então, seus destinos dos da antiga Metrópole europeia" (Schwarcz, 1993, p.178). E do qual se pode dizer, sem exagero, tão relevante foi e ainda é o seu papel institucional, que ele foi o berço das ciências históricas, geográficas, culturais e sociais em nosso país, ao lado das Faculdades de Direito do Recife e de São Paulo (1827), criadas por seu pai.

Por fim, ainda no segundo Reinado, devem ser mencionadas a criação em 1839, em Minas Gerais, na antiga capital Ouro Preto, da Escola de Farmácia, a primeira escola superior daquela Província, e em 1876 a fundação da Escola de Minas. Esta, animada por um projeto tecnológico-científico ambicioso, liderado pelo *normalien* Claude-Henri Gorceix, por instância do Imperador Pedro II, considerado um afrancesado, que toma a École de Mines, de Saint-Étienne, como modelo. E mais: a Imperial Academia de Música e Ópera Nacional (1857), o Theatro D. Pedro II (1872), renomeado Theatro Imperial D. Pedro II (1875) e, finalmente, já na República, Theatro Lyrico (1890), que vão se somar à referida Academia de Belas-Artes, com cujas criações o Imperador dá por "quase" concluída a implantação dos dispositivos culturais da sociedade pós-colonial. E "quase", porque ainda faltam, além da Academia de Letras, as universidades completas e as Faculdades de Filosofia, que entrarão na agenda do poder central bem mais tarde.

Quanto ao período da República Velha, não haveria muito o que acrescentar ao concluir a crônica fundacional, além do projeto várias vezes fracassado de fundar a Universidade do Rio de Janeiro, consumado em 1920, em um ato cercado de controvérsias (ao qual voltarei no próximo passo): a necessidade de dar o título de *doctor honoris causa* ao rei Alberto da Bélgica, em visita de negócios ao Brasil, ligada à criação da Cia. Siderúrgica Belgo--Mineira, em Minas Gerais. O outro ato, este sim límpido e nada controverso, foi a criação no Rio de Janeiro, em 1901, do Instituto de Manguinhos, até hoje uma das joias da Coroa no que concerne à ciência brasileira, e cuja importância é destacada por Cruz Costa (1967, p.367). No campo das humanidades, sem nada o que dizer do ensino superior público, deverá ser mencionado na órbita do ensino privado, respeitante à filosofia, a fundação da Faculdade de Filosofia do Mosteiro de São Bento, em São Paulo, no ano de 1908, um acontecimento sem dúvida maior e que, portanto, será retomado na próxima seção.

Ao concluir o tópico, é preciso ressaltar o acontecimento maior para a história das humanidades e das ciências sociais no Brasil: a criação das duas Escolas de Direito, já mencionadas e às quais volto agora com o intuito de esmiuçar um pouco mais o alcance e o significado para as letras nacionais, colocando na linha de frente o tema do bacharelismo, e apoiando-me no precioso estudo de Lilia Schwarcz *O espetáculo das raças*, cuja primeira edição data de 1993.

Duas escolas criadas quase no mesmo instante, em 1827, mas instaladas em 1828, ambas com vocação de grande protagonismo nas letras e na política nacional, mas com perfil e proposta diferentes: a de Recife, com ambição antes de tudo acadêmica e propósito de formar a elite intelectual pensante do país; a de São Paulo, com ambição de ensinar uma habilidade (o direito como profissão em sua diversidade, cobrindo a magistratura e a advocacia) e a missão de formar a elite política, se não a do país, ao menos a de São Paulo.

Apesar das diferenças de missão e índole, ambas as escolas foram as principais responsáveis pela formação da nova elite nacional, ao ocuparem o lugar de Coimbra, dando continuidade ao bacharelismo jurídico. Agora não mais reinol ou lusitano, mas sim brasileiro e mesmo paulista e recifense, quando tomou as cores e os ares das oligarquias locais, cujo resultado conforma aquilo que Schwarcz junto de Antonio Candido denomina os "novos ricos da cultura" (Schwarcz, 1993, p.54), os bacharéis. E o que é importante: em sua versatilidade, qual um novo mandarim com o *ethos* confuciano (ajustamento pragmático ao mundo), mas que tinha algum traço de jesuíta ao se adaptar aos trópicos, tirando partido das leis e dos casuísmos. Bacharéis ocupados não só com as bancas, os tribunais, o parlamento nacional e as assembleias estaduais, mas virtualmente com todos os ofícios das letras – desde a poesia e o romance, até o ensino de história, economia e filosofia; pois, desde a Colônia, era preciso ser bacharel, antes de ser isto ou aquilo.

Como observou Sylvio Romero, em trecho citado por Lilia, foram justamente esses novos bacharéis formados em Recife e São Paulo, com proeminência de Recife, como a maioria dos estudiosos reconhece, os responsáveis pelo primeiro *quake* que sobreveio nas letras nacionais no transcorrer do século XIX. Precisamente, um *quake* – ou uma revolução, se se preferir – que terminou com o longo império do pensamento católico na inteligência nacional e abriu novas sendas para o fluxo das ideias na sociedade pós-colonial, difundidas não por Coimbra e os mosteiros, mas por outros centros e universidades da Europa. Ou seja, a irrupção do primeiro rudimento do pensamento laico entre nós, justificando o emprego da expressão "um bando de ideias novas", secundado por Cruz Costa e Paulo Arantes, que usarão expressões do mesmo quilate (surto de ideias novas no transcorrer do século XIX brasileiro):

> Até 1868 o catholicismo reinante não tinha sofrido nessas plagas o mais leve abalo, a philosophia espiritualista a mais insignificante oposição; a autoridade das instituições monárquicas o menor ataque serio por qualquer classe do povo,

a instituição servil e os direitos tradicionais do feudalismo a mais individual opugnacção, o romantismo com seus dons enganosos e encantadores cismares a mais apagada desavença... De repente um movimento subterraneo que vinha de longe, a instabilidade de todas as cousas se mostrou e o sofrismo do Imperio aparecce com toda a sua nitidez... Na politica é um mundo inteiro que vaccila. Nas regiões do pensamento teórico o travamento da peleja foi ainda mais formidável, porque o atrazo era horroroso. Um bando de ideias novas esvoaçava sobre nós de todos os pontos do horizonte. (Romero, 1926, p.XXIII-XXIV)[35]

Assim, comparando as duas escolas, Schwarcz ressalta a influência portuguesa e da Igreja, em um momento da história do país em que buscava-se a independência da Metrópole e os caminhos modernos do pensamento laico. Antes da inflexão que sobreveio posteriormente, levando a escola de Recife a recorrer à companhia dos alemães e a de São Paulo à dos anglo-saxões e, portanto, autorizando o estudioso a falar tanto de cisões quanto de continuidades, como antecipado acima. Ou seja, ao colocar em foco para cada uma delas os mesmos quesitos da influência, da missão propugnada e dos principais expoentes:

[1] Faculdade de Direito de Recife

(a) *Influência das oligarquias locais e da Igreja* – com sede em Olinda primeiro e logo em Recife, era uma escola do Norte e do Nordeste, cuja clientela se constituía pela aristocracia rural, das casas-grandes, agora citadinas e vivendo nos sobrados. E o que não é menos importante, como tudo o mais na história de nossas oligarquias: criada com as bênçãos da Igreja Católica, como lembra Schwarcz, ao destacar o papel proeminente, tendo não apenas oferecido o mosteiro dos beneditinos como sede, mas também participado "de forma ativa dos primeiros cursos" (Schwarcz, 1993, p.189).

(b) *Influência portuguesa e antes de tudo de Coimbra na concepção e organização do curso em sua fase inicial (proposta acadêmica)* – durante um bom lapso de tempo, como a escola do Largo de São Francisco, simultaneamente à sua fundação, e as escolas de outros pontos do país, criadas depois, foi profunda a penetração "das velhas ideias portuguesas", de modo que "tudo vinha de Portugal: os costumes, a maioria dos professores e mesmo parte dos alunos" (ibidem, p.189), para não falar dos manuais, as famosas "sebentas", conhecidas desde a Colônia. E arremata Schwarcz:

---

35 Trata-se do Prefácio intitulado "Explicações indispensáveis" e consagrado a Tobias Barreto, que o conterrâneo o vislumbra no centro do bando (Barreto, 1926).

Em Olinda tudo se assemelhava à Metrópole portuguesa que se buscava combater. A estrutura do curso era idêntica à da escola de Coimbra, assim como os hábitos, já que em pleno verão "era comum ver-se academicos usando chapeu alto, fraque e sobrecasaca preta". (RAFDR, 1904, p.17 apud Schwarcz, 1993, p.189)

(c) *Inflexões posteriores: influência alemã* – na segunda metade do século ocorre o grande *tournant* germanista, que irá selar por décadas o destino da escola, segundo Schwarcz e outros estudiosos. Aqui, assume protagonismo a figura de Tobias Barreto e seus discípulos, que trocaram o Mondego e as "sebentas" de Coimbra pelo Reno e os tratados dos alemães, abrindo-se a outras influências modernizadoras, inglesas e francesas, especificamente, conforme mostra a autora:

Esses novos modelos correspondiam, por sua vez, à entrada de todo um jargão evolucionista que em Recife teve larga aceitação, principalmente depois das leituras que Tobias Barreto fez dos filósofos alemães – Haeckel e Buckle – e da difusão de autores como Spencer, Darwin, Littré, Le Play, Le Blon, Gobineau, entre outros. A partir dessa época dada, como dizia o professor Phaelante Camara, "o darwinismo sentiu-se à vontade na congregação e nos bancos academicos" (RAFDR, 1904, p.17) e a faculdade toma tal identidade que o grupo de seguidores do germanismo de Tobias Barreto passa a se autodenominar "os renovadores da Escola de Recife". (Documentos FDR, 1985 apud Schwarcz, 1993, p.195)

(d) *Elite predestinada para um novo Brasil* – liderada por Tobias Barreto e contando, depois dos anos 1970, com o protagonismo de Sylvio Romero, que de fato nunca foi "lente" ou regente de cátedra em Recife, mas sim no Colégio Pedro II, no Rio de Janeiro. E nunca o foi, porque cedo se indispôs com o *establishment* da Escola no rumoroso episódio de seu doutorado, então, recusado, porém não com Tobias e seu grupo, com o qual se identificava e por quem nutria uma profunda e terna admiração. Ou seja, o segmento dos bacharéis conhecido como a geração de 1870, que se viu e começou a se definir "como arauto de um novo tempo, como uma elite escolhida", nas palavras da estudiosa, citando em seu abono o próprio Sylvio Romero: "'O Brasil depende exclusivamente de nós e está em nossas mãos. O futuro nos pertence', dizia o paraninfo de 1900, como a afirmar uma legitimidade que não lhes fora concedida, mas antes assumida" (Schwarcz, 1993, p.197). E conclui, puxando os fios que ligam a modernidade e o pensamento laico, ainda que conservador e nada revolucionário no plano político, mas renovador e modernizante em sua laicidade, impulsionando a escola de Recife a romper com sua origem ibérica e católica:

> Segundo vários críticos – escreve a paulista –, "coube à 'geração de 1970' a introdução do Brasil na 'modernidade cultural'", na medida em que se propunha o rompimento com o pensamento religioso em prol de uma visão laica do mundo. Com efeito, a partir desse momento toma força um movimento de contestação à teoria do direito natural em que a ordem social era compreendida como absolutamente rígida e imutável. (Ibidem, p.197)

(e) *Grande nome* – Tobias Barreto (ibidem, p.195), ao qual vou voltar mais à frente.

[2] Faculdade de Direito de São Paulo

(a) *Influência das oligarquias locais e da Igreja* – era uma escola para o Sul e o Sudeste, antes de tudo para São Paulo e as oligarquias paulistas, criada com o apoio do clero local, que lhe cedeu o convento franciscano do Largo de São Francisco, onde funciona até hoje (ibidem, p.226).[36]

(b) *Influência portuguesa e da Faculdade de Direito de Coimbra* – pelas mesmas razões da Escola de Olinda-Recife: laços históricos com Portugal e sua reconhecida universidade; isolamento da Província (ibidem, p.189), em um contexto de precárias comunicações, ontem com a Metrópole em Lisboa, agora com a Corte no Rio de Janeiro; provincianismo da Capital bandeirante, com uma população na época da fundação da Faculdade estimada em pouco mais de 65.000 habitantes. Rompido o laço histórico com Portugal, sem tempo e meios para estreitar e consolidar outros laços, à exceção de uma fração minúscula da elite que viajava, por exemplo, Nabuco, o retraimento do Brasil e o isolamento das províncias aumentaram ainda mais, gerando um provincianismo arraigado. Não menos na capital bandeirante, como mostra Schwarcz no tocante às elites intelectuais paulistas, cuja fina flor frequentava o Largo de São Francisco:

> Enrico Ferri, por exemplo, professor da escola italiana de direito penal, que visitou a faculdade em 14 de novembro de 1908, foi recebido, segundo relato da revista, com o entusiasmo dos alunos "que com euforia atiravam-lhe flores e estrepitosos aplausos". (RFDSP, 1909, p.239 apud Schwarcz, 1993, p.223)

---

36 Onde se estabelece a analogia das duas escolas, às voltas com problemas de instalação, destacando o papel semelhante da Igreja Católica.

(c) *Inflexões posteriores* – antes de tudo, inflexão e influência anglo-saxônica nos primeiros tempos, mais tarde seguindo-lhes outras, inclusive italiana e alemã, porém sem romper de todo, naquela época, com o *hardcore* português e conimbricense. Tratava-se de formar e preparar as elites políticas, dando azo ao Partido Republicano Paulista surgido no fim do Segundo Reinado, com grande protagonismo na República Velha, em que liderou a Revolução Constitucionalista de 1932 e foi proscrito em 1937, logo após o Estado Novo. E o que é importante: tanto no Partido Republicano quanto na Escola de Direito, donde vinham seus quadros e as lideranças, reconhece-se em um e outra a exalação de um mesmo "liberalismo conservador" (Nogueira, 1977, p.67, apud Schwarcz, ibidem). Um liberalismo – acrescente-se – "mais próximo da reação posterior à Revolução Francesa", e em uma época "em que o conceito de liberdade aparecia condicionado à noção de ordem", no Brasil e em outras nações da Europa: lá e cá, antes, às voltas com o poder moderador e a Monarquia constitucional; agora não mais, com a República e os contrapesos. "Além do mais, como afirma Raymundo Faoro, apesar da influência anglo-saxônica, o liberalismo chega ao país 'respirando bolor bragantino (1977)'", vale dizer luso e brasileiro,

> [...] o que lhe conferiu uma imagem – escreve Lilia – não só conservadora, como elitista e antipopular. Assim, assimilado com certas adaptações que o fariam conviver com a escravidão e o latifúndio durante o Império, e com a hipertrofia estatal e o autoritarismo político republicano, o liberalismo revelava claramente seu lado antidemocrático, no Brasil. (Schwarcz, 1993, p.237)

Nesse sentido, evidencia-se uma vez mais que nem sempre República e democracia andam juntas.

(d) *Nova elite do país: política e intelectual* – No início provinciana e tacanha, num tempo em que São Paulo e a capital bandeirante estavam à margem de tudo, quando tudo passava pela Corte, o nordeste e o costado fluminense, eis que passadas algumas décadas tudo muda, como assinala Lilia:

> Vencidos, porém, os impasses dos primeiros anos de fundação, a Escola de Direito de São Paulo constituiria um dos centros intelectuais do país. Famosos por seu autodidatismo, os profissionais dessa faculdade não se limitaram a refletir sobre a cultura jurídica *stricto sensu*. (Ibidem, p.227)

No fim do período pós-colonial, na República Velha, iniciará a decadência da Escola de Recife e o Largo de São Francisco ocupará toda a cena, formando escalões, influenciando a criação da Faculdade de Minas Gerais e protagonizando a política dos governadores.

(e) *Grande nome: Pedro Lessa* – embora sem a envergadura de Tobias Barreto, além de não apresentar em seus "inúmeros artigos" um volume de contribuições "comparável ao de Clóvis Beviláqua na RAFDR, ou de Von Ihering na *Revista do Museu Paulista*" (ibidem, p.228-229).

À luz desse quadro, pode-se então, como o fez Schwarcz, comparar ambas as escolas e figurar as duas faces do bacharelismo que comandou a vida pública e o pensamento pós-colonial, a saber: o bacharelismo político e o bacharelismo intelectual. A começar pela clivagem e o ponto de corte: a vocação intelectual e acadêmica de uma; a vocação política e profissional, de outra. Escreve a autora:

> [...] enquanto Recife educou, e se preparou para produzir doutrinadores, *homens de sciencia*, no sentido que a época lhe conferia, São Paulo foi responsável pela formação dos grandes políticos e burocratas de Estado. De Recife partia todo um movimento de autocelebração que exaltava "a criação de um centro intelectual, produtor de ideias autônomas" (RAFDR, 1908, p.102); em São Paulo reinava a confiança de um núcleo que reconhecia certas deficiências teóricas, mas destacava seu papel na direção política da nação: "sabemos de nossas deficiências teóricas, que não impedem o nosso exercício alargado no comando dos destinos do país" (RFDSP, 1912, p.83 apud Schwarcz, 1993, p.240)

E acrescenta: "De Recife vinha a teoria, os novos modelos – criticados em seus excessos pelos juristas paulistas –; de São Paulo partiam as práticas políticas convertidas em leis e medidas" (ibidem, p.240).

Passando pela composição social das duas faculdades: uma, decadente (oligarquias do açúcar e do Norte) e ressentida com a perda da hegemonia secular e a transferência do centro econômico e político para o Sul; outra, ascendente (oligarquia do café de São Paulo, Sul de Minas Gerais e Vale da Paraíba) e confiante em seu raio de influência e em seu poder sobre o destino da nação:

> Em Recife um público mais desvinculado do domínio oligárquico rural passava a dominar as fileiras dessa faculdade [Veja-se Tobias: era mestiço e originário de uma família modesta, impondo-se com seu talento sobre um meio hostil e preconceituoso], por oposição a uma clientela paulista caracterizada pelo pertencimento a uma elite econômica de ascensão recente [Não obstante Pedro Lessa, que tinha ascendência africana e igualmente se impôs em um

meio hostil e racista, chegando ao posto máximo da magistratura como ministro do Supremo, e portanto devendo ser visto como membro ilustre da aristocracia do espírito, cuja possibilidade sociológica foi ressaltada antes]. De Recife partiam mais claramente os gritos de descontentamento (respaldados pela clara mudança do eixo político-econômico), enquanto São Paulo passava aos poucos de contestador a defensor e responsável por uma fala oficial. (Ibidem, p.244-245)

E para terminar, a convicção compartilhada pelas duas escolas acerca das prerrogativas e qualidades superiores do bacharel do direito como indivíduo e corporação, eleito e ao mesmo tempo difundindo o *páthos* da distância que o afasta e o distingue não só do cidadão comum, mas também de outros bacharéis letrados, por exemplo, os médicos, engenheiros e demais intelectuais das humanidades:

> A figura do jurista permanecia, em meio a toda essa batalha, como que intocada. Confiantes em sua posição de "missionários", buscavam os juristas brasileiros cunhar para si próprios uma representação que os distinguisse dos demais cientistas nacionais. Eram eles os "eleitos" para dirigir os destinos da nação e lidar com os dados levantados pelos demais profissionais de ciência. Na sua visão, encontravam-se distanciados do trabalho empírico dos médicos, das pesquisas teóricas dos naturalistas dos museus, da visão eclética e oficial dos intelectuais dos institutos históricos e geográficos. Entendiam-se como mestres nesse processo de civilização, guardiões do caminho certo. (Ibidem, p.245)

Resultado: vistos em seu conjunto, ao cabo de cem anos, o aparato institucional da nação e a superestrutura da cultura, da ciência e do ensino superior estavam implantados, abrindo uma nova perspectiva para a filosofia, filosofia laica com efeito, e também confessional e católica, como se verá na sequência. Contudo, existem restrições, as quais não são de pequena monta e, por isso, não podem ser esvaziadas, revelando que os déficits e as lacunas foram em grande parte supridos ou providos, mas não eliminados ou totalmente preenchidos, de modo que outras deficiências continuaram intocadas e tiveram de aguardar quase outro século para serem processadas e superadas.

Os motivos são vários e inúmeras as etiologias. De um lado, o mesmo e indefectível interdito de criação de universidades completas prevaleceu durante todo o século XIX, parcialmente suspenso com a criação e a autorização de escolas isoladas, incentivadas desde a transferência da Corte e potencializadas ainda mais durante o Império, quando as primeiras faculdades públicas foram criadas, destacando-se o tripé engenharia, medicina e direito. Ou seja, faculdades isoladas, como as grandes escolas francesas, que seguiam o modelo napoleônico do ensino de uma habilidade profissional, sem o estorvo do convívio forçado em uma grande universidade com sua unidade artificial e forçada. Consoantes a esse modelo, uma das últimas grandes escolas criadas foi a já citada Escola de Minas de Ouro Preto, cuja direção esteve a cargo do *normalien* Gorceix. De outro lado, por ter prevalecido o modelo da graduação consagrado ao ensino (aquisição de uma habilidade), dissociado da pós-graduação e da pesquisa, com a possibilidade de defesa direta de tese, comum nas escolas de medicina e de direito, antes – e bem antes, de fato – de os cursos de pós-graduação *stricto sensu* serem implantados nestas paragens.

Neste quadro, com a velha cultura humanista gestada e difundida pelas Faculdades de Filosofia e Teologia das ordens religiosas, sem nenhuma universidade que pudesse abrigar as Faculdades de Filosofia nos moldes da existente em Coimbra e sem nenhuma Faculdade isolada de Filosofia e Ciências Humanas – imperial ou federal – criada naqueles tempos "febris" (Cruz Costa), compreende-se então o papel especial cumprido pelas Escolas de Direito de sucedânea do Colégio das Artes na sociedade pós-colonial. Não só como uma espécie de *Studia Generalia* no Brasil pós-colonial, de acordo com observação de Cruz Costa, ao ressaltar a importância de seu legado para a filosofia, mas também seu papel fundacional no âmbito das ciências sociais, como notou José Murilo. Assim, para as ciências sociais: "a reforma de 1879 dividiu o curso de (direito) em ciências jurídicas e ciências sociais, as primeiras para formar magistrados e advogados, as segundas diplomatas, administradores e políticos" (Carvalho, 2013, p.86). Algo parecido se passava na Europa, com as Faculdades de Direito, dentre elas a do Panthéon, em Paris, que tornou-se o berço das ciências sociais nascentes, como a economia e a sociologia, conforme mostrei em meu *Epistemologia das ciências humanas*, vol. 1, na parte dedicada a Durkheim. O mesmo poderá ser dito da filosofia, conforme José Murilo e outros estudiosos, ao ressaltar seu papel na difusão da filosofia geral e da filosofia do direito, antes de tudo pelas Faculdades de São Paulo e Recife.

Desde então – com sua conhecida competência e versatilidade, que somente encontra rival na engenharia –, o bacharelismo jurídico reinante, além do retoricismo, se verá acrescido de dois outros atributos intelectuais, não exatamente qualidades, mas defeitos, como serão avaliados depois: o diletantismo (ou autodidatismo) e o filoneísmo, gosto desmesurado pelas novidades, como no caso da Escola de Recife.

2.3 Impacto sobre a cultura e a *intelligentsia* brasileira

Conquanto importante e *hardcore* da cultura letrada pós-colonial, o bacharelismo responde pela metade do panorama da cultura e da inteligência brasileira do século XIX. A outra metade estava a cargo da tradição católica e das ordens religiosas, protagonizadas pelos oratorianos, jesuítas, franciscanos e beneditinos, cada uma com seus santuários do saber, como o complexo dos beneditinos de São Paulo e do Rio de Janeiro ou o Pateo do Collegio dos jesuítas de São Paulo, localizado nas imediações do arquirrival. O componente católico da *intelligentsia*, embora tradicional e influente, alimentando-se de suas próprias fontes teológica e filosófica, de fato tem como grande nutriz o catolicismo popular iletrado: frouxo, pagão e sensualista, conforme notaram antropólogos como Gilberto Freyre e historiadores como Sérgio Buarque. Porém, não vem ao caso considerá-lo *in extenso* e com a profundidade requerida nos estudos etno-históricos, sendo suficiente focar a cultura letrada e mais prudente abdicar de São Gonçalo do Amarante e suas devotas ensandecidas, deixando-os em mãos e mentes mais competentes. De seu conjunto, ao concluir a seção, vou reter-me apenas à interseção desses elementos do catolicismo brasileiro com a moral cristã e o *ethos* da nova *intelligentsia* gestado no período pós-colonial.

Digo então, na esteira de Araújo, que estabeleceu em seu livro, tantas vezes citado, a mentalidade do Brasil Colônia escravista, barroca e católica,[37] com quem estou de acordo, mas substituindo, como o fez Gilberto Freyre, o elemento "escravista" por patriarcal, de extensão mais vasta, capaz de abarcar o escravismo colonial e se estender à República Velha, com as mesmas oligarquias comandando o país, repito então que a mentalidade pós-colonial era "patriarcal, barroca e católica". A hipótese é que tal mentalidade, profundamente enraizada em uma tradição de 300 anos transplantada da Ibéria para os trópicos, tornou-se o molde ou o arcabouço que configurou a superestrutura e a vida intelectual da sociedade colonial primeiro e pós-colonial depois. Ao longo desse processo, ocorreu a bifurcação da *intelligentsia* brasileira nas figuras do clérigo intelectual orgânico – o jesuíta – e o bacharel letrado – o "goliardo" de Le Goff, encontrado no início entre os clérigos dissidentes e mais tarde no *clerc* laico – para usar uma expressão cara a Benda em seu influente livro, ao recuperar uma acepção do velho francês, com o sentido de alguém competente, especialista e por extensão "intelectual", consoante

---

37 Para o alcance e o significado do catolicismo brasileiro na perspectiva de Gilberto Freyre, ver Araújo, 1994, p.75-86.

aos estudos, como viu-se no Passo 2 – e antes de tudo, nos tempos novos, no egresso do direito. Esse tópico, sem dúvida importante, será abordado no fim da seção, quando deverei incorporar ao *ethos* dessa nova intelectualidade o elemento "adaptação pragmática ao mundo", que ao se aclimatar a estas terras não tem nada de puritano ou ascético. Antes disso, conhecendo a gênese, será preciso considerar o impacto do bacharelismo sobre a cultura e a inteligência brasileira do século XIX, apoiado por uma multidão de estudiosos que tratou do assunto, como Sérgio Buarque de Holanda, José Murilo de Carvalho, Gilberto Freyre e Raymundo Faoro, cujos importantes aportes vou organizar em torno a três tópicos: [1] a mentalidade pós-colonial e o bacharelismo; [2] a origem e a extração social dos bacharéis; [3] o *ethos* do bacharel e a *intelligentsia* brasileira.

[1] *A mentalidade pós-colonial e o bacharelismo* – segundo Cruz Costa, um dos elementos mais marcantes do pensamento pós-colonial, cuja etiologia nos leva de volta à Colônia, é o retoricismo ou nossa propensão de trocar a investigação paciente, muitas vezes saturnal, dos laboratórios e nada solar dos gabinetes das humanidades – pode-se dizer – pela ornamentação fácil, pelos lustros das belas palavras e pelo brilho do salão. Da mesma forma, Sérgio Buarque de Holanda em seu livro seminal argumenta que o amor ao pensamento especulativo nunca caracterizou a intelectualidade brasileira, mas o "amor à frase sonora, ao verbo espontâneo e abundante, à erudição ostentosa, à expressão rara. É que para bem corresponder ao papel que, mesmo sem o saber, lhe conferimos, inteligência há de ser ornamento e prenda, não instrumento de conhecimento e de ação" (Holanda, 2013, p.83).

No último terço do livro, o autor retoma mais de uma vez, como na passagem a seguir, cuja formulação faz lembrar as famosas considerações de Lévi-Strauss, a propensão dos brasileiros e hispânico-americanos de cultuar as ideias gerais, subjacente à qual Sérgio Buarque enxerga além do mais a preguiça de intelecto típica da mentalidade colonial e subdesenvolvida:

> Um amor pronunciado pelas formas fixas e pelas leis genéricas, que circunscrevem a realidade complexa e difícil dentro do âmbito dos nossos desejos, é dos aspectos mais constantes e significativos do caráter brasileiro. Essas construções de inteligência representam um repouso para a imaginação, comparável à exigência de regularidade a que o compasso musical convida o corpo do dançarino. O prestígio da palavra escrita, da frase lapidar, do pensamento inflexível, o horror ao vago, ao hesitante, ao fluido [da experiência e da ação], que obrigam à colaboração, ao esforço e, por conseguinte, a certa dependência

e mesmo abdicação da personalidade, têm determinado assiduamente nossa formação espiritual. Tudo quanto dispense qualquer trabalho mental aturado e fatigante, as ideias claras, lúcidas, definitivas, que favorecem uma espécie de atonia da inteligência, parece-nos constituir a verdadeira essência da sabedoria. (Ibidem, p.157-158)

E, por fim, a propensão da intelectualidade brasileira de cultivar contra a habilidade das mãos e o trabalho do intelecto a imaginação fértil e a inteligência intuitiva e espontânea; contra os ofícios manuais e as artes mecânicas as virtudes intelectuais e as artes liberais; e contra as vantagens e as aplicações práticas do conhecimento os sistemas bem talhados e as "fantasias sem proveito", como dizia D. Duarte, conforme Cruz Costa:

> Mas – escreve Sérgio Buarque, visando a mesma ordem de fenômenos, presente em nossas terras séculos depois – há outros traços por onde nossa intelectualidade ainda revela sua missão nitidamente conservadora e senhorial. Um deles é a presunção, ainda em nossos dias tão generalizada entre seus expoentes, de que o verdadeiro talento há de ser espontâneo, de nascença, como a verdadeira nobreza, pois os trabalhos e o estudo acurado podem conduzir ao saber, mas assemelham-se, por sua monotonia e reiteração, aos ofícios vis que degradam o homem. Outro é exatamente o voluntário alheamento ao mundo circunstante, o caráter transcendente, inutilitário, de muitas das suas expressões mais típicas. Ainda aqui cumpre considerar também a tendência frequente, posto que nem sempre manifesta, para se distinguir no saber principalmente um instrumento capaz de elevar seu portador acima do comum dos mortais. O móvel dos conhecimentos não é, no caso, tanto intelectual quanto social, e visa primeiramente ao enaltecimento e à dignificação daqueles que os cultivam. De onde, por vezes, certo tipo de erudição sobretudo formal e exterior, onde os apelidos raros, os epítetos supostamente científicos, as citações em língua estranha se destinam a deslumbrar o leitor como se fossem uma coleção de pedras brilhantes e preciosas. O prestígio de determinadas teorias que trazem o endosso de nomes estrangeiros e difíceis, e pelo simples fato de o trazerem, parece enlaçar-se estreitamente a semelhante atitude. E também a uma concepção do mundo que procura simplificar todas as coisas para colocá-las mais facilmente ao alcance de raciocínios preguiçosos. Um mundo complicado requereria processos mentais laboriosos e minudentes, excluindo, por conseguinte, a sedução das palavras ou fórmulas de virtude quase sobrenatural e que tudo resolvem de um gesto, como as varas mágicas. (Ibidem, p.164-165)

A essa disposição geral, comum à Colônia e à sociedade pós-colonial – o bacharelismo, termo que aparece uma única vez no índice remissivo, vinculado ao substantivo "bacharéis", em comparação entre Brasil e Estados Unidos, dizendo se tratar de uma "verdadeira praga" (ibidem, p.156) –, o ilustre historiador acrescentará mais dois outros traços à mentalidade brasileira, atento aos efeitos do encastelamento das elites nesta parte do mundo, longe da Europa e frustrados com tudo e todos: [1] o sentimento de desterro, que Capistrano de Abreu associava ao transoceanismo e Gilberto Freyre ao europeísmo, cujo campo semântico expande-se ao designar o estrangeirado e o afrancesado; [2] o chamado bovarismo, termo criado pelo crítico literário francês Jules Gaultier para tipificar o caráter da famosa Madame Bovary, de Flaubert: nada trivial, de fato, com sua insatisfação difusa em face da realidade e das pessoas circundantes e, ao mesmo tempo, sua autoimagem deturpada e engrandecida de si mesma, provocando seu desprezo à "campagne" e à vida junto de seu marido, tediosa segundo ela, e idealizar Paris e a vida das parisienses. Assim, sobre o desterro:

> A tentativa de implantação da cultura europeia em extenso território, dotado de condições naturais, se não adversas, largamente estranhas à sua tradição milenar, é, nas origens da sociedade brasileira, o fato dominante e mais rico em consequências. Trazendo de países distantes nossas formas de convívio, nossas instituições, nossas ideias, e timbrando em manter tudo isso em ambiente muitas vezes desfavorável e hostil, somos ainda hoje uns desterrados em nossa terra. Podemos construir obras excelentes, enriquecer nossa humanidade de aspectos novos e imprevistos, elevar à perfeição o tipo de civilização que representamos: o certo é que todo o fruto de nosso trabalho ou de nossa preguiça parece participar de um sistema de evolução próprio de outro clima e de outra paisagem. (Ibidem, p.31)

E no que concerne ao bovarismo:

> Essa e outras panaceias semelhantes, se de um lado parecem indicar em seus predicadores um vício de raciocínio, de outro servem para disfarçar um invencível desencanto em face das nossas condições reais. Variam os discursos de diapasão e de conteúdo, mas têm sempre o mesmo sentido e as mesmas secretas origens. Muitos dos que criticam o Brasil imperial por ter difundido uma espécie de *bovarismo* nacional, grotesco e sensaborão, esquecem-se de que o mal não diminuiu com o tempo; o que diminuiu, talvez, foi apenas nossa sensibilidade aos seus efeitos. (Ibidem, p.166)

[2] *A origem e a extração social dos bacharéis* – designado por outros nomes no período pós-colonial, como "o casaca", por causa de seu traje, o grupo segundo José Murilo se aproxima hoje mais da categoria dos profissionais liberais, em contraste com o século XIX, quando designava tanto o diplomado em direito quanto em matemática ou letras (Carvalho, 2013, p.106). Numa outra perspectiva, Gilberto Freyre lhe confere um escopo bem mais amplo, abarcando toda a elite letrada da sociedade patriarcal, não sem deixar de reconhecer as ambivalências e os conflitos que marcam e opõem seus diferentes segmentos: "O bacharel – magistrado, presidente de província, ministro, chefe de polícia – seria, na luta quase de morte entre a justiça imperial e a do *pater familias*, o aliado do Imperador contra o próprio pai ou o próprio avô", cujo resultado vai ser uma verdadeira traição de classe (Freyre, 2004a, p.127). Ou seja, em geral, o bacharel e o bacharelismo incluem a elite política e a elite intelectual, e devem ser vistos não como um fenômeno brasileiro, mas mundial, com extrações no mandarinato chinês e no escriba egípcio, bem como no letrado medieval formado nas universidades, com o título de bacharel em direito ou em artes. E antes de tudo nas sociedades modernas, que os multiplicarão indefinidamente em um ambiente de corporativismo crescente de culto e controle do diploma, justificando o emprego da palavra "praga", como viu-se antes com Sérgio Buarque de Holanda.

Gilberto Freyre, com sua mente fértil e sua poderosa *imagérie* carnavalesca, descreverá o bacharel em *Casa-grande e senzala* de posse de seu anel de rubi e pincenê (Freyre, 2006, p.307). Já em *Sobrados e mucambos* ele o descreverá vestido de toga e beca (Araújo, 1994, p.126), acrescentando aos ornamentos, às medalhas e aos emblemas, o *páthos* da distância, o gosto pelo tratamento cerimonioso e o desprezo pelos ofícios manuais (Freyre, 2006, p.309), além do legalismo e o misticismo da escrita (ibidem, p.307). Ao recuperar nas duas obras sua etiologia ibérica e nacional, marcada pelo culto aos documentos e papéis reconhecidos pelos cartórios, além da mania e dos excessos do título de doutor, havendo doutor para tudo, inclusive quem não é, mas possui diploma, o autor identifica as quatro origens do bacharel brasileiro: [1] os judeus, em sua extração sefardínica ibérica, imersa na Península e na Colônia nos ofícios ligados ao direito com suas chicanas, rivalizando com o ofício dos médicos e boticários, para não falar dos banqueiros, ourives e agiotas (ibidem, p.307); [2] os jesuítas, com seu enfeitiçamento pelo poder das palavras, eles mesmos mestres da retórica e educadores dos futuros bacharéis na Metrópole e também na Colônia, cujas fábricas são os colégios e os seminários que forneceram as primeiras fornadas de "bacharéis e os primeiros arremedos de doutores ou mestres em arte" (Freyre, 2004a, p.714): precisamente, na Colônia, sendo a primeira fábrica o colégio da Companhia em Salvador da Bahia, onde formaram-se Vieira, Gregório de Matos e seu irmão Euzébio, Rocha Pinto e Botelho de Oliveira, e sendo que alguns rumaram à Europa para estudar, mas a maioria ficou na Bahia, onde "fizeram os estudos de Humanidades" (ibidem, p.714); [3] os filhos de mascates e de mulatos que, após estudar no Brasil, iam para a Europa e valorizados pela educação recebida "voltavam socialmente iguais aos filhos das mais velhas e poderosas famílias de senhores de terra" (ibidem, p.712): assim, como eles, usando "sobrecasacas" e mostrando-se "à vontade com as ideias inglesas e francesas, como se tivessem nascido dentro delas" (ibidem, p.732), cujo retrato emblemático é fornecido por Aluísio de Azevedo no romance *O mulato* (ibidem, p.732-733); [4] os militares: capitães-doutores, coronéis-doutores (ibidem, p.726), muitos deles – acrescento – tendo cursado engenharia depois de obterem o título de bacharel em ciência, como Visconde de Taunay no Colégio Pedro II.

Sobre a gênese dos bacharéis – quatro linhagens segundo Freyre –, quem se dispuser a percorrer a linha do tempo em busca do ancestral primevo do bacharel brasileiro iria chegar até a península medieval e se deparar com o legendário João das Regras, citado por Raymundo Faoro, que a ele se refere ao lado de outra figura mitológica, que não vem ao caso nomear, como "eminentes fazedores de reis" (Faoro, 2012, p.450). Precisamente no caso de João das Regras, ilustre bacharel português, que estudou direito na Universidade de Bolonha e a certa altura regressou a Lisboa, quando explodiu a crise de 1383-1385, estando o trono vazio, com o passamento do rei, e nenhum postulante legítimo ou natural: de posse de sua *expertise* em leis, associada a uma retórica poderosa e a um senso agudo da casuística na interpretação e aplicação das regras jurídicas, o jurista partiu em defesa do Mestre de Avis nas cortes de Coimbra de 1385. O resultado foi a aclamação de D. João Mestre de Avis, o meio-irmão do rei morto D. Fernando, portanto, fora da linha de sucessão direta, como décimo rei de Portugal, abrindo uma nova era na história dos lusos e constituindo mais uma cepa na linhagem das famílias reais portuguesa, a Dinastia dos Avis, a segunda na cronologia histórica.

Contudo, não seria preciso ir tão longe e, em vez, poderíamos nos contentar com a genealogia de Freyre, cujas palavras, em *Sobrados e mucambos*, ressaltam que, de fato, a era dos bacharéis não foi a Colônia e o tempo dos jesuítas, mas o século XIX e a época de Pedro II, cujo reino, segundo o pernambucano, foi "o reinado dos bacharéis", não havendo ninguém mais bacharel e doutor nestas paragens exceto ele (ibidem, p.713) – e doutor não só em ciências, mas em artes e humanidades, como ele gostava de se apresentar e como, de resto, mostram os seus íntimos, além dos biógrafos e historiadores.[38]

Findo o século XIX, quando o regime monárquico chega ao fim, com Pedro II exilado em Paris, o império dos bacharéis continua intocado na República Velha, com o protagonismo de Ruy Barbosa, bacharel eminente, bem como dos presidentes e governadores – militares, caudilhos e bacharéis, todos de fato o eram, na acepção de Gilberto Freyre, que inclui os militares e, virtualmente, todos os letrados, até mesmo Getúlio Vargas, poder-se-ia

---

38 Sobre o mecenato de Dom Pedro II, Lilia Schwarcz (1993, p.41) lembra as realizações do Imperador como mecenas e *promoter* das ciências, ao patrocinar a entrada do Brasil nos circuitos internacionais, como nas Exposições Universais, iniciadas em meados do século, em um esforço de difundir o gigante do Hemisfério Sul e a ideia de um país novo: moderno, industrioso, civilizado e científico (ibidem, p.42). Sobre o prestígio e o reconhecimento internacional de Pedro II, podem ser citados os testemunhos de Eça de Queirós, que destacava a erudição do monarca brasileiro; Pasteur, de quem era amigo e que o chamou de "homem de sciencias"; Lamartine, que o apelidou de "príncipe philosofo"; e Victor Hugo, que o denominou "neto de Marco Aurelio" (RIHGB, V. LXXV, p.131 apud Schwarcz, 1993, p.331, nota 12). Todavia, mais além das loas, há as reservas, não de pequena monta, como as de Joaquim Murtinho, médico homeopata e pensador de vastos horizontes, conforme mostra Simon Schwartzman em seu livro *Um espaço para a ciência: a formação da comunidade científica no Brasil*, várias vezes citado. Schwartzman (2001, p.10) transcreve a notória reserva do ilustre médico e político ao se insurgir contra o que ele chama de "mania científica" do Imperador e sua pretensão de entender tudo, expressando sua opinião sobre qualquer coisa: "seja uma experiência científica ou industrial, a tentativa de guiar um balão, uma experiência com a iluminação elétrica, e aí está Sua Majestade citando os livros que leu sobre o assunto e expressando uma opinião sobre os resultados da experiência". Não bastasse, Pedro II não só tinha opiniões como tomava decisões, marcando tudo com o selo do centralismo imperial e das idiossincrasias do Imperador: desde os exames de seleção "para candidatos a professor de nossas escolas" de primeiras letras e secundárias, até a contratação de "um professor estrangeiro para um cargo em uma das nossas universidades" – situações em que "não é o corpo docente que aconselha o governo sobre o candidato com melhor currículo, mas quem escolhe é o próprio Imperador, ou um dos seus assistentes científicos", e sem o menor critério técnico. Donde as distorções: "Fisiologistas são enviados para ensinar agricultura, e engenheiros de minas para ensinar artes e manufatura, ignorando assim as vocações profissionais, deslocando indivíduos das suas áreas de opção e transformando professores que se distinguiram nos seus campos em professores medíocres, que precisam ensinar matérias com as quais não estão familiarizados, simplesmente porque Sua Alteza Real decidiu confiar-lhes essa tarefa. Em todas as suas ações Sua Alteza Real parece dizer: a ciência sou eu." (As aspas são citações diretas de Joaquim Murtinho.) Ainda sobre o papel do Imperador não como mecenas, mas *promoter* das letras e seu concernimento quanto à formação da nossa *intelligentsia*, ver Taunay (2005), cujas *Memórias* destacam a presença do Imperador no Colégio que tinha seu nome no Rio de Janeiro e onde as elites estudavam, inclusive Taunay, cuja família era íntima do Palácio de São Cristóvão: segundo o autor, o Imperador assistia regularmente aos exames, como testemunhou ele próprio Taunay em 1856, quando estava no 6º ano (Taunay, 2005, p.63), bem como no 7º ano (ibidem, p.84-85), e ainda ao concluir os estudos, na colação de grau, um verdadeiro acontecimento na época (ibidem, p.86-87).

acrescentar, que decreta o fim da Primeira República e é ele mesmo uma mistura de caudilho (o coronel gaúcho) e bacharel (formado em direito).

[3] *O ethos do bacharel e a* intelligentsia *brasileira* – além de Gilberto Freyre, que se refere a uma aristocracia de beca, quem chegou mais perto ao procurar definir o *ethos* do bacharel foi Sérgio Buarque de Holanda, reconhecendo-lhe uma verdadeira aristocracia do espírito:

> Numa sociedade como a nossa, em que certas virtudes senhoriais ainda merecem largo crédito, as qualidades do espírito substituem, não raro, os títulos honoríficos, e alguns dos seus distintivos materiais, como o anel de grau e a carta de bacharel, podem equivaler a autênticos brasões de nobreza. Aliás, o exercício dessas qualidades que ocupam a inteligência sem ocupar os braços tinha sido expressamente considerado, já em outras épocas, como pertinente aos homens nobres e livres, de onde, segundo parece, o nome de liberais dado a determinadas artes, e, oposição às mecânicas, que pertencem às classes servis. (Holanda, 2013, p.83)

Penso que o grande historiador não se equivoca, mas será preciso acrescentar outros traços de caráter para o perfil intelectual do bacharel ficar completo, somando as qualidades (disposições intelectuais e morais) e os defeitos (preconceitos, desvios e distorções). Bem entendido, qualidades e defeitos de uma corporação (elite intelectual), mais do que de indivíduos, e aos quais devem ser acrescidos os efeitos de contexto que serão internalizados e irão conformar o *ethos*: dentre estes, o "encantoamento" do intelectual do século XIX na periferia do sistema mundial, no *là-bas* como dizem os franceses, acarretando o sentimento de desterro e a magnificação das coisas da Europa, inclusive das ideias.

Antecipando aquilo que será desenvolvido na 4ª seção, ao considerar a verve oratória junto com o misticismo da escrita vindos da época dos jesuítas, além do *páthos* da distância, que caracteriza a atitude do nobre emparelhada ao desprezo da gentalha iletrada e dos ofícios manuais, e ainda a reverência cerimonial a tudo que vem do estrangeiro e da Europa, ao menos três seriam os traços de caráter definidores do *ethos* do bacharel pós-colonial e encontrados naqueles indivíduos dedicados à filosofia: [1] o retoricismo e a dualidade que o caracteriza: por um lado, o pendor para a oratória e o gosto pelas belas palavras e frases de efeito, expressos na vazão aos encantos da razão ornamental; por outro, o fetichismo da letra e o respeito reverencial pelo texto escrito, resultando na paralisia ante iniciativas mais ousadas e à preferência pela exegese e o comentário dos textos, situação retratada na Colônia e que persiste no período pós-colonial; [2] o filoneísmo, como já explicado, acarretando o desprezo pelo local e o nacional e a preferência pelo estrangeiro e o europeu; [3] e o bovarismo, no sentido de Gaultier, mas readaptado à relação da ex-Colônia com os países centrais da Europa e América do Norte.

Voltando à moldura do pensamento pós-colonial e ao *ethos* da *intelligentsia* nacional do período, será preciso acrescentar o individualismo renitente e a grande versatilidade do bacharel. Aquela, no tocante à intelectualidade, vinculada ao fim do monopólio das ordens religiosas, favorecendo o surgimento dos intelectuais "desgarrados", os goliardos, como tenho insistido. Esta última associada à competência do egresso do direito para transitar em diferentes classes de atividades – dos escritórios e negócios, passando pelos tribunais, às academias de ensino e ao mundo da política –, comparável à flexibilidade do engenheiro, como já ressaltado, e que irá provocar no mundo das letras o diletantismo, ou autodidatismo. Mas, seguindo outra rota, a de sua gênese, a versatilidade em apreço será associada tanto ao seu enraizamento em algo mais antigo, gestado na Colônia, quanto à coloração de nossa cultura colonial e pós-colonial em sua matriz ibérica e católica, porém adaptada à vida dos trópicos. Eu me refiro à versatilidade do bacharel e à sua componente "adaptação pragmática ao mundo", encontrada no colono lusitano e, também e antes de tudo, nos monçoneiros, tropeiros e fazendeiros dos séculos XVIII e XIX, em que Sérgio Buarque e Robert Wegner reconheceram duas coisas.

Primeira: a evidência de que Caio Prado e Gilberto Freyre estavam enganados, pois, além do Brasil do Litoral, com o padrão casa-grande e senzala e a cultura patriarcal ou antes senhorial (o *pater familias* de Gilberto Freyre), existia o Brasil do Interior e dos Sertões, cujo protagonista e precursor foi o bandeirante paulista, tendo como agenda "a conquista do Oeste", ou melhor, dos sertões, e como resultado, no século XIX, o capitalismo sem industrialismo: um capitalismo *sui generis*, ao fim e ao cabo, fundado em laços feudais de lealdade pessoal e empenho da palavra (código de honra feudal, segundo Wegner, mas que pode ser estendido às sociedades escravistas, também elas aristocráticas e fundadas em códigos e virtudes morais parecidas) (Wegner, 2000, p.183-185).[39]

---

39 A fonte é Sérgio Buarque de Holanda, especialmente *Caminhos e fronteiras*.

Segunda: o desprendimento do *ethos* dessas novas camadas sociais de sua matriz cristã e jesuítica (catequese e purificação do mundo), bem como da visão aristocrática de mundo das oligarquias (contemplativa no sentido grego e voltada para o ócio e a vida pública, não ao negócio e à vida privada – visão esta ausente na Colônia, presente no Império e na República Velha, porém dominada pelos bacharéis e a aristocracia da terra e seus prepostos), em favor do surgimento de um novo *ethos* e de uma nova ética: um *ethos* burguês, segundo Robert Wegner, ao seguir os passos de Sérgio Buarque – e, como tal, sem o ascetismo racionalizante de que falava Weber, ao emparelhar o capitalismo europeu e a ética protestante calvinista, definida pelo ascetismo intramundano magistralmente analisado pelo grande sociólogo.

De fato, não só definida pela ética puritana calvinista, descrita e analisada por Weber, mas igualmente pela ética deontológica rigorista formulada por Kant, como lembrado por Wegner: qual seja, não exatamente por um calvinista, mas um luterano pietista que postula n'*A religião dentro dos limites da razão* uma verdadeira revolução interior e um segundo nascimento do homem – revolução radical e integral, em suma, que resulta na transformação do coração dos homens e, do mesmo modo, na conformação de um caráter puro e bom, fundada sobre a reta intenção e a santidade da convicção que guiam a lei do dever.

Duas éticas que no fundo são uma só – a ética protestante, dir-se-á, com suas matrizes luterana e calvinista –, longe da permissividade e hedonismo dos trópicos e contra a qual Wegner contrapõe a ética confucionista e seus dois eixos: o ajustamento ao mundo e a reforma gradual do *self* via treino e educação, cuja resultante será o antípoda da ética protestante – por um lado, a renúncia em modificar o mundo; por outro, a ausência de toda a tensão entre o *self* e o mundo circundante (Wegner, 2000, p.33-38 e 187-188). E também – acrescento eu – o antípoda da moral cristã tradicional em sua matriz e diversidade católica, caracterizada não pelo integrismo rigorista, mas pelo dualismo vacilante (a) de suas vertentes ascética e monacal, como na Companhia de Jesus (vertente intramundana: pregação no mundo e santificação das obras, como na catequese e em outras ações, tudo *ad majorem gloriam dei*), e fideísta e mística (vertente extramundana: carmelitas e cistercienses), e (b) da sua vertente popular, sensualista e hedonista, vazada nas devotas de São Gonçalo do Amarante, por exemplo, e em práticas nada santas conforme as descrições hiperbólicas de Gilberto Freyre em suas duas obras seminais.

A hipótese que se está a testar ao longo destes estudos (3º Passo) me levará a acompanhar de perto Sérgio Buarque e Robert Wegner no tocante ao *ethos* econômico do tropeiro, do bandeirante e do monçoneiro, tendo como ícone Porto Feliz e o Tietê em São Paulo: este *ethos*, sim, capitalista à sua maneira, híbrido por natureza, fundado, por um lado, sobre a previdência e o cálculo racional, considerados virtudes essencialmente burguesas, e por outro sobre a lealdade pessoal e o empenho da palavra como virtudes feudais ou pré-capitalistas. A esse primeiro componente essencial será preciso acrescentar um segundo, também ele referido por Robert Wegner na esteira de Sérgio Buarque de Holanda, a saber: o elemento, a todos os títulos essencial, da "adaptação pragmática ao mundo", em que Wegner enxerga a ética confuciana e sua presença entre nós, em concorrência com a moral cristã e no lugar dela. Mas em que, ao invés, eu prefiro ver a ação conjunta tanto do catolicismo popular, em sua vertente hedonista e sensualista, quanto da ética dos jesuítas, ética que o acompanha de algum modo (pois os padres da Companhia educaram o Brasil colonial em suas duas pontas: a popular e as elites) e definida por seu dualismo essencial que iria escandalizar Pascal e as mentes puritanas: o ascetismo doutrinal e a casuística do método (aplicação dos princípios a diferentes contextos), ajustado às ações do clérigo da Companhia em suas diferentes frentes de atuação e ajustável ao pragmatismo utilitário do tropeiro e do monçoneiro, assim como ao "goliardo" do século XIX: o bacharel letrado, versátil e diletante.

Porém, nesse caso específico, não como traço de uma corporação, os mandarins chineses e outros correlatos, conforme sugere Wegner, mas como traço de indivíduos isolados, com suas duas características negativas: a falta de robustez sociológica desse elemento novo da cultura nacional, que não se estabiliza em classes ou estamentos; a ausência de genealogia direta entre os bacharéis letrados e o tropeiro dos sertões ou os bandeirantes de Piratininga, a não ser excepcionalmente, ao se aburguesarem e se domiciliarem nas cidades. Portanto, como camadas vacilantes e segmentos das aristocracias tradicionais aburguesadas – a aristocracia citadina dos sobrados –, ficando adiada a gênese dos novos mandarins para o século XX, finda a República Velha: o *scholar*.

Em suma, duas são as hipóteses a ser consideradas: [1] a validade da associação entre o *ethos* do tropeiro e do bandeirante e a ética econômica do capitalismo implantado nos trópicos ao longo do século XIX, a qual, conquanto pertinente, será abandonada na sequência dos estudos, por estar dissociada do *ethos* do bacharel – aristocrático, de algum modo –, e ultrapassar o escopo da pesquisa; [2] a validade da associação entre bacharelismo e confucionismo, porém sem o elemento corporativo no tocante à *intelligentsia* nacional gestada no período pós-colonial, caracterizada pelo individualismo desgarrado do bacharel letrado diletante – e, desde logo, desprendido do *esprit de corps*, tanto do clérigo jesuíta e de outras ordens religiosas quanto do funcionário chinês confuciano, o mandarim, e de sua instituição, o mandarinato.

Conforme será mostrado, os referidos *ethos* e agrupamento social – o bacharel ou, antes, o intelectual bacharel letrado, pois, além do bacharel intelectual, existe o bacharel político –, com o fim do monopólio dos jesuítas e, portanto, a quebra da exclusividade do clérigo bem pensante e a abertura progressiva do sistema pós-colonial de ensino, serão, antes de tudo, coisas de leigos e, em termos sociológicos, como notou Faoro, ofício de parcelas das novas classes médias urbanas. De resto, parcelas ou camadas definidas pela diversidade e em cuja matriz sociológica poderemos encontrar [1] o funcionário luso da Coroa e seus descendentes adventícios, [2] os novos abonados da ascensão social devido à dinamização da economia e ao afrouxamento das corveias estamentais, com o fim do regime da escravidão, e [3] ainda extrações citadinas dos antigos tropeiros e monçoneiros enfim estabilizados na vida pós-colonial e tornados bacharéis letrados. Como diz Raymundo Faoro, ao se referir ao período que se estende do século XIX ao início do século XX:

> Toda esta camada, ascendente camada média, gera, marginalizada e ofendida, seus líderes e sua mentalidade, com uma *intelligentsia* inconformada, com escritores, jornalistas, poetas e tribunos procurando caminhos próprios, ferindo, em breve, a ordem literária consagrada e os padrões estéticos vigentes, abalando, combatendo os alicerces tradicionais e a estabilidade política. (Faoro, 2012, p.686)

É o que, sociologia à parte, será evidenciado nas páginas que seguem.

3. SITUAÇÃO DA FILOSOFIA

O roteiro seguido aqui é parecido ao observado no 2º Passo, no tocante à filosofia colonial, porém com várias e importantes inflexões e mudanças, devido à alteração do contexto. O fio da meada, ao se passar ao exame da situação da filosofia pós-colonial, será procurado onde a filosofia habitualmente aparece, no sistema de ensino, no livro e correlatos (*papers*, revistas) e nos indivíduos bem-pensantes, organizados em grupos e corporações. A partir daí dois fios serão puxados, cujo desenvolvimento nos levará ao cerne da filosofia pós-colonial: [1] a instauração do aparato institucional da filosofia;

[2] a circunscrição do tripé semiótico autor-obra-público de Antonio Candido. Como no 2º Passo, importará restituir as referências cruzadas entre a história intelectual, a história das ideias e a metafilosofia, acarretando a necessidade de introdução de filtros analíticos com a ajuda de operadores e argumentos que nos levarão à filosofia pós-colonial, junto com as correntes de ideias, as escolas de pensamento e os filósofos do período. Dos seis argumentos formatados para o período colonial, alguns se mostrarão caducados e outros continuarão válidos e perenes, porém devendo ser ajustados ao novo contexto. Caducados: o argumento histórico das descobertas, o argumento da diversidade linguística, o argumento da fragilidade demográfica, o argumento político dos mapas e da não nação e o argumento metafilosófico do intelectual orgânico da Igreja. Revalidados, porém modificados: o argumento do déficit cultural e institucional, acompanhado da questão da métrica e da escala, bem como o argumento histórico-sociológico da dependência colonial – neutralizado aquele pela implantação das instituições, ou ao menos pelo início do processo; este, pela Independência e instauração da nação no curso dos dois reinados e da Primeira República, e mantida, porém, a dependência pós-colonial econômica e cultural, com Portugal deixado para trás e Inglaterra e França na linha de frente.

A hipótese que será desenvolvida, ao circunscrever o período pós-colonial, nos levará então a propor como cerne do novo filosofar e do novo *ethos* do pensador-filósofo a conformação de uma experiência filosófica laica e plural que nunca mais sairá de cena: efeito de contexto, devido ao fim do monopólio do ensino e da filosofia dos jesuítas, levando à perda da centralidade da segunda escolástica em nossos meios, e no mesmo compasso à abertura a novas influências, quando um "bando de ideias novas", como viu Sylvio Romero, aportou e lastreou nessa parte do hemisfério. Paralelamente, junto com o fluxo das ideias novas, na esteira do fim do monopólio da segunda escolástica e da perda da centralidade do intelectual orgânico da Igreja, será aberta a via que levará à nova figura do intelectual que comandará o novo período, a saber: o "goliardo" dos tempos novos gerado nestas paragens, justamente o diletante estrangeirado egresso do direito, em sua maior parte desgarrada e fora do sistema de ensino, mas havendo também aqueles ligados às poucas instituições em que a filosofia era ensinada, onde ladeará o velho "lente" do clero católico ou a ele ligado, que afinal continuará influente no Brasil pós-colonial. Tudo isso será o *script* da presente seção, ao concluir o 3º Passo, tendo como foco principal a questão metafilosófica da filosofia da filosofia pós-colonial e tendo como arremate o exame do *ethos* do goliardo--filósofo, ao puxar o fio analítico do *ethos* do bacharel e do bacharelismo que comandou a *intelligentsia* nacional desde o Segundo Reinado e já iniciado na seção anterior. Esse é o ponto em que estávamos e ao qual volto agora para prosseguir a análise, iniciando pelo ensino da filosofia e seu aparato institucional, passando pelas filosofias e correntes filosóficas que caracterizaram o período, e no fim traçar o tipo ideal do goliardo-filósofo ou do intelectual diletante estrangeirado, junto com o seu *ethos*, e indagar, como no 2º Passo, pelos exemplos e candidatos ao posto e à credencial.

Voltemos, então, para onde estávamos: a instauração do aparato cultural e institucional da sociedade pós-colonial. Ora, terminada a crônica fundacional desenvolvida na segunda seção, ao colocar agora o foco na situação da filosofia pós-colonial, é oportuno relembrar que as escolas superiores isoladas então criadas serão reunidas mais tarde e constituirão o núcleo duro das primeiras universidades públicas do país, que só virão a lume nos anos 20 e 30 do novo século. Sem esquecer, ao recolocar o foco na questão do déficit e sua neutralização, que é também nessa época, na década de 1930, que as primeiras Faculdades de Filosofia e Ciências Humanas serão instaladas, a primeira em São Paulo e a segunda no Rio de Janeiro, como veremos no próximo Passo.

Antes disso, ao longo do século XIX, sem a perspectiva de unificação institucional ou epistêmica, prevaleceu o modelo das grandes escolas francesas, com a missão de proporcionar a formação de quadros técnicos superiores naquelas profissões consideradas estratégicas para o país e os tempos novos, como a medicina, a engenharia e o direito. Trata-se, na pedagogia e na política reinantes, de ensinar e treinar habilidades, e para isso cada faculdade ou escola isolada se basta, não é preciso consultar ninguém, nem somar-se a outra instituição de ensino.

Enquanto isso, no âmbito das humanidades o pouco que se fazia estava localizado nos seminários e colégios religiosos, ao passo que os rudimentos do pensamento laico, em meio a uma pletora teológico-religiosa, estiveram na conta das escolas de direito, responsáveis desde a Colônia (Coimbra) pela disseminação do bacharelismo livresco que atingia as ciências sociais improvisadas e a própria filosofia de então. Tal bacharelismo chegará ao seu apogeu no período pós-colonial, fornecendo a moldura da cultura letrada, cultura bacharelesca, em suma, cujo epicentro foram as Escolas de Direito de Recife e São Paulo, que formaram as elites intelectual e política da jovem nação. Reconhecida a centralidade de ambas as escolas, ao comparar a formação lá fornecida, ou o *background* do bacharelismo, com a universidade medieval, poder-se-á dizer, sem exagero, que elas substituíram as Faculdades de Artes e forneceram os *Studia Generalia* da filosofia e das novas ciências humanas e sociais. Já o destino dos egressos do direito não apresentava muitas alternativas, ao fim e ao cabo: o aparato do Estado, que aumentava em tamanho e diversidade, com uma parte dos cientistas sociais improvisados se dirigindo ao Instituto Geográfico e Histórico Brasileiro, por exemplo, mas em minúsculo número. Paralelamente, como já foi lembrado, os filósofos autodidatas prosseguiam a caminho dos colégios e Aulas Régias. Ao passo que os primeiros cursos superiores de filosofia, no início em instituições religiosas, somente vão surgir em princípios do século XX.

Quanto às matrizes do pensamento filosófico, mais além do cacoete jurídico empolado e do cultivo da retórica dos tribunais, matrizes em sua maioria importada e de segunda mão, os historiadores da filosofia no Brasil, como o padre Leonel Franca, listam três: [1] a corrente *espiritualista*, de proveniência católica, agora não mais ibérica, mas francesa e italiana; [2] a corrente *positivista*, de proveniência francesa, com maior sucesso e impacto em nosso país do que naquele de onde se originou; [3] a corrente *materialista* e *evolucionista*, de dupla proveniência: inglesa, quanto a Darwin e ao evolucionismo; alemã, quanto a Haeckel, Vogt e Büchner e ao materialismo – vertentes às quais Marx e o marxismo vão juntar-se no curso do século XX, poder-se-ia acrescentar, e que bem poderiam dar lugar à bifurcação da corrente principal, perfazendo quatro matrizes, de modo que o evolucionismo inglês se enquadre em uma delas, cuja possibilidade o historiador jesuíta deixa ao largo.[40]

Fechando o quadro, não é ocioso adicionar que as três matrizes eram, não digo exatamente gestadas, mas replicadas e difundidas umas pelos colégios e seminários religiosos, inclusive dos jesuítas, que para cá foram autorizados a voltar em 1814 (espiritualismo), outras pelas escolas de medicina (evolucionismo) e outras, ainda, pelas escolas de engenharia, além de organizações de ensino das Forças Armadas (positivismo).[41]

---

40 A essa inconveniência da classificação de Leonel Franca soma-se a grande lacuna de Kant e do idealismo alemão, cujas vertentes irão penetrar profundamente na história da filosofia brasileira do século XX, alimentando e ampliando à sua maneira as hostes do espiritualismo entre nós, ao dar-lhe uma coloração especulativa e alemã.

41 Sobre o positivismo, cujo lema aparece estampado na bandeira nacional, testemunhando sua grande influência num momento importantíssimo de nossa história, merece destaque o papel desempenhado pelas Forças Armadas, especialmente o Exército, papel decisivo no final do Império e durante a República Velha, quando se transformaram numa espécie de partido político, e vistas pelos historiadores como o grande centro de difusão do positivismo em nosso país. De resto, no aspecto político-ideológico, com um raio de ação mais vasto e mais impactante do que as escolas de engenharia a que por vezes se associavam e que em sua maior parte gravitavam em torno de outras influências científicas e tecnológicas, como no caso da Poli, em São Paulo, antes de integrar a USP, dividida entre as influências italiana e alemã.

As três matrizes filosóficas acima referidas – importantes, com efeito, justificando sua saudação por Sylvio Romero e Cruz Costa como "uma onda de ideias novas" – serão desenvolvidas mais à frente, quando outras precisões lhes serão acrescentadas. Antes, porém, convém insistir um pouco mais sobre as três influências culturais mais amplas que as abarcam, a saber: as influências francesa, inglesa e alemã. Na segunda seção, ao focalizar as novas influências que tiveram lugar na *Terra Brasilis* depois da Independência, e mesmo antes – influências inglesas e francesas, em suma e antes de tudo, políticas –, já tive a ocasião de fornecer a primeira metade do quadro, e a elas volto novamente: agora, ao acrescentar mais uma protagonista, a Alemanha, e com uma atenção mais focada, para além dos costumes, como em Gilberto, no fluxo das ideias e correntes de pensamento. Trata-se de um elemento novo, cuja presença já se fazia notar na segunda metade do século XVIII. Antes de tudo, depois da expulsão dos jesuítas, quando o monolitismo da *Ratio Studiorum* e o principado da segunda escolástica nas letras filosóficas – as poucas que havia – cederam o passo a novas e decisivas influências. Entre estas, a dos enciclopedistas franceses, acarretando a assim chamada ruptura iluminista, isso em pleno ambiente da Colônia.

Sobre a influência francesa – com seu conhecido esteticismo nas artes, cujo lastro tornou-se maior ainda depois que, ao famoso bom gosto francês, se ajuntou o enorme impacto ideológico da grande revolução política que transformou para sempre a vida pública da Europa e de outros cantos do planeta –, de fato ela se iniciou em nosso país bem antes da Independência, conforme ressaltado no 2º Passo, e se estendeu ao longo do tempo: ao menos até o fim do século XIX, como mostram os estudiosos, quando dividiu com os ingleses o patrocínio da Monarquia constitucional do Segundo Império e com os norte-americanos o ideário republicano de 1889.

Entre os estudiosos é o que mostram Cruz Costa, José de Santa Rita Durão e Sylvio Romero, ao associarem o grande *tournant* da Independência aos enciclopedistas, deixando nas entrelinhas a ação da centelha revolucionária que por pouco não incendiou o Brasil depois de chegar às Minas Gerais e ao Recôncavo Baiano. Assim, em 1789, eclode a Inconfidência Mineira e a Conjuração Baiana em 1796, respectivamente, um ano antes e sete anos depois da *Grande Révolution*, como dizem os franceses. O desenlace é conhecido, os alfaiates baianos derrotados e os bacharéis mineiros expatriados e jogados nas prisões de Vila Rica e do Rio de Janeiro. Não as ideias enciclopedistas, que continuaram livres ganhando corações e mentes, abrindo caminho para aquilo que poderia ser a fusão de dois importantes, realizados entre nós em um momento ulterior, não simultânea, mas sucessivamente: o da Independência e o da República, que geraram uma nova constelação das ideias, como será visto.

Nesse cenário a vertente política prevaleceu – efeito de contexto –, a exemplo das insurgências mineira e baiana, quando seus protagonistas foram acusados de "francesias". Em Salvador, onde o termo foi cunhado, e conforme mostram os Autos da Devassa, que vitimaram letrados do Rio de Janeiro e de Ouro Preto, por suas "ideias escandalosas" de proveniência gaulesa e arroladas no processo pelo inquisidor português, tais como "os reis não devem ser obedecidos", "os homens são livres e iguais" e outras de mesmo quilate. Assim, Cruz Costa dirá: "Separando-nos de Portugal, voltamo-nos para a França", atraídos tanto pelas letras francesas quanto pelo ícone de 1789 – poderia ter acrescentado, ao colocar os olhos 100 anos adiante, quando foi proclamada a República, seguindo o ideário deste rebento do Iluminismo francês que foi Auguste Comte, simpático do "ditador civil" que nestas paragens abriu passagem ao "militar", com o Marechal Deodoro. Também Santa Rita Durão: citado por Cruz Costa, que aconselhava a tomar a França como "madrinha", ao publicar o poema *Caramuru* em 1781, e antes mesmo que a revolução tivesse chegado às ruas de Paris. Por fim, Sylvio Romero: autor de uma história da filosofia no Brasil que fez época, publicada em 1878, antes de suas guinadas germanista e anglófila, via na França nossa grande referência, "nossa iniciadora" ele diria, como já havia sido, aliás, para os Estados Unidos, quando os *yankees* fizeram sua revolução em 1776 (Cruz Costa, 1945).[42]

Paralelamente, após separar-se de Portugal, a influência do conservadorismo francês prevalece por muito tempo no Segundo Reinado, quando o Brasil foi governado por um monarca afrancesado com maneiras e indumentárias à Luís Felipe.[43] Mesmo antes de Pedro II, na época da Independência, Cruz Costa lembra que os novos governantes foram buscar "inspiração" para a nova constituição na Monarquia constitucional francesa, ao referir-se ao

---

42 Na origem, uma conferência com igual título proferida na FFLCH/USP, em agosto de 1943, e disponível no site do CECIB, IFCS, UFRJ.

43 Cf. sobre este ponto Visconde de Taunay, op. cit., de ascendência francesa como era e com familiaridade com o assunto, além do *topos* recorrente das filhas de família que aprendiam a tocar piano e tinham professor de francês, lista na 3ª parte, cap.1, p.136-138, excelentes exemplos da ascendência da cultura francesa nos meios seletos brasileiros: nas conversações, nas confeitarias do Rio de Janeiro com seus célebres "gorenflots" preparados pelo chef Arthur, nas artes plásticas com Debret e familiares de Taunay na linha de frente, no teatro com direito a peças de Labiche e outras celebridades do Palais Royal, não esquecendo as Risettes, as Aimées e as Lorettes, entre as mulheres, além de Urbain e Marchand, entre os homens.

constitucionalismo de 1823, citando em seu apoio justamente o redator do grande diploma, Antônio Carlos. Este, no entanto, em discurso proferido na Câmara de Deputados, conforme salienta Cruz Costa, destaca a importância das influências das constituições espanhola e portuguesa, dizendo que ele não fez outra coisa senão "reunir o que havia de melhor em todas as outras constituições, aproveitando e coordenando o que havia de mais aplicável ao nosso Estado" (Cruz Costa, 1967, p.62). Não obstante, o qualificativo Monarquia constitucional à francesa pode ser justificado, visto que Antônio Carlos tinha sob os olhos o período da restauração monárquica sob Luís XVIII, que falece em 1824, deixando Carlos X como sucessor, conhecido por promulgar uma constituição moderada, em um período dos mais conturbados da história francesa. Segundo os estudiosos, a constituição idealizada pelo franco-suíço Benjamin Constant com sua famosa teoria do quarto poder – o poder moderador exercido pelo monarca –, adotada depois em Portugal e também no Brasil, cujo idealizador e suas ideias, mais tarde homenageado pelos pais do homônimo brasileiro, terá grande protagonismo na proclamação da República. Quanto ao nosso país, a experiência monárquica pode ser entendida como uma "flor exótica" e mesmo "única", sem rival nesta parte do hemisfério, plantada, não digo com as mãos, mas com mudas e nutrientes gauleses.[44] Por fim, foi a hora e a vez da influência norte-americana. Proclamada a República, os novos constitucionalistas, Ruy Barbosa à frente, segundo consta, foram conduzidos às pressas a buscar o modelo na constituição dos *yankees*. Uma constituição cujo ideal republicano, ainda que não federalista, tal como idealizado pelos *Founding Fathers*, sofreu influência francesa desde a independência das treze colônias, mas isso é outra história.

Ora, ao mencionar o início dessa importante influência que ocupou o espaço deixado pela expulsão dos jesuítas, está-se a falar do século XVIII, *Le Grand Siècle*, como se dizia, época antes de tudo francesa, do rei sol – *Le Siècle*

---

44 De fato, não foi a única experiência, pois houve também a do México, duas no caso, porém descontinuadas e não tão longevas quanto a nossa. A primeira em 1822, contemporânea à nossa, relatada por Lilia Schwarcz e Heloísa Starling (2015, p.223), quando as oligarquias do país, a fim de conter as ofensivas espanholas de recolonização e sustar as ameaças republicanas e nativistas que se espalhavam por toda parte, decidem proclamar o general Iturbide Imperador do México. Ele então recebeu o título de Augustin I e reinou até 1823, ano em que foi afastado e se exilou na Europa. A segunda no período de 1864 a 1867, quando as mesmas oligarquias, agora com o intuito de vencer uma grave crise política, decidem, literalmente, importar o austríaco Ferdinand Maximilian Joseph, membro da realeza do importante império da Europa central e apadrinhado de Napoleão III, que recebeu o título de Maximiliano III e, três anos depois, foi fuzilado.

de Louis le Grand –, e por isso, não é de estranhar que no Brasil tenha ocorrido essa inversão da influência portuguesa para a francesa.

Entretanto, no século XIX as coisas mudam. Alemanha e Inglaterra passam a dividir a cena com a antiga rival, e para nunca mais sair. Antes disso e mesmo depois, a influência francesa e o culto do bom gosto e dos artigos de Paris continuam e se abrem a outras correntes de pensamento, como o espiritualismo francês com suas colorações variadas, religiosas e também laicas.[45] Tal se deu, como é sabido, nos anos de 1840, quando Victor Cousin, Ministro da Instrução Nacional, controlava de perto as promoções e a vida intelectual francesa, com reflexos por toda parte, inclusive no Brasil, num tempo em que até mesmo a filosofia que por aqui chegou, não digo toda, teve o crivo e o beneplácito de Cousin. Mais tarde, na segunda metade do século, houve o surto positivista, marcado pelo cientificismo e sua conhecida inépcia para a política, mas que no Brasil e em outros cantos da América Hispânica teve um enorme lastro, confirmando a força e o prestígio das ideias francesas.

Quanto à Alemanha, antes mesmo da migração dos teutos para o Sul, a influência se origina no campo da história, da filosofia e das ciências da erudição, que os mandarins alemães haviam elevado às alturas, e que no Brasil provocou o culto do germanismo puro e simples, tão espraiado que em pouco tempo resultou na criação de uma verdadeira escola teuto-brasileira no Nordeste. Precisamente, a Escola de Recife, fundada por Tobias Barreto e da qual fez parte Farias Brito, considerados figuras ilustres da filosofia brasileira da segunda metade do século XIX ao início do século XX. Tal germanismo, fortemente presente no pensamento do cearense Farias Brito, foi ainda maior no sergipano Tobias Barreto, a ponto de este lançar, em 1876, o jornal *Deutscher Kämpfer* (*O lutador alemão*). Editado na pequena cidade onde morava, Escada, não muito longe de Recife, e que teve uma duração efêmera, mas o suficiente para o pangermanismo do filósofo despertar a zombaria generalizada e uma avalanche de críticas, ponto ao qual voltarei no fim da seção.

---

45 Este tópico requer alguns comentários adicionais e exige a ampliação do contexto em apreço, tanto para elucidar as diferentes denominações do espiritualismo ao longo do tempo, como ecletismo, pensamento católico, personalismo, neotomismo etc., quanto para justificar a presença, nunca descontinuada entre nós, dessa corrente de pensamento até a primeira metade do século XX: por um lado, a *branche* religiosa, católica em sua maioria, mas também protestante e huguenote; por outro, a *branche* laica ou secular, cartesiana ou kantiana, bem como espinosana e outras observâncias – nesta última, não sem deixar de se acompanhar, por vezes, um ar e um sabor cristão ou cripto-cristão, como em Maine de Biran no fim de sua vida, justificando a suspeita de coisa *défroqué* e mesmo *curé*, como a de Sartre *vis-à-vis* de Ricoeur em pleno século XX (aquele *curé* que gosta de filosofia).

Já a Inglaterra, com seu *status* de potência econômica e política dominante – e tão grande era que a ilha, se assim o quisesse, podia fechar e abrir portos de outras nações, como o episódio de transferência da Corte havia evidenciado, confirmando aquilo que os portugueses décadas antes não só sabiam, mas temiam –, a influência intelectual veio, sobretudo, do campo da ciência e tecnologia. Com origem na Royal Society de Londres e nas *chairs* de Oxford e Cambridge, onde se encontram nomes do quilate de Boyle e Newton, logo a ciência alia-se à técnica e gera tecnologia, que impulsiona na ilha a Revolução Industrial ao mesmo tempo que por ela é dinamizada, a ponto de sofrer seu *feedback*, continuando sua rota avassaladora impulsionada pelo capitalismo até chegar às Américas.

Todavia, se é verdade que a influência intelectual inglesa é algo tardia, dando a impressão de que o fluxo das ideias não acompanhava o ritmo febril das mercadorias, a situação muda no decorrer do século XIX, porém, a mudança não se dá na esteira do empirismo escocês ou da filosofia política de Locke, como seria lícito vaticinar. Nem mesmo na esteira da física newtoniana, que já havia superado Galileu e Descartes e se espraiara mundo afora. Mas graças ao influxo daquele ramo da ciência nova que se revelou com o poder de gerar uma visão de mundo original, rivalizando com a religião e a filosofia, a saber: o darwinismo, ou melhor, o evolucionismo, cujo maior expoente no Brasil foi Sylvio Romero, segundo Cruz Costa. Vendo no sergipano um pensador típico do século XIX, ardente, apaixonado, com horizontes amplos e grande capacidade intelectual, revelada ao passar com igual desenvoltura por várias correntes filosóficas. O estudioso paulista resumiu assim seu perfil filosófico: "foi eclético, foi positivista, foi germanista e tornou-se afinal spenceriano, ou melhor, darwinista evolucionista" (Cruz Costa, 1945, p.13). Contudo, trata-se de um exemplo, mas não o único, pois como ele houve outros anglófilos ilustres e mesmo mais ilustre do que ele, como Joaquim Nabuco, que dominou a cena política do Segundo Império com seu ideário liberal exibido aos quatro ventos na Campanha abolicionista. Existiu, ainda, outro mais ou menos contemporâneo aos dois, Ruy Barbosa, o mentor da constituição republicana, cujas luzes buscou no Hemisfério Norte, mas do outro lado do Atlântico, nos Estados Unidos, depois de ter vivido tempos no Reino Unido.

Em síntese, ao circunscrever o século XIX brasileiro, notou-se que as últimas décadas do século XVIII constituíram palco e cenário de uma série de mudanças e deslocamentos da vida material e espiritual da Colônia, culminando com a inversão da influência portuguesa para a francesa. Movimento que seguiu no século XIX a partir da influência inglesa e alemã, que dividiram cena com a gaulesa, moldando aquilo que se chamou mentalidade pós-colonial, como visto na seção anterior. Da mesma forma, acaba-se de observar agora, ao focalizar as correntes de pensamento, adensando e nucleando a nova mentalidade, ao proporcionar-lhe o ansiado cabedal filosófico. Ansiado, ao menos pelos intelectuais, diga-se, porém cabedal novo e aberto a outras influências, depois que o velho e único da segunda escolástica havia soçobrado no fim do século XVIII. Esse é, portanto, o contexto geral e o liame que o vincula à filosofia pós-colonial, sucedendo em nosso país aquilo que já sucedia alhures, quando a filosofia abandona a religião e a teologia, busca a proximidade das ciências e passa a correr outros riscos: antes, às voltas com as questões da fé e servilizada à teologia (*philosophia ancilla theologiae*); agora, diante do risco de ser servilizada pela ciência, às voltas com visões de mundo laicas e cientificistas, como o materialismo, o evolucionismo, o naturalismo e o positivismo, ao modo de correntes de ideias e de pensamentos, com extensão mais vasta do que a filosofia. Houve ainda o risco da servilização à política e à ideologia, mas este só se consumou mais tarde, por isso não será tratado agora.

Respeitante à filosofia pós-colonial, atendo-se ao século XIX, adota-se tal nomenclatura por comodidade, ao se procurar o benefício da proximidade da filosofia com a Colônia. Sobre a filosofia do século XIX, se é verdade que entre nós continuou prevalecendo os ditames de uma filosofia importada e de segunda mão, a justificar a impressão de mesmice e a ideia de que nada de novo haveria de ser encontrado abaixo do Equador, não é menos verdadeiro que algo de novo se consumou, sim, e cujo resultado foi a quebra do monoteocratismo religioso jesuítico e o surgimento de uma filosofia laica. O sinal dessa importante mudança não poderia ser mais saliente: se na primeira metade do século XIX as duas figuras mais proeminentes da filosofia no Brasil são dois clérigos, ambos por demais próximos da Coroa portuguesa, o frade franciscano Mont'Alverne e o trânsfuga oratoriano (a expressão é de Cruz Costa) Silvestre Ferreira, na segunda metade do XIX e no início do XX a situação muda, e muito. Não mais o tempo de clérigos e portugueses, mas laicos, brasileiros e nordestinos: Tobias Barreto, Farias Brito e Sylvio Romero, aos quais retomo e desta feita para ressaltar dois aspectos dignos de nota em suas carreiras intelectuais. Primeiro: o fato de seus nomes se encontrarem associados ao direito, com passagem pela Escola de Direito do Recife, prestigiosa instituição onde Tobias Barreto foi regente de cátedra, preparando terreno para outros tantos egressos do direito que, como ele, foram atraídos pela filosofa, e antes de tudo pela filosofia do direito. Segundo: o fato de as respectivas carreiras terem transbordado os tribunais e as bancas de advogados, devido à presença de interesses intelectuais mais amplos que os levaram à universidade, ou melhor, às Escolas de Direito, que a rigor não são a mesma coisa, associada tal presença à existência de vezos literários desde cedo cultivados e mais tarde reconhecidos pelas Academias de Letras – Cearense no caso de Farias; Brasileira, nos casos de Barreto e Romero.

A julgar pelos exemplos desses três ilustres bacharéis, parece então que a situação cultural do Brasil Independente do século XIX pouco se distinguia do Brasil Colônia, em que as famílias enviavam os filhos destinados às letras para os seminários religiosos ou para as Escolas de Direito. No caso dos seminários, como havia acontecido com Tobias Barreto antes de sua ida para Recife, época em que foi enviado por sua família para estudar em um seminário na Bahia, onde passou curtíssimo tempo, é verdade, com seu temperamento boêmio e pouco afeito à vida monacal.[46] No que concerne às Escolas de Direito, figura o caso dos três nordestinos, e como acontecia na Colônia com a maioria das famílias, num tempo em que, de longe, o direito tinha a preferência de quase todo mundo, vencendo a medicina, considerada uma profissão "servil". Com a diferença que na sociedade colonial os filhos se dirigiam a Portugal, Coimbra de preferência, mas agora podiam ficar no Brasil e preparar-se para o exercício de uma profissão liberal, capaz, como no caso do direito, de abrir outras portas, inclusive as da política. Ao fim e ao cabo, este não é um caso exclusivo dos juristas-filósofos, mas que se estende a inúmeros outros indivíduos, simplesmente advogados ou egressos do direito e, portanto, sem relação direta com a filosofia. O exemplo mais emblemático é o de Joaquim Nabuco, o maior intelectual brasileiro do século XIX, também ele formado em direito pela Escola de Recife, com grande talento literário e de cuja biografia, além das atividades políticas e diplomáticas, consta o feito de ser um dos fundadores da Academia Brasileira de Letras.

Nesse novo ambiente, onde a mediocridade institucional e o raquitismo intelectual que caracterizavam o ensino da Colônia foram sensivelmente alterados, não a ponto de total supressão, mas acarretando uma mudança de escala e densidade da atividade filosófica, teve lugar uma nova experiência da *intelligentsia* brasileira mediante a nova língua de comunicação: não mais o latim eclesiástico ou o nhangatu da catequese e dos nativos, proibido no

---

46 Ressalte-se que Tobias Barreto, além de mulato, era de origem modesta e sua rota foi diferente da dos filhos brancos das famílias abastadas, tendo-se imposto por mérito, não por sangue lusitano ou cabedal familiar, como mostra o caso de sua contratação pela Escola de Recife à qual seu nome passou a estar vinculado e vice-versa: por pressão dos alunos, não por moto próprio das autoridades e dos futuros colegas.

fim dos tempos coloniais, mas o português. Quer dizer, o português abrasileirado que o germanismo extravagante de Tobias Barreto pôs em xeque como língua filosófica. Porém, não o fato maior e bem real de que no transcurso do século XIX a última flor do Lácio, inculta e bela, se transformou, quase que por milagre, na língua de comunicação falada nos quatro cantos do país, adquirindo logo depois os lustros de língua culta, secundada pelo francês. Algo tardio, é verdade, a julgar pelos franceses e os ingleses, que desde os séculos XVI e XVII já haviam se aventurado a escrever obras da mais excelência filosófica, desafiando as limitações e vulgaridades de suas línguas nacionais. Não tão tarde assim, a se comparar com os alemães, no século XVIII, em que o filósofo Wolf escreveu uma grande parte de sua obra em latim, e o próprio Kant julgou o alemão meio bárbaro – tanto ao escrever filosofia acadêmica, como nas três *Críticas*, ao buscar nos correspondentes latinos a precisão que os termos alemães não podiam proporcionar, quanto ao escrever filosofia "popular", como na *Antropologia*, ao se ver livre do estorvo de ter que criar o novo léxico e fixá-lo junto com seu glossário, mas nem por isso livre dos inconvenientes do alemão. Aqui e acolá estava em jogo o velho problema da relação do pensamento não com a *linguagem*, como pretende a lógica ao focalizar a forma da proposição e a sintaxe dos sistemas simbólicos, mas com a *língua* nacional dos povos e dos falantes, ou seja, com as *línguas* em sua imperfeição e diversidade. Tal problema – de o filósofo e os estudiosos da filosofia estarem às voltas com as línguas nacionais que não foram criadas para as necessidades e a discrição de seu campo de atuação – por séculos foi escamoteado na Europa, não podendo nem mesmo vir à tona ao longo de todo o tempo em que o latim foi a *língua franca*. Entretanto, com o advento dos estados-nações, passou a ocupar o primeiro plano desde o início dos tempos modernos, com o surgimento das primeiras línguas cultas nacionais.

Algo semelhante, mas não idêntico, aconteceu com nossa *intelligentsia*, que se pudesse, com a mesma desenvoltura ao abandonar o latim dos colégios e seminários, sem se fazer de rogada, escreveria em outra língua – francês, de preferência – e se dirigiria a outro público, como o europeu, mais cultivado e menos ingrato. Todavia, não podendo fazê-lo, porém livre do teocratismo religioso da *Ratio Studiorum* e de sua componente filosófica, a segunda escolástica, ela escolherá – no mesmo ato em que se decidiu e passou a escrever e a ensinar em português: em Recife, no Largo de São Francisco ou no Colégio Pedro II – a via mais fácil de importar diretamente da Europa os assuntos e os artigos de consumo já prontos, em vez de produzi-los por aqui. Sobretudo de Paris, cujas novidades eram aguardadas com avidez e aos "surtos", como se diz, segundo a chegada dos *paquebots* e sem tempo ou prazo para fixar, simplesmente vindo e indo.

A supor que as coisas aconteceram assim, como atestam os estudiosos, a distinção introduzida por Antonio Candido para as belas letras entre "sistema literário" e "manifestação episódica" começa a fazer sentido em filosofia, ao ser examinada junto com a hipótese do déficit cultural, porém em um sentido diferente do período colonial, conforme será evidenciado na sequência. Se naquele vasto período prevaleceu o sistema de obras consoante o molde da *Ratio Studiorum* – segunda escolástica, que nem brasileira ou portuguesa era, mas transnacional e da Companhia de Jesus –, não havendo quase nada o que dizer das "manifestações episódicas", diferente do que ocorreu com a literatura, ao longo do século XIX, é outra coisa que se anuncia nestas paragens. Trata-se – agora sem o molde da *Ratio* e na esteira dessas novas correntes de pensamento, muitas delas extrapolando a filosofia, mas dando lugar a elaborações mais ou menos pessoais pelos indivíduos bem pensantes – do tempo das "manifestações" no sentido de Candido: ao fim e ao cabo, manifestações desconexas, não seriadas, como dizia Sylvio Romero, meras cópias de segunda mão, feitas ao sabor das ondas da moda e aos surtos, num ambiente do mais deslavado dos bovarismos (sentimento de insatisfação, gerando uma imagem deturpada de si e da realidade circundante, como na personagem famosa de Flaubert) e dos filoneísmos (gosto desmesurado pelas novidades).

Trata-se, além do mais, do tempo de um novo tipo de intelectual: não mais o intelectual orgânico da Igreja, o *Homo scholasticus*, mas do "goliardo", no sentido de Le Goff, de um novo goliardo ambientado aos trópicos, cujo *ethos* será examinado na próxima seção. Essas novas experiências intelectuais que alteraram a paisagem da Colônia na esteira do fluxo das ideias e correntes de pensamento – e, portanto, consideradas algo novo em um período da história nacional caracterizado pela ruptura política, que terminará por instaurar um ponto de não retorno na relação do então Vice-Reinado com a Metrópole, mas cuja estrutura agrária (latifúndio) e patriarcal continuava a mesma – deverão ser analisadas à luz dessas continuidades, assim como das mudanças e inflexões transcorridas, e duas especialmente. Por um lado, a inflexão do jesuitismo da Colônia ao bacharelismo do Império e da República Velha, com as escolas de direito no lugar dos colégios e seminários, quando passarão a ter por mais de cem anos o monopólio da inteligência laica nacional – e, portanto, sobre a filosofia, hospedando e difundindo a filosofia pós--colonial, que aos poucos chegaram às sucessoras das Escolas Régias, i.é. os colégios e os liceus, bem como ao colégio do Imperador, o Pedro II, em ambiente ainda de grande raquitismo intelectual, à espera de tempos menos ingratos. Por outro lado, a inflexão do teocratismo ao laicismo ou secularismo, levando à troca das certezas dos dogmas da fé pelas incertezas do pensamento crítico, com o risco característico de acarretar o mais letal dos ceticismos: o relativismo das ideias, que vão e vêm, agravado no ambiente pós-colonial pelo bovarismo e o filoneísmo, tendo como *pendant* e antídoto o bacharelismo, com seu *páthos* da distância, sua grande versatilidade, seus dogmas enquistados e sua superstição da escrita.

Com essas ideias e hipóteses em mente, passo agora ao exame mais detido da filosofia pós-colonial, considerando suas duas vertentes: a religiosa e a laica. Para tanto, vou colocar-me, em um primeiro momento, nas companhias de Sylvio Romero e Cruz Costa. A começar pela vertente religiosa: mais laicizada, é verdade, com seus dias de glória já passados desde o fim da Colônia, ela continuará sua presença e influência nos colégios e seminários durante o século XIX, formando as elites, como antes, e sob a tutela de várias ordens religiosas, por exemplo, os beneditinos e mesmo os jesuítas, que voltam a atuar no Brasil desde 1814, conforme já lembrado. Não só a filosofia tinha esse encargo, com efeito: havia as primeiras letras, o ensino das quatro operações, a gramática e a retórica, a história e a geografia, os princípios da moral e da doutrina cristã etc., cujas diretrizes e conteúdos serão os mesmos, inclusive, no ensino público implantado a partir de 1834. Em filosofia, à continuidade da vertente religiosa corresponderá a continuidade da espiritualidade cristã e do próprio pensamento católico, que em suas diferentes linhagens e nas mais diversas renovações experienciadas – fideístas, neoescolásticas, teologias da libertação – chegarão até os dias de hoje, atestando sua força e longevidade. Em contraste, a vertente laica entrou em cena e foi difundida em suas diferentes correntes pelas Academias de Engenharia e Escolas de Medicina recém-fundadas, mas antes de tudo – não é demasiado lembrar – pelas Escolas de Direito de Olinda e São Paulo, donde saíram, segundo Cruz Costa, "os homens do Parlamento Imperial que, como diz Tristão de Ataíde, foi a verdadeira *forja de nossas letras*" (Cruz Costa, 1967, p.66). Donde também saíram – como já antecipado – nossos mais renomados filósofos do novo período, cujo principal "viveiro" (a expressão é de Cruz Costa) foi a Escola de Olinda-Recife.

Salvo o pensamento católico, com sua contraparte filosófica da tradição escolástica que deitou raízes profundas na *intelligentsia* brasileira, ao menos na *intelligentsia* católica dominada pelo clero, as outras influências e doutrinas filosóficas não deitaram raízes e deram vazão a toda sorte de modismos, conforme notaram Sylvio Romero, Clóvis Beviláqua e outros estudiosos. Tudo considerado, um pouco como as modas intelectuais de Paris, tais modismos acabaram por impor-se sobre as correntes e, nesse sentido, vão e vêm, como o ciclo das estações e da alta-costura. Em contrapartida, as correntes seculares e as escolas de pensamento, se geram efeitos niveladores e permitem aproximar os indivíduos, tachando-os com o mesmo rótulo ou fixando-lhes a mesma etiqueta, nem por isso conseguem enraizar-se nessa parte do hemisfério, estabilizando-se e criando uma tradição. Enquanto elas duram, tampouco deixam de manter os aficionados soltos e desconectados, sem comunicação uns com os outros. As ideias e os indivíduos se movimentam em um meio rarefeito, marcado pela falta de densidade intelectual e pela ausência do atrito, dos embates e do crivo da crítica, tudo isso como se o laço que os prende às correntes de ideias se originasse e fosse estendido de fora – de Paris ou de Heidelberg, não de dentro, do Rio de Janeiro ou São Paulo. Assim, Sylvio Romero, o mais influente deles, várias vezes citado por Cruz Costa, ao constatar que as ideias no Brasil não têm vínculo umas com as outras, nem guardam laços de filiação ou descendência. Mas simplesmente aparecem e desaparecem, aos surtos, ao sabor dos ventos, ao ritmo da chegada dos navios em nossos portos, dando azo a um conjunto de tópicos e *imagéries* – as "fantasias sem proveito", nas palavras de Cruz Costa, ao se referir à razão ornamental que fez carreira nestas paragens desde o fim da Colônia – e que será seguido por uma legião.

Tudo começou com sua influente *A filosofia no Brasil*, publicada em 1878, quando ele tinha 27 anos:

> Na história do desenvolvimento espiritual no Brasil há uma lacuna a considerar: a falta de seriação nas ideias, a ausência de uma genética. Por outros termos: entre nós um autor não procede de outro; um sistema não é uma consecução de algum que o precedeu. (Romero, 1878, p.35)

O contraste com as nações cultas não poderia ser mais claro, por exemplo, a Alemanha.

> Na evolução filosófica Kant dá Fichte; este dá Schelling e, por uma razão imanente ao sistema, aparecem, ao mesmo tempo, Hegel e Schopenhauer. Hartmann é um corolário, como o são Büchner e como o foram Strauss e Feuerbach. Em todos os ramos intelectuais a lei [genética] se acha aplicada. (Ibidem, p.35)

Já no Brasil nada disso:

[...] os fenômenos mentais seguem outra marcha [...]. A leitura de um leitor estrangeiro, a predileção por um livro de fora vem decidir da natureza das opiniões de um autor entre nós. As ideias dos filósofos, que vou estudando, não descendem umas das dos outros pela força lógica dos acontecimentos. Nem, talvez, se conheçam uns aos outros na maioria dos casos e, se conhecem, nenhum aproveitou do antecessor, com a exceção que já foi feita, para Gonçalves de Magalhães [Segundo Sylvio, Gonçalves era discípulo de Mont'Alverne, um afrancesado]. São folhas perdidas no torvelinho de nossa indiferença; a pouca, ou nenhuma, influência que hão exercido sobre o pensamento nacional explica essa anomalia. Não sei que relação lógica haverá entre o Dr. Tobias Barreto e o padre Patrício Muniz; um leu Santo Tomás de Aquino e Giobetti e fez-se teólogo e sectário *apriorista do absoluto*; o outro Schopenhauer e Hartmann, depois de ter lido Comte e Haeckel, e tornou-se um crítico imbuído da grande ideia da relatividade evolucional e um tanto impregnado de salutar pessimismo. Que laço os prende? Não sei. É que a fonte onde nutriam suas ideias é extranacional. (Ibidem, p.35-36)

Contudo, em que pese a dificuldade notória de os filósofos brasileiros não se prestarem a uma "classificação lógica", de modo que em nossos meios não se aplicam as "leis que presidem ao desenvolvimento dos sistemas", que não existem por aqui – questão de fato –, Romero ainda assim consegue juntar os filósofos do século XIX e fornecer sua primeira classificação (haverá outra depois), distinguindo três grupos:

(a) escritores educados sob o regime do sensualismo metafísico francês dos primeiros anos deste século XIX e que passaram para o ecletismo cousiniano; (b) reatores neocatólicos filiados às doutrinas de Gioberti e Rosmini, ou às de Balnes e Ventura; (c) e, afinal, espíritos que se vão emancipando sob a tutela das ideias de Comte ou as de Darwin. (Ibidem, p.35-37)

Cerca de trinta anos depois, em 1905, ao retomar o assunto, agora, em *Evolução da literatura brasileira*, nas suas poucas páginas consagradas à filosofia nacional, as coisas mudam, o nominalismo cresce e o autor lista nove grupos, categorizados de acordo com as correntes, combinando-as com as disposições da mente, como ortodoxias, espíritos sectários, pendor ao ecletismo, pretensões pessoais, e assim por diante:

I. Espíritos educados em fins do século XVIII e começos do XIX nas doutrinas do *sensualismo* francês de Destut de Tracy e Laromiguière, que passaram depois para o *eclectismo espiritualista* de Cousin e Jouffroy (1820-1850), sendo os mais notórios MONTE ALVERNE e EDUARDO FRANÇA;

II. Puros sectarios do *eclectismo*, sendo os principais DOMINGOS GONÇALVES DE MAGALHÃES e MORAES E VALLE (1850-1870);

III. Reacção *catholica* em PATRÍCIO MONIZ e SORIANO DE SOUSA, nos mesmos tempos da segunda phase e annos posteriores;

IV. Reacção pelo *agnosticismo crítico* a princípio e depois pelo *monismo evolucionista* à Hoeckel e Noiré, com TOBIAS BARRETO (1870-1889);

V. Corrente *positivista a Littré*, com LUIZ PEREIRA BARRETO, a que se vieram juntar MARTINS JUNIOR e SOUSA PINTO, este passando mais tarde ao *positivismo orthodoxo*, acontecendo o mesmo a ANNIBAL FALCÃO e outros mais (1880-1904);

VI. Corrente *positivista ortodoxa*, com MIGUEL LEMOS, TEIXEIRA MENDES e vários sectários, entre os quaes não será sem razão contar, a despeito de pequenas dissidencias, BENJAMIN CONSTANT BOTELHO DE MAGALHÃES e seu genro ALVARO JOAQUIM DE OLIVEIRA (1880-1904);

VII. Bifurcação *spenceriana do evolucionismo*, com SYLVIO ROMERO, a que se prendem ARTHUR ORLANDO, CLOVIS BEVILAQUA, SAMUEL DE OLIVEIRA, LIBERATO BITTENCOURT, JOÃO BANDEIRA, FRANÇA PEREIRA e poucos mais (1870-1904);

VIII. Bifurcação *hoeckeliana do evolucionismo*, com DOMINGOS GUEDES CABRAL, MIRANDA AZEVEDO, LIVIO DE CASTRO, FAUSTO CARDOSO, OLIVEIRA FAUSTO e MARCOLINO FRAGOSO (1874-1904);

IX. Várias *tentativas independentes* de ESTELITA TAPAJÓS e RAIMUNDO DE FARIAS BRITO, já d'antes precedidos, em certo sentido e sem igual esforço, por J. DE ARAÚJO RIBEIRO – VISCONDE DO RIO GRANDE (últimos tempos). (Romero, 1905, p.93-94)

Terminada a lista, com o pretexto de justificá-la, Sylvio Romero vai mais além e introduz um *tour de force*, mediante o qual a lista dos nove grupos se reduz a três, focalizando menos as doutrinas do que a atitude e a intenção do filósofo, a força do intelecto e a originalidade ou não da obra (divulgação, crítica, criação). Assim:

> Os que no Brasil se têm ocupado de philosophia podem ser divididos em três grupos: os meros *expositores* [divulgadores], mais ou menos habeis, de doutrinas estranhas, compactas, feitas, por elles abraçadas; os *criticos* de philosophia, espíritos irrequietos, livres, independentes, que procuram orientar-se, sem se sujeitarem completamente a um systema importado, posto que se arrimassem

em parte n'um qualquer; os que tiveram de si mesmos a opinião de terem sido *innovadores* e *creadores* de systemas.

Entre os simples expositores estão *Mont'Alverne, Moraes e Valle, Soriano de Sousa, L. Pereira Barreto, Miguel Lemos* e *R. Teixeira Mendes*.

Em o número dos criticos de philosophia, espiritos que procuraram caminho entre os systemas europeus, com segura autonomia de pensamento, contam-se: *Tobias Barreto, Guedes Cabral, Sylvio Romero, Livio de Castro, Arthur Orlando, Clovis Bevilaqua, Fausto Cardoso, Samuel de Oliveira, Liberato Bittencourt, João Bandeira, França Pereira* etc.

Entre os que se julgaram originaes e chefes de sistemas, citam-se: José de Araújo Ribeiro (Visconde do Rio Grande), com *O Fim da Creação*, Raimundo de Farias Brito, com *A Finalidade do Mundo* e Estelita Tapajós, com o belo livro que tem o modesto título *Ensaios de Sciencia*.

As pretenções, porem, destes escriptores não passaram de pios e illusorios desejos. (Ibidem, p.93-96)[47]

Evidentemente, uma distinta reconstrução do período seria possível, com a inclusão de outras correntes de pensamento e outros expoentes da cena intelectual. É o que mostra Cruz Costa em seu importante livro, ao citar Paulo Barreto, mais conhecido como João do Rio, que ao traçar o panorama intelectual dos primeiros anos do século XX fala de cinco correntes: [1] o positivismo; [2] o evolucionismo, em sua vertente darwiniana e atitude cientificista; [3] o ecletismo espiritualista; [4] o pensamento católico; [5] o esteticismo que poder-se-ia qualificar de afrancesado, citando em abono o nome de Anatole France, mas que é referido pelo crítico carioca simplesmente como "vago e eclético" (Cruz Costa, 1967, p.346).

Penso que essas considerações e possibilidades são suficientes para que o historiador das ideias possa sem maiores dificuldades, combinando o nominalismo das taxinomias com o empirismo das descrições, articular as classificações de Leonel Franca, Sylvio Romero e Cruz Costa, cujo resultado será um vasto painel: se não da filosofia brasileira nesse intervalo de cem anos, que se estende da Independência ao fim da República, ao menos da filosofia feita no Brasil. Por comodidade batizei esse período de pós-colonial, ao longo do qual a agenda política brasileira foi dominada pela aquisição da nação, depois da conquista do país, quando o reino do Brasil, Portugal e Algarves se desfez, selando nossa Independência. Também, período em que

---

47 Com minúsculas mudanças, o excerto foi republicado seis anos depois com o título "Quadro Sintético da Filosofia no Brasil".

a filosofia – laica ou confessional – não foi convocada nem teve por moto próprio qualquer protagonismo na construção da identidade da nova nação – relegada, por um lado, aos políticos, aos militares e às elites, e, por outro, aos bacharéis letrados e egressos do direito que, para além da filosofia, introduziram o grande filtro "ideológico" pelo qual passaram as correntes de ideias europeias e, então, aclimataram-nas aos trópicos, moldando nossa identidade cultural, simbólica e coletiva.

Todavia, essa tarefa de fornecer o painel está por ser feita e sua realização não é o propósito desses ensaios que ora vêm a lume. Trata-se antes de, com a ajuda do material existente, pegar um atalho entre a história da filosofia e a exegese, como ponto de apoio para estabelecer o liame entre a metafilosofia e a história intelectual,[48] que não será outra coisa senão o *ethos* do intelectual e sua variante do filósofo nacional: antes, o intelectual da Colônia, ou seja, o *Homo Scholasticus*, o jesuíta intelectual orgânico da Igreja e da Companhia; depois, o intelectual do período pós-colonial, ou seja, o bacharel diletante ou o autodidata do direito. Tal será o assunto da próxima seção, quando, ao reconstruir o *ethos* dessa segunda figura do intelectual brasileiro, irei trocar as ferramentas da exegese do texto e da história da filosofia pelo instrumental da lógica modal, weberianamente entendida como a metodologia dos tipos ideais, mediante o emprego de contrafatos da experiência, modelos teóricos otimizados e circunscrição empírica dos processos históricos. Antes, porém, ao concluir a 3ª seção, depois de isolar e descrever o conceito do bacharel diletante, em seu embasamento histórico e sociológico, será preciso oferecer uma ideia da escala das atividades e dos grandes números, conectando a situação da filosofia com os dados demográficos, a escolarização da população, o aparato institucional, a extração e o *quantum* dos indivíduos dedicados à filosofia.

A começar pela população, cujas cifras passo a recapitular. Na época da Independência, calculada entre 4,7 e 4,9 milhões de habitantes, conforme estimativa de Giorgio Mortara (site do IBGE, supracitado), enquanto a de Portugal beirava 3 milhões; em 1850, a população brasileira é da ordem de 7,2 e 8 milhões, também segundo o IBGE; em 1872, quando foi realizado o primeiro censo brasileiro, cerca de 10 milhões de indivíduos. Acrescente-se, agora,

---

48 De fato, como mostrado no 1º Passo e ao longo deste, tanto a metafilosofia quanto a história intelectual, em que pesem serem os polos dominantes, deverão ser expandidas para poderem ser levadas a cabo: aquela, ao buscar os aportes da exegese e da história da filosofia, como dito; esta, os aportes da história da cultura em que está inserida, em sua vertente da história das mentalidades antes de tudo, e, ainda, da assim chamada história social, ela mesma conectada com a economia e a sociologia.

mais duas datas: 1890, a população do país beira 14 milhões, de acordo com Faoro, um ano depois da Proclamação da República; 1920, o número de brasileiros chega à casa dos 27 milhões. Desde então, junto com a mudança de escala da população e de sua distribuição territorial, o país deixou de ser costeiro e de "caranguejar" pelas praias de costas para o interior, espalhando-se pelos Sertões, pelas Montanhas de Minas Gerais e pela Amazônia. A própria escala da cultura e do aparato institucional da educação e do ensino superior se verá alterada, conforme ressaltado, porém não a ponto de reverter os déficits históricos acumulados e retroalimentados.

Assim, quanto à escolarização, em vez de melhorar, a situação beirava o desastre, o analfabetismo atingiu a alarmante cifra de 84,3% em 1821 e passou a 84,5% em 1872. No extremo oposto, ao considerar os números absolutos da elite escolarizada, nesse mesmo ano o número de jovens matriculados em escolas secundárias não excedia os 12.000 e 8.000 era o número de indivíduos com curso superior (ou mesmo 12.000, conforme outra cifra fornecida por José Murilo de Carvalho).

Passando ao aparato institucional da filosofia ou aos seus dispositivos, se se preferir, as ideias de precariedade e raquitismo saltam dos números – dos grandes e dos miúdos.

Quase não existia o sistema público de ensino em nível de 1º e 2º graus, de modo que as elites frequentavam os colégios religiosos privados, que eram poucos, a julgar pelas cifras supra apontadas. Em Minas Gerais, onde sua implantação tardou, o grande ícone era o Caraça, que se orgulhava de ter formado a elite das Montanhas, por onde passou 21 bispos, 120 políticos e 2 presidentes da República, ao qual voltarei na sequência. De ensino público, propriamente, havia as Escolas Régias, mas eram de dar dó, não superava três aulas de filosofia em todo o país, segundo José Murilo de Carvalho – e, por extensão, três professores, a supor que cada uma delas estava vinculada a um professor, como é sabido –, por certo, uma em Minas Gerais, na região de Ouro Preto e Mariana. Todavia, compondo os chamados estudos menores,[49] tais Aulas Régias, que eram avulsas, não comportavam seriação e datavam dos tempos de Pombal, tiveram sua implantação iniciada no Rio de Janeiro e Recife, em 1765, e foram descontinuadas em 1824, depois da Independência. Ou seja, por motivos que não é preciso explicar, quando promulgada

---

49 Esses estudos, distinguidos dos estudos maiores (superiores), considerados o pioneiro do ensino público no Brasil, compunham aquilo que seria um curso de humanidades do sistema dos jesuítas, incluindo, ao serem ampliadas ao longo do tempo, o ensino de filosofia moral e racional, grego, latim, retórica, matemática, desenho e outras matérias.

a nova Constituição o lugar foi cedido às escolas de primeiras letras e aos liceus (mais tarde denominados ginásios), que passaram a ser implantados em 1834 (Ato Adicional à Lei de 1827). Mais robustos do que as aulas, o grande ícone é o Colégio Pedro II, fundado em 1837, com o prestígio único de Colégio do Imperador, como estampava seu primeiro nome (Colégio de Pedro II), e por onde passaram as elites intelectuais e políticas do Segundo Reinado, mas cuja escala era extremamente minguada: a filosofia às voltas com pouquíssimas matérias nos dois bacharelados lá fornecidos – ciências e humanidades – e o curso de ciências comportando um número baixo de alunos, conforme relato de Visconde de Taunay, que lá estudou, segundo ele precisamente cinco alunos em 1856, quando iniciou o 7º ano (Taunay, 2005, p.65). Embora tardios, limitados e sem escala, porém sociologicamente mais robustos e pedagogicamente mais orgânicos do que as Aulas Régias, os liceus e escolas de primeiras letras certamente conheceram melhores dias na cena pós-colonial do fim do século XIX, mas tardou na colheita de seus frutos, porque o país ainda se mostrava pesadamente analfabeto na virada do século, mais de 80% da população.

Ruim para o ensino fundamental e médio, a situação será ainda pior para o ensino superior de filosofia. Antes de mais nada, é preciso considerar o fato maior e a todos os títulos desconcertante, oriundo da comparação do Brasil com os vizinhos hispânicos, a saber: a inexistência de qualquer espaço que se pudesse chamar universidade no país. Apenas havia faculdades ou escolas superiores isoladas, como as de medicina, engenharia e direito, e nenhuma faculdade pública de filosofia. O pouco de filosofia ensinado em escolas públicas era reservado às Faculdades de Direito, como já ressaltado, e em uma penca de escolas privadas confessionais. Duas situações deverão ser consideradas acerca do ensino de filosofia nessas escolas. Primeira, na época colonial a filosofia era vista como vestíbulo da teologia e porta de entrada para outros cursos superiores, por exemplo, medicina e direito, situação mantida após a Independência, por quase cem anos, mesmo nas Escolas de Direito onde era ensinada, mas como formação complementar. Assim, nos Colégios de São Bento do Rio de Janeiro e de São Paulo ou, então, no Colégio Caraça de Minas Gerais, cujos alunos em sua idade de ouro "francesa" (o colégio era da ordem dos lazaristas, sediada em Paris) eram destinados ao Seminário da Diocese de Mariana, controlado pelos jesuítas e com o qual o Caraça celebrou acordo de formação conjunta em teologia e filosofia. Segunda situação, a época pós-colonial tardia, já no século XX, quando finalmente a filosofia ganha autonomia, tendo como grande ícone o Mosteiro de São Bento de São Paulo, que criou em 1908 o primeiro curso de filosofia do ensino superior brasileiro enquanto o Mosteiro do Rio de Janeiro criou o seu em 1921.

Quanto às extrações dos professores de filosofia e ao *quantum*, acrescentando alguma coisa sobre seu *status* profissional, bastam algumas observações para se construir uma ideia da situação geral. Deixando de lado a situação óbvia do ensino nas instituições religiosas, coisa de clérigos e *défroqués*, a situação não era diferente no ensino público – ao menos no tocante às humanidades –, a julgar pelo Colégio Pedro II, o melhor de todos. À época de Taunay os cursos de filosofia e de história se concentravam nas mãos de dois monges beneditinos (ibidem, p.53-54). Quanto ao *status* dos professores, denominados lentes na época, à exceção dos clérigos, que tinham as costas largas das ordens religiosas, e dos bacharéis diletantes do direito, que contavam com as bancas de advogados e outros empregos, a situação era de grande precariedade para outras camadas da população. Um exemplo eloquente se observa na figura do padre Feijó, que antes de sua carreira política e de se converter em regente do Império, durante o período de minoridade de Pedro II, foi "lente" no interior de São Paulo, como lembra Jorge Caldeira, ao se reportar a um episódio ocorrido em 1804 na região de Campinas, onde morava: de origem modesta, antes de entrar para o seminário, não tendo outros meios para ganhar a vida senão o ensino, teve que fazer um pleito pessoal às autoridades de sua vila, como mostra um documento assinado pelos vereadores, no qual pedem que o jovem, enquanto espera atingir a "maturidade suficiente para subir ao sacerdócio", receba um salário público para prover "sua modesta existência" (Caldeira, 2015, p.94). Tal situação de extrema penúria dos lentes, ao que parece conhecida desde a Colônia, com a ressalva das ordens religiosas, continuou no período pós-colonial, conforme lembra Jorge Caldeira, precisando que os censos dos anos seguintes mostram o quanto sua situação era difícil, registrando o ofício de ensinar "ora como professor, ora como pessoa que 'vive de esmolar'" (ibidem, p.94).[50]

---

50 O termo "esmolar" é chocante, mas faz sentido, descontado o exagero, se se considera que o "salário" do lente, termo que não faz sentido na época, era uma doação do rei, ou seja, um favor ou uma graça, um pouco como a "bolsa" de estudos hoje; acepção encontrada no latim eclesiástico "alemosina", com a dupla valência de esmolar e estender a mão para pedir e de um favor concedido por graça, conforme o Dicionário de francês *Robert*; quanto à questão salarial e à ideia de aviltamento, um *topos* recorrente da literatura especializada, em conversa com Carlos Jamil Cury, especialista em educação e leis do ensino, inclusive do período imperial, fui informado que o montante de cerca de 500 mil réis estipulado pela Constituição de 1824 para os lentes, quando as Aulas Régias foram extintas, ao ser trazido para os valores de hoje pode ser considerado razoável, segundo levantamento feito por pesquisadora ligada a seu grupo.

Encerrando este tópico, ao passar para o *quantum* ou o número de lentes e professores consagrados à filosofia, nada se pode dizer especificamente sobre esse quesito, tamanha a precariedade dos dados, a começar pelo caso dos lentes das Aulas Régias, cuja reconstrução histórica, tanto do instituto quanto do período de sua vigência, ainda hoje afugenta os estudiosos.

Por fim, para se ter uma ideia do nível cultural da população letrada, no tocante ao hábito de estudos e leitura, e mais ainda acerca da possibilidade de acompanhar o que se passava nos grandes centros da Europa e se inteirar do fluxo das ideias e correntes de opinião, há que se considerar que a situação mudou razoavelmente, quando se compara os períodos colonial e pós-colonial. Assim, na Colônia, período caracterizado pela dura restrição da publicação e circulação dos livros, a biblioteca do Colégio dos Jesuítas na Bahia tinha no século XVII um acervo de 3.000 exemplares e no fim do século XVIII a biblioteca do Cônego Vieira – o mais ilustrado dos inconfidentes mineiros, como lembra José Murilo de Carvalho – tinha em sua residência em Mariana (Minas Gerais) um total de 270 títulos e mais de 800 volumes (Carvalho, 2013, p.183-184), maior do que a de Kant. Em contrapartida, no século XIX, a biblioteca do Caraça, em Minas Gerais, tinha um total de 50.000 volumes, antes de o grande incêndio de 1968 arder em chamas mais da metade do acervo, tendo sido salvos 15.000 títulos, dos quais 2.500 obras raras. Tal situação foi significativamente alterada somente com a criação da Biblioteca Nacional, no Rio de Janeiro, porém, bem mais tarde, não sendo muito diferente o tamanho de seu acervo no início, em comparação com a do Caraça, quando ela contava, em 1808, com 60 mil itens, entre livros, manuscritos, mapas, estampas e medalhas. Contudo, quando em 1821 a família real regressou a Portugal, D. João VI levou de volta grande parte dos manuscritos, devendo a nova nação esperar décadas para remediar o rombo. Hoje constitui um acervo gigantesco com mais de 10 milhões de itens, em sua maioria livros. Não obstante, o certo é que o nível cultural médio da nação era baixo, assim como o número de indivíduos com curso superior, e mais baixo ainda os indivíduos consagrados à filosofia, a julgar pelo número de positivistas, a corrente dominante em fins do século XIX, e a maioria não filósofos, como Benjamin Constant e Teixeira Mendes: conforme mostrou Cruz Costa, ao citar um documento de Miguel Lemos, eles eram 53 em 1889, tendo começado com 5 sócios da Sociedade em 1878 e chegado a 174 em 1891, no auge da influência, para depois entrarem em declínio (Cruz Costa, 1967, p.166).

Desde então, apenas com algum favor poder-se-ia falar em mudança de escala ou de patamar na atividade filosófica vigente em nosso país no período pós-colonial, como o fez padre Vaz em seu artigo de 1984, ao sentenciar que "durante esta época houve igualmente no Brasil uma razoável literatura filosófica que foi catalogada, entre outros por Leonel Franca" (Vaz, 1984, p.21). Em favor da mesma ideia, mas com um tom crítico e mordaz, Cruz Costa também cita o padre Franca, dizendo em sua conferência que o erudito jesuíta, "com um louvável esforço patriótico, conseguiu encher 113 páginas da última edição de seu livro, com nomes, biografias e 'sistemas' de filósofos nacionais" (Cruz Costa, 1945, p.2). Contudo, para Leonel Franca, mais importantes do que os nomes, são as correntes ou as escolas de pensamento a que eles se vinculam, recobrindo, no século XIX, as já referidas correntes espiritualista, positivista e materialista-evolucionista, às quais acrescenta-se o nome de Farias Brito, distinguido com um estudo à parte, como ressalta o historiador paulista. A mesma coisa pode-se dizer de Sylvio Romero, cujo livro sobre história da filosofia no Brasil, a par das correntes, se ocupa de 10 filósofos nacionais com sua conhecida verve e espírito desabusado, tão admirados por Cruz Costa. Publicada em 1878, a lista inclui: Mont'Alverne, Ferreira França, Domingos de Magalhães, Patrício Muniz, Soriano de Sousa, Pedro Américo, Visconde do Rio Grande, Guedes Cabral, Pereira Barreto e Tobias Barreto.

Todavia, em metafilosofia, não bastam os nomes e as correntes, nem o levantamento das instituições ou a descrição da composição social dos letrados; é preciso falar de obras, no sentido de Antonio Candido, e averiguar em que medida ou extensão elas nos autorizam a falar em sistema "filosófico" brasileiro.

Da primeira metade do século há pouco ou quase nada a dizer. Merece destaque o nome de Silvestre Pinheiro, ligado à Congregação do Oratório, mas da qual se afastou para abraçar a carreira diplomática, que lhe abriu as portas da política. Da ordem pode-se dizer que ela era modernizante, influente na Itália, na França e em Portugal, e grande rival dos jesuítas. Do autor, que ele nem brasileiro era, mas um português ilustre, tendo acompanhado a família real quando esta se transferiu para o Brasil e, como ela, se instalou no Rio de Janeiro, onde viveu cerca de 10 anos, lecionou filosofia no Real Colégio de São Joaquim, futuro Colégio Pedro II, e publicou em 1813 suas *Prelecções filosóficas*, com o selo da Imprensa Régia, fundada em 1808. Seu brilho é amplamente reconhecido e sua obra já foi intensamente devassada pelos estudiosos, que reconhecem as circunstâncias em que foi gestada – as necessidades do ensino, que transparecem nessa importante publicação –, além da falta de originalidade, tamanho é o legado do empirismo e do pensamento setecentista.

Da segunda metade do século XIX até as duas primeiras décadas do século XX, se existem dois candidatos a filósofos nacionais estes são sem dúvida Tobias Barreto e Farias Brito. O primeiro publicou as *Questões vigentes*, e o segundo, *Mundo interior* e *Finalidade do mundo*, inúmeras vezes referidos, e *noblesse oblige* voltar a eles, considerados os grandes expoentes da filosofia pós-colonial. Todavia, nem o sergipano nem o cearense são rigorosamente pensadores originais e menos ainda filósofos *brasileiros*, como notaram padre Vaz e Cruz Costa, vendo num um filosofante estrangeirado e uma obra enfadonha, noutro uma personalidade extravagante e uma obra de segunda mão.[51]

Em um plano mais inferior, sem pretensão de originalidade, estão os comentadores e exegetas, bem como os divulgadores e os diletantes. Do primeiro grupo podem ser citados os kantianos, que eram poucos no século XIX, dos quais Cruz Costa salienta Januário Lucas Graffrée, gaúcho radicado no Rio de Janeiro e autor de *A teoria do conhecimento* de Kant, publicado em 1909 (Cruz Costa, 1967, p.371). Do grupo dos divulgadores podem ser citados os positivistas, cuja obra era uma mistura de apostolado e glosa escolástica, mimetizando Littré, Laffite e o próprio Mestre, como nos casos de Miguel Lemos e Teixeira Mendes: conhecidos e influentes, com vasta bibliografia consagrada ao credo e inúmeras contribuições em coautoria, como *A nossa iniciação no positivismo* (nota retificativa do resumo histórico do movimento positivista no Brasil, publicado em 1882), que veio a lume em 1889. Já os diletantes e autodidatas são uma legião, encontrados por toda parte, principalmente nas hostes do direito e das letras, com gosto pela filosofia e vertendo obras menores e de segunda mão, quase todos tombados no esquecimento, mas algumas obras ainda vivem e despertam interesse

---

51 É preciso cautela em relação ao legado de Tobias Barreto e não confundir sua baixa audiência na filosofia atual, com todo mundo desancando o sergipano, salvo Sylvio Romero, em contraste com sua recepção pelo direito: em vez de atacado e diminuído, ainda hoje ele é visto como um dos grandes expoentes do direito brasileiro, cuja obra jurídica é considerada referência em direito civil, tendo influenciado o Código Civil, de Beviláqua, seu discípulo, o qual foi promulgado em 1916, vigendo até 2002. E também direito penal, como reconhece o estudioso argentino Eugenio Zaffaroni, autoridade na área e autor de inúmeros livros, para quem era Tobias "a" referência nesse campo do direito em nosso país: "La idea de que la pena es extrajurídica y tiene semejanza con la guerra no es nueva. En América fue sostenida en el siglo XIX por uno de los penalistas más creativos e intuitivos de ese tiempo, que con toda claridad afirmaba que *el concepto de pena no es un concepto jurídico sino un concepto político* y agregaba: *quien busque el fundamento jurídico de la pena debe buscar también, si es que ya no lo halló, el fundamento jurídico de la guerra*. Seguiendo esta línea, el derecho penal puede reconstruirse sobre un modelo muy semejante al derecho humanitario, partiendo de una teoría negativa de toda función manifiesta del poder punitivo y agnóstica respecto de su función latente" (Zaffaroni et al., 2002, p.52). A citação de Tobias foi extraída de Barreto (1963, p.149-151). Para uma apreciação positiva de seu legado filosófico, ver Sylvio Romero (1969).

historiográfico, como os estudos acerca da filosofia colonial de Alcides Bezerra, que faleceu em 1938. Mais ainda do que o paraibano, desse agrupamento e julgamento negativo escapa Sylvio Romero, que de fato foi um pensador e mesmo um pensador do Brasil, porém um intelectual das letras, membro da Academia, cujos estudos literários foram sua principal ocupação, caracterizada pelo ensaísmo. Um ensaísmo vário e consistente, não houve nada que sua pluma não tenha tratado, incluídas as letras filosóficas e a filosofia nacional, não sendo ele, porém, exatamente um filósofo profissional. Menos ainda um filósofo original, peculiaridade que aliás ele próprio reconhece ao se colocar ao lado dos "críticos", muito embora tenha ensinado filosofia ao longo de 30 anos no Colégio Pedro II, no Rio de Janeiro. Contudo, se ele encontrou a filosofia em algum lugar e em cuja extensão escreveu sobre filosofia nacional, dedicando páginas e mais páginas aos filósofos brasileiros, sem dúvida foi no campo da literatura e como fenômeno estético-literário.

Por fim, os filósofos profissionais, no sentido de Jacques Le Goff, em sua maioria clérigos, que ensinavam filosofia em seminários e colégios religiosos com os inseparáveis manuais e compêndios. Desse grupo, cujas raízes se estendem aos tempos coloniais, talvez o melhor exemplo seja Mont'Alverne, citado por Sylvio Romero. Um frade que ensinava filosofia no Seminário de São José, ligado à diocese do Rio de Janeiro: autor de um influente *Compêndio*, cuja composição, segundo Cruz Costa, data de 1833, mas só foi publicado depois de sua morte, em 1859, obra em que dava vazão às ideias de Locke e Condillac, além de Laromiguière e Victor Cousin, não sem antes introduzir um *tour de force*, para atender às necessidades do catolicismo (ibidem, p.70). Ao se referir a Mont'Alverne, Cruz Costa reconhece em seu *Compêndio de filosofia* a velha influência dos autores de 1770, vendo nele um seguidor do italiano Antonio Genovesi, conhecido como o Genuense, devido ao aportuguesamento de seu sobrenome quando um de seus livros foi publicado em Portugal. Então, mais do que a originalidade, está em jogo um mesmo molde e toda uma tradição, a velha tradição dos compêndios e manuais, cuja celebridade, no caso do frade, Alcântara Machado atribui "menos à ciência do que à facúndia do mestre", que retoricizava mesmo quando conversava com seus confrades e alunos. A eles devem ser somados os poucos laicos que ensinavam no Colégio Pedro II, onde a cátedra de filosofia, diminuta, se acotovelava com outras disciplinas das humanidades, à espera de dias melhores e horizontes mais vastos que, afinal, só vão consumar-se no século XX.

Por isso, junto com a constatação da mudança de escala e a impressão de mesmice que a acompanhava, não faltaram juízos severos e extremamente negativistas sobre a qualidade e o vigor da filosofia feita no Brasil depois da Independência e no início da República, longe de Portugal e de olho na França, Alemanha e Inglaterra.

Esta é, com efeito, a opinião dos principais protagonistas da filosofia da época, quando o país cindiu-se de Portugal e se viu desafiado a pensar sua nova identidade de nação independente, entregue aos políticos e aos profissionais do direito, não à filosofia e aos filósofos, que seguiram indiferente seus velhos caminhos na mais completa irrelevância e obscuridade – coisa de erudito bem pensante, a meio caminho do pedantismo empolado livresco e da curiosidade intelectual sincera, mas mal aparelhada, além de tarefa transferida, findo o monopólio dos seminários e colégios religiosos, a uma filosofia do direito por demais relevante e excessivamente inflada, como se fosse toda a filosofia e como em nenhum outro país.[52] Assim:

Tobias Barreto – Celebrado como o primeiro filósofo genuinamente nacional e que, não obstante, tinha uma opinião muito negativa acerca da filosofia feita no Brasil, como já foi lembrado. "Mas é trabalho supérfluo querer demonstrar [...] que o Brasil não tem cabeça filosófica" (Vaz, 1961, p.235).

Farias Brito – De opinião negativa como Tobias, mas mais nuançada e menos "desesperançada" respeitante ao futuro.

> O Brasil ainda não produziu um filósofo; mas atendendo-se bem às nossas circunstâncias especiais, não é isto para estranhar quanto é certo que, estendendo-se um pouco esta afirmação e olhando mais ao largo, poder-se-ia dizer a mesma coisa de toda a América. [...] Somos uma Nação de ontem e para a elaboração de grandes construções filosóficas originais e fecundas, é indispensável o concurso do tempo. (Cruz Costa, 1967, p.370)[53]

Sylvio Romero – Tantas vezes citado e de quem eu retenho a famosa passagem em que ele classifica os filósofos nacionais em três grupos, não reconhecendo em nenhum deles a credencial de pensador eminente e autor de uma obra original. No primeiro, ele inclui "os meros expositores [divulgadores]

---

52 Explico-me: mais do que a filosofia do direito, estão em jogo as filosofias das escolas de direito ou feitas e difundidas por estas escolas – uma mistura [1] de filosofia geral, com seus componentes metafísico, lógico, epistemológico e ético, em cujas hostes vamos encontrar Tobias Barreto, Farias Brito e mais tarde, em pleno século XX, Miguel Reale, e [2] da própria filosofia do direito, em que aparece subsumida ao direito como área profissional, ao lado das hermenêuticas e dogmáticas jurídicas. De resto, vertente que irá prevalecer quando os departamentos de filosofia foram criados no curso do século XX, acarretando o encolhimento da influência do direito sobre a filosofia e o consequente encastelamento da disciplina.

53 A fonte é Farias Brito (1899, p.307).

de doutrinas estranhas", como Mont'Alverne, Soriano de Sousa e Teixeira Mendes. No segundo, os críticos de obras e tendências filosóficas, protagonizados por "espíritos que procuram caminho entre os sistemas europeus, com segura autonomia de pensamento", dentre os quais "contam-se Tobias Barreto, Guedes Cabral" e o próprio "Sylvio Romero", por ele citado. Finalmente, no terceiro, aqueles que se julgam "originais ou chefes de sistema", incluindo o "Visconde do Rio Grande, Farias Brito, Estelita Tapajós", cujas pretensões não foram, porém, segundo Romero, devidamente justificadas, nesse sentido, não passaram de "illusorios desejos" (Romero, 1905, p.95-96).

João Ribeiro – renomado jornalista, crítico literário, filólogo e historiador, que fez carreira no Rio de Janeiro e incursões na filosofia, seguindo os passos de Tobias Barreto dirá que "não há raça mais refratária à metafísica do que a nossa" (Vaz, 1961, p.235).

Souza Bandeira – também egresso da Escola de Recife, mas cuja carreira se desenvolveu no Rio de Janeiro, bastante influente e membro da Academia Brasileira de Letras (ABL), assim se refere a seus colegas chegados à filosofia: "Os filósofos de nosso país não se dão ao trabalho de passar à maiêutica. Acumulam leituras de erudição, mas não deixam gravados em seus trabalhos o cunho de sua individualidade" (Cruz Costa, 1945, p.9).

Clóvis Beviláqua – também oriundo do direito, ligado à Escola de Recife e aluno de Tobias Barreto, estendeu as reservas ao novo continente e apontou aquela que pôde haver sido a via da filosofia nestas paragens, vaticinando que "se o pensamento nascer nas Américas, não nascerá nos cimos da metafísica, mas nascerá no dia a dia, no chão a chão da experiência cotidiana" (Prado, 1986, p.116).

Quanto ao julgamento daqueles que vieram depois, a possibilidade de uma perspectiva mais dilatada não irá alterar o teor de suas sentenças e análises, convencidos em sua maioria de que o colonialismo continuava sua obra, embora tivesse terminado o regime.

Cruz Costa, ao colocar em relevo nossa dependência, não alterada no século XIX, condenando-nos a permanecer a reboque das vagas da moda, numa época em que as novidades chegavam de navio, dirá que "a filosofia no Brasil sempre viveu, é certo, sujeita à chegada dos paquetes da linha da Europa" (Cruz Costa, 1945, p.2).E mais:

> Não tivemos nem podíamos ter filósofos. Tivemos *filosofantes*, letrados que se afastaram, quase sempre, da nossa realidade, que fugiram da nossa história e do seu verdadeiro significado. Que esqueceram os valores novos da América

por julgarem que eles eram vulgares demais para os seus engenhos finos e caprichosos. Refugiados nos idealismos, os nossos filosofantes esqueceram-se de pensar a própria realidade. E ai daqueles que perdem a consciência do corpo! (Ibidem, p.14)

Alhures, em um trecho citado por Lima Vaz e publicado 12 anos depois: o que fazemos no Brasil "é a eterna glosa filosófica do pensamento europeu" (Vaz, 1961, p.236).[54] Voltando mais uma vez ao assunto, mas agora com os olhos no período mais tardio, que se estende do fim do século XIX às duas primeiras décadas do século XX, dirá que desde a Proclamação da República até o fim da Primeira Guerra Mundial "pequeno é o número de indivíduos, no Brasil, que demonstram interesses filosóficos" (Cruz Costa, 1945, p.370). Além da passagem do cearense, datada de 1899, Cruz Costa cita em abono à sua afirmação o crítico José Veríssimo, que em 1912 dizia: o "único brasileiro que conheço preocupado de filosofia e com vocação filosófica provada [...] é o Sr. Farias Brito". Porém, se nele reconhece a "vocação" e o estudo "acurado e bem medrado", Veríssimo não lhe concede o *status* de verdadeiro filósofo, de modo a concluir seus pensamentos dizendo:

> [...] não obstante todo o meu legítimo apreço do Sr. Farias Brito e da sua obra, não sei se posso considerá-lo filósofo com as capacidades construtivas dos que verdadeiramente o são, com uma doutrina sua, e toda a cultura científica que a especulação filosófica atual presume e exige. (Cruz Costa, 1967, p.371)[55]

Por seu turno, Roland Corbisier, proveniente das hostes do Instituto Superior de Estudos Brasileiros (Iseb), egresso da Faculdade de Direito do Largo de São Francisco e bacharel em filosofia pela Faculdade de Filosofia de São Bento, ambas em São Paulo, mas com uma visão de filosofia longe da USP, formula um juízo parecido no tocante a Tobias Barreto e a Farias Barreto, contundente, ele desanca a festejada envergadura filosófica dos dois e percebe em suas respectivas obras coisa de lunático e de estrangeirado. Assim, de Farias Brito, após examinar algumas de suas obras, como o *Mundo interior* e *Finalidade do mundo*, afirma que seus textos são "confusos, contraditórios, reacionários e, além disso, de um primarismo alarmante, [...] passando seu autor por um dos maiores filósofos brasileiros" (Corbisier, 1978, p.64-65), quando de fato não é nada disso, como diz o pretenso filósofo:

---

54 A fonte é "A história das ideias na América e filosofia no Brasil" (*Kriterion*, 1957, p.22).
55 A fonte é José Veríssimo (1936, p.42-43 e 153).

> [...] o povo torna-se o corruptor de todas as doutrinas, como de todos os princípios... Lançai um pouco de água puríssima e límpida como o cristal na corrente lamacenta de um rio e toma a mesma cor das águas em cujo turbilhão é envolvida: o mesmo acontece com a ideia que entra em contato com a consciência das multidões. É por isto que toda a concepção, embora nascida das fontes mais altas e profundas do espírito, sempre que se torna popular, se corrompe. (Ibidem, p.64-65)

Corbisier, um iseabiano que pretende popularizar a filosofia e ao lado de Hegel reconciliar o mais alto saber com o espírito do povo e da nação, não resiste e parte para o ataque ao denunciar o reacionarismo e o estilo verboso do pretenso filósofo (ibidem, p.64), um estrangeirado e filoneísta incapaz de se colocar à altura da tarefa de seu tempo, poder-se-ia acrescentar. A respeito de Tobias Barreto, a quem dedica um curto parágrafo, o desancará com menos latim e floreios dialéticos, sugerindo que se está diante de um absurdo e do maior dos extravios, como se fosse um lunático, vivendo em um país de analfabetos e que um belo dia resolve publicar "ele próprio, o jornal, em alemão..." (ibidem, p.66).

Aos dois acrescente-se padre Vaz, para quem dois são os diagnósticos. Um, de mimetismo e glosa, parecido com o de Cruz Costa:

> A literatura que floresceu nesse período, embora refletisse de maneira sempre mais nítida os traços que se definiam da nova sociedade em formação, acompanhava mimeticamente a evolução das literaturas europeias, sobretudo francesa. Nesse sentido, constituía-se numa espécie de glosa marginal da tradição humanística ocidental. (Vaz, 1984, p.20)

O segundo, bem mais severo, cavar mais fundo a glosa e o espelhamento, incidindo sobre aquilo que o mimetismo esconde e não mostra: a existência de um imenso vazio reflexivo, de um verdadeiro déficit intelectual, evidenciados em dois momentos críticos de nossa história, a época da Independência e os começos da República. Foi então, sem massa crítica,

> [...] a urgência de se organizar politicamente a nova nação, imobilizada nas estruturas da sociedade patriarcal ou apenas libertada da inércia histórica do trabalho escravo, obrigava a recorrer, sem maior exercício crítico, aos constitucionalistas europeus nos começos do Império ou aos federalistas americanos nos começos da República. (Ibidem, p.22)

Alhures, em uma conferência proferida na Sociedade de Estudos e Atividades Filosóficos (Seaf), publicada em 1978, Vaz aponta os dois acompanhantes do pensamento colonial, a supor que o mimetismo e o déficit intelectual são seus traços nucleares, aos quais ele chega depois de catalogar as três correntes filosóficas dominantes em nosso país no século XIX: o ecletismo, o positivismo e o materialismo evolucionista. Esses dois acompanhantes são o diletantismo e o retoricismo, ou a mania de ornar o discurso pelas belas palavras, mesmo que ocas e sem sentido, à condição de serem belas, em cuja raiz Vaz observa – para além do bacharelismo – nossa condição de país periférico e dependente. Pois, ao fazer face àquelas correntes, sem os meios técnicos e o preparo intelectual para delas se reapropriar à nossa maneira, o máximo que se podia fazer era acompanhar, por curiosidade intelectual, o que se passava na Europa e replicar aqui dentro, copiando os europeus e mimetizando suas ideias: "eram experiências que tinham lugar no centro de um mundo do qual éramos apenas a franja remota" (Vaz, 1978, p.13). Há, enfim, um terceiro acompanhante – de fato o primeiro, se se apega à sequência temporal de sua aparição nos escritos de Vaz, mencionado por ele logo no início de seu artigo publicado na *Revista Portuguesa de Filosofia*, associando-o ao mimetismo. Trata-se do autodidatismo, parecido com o diletantismo e nascido da mesma curiosidade desregrada e irrompida a esmo, que segundo o filósofo mineiro marca profundamente o pensamento do século XIX, como mostra o caso de Farias Brito, considerado por muitos "nosso primeiro autêntico filósofo", e de fato

> [...] apresenta-nos o exemplo mais ilustre de uma obra filosófica sem raízes culturais, onde as qualidades do pensador ficam irremediavelmente comprometidas pelo autodidatismo livresco, que impõe à curiosidade intelectual uma problemática de importação, sensível unicamente às novidades estrangeiras de livraria. (Vaz, 1961, p.237)

Por último, no ensaio "Cruz Costa, Bento Prado Jr. e o problema da filosofia no Brasil – uma digressão", publicado em *A filosofia e seu ensino*, Paulo Arantes igualmente discorre sobre glosas e déficits. Embora próximo de Vaz, tendo-o frequentado desde os anos 1960 em Belo Horizonte e Nova Friburgo, sua proximidade intelectual é maior com Antonio Candido, Cruz Costa e Roberto Schwarz. Para o autor, duas são as teses axiais no tocante ao déficit: primeira, a questão não é de talento (falta de talento), mas de formação (falta de formação); segunda, a falta de formação se explica pelo próprio processo de constituição e desenvolvimento de nosso país desde a colonização, país periférico e dependente – de Portugal a princípio, e das potências europeias depois. As mesmas ideias aparecem em outros escritos de Arantes, por exemplo, no seminal *Departamento francês de ultramar*, cujo foco é o problema da formação da filosofia uspiana, num contexto em que a França substitui Portugal e a Missão Francesa substitui a Companhia de Jesus, quando se repetiu em novas bases a mesma experiência de transplantação intelectual. Tanto no ensaio quanto no livro, Arantes retoma a conhecida hipótese da expansão desigual do capitalismo, que nos condena à periferia do sistema, explicação que é uma espécie de moeda de curso forçado adotada por muita gente, e com maestria estabelece o liame entre nossa situação periférica e nossos filósofos estrangeirados: "um sistema mundial descompensado que teima deixar nossos filósofos literalmente a ver navios" (Arantes, 1996a, p.23) – como no Brasil Império, na Primeira República e mesmo mais tarde, em um tempo em que não havia linhas aéreas, mas sim marítimas, com as novidades chegando pelos *paquebots*, no Rio de Janeiro ou em Santos, poder-se-ia dizer.

Ora, voltando à questão metafilosófica da natureza da filosofia pós-colonial, antes do derradeiro passo, é chegado o momento de sumariar os resultados amealhados até aqui, à luz do escopo da pesquisa, dos desafios em jogo e da hipótese que comandou as investigações do período em apreço.

O escopo é o mesmo do pensamento colonial, flexionado, porém, para o período pós-colonial, que abarca os três componentes já delineados no 2º Passo: a *ratio* filosófica e sua bifurcação ao chegar a essa parte das Américas (visada universal/aclimatação local); a história intelectual com foco na filosofia pós-colonial e na figura emblemática do filósofo do período (o bacharel diletante); e, por fim, a semiótica das obras de pensamento – filosóficas, no caso – e suas diferentes escansões (sistema recorrente/produção episódica + obras de divulgação/obras originais).

Dois eram os desafios: [1] dar conta de uma experiência intelectual não mais de transplantação direta da filosofia e do sistema de ensino, como no caso da Colônia com os jesuítas, e como será depois no caso da USP nos anos 1930, com a Missão Francesa, mas de importação, mimetização e aclimatação das coisas de ultramar, inclusive livros e ideias, podendo essa experiência (a) dar azo a elaborações pessoais negativas, conforme mostra o caso de Sylvio Romero, ao recensear nossa história defasada ou, então, (b) dar ensejo a expectativas otimistas, como em Farias Brito, com o *topos* da nação do futuro (país de ontem) e, como tal, não muito diferente das demais colônias do Novo Mundo; [2] circunscrever a hipótese do déficit institucional/cultural, cuja verificação se iniciou nos tempos coloniais e prosseguiu no período da

Independência, passando pelos dois reinados, até chegar às duas primeiras décadas do século XX, nos quadros da República Velha.

E duas foram as hipóteses, coordenadas, de uma maneira ou de outra, aos desafios. A hipótese do déficit, cuja demonstração em suas várias facetas – déficits institucionais (Pes. Vaz e Franca), déficits culturais (Cruz Costa e Sylvio Romero), déficits sociais (Paulo Arantes) – iniciou-se nas seções anteriores e, agora, foi concluída com a evidenciação do déficit de obra (sistema de obras recorrentes) e de seu dublê cognitivo (pensamento autônomo e original), ratificada com os aportes de Vaz, Franca, Cruz Costa, Sylvio Romero, Tobias Barreto e Farias Brito, como visto ao longo desta seção. A hipótese do deslocamento do eixo ou dos polos da experiência intelectual dos dois períodos, quando, depois da Independência, Colônia e Metrópole cederam passo ao Centro e à Periferia, e sua consequência: nada menos que a mesma atitude reverencial e o mesmo sentimento de desterro do colono luso, definem a *intelligentsia* pós-colonial quando ela inverte a reverência a Portugal para a França ou Alemanha.

Fundada sobre relações de identidade (o mesmo) e diferença (a troca supõe a diferença e a instaura, se não ela não faz sentido: ninguém troca inhame por inhame), tal continuidade na história intelectual é real e tem algo de paradoxal: não se trata do meteco desterrado ou do imigrante que vai embora, mas de desterrados em sua própria terra, como nos casos do advento luso da Colônia ou do súdito brasileiro dos dois reinados. Todavia, não é nem excludente nem única ou massiva, mas está relacionada a um conjunto de descontinuidades, a denunciar que se está bem diante de experiências diferentes, atestadas por três traços ou características que marcaram a nova experiência intelectual e cuja verificação ratifica a hipótese – verificação, diga-se, iniciada nesta seção e devendo estar concluída na próxima.

Os três componentes dessa nova experiência, consignados com a ajuda de Sylvio Romero, Cruz Costa, padre Vaz e Paulo Arantes – e não sem grande liberdade de minha parte, ao fazer o traslado de seus aportes a um novo terreno –, são os seguintes: [1] o individualismo, findos o *esprit de corps* dos jesuítas – a corporação da Companhia de Jesus – e o molde da *Ratio Studiorum*, que moldava os corações e as mentes das elites da Colônia, ficando em seu lugar o goliardo ou o intelectual desgarrado: o bacharel diletante; [2] o bovarismo, ou o sentimento de autodepreciação, bem como de desprezo do mundo circundante, associado ao desejo de evadir da realidade e levar uma vida diferente, que define o intelectual pós-colonial, à diferença do colonial entregue à missão ou à causa: o jesuíta; [3] o filoneísmo, a alma gêmea do bovarismo, ou, antes, sua face externa, caracterizada pelo gosto das novidades, e antes de tudo as novidades vindas do exterior: "as novidades de livraria", como dizia o padre Vaz. A essas características somam-se duas outras que moldaram a experiência intelectual predominante no curso do século XIX, modulando o quarto componente do bacharelismo, assim como o quinto do transoceanismo, dos quais tratarei na próxima seção, ao focalizar a figura do intelectual do período pós-colonial e seu *ethos*: o estrangeirado.

É de tal experiência ambivalente e negativista, típicas do bovarismo e do filoneísmo – individualismo à parte –, que fala Cruz Costa no início da conferência, ao proferir uma frase que parece resumir tudo: "O brasileiro é um homem, já o disse alguém, que tem desconfiança de suas próprias virtudes, que tem medo da originalidade e que prefere sempre um defeito que nos confunda com toda a gente a uma virtude que nos distinga do resto do mundo" (Cruz Costa, 1945, p.1). Ou seja, o brasileiro é vítima do famoso complexo de vira-latas, de que falava Nelson Rodrigues; no entanto, como notou Cruz Costa, são muitos os brasileiros que gostariam de ter uma lista de verdadeiros filósofos que pudessem dar – eu acrescentaria – mais *pedigree* à nossa gentalha, à qual não faltam outros sinônimos depreciativos, como ralé ou choldra. Tal depreciação, além de atingir o brasileiro médio, estende-se ao próprio intelectual brasileiro do período pós-colonial, tanto ao filósofo, como viu Tobias Barreto, quanto ao letrado de outras áreas, como notou Roland Corbisier, conforme vou mostrar na sequência.

4. O INTELECTUAL ESTRANGEIRADO

Com o intuito, não digo de ampliar o escopo, mas de delimitar e aprofundar a investigação acerca da natureza do pensamento pós-colonial, irei mais além e focalizarei aquilo que pode ser considerado o lugar do pensamento – o intelecto – e seu agente – o intelectual –, definindo o intelectual do Império e da República, assim chamado "estrangeirado", mediante ajuda de seis traços de caráter, referidos pelos estudiosos e alguns deles elencados antes, com os quais pretendo construir seu tipo ideal. Os seis traços ou constantes são: o individualismo, o transoceanismo, o bacharelismo, o bovarismo, o filoneísmo e o dualismo, que constituem o elemento diferencial dessa figura oitocentista em comparação com as outras, analisadas para os outros períodos, mas que irão incidir sobre as três características comuns a todas: atitude ascética, evasão idealista e senso crítico – por vezes hipercrítico –, este último perigosamente recalcado no tocante ao intelectual da Colônia, ao dar azo ao dogmatismo salvacionista. Por seu turno, o modelo do intelectual estrangeirado será fornecido por Joaquim Nabuco ou, antes – a supor que de fato ele foi mais um político do que um intelectual –, construído com a ajuda dele, ao se referir a si mesmo em sua autobiografia, sublinhando seu sentimento de *desterrado* em sua própria terra, junto com sua propensão de empenhar-se em política e envolver-se com a vida parlamentar como se fosse um verdadeiro *Lord* inglês. O desafio será, então, encaixar no modelo fornecido por Joaquim Nabuco, se não o filósofo *brasileiro*, que para muitos não existia, mas – para empregar o vocábulo cunhado por Cruz Costa – o *filosofante* dessa época, professor e diletante da filosofia.

O contraste a ser estabelecido, quanto àqueles intelectuais que vieram antes e, por certo, continuaram no período pós-Independência – clérigos, *défroqués* e correlatos –, é com os intelectuais da Igreja. Jesuítas em sua maioria – mas também beneditinos, oratorianos, lazaristas e franciscanos –, os quais formaram as elites do Brasil Colônia e podem ser considerados verdadeiros intelectuais "orgânicos" da Igreja, em um tempo em que o português ainda não configurava uma língua "geral", mas sim o nhangatu. Agora, entregue aos laicos, em sua maioria advogados, impondo o português por toda parte como língua franca, surge um novo tipo intelectual, aquele que trocou a doutrina da Igreja pelas modas de Paris e o escolasticismo ibérico e italianizado pelo empirismo inglês e pelo materialismo germânico, em cuja gênese vamos encontrar a figura do "goliardo" de que falava Jacques Le Goff.

Quatro eram os traços ou as constantes que definiam o tipo ideal do intelectual orgânico da Colônia – o jesuíta –, conforme evidenciado no 2º Passo:

[1] *Ascetismo intramundano* – pois o jesuíta é um asceta (*askesis* = exercício + disciplina) e como um cruzado se propõe a purificar o mundo, se ajustando e agindo dentro dele (daí intramundano), e não fugindo e se instalando fora dele, como nas ordens dos claustros e dos monges (ascetismo extramundano).

[2] *Racionalismo* – contraparte do ascetismo, fundado a partir da crença nos poderes da *ratio* e da razão iluminada pela fé (*ratio fide illustrata*), estabelecendo o comércio entre a ciência e a piedade, como estipulado pela *Ratio Studiorum*.

[3] *Salvacionismo* – salvação pelas obras, obras da fé e operadas pela fé, tudo *ad majorem Dei gloriam*.

[4] *Dualismo* – no caso do jesuíta do Brasil Colônia (efeito de contexto), com a Companhia polarizada entre o missionário da Colônia, engajado nas coisas dos trópicos e nas ações de catequese, vivendo como

os nativos, e o clérigo cosmopolita dos seminários e colégios, tendo o Latim como língua, a Bíblia como breviário e a *Ratio Studiorum* como guia.

Findo o monopólio do sacerdote jesuíta, com a expulsão da Companhia de Jesus por Marquês de Pombal, em 1759, a nova figura que irrompe no período pós-colonial não se origina do coletivo inteiro de uma corporação – a Companhia de Jesus –, mas de indivíduos soltos ou desgarrados (os goliardos de Le Goff), podendo ser o clérigo secular ou o conventual descolado e, antes de tudo, o bacharel letrado, proveniente do direito em sua maioria. Assim, no período final da Colônia nos deparamos com indivíduos da estirpe de Cônego Luís Cunha, Cláudio Manuel da Costa e Alvarenga Peixoto – todos enciclopedistas, inclusive o cônego, aos quais se somaram no século XIX outros bacharéis goliardos, como Nabuco e o próprio José Bonifácio, Patriarca da Independência e Tutor do Império. Desprendido da corporação (ordem da *Societas Iesu*, SJ, e da Santa Madre Igreja), será o tempo do indivíduo e haverá a tendência de maior diversificação do ofício do intelectual, não totalmente consumada devido aos limites da sociedade pós-colonial, tais como a falta de escala das atividades e a anemia intelectual reinante.

Sérgio Buarque, ao se referir em seu festejado livro ao *ethos* da *intelligentsia* brasileira, não hesita em recorrer ao velho clichê da preguiça mental como seu primeiro elemento definidor, associada à lei do menor esforço e à nossa propensão de comprar tudo pronto, relacionando-a um segundo traço de caráter, também ele bastante conhecido e uma espécie de lugar-comum. Traço que no fundo é a réplica do primeiro ou a ele está diretamente conectado: a propensão das nossas elites intelectuais de trocar o diverso da experiência e o cambiante da realidade pelas ideias abstratas da mente e as formas fixas das coisas, com as substâncias e as essências da filosofia no lugar das leis e regularidades da ciência. Assim, escreve Sérgio Buarque, em trecho citado por Cruz Costa: "tudo quanto dispense um trabalho mental contínuo e fatigante, as ideias claras, lúcidas, definitivas, parecem-nos constituir a verdadeira essência da sabedoria". Um olhar mais atento e familiar às discussões da filosofia poderia descobrir nessa atitude a evasão idealista, que acomete os filósofos desde os tempos de Platão. É o que sugere Cruz Costa, deixando-a nas entrelinhas, ao emendar a passagem do historiador com uma glosa: "O amor da forma fixa, do definitivo, das 'leis gerais que circunscrevem a realidade complexa e difícil dentro do âmbito dos nossos desejos, é dos aspectos mais constantes e significativos do caráter brasileiro'" (Cruz Costa,

1967, p.279-280).[56] Voltando a Sérgio Buarque, haverá ainda um terceiro traço da *intelligentsia* brasileira, ou melhor, o primeiro na ordem sequencial, salientado antes: o individualismo, que dá vazão ao conhecido bordão retido pelos antropólogos, o "sabe com quem está falando?", ao evocar a importância dos títulos de nobreza na sociedade colonial, inclusive do diploma de bacharel. Sobre esse individualismo, assinala o autor: "cada indivíduo [no Brasil] afirma-se ante os seus semelhantes indiferente à lei geral [...], e atento apenas ao que o distingue dos demais, do resto do mundo" (Holanda, 2013, p.155). Tal sentimento de distinção e o *páthos* de distância que o acompanha – sentimento de nobreza, ao fim e ao cabo – definem uma nova aristocracia intelectual, justamente o bacharel letrado e um novo credo fundado sobre a hierarquia, do qual Sérgio Buarque de Holanda não trata, mas que se pode entrever nas entrelinhas do individualismo aristocratizante: o bacharelismo. O resultado, muitas vezes, descurado de tanto se falar e pôr em evidência o chamado "brasileiro cordial", depois que a *intelligentsia* brasileira se viu livre dos compêndios dos colégios religiosos e da tutela doutrinal da Igreja, é o pensador desgarrado, qual o goliardo de Le Goff. E, junto com ele, a propensão de zerar começar tudo *de capo*, ao sabor das vagas da influência ultramarina, tão bem caracterizada por Paulo Arantes.

Comentando a condição do intelectual brasileiro, paralisado por uma espécie de "temor reverencial" (expressão de Hermes Lima) diante de tudo o que vem da Europa, Roland Corbisier define aquilo que seria a natureza do país colonial, bem como o caráter do intelectual ali condenado a viver com sua mente colonizada, mesmo depois de terminado o regime – o de um "país oco, cuja vida não passa de reflexo da vida metropolitana" (Corbisier, 1978, p.56), e de um exilado no próprio país, nostálgico do Sena, dos castelos medievais, das catedrais góticas e de toda a Europa, onde estão as fontes da cultura e do espírito (ibidem, p.57). Segundo Corbisier, "essa tem sido a vida na América, vida reflexa, sem conteúdo próprio, sem densidade ontológica específica" (ibidem, p.56), cujo resultado é o "complexo colonial" ou, antes, do colonizado, e cujos determinismos, em ação desde os tempos coloniais, só muito recentemente conseguimos romper (ibidem, p.57).

Sem poder alongar-me sobre este ponto, tal sentimento de exílio e temor reverencial não são exclusivos da intelectualidade brasileira, mas de todas as Américas, como bem mostrou Leopoldo Zea ao se referir ao México, dizendo que o intelectual mexicano, como ele, é um estrangeiro em seu próprio país.

---

56 As fontes são a primeira e a segunda edição da obra de Sérgio Buarque de Holanda (1936, p.118).

Tudo isso é importante, com efeito, e deverá ser retido no intento de definir o caráter do pensamento (pós)colonial e mesmo a "psicologia" do pensador do país subdesenvolvido, como prefere Bento. Ou seu *ethos*, como eu prefiro, por ver nesse termo tradicional um expediente menos comprometido com o psicologismo, envolvendo um misto de atitudes, disposições e valores que agem em bloco sobre o indivíduo. Sendo o que é, um *ethos*, e como tal um traço de caráter a depender das disposições da mente, da moldagem da educação e do exercício da ação, a natureza do pensamento (pós)colonial – do mesmo modo que a atividade intelectual que o acompanha, a atividade do intelectual colonizado ou subdesenvolvido – deverá ser procurada longe do espírito da nação, da emanação da terra e da metafísica dos povos: não estando nem na síntese antropológica do europeu branco, do negro africano e do nativo indígena, como na figura do mestiço propugnada por Leopoldo Zea e Sylvio Romero, nem no vínculo atávico à terra e ao torrão natal dos pensadores condenados a viver nessa parte do hemisfério, tais traços serão definidos e encontrados alhures. Nas proximidades de Aristóteles e antes de tudo nos dispositivos da educação, assim como nos diferentes circuitos da cultura, com a ciência, o direito e a filosofia na linha de frente, paralelamente à secularização das atividades intelectuais no século XIX, conforme venho insistindo.

Assim, ao procurar definir o *ethos* do intelectual colonizado ou subdesenvolvido, poderiam ser listados a avidez pelas novidades e a disposição de trocá-las tão logo outras apareçam à frente; o complexo do vira-latas de que falava Nelson Rodrigues e a tendência a rebaixar o que é seu e não é estrangeiro; a preguiça intelectual e o consumismo ou a propensão, em vez de produzir, de comprar o que já está pronto; o afã de trocar a aspereza da pesquisa e o esforço do trabalho abstrato pelo brilho de salão e a frase de efeito (retoricismo); o encantamento pelas ideias gerais e as sínteses englobantes etc.

Posto isto, procurarei fornecer uma espécie de tipo ideal do *ethos*, não certamente do filósofo brasileiro do século XIX, que a rigor não existia ou, se existia, não tinha importância, mas do intelectual brasileiro daquele tempo. Para tal feita, adoto como modelo a figura pública de Joaquim Nabuco.

O ponto de partida – histórico e também lógico – se baseia no já mencionado novo "goliardo" dos trópicos: o *bacharel letrado*, inscrito no ambiente pós-colonial, com suas particularidades, potencialidades e restrições, acarretando um conjunto de efeitos de contexto que, articulados e estabilizados, irão adicionar-se ao bacharel como extração social e definir o tipo ideal do intelectual estrangeirado: como em todo tipo, ao modo de constantes e combinações possíveis, ainda que não totalmente consumadas, como será evidenciado na sequência.

O primeiro traço que o define, para além do ascetismo, do criticismo e da evasão idealista (fuga ou recusa da realidade), que são universais e definem todo intelectual, é o *individualismo*, referido por Cruz Costa e Sérgio Buarque. Nesse âmbito, vejo uma espécie de proto-caráter capaz a um só tempo [1] de introduzir o *tour de force* que separa o bacharel goliardo individualista dos tempos novos, *vis-à-vis* do intelectual orgânico da Igreja e seu corporativismo (o *Homo scholasticus* da Companhia de Jesus), e [2] de fornecer a base comum sobre a qual vai incidir outros traços ou constantes do diletante estrangeirado, conferindo-lhe a unidade requerida, e desde logo autorizando-nos a dizer que se trata bem de uma figura coletiva e de uma individualidade.

O segundo traço é o *transoceanismo*, termo cunhado por Capistrano de Abreu e que melhor do que qualquer outro determina o perfil do intelectual dos tempos coloniais e dos países periféricos, como o Brasil. Ou seja: aquelas gentes bizarras que vivem do lado de cá e na parte de baixo do Atlântico, mas têm a cabeça e a mente voltadas para o lado de lá e a parte de cima. É em suma o que o prefixo *trans* sugere: oriundo do latim, significa "entre", "além de", "do outro lado de", "por sobre" ou "de través", dando as ideias de movimento e posição: acima (por sobre), de soslaio ou de lado (través = transverso), a meio caminho ou entre duas coisas (transição = passagem). Integrado a oceano, em suas variações "transoceânico" (adj.) e "transoceanismo" (sub.), pode-se ter numa acepção aquilo que fica "além" ou "do outro lado", cujo equivalente, segundo o dicionário *Aurélio*, é ultramar ou ultramarino. Noutra acepção, aquilo que fica "entre", "por sobre", a "meio caminho" ou "de lado", cujas possibilidades e variações irão definir outro traço importante do intelectual periférico e da sociedade colonial e que vai junto com o transoceanismo: o de *exilado* em seu próprio país ou o *estrangeirado*. Trata-se do vocábulo utilizado por Francisco Weffort justamente ao se referir a Nabuco, sem maiores esclarecimentos (Weffort, 2006, p.204), e que bem antes já havia sido empregado por outros estudiosos em distintos contextos. Exemplos: Antônio Sérgio e Jaime Cortesão, em alusão aos intelectuais portugueses que, depois de passarem algum tempo na França e na Inglaterra, travando contato com a ciência nova e a filosofia das luzes, voltavam a Portugal e lá passavam a viver como estranhos à sua gente ou "estrangeiros".

Assim, Antônio Sérgio de Sousa, ensaísta e crítico literário da melhor cepa, com incursões em sociologia, história e filosofia, além de outros campos do conhecimento e da cultura, referia-se ao tempo de Pombal como "a época dos estrangeirados", e considerava-se a si mesmo um estrangeirado em seu próprio país. Ou seja: como muitos de sua geração, alguém que foi obrigado a exilar-se na França à época da ditadura militar que governou

Portugal antes de Salazar, entre 1926 e 1933, e que regressou a Portugal em 1933, coincidentemente o ano em que houve o novo golpe de Estado e o regime totalitário salazarista foi implantado: era um afrancesado, que sofreu as influências de Proudhon, Desmoulins e outros franceses ilustres, as quais marcaram definitivamente seu pensamento e pendores intelectuais.

Jaime Cortesão, na esteira de Antônio Sérgio, em seu livro erudito e influente publicado em 1950 sob o título *Alexandre Gusmão e o Tratado de Madrid*, dedica todo um capítulo ao assunto: "Castiços e estrangeirados", no qual o leitor encontrará uma lista ampla e circunstanciada composta não só por portugueses, mas também brasileiros. No contexto português, Cortesão cita, por exemplo, Antônio Nunes Ribeiro Sanches (1699-1783): eminente médico, filósofo e pedagogo, cujas ideias influenciaram os Estatutos da Universidade de Coimbra (1772), apesar de ter passado pouco tempo de sua vida adulta em sua terra natal, pois era judeu e foi denunciado à Inquisição por prática de judaísmo, tendo sido obrigado a exilar-se e exercer sua profissão de médico eminente longe de Portugal, na França, Holanda, Inglaterra e Rússia. Também é citado Luís Antônio Verney (1713-1792): filósofo, clérigo e escritor, considerado um dos maiores representantes do Iluminismo no país e um dos mais famosos estrangeirados portugueses, exerceu grande influência sobre Pombal, colaborando com o processo de reforma pedagógica do Reino, antes de se indispor com o Marquês, quando partiu definitivamente para Roma, onde viveu até o fim de seus dias. E o próprio Marquês de Pombal (1699-1782): diplomata e político brilhante, viveu na Inglaterra e na Áustria, grande protagonista da chamada "modernização conservadora" de Portugal ("vinho novo em garrafa velha", segundo os críticos) e inimigo jurado dos jesuítas. No contexto brasileiro, com longa estada em Portugal, são citados: Matias Aires (1705-1763); Antônio José da Silva, dito *O Judeu* (1705-1739); Bartolomeu de Gusmão, dito *O padre voador* (1675-1724), cientista brilhante, inventor do primeiro aeróstato (balão) e irmão do personagem do livro; o próprio Alexandre de Gusmão (1695-1753), considerado o avô da diplomacia brasileira – ou será portuguesa? –, com papel proeminente nas negociações que culminaram com a promulgação do Tratado de Madrid, em 1750, várias vezes citado ao longo desta obra, de suas mãos nasce a revisão das Tordesilhas, que deu ao Brasil a feição atual.

No século XVIII, desfeita a União Ibérica, quando os nacionalistas lusitanos se opuseram aos conterrâneos "castilhistas" e criaram os partidos dos castiços e dos estrangeirados (Cortesão, 1950, p.92-95), esse termo assume uma conotação pesadamente negativa. Tal conotação, em seguida, vai sendo progressivamente aliviada, inclusive, ao ponto de ser estetizada, quando o termo passou a ser marcado pela ambivalência que hoje o caracteriza, ao chegar ao século XX (veja-se o caso de Antônio Sérgio), depois de ter cruzado o Atlântico e desembarcado no Brasil ainda no século XVIII. Desde então, não havendo propriamente *castiços* nestas paragens, a lista dos *estrangeirados* não mais parou de crescer, com a inclusão dos bacharéis conimbricenses dos diferentes pontos da Colônia, que tinham inclusive uma padroeira na famosa cidade com o sintomático nome de Nossa Senhora do Desterro, devendo ser citados entre eles os futuros inconfidentes mineiros. Também eles considerados estrangeirados e afrancesados.

No século XIX, de longe os mais conhecidos estrangeirados brasileiros foram os já mencionados Joaquim Nabuco (1849-1910), ao qual voltarei mais de uma vez a seguir, e José Bonifácio de Andrada (1763-1838), com uma biografia extraordinária, como poucos em nossa história, acerca da qual eu gostaria de reter agora duas coisas. Ambas relacionadas à sua condição de estrangeirado brasileiro, pois viveu a maior de sua vida em Portugal, nas quais se reconhecem a envergadura de sua mente privilegiada, bem como sua enorme capacidade de realização pessoal, não havendo nada – à única exceção, talvez, da poesia – que suas mãos e cérebro não elevassem à mais alta excelência.

Primeira: com formação em direito e em filosofia natural em Coimbra, tendo estudado em Paris e sendo próximo das grandes celebridades da ciência europeia da época, como Lavoisier, Alexandre Von Humboldt e Alessandro Volta, José Bonifácio foi autor de feitos de grande relevância no campo da mineralogia. Dentre estes, registra-se com todas as loas a caracterização de quatro espécies minerais novas, duas de especial importância, conforme o historiador Luiz Carlos Villalta, o espodumênio e a petalita, mais tarde associadas ao lítio – a todos esses quatro minerais descreveu pela primeira vez e deu-lhes nome, tendo sido inclusive homenageado por um estudioso americano, ao batizar com seu nome postumamente outro mineral, a andradita. Outra de suas ocupações intelectuais, no campo da engenharia o ilustre brasileiro regente da cátedra de metalurgia em Coimbra e a ele se credita o feito anedótico de ter sido o primeiro a usar na língua de Camões o vocábulo tecnologia.[57]

---

57 Sobre esses feitos científicos de José Bonifácio, o historiador da ciência Carlos Alberto Filgueiras, egresso da química e ligado à UFMG, salienta, além dos dois minerais, a criolita, ou pedra do frio, por causa do local de sua descoberta, a Groelândia, usada mais tarde na produção do alumínio em escala industrial, "com o que [os feitos] conforme Villalta citando o referido historiador, Bonifácio tornou-se o único brasileiro ligado à história da classificação periódica dos elementos químicos" (Filgueiras, 1986, p.263-268).

Segunda: pragmático, diligente e com espírito público, destacam-se ainda seus talentos e realizações nos campos da administração e da política, como secretário perpétuo da Academia Real de Ciência, enquanto chefe militar à época em que Napoleão invadiu Portugal e à frente dos mais altos e variados cargos do Reino. Tudo isso, entre o período de formação em Coimbra, passando pelos seis anos de especialização em mineralogia nos mais renomados centros da Europa, comissionado pelo Real Erário, e a carreira profissional nas mais diversificadas áreas, em um processo que durou 30 anos – eis que, então, decidiu voltar para o Brasil, em 1819, aos 56 anos, quando vem a público o outro lado de sua biografia extraordinária: a face política do patriarca, amplamente reconhecida na 1ª seção e à qual volto novamente, colocando em relevo os *ups* e *downs* de sua biografia nessa área turbulenta e ingrata da atividade humana. Por um lado, seus enormes talentos políticos, com grande protagonismo na Proclamação da Independência, tempos em que sobe aos céus da glória, assumindo o posto de Ministro do Reino e dos Negócios Estrangeiros, eminência parda do início do Primeiro Reinado junto com seus irmãos e tutor do futuro segundo Imperador. Por outro, a descida aos infernos da desgraça e do ocaso. Banido por Pedro I, exilou-se na França por seis anos, demitido por Feijó durante a Regência e o tutorado, e finalmente instado a abandonar a cena pública, terminando seus dias em solidão na ilha de Paquetá.

Comento essas circunstâncias, explorando os aspectos biográficos mais salientes da trajetória de José Bonifácio, com Nabuco ao fundo, para introduzir outro traço – o terceiro da série –, que irá definir a figura do intelectual estrangeirado da Colônia: sua *ambivalência* e as duas atitudes que a caracterizam. Em um extremo da forquilha, o *indiferentismo político*, como ocorre com grande parte da intelectualidade pós-colonial, paralisada pelo temor reverencial e pelo sentimento de autodepreciação da Periferia frente ao Centro ou o complexo de colonizado. Essa paralisia e sentimento se espalham por toda parte, e este título é geral e incontornável, como aliás na relação da Colônia com a Metrópole, fundada sobre o pacto de submissão, em que o Colono sente-se diminuído face ao Reinol, e dele só o jesuíta escapava, pois devia obedecer ao Geral em Roma e ao Papa no Vaticano. Noutro extremo, o *engajamento político*, protagonizado pelo intelectual engajado, e engajado justamente porque insatisfeito com o estado de coisas reinante e porque estrangeiro e desterrado em seu próprio país. Donde a atitude de alienação e resignação, em contraste com a de rebeldia e o empenho de reformar o país, se não a própria humanidade, ambas condizentes com as duas faces do goliardo: [1] o rebelde descolado, individualista, boêmio, irreverente e irresponsável, como no caso de um segmento expressivo da intelectualidade pós-colonial; [2] o inconformista engajado e responsável por seus atos, em ambientes onde o ofício de intelectual apresentava maior densidade sociológica, abrindo a via para o intelectual público, conforme será mostrado mais à frente.

Tal ambivalência, ainda que sem se referir nominalmente ao estrangeirado, é repertoriada por Gilberto Freyre em *Sobrados e mucambos*, ao focalizar a ascensão dos bacharéis do fim da Colônia, como Gonzaga, Alvarenga Peixoto e Cláudio Manuel da Costa, a partir dos quais e por meio da lupa dos tipos ideais que se está a construir o leitor poderá enxergar a figura do estrangeirado e, não obstante, engajado. Assim, Alvarenga Peixoto – segundo Gilberto Freyre, o autor escreve versos para celebrar as paisagens dos trópicos inflando o peito com o doce lirismo rural da Europa (Freyre, 2004a, p.715). Em outros trechos, em vez do português branco, vê nos "pardos, pretos tintos e tostados" com seus "braços fortes feitos ao trabalho", nas palavras de Freyre, "os verdadeiros construtores do Brasil: os que vinham mudando as correntes aos rios e rasgando as serras 'sempre armados de pesada alavanca e duro malho'" (ibidem, p.717). Cláudio Manuel da Costa – "de volta ao Brasil, depois de cinco anos de Europa, não contém nem disfarça o desencanto diante da [nossa] paisagem tristonha", ao comparar as águas azuis do rio Mondego avistadas de Coimbra e as águas barrentas dos rios cortando as paisagens cansadas de Vila Rica, Minas Gerais (ibidem, p.715). Tomás Antônio Gonzaga – considerado por Gilberto Freyre um dos bacharéis mais europeizados, o autor das *Cartas chilenas*, filho de mãe portuguesa e pai brasileiro, depois de estudar direito em Coimbra, "de volta à Colônia [...] não esconde a repugnância que lhe causa ver as margens do riacho que banha Vila Rica transformadas em lugares de bacanal; e o batuque africano dançado não apenas nos mucambos de negros, mas nos sobrados grandes dos brancos" (ibidem, p.716). E na esteira deles, uma penca de outros ilustres bacharéis mineiros que, como Cláudio Manuel da Costa, que iniciou sua formação nos colégios dos jesuítas (o inconfidente estudou no Rio de Janeiro, pois não havia nenhum colégio em Minas Gerais na época de seus estudos),

> [...] voltaram formados da Europa, sonhando com Arcádias, para encontrarem [por aqui] campos para eles feios e tristes, a terra acinzentada pelas "queimadas" e devastada pela mineração. Adolescentes que se europeizaram de tal modo e se sofisticaram de tal maneira que o meio brasileiro, sobretudo o rural – menos europeu, mais bruto – só lhes deu a princípio nojo, enjoo físico: aquela vontade de vomitar aos olhos de que fala o pregador. (Ibidem, p.715)

Ora, seguindo os passos do pernambucano, a *ambivalência* aparece junto ou contígua com a experiência de desconforto e o sentimento de desterro, podendo dar azo ao distanciamento alienante comum entre os intelectuais do período pós-colonial, ou então proporcionar a distância reflexiva requerida ao engajamento consciente, acarretando a liberação de energias criadoras, como no caso dos bacharéis mineiros, e não só os árcades de Vila Rica:

> Passado o enjoo dos primeiros anos – escreve Freyre –, os bacharéis e doutores formados na Europa tornaram-se – alguns pelo menos, porque em outros o desencanto durou a vida inteira, havendo até os que se deixaram reabsorver pelo meio agreste, como o doutor José de Melo Franco, sertanejo de Paracatu – um elemento de diferenciação criadora, dentro da integração brasileira que se processava, quase por inércia, em volta das casas-grandes das famílias patriarcais. (Ibidem, p.716)

Depois de citar os exemplos de José Basílio da Gama (São João Del Rei) e de Frei Santa Rita Durão (Mariana), também eles bacharéis estrangeirados, com longa estadas em Portugal e na Itália, em cujas obras vislumbra-se a reversão de perspectiva e o elogio das terras dos trópicos, sobretudo no frade agostiniano, autor de *Caramuru*, em que se reconhece um nativista ou, antes, um indianista, se se preferir, Gilberto Freyre concluirá que "a Inconfidência Mineira foi uma revolução de bacharéis, como revoluções de bacharéis foram – pelo menos de clérigos que eram antes bacharéis de batina do que mesmo padres [...] – as duas revoluções pernambucanas [...] de 1817 e 1824" (ibidem, p.717-718). E a própria Independência, como evidenciado supra ao se destacar o papel do patriarca: não exatamente um afrancesado, mas um estrangeirado, que passou a maior parte de sua vida em Portugal e na Europa, e um estrangeirado engajado, como aliás Joaquim Nabuco, que de resto não se enxergava afrancesado, mas anglófilo e, mais tarde, americanizado, após viver um longo tempo nos Estados Unidos como embaixador (1905-1910).

Tudo isso é importante e tem consequências lógicas e conceituais decisivas na construção do tipo ideal da *intelligentsia* brasileira do século XIX e que por comodidade está-se a chamar pós-colonial. Por um lado, a implicação notória de que o *estrangeirado*, em que pese a circunscrição metodológica restritiva de se ater aos exemplos brasileiro e lusitano, estereotipado com o sentimento de desterro e desconforto, no fundo não tem nada de nacional ou de exclusivamente luso-brasileiro: trata-se antes de constante universal, condição inerente do intelectual, sempre um estrangeiro em seu próprio país, como aliás havia observado o grego Luciano em referência ao historiador como um verdadeiro *a-polis*, ou seja, apátrida. Por outro, o efeito de contexto e a remodelagem do trabalho intelectual, levando à distinção daquelas situações em que o ofício do bacharel letrado se dá na Metrópole ou na Colônia, bem como no Centro ou na Periferia do sistema. Consumada a segunda disjuntiva, ao sentimento de estrangeiro comum a todos adicionam-se a impressão arraigada de desterro e a atitude ou o sentimento do *bovarismo*, vazado na insatisfação difusa do indivíduo consigo mesmo e com o meio circundante, cujas vertentes extremas conduzem ao *filoneísmo*.

Sumariando, como antecipado, são seis as constantes que definem o *ethos* do intelectual estrangeirado, ao tomar como fio condutor o goliardo da Colônia, o bacharel letrado, pouco importando se tratar do bacharel do direito ou não, mas sabendo-se que ele terá primazia:

[1] O individualismo, ao despregar do *esprit de corps* da Companhia de Jesus que viceja no *Homo scholasticus* e dá azo ao intelectual orgânico da Igreja.
[2] O transoceanismo, ou seja, a dualidade de perspectiva, em que o indivíduo vive com a mente na Europa e o coração no Brasil, como ressaltado por Nabuco.
[3] O bacharelismo, ou a superstição da escrita, junto com o retoricismo e o diletantismo, o primeiro provoca o culto às belas palavras, e o segundo a sedução pelo improviso e as ideias gerais.
[4] O bovarismo, já caracterizado.
[5] O filoneísmo, ou o gosto desmesurado pela novidade e por tudo o que é estrangeiro.
[6] O dualismo, ou a ambivalência de atitudes, que leva ao indiferentismo político, à paralisia pelo temor reverencial ao Centro, que resulta na evasão do real repudiado rumo ao mundo transcendente das ideias, e também conduz ao engajamento refletido, abrindo caminho para o intelectual público.

A hipótese é que o intelectual estrangeirado define a *intelligentsia* brasileira do século XIX, podendo o tipo ideal ser recuado aos árcades e enciclopedistas do final do século XVIII, bem como se estender às primeiras décadas do século XX, período em que os bacharéis letrados ocuparam a cena intelectual, no lugar dos clérigos jesuítas. Ambientado nos períodos colonial e pós--colonial, quando o tipo puro do estrangeirado se vê enriquecido com outras constantes ou traços de caráter, por exemplo, o bovarismo e o filoneísmo, o estrangeirado da Colônia e da Independência se reconhece, então, como intelectual colonizado e periférico, conforme estou propondo, ao colocar em relevo as ideias de desterro e de marginalização (alguém que vive na periferia, à margem ou na franja do sistema). Ao fazê-lo, lembro que em francês há outro termo que expressa a mesma ideia de desterrado: *dépaysement*, *dépaysé* e *dépayser*, explorando outras variações da experiência do desterro e da expatriação; porém, em nosso caso, não é a sensação de expatriado ou estranhamento de quem está vivendo fora, no estrangeiro, como o imigrante ou o meteco, mas dentro do próprio país.

Definido o tipo, o teste do intelectual colonizado e periférico poderá ser feito, como antecipado, a partir do exemplo do próprio Joaquim Nabuco que, em diferentes partes de sua obra, retomou aquilo que vai ser o grande dilema do intelectual brasileiro de seu tempo: a ambiguidade, vivida como um "dilema identitário" por esse intelectual do século XIX, para usar a formulação do historiador Fernando Sá, da Pontifícia Universidade Católica (PUC-RJ) (Sá, 2011, p.55), em um tempo – acrescente-se – em que o letrado, rigorosamente, não era luso-brasileiro, nem brasileiro, ainda, mas um "estrangeirado" às voltas com outros "alter egos" e referências: francesas, antes de tudo, mas também inglesas e alemãs. Tal dilema conduziu Nabuco a uma verdadeira "tragédia", como notou, não sem certo exagero, Mário de Andrade, ao falar do "mal de Nabuco". Assim, referindo-se a si mesmo e ao seu estado de alma incontornável, o tempo todo polarizado entre a razão e o sentimento, Nabuco coloca em primeiro plano o transoceanismo, a ambivalência das perspectivas e seu resultado inevitável: a ambiguidade vacilante e o fato de ele ser estrangeiro em seu próprio país. É o que está dito com todas as letras em seu livro autobiográfico, *Minha formação*, em uma passagem famosa citada por Weffort, Francisco Sá e uma plêiade de historiadores:

> De um lado do mar sente-se a ausência do mundo; do outro a ausência do país. O sentimento em nós é brasileiro, a imaginação europeia. As paisagens todas do Novo Mundo, a floresta amazônica ou os pampas argentinos, não valem para mim um trecho da Via Appia, uma volta da estrada de Salerno a Amalfi, um pedaço do cais do Sena à sombra do velho Louvre. No meio do luxo dos teatros, da moda, da política, somos sempre *squatters* [colonizadores], como se estivéssemos ainda derribando a mata virgem. (Nabuco, s/d, p.11)

E para arrematar, referindo-se à sua carreira política marcada pela campanha abolicionista, quando a América do Norte ainda estava longe de seus horizontes intelectuais e existenciais, ele entrou para a Câmara de Deputados como se fosse um político inglês no Parlamento brasileiro, e mesmo ao reverter as perspectivas, conforme o tipo ideal que se está a construir, como se estivesse na Inglaterra na Câmara dos Comuns: "Tão inteiramente sob a influência do liberalismo inglês, como se militasse às ordens de Gladstone" (ibidem, p.47).

Como todo tipo ideal, está-se diante de um modelo ou uma construção mental, que deve ser ajustado ao se aplicar à realidade, podendo o indivíduo que lhe é subsumido dele se afastar, em sua particularidade, em mais de um aspecto e mesmo colidir com outro indivíduo, portador de traços distintos. Assim, a nota essencial que define o tipo do intelectual colonizado e periférico, o transoceanismo, deverá ser "interpretada" ao se aplicar a Nabuco e a Farias Brito, por exemplo: positivamente, ao determinar em Nabuco a *distância* como distância reflexiva, requerida para o intelectual engajado na campanha abolicionista pensar o país, a escravidão e sua obra – a mentalidade escravocrata, que continuou atuando em nosso país mesmo depois que a escravidão foi abolida, como resultado de trezentos anos de cativeiro, gerando o despotismo, a superstição e a ignorância (Nabuco, 2000, p.5); negativamente, ao determinar em Farias Brito como a *alienação* ou distância alienante, conforme notou Vaz em referência a Sílvio Rabelo, que "caracterizou perfeitamente a filosofia de Farias como uma 'aventura do espírito' – uma aventura para fora do mundo cultural em que o pensador se inseria" (Vaz, 1961, p.237). Ao se falar da filosofia e tocar no exemplo de Farias Brito, focalizando concomitantemente o transoceanismo e a distância alienante, o estudioso fica autorizado a explicitar, senão a incorporar pura e simplesmente, um segundo traço ou elemento que define o intelectual estrangeirado: a ambivalência, ao contrapor numa das hastes da forquilha, a partir do mesmo tronco comum do goliardo periférico, o engajamento político de Nabuco e José Bonifácio, e na outra haste o indiferentismo político. De resto, obnubilado pelo engajamento político do abolicionista Nabuco, mas que será a característica por excelência dos filósofos da época, mesmo os mais proeminentes, como Farias Brito e Tobias Barreto.

Sobre Barreto, se é verdade que, diferentemente de Farias, sua carreira se estendeu para além dos muros da academia, levando-o a invadir a vida pública e intelectual do país, como notou Cruz Costa (1967, p.285),[58] tal proeminência e lastro não devem ser creditados à filosofia, mas ao direito,

---

58 Sobre a vida pública de Tobias Barreto, acrescente-se que ele foi colaborador assíduo de vários jornais pernambucanos. Cabe ressaltar ainda sua eleição a deputado para a Assembleia Provincial de Escada, onde vivia; todavia, a política não era exatamente o centro de suas preocupações. Faleceu às vésperas do fim da Monarquia, sem nunca ter-se envolvido diretamente com a causa republicana. E, aliás, nem mesmo com a causa abolicionista como problema político nacional, mas sim como problema pessoal, a julgar pelo episódio

não fazendo dele um filósofo original, menos ainda um filósofo intelectual público. Esta é, aliás, a opinião de Cruz Costa, que via na figura do inquieto e destemido sergipano a confirmação do individualismo renitente que Sérgio Buarque havia definido como um dos traços de caráter mais saliente da intelectualidade brasileira. Assim, escreve Cruz Costa, arrematando o perfil do fundador da Escola de Recife:

> Entre todos os vultos da segunda metade do século passado [século XIX], Tobias Barreto é, certamente, um desses homens. Ele ainda confirma uma constante ou várias constantes de sua comunidade, tais como o filoneísmo, a versatilidade, quiçá uma certa irresponsabilidade intelectual. (Cruz Costa, 1967, p.282-283)

Quer dizer, trata-se do goliardo, como Nabuco, mas do goliardo irrequieto e boêmio, além de rebelde e descolado, descrito por Le Goff, cuja gênese nos leva de volta à Idade Média, mas que depois será encontrado por toda parte, inclusive no Brasil colonial, quando seus espécimes eram poucos, e pós-colonial, quando passam a ser legião. Por isso, quem procurar nas hostes da filosofia do século XIX um exímio representante do intelectual público engajado, visto como o antípoda do intelectual transoceanista estrangeirado, não vai encontrá-lo nunca.

Nem em Benjamin Constant que se ensinava no Colégio Pedro II e ocupara a cena pública, certamente não como professor de filosofia, mas de matemática, tampouco como intelectual público, porém do exército e das forças armadas. Esta é a opinião de Sérgio Buarque de Holanda, cujas reservas com respeito ao republicanismo e mesmo ao gosto pela política do ilustre positivista são contundentes e de várias ordens:

> De Benjamin Constant Botelho de Magalhães – escreve Sérgio Buarque –, honrado por muitos com o título de Fundador de nossa República, sabe-se que nunca votou, senão no último ano da Monarquia. E isso mesmo, *porque desejou servir a um amigo de família*, o conselheiro Andrade Pinto, que se apresentava candidato à senatoria. Costumava dizer que tinha nojo de nossa política. E um dos seus íntimos refere-nos, sobre sua atitude às vésperas de inaugurar-se o novo regime, que naquele tempo, decerto, nem sequer lia os jornais, tal a aversão que lhe inspirava nossa coisa pública. E assim prossegue "Era-lhe indiferente

---

da alforria dos cativos de suas terras, que lhe custou um pesado desentendimento com seu sogro, como relatam os biógrafos.

que governasse Pedro ou Martinho, liberal ou conservador. Todos, na opinião dele, não prestavam para nada. E eu, muitas vezes, estranhava essa indiferença e o pouco-caso de Benjamin pelas nossas coisas políticas, que em geral são tão favoritas de todo brasileiro de alguma educação; e procurava explicar o fato estranho, dizendo comigo mesmo que ele era um espírito tão superior, que não se ocupava com essas coisas pequeninas, e nem tempo tinha, porque pouco lhe sobrava para seus estudos sérios de matemáticas a que sempre se dedicou com ardor e paixão". (Holanda, 2013, p.159-160)[59]

Menos ainda em Sylvio Romero, cuja influência, segundo Cruz Costa, deve-se ao "seu infatigável esforço de compreensão do Brasil", não à sua *"filosofia"* (Cruz Costa, 1967, p.299). Ou seja, como crítico literário e intelectual do direito.

É, portanto, na extensão não da filosofia, sequer das ciências sociais, que mal existiam no período, mas das letras e, mais ainda, do direito, que deverão ser procurados aqueles poucos pensadores e ativistas que mereciam e merecem o título de verdadeiros intelectuais públicos: na Colônia, os Inconfidentes, como Cláudio Manuel; no Império, Bonifácio de Andrada (que além de filosofia natural estudou direito em Coimbra) e Joaquim Nabuco; na República Velha, Ruy Barbosa e Euclides da Cunha (que estudou engenharia e era a este título bacharel letrado).

Resultado: se Nabuco fornece o modelo, o intelectual estrangeirado é um tipo ideal e o tipo real pode confirmar ou não seus traços ou suas constantes; um desses traços é o transoceanismo, com a bifurcação indiferentismo e engajamento políticos. Nabuco encarna o segundo, enquanto os filósofos e filosofantes realizam ou encarnam o primeiro; a exceção é Sylvio Romero, que pensa o Brasil, não como filósofo, mas como crítico literário. Por fim, o antípoda do intelectual estrangeirado é o intelectual público, uma raridade no século XIX. Bem pesadas as coisas, tal qualificativo não é pertinente nem mesmo no tocante a Bonifácio e Nabuco, que se eram bacharéis e

---

59 Note-se que o "íntimo" do carioca ilustre referido por Sérgio Buarque é Teixeira Mendes. Lembro ao leitor que no 1º Passo, do mesmo modo que no artigo da *Analytica* (2013, p.98), eu já havia argumentado longamente sobre a figura intelectual de Benjamin Constant, quando decidi retirá-lo do agrupamento dos intelectuais públicos da República, podendo o leitor interessado lá retornar e poupar-me, assim, da reduplicação ociosa do argumento. Sobre sua biografia, remeto o leitor, ainda, às anotações de Visconde de Taunay (2005, p.128), que ressalta em seu livro de memória a sinceridade do "bom patriota", ao se envolver na "ardente propaganda" que resultaria na queda da Monarquia, bem como o arrependimento que se lhe seguiu e os erros do "infeliz comtista".

ocuparam a cena pública, foram como políticos – a outra vertente do bacharelismo – e não como intelectuais. Tanto que não viviam da própria pluma, mas da política, o segundo como mandatário do Estado e graças aos cargos da alta administração, o primeiro como senador do Império e embaixador da República. Assim, foi preciso esperar por várias décadas para que aquela figura pública pudesse ganhar em escala e proeminência entre nós, fato consumado somente no século XX, proveniente não mais do direito, mas das ciências sociais nascentes, conforme será evidenciado no próximo Passo.

Quanto à filosofia, sem escala e densidade, deverá esperar ainda mais tempo, por volta dos anos 1960. Enquanto isso, a pouca filosofia que havia no século XIX se fartará do filoneísmo e do bovarismo, como amplamente exposto acima, todo mundo copiando e mimetizando os franceses, os ingleses e os alemães. Quanto aos bacharéis-filósofos, que eram poucos, em sua maioria diletantes e autodidatas, não faltará nem mesmo a defesa "filosófica" daquela extração intelectual e social, defesa que ficou a cargo de Tobias Barreto. Justamente, aquele considerado o maior de nossos bacharéis-filósofos, em trecho citado por Gilberto Freyre em *Sobrados e mucambos*, em alusão a Wanderley de Pinho, autor de *Salões e damas do segundo reinado*: no caso, uma passagem na qual o autor, ele próprio oriundo da aristocracia paulista,

> [...] opõe às generalizações injustas de Tobias Barreto sobre os salões das velhas casas-grandes [...] e dos antigos sobrados brasileiros [...] – e nos quais, segundo o mesmo Tobias, preponderavam "o canto, a música, o jogo, a maledicência" e não, como ele desejara, as conversas eruditas de bacharéis com bacharelas – os reparos inteligentes de José de Alencar: "se a palestra vai bem, procura-se alguma *chaise-longue* num canto de sala e a pretexto de tomar sorvete ou gelados faz-se uma transação, efetua-se um tratado de aliança". (Freyre, 2004a, p.81-82)

Tal é o cenário da *intelligentsia* brasileira no século XIX, o século do bacharel-letrado, do Imperador-bacharel e do intelectual-estrangeirado. Desse cenário, o que foi dito e argumentado é suficiente para a primeira *leg* do meu argumento: definir o *ethos* da intelectualidade nacional do Império e da República Velha, a saber: o intelectual estrangeirado. Falta, agora, ao concluir a seção, a segunda *leg*: o déficit das produções do intelectual estrangeirado, caracterizadas pela cópia servil e a ausência de seriação, conforme notaram Sylvio Romero e Antonio Candido. Ao estabelecer o nexo de ambas as *legs*, duas hipóteses deverão ser consideradas e articuladas: [1] o legado da Colônia: *gaps*, assimetrias, proibições etc.; [2] o *enjeu* da Independência e a agenda do Império e da República Velha: o fim da Colônia e a instauração do país (Independência), considerados obras do presente e uma realidade (Constituição, Governo Federal, Parlamento, províncias); a conquista e a construção da nação, entendidas como projeto e obra do futuro, com a identidade nacional da filosofia, das artes e das letras nacionais remetida a um momento ulterior e simplesmente adiada.

Sobre o legado da Colônia e seu impacto sobre o pensamento pós-colonial, em sua tentativa de explicar por que não havia filosofia brasileira no Brasil Colônia, Vaz observa no artigo da Seaf que não havia nem podia haver tal filosofia. Não havia nem podia haver, porque o caminho adotado não foi a "assimilação" das culturas das populações aqui existentes, mas a da "denegação" ("selvagens", "segunda criação de Deus", "tribos perdidas de Israel") e mesmo da "destruição" dos nativos, poder-se-ia dizer. Na perspectiva do colonizador português, escreve Vaz, "o território brasileiro praticamente se apresentava como um território vazio a ser ocupado", e a ocupação se deu da única maneira possível, através do duplo transplante da Metrópole para a Colônia: primeiro, dos elementos da cultura material, que constituíram a base material ou física da vida colonial, recobrindo a organização do trabalho, as técnicas de exploração da terra, as armas e os equipamentos para defesa etc.; segundo, dos elementos da cultura espiritual (crenças, valores religiosos, códigos morais, ideias filosóficas) que irão sobrepor-se à base material como polo complementar e indispensável.

Segundo Vaz, ao serem trazidos para a nova terra, esses dois componentes, em uma formulação mais minha do que dele, se fundiram em um todo e passaram a constituir o solo comum de uma experiência individual e coletiva exposta às urgências da sobrevivência imediata e desafiada pelos perigos e seduções do novo continente, onde existia todo um mundo a ganhar ou a perder.

Tudo isso – acrescento eu – deu lugar a uma experiência nova e rica, europeizada e ibérica em sua essência, mas transplantada e vivida na imediatez dos trópicos. Neste lado das Américas a colonização foi conduzida, como observou Sérgio Buarque, por um povo ibérico pragmático e "semeador", em um movimento do campo às cidades, com poucos colonizadores, e sem poder afastar-se muito do litoral extenso, desde o Pará até Santa Catarina. No outro lado, conduzida pelo espanhol arrogante e senhor de si, nas palavras do autor "ladrilheiro" e construtor, em um movimento da cidade ao campo, ou melhor, às minas. E o que é importante: à diferença do sócio lusitano da colonização, substituindo o pragmatismo da adaptação ao mundo pelo normativismo da lei e decisão dos tribunais, com os súditos de Castilha obcecados por papéis e levando as pendências jurídicas para os tribunais de

Valladolid e Sevilha. Duas atitudes, com efeito, e duas visões da colonização. Porém, num caso e noutro, estava-se diante da transplantação de instituições inteiras que tiveram de se adaptar às Américas e que logo se viram às voltas com as urgências da colonização, na mais completa e total imediatez, como notou padre Vaz. Imediatez, ou seja, sem recolhimento interior e sem olhar para trás: esta é a sina de todo imigrante e de todo colonizador, têm de partir, sem pensar e sem olhar para trás, esta foi a sina do colonizador português. Sem alternativa, instalou-se por aqui como pôde, com suas referências, exposto às fraturas do processo de colonização (os ditames da fé e os desafios da ação que logo opuseram os clérigos e os colonos) e sem poder desenvolver o trabalho analítico do choque das opiniões com os nativos e entre os lusos – ambos carregados de seus valores, *gaps*, pontos cegos e polaridades, a exigir o trabalho da mente e a introdução de mediações nas ações e nos pensamentos, configurando uma situação de crise de referências que desde os gregos, lembra Vaz, levava à filosofia. Contudo, não levou aqui, ou melhor, levou sim, levou à filosofia ensinada nos colégios e seminários religiosos, Vieira à parte, alheio a essas duras condições da existência e indiferente às crendices do colono e do nativo. De resto, crendices suspeitas de paganismo e de feitiçaria, às quais o jesuíta preferia as heccidades da escolástica e as quididades das coisas, com as quais estava mais familiarizado, ao seguir os ditames da *Ratio Studiorum*, cuja pedagogia e treino terminarão por constituir o intelectual orgânico da Igreja e da Companhia, conforme evidenciado no 2º Passo.

Compreende-se então, como observa padre Vaz, por que, desde o Brasil Colônia até o período pós-colonial,

> [...] as condições históricas da nascente sociedade brasileira não ofereciam nem conteúdo nem forma para tal tipo de experiência [a experiência de uma cultura capaz de se autoproblematizar, e de se autocriticar, que leva à filosofia, senão a uma nova filosofia]. Por um lado, a base material era representada por técnicas rudimentares de exploração da terra. Por outro lado, a atividade cultural se ocupava com problemas que tinham nascido e se desenvolvido, a partir de um mundo de cultura que não tinha aqui seu solo nativo. Assim, durante muito tempo, falar de filosofia no Brasil e na América em geral não traduzia uma postura original, e nenhuma experiência fundamental respondia a uma tal filosofia. O máximo que se podia fazer era, a título de curiosidade ou de ornamento cultural, acompanhar a produção europeia [...]. No que diz respeito ao Brasil, a impossibilidade de se fazer outra coisa senão simplesmente repetir as formulações de outras experiências que não eram feitas por nós [...] caracteriza, por exemplo, toda a literatura filosófica – se é que pode ser chamada de literatura

filosófica – que encontramos no Brasil no século XIX [...]. Eram experiências que tinham lugar no centro de um mundo do qual éramos apenas a franja remota. (Vaz, 1978, p.13)

Cruz Costa, em uma perspectiva próxima a de Vaz, também reconhece a força e o peso do legado português e do passado colonial, explorando, porém, melhor a ambiguidade, como notou Bento Prado, vinculada ao fato de Portugal, ao mesmo tempo que se abre para o mundo e inicia a colonização, volta as costas para a Europa e se fecha à ciência. Cruz Costa soube como poucos sondar o espírito português, pondo em relevo o fato fundamental de, sob as águas dormentes da neoescolástica, correr desde a Idade Média o rio inquieto e transbordante da verdadeira alma portuguesa: o sentido prático e positivo da vida, a igual distância da catedral gótica dos escolásticos e das regiões brumosas da metafísica alemã. Quanto ao Brasil, ao se perguntar no início da conferência, várias vezes citada, por que "nossos filósofos nunca se mostraram originais?", tendo eles preferido não a catedral gótica, mas a capela barroca da segunda escolástica, ao congelarem o rio do tempo, o estudioso paulista buscará sua resposta no liame entre a hipótese do "déficit de originalidade" e a do "déficit histórico" ou do desenvolvimento histórico insuficiente de um país novo, ainda imaturo para as coisas da filosofia:

[...] É talvez cedo ainda para que possa existir filosofia em nossa terra. Ela é tão vasta! Ainda não foi convenientemente trabalhada pelo homem. Os que trabalham são poucos, cansam-se e repousam para, no dia seguinte, recomeçar o trabalho de construir cidades, estradas, lavouras, indústrias. Talvez estejam esses homens a alicerçar também uma filosofia. Há alguma coisa neles que faz julgar que, desse incessante trabalho de construção de um povo, há de surgir também uma visão da vida e do mundo, uma filosofia. (Cruz Costa, 1945, p.2)

Trata-se, pois, de uma maneira de ver as coisas bastante convergente com a de padre Vaz, colocando em relevo a necessidade de conquistar e desbravar a terra e só depois fazer literatura e filosofia, pois primeiro vêm a ação e o trabalho, só depois o pensamento e a reflexão. Foi assim que as coisas se passaram, e quem quiser compreender o liame, liame contingente, mas nem por isso menos real, capaz de definir legados e fixar causalidades, deverá recorrer à história, à nossa história colonial, bem entendido. Uma história que, segundo Cruz Costa,

[...] não é longa nem carregada de brilhantes feitos heroicos. *É toda feita de trabalho*. Não houve aqui torneios, armaduras, variadas e longas lutas de dinastias. Houve a terra a conquistar, uma terra agressiva. Houve rios a percorrer, rios que se perdiam em florestas de amedrontar. Houve, sobretudo, muita esperança e muita desilusão. (Ibidem, p.2)

No fim da conferência, após examinar a situação da filosofia brasileira no passado e condená-la como nula e deficiente, inclusive no período pós-colonial, quando houve um surto de ideias novas ao mesmo tempo que tinham continuidade um idêntico bovarismo e filoneísmo desembarcado nessas terras em fins do século XVIII, Cruz Costa alivia o diagnóstico duro ao visualizar nosso futuro:

É certo que alguns dos nossos letrados tiveram uma significação. Foram aqueles que procuraram reformar a nossa inteligência quando ela se arrastava tolhida e anêmica. Foram aqueles que compreenderam o alto sentido do novo espírito científico e da técnica para países novos e de dimensões como as da nossa terra. Hoje, a tarefa é mais larga: cabe-nos *tomar consciência clara e distinta dos nossos problemas* e encontrar, para este grande enigma, solução que seja nossa, prática, positiva e humana, como o indica a índole do nosso espírito. (Ibidem, p.14)

Portanto, se no início a questão da filosofia nacional era para Cruz Costa algo forçada e se revelava um falso-problema – uma "brincadeira", uma "ideia curta", "uma fantasia sem proveito", "uma tolice dos filosofantes" –, e como tal um equívoco a ser eliminado pela análise histórica, além da aceitação da dura verdade do legado colonial, o mesmo não se pode dizer quanto ao futuro. Da sua consideração depende a justa perspectiva, tanto do historiador das ideias em seu esforço por compreender o passado, quanto do filósofo preocupado com o presente e o destino do país onde vive. Conclui nosso autor: "Se volvemos o nosso olhar para a história do passado é precisamente para melhor nos libertarmos dele e para iniciar, com o mundo novo que se anuncia, uma etapa nova e desta vez decisiva: a da verdadeira cultura nacional" (ibidem, p.15).

Então, se é assim, o ontem e o amanhã dependem de um processo histórico, que é contingente e, por isso, os males do tempo têm remédio e os legados do passado podem ser processados. Os males e os legados são sumariados pelos estudiosos como déficits da nossa cultura, os quais aparecem em comparação e em oposição, pois a falta, categoria negativa, só pode ser aferida se for referida a uma positividade ou a algo que é, e seu diagnóstico não é exclusivo da filosofia: há o déficit de formação, segundo Paulo Arantes; há a falta de envergadura filosófica que acomete a inteligência literária brasileira de Mário de Andrade; há o *topos* da tenuidade nacional e a densidade europeia de que fala Gilberto Freyre; há o estrangeirado e o déficit de nação de Joaquim Nabuco; há o déficit de letras nacionais, até mesmo em Machado, "a mais fina e acabada flor de estufa da literatura brasileira", conforme Sylvio Romero; e há o déficit de filosofia nacional nas duas acepções de déficit de pensamento autônomo e de déficit de obra original, não passando Tobias Barreto e Farias Brito de "estrangeirados".

Voltando às duas *legs* metafilosóficas, o legado do passado colonial e a agenda pós-colonial de construir a nação e a cultura nacional, temos então que a hipótese dos déficits foi ratificada tanto para a Colônia quanto para a Independência e o período pós-colonial – em que os déficits foram processados, alguns deles superados, mas não todos resolvidos, continuando a vigorar a ausência de sistema de obras autorreferentes no sentido de Sylvio Romero e Antonio Candido, bem como persistindo entre nós o temor reverencial do intelectual (neo)colonizado periférico frente ao centro do sistema idealizado e magnificado. Aqui entra a renitente e tantas vezes renovada *imagérie* do país do futuro, em meio aos humores pessimistas ou otimistas das nossas gentes e de nossa intelectualidade ao fazer as comparações, que darão azo à tópica do país atrasado e rude frente à Europa adiantada e polida, como em Joaquim Nabuco e Visconde de Taunay em suas memórias de *fin de siècle* (2005, p.15).[60] Porém, esta não será propriamente a agenda do intelectual estrangeirado, que com seu temor reverencial da *intelligentsia* do Centro nunca se propôs tal tarefa, mas do *scholar* e do intelectual público, cuja agenda de superação foi iniciada – e não obstante encontra-se ainda inconclusa, em um país novo e condenado ao futuro como o nosso – no decorrer do século XX, depois de virada a página da República Velha.

Este tópico será tratado no próximo Passo, quando será interposto entre os dois segmentos temporais, entre os períodos pós-colonial e contemporâneo: a importante transição que se estende da década de 1930 à de 1960.

---

60 No prefácio, Sérgio Medeiros comenta que "Taunay, um esteta francês, como lembra Antonio Candido, não obstante seu envolvimento com a vida na Corte, mostra também um 'certo desprezo' latente em relação à 'boa sociedade' [brasileira], para ele não suficientemente polida". Sobre a Europa adiantada, ver 5ª parte, notas esparsas (Taunay, 2005, p.533), em que a referência é textual.

– 4º PASSO –

OS ANOS 1930-1960 E A INSTAURAÇÃO DO APARATO INSTITUCIONAL DA FILOSOFIA: OS FUNDADORES, A TRANSPLANTAÇÃO DO *SCHOLAR* E O HUMANISTA INTELECTUAL PÚBLICO

Antecipo, como no Passo anterior, que o roteiro a ser seguido nas próximas seções sofrerá importantes mudanças e inflexões devido à alteração do contexto. Assim, ficarão neutralizados os argumentos linguístico e da identidade política da nação, posto que superados, porém mantidos os argumentos dos déficits culturais e educacionais, que serão processados e enfrentados no novo ambiente, e incluídos novos elos no aparato argumentativo juntamente com a estratégia de abordá-los e levá-los a cabo. Antes de tudo, a inclusão de um conjunto de componentes histórico-sociológicos de natureza estrutural e qualitativa, relacionados com a instauração de um novo tipo de sociedade nessas terras, na esteira do modelo ramificado gestado no período pós-colonial: antes associado ao padrão do ruralismo das oligarquias agrário-exportadoras e da cultura elitista, agora ao padrão urbano-industrial da empresa capitalista e da cultura de massa.

Tal passagem significou uma verdadeira revolução, a Revolução de 1930, cujas consequências se fazem sentir até hoje e cuja descrição como resultado e processo, mais do que episódio ou evento, exigiu o afinamento de parâmetros qualitativos e a circunscrição da agenda por ela abarcada: a agenda nacional-desenvolvimentista, como veremos. Então, se o período recoberto pelas novas análises será consideravelmente menor, totalizando trinta anos, não será menor o seu impacto: um mundo de ponta-cabeça, justificando a primazia da análise qualitativa e estrutural, mantendo não obstante o argumento de escala e dos grandes números para aferir a grandeza e a extensão dos processos, inclusive das novidades, e ao mesmo tempo subordinando o *quantum* ao *qualis* e os números à estrutura – donde a sua extensão menor.

Tudo isso será o objeto da primeira seção. Para as restantes o *script* será parecido, ao se procurar calibrar para o novo período o tripé semiótico autor-obra-público de Antonio Candido, a hipótese histórico-sociológica dos déficits e o argumento metafilosófico da filosofia do período, segundo as matrizes do pensamento, os gêneros literários e o *ethos* do novo intelectual-filósofo: o *scholar*, tendo como contrapontos o diletante estrangeirado e o intelectual público.

1. A GRANDE RUPTURA DA REVOLUÇÃO DE 1930: DA SOCIEDADE PÓS-COLONIAL AGRÁRIO-EXPORTADORA À SOCIEDADE MODERNA URBANO-INDUSTRIAL

Ao introduzir o 4º Passo, lembro ao leitor a passagem de Cruz Costa citada antes ao me referir à sociedade colonial e que conserva sua pertinência e atualidade para os tempos que se consumaram depois: "É vezo antigo atribuirmos todos os nossos defeitos à fraqueza ou à má constituição do ensino, quando este apenas reflete os defeitos e as fraquezas de nossas condições sociais, políticas e econômicas" (Cruz Costa, 1967, p.137). Mostrarei então que esses defeitos e males seculares, dando ensejo à hipótese do déficit cultural e institucional de nosso sistema de ensino desde a expulsão dos jesuítas – de há muito diagnosticados, mas deixados para trás ou empurrados para a frente, para um futuro distante sempre adiado –, ao se chegar aos anos 1930 foram pela primeira vez enfrentados e tiveram seus primeiros remédios sociais e políticos prescritos ou receitados.

O contraste com o período anterior não poderia ser maior, com efeito. Ajudado por uma literatura rica e diversificada, com o desafio de sumariar as principais mudanças que definiram os rumos da chamada sociedade pós--colonial, perfazendo um período de cerca de 100 anos, vimos que as mudanças políticas ocuparam o primeiro plano. Enquanto isso, as velhas estruturas oligárquicas dos tempos coloniais continuaram inalteradas, mudando-se a geografia e a paisagem ao se trocar a cana pelo café, mas permanecendo lá e cá o mesmo regime: o regime da casa grande e senzala do Nordeste e a aristocracia dos barões do Vale do Paraíba do Sudeste, que conservou sua estrutura patriarcal intacta na política e nas relações de poder, mesmo tendo trocado em economia o regime da escravidão pelo trabalho assalariado livre. Conquanto importantes, as mudanças políticas se foram suficientes para romper o vínculo colonial com Portugal, criando a agenda de construção de um país independente para a jovem nação, não foram o bastante para impedir o neocolonialismo, com a troca de senhorio de Portugal por outras potências europeias, como a França e a Inglaterra. Porém o caminho fora aberto, marcado por acomodações e soluções de compromisso, é verdade. No entanto, fora aberto ao fim e ao cabo, dando lugar a essa flor exótica da América do Sul, que foi a Monarquia brasileira (ibidem, p.315), como viu-se no Passo precedente, e ao mesmo tempo ensejo a novas e importantes experiências políticas congruentes com os ares do tempo, exigindo novas reacomodações e a entrada em cena de novos atores individuais e coletivos. Entre essas soluções e acomodações, a revelarem a existência de estruturas recorrentes e a recorrência da própria mentalidade das elites, estão a Independência, o fim do Império e a República: todos os três obras de improvisação – a Independência e o brado voluntarista de um Monarca de alma inconstante; a Monarquia, a vontade do Patriarca e a busca do compromisso entre a família real lusitana que aqui deixou o seu herdeiro, tendo o Pai decidido voltar ao Palácio do Paço da Ribeira, e as monarquias constitucionais à inglesa e à francesa; a República, o povo longe das ruas e a quartelada militar liderada por um Marechal monarquista, resultando numa nova reacomodação das elites, depois do fim da escravidão e em reação a uma realeza cansada.[1] Tal situação, lembrando a *grande durée* de Braudel, só vai ser alterada com a Revolução de 1930, caracterizada por sua ambivalência, a ponto de dar a muitos a impressão de que se tratava de mais um golpe e um rearranjo das elites, agora forçadas a se abrirem aos caudilhos do Sul, depois de desfeita a aliança dos fazendeiros do Sudeste. Mas que de fato, vista de uma perspectiva mais dilatada, introduziu uma profunda ruptura em nossa história, como nunca vista antes, acarretando o fim de um ciclo e o começo de outro. Essas mudanças foram tão profundas, porém algo obnubiladas pelo autoritarismo político e

---

1 De seu personagem central, o Marechal Deodoro, diz-se que era um monarquista convicto e só decidiu proclamar a República no derradeiro minuto, depois de contrariado por Pedro II, que teria nomeado um desafeto pessoal para chefiar o Conselho de Ministros: o desafeto era o gaúcho Gaspar da Silveira Martins e de fato o Imperador nunca assinou tal ato, não passando o episódio de uma intriga palaciana – porém tudo se passava como se, a República foi proclamada, e o monarca e o desafeto terminaram seus dias no exílio.

pela ditadura que sobreveio no fim da década – o Estado Novo –, que elas resultaram no chamado Brasil Moderno, provocando transformações de vulto nos planos social e econômico. E tão grande foi o seu impacto que elas conduziram à passagem da sociedade agrário-oligárquica tradicional à sociedade urbano-industrial de massa do século XX.

Quem fala de revolução, ao nomear os grandes acontecimentos que sacudiram o país naquele momento de nossa história, resultando num terremoto político que durou quinze anos e lançou as bases institucionais do Brasil moderno que ainda permanecem intactas ou pouco transformadas até hoje,[2] está a falar como sumariou o dicionário *Robert* de algo especial e em muitos aspectos único. Conforme *Robert*, em sua acepção geral referida ao mundo humano, o termo designa "um conjunto de acontecimentos históricos que tiveram lugar numa comunidade importante (nacional, em geral), quando uma parte do grupo em insurreição consegue tomar o poder e mudanças profundas (políticas, econômicas e sociais) se produzem na sociedade". O contexto oculto aludido pelo dicionário famoso é a Revolução Francesa, e é de algo parecido com o descrito que estou falando ao me referir à Revolução de 1930, ao colocar em primeiro plano as ideias de novidade e de mudança, mudança brusca e profunda, levando a uma transformação completa. Nesse sentido, em sua acepção sociológica e política, é diferente das rivais e não menos sociológicas revoltas, quarteladas e golpes de Estado. E ainda, com mais razão, diferente das antípodas revoluções siderais, astronômicas, geométricas e mesmo fisiológicas ou médicas (circulação do sangue), com suas ideias de volta ou de rotação completa, sem gerar nada de novo e sem transformar nada, apenas o recomeço ou o início de um novo ciclo.

Tendo deixado a questão institucional – a instauração do aparato do ensino superior – para a próxima seção e reservado o exame de seu impacto sobre a remodelagem da *intelligentsia* brasileira às seções 3 e 4, vou limitar-me agora a reunir o conjunto de informações históricas e contextuais que irão justificar o emprego dessa categoria sociológica tão densa quanto diversificada: num contexto e noutro, cambiando o *script*, alterando-se os atores e variando a forma congruente ao ritmo e à intensidade dos processos revolucionários. Assim, o compasso e a vertigem da Revolução Francesa que decapitou o rei e a rainha, seguida de golpes, restaurações e retomadas, perfazendo um ciclo de vários ciclos que somados duraram cem anos, segundo

---

2 Dir-se-á que, como o resto do país e em nossa paisagem urbana das periferias, com seus barracos e as casas cheias de "puxados", o aparato jurídico-administrativo dos governos estaduais e federal não passa de um puxado do aparato criado na era Vargas.

os historiadores; a cadência febril e depois relaxada da Revolução Gloriosa que decapitou o rei na Inglaterra e que, em vez do povo cantando La Marseilleuse, tinha atrás das tropas de Cromwell, com armas em punho, um exército de peregrinos cantando hinos protestantes; a guerra longa entre a colônia e a metrópole, como coisa de generais e de insurgentes, com o rei longe e ganha a insurreição sem decapitar ninguém no outro lado do oceano, a exemplo do que ocorreu nas ex-colônias hispânicas e inglesa; ou então, como no nosso caso, depois da Independência, na Revolução de 1930, obra de um caudilho gaúcho, filho de um general que lutou na guerra do Paraguai e de uma mãe nascida numa grande fazenda da região da fronteira com a Argentina. De resto, um caudilho que não precisou matar um rei, mas que pôs fim ao antigo regime – a República Velha – apeando do seu cavalo no centro do Rio de Janeiro, depondo o presidente em fim de mandato, Washington Luís, e impedindo a posse do novo presidente eleito, Júlio Prestes, ambos ex-governadores de São Paulo. A data era 1º de março, e desde então a história do país não seria mais a mesma, ao protagonizar uma revolução total no sentido de Robert, como citado antes, conforme o trecho final e agora glosado para o caso brasileiro, "quando uma parte do grupo em insurreição [composto por tropas de Minas e do Rio Grande do Sul] consegu[iu] tomar o poder e mudanças profundas (políticas, econômicas e sociais) se produzi[ram] na sociedade".

Tais considerações, de suma importância, não nos forçarão a examinar todo o conjunto desse processo histórico que até hoje está desafiando as mentes dos estudiosos, com seus enigmas e paradoxos, bem como ao procurar compreender a esfinge que foi o seu líder: reconhecidamente o mais importante de nossa história pós-independência, o mais longevo de todos os presidentes republicanos, o mais poderoso, o mais realizador e o mais trágico. Como no caso do período colonial, quando fui levado a deixar de lado as entradas e as bandeiras, com o custo de não evidenciar ao leitor o Brasil do interior e obra dos paulistas, ficando só com o Brasil do litoral e dos portugueses, vou deixar tudo da biografia de Vargas de lado, além das intrigas palacianas e das crônicas policiais acerca dos Gregórios e dos Lacerdas, para me concentrar em sua obra e em seu legado. Para tanto, mostrará mais uma vez toda a sua serventia o paradigma histórico-sociológico que venho seguindo em minhas incursões na estrutura profunda da sociedade brasileira desde o período colonial até a época moderna: o paradigma da formação, que agora deverá ser remodelado mais uma vez ao se passar da variante pós-colonial da Independência, incluindo o Império e a República Velha, para o período pós--revolução de 1930. Ou seja, paradigma da formação da Colônia sob a égide do pacto colonial primeiro, paradigma da formação da nova nação depois da

Independência, e paradigma da revolução burguesa de 1930 e o modelo da modernização conservadora. Iniciada por Pombal, continuada pelo Barão de Mauá e retomada e aprofundada por Getúlio, ela introduzirá uma ruptura sem precedentes e levará o país a um ponto de não retorno em sua história já longa de quatro séculos. E isto, quando aos solavancos – em meio ao terremoto político dos primeiros tempos, e mais calmo e estável depois, uma vez institucionalizada a Revolução nos regimes democráticos que sucederam ao Estado Novo – foi modelado o projeto do nacional-desenvolvimentismo com suas variantes, em suas diversas fases, e seu resultado mais notório, ou seja: a passagem do já mencionado padrão da sociedade agrário-exportadora ao da sociedade urbano-industrial, com tudo o que a mudança implica – desde a transformação das bases econômicas do país, passando pela estrutura social e a organização política, além do aparato cultural, até a remodelagem da mentalidade e da *intelligentsia*, ao colocar na agenda a pauta da modernização e do atraso, a qual mais tarde irá empolgar a própria filosofia.

Sem delongas, digo então ao focalizar o tal projeto nacional-desenvolvimentista que estaremos diante de um processo que se estende aos dias de hoje, com um sem-número de inflexões e reacomodações, sempre com a proposta de desenvolvimento no centro das atenções, variando a ênfase externalista (inserção no concerto internacional das nações, como nos tempos atuais) ou internalista (substituição das importações, como nos anos 1930-60). Neste Passo, como já antecipado, é a variante *internalista* que será focalizada, perfazendo com uma ou outra inflexão um total de 30 anos, comandado em economia pela decisão estratégica de instalar o parque industrial do país, tomando como modelo o projeto de substituição de importações, forçado pelas conjunturas, por um lado, e como livre escolha e vontade política, por outro. Para tanto, à diferença dos capítulos anteriores, quando ficamos na companhia de Gilberto Freyre, buscarei apoio em duas importantes autoridades do período, Celso Furtado (*Formação econômica do Brasil*) e Raymundo Faoro (*Os donos do poder*), às quais se somará Antonio Candido, ao acrescentar ao seu *opus magnum* o seu pequeno, porém essencial artigo "A revolução de 1930 e a cultura". É, portanto, com essas companhias, não dispensando outras, mais pontuais, como o leitor notará, que formatarei o contexto e os *enjeux* da Revolução; suas fases, seus ciclos e seus principais episódios; as reformas profundas ou os revolucionamentos que ela patrocinou nos planos econômico, social, político e cultural; os grandes números que acompanham e atestam as mudanças; as novas agendas surgidas e decantadas; e os impactos culturais que ela causou, moldando as mentes e criando uma nova *intelligentsia*. Assim:

Contexto político e econômico – O contexto político imediato é a República Velha, como vista no Passo anterior, tendo ao centro a política dos "governadores" protagonizada pelos três presidentes de Minas, São Paulo e Rio de Janeiro, dando ensejo ao Convênio de Taubaté em defesa do café, firmado em 1906, cuja hegemonia econômica e também política na vida nacional vinha desde o Segundo Reinado e se estenderá até o fim dos anos 1920. O contexto econômico é o *crash* de 1929 e a derrocada do café, levando ao endividamento colossal dos fazendeiros do Vale do Paraíba, do Sul de Minas e de São Paulo, e à necessidade de ajustar o país à nova agenda econômica que se tornará urgente e mesmo dramática com a explosão da Segunda Guerra Mundial: a agenda da industrialização e da substituição das importações. Esta de fato mostrará o seu rosto por inteiro e a força total de seu impacto, a ponto de alterar profundamente a vida da nação, apenas nos anos 1950, com a volta de Getúlio, o governo JK e os anos dourados, até chegar aos anos 1960, com o governo Jango e as Reformas de Base. Porém, no início do processo, nos anos 1930, não foi nada disso nos planos econômico e político. Tratou-se de um mero arranjo das elites, como dito, um rearranjo que deixou intacta a velha estrutura agrária oligárquico-exportadora, dando ensejo na Primeira República à política de café com leite, com a alternância dos presidentes da República entre os mandatários de Minas e São Paulo, chamados de presidentes de Estado na época, e à hostilidade do Rio Grande do Sul, que ficava de fora e a tudo assistia de longe. E eis que, na hora de recelebrar o pacto, São Paulo, que já de longa data era a província mais poderosa, decide afastar Minas do rodízio e o resultado é conhecido: a crise aberta de governabilidade e a aliança de Minas com o Sul contra São Paulo, acarretando a vitória dos insurgentes, a hegemonização dos gaúchos e a instauração da "República da Bombacha" – este é o cenário, o *script* e o desenlace.[3]

---

3 Cf. Faoro (2012, p.763-764), o longo trecho onde é evidenciado o estopim da crise que levou à Revolução de 1930: "Washington Luís, forte na sua autoridade, conta que poderá alterar o rodízio entre os estados hegemônicos. Para ele – dirá a Epitácio Pessoa – no Brasil só há uma força: o presidente da república. Para isso mobiliza as unidades dependentes, em princípio todas, menos Minas Gerais e o Rio Grande do Sul. O Exército, de acordo com a doutrina firmada desde Prudente de Morais, obedece e calará, vencidas as rebeldias de 22 e 24. A condução da política econômica está nas suas mãos [dele, WL], já com o Banco do Brasil no centro das operações financeiras, socorrendo, ajudando e acorrentando os governos estaduais. A federação caminhava, como dirá mais tarde um dos atores principais do drama, a se encadear, 'sete chaves, nos cofres da Rua 1º de Março'. Da decepção de Minas Gerais, do seu Partido Republicano Mineiro, do seu governador Antônio Carlos, nascem a intriga, a manobra, os ardis que fendem os dois parceiros que comandam a República. O Rio Grande do Sul, sempre arredio à partilha exclusivista do prêmio máximo, vê despontar o mais arguto, o mais ágil, o mais desconcertante dos estrategistas desse final republicano.

Ora, quem fala de "República da Bombacha" fala da República dos Fazendeiros, os do Sul agora, assim como fora antes a "República do Café com Leite", protagonizando o mesmo agrarismo ou ruralismo desde os tempos coloniais, e agora contra São Paulo, cuja elite agrária foi derrotada, e uma vez mais quando da Revolução Constitucionalista de 1932, porém não a elite industrial, ao fim e ao cabo. Isso, num tempo em que São Paulo já era de longe o polo industrial mais poderoso do país e não poderia ficar de fora dos negócios e das políticas federais, como notaram os seus capitães de indústria e como, aliás, viu Getúlio. Será então aquele segmento de São Paulo cooptado ao longo do processo desencadeado pela Revolução e não tardará a se ver no centro dos destinos econômico e político da nação, ainda que sem ocupar diretamente a Presidência. Tudo isso iniciado nos anos 1920, finda a Primeira Grande Guerra, na esteira da escassez de bens manufaturados e a necessidade de provê-los, gerando o primeiro surto de substituição de importações. No conhecido cenário, quando ao cabo de alguns anos Piratininga passou a contar com milhares de estabelecimentos industriais e criou em 1928 a Ciesp, mais tarde rebatizada Fiesp (1931), e dando vazão bem como protagonizando o segundo surto, durante a Segunda Grande Guerra e depois dela. E o resultado é a Revolução de que se está falando: não tão só o evento ou o acontecimento, iniciado com o golpe de Estado desencadeado em 3 de outubro de 1930; seguido pelo afastamento do presidente eleito, o ex-governador de São Paulo Júlio Prestes, que não tomou posse e foi exilado; e terminando dois meses depois, no dia 3 de novembro de 1930, quando Getúlio Vargas assumiu a chefia do *Governo Provisório* e é a data que marca o fim da República Velha no Brasil. Em vez disso, um processo que durou, como ressaltado, 15 anos e, como tal, para ser avaliado e sopesado em seus efeitos e seus impactos, deverá ser considerado não como evento ou acontecimento – em si mesmo um golpe de Estado, nada mais, com quarteladas e tudo –, mas como processo e segundo seus resultados. Um processo, em suma, iniciado com um golpe e terminado como uma revolução. E, de resto, com resultados muitas vezes não buscados e não intencionados, mas reais e consumados, dando mais uma vez razão a Weber ao se referir ao paradoxo das consequências.

Seu governador, Getúlio Vargas, quer ser o candidato das oligarquias, por meio de uma escaramuça de bastidores". Cf. também Faoro (2012, p.784-785), em que o ilustre gaúcho arremata que "Vargas e os seus colaboradores pretendiam – e conseguiram – impor ao cenário político nacional, a fim de, destruída a hegemonia mineiro-paulista, assegurar, pelo maior tempo possível, o predomínio do Rio Grande. [...]".

É o que vou mostrar na sequência ao seguir os passos das historiadoras Lilia Schwarcz e Heloísa Starling e o já citado *Brasil – Uma biografia*, bem como os passos de Antonio Candido no seu artigo acima citado e publicado em 1984 pelos *Novos Estudos Cebrap*: "A revolução de 1930 e a cultura". Por um lado, com as duas historiadoras, mostrar que, se a Revolução de 1930 terminou por ser decisiva na história de nosso país, ela o foi menos como evento do que como processo ou pelos resultados que produziu, como preferem as autoras (Schwarcz; Starling, 2015, p.361). E, por outro, com Antonio Candido, não o marco zero ou o início de uma nova era, como a Revolução Francesa foi vista por Hegel e Kant (afirmação minha – ID), mas como "[...] um eixo e um catalisador: um eixo em torno do qual girou de certo modo a cultura brasileira, catalisando elementos dispersos para dispô-los numa configuração nova" (Candido, 1984, p.27). E conclui:

> Neste sentido, foi um marco histórico, daqueles que fazem sentir vivamente que houve um "antes" diferente de um "depois". Em grande parte porque gerou um movimento de unificação cultural, projetando na escala da nação fatos que antes ocorriam no âmbito das regiões. (Ibidem, p.27)

De minha parte, antes de dar sequência às análises embasadas por essas ordens de considerações, lembro as consequências profundas que a Revolução protagonizou, colocando no fim do processo o Brasil de ponta-cabeça:

[1] o fim do federalismo e em seu lugar o centralismo estatal, digo o centralismo do governo federal então instalado no Rio de Janeiro, que se converterá em grande agente do desenvolvimento do país e tudo marcará – da economia à cultura – com o selo do dirigismo estatal;
[2] o fim das oligarquias agrárias e do ruralismo, levando à instauração da sociedade urbano-industrial de cultura de massa, quando o país arranca em 1940 com uma população rural de 68,8%, passa a 63,0% em 1950 e só termina com a população urbana suplantando a rural em 1960, 54,9% contra 45,1% segundo o IBGE, e paralelamente sofrerá a mesma reversão nas atividades industriais e agropecuárias, arrancando em 1930 com respectivamente 35,8 e 14,8%, e terminando em 1960 com 16,9 e 29,8% (Bonelli, R. "O que causou o crescimento no Brasil", in: Giambagi, 2005).

"*Enjeux* da Revolução" ou o que estava em jogo quando as cartas foram jogadas – econômicos, por um lado, como viu Celso Furtado,

> o movimento revolucionário de 1930 – ponto culminante de uma série de levantes militares abortados, iniciados em 1922 – tem sua base nas populações urbanas, particularmente na burocracia militar e civil e nos grupos industriais, e constitui uma reação contra o excessivo predomínio dos grupos cafeeiros – de seus aliados da finança internacional, comprometidos na política de valorização – sobre o governo federal (Furtado, C., 2012, p.282);

políticos, por outro, fundados sobre a necessidade de firmar um novo pacto federativo que colocasse no centro do poder não a política dos governadores com seu falso federalismo, levando à hegemonização de um deles, mas a primazia da União sobre as províncias, como comentado antes, e a implantação do presidencialismo forte, quase imperial, que nunca mais saiu da nossa cena política.[4]

De fato, não desaparecerá, pois Getúlio teve mais de um herdeiro e a Revolução, em vez de interrompida, continuou sua obra por ao menos uma década e mesmo mais, podendo o grande ciclo ser decomposto em diversos ciclos e dar abrigo ou passagem a vários outros.

Fases, ciclos e episódios – Vista como um processo de *longue durée*, não como um episódio de curta duração, a Revolução de 1930 é um ciclo composto por um conjunto de ciclos, terminado em 1945 com a deposição de seu grande líder, que voltará depois e desaparecerá com a grande tragédia do

---

[4] Cf. Faoro (2012, p.759), onde ele resume a tendência geral do processo desencadeado pela revolução, vista na perspectiva de seu *enjeu* político: "Alguns elementos se transformam, o federalismo concentra-se no presidencialismo forte, o país essencialmente agrícola transige com as indústrias, mesmo as 'artificiais', o liberalismo cede o lugar ao intervencionismo estatal". Note-se o grande paradoxo da Revolução, ao contrastar suas intenções iniciais e os resultados finais como mais um caso do paradoxo das consequências, no sentido de Weber: feita contra São Paulo e conduzida por um líder de duas províncias com industrialização incipiente, a Revolução terminará por patrocinar os grupos industriais contra as oligarquias agrícolas e favorecer econômica e politicamente São Paulo, que mais tarde retomará a dianteira. E na linha de frente os capitães de indústria, cuja liderança em boa parte era composta pela aristocracia cafeeira que nos melhores tempos tinha logrado diversificar seus negócios com braços no comércio, na indústria nascente e no sistema financeiro, transformados seus maiores expoentes não em tomadores de empréstimos, mas em banqueiros. Sobre o mesmo tópico, cf. Faoro, que constata na p.815 que "1930 se firma contra São Paulo, apropriando e redistribuindo sua riqueza – a partir de 1937, o movimento industrial favorece o parque bandeirante, agora vinculado à rede estatal que financia, dirige e promove riquezas e opulentos".

dia 14 de agosto de 1954. No início, a insurreição armada de 1º de março de 1930, quando tudo começou. Depois, o Estado Novo de 37, que segundo seu ideólogo, o jurista mineiro Francisco Campos, como lembra Faoro, não é senão "o movimento [de] [...] de retificação de 30: 'a revolução de 1930 só se operou efetivamente, em 10 de novembro de 1937'"(ibidem, p.790).[5] Portanto, um episódio dentro de um episódio, precedido de outro episódio, como a assim chamada Revolução Constitucionalista de 1932, de fato uma contrarrevolução que foi derrotada. No fim do grande ciclo, haverá outros episódios e terão início outros ciclos, como os da redemocratização, protagonizados pelo próprio Vargas e JK, à frente de um dos partidos herdeiros do varguismo, o PSD, com seu famoso programa de governo dos cinquenta anos em cinco, e aos quais mais tarde vai se ajuntar Jango em 1962 e o seu segundo herdeiro, o PTB.

Aos ciclos e fases da política, somam-se os da economia que irão tipificar – num tempo em que a agenda do desenvolvimento ocupou toda a cena, e em especial, o desenvolvimento industrial, para nunca mais sair – alguma coisa como um mesmo padrão em seus contornos gerais, e assim um grande ciclo que durou trinta anos e mesmo mais, como se verá no próximo Passo, e no mesmo compasso um certo número de variações ou de variantes, cobrindo e distinguindo os governos GV, JK e Jango. Senão vejamos:

[1] Padrão: o desenvolvimento como política pública do Estado brasileiro para reparar os legados do passado colonial, bem como as distorções

---

5 Duas páginas antes [788], Faoro tinha citado outra passagem importante de Francisco Campos em que reaparece sua eminente autoridade de ideólogo e jurisconsulto ao dizer que o regime político das massas é a ditadura, ao se colocar o povo em relação direta com o chefe de Estado, trocando as urnas e o voto-escolha pelo plebiscito e o voto-aclamação. Contudo, segundo Faoro, o Estado Novo não instaurou uma ditadura totalitária ou fascista, mas uma ditadura autoritária, tendo como dispositivo – pode-se dizer – a Constituição de 1937, que tinha o sentido do outro e das oposições, à diferença do regime italiano, disciplinando as relações, por mais duras que fossem, com o conjunto da sociedade. Sobre o ideólogo, autor da reforma de ensino de 31 depois retomada e aprofundada por Capanema com grande impacto sobre o ensino superior, servindo de arcabouço legal das primeiras universidades federais implantadas no país, deve-se assinalar outros feitos a que seu nome viu-se associado naqueles tempos, bem como em épocas mais recentes de nossa história. Primeiro, associado ao seu papel de ideólogo do Estado Novo, o seu papel de mentor da Constituição de 1937, valendo-lhe a alcunha de Chico Ciência, em razão de sua notoriedade de eminente doutor em leis, já evidenciada quando formatou a reforma do ensino brasileiro, à época em que era ministro da Educação e da Saúde. Segundo, três décadas mais tarde, quando pôs seus talentos a serviço do regime militar instituído em 1964, elaborando os AI-I e AI-II e enviando sugestões à Constituição de 1967. Trata-se de mais uma evidência do longo ciclo da Revolução de 1930, com suas vertentes autoritárias ou ditatoriais bem como democráticas.

do neocolonialismo do presente, caracterizados por duas dinâmicas diferentes porém associadas. Por um lado, a dualidade Colônia/Metrópole + Periferia (ex-colônias subdesenvolvidas)/Centro (países centrais desenvolvidos), reservando ao país a condição nunca alterada de supridor do mercado externo. Por outro, a dualidade interna dos dois Brasis, ou antes quatro, o dinâmico e moderno do (a) Sudeste e do (b) Litoral + o atrasado e o estagnado do (c) Nordeste e do (d) Interior (Sertão), terminando os últimos colonizados e explorados pelos primeiros. Assim formulada, a agenda do desenvolvimento ou, antes, desenvolvimentista, ao se converter em programa de governo e política pública, é uma resposta política a um problema econômico e social – problema estrutural e histórico, ao fim e ao cabo –, tendo o Estado como grande protagonista, as políticas públicas como meio de ação e as agências de governo com seus dispositivos como instrumentos ou ferramentas. É a esse conjunto que estou chamando de padrão comum: o Estado como agente do desenvolvimento e as políticas de Estado como meio e ferramenta, cujo outro nome, ao compactar o conjunto, é *dirigismo estatal*, tudo nessas matérias começando com ele e nele terminando.

[2] Variantes:
Variante I – Agenda do desenvolvimento nacional autônomo, com ênfase no mercado interno e pautada pela substituição de importações. Esta foi a agenda dos dois governos Vargas e Jango, caracterizados pelas seguintes notas e realizações:

Vargas – Centralidade do Estado = agente modernizador/agente do desenvolvimento (Padrão).

Realizações/feitos – Cia. Vale do Rio Doce (1942), Cia. Siderúrgica Nacional (1941), FNM (1942), Cia. Hidrelétrica de São Francisco (1945) e Petrobras (1953).

Jango – Centralidade do Estado = agente modernizador/agente do desenvolvimento (Padrão).

Programa – Reformas de Base
- Reforma agrária;
- Reforma urbana – contra a especulação mobiliária e o crescimento desordenado das cidades;
- Reforma bancária – nova estrutura financeira sob o controle do Estado;
- Reforma eleitoral – voto aos analfabetos (cerca de 60% da população adulta); legalização do Partido Comunista;

- Reforma do estatuto do capital estrangeiro – regulação da remessa de lucros; estatização do setor industrial estratégico;
- Reforma universitária – fim das cátedras; reorientação do ensino e da pesquisa visando ao atendimento das necessidades nacionais (Schwarcz; Starling, 2015, p.439-440).

Realizações/feitos: Não houve; Jango foi deposto por causa delas, vistas como esquerdistas e radicais.

Variante II – Agenda do desenvolvimento nacional associado, com ênfase na substituição de importações (desenvolvimento da indústria nacional) e aberta à parceria com as multinacionais bem como ao financiamento do capital estrangeiro.

JK – Centralidade do Estado = agente modernizador/agente do desenvolvimento (Padrão).

Diferentemente das propostas e do *modus operandi* dos governos Vargas e João Goulart, que eram nacionalistas, o projeto de JK era não só aberto ao capital estrangeiro, sob a modalidade de empréstimos ou financiamentos, mas visava atraí-lo para atuar diretamente no país. E pelas mais diferentes vias, com sócios brasileiros ou não, apresentando uma atitude pragmática aliada a uma certa indiferença ideológica com respeito ao dinheiro e à sua origem: para Juscelino, lembra Roberto Campos, importante economista do círculo de JK, "o que interessava era 'onde está a fábrica' e não 'onde mora o acionista'" (ibidem, p.472).

Programa: Plano de metas, com o lema famoso dos "50 anos em 5", visando acelerar o desenvolvimento e erradicar o atraso secular do Brasil, em que se pode ver "o primeiro e mais ambicioso programa de modernização já apresentado ao país" (ibidem, p.415 e 423), com 31 objetivos, como a integração do sertão esquecido, e quatro prioridades: transportes, em especial o rodoviário; energia; indústria pesada; e alimentos (ibidem, p.416).

Realizações/feitos – Acusado por Caio Prado como o governo mais entreguista da história do país (ibidem, p.422), os anos JK passaram para a história como os tempos mais brilhantes (os anos dourados, se dizia), de irresistível otimismo, da modernização acelerada, da bossa nova e da mudança da capital para Brasília. E o que é importante: com os mesmos Estado e Palácio do Catete como agentes do desenvolvimento, mas agora com o seu raio de ação aumentado com a criação da Sudene em 1959 e desde então na linha de frente. Como tudo em economia, tudo isso teve seu preço: o país endividado, muitos interesses contrariados e a inflação nas alturas. Porém, não menos do que a Europa na mesma época – invadida pelos *gadgets* norte-americanos, bem como pelos novos padrões do *managerialism* implantados pelo Plano Marshall, fazendo a França conhecer seus "anos de ouro" (*"Les trente glorieuses"*, como foram conhecidos, estendendo-se segundo os economistas de 1945 a 1974) –, a nova dinâmica da economia e seus resultados nessa parte do hemisfério eram um claro testemunho que os *gaps* entre as nações desenvolvidas e subdesenvolvidas estavam encurtando ou diminuindo. O sinal disso era que lá, na Europa, assim como aqui, no Brasil, o país e a classe média brasileira descobriram as delícias da sociedade de consumo, levando à alteração dos hábitos e costumes da população, como lembram Lilia Schwarcz e Heloísa Starling:

> Entre outras coisas, um punhado de eletrodomésticos moderníssimos: máquina de lavar roupa, *grill* automático, rádio de pilha, ventilador portátil, enceradeira com três escovas, fogão com visor panorâmico, som estereofônico, TV com controle remoto preso por um fio ao aparelho. (Ibidem, p.416)

E mais: "sabão em flocos, Detefon com pulverizador, pilhas Eveready. Ou, ainda, os novos utensílios e as peças de vestuário fabricados em massa com materiais sintéticos, baratos e coloridos, alguns de nomes estranhíssimos – polímeros, náilon, raiom, banlon, courvin, acrílico, napa, fórmica, vinil e linóleo" (ibidem, p.416).

Que fique claro ao leitor: ao comentar essas coisas, abrindo um longo espaço para tratar dos padrões e variantes do desenvolvimento, longe de mim de pretender ou querer sugerir que haverá um nexo direto entre filosofia e economia ou entre filosofia e desenvolvimento. Nada disso. O que se está a fazer nesta seção é uma análise contextual e histórica, com o objetivo de fornecer à filosofia o quadro onde ela vai inscrever-se naqueles anos. Na sequência do Passo, na última seção, irei retomar os resultados contextuais ao evidenciar o liame da filosofia dos anos 1950 com a temática do desenvolvimento, quando a filosofia saída do Iseb, que era a agência ideológica do desenvolvimento do governo JK, se viu instrumentalizada como ferramenta ideológica da agenda desenvolvimentista, correndo os mesmos perigos da filosofia medieval ao ser "servilizada" pela religião e a Igreja. Paralelamente, deverei atentar-me para uma segunda experiência, não digo exatamente de desenvolvimento mas de modernização, dessa feita ao acompanhar a trajetória da filosofia da USP, tendo como protagonistas as oligarquias paulistas e os *normaliens* da Missão Francesa. Por fim, não podendo fazê-lo agora, deixarei para o próximo Passo a tarefa de retomar e aprofundar a última das 5 Reformas de Base de João Goulart: a reforma universitária. Reforma que só se consumará no regime militar, regime que irá patrocinar o mesmo padrão de desenvolvimento dos anos 1930-1960, porém nos moldes da variante desenvolvimento associado ou, antes, subordinado. E, como tal, semelhante em certos aspectos, mas não igual, ao dar livre curso ao mesmo projeto de modernização conservadora vigente nos anos 1930-1960, porém agora com uma inflexão concentracionista (riqueza) e excludente (maioria da população).

[3] *Revolucionamento* da economia, da sociedade (composição social), da política (organização do Estado) e da cultura (ensino, artes, ciências, indústria do livro, radiodifusão) – A exemplo do período colonial, conforme foi mostrado – num tempo em que o negócio das grandes navegações e a colonização ela mesma das novas terras descobertas era desde o início assunto e negócio do rei, dando azo à ilação dos estudiosos de que no Brasil e nas Américas o Estado chegou antes do povo e fundou a sociedade –, algo parecido ocorrerá com a Revolução de 1930, uma vez o poder político conquistado pelas novas forças insurgentes vencedoras: também nessa época o Estado chegou antes com o seu poder demiúrgico de criar e mudar a sociedade, ao patrocinar a revolução profunda da economia, da sociedade, da política e da própria cultura, dando ensejo ao assim chamado *dirigismo estatal*, já ressaltado, e marcado por suas duas características essenciais, o centralismo e o autoritarismo.[6] Sumariando ao máximo os efeitos da ação coerciva do Estado sobre o meio circundante, podem ser destacados:

No plano da economia, como viu Furtado, o deslocamento do seu velho centro dinâmico da economia – o café – para o setor industrial (Furtado, C., 2012, p.277-280, 283), e a promoção de um vasto e inaudito processo de substituição de importações, não só de bens de consumo, como é mais óbvio, mas de bens de capital (ibidem, p.284-285).[7] Tais deslocamentos e promoção

---

6 Cf. Faoro (2012, cap. XVI), onde ele sintetiza a coisa dizendo que nesse novo ambiente "se propõe, com objetivos de desenvolvimento, restaurar o vigor do Estado para gerar a indústria básica e o controle de forças sociais excêntricas à direção superior (ibidem, p.836). No capítulo anterior, p.777, 781, 783 e 789, Faoro desenvolve com detalhamento analítico uma grande massa de dados com a intenção de convencer o leitor de que o grande *páthos* que move o dirigismo estatal é a velha coerção do Estado patrimonial que na época de Getúlio Vargas leva à troca da aristocracia oligárquica acostumada a favores e prebendas pela burocracia estamental. De resto, diga-se, troca que só não é perfeita de acordo com o modelo weberiano da burocracia racional, em razão do componente carismático e caudilhesco do grande mandatário, marcando tudo com o populismo autoritário.

7 Ver também Faoro (2012, p.812), onde a referência ao processo é textual, precisando que foi "incentivado inicialmente pela alta dos preços das importações", mas de fato "só possível de ser sustentado pelo apoio governamental, por via direta ou indireta".

não têm, portanto, nada de aleatório, como se surgissem por mágica da ação das livres forças do mercado, mas são decorrentes de uma ação indutora deliberada do Estado, por meio de dispositivos e instrumentos variados, os quais serão listados mais à frente: neste novo cenário, poderosamente equipada, "a União, segundo Faoro, em poucos anos, graças ao seu poder de tributar, consegue ser mais forte do que todas as unidades somadas" (Faoro, 2012, p.789). E tanto mais fortes e coercivos eram esses instrumentos e a força centrípeta do dirigismo que foi nesse quadro, ao promover as mudanças e a criação de novas instituições, bem como as reacomodações e as readaptações das antigas, que o Estado como motor e "acelerador da economia" (ibidem, p.805) terminará por modelar um intervencionismo direto na economia. E tal "que forçará a remodelação autoritária da União com o enfraquecimento, a cabresto curto, de São Paulo" no plano político, com o fim da política dos governadores (ibidem, p.801).

No plano social, considerando a composição das classes e a estratificação social, e contrastando com os períodos anteriores – dos quais se costumou a dizer ao se referir ao país se tratar de um país sem povo e polarizado pelas oligarquias e a plebe (ontem os escravos, hoje os assalariados) – a Revolução de 1930 patrocinará a vitória da cidade sobre o campo e da indústria sobre a agricultura, já ressaltado, dando livre curso – acrescente-se – a um processo longo, tenso e difícil que no fim irá modificar por completo a paisagem e a geografia do país.

Vitória da indústria e da cidade: Faoro lembra de um importante estudo de um economista norte-americano que mostra que a industrialização do Brasil em 1935 era um fato (ibidem, p.808), tendo São Paulo nas vésperas da Revolução a liderança econômica sem rival da nação, com 32% do PIB e 50% da exportação do país (ibidem, p.808), antes com o café e depois do *crash* de 1929 com os artigos manufaturados ocupando o primeiro plano.

Mudança da paisagem e da geografia do país: de resto, uma paisagem mais e mais urbana, com as elites mais aburguesadas depois de trocar os títulos de nobreza do Segundo Império pelo poder do dinheiro e o ócio da casa-grande e dos sobrados pelo agito e os negócios. O exemplo é São Paulo, que torna-se o grande ícone da geografia e dos novos tempos, ao se converter de burgo acanhado do final do século XIX (130 mil habitantes em 1895, dos quais 71 mil eram estrangeiros) em metrópole urbana do século XX (segundo o site da Prefeitura de São Paulo, a população da cidade saltou nos anos 1950 de pouco mais de 2 milhões de habitantes para mais de 3,5 milhões). O resultado desse processo é a crescente urbanização do país, várias vezes referida, com a população urbana suplantando a rural nos anos 1960 e as camadas sociais urbanas dominando a cena social. Tudo isso ao longo de um longo processo que não acarretou exatamente a gênese de novos estratos e menos ainda classes sociais – visto que em grande parte já existentes –, mas a sua ampliação, reacomodação e refuncionalização. Paralelamente, inevitável redistribuição de *status* de acordo com padrões mais e mais burgueses, abarcando desde as oligarquias rurais, passando pelas classes médias urbanas, até o conjunto do empresariado capitalista. Escreve Faoro ao concluir esse ponto, focalizando o fundamento econômico do processo:

> Na realidade, o setor importador e o setor agrícola a ela se associaram, produzindo no país mercadorias que poderiam vir do exterior, empregando capitais à margem da empresa agrícola. Importador e manufaturador não se tornam termos de conflito, mas de complementaridade: grandes grupos industriais paulistas começaram suas atividades em casas de venda de artigos estrangeiros. Socialmente, o fenômeno produziu a "fusão das elites emergentes", numa região onde a lavoura, como a indústria futura, tomam o caráter de empresa e não de baronato. (Ibidem, p.798-799)

E esqueceu de acrescentar: porém, tudo isso se deu num ambiente onde predominava não o credo do liberalismo e o culto do mercado, como nos países anglo-saxões, mas um novo patrimonialismo onde a aristocracia da corte da Ibéria foi trocada pela burocracia estamental weberiana, mas ambiente em que as empresas e as novas elites continuavam a viver dos favores e oportunidades do Estado deus todo-poderoso, como diria Gilberto Freyre.

No plano político, as mudanças terão um escopo vastíssimo, abarcando a relação do Estado e do governante com o mundo da política e a sociedade em seu conjunto, bem como a organização e gestão do Estado e a implantação de novas políticas públicas congruentes com as necessidades e as urgências do tempo não só para induzir novas ações, mas para remodelar velhas e arraigadas práticas. E o que é importante: em todas elas, tanto ao induzir o novo, quanto ao remodelar o velho, com o mandatário, qual um monarca absoluto, pois se está diante de um presidencialismo imperial, impulsionando e conduzindo o dirigismo estatal até o fim.

Relação com o mundo da política e a sociedade: na República Velha dominada pelos dois Partidos Republicanos, o Paulista e o Mineiro, tendo este lançado e apoiado GV contra os paulistas, ao formar com os aliados da Paraíba e do Sul a Aliança Liberal, depois proscrita quando GV conquistou o poder, fechou o Congresso e só restabelecendo-se a vida partidária com o fim do Estado

Novo em 1945, ano em que foram criados a UDN, o PSD e o PTB – os dois últimos getulistas ao fim e ao cabo, tendo o PTB lançado Getúlio candidato nas eleições presidenciais de 1950. Antes, durante todo o interregno de 1930 a 1945 prevaleceu o populismo autoritário fascitizante, com o mandatário governando sem consultar ninguém, nem em praça pública, nem em plebiscitos, perseguindo os comunistas e se aproximando dos integralistas: estes, não exatamente uma aglomeração fascista e menos ainda varguista, mas conforme Faoro "a fórmula retificada e exacerbada da República Velha [...], sem estadualismo e sem oligarquias [...]", ao integrar em suas hostes as camadas médias urbanas (ibidem, p.784).

Quanto ao mais, tanto no concernente à relação de GV com os partidos e os assim chamados movimentos, quanto no tocante à sua relação com o restante da sociedade, prevaleceu por toda parte o dirigismo centralizador estatal como a face externa mais saliente do componente autoritário, caudilhista e populista da Revolução. Revolução ao fim e ao cabo, cujos resultados são conhecidos e mesmo espetaculares, sobretudo se – mais além das intrigas palacianas e dos jogos de cena que caracterizam o mundo da política – consideramos os fundamentos sociológicos que davam sustentação às atividades políticas desde a República Velha e mesmo desde o Império, vários deles depois de Getúlio desaparecidos para sempre.

Dois deles são listados por Faoro. Primeiro, o fim dos coronéis e do coronelismo como último avatar da velha sociedade patriarcal, ficando em seu lugar: por um lado, o caudilho e o caudilhismo (ibidem, p.782); por outro, o povo e o populismo, junto com a necessidade de os governantes encontrarem novos meios e processos para domesticar e controlar as massas populares, bem como os empresários e as velhas oligarquias. Ou seja, o povo ou, antes, o terceiro estado francês, composto pelo operariado e o empresariado, junto a suas entidades de classe, entra pela primeira vez na cena política. Entretanto, como na Revolução Francesa e em outras revoluções burguesas e mesmo socialistas, o povo não terá vez e será dobrado ao regime e enquadrado com rédeas curtas, senão *manu militari*: "O norte estava traçado [...] – escreve Faoro: a oficialização dos sindicatos, transformado o líder operário em agente designado, o *pelego*, substituto urbano do coronel, e o líder industrial em cliente blandicioso e humilde do Tesouro e suas agências" (ibidem, p.807). Segundo, o fim do federalismo e da política dos governadores e o advento do presidencialismo e a política do presidente, com o liberalismo cedendo o lugar "ao intervencionismo estatal" (ibidem, p.759) e o mandonismo dos coronéis retalhado nos grotões das províncias à vontade única do chefe carismático, porém "enquadrado estamentalmente", como notou Faoro (ibidem, p.787).

Organização do Estado e implantação de novas políticas públicas: último capítulo de um longo processo que deixou o país de ponta-cabeça, a começar pela reorganização do Estado, cujas bases permanentes em nosso país desde a República Velha até o Estado Novo, e mesmo depois, pode-se dizer, continuam "patrimonialistas" (ibidem, p.814), portanto estamental e aristocrática. Mas agora, como antecipado, burocrática e confuciana, para não dizer weberiana, estorvada pela centralidade do líder carismático: dessas bases lançadas, como notou Faoro, entre extravios e indecisões, formar-se-á o esquema autoritário de 1937, e mesmo antes, dir-se-á, com a burocracia como extensão e corpo político do presidente e enquanto tal acima das classes e árbitro dos conflitos da sociedade (ibidem, p.792).

Trata-se de um "Estado Administrativo", ou que se via como "administrativo e técnico", antes de um poder político sobrepairando as classes, e como tal instaurado como um estado de direito, mesmo em meio à mais indisfarçada das ditaduras, obedecendo a leis e seguindo regras: desde a lei das leis ou a Constituição, até uma variedade de dispositivos jurídicos menores, como códigos e ordenamentos. Exemplo desses novos dispositivos administrativos, para além dos ministérios e dos gabinetes: o DASP (Departamento Administrativo do Serviço Público), criado em 1938 e extinto em 1986, quando suas funções foram transferidas para a Secretaria da Administração Pública da Presidência da República (Sedap), revelando que o órgão veio para ficar, só mudando o nome. E mais: dispositivos e leis que irão não apenas lançar suas bases legais e instaurar a burocracia com sua regulamentação específica, mas instituir a legislação que irá disciplinar a relação capital/trabalho (veja-se a CLT, promulgada em 1943 e com vigência até hoje) e instituir "a disciplina social e jurídica do proletariado, com a fixação de seus direitos e seu capitaneamento governamental", escreve Faoro (ibidem, p.806). E ainda, finalizando, estabelecer os códigos das atividades econômicas e formatar as políticas públicas que irão promover o desenvolvimento econômico e social do país, tais como, segundo Faoro, os Códigos de Águas e de Minas (1934) e o Plano Siderúrgico Nacional (1940) e a Lei 2004 de 1953 no segundo governo Vargas que fundou a Petrobras.

De resto códigos que, além de disciplinar e regular o setor privado, iriam criar as próprias agências de governo com a missão de fomentar e controlar o desenvolvimento das indústrias extrativas e a atividade econômica, como um todo, pública e privada. Assim: a Cia. Siderúrgica Nacional (1941); a Petrobras (1953); o Departamento Nacional de Café (1933), extinto em 1946, renascido com o nome de Instituto Brasileiro do Café em 1952 e extinto em 1989; o Instituto do Açúcar e do Álcool, o IAA (1933), extinto em 1990; o

Banco do Brasil, fundado no período colonial (1808), em pleno ruralismo, acossado pelo café, e agora, num novo ambiente, em 1938 cria a Carteira de Crédito Agrícola e Industrial, que será, segundo Faoro, a mais poderosa ferramenta de "incremento econômico, agora direto e de teor já vincadamente industrial"; e a Vale do Rio Doce (1942), privatizada em 1997 no governo de Fernando Henrique Cardoso.[8]

No plano da cultura, essencial para os meus propósitos, as mudanças não serão de menor monta, e para tratá-las vou seguir Antonio Candido e o seu artigo "Revolução de 1930 e a cultura", que ressalta um conjunto de novidades, iniciativas e impactos que a Revolução de 1930, com seu conhecido dirigismo, irá patrocinar até fins dos anos 1940. A este conjunto se somarão em menor monta aqueles fatos culturais dos anos JK e do governo Jango, que eu acrescentarei por minha conta, consultando outras fontes. Assim, com respeito à Revolução de 1930, concedendo-me a liberdade de emendar a lista de Candido, cabe ressaltar:

(a) sistema de ensino – a Reforma da instrução pública, com sua tripla incidência (ensinos primário, ensino médio e superior), marcada pelo dirigismo estatal (*top-down*), o propósito de disseminar a educação pública laica e a finalidade, verdadeiro *telos*, de formar o cidadão, e não o fiel dos estabelecimentos religiosos (Candido, 1984, p.28). Ressalte-se então:

[i] educação primária – o desafio era não erradicar por completo o analfabetismo, que era um problema social e político com sua taxa altíssima, mas começar a vencê-lo, e para começar a aprendizagem das primeiras letras, nível do ensino em que a reforma da instrução foi mais bem-sucedida, ao popularizar esse segmento da educação, mas não a ponto de romper o elitismo: "[...] no decênio de 1940 os índices mais altos de escolarização primária (isto é, o número de crianças em idade escolar frequentando efetivamente escolas) eram os de Santa Catarina e São Paulo, respectivamente 42% e 40%" (ibidem, p.28);

[ii] ensino médio – os resultados serão de menor vulto do que no ensino primário, mas ainda assim haverá um aumento significativo, segundo Candido, ressaltando que o aumento de escolas foi "ponderável", bem como, para além dos estudos clássicos tradicionais, o crescimento "do ensino técnico especializado" (ibidem, p.28);

[iii] sem relação direta com a Revolução, mas tendo lugar no mesmo período histórico, a criação da USP, por obra e graça dos segmentos mais esclarecidos das oligarquias industriais e agrárias paulistas, caracterizada

---

8 Para o conjunto tratado aqui e informações adicionais, ver Faoro (2012, p.803-811).

pela centralidade da Faculdade de Filosofia e implantando pela primeira vez uma verdadeira universidade em nosso país: uma universidade agora real e não mais "nominal" como nos anos 1920 (ibidem, p.28-29). E com relação direta com a Revolução, via que Candido não cita, será preciso acrescentar a criação da Universidade do Distrito Federal em 1935 e da Universidade do Brasil que a incorporou em 1939, também ela caracterizada pela centralidade da Faculdade de Filosofia e às quais voltarei na sequência, assim como à USP.

(b) Ciências – Mais além das matemáticas, das engenharias e das ciências naturais, que já tinham certa tradição no país, haverá uma forte expansão dos estudos históricos e sociais, ou seja, das ciências humanas, que tomarão a realidade nacional como principal foco de interesse e darão vazão aos "estudos brasileiros", com a história, a política, a sociologia e a antropologia na linha de frente (ibidem, p.32). Os grandes protagonistas dessa época brilhante das ciências humanas nacionais, citados pelo crítico uspiano, são Gilberto Freyre e seu clássico *Casa grande & senzala* (1933), Sérgio Buarque de Holanda e *Raízes do Brasil* (1936) e Caio Prado Jr. e *Formação do Brasil Contemporâneo* (1942) (ibidem, p.31-32). E nota curiosa: à exceção de Sérgio Buarque, que começou sua carreira no Rio de Janeiro, na UDF, "onde se tornou professor-assistente de Henri Hauser, em História Moderna e Econômica" (Wegner, R., "Caminhos de SBH", *in*: Botelho; Schwarcz, 2009, p.218), nenhum deles com atuação permanente nas novas universidades criadas. Tal foi o caso de Gilberto Freyre, tirante o pouco tempo em que passou na Universidade de Distrito Federal, onde segundo os seus biógrafos ele ministrou o primeiro curso de Antropologia Social no Brasil, e que, no entanto, fez o principal de sua carreira fora das universidades brasileiras, assim como aliás Caio Prado, que nunca entrou na USP.

(c) Artes – sem distinguir as artes cultas ou eruditas e as artes populares, Candido cita a Arquitetura, com as obras "comissionadas", como poder-se-ia dizer forçando o anglicismo ao gosto dos tempos de hoje, do Edifício do Ministério da Educação e Saúde, no Rio de Janeiro: projeto de Niemayer e Lúcio Costa, com murais de Portinari e o "Monumento da mocidade", de Bruno Giorgi (Candido, 1984, p.29); a Literatura, dessa feita longe do dirigismo estatal e pouco afeita a "encomendas", com as décadas de 1930 e 1940 assistindo "à consolidação e difusão da poética modernista, e também à produção madura de alguns dos seus próceres, como Manuel Bandeira e Mário de Andrade" (ibidem, p.30); e a Música Popular, que terá um *boom* extraordinário naqueles anos, longe do dirigismo estatal, e ao avesso dos esquemas *top-down* das artes eruditas, que podem ficar encasteladas no topo das classes sociais sem descer às camadas mais baixas da população, desenhando a

MP, ao contrário, o *bottom-up* (ibidem, p.36). Tal foi o caso do samba, pode-se dizer, e cujo contraste nos anos 1950 vai ser a bossa nova como fenômeno típico das classes médias dos anos dourados de JK.

(d) Indústria do livro – até recentemente era lamentável a situação do livro no Brasil, com poucas livrarias (dizia-se que Buenos Aires sozinha tinha mais livrarias que o Brasil), bibliotecas tacanhas (à exceção da BN, no Rio de Janeiro, o nosso grande monumento), e até a Primeira Guerra Mundial, com os livros impressos fora do Brasil, antes em Coimbra e agora na França, com a Garnier dominando o mercado editorial brasileiro, publicando Machado de Assis e enviando tudo para suas oficinas em Paris. Ora, essa situação a todos os títulos desalentadora vai ser alterada no curso dos anos 1930-1960, não certamente por obra do dirigismo estatal que poderia montar suas próprias editoras chapas-brancas. Mas, por conta da iniciativa privada, com a participação da *intelligentsia* nacional, e em resposta às solicitações da nova sociedade urbano-industrial de cultura de massa em processo de implantação.

Este vai ser o caso do livro didático, que será o grande filão do mercado editorial, que segundo Antonio Candido se verá dinamizado pela reforma e ampliação do ensino de nível médio, com seus novos programas, ambições e especificidades, cujo resultado será a substituição do livro estrangeiro e o surgimento de editoras nacionais que logo se converterão em potentado. Por exemplo, a FTD e a FIC com seus selos famosos: as séries, como Candido os nomeia ao se referir ao modo familiar como eles eram conhecidos, tirante os Royal Readers, a saber: "história de Raposo Botelho, matemática de Camberousse, física de Ganot, química de Bazin, geologia de Laparent, história natural de Pizon" (ibidem, p.33).

Some-se, quanto ao público universitário, o papel das Coleções dirigidas por intelectuais de renome, como Gilberto Freyre e Fernando de Azevedo, que as criaram com o intuito de dar vazão e difundir os tais "estudos brasileiros" e hospedá-las em editoras de prestígio. Assim, escreve Candido, "antes de qualquer outra a 'Brasiliana', fundada e dirigida por Fernando de Azevedo na Companhia de Editora Nacional" (ibidem, p.32), que integra a Biblioteca Pedagógica Brasileira, a 5ª Série da mesma – Biblioteca que Candido reputa como "talvez o mais importante empreendimento editorial que o país conheceu até hoje" (ibidem, p.33), e Coleção que no entender de outros estudiosos deve ter a primazia, numa clara inversão metonímica da parte e do todo.[9]

---

9 Assinale-se que a Coleção não pode ser confundida com a da Biblioteca de Mindlin, que também tinha sua "Brasiliana", hoje hospedada no IEB da USP e com escopo mais amplo, ao contrário da de Fernando de Azevedo, bem mais focada e totalmente voltada aos

Por fim, encerrando esse capítulo, citem-se as editoras elas mesmas, com suas diferentes propostas editoriais, umas mais comerciais, outras mais acadêmicas, com suas histórias variadas e seus nichos de mercado. A começar pela Cia. Editora Nacional (Candido, 1984, p.33), cuja origem data do início dos anos 1920, quando Monteiro Lobato fundou a editora Monteiro Lobato & Cia.: depois chamada Companhia Editora Nacional, 1925, e que existe até hoje, depois de passar por várias mãos, ser estatizada pelo MEC e BNDES (então BNDE), e hoje com outra proposta, consagrada ao livro didático. Acrescente-se a José Olympio, no Rio de Janeiro, fundada em 1931, cujo fundador Antonio Candido considera o "verdadeiro herói cultural nacional", tanto "pelo arrojo e a amplitude" das publicações, quanto pelo *design* e a revolução gráfica (estilo das capas, mancha colorida, ilustrações) (ibidem, p.34). Somem-se, em continuidade com a celebração dos heróis, antes que todas elas fossem tiranizadas pelo mercado, a Editora Globo, então sediada em Porto Alegre, com Érico Veríssimo como "conselheiro editorial e tradutor" (ibidem, p.33), nos anos 1980 vendida ao Grupo de Roberto Marinho, bem como em Belo Horizonte as editoras Pindorama e Amigos do Livro, tendo Eduardo Frieiro como *Publisher* e publicando Drummond e Ciro dos Anjos (ibidem, p.34). E às quais poder-se-iam juntar, completando a lista de Candido, a Civilização Brasileira, fundada por Ribeiro Couto e dois sócios amigos em 1929, e depois passando para outras mãos, tendo editado Joaquim Nabuco e outras sumidades estrangeiras. Além da Editora Brasiliense, fundada por Caio Prado em 1943 e ainda existente, a qual, além de livros, publicou a sua própria revista, a *Revista Brasiliense*, entre 1955 e 1964, quando foi descontinuada.

(e) Radiodifusão – não citado por Antonio Candido, que do conjunto da indústria cultural e da cultura de massa o crítico ilustre tratou só do livro e das editoras; no entanto, o rádio está no epicentro da massificação da cultura iniciada naqueles anos, e a própria popularização da música brasileira foi antes um fenômeno do rádio antes que da TV e da indústria do disco, como é sabido. Um excelente exemplo, também ele com o selo do dirigismo estatal, é a Radio Nacional do Rio Janeiro, fundada pelo primeiro governo Vargas em 1936, com sua época de glória naqueles tempos, e que meio combalida existe até hoje.

"estudos brasileiros", dando vazão a um conjunto de obras que serão consideradas "clássicas", e tendo Fernando de Azevedo ficado na sua direção até 1946, quando foi descontinuada e passou nos anos 1950 para outras mãos.

Evidentemente, haveria muito a incluir e a considerar, como o papel do teatro e das mídias nos anos 1950, como os Diários Associados, fundado por Assis Chateaubriand em 1924 e que se converteu num verdadeiro império no período, para depois ruir e se fragmentar, com seus jornais, rádios e emissoras de TV. Porém, antes da ruína, houve o colosso, e à frente de tudo a Rede Tupi, fundada em 1950, com grande audiência e a credencial, segundo a Wikipedia, da primeira emissora de televisão do Brasil, além da América do Sul, e a quarta do mundo. Mas vou parando por aqui, devendo voltar ao tópico mais à frente, numa faixa mais modesta das "mídias" da filosofia – as revistas, os *papers* e os livros –, além de outros heróis culturais: os fundadores das instituições, precisamente, e não de campos disciplinares, que não vêm ao caso.

Visto o processo em conjunto, e agora com o benefício do distanciamento do tempo depois que os resultados se consolidaram e passaram a integrar a realidade em que vivemos, não é exagerado dizer que todos esses engenhos e mudanças lançaram as bases e as superestruturas do Brasil moderno. Conhecido pelos estudiosos como projeto nacional-desenvolvimentista com sua agenda própria e suas diferentes fases, o processo extravasou a era Vargas, como assinalado. E tanto mais importante, e mesmo decisivo, que não houve nada de relevante que foi feito no país que não tivesse sido realizado sem a sua marca ou insígnia, com o duplo propósito de fundar uma nação autônoma e soberana – donde o nacional e o nacionalismo – e promover o desenvolvimento e a distribuição da riqueza – donde o norte da ação e o "ismo" do credo: desenvolvimento e desenvolvimentismo. Entra nesse rol, fechando o quadro, a criação das universidades nos anos 1930, tendo como respaldo jurídico as reformas do ensino de Francisco Campos (1931) e Capanema (1942-1945), já citadas, que lhes davam a primazia sobre as escolas isoladas, tendo como modelo no plano federal a Universidade do Brasil (1939), e às quais voltarei na 3ª seção. E ainda, a criação nos anos 1950 da Sudene (1955) e do Iseb (1955), a primeira com a missão de promover o desenvolvimento do Nordeste e o último de dar o respaldo ideológico ao projeto nacional-desenvolvimentista, reservando à filosofia papel proeminente.

[4] Grandes números – Tendo fornecido o quadro das mudanças, será preciso ainda, para o esquema ficar completo, visando às comparações, provê--lo com os dados e os números, a começar pela demografia. Como não houve censo em 1930, vou recuar a 1920, ficando subentendido que o número estimado ficará entre o cômputo daquela data, cerca de 30 milhões de almas, e o de 1940, que contou um pouco mais de 41 milhões de brasileiros. Para fins

de comparação com outros países, tem-se: Argentina, com mais de 9 milhões de habitantes; França, com cerca de 39 milhões; Alemanha, com cerca de 63 milhões e o Reino Unido, com um pouco mais de 50 milhões (há uma certa defasagem nas datas, como no caso da França, cujo cômputo foi realizado em 1921). Todo esse contingente populacional vai se espalhar pelo país, mas o padrão da distribuição vai ser alterado, com a tendência de se concentrar nas áreas urbanas, atingindo 31,3% no censo de 1940 (IBGE, s/a, p.6), e tendo como polo dinâmico a indústria, até então tênue e dispersa, agora densa e concentrada em São Paulo, com suas 500.000 almas em 1930. Passando à economia, ao dar os números da industrialização e da composição da riqueza nacional, com São Paulo antes da Revolução já na dianteira do país, ao atingir em 1919, quando a Primeira Guerra acaba, cerca de 30% da riqueza nacional, e as indústrias Matarazzo e dos irmãos Kablin se convertendo em verdadeiros ícones. Assim, a se considerar o PIB nacional, comparando-se a indústria e a agricultura, em 1930 o montante era respectivamente 16,5% e 30,6%, e chega a 24,1% e 24,3% em 1950.[10] Ao passo que, ao se considerar São Paulo exclusivamente, com o intuito de evidenciar sua escalada galopante no PIB industrial, a participação do Estado bandeirante era de 32,2% em 1919, passa para 40,7% em 1939 e atinge 48,5% em 1949 (IBGE, Censos de 1920, 1940 e 1950 apud Cano, 1985, Tabela 6). Por fim, no tocante à sociedade, ao focalizar a composição social, não consegui levantar as estatísticas das classes médias do período analisado, e por isso ficarei com os dados algo toscos de Faoro para outros componentes da sociedade, como o operariado urbano, o setor público (um dos viveiros da classe média, como se sabe) e a elite empresarial. Ou seja: em números absolutos, a expansão do operariado, cujo montante era 275.512 em 1920 ou menos de 1% do total da população (cerca de 30 milhões); 450.000 em 1930, quando não houve censo (Faoro, 2012, p.756); tendo esse contingente aumentado ainda mais entre 1940 e 1950, quando "sessenta por cento, enquanto a população aumentou em vinte e seis por cento" (ibidem, p.793). Paralelamente, haverá o crescimento das classes médias urbanas (expressão que Faoro não usa, mas a ela se refere indiretamente), atribuindo-o tacitamente ao "processo de urbanização, já visível em 1920, [...] em razão das crises do setor agrário, das ocupações da burocracia, do incremento dos setores terciários, dos serviços públicos necessários

---

10 Cf. Haddad (1978), várias tabelas, e também *Estatísticas históricas do Brasil* apud Abreu e Vernes (1997, p.26); outros estudiosos fornecem cifras diferentes, como Regis Bonelli, que citarei na sequência, que fala respectivamente em 14,8% e 35,8% em 1930, e 25,6% e 22,4% em 1950.

à metrópole" [sic], com a administração pública ocupando 14.000 pessoas (ibidem, p.758). Por fim, há as elites urbanas e rurais, acerca das quais faltam os dados e as estratificações, podendo, no entanto, o estudioso fazer uma ideia da situação absoluta da elite empresarial nos anos 1920 – para um total de "13.336 estabelecimentos, um terço situado na cidade de São Paulo e mais de 10% na Guanabara, existiriam cerca de 18.000 proprietários" (ibidem, p.758). Donde a impressão, para nós hoje habituados em demografia a cifras estonteantes de milhões, dezenas e mesmo centenas de milhões, de que esses números são ainda incipientes, da escala do milhar, mas o destino urbano e industrial do país já estava definitivamente selado nos primeiros tempos da Revolução.

Para finalizar, é preciso considerar que os estudiosos discrepam quanto aos números, como no caso da demografia e na taxa de escolarização. As historiadoras Lilia Schwarcz e Heloísa Starling falam que "segundo o censo de 1920, dos 9,1 milhões de pessoas em atividade, 6,3 milhões (69,7%) se dedicavam à agricultura: 1,2 milhão (13,8%) à indústria, e 1,5 milhão (16,5%), aos serviços de uma maneira geral" (p.326). Mais à frente elas acrescentam que "os anos 1950, cerca de 70% dos brasileiros permaneciam no campo – a população urbana só iria superar a rural no fim da década de 1960" (p.424). E, por fim, registram quanto ao analfabetismo que este girava em "cerca de 60% da população adulta" (p.439). Consultando outras fontes, cheguei a outros números num caso e noutro. Sobre a população urbana e rural, Regis Bonelli em seu estudo "O que causou o crescimento do Brasil?" dirá que a população dedicada à agricultura e à indústria era, respectivamente, 38,1% e 15,7% em 1920, 29,4% e 18,7% em 1940, e 16,9% e 29,8% em 1960 (Bonelli, 2005 apud Giambiagi, 2005, p.310).[11] Sobre o analfabetismo, Eunice Durham fornece outros números levando em conta a população em idade escolar: 64,9% em 1920, 56% em 1940 e 39,6% em 1960 (Durham, 1999). Como não sou estatístico nem demógrafo, vou limitar-me a registrar as discrepâncias, certo de que, conquanto importantes para dar lastro aos argumentos, evitando que as análises factuais se transformem em meros exercícios doxológicos, o estudioso dessas matérias está longe de dados absolutos e autoevidentes. Nestas e noutras matérias, em si mesmos os dados e os cômputos não nos dizem nada, e devemos então nos cercar de todos os cuidados e procurar compensar a falta de acurácia dos números por

---

11 A fonte do autor é o IBGE – Contas Públicas.

uma meticulosa interpretação dos mesmos com a ajuda de uma teoria mais abrangente. Na sequência e no próximo Passo voltarei a esses números, bem como a outros, mais de uma vez.

Tal é, portanto, o contexto daqueles anos tão importantes para a vida do país e que instauraram vários *no turning points*, quase sempre em desalinho, não havendo homogeneidade e sincronia entre eles, mas integrando um mesmo processo que irá deixar o Brasil de ponta-cabeça. O próximo passo consistirá em examinar o impacto cultural da revolução, ao remodelar a *intelligentsia* nacional e, por extensão, a filosofia, definindo-lhes a agenda e a pauta. A agenda e a pauta serão antes de tudo a agenda e a pauta do nacional-desenvolvimentismo, ao se deixar de lado a pauta do autoritarismo estamental fascitizante do Estado Novo, para se reter aquilo que teve continuidade e ficou nas décadas que se lhe seguiram, sem interregno ou solução de continuidade. Três são os tópicos daquilo que constituirá a nova agenda da economia, passando pela política e a sociedade, até a cultura: o nacionalismo, fazendo frente ao (neo)colonialismo e seus pares bovarismo e transoceanismo, objetos de ataques frontais e contínuos da parte da nova *intelligentsia*, que irá patrocinar o culto do nativo e do mestiço; o modernismo e seu antípoda: o atraso; e o desenvolvimento e seu par indesejado: o subdesenvolvimento.

Nacionalismo – A pauta de discussões já estava posta desde os anos 1920, como mostra Faoro, ao se referir a Oliveira Viana, historiador considerado referência, que publicara em 1921 o livro *Pequenos estudos de psicologia social*, no qual desanca o mimetismo e por extensão o culto ao estrangeiro que vitima a intelectualidade tropical, comparando o brasileiro com o macaco:

> "[...] coçavam-se e catavam as pulgas do pelo – e tinham a pretensão de ser homens. [...] Como os macacos de Kipling" – prosseguia –, "imitamos: eles – os homens; nós – os super-homens. Isto é, os que julgamos superiores a nós, os criadores, requintados, os progressistas, os que estão, lá do outro lado do mundo, fazendo civilização. Cada vez que um desses fazedores de civilização se mexe para fazer uma revolução ou para fazer a barba, nós, cá do outro lado, ficamos mais assanhados do que a macacaria dos junglais [selvas]. De uns copiamos a forma de governo e os modos de vestir, os princípios da política e os padrões das casimiras – os figurinos, os alfaiates e as instituições. De outros copiamos outras cousas: as filosofias, mais em voga, as modas literárias, as escolas de arte, os requintes e mesmo as suas taras de civilizados. De nós é que não copiamos nada. E temos assim com a bicharia do apólogo kiplinguiano estes pontos comuns: a inconsciência, a volubilidade e... o ridículo". (Faoro, 2012, p.752)

Já denunciados os equívocos por Machado, ao se colocar a agenda da nação no centro das discussões, "não se trata agora – comenta Faoro – do nacionalismo antiluso, jacobino, dos dias de Floriano Peixoto. A perspectiva, mais larga e com base mais ampla, não se limita à defesa raivosa dos nativos contra o estrangeiro, mas a, sobre inspirações próprias, reconstruir, reorganizar, reformar o país, por meio do Estado" (Faoro, 2012, p.751). Na mesma linha, com a questão nacional ao fundo, se dá o repúdio ao transoceanismo, fazendo *pendant* ao estrangeirismo. Assim, antes mesmo da Revolução, Sylvio Romero no seu *Outros estudos de literatura contemporânea*, citado por Cruz Costa, no qual contrasta seu perfil pessoal e sua obra aos de Tobias Barreto, por quem não escondia seu entusiasmo e uma grande admiração, não porém a ponto de perder o distanciamento crítico. E as diferenças não poderiam ser mais claras: "Ele foi pelo alemanismo, como coisa a ser imitada pelos brasileiros; eu, do *alemanismo* só aceitava a influência histórica da raça e o seu espírito crítico. Ele era em letras preferentemente pelos assuntos estrangeiros; eu pelos nacionais [...]" (apud Cruz Costa, 1967, p.297, n.67). Na mesma linha, Tristão de Ataíde, pseudônimo de Alceu de Amoroso Lima, muito influente em nossos meios, com um passado integralista e depois dele distanciado. Em seu livro *À margem da história da república*, 1924, toma como alvo Ruy Barbosa e Pinheiro Machado, dizendo de Ruy na esteira de Nabuco, conforme Cruz Costa, se tratar de um cosmopolita estrangeirado. Nem mais nem menos: como a do pernambucano ilustre, em sua obra de político e letrado era "a cultura europeia que se quer conformar ao meio mas a que falta a devida intuição; a tenaz preferência para a adaptação do modelo em lugar da reflexão sobre o exemplo; era ainda a paixão da liberdade por idealismo político" (apud Cruz Costa, 1967, p.349-350). Outros críticos do transoceanismo: Afonso Arinos, tendo por contexto a Primeira Guerra Mundial, numa conferência proferida em São Paulo: "Aproveitemos desse momento para nos conhecermos. Durante um século estivemos a olhar para fora, para o estrangeiro: olhemos agora para nós mesmos. Quantas vezes a vária Fortuna esconde junto de nós aquilo que com renitente afã buscamos ao longe" (apud Cruz Costa, 1967, p.401); Ronald de Carvalho, em "Pequena história da literatura brasileira", publicado na revista *Estudos brasileiros (1ª série)*, 1919, dirá que

> O nosso dever é destruir o preconceito europeu, o pior, o mais nocivo de todos os nossos males. Demos à história dos povos americanos o lugar de eminência que, em nossas cogitações, ocupa o das nações de outros continentes. Deixemos de pensar em europeu. Pensemos em americano [...]. O nosso dever é

combater todos esses desvios, completando com a do *pensamento* a obra de nossa *independência política*. (Apud Cruz Costa, 1967, p.401);

e Vicente Licínio Cardoso, para quem segundo Cruz Costa o "letrado do litoral [...] pensara até então o Brasil 'como se a sua cabeça estivesse na Europa'" (apud Cruz Costa, 1967, p.402).[12]

Modernismo – Capitaneado pelo movimento modernista em artes e literatura, causando um verdadeiro terremoto nas letras nacionais, tendo por epicentro a famosa Semana de Arte Moderna, ocorrida em 1922 no Teatro Municipal de São Paulo, da qual tratarei na próxima seção e de seu antípoda: o atraso, ou o *démodé* e *old fashioned* em literatura, mas com uma agenda mais política (promover a modernização da economia e do país) nos anos 1930 do que literária, tendo a filosofia a ele se ajuntado pela via "estrangeirada" e nada nacionalista da Missão francesa quando a USP foi fundada, conforme mostrarei adiante. Transplantado para os trópicos, onde deverá ajustar-se ao novo ambiente, com o *scholar* ou, antes, os *normaliens* e os *sorbonnards* como modelos, os antípodas em filosofia – sinal de atraso e de degradação – serão o diletante e o autodidata, em sua maioria egressos do direito e marcados pelo bacharelismo, que trocaram a lógica pela retórica e a argumentação técnica circunspecta pelo floreio e o deslumbramento.

Desenvolvimento – Com grande impacto inclusive nas letras e na *intelligentsia*, nas vizinhanças do rival "progresso", que desde a segunda metade do século XIX atraíra as mentes, e continuava atraindo, ambos acompanhados de seu pares indesejados, o subdesenvolvimento e o atraso, vistos como heranças do passado colonial bem como do neocolonialismo que se seguiu à Independência: tal diagnóstico negativo dos nossos legados levou à fixação na consciência nacional, acerca de nosso processo histórico, das ideias de algo ultrapassado, prematuro e não concluído. Parecidos com o moderno e a agenda da modernização, terminando depois por se fundir com eles, o desenvolvimento e a agenda desenvolvimentista farão *pendant* às ideias de privação e de incompletude. Estas, por sua vez, são outros nomes para subdesenvolvido e seus sinônimos déficit e defasagem, remetendo-se a seus opostos junto à necessidade – verdadeira urgência – de provê-los, neutralizá-los e vencê-los. Formuladas e modeladas na esteira da Revolução de 1930,

---

12 Nessa referência, o leitor encontrará outros nomes ligados ao tema: Paulo Prado, Manuel Bonfim, Azevedo Amaral..., testemunhando que o assunto era um *topos* da época, tendo os anos 1930 em diante aprofundado a crítica, num contexto agravado pela *crash* da Bolsa, a crise do café nos mercados internacionais e a Segunda Guerra Mundial.

a política de desenvolvimento e a agenda desenvolvimentista serão vistas como tarefa não dos indivíduos e das empresas privadas, que podem pouco nessas coisas, mas do Estado e seus aparatos. A consequência é o duplo esforço dos governos dos anos 1930-1960 – numa das vertentes das políticas desenvolvimentistas visando, como diria Caio Prado, a formação da "infraestrutura" da sociedade – de implantar verdadeiras agências de desenvolvimento, tais como a Sudene, a Petrobras, a CSN e a Vale do Rio Doce, às quais pode-se acrescentar o BNDES, fundado em 1952. Na outra vertente, visando a formação da "superestrutura", o esforço de criar as universidades e difundir as letras bem como as ciências, completadas pela fundação nos anos 1950 da Capes, do CNPq e do próprio Iseb, ao qual se verá associada a filosofia em uma de suas vertentes, a vertente nacionalista, e ao qual, junto às universidades, voltarei na sequência.

Há porém uma hipótese restritiva que deverá ser introduzida ao se pensar esse estado de coisas, quando abandona-se o longo período anterior com seus quatro séculos de ruralismo, e com ele o padrão casa-grande e senzala, comandado pelo elitismo das oligarquias do café e da cana, e passa-se nos anos 1930-1960 ao padrão urbano-industrial da cultura de massa: a hipótese, ao inserir a filosofia, é a restrição sociológica do fenômeno da massificação da cultura às camadas médias urbanas, um pouco como faz Antonio Candido ao concluir seu instigante ensaio, fazendo o balanço da Revolução de 1930 e seu impacto sobre a cultura. Por um lado, ao reconhecer a sua repercussão positiva: comparada com o período anterior, "a situação nova representou grande progresso, embora tenha sido pouco, em face do que se esperaria de uma verdadeira revolução" (Candido, 1984, p.34). Por outro, ao reconhecer a sua ambivalência: para o povo pobre, que era a maioria da população, "quase nada"; para as camadas médias, a "melhoria foi sensível", e antes de tudo "graças à difusão do ensino médio e técnico, que aumentou as suas possibilidades de afirmação e realização, de acordo com as necessidades novas do desenvolvimento econômico" (ibidem, p.34), permitindo o acesso mais amplo do consumo dos bens culturais. Resultado: depois de 1930, conforme Candido, "se esboçou uma mentalidade mais democrática a respeito da cultura, que começou a ser vista, pelo menos em tese, como direito de todos, contrariando a visão de tipo aristocrático que sempre havia predominado no Brasil [...]" (ibidem, p.34), abrindo caminho para a cultura urbana e popular, como no caso da música. Todavia, não para a filosofia, digo eu, como aliás as ciências e o ensino superior em geral, que continuarão elitizados nos anos 1930-1960, e só se massificarão no sentido das camadas médias ao longo dos anos 1960-2010, como mostrarei no próximo Passo.

2. A *INTELLIGENTSIA* E A QUESTÃO NACIONAL

Ao introduzir a segunda seção, com esse importante fator contextual em mente – a Revolução de 1930 e seus desdobramentos –, procurarei reconstruir o impacto de tais processos sobre as mentalidades, ao colocar na agenda intelectual da questão nacional o sertão esquecido e o problema do atraso secular. E ainda, em seus diversos âmbitos (formulação de políticas públicas, compreensão dos processos, levantamento de dados etc.), interesses crescentes pelos problemas sociológicos dos campos e das cidades, exigindo uma nova formação intelectual, como será mostrado nas próximas seções, mais preparada para os tempos novos e mais técnica para as novas demandas do pensamento: foi então a vez dos historiadores, dos sociólogos e dos economistas, que passaram a ocupar toda a cena, deixando na penumbra os bacharéis e os advogados, tendo como expoentes *scholars* como Sérgio Buarque e polímatas, não digo eruditos e enciclopédicos, mas versáteis e atualizados, como Roberto Simonsen.

A exemplo dos estudos anteriores, serei levado mais de uma vez a romper a cronologia linear e recuar os acontecimentos intelectuais a décadas antes do marco temporal aludido: anos 1930-1960. Ao fazê-lo, vou colocar-me ao longo desta seção nas companhias de Cruz Costa e de Antonio Candido, que souberam como poucos colocar em evidência a agenda da modernização e do desenvolvimento que um dia se cruzaram nos diferentes planos da economia e se estenderam às mais diferentes esferas da cultura. Porém, com a filosofia a ela se abrindo apenas nos anos 1950, ao menos no Rio de Janeiro, quando o Iseb levou adiante o programa de "nacionalizar" a filosofia e colocá-la a serviço da agenda nacional-desenvolvimentista.

Passando à *intelligentsia* e à questão nacional, o contraste entre os séculos anteriores e os tempos novos é conhecido e foi sumariado por Alberto Torres, ao se referir à mentalidade das elites brasileiras prevalecente até as primeiras décadas do século XX, quando ele publicou *O problema nacional brasileiro* (1912): na esteira tanto do bacharelismo quanto do transoceanismo supramencionado, que se unem e fazem um só, Torres menciona "o diletantismo, a superficialidade, o gosto por frases ornamentais" das elites, o preparo de uns "para o céu", o de outros para a "glória", e de outros ainda para o "aplauso" (apud Cruz Costa, 1967, p.375). Em contrapartida, como notou Antonio Candido, outra vai ser a atitude e a agenda da *intelligentsia* brasileira pós-1930, que será marcada por "uma surpreendente tomada de consciência ideológica de intelectuais e artistas, numa radicalização que antes era quase inexistente", cuja resultante será o surgimento do intelectual engajado nas questões nacionais e nos mais diferentes campos da cultura (Candido, 1984, p.28). *Intelligentsia* que se clivará, dando origem a dois campos que se hostilizarão e nunca mais se unificarão, ainda que compartilhassem o mesmo tema da agenda nacional: à esquerda, os marxistas, os comunistas e os socialistas, com Antonio Candido citando Caio Prado, Graciliano Ramos, Jorge Amado, Raquel de Queiroz e Oswald de Andrade, acrescidos de simpatizantes da estirpe de um Mário de Andrade, um José Lins do Rego (ex-integralista) e um Carlos Drummond de Andrade (ibidem, p.31); à direita, nomes como Plínio Salgado, Augusto Frederico Schmidt e Octavio de Faria, que integram o campo da direita fascista, tão importante naquela época (ibidem, p.31), e aos quais devem ser acrescidos nomes associados ao Centro Dom Vital, fundado em 1922. E ainda à Ação Católica (1932), cujo grande expoente é Alceu de Amoroso Lima e em que se pode ver um dos grandes difusores do espiritualismo francês nestas paragens (ibidem, p.31).

Contudo, a bem da verdade, antes mesmo da Revolução de 1930, que colocou no centro da agenda política a questão nacional, com a União na linha de frente e a prioridade da modernização das instituições, ao mesmo tempo que olhava para trás e via o antigo como velho e o tradicional como negativo e *old-fashioned*, ao nomear o regime anterior justamente como República Velha; portanto, antes mesmo da Revolução de 1930, que a rigor foi nula ideologicamente, como viu Cruz Costa, e da nova *intelligentsia* que ela moldou, esse estado de coisas foi posto em xeque pela famosa Semana de Arte Moderna, ao colocar na agenda literária e artística o tema do *modernismo*, em contraste com o atraso e o tradicionalismo da sociedade (pós) colonial. Para nos convencermos disso, basta seguir as pegadas de Cruz Costa, retomar alguns pontos já tratados no 3º Passo e tomar como apoio o que disseram, seja sobre o quadro de desolação cultural em que se encontrava o país ou sobre o próprio movimento modernista, dois de seus mais conhecidos representantes: um, do Rio de Janeiro, Graça Aranha; outro, de São Paulo, Mário de Andrade.

Começo por Graça Aranha. Segundo ele,

> a história da civilização no Brasil se poderia escrever em quatro linhas, tão simples, tão insignificante tem sido a sua contribuição na luminosa história do espírito humano. Poderíamos reduzir todo o esforço da cultura no imenso território em que acampamos, a três fatos essenciais: o *Descobrimento* que despertou a cobiça europeia e foi o acidente do qual resultou a fusão das raças que povoaram primitivamente o País; a fundação da *nacionalidade* sobre o trabalho escravo, e transformação dessa base econômica para dar lugar ao *trabalho livre*,

desenvolvido pela imigração dos povos europeus, de que resultará a modificação dos fundamentos da nacionalidade constituída. Três únicos sucessos históricos que interessam à humanidade: Descobrimento, Independência Nacional, Abolição da Escravatura. Como por toda a América, simples destino econômico... (Apud Cruz Costa, 1967, p.391-392)[13]

Com a credencial de chefe do movimento, ao lado de Mário de Andrade e de Paulo Prado, eminente egresso da oligarquia paulista, Graça Aranha salienta que o modernismo se propõe a mudar esse estado de coisas, e se quisesse alcançar esse objetivo o movimento "não devia se confinar à preocupação estética, mas tinha que se completar, intervindo na cena política também" (apud Cruz Costa, 1967, p.384).

Quanto a Mário de Andrade, hoje um verdadeiro ícone do movimento e considerado um dos maiores expoentes da literatura brasileira, com contribuições importantes inclusive para a nossa história intelectual, ao criar a figura mítica do Macunaíma, à qual voltarei na sequência, ele põe na raiz do movimento algo diferente. Não os déficits e as distorções do passado colonial e neocolonial, que com certeza são reais e devem ser considerados, mas positivamente

> a transformação do mundo, com o enfraquecimento progressivo dos grandes impérios, a prática europeia de novos ideais políticos, a rapidez dos transportes e mil e uma outras causas internacionais, bem como o desenvolvimento da consciência americana e brasileira, os progressos da técnica e da educação, impunham a criação e mesmo a remodelação da Inteligência Nacional. (Andrade, M. *O movimento modernista*, p.13 apud Cruz Costa, 1967, p.383)

---

13 Antes do trecho citado, Graça Aranha tinha enveredado pelo terreno da filosofia e lançado mão de uma argumentação metafísica, ao falar de uma metafísica brasileira, aparentemente sem se dar conta de que estava a ruminar coisas nada inocentes e mesmo perigosas, como se da terra emanasse a alma dos povos e coisas parecidas. Assim, ele ressalta a grande imaginação da alma brasileira, polarizada pelo "prodígio da natureza tropical" que o nativo não cansa de martirizar e a abissal "melancolia" dos três povos que por aqui desembarcaram desde a Colônia, a um tempo tendo de apagar tudo para poderem sobreviver numa "terra estranha" e guardando na memória a "angústia de um passado perdido para sempre". E conclui Cruz Costa, destacando em itálico o que ele retoma de Graça Aranha: "*o português, oscilando entre o sentimento realista e a miragem, incapaz de criar, de dar ao mundo uma sensibilidade nova, executores perfeitos das ideias dos outros; o negro, envolto na bruma de uma eterna ilusão, reagindo pela mentira a uma falsa representação das coisas, enganando o medo, imaginando, que é volúpia dos espíritos grosseiros, fracos e apavorados; o selvagem, transmitindo aos seus descendentes aquele pavor 'que está no início das relações do homem e do universo'*" (Cruz Costa, op. cit., p.390-391).

Nesse quadro, o movimento modernista foi "um toque de alarme. Todos acordaram e viram perfeitamente a aurora. A aurora continha em si todas as promessas do dia, só que não era o dia" (Andrade, M. *O empalhador de passarinho*, p.162 apud Cruz Costa, 1967, p.383). E não era dia, porque o movimento continuou e durou vários anos, como ele observara uma página antes: "É geralmente aceito, e com razão – escreve Mário de Andrade –, que o modernismo como estado de espírito dominante e criador, durou pouco menos de dez anos, terminando em 1930 com as revoluções políticas e a pacificação literária" (ibidem, p.161 apud Cruz Costa, 1967, p.384, nota 265).

Três coisas são dignas de nota nesse episódio sem precedentes da *intelligentsia* nacional, e todas elas configurando um estado de coisas massivo, reconhecido pelos protagonistas, e antes da Revolução, como que se a anunciasse.

A primeira e mais saliente delas é o fato notório de a Semana de Arte Moderna ter ocorrido justamente em São Paulo, então uma cidade de porte médio com 500 mil habitantes, ainda com burros de carga nas ruas, provinciana e meio caipira. Por que então São Paulo e não o Rio de Janeiro? Resposta de Mário, ele mesmo natural da capital bandeirante, que não tinha tanto apreço assim pelo Rio, onde tinha morado por uns tempos, e em sintonia com o que se passava: tal sucedeu assim, porque "São Paulo estava no mesmo tempo, pela sua atualidade comercial e sua industrialização, em contato espiritual e mais técnico com a atualidade do mundo" (Andrade, M. *O movimento modernista*, p.27 apud Cruz Costa, 1967, p.384-385). Enquanto o Rio de Janeiro era a Corte, com as agências governamentais, o mecenato do Estado e uma cultura meio chapa-branca – como, não sem certo exagero, poder-se-ia dizer.

A segunda coisa, ressaltada por Menotti Del Picchia, também ele paulistano como Mário, que estabeleceu o liame histórico entre o movimento e a civilização do café, com seu esplendor literário e intelectual nas cercanias do Atlântico, inclusive São Paulo, que não era diferente, estando como estava a a menos de 100 km de Santos: o movimento modernista – escreve o poeta ilustre – foi o resultado entre nós "da precipitação do ritmo de uma evolução, retardada e colonial até certa altura, mas bruscamente transformada com o fastígio da cultura do café, numa alta civilização na orla litorânea" (Picchia, M. Del. "Modernismo" in: *A Gazeta*, 12-10-1954 apud Cruz Costa, 1976, p.383).

A terceira, enfim, provém de Mário de Andrade, numa passagem em que sumariza o *no returning point* do movimento modernista. Um movimento que se foi a vanguarda do tempo e veio a lume antes dos grandes acontecimentos que sacudiram o país, anunciando uma nova e radiante aurora, houve bem um limite que aqueles que estavam à frente do tempo não puderam ultrapassar e legar seu fruto como algo realmente novo para as gerações vindouras. O limite é que "apesar da nossa atualidade, da nossa nacionalidade, da nossa universalidade, uma coisa não ajudamos verdadeiramente, duma coisa não participamos: o amelhoramento político-social do homem" (Andrade, M. *O movimento modernista*, p.80 apud Cruz Costa, 1967, p.386).

Não obstante, o caminho fora aberto e a "pauliceia desvairada" – para usar um conhecido bordão – terminou por jogar por terra o já combalido edifício do pensamento e do parnaso colonial, trocando o arcadismo e os saraus dos tempos arcaicos pela experimentação e o modernismo dos tempos novos.

Na mesma linha, de um modo desabusado e nada convencional, como era de seu feitio, outro eminente representante do movimento modernista paulista, Oswald de Andrade, não hesitará em dois manifestos que fizeram época – o *Manifesto antropófago* e o *Manifesto da poesia pau-brasil* – a pôr em xeque o cânon da literatura ocidental e seus reverenciados consortes de Pindorama, como os imortais da ABL do Rio de Janeiro. Assim, no segundo manifesto, ao mirar em Ruy Barbosa e seu palavreado bacharelesco empolado e livresco, contra quem ele opõe o cânone da poesia pau-brasil, ou antes o anticânon, a poesia sem nenhuma fórmula ou amarras: um poetar e um

> ver com os próprios olhos [...] A reação contra todas as indigestões de sabedoria. [...] Apenas brasileiros de nossa época. O necessário de química, de mecânica, de economia e de balística. Tudo digerido. Sem *meeting* cultural. Práticos. Experimentais. Poetas. Sem reminiscências livrescas. Sem comparações de apoio. Sem pesquisa etimológica. Sem ontologia. Bárbaros, crédulos, pitorescos e meigos. Leitores de jornal. Pau-Brasil. A floresta e a escola. O Museu Nacional. A cozinha, o minério e a dança. A vegetação. Pau-brasil.

Não menos contundente, no *Manifesto antropófago*, onde o paulistano ilustre se insurge contra todo mundo, contra José de Alencar e suas óperas com índios "cheios de bons sentimentos portugueses" e o padre Vieira. Vieira, que era uma das glórias das letras nacionais. Contra o grande jesuíta, Oswald lembra que ele se metera num negócio de empréstimo para financiar a exploração do açúcar no Maranhão, tendo ganhado uma comissão ao convencer o rei, ficando o principal do lucro em Portugal, deixando a Colônia na miséria e correndo à solta a sua lábia. Contra eles, contra Lévy-Bruhl e sua mentalidade pré-lógica, contra William James, "contra todos os importadores de consciência enlatada" – as certezas macunaímicas de que "Só a antropofagia nos une. Socialmente, Economicamente. Filosoficamente". *"Tupi or not tupi that is the question"*. E arremata:

"Queremos a Revolução Caraíba. Maior que a revolução francesa. A unificação de todas as revoltas eficazes na direção do homem. Sem nós a Europa não teria sequer a sua pobre declaração dos direitos do homem". "Nunca fomos catequizados. Fizemos o carnaval" [...]. "Contra Goethe" [...] e a Corte de D. João VI". "Contra Anchieta [...]" – e a favor de "João Ramalho fundador de São Paulo"; contra Freud e a realidade social opressora – e a favor da realidade livre e "sem penitenciárias do matriarcado de Pindorama".

Segundo Cruz Costa, "foi essa a atitude da inteligência a partir do movimento de 1922. Com ela se procurava dar novo rumo à cultura nacional, compreender e interpretar melhor a alma do povo" (Cruz Costa, 1967, p.399). Mas, junto a essa nova atitude, era preciso aparelhar a inteligência, e foi então, nesse novo ambiente e em sintonia com as exigências dos tempos novos, o que fez a Revolução de 1930. De resto, uma Revolução tramada contra São Paulo e longe da onda modernista literária paulistana, mas com a mesma mensagem modernizadora no ar e ela mesma contra o antigo regime da República Velha e suas estruturas arcaicas. Tal aparelhamento ocorreu, como é sabido, mal a Revolução se apossou do Catete, já no primeiro ano, quando se iniciou a reforma do ensino, a reforma Francisco Campos, e foi concluída no fim do Estado Novo com a reforma Capanema: várias reformas de fato, ao longo de três anos (1942-1945), abarcando o ensino médio, fundamental e técnico profissional, como o Senai e as escolas de comércio. Foi nesse quadro, respaldado por esses dispositivos legais, que o aparato de todos os níveis de ensino foi ampliado e a universidade brasileira foi criada.

Tratava-se de mais um capítulo do modernismo, na direção antevista por Mário de Andrade ao falar dos limites do movimento paulista, que não passara de um movimento de vanguarda que pôde agitar os salões, mas nunca chegou à sociedade, e por isso não pôde participar verdadeiramente do "amelhoramento político-social do homem". Homem brasileiro, bem entendido, ao contrário do que se passava na capital federal, quando nos gabinetes do Catete o "amelhoramento moral e metafísico" do homem foi pragmaticamente lido e cambiado como melhoramento econômico e social nos quadros do projeto nacional-desenvolvimentista. Ora, mais uma vez, foi nesse contexto que a universidade brasileira foi criada e mais tarde, já nos anos JK, o próprio Iseb, que não era uma instituição de ensino, mas um *mix* de instituto de pesquisa e uma agência de desenvolvimento do governo federal.

Tendo por moldura jurídica as diretrizes das Reformas de Francisco Campos e Gustavo Capanema, com sua priorização ao ensino fundamental, mas que não deixou de legiferar sobre o ensino superior, dois modelos de universidade foram desenhados e implantados, com as três faculdades tradicionais na linha de frente (Medicina, Direito e Engenharia), e onde a filosofia e as demais áreas do conhecimento iriam acomodar-se:

[1] o modelo humboldtiano, que irá prevalecer em São Paulo, quando da criação da USP, com a universidade autônoma, algo distante das interferências de governos e credos religiosos, propondo-se a cultivar o conhecimento pelo conhecimento e fazer da instituição universitária assim como do conhecimento um bem da civilização, nada mais;
[2] o modelo napoleônico, com a universidade se determinando como instrumento de políticas de governo e agência de desenvolvimento num certo sentido, como no caso da Universidade do Brasil e sua Faculdade Nacional de Filosofia.

Em longo prazo, nos quadros do projeto nacional-desenvolvimentista o sistema de ensino terá como missão maior promover a passagem da cultura elitista à cultura de massa, mas a tarefa não será fácil, faltando clareza e consenso tanto no tocante à ideia de cultura, quanto à ideia de nacional – cultura nacional e brasileira, e mais ainda no plano menos marcadamente etnológico da ciência, da tecnologia e mesmo da filosofia. Esta, como as matemáticas, às voltas com a vocação universal do pensamento e, à diferença delas, não podendo de todo se desfazer – nem mesmo sendo-o conveniente – da cor local do ambiente em que vive o filósofo, o qual irá marcar a sua experiência pessoal e fornecer substância e conteúdo ao pensamento.

Sobre esse ponto, Roland Corbisier, um dos fundadores e primeiro diretor do Iseb, passados mais de dez anos do seu fechamento pela ditadura militar (o Iseb foi extinto no dia 13 de abril de 1964, menos de duas semanas depois de desferido o golpe), proferirá uma palestra na Seaf em 1978, no Rio de Janeiro, onde ele fará o balanço do programa filosófico do Instituto, ressaltando cinco coisas, segundo ele de suma importância:

[1] a consciência dele e dos colegas do Iseb nos anos 1950 "de que o problema nacional brasileiro era o problema do desenvolvimento", desenvolvimento que eles distinguiam do mero crescimento, vendo-o como "a intervenção consciente, planejada, racional, do Estado, tendo em vista a transformação qualitativa da estrutura econômica e social do País" (Corbisier, 1978, p.54);
[2] a necessidade de o intelectual brasileiro mudar de atitude e trocar a postura reverencial, filoneísta e colonizada por uma atitude mais crítica,

reflexiva e autônoma, promovendo uma verdadeira conversão ao Brasil e colocando os problemas brasileiros em primeiro plano: "Vivíamos de costas para o país, debruçados sobre a Europa, consumindo imoderadamente o produto cultural europeu, de maneira não crítica, não reflexiva, dominados [pelo] [...] 'temor reverencial'", em meio ao sentimento de "periféricos, atrasados, subdesenvolvidos", caindo de joelhos "diante de toda e qualquer obra e produção europeia, e, em nosso caso [filosofia], especialmente francesa" (ibidem, p.54). Tal atitude de colonizado, em que o indivíduo se considerava exilado em seu próprio país, tinha de acabar – era essa a proposta do Iseb e foi isso o que os intelectuais do Iseb conseguiram, rompendo com o complexo colonial, que é o complexo do colonizado (ibidem, p.57);

[3] a ideia de que "somos nós e a nossa circunstância ou o nosso mundo" – mundo e circunstância, diga-se, de uma ex-colônia europeia marcada por suas heranças ou seus legados; assim, o projeto de "uma cultura brasileira só poderia ser original na medida em que fosse fiel a um projeto de futuro, um projeto de emancipação, de libertação nacional" (ibidem, p.55);

[4] a compreensão pelos isebianos do "estatuto filosófico do país colonial [...]: a colônia não é sujeito, é objeto; não é forma, é matéria; não é o centro, é periferia; não é consciência, é torpor; não é cultura, é natureza; não é história, é geografia" – donde a existência vicária, substituta do país colonizado (formulação minha – ID), copiando e imitando a Metrópole, sem conteúdo próprio e sem densidade ontológica (ibidem, p.56);

[5] a situação de "extravio e alienação" da filosofia no Brasil (ibidem, p.61), que não poupou nem a Sylvio Romero (ibidem, p.62) e nem a Leonel Franca (ibidem, p.65), dois historiadores da filosofia de renome e que tinham se ocupado da filosofia nacional". Da mesma forma que não poupou aqueles dois que são considerados os nossos mais importantes filósofos, o cearense Farias Brito e o sergipano Tobias Barreto. De Farias Brito, depois de examinar algumas de suas obras, como o *Mundo interior* e *Finalidade do mundo*, Corbisier dirá que seus textos são "confusos, contraditórios, reacionários, e, além disso, de um primarismo alarmante, [...] passando seu autor por um dos maiores filósofos brasileiros (ibidem, p.64-65), quando de fato não é nada disso, como se pode ver ao dizer o pretenso filósofo que

> o povo torna-se o corruptor de todas as doutrinas, como de todos os princípios... Lançai um pouco de água puríssima e límpida como o cristal na corrente lamacenta de um rio e toma a mesma cor das águas em cujo turbilhão é envolvida: o mesmo acontece com a ideia que entra em contato com a consciência

das multidões. É por isto que toda a concepção, embora nascida das fontes mais altas e profundas do espírito, sempre que se torna popular, se corrompe.

E Corbisier, um iseabiano que quer popularizar a filosofia, e com Hegel reconciliar o mais alto saber com o espírito do povo e da nação, não resiste e parte para o ataque ao denunciar o reacionarismo e o estilo verboso do pretenso filósofo (ibidem, p.64), que não passa de um estrangeirado e filoneísta incapaz de se colocar à altura da tarefa de seu tempo, poder-se-ia acrescentar. Já de Tobias Barreto, a quem dedica um curto parágrafo, o desancará com menos latim e floreios dialéticos, como já foi lembrado, sugerindo que diante dele se está diante de um absurdo e do maior dos extravios, como se fosse um lunático, vivendo num país de analfabetos, e que num belo dia resolve publicar "ele próprio o jornal, em alemão..." (ibidem, p.66).

Ora, segundo Corbisier, é exatamente contra esse estado de coisas que ele e o Iseb em seu tempo tentaram resistir e achar uma outra saída condizente com os verdadeiros potenciais da filosofia e da cultura brasileiras, ao concluir que "a filosofia idealista, curricular, acadêmica, não tem mais sentido algum", para nós brasileiros, até hoje às voltas com o projeto de constituição da nação e da independência nacional. Da mesma forma que, segundo ele, "não tem mais sentido, para nós brasileiros, escrever teses eruditas, repletas de citações, sobre filósofos europeus. Só tem sentido utilizar a filosofia como instrumento que nos permita compreender e interpretar o mundo em que vivemos tornando-nos capazes de transformá-lo" (ibidem, p.67). Foi essa a proposta do Iseb, o qual acabou por um ato de força da ditadura militar logo no seu começo, e proposta que foi proscrita mal ela foi formulada e debatida, com as incompreensões de sempre e as campanhas difamatórias de *O Globo*, condenando – depois da proscrição – seus protagonistas ou ao ostracismo ou ao exílio. Não a filosofia e o ideário de libertação e desenvolvimento nacional, que ainda permanecem vivos e tem seus seguidores, poder-se-ia dizer, ao concluir essas considerações acerca de um agrupamento cujo projeto filosófico será o avesso da compreensão de filosofia e da proposta de formação filosófica – o *scholar* –, que estava em gestação na mesma época na USP, em São Paulo. Vale dizer, uma concepção técnica e erudita lastreada na tradição ocidental e uma formação igualmente técnica e erudita – a aquisição da *techne* filosófica e a formação de um novo virtuose, professor ou pesquisador – por obra e graça da Missão Francesa, e que, como tal, não era rigorosamente "nacionalista".

Ao focalizar na sequência essa importante transformação que irá alterar a situação institucional da filosofia em nosso país, tendo por contexto mais amplo os anos 1930-1960 – com a Revolução de 1930 no centro das atenções e o período que se lhe seguiu, entrecortado pelos anos JK e Jango, que podem ser vistos como suas outras tantas fases ou etapas –, continuarei seguindo de perto o esquema de Antonio Candido sobre a história da literatura brasileira com a ajuda do par conceitual sistema de obras e manifestação episódica. Ao testar o esquema nos estudos precedentes, quando foi examinada a situação da filosofia brasileira no período que vai da sociedade colonial ao período pós-independência (Império e Primeira República), viu-se que de fato a história do período o desmente, em vez de confirmá-lo. Desmente porque o que até agora se conseguiu evidenciar é que o par em filosofia funciona apenas pela metade, em razão da ausência nesse vasto período, depois que o sistema da *Ratio Studiorum* foi destruído por Pombal, de alguma coisa que pudesse ser chamada de sistema de obras filosóficas, deixando o qualificativo brasileiro adiado para etapa ulterior da análise. Em vez, viu-se, o que houve e pode ser catalogado positivamente são manifestações rarefeitas ou isoladas, as quais não passaram despercebidas dos estudiosos que, ao recenseá-las, não deixaram de marcá-las com o selo de déficit e outras pechas negativas (filosofia rala etc.). Com esses resultados em mente, ao confrontá-los com a agenda nacional-desenvolvimentista que os enfrentou nos vários planos e segmentos da vida nacional, cuidou-se de estender a pesquisa aos anos 1930-1960, acomodar as novidades e ver se os esquemas e as hipóteses resistem e ficam em pé.

Foi então, na esteira do esquema de Candido, junto à hipótese histórico-sociológica maior que está comandando a pesquisa metafilosófica das experiências intelectuais – a hipótese da formação do *Homo academicus* –, que a hipótese sociológica auxiliar do déficit institucional mostrou toda a sua serventia, e agora neutralizada pelo aparato institucional instaurado na esteira da Revolução de 1930, e mesmo independente dela, como no caso da USP: obras institucionais, em suma, sem que em filosofia desse lugar ao sistema de obras literárias *stricto sensu*, mas levando nas poucas iniciativas consistentes que tiveram lugar no surgimento (formação) do *scholar*, que coexistirá com as obras rarefeitas e de segunda mão; e, consequentemente, deixando adiada a instauração do sistema de obras filosóficas, já uma realidade na literatura e nas ciências humanas, não em filosofia. Esta é a hipótese metafilosófica. Então, das duas, uma: ou bem abandona-se a hipótese integral de Antonio Candido em filosofia, e fica-se com as manifestações fenomênicas das obras filosóficas que podem aumentar em escala, mas sem constituir um verdadeiro sistema autorreferente e interligado; ou bem trata-se de mostrar que aquilo que falta num período está presente e abunda em outro, ainda não analisado, de sorte que a hipótese não foi desmentida, mas teve a sua completa demonstração adiada. A meu ver, este é precisamente o caso da filosofia brasileira do século XX – a segunda disjuntiva –, a qual será focalizada agora, esperando que, ao se chegar ao fim do estudo, a segunda parte do esquema de Antonio Candido estará finalmente evidenciada e a segunda *leg* do argumento, uma vez trabalhada, terá sua pertinência acatada pelo analista.

O método que será observado não será diferente dos Passos anteriores, mas implicará – por causa do objeto, agora uma verdadeira positividade – algumas inversões e deslocamentos.

- *Inversões* – Até então, exceto o período dos jesuítas, em que a filosofia difundida nos seminários e colégios nem brasileira era, prevalecia no tocante ao sistema de obras, ao focalizar o período pós-colonial, uma análise *in absentia*, ponto ao qual volto mais uma vez, e isso por predominar no período o dilentantismo e um elenco de produções soltas; doravante, à medida que o sistema de ensino superior for sendo implantado, comandará uma análise *in praesentia* quanto às instituições, mas *in absentia* no tocante ao sistema de obras, ao menos em filosofia, que ficará adiado para mais tarde: anos 1960 em diante.
- *Inflexões* – Como dito, uma mesma hipótese histórico-sociológica orientou as análises até agora, implicando o contraste entre a sociedade colonial dos séculos XVI-XVIII e a sociedade oligárquico-patriarcal, ou simplesmente pós-colonial, do século XIX ao começo do século XX, a saber: a hipótese do país periférico e dependente das potências europeias, dando vazão a um processo de desenvolvimento/integração desigual e combinado. Ora, no período pós-30, devido às mudanças processadas, mas não completas, a hipótese do centro/periferia será mantida, mas a sociedade agrária e a cultura elitista sairão do centro das atenções e darão lugar (deslocamento) a uma sociedade urbana e a uma cultura de massa, implementada sob a égide do projeto nacional-desenvolvimentista. Com isso, num processo que só se concluirá nos anos 1970-1990, como será mostrado no 5º Passo, a estratificação social do país ficará mais diversificada; haverá uma mudança de escala nas atividades intelectuais, quando se passará da escala doméstica do artesanato à escala anônima industrial; os déficits serão neutralizados e mesmo vencidos; a figura do intelectual colonizado e periférico dará lugar, ao menos numa pequena parcela, ao intelectual público engajado nas

questões nacionais; e a filosofia deixará de ser raquítica e se revelará mais e mais robusta, com a densidade sociológica garantida pelo surgimento do *scholar* e a fundação das primeiras universidades, porém só consumada nos anos 1970 quando a Capes implantou o Sistema Nacional de Pós-Graduação (SNPG). Todavia, algo do antigo regime permanecerá, não qualquer coisa, mas algo muito importante: o país continuará periférico e dependente, assim como não desaparecerá em sua totalidade a síndrome de Joaquim Nabuco – o intelectual transoceânico cindido e desterrado. De sorte que todo letrado e bem pensante será vítima, um pouco, de nossa situação de franja do sistema, que vitimava o intelectual norte-americano até o início do século XX, e continuará a vitimar a *intelligentsia* das Américas hispânica e portuguesa.

Mas não é só. Como nos Passos anteriores, uma análise dessa envergadura e com esses propósitos só poderá ser levada a cabo com a ajuda de comparações e de métricas, com cuja ajuda o mais e o menos ou a maior e a menor (escala das coisas), assim como as novidades e as repetições (imitações) poderão ser avaliadas e sopesadas. Para tudo isso serão necessários as referências e os padrões. Seguido desde a Colônia até o século XX, quando se impôs e continuou como modelo, a referência é o sistema filosófico europeu, que forneceu tanto os parâmetros quanto as escalas, lastreados por indicadores pertinentes e comparáveis.

- *Parâmetros* – um certo *mainstream* na filosofia feita no velho continente, contrapondo a velha escolástica prevalecente em Portugal à filosofia nova vazada em outros países na Europa, caracterizada pela diversidade e a profusão de escolas e correntes, quase todas difundidas e hospedadas nos diferentes pontos do país, em suas vertentes contemporâneas analíticas e continentais.
- *Escala* – maior ou menor, ao se contrapor a *densidade* da filosofia feita na Europa à *tenuidade* da produção filosófica brasileira, por exemplo, conforme a formulação de Gilberto Freyre e ajustada à situação da ex-rainha do saber em nosso país. Viu-se então que a contraposição corresponde a um padrão vigente desde os tempos coloniais, corrigido parcialmente pela incorporação do sistema de ensino dos jesuítas, que rigorosamente não era brasileiro, mas europeu, e pelo reconhecimento de que, depois do desastre da expulsão, o padrão foi alterado no século XIX – obra dos goliardos diletantes, os bacharéis,

à sombra das Escolas de Direito de São Paulo e Recife, bem como, em nível de ensino médio, mas não menos significativo, à sombra do Colégio Pedro II do Rio de Janeiro, porém não foram sanados os déficits de escala e de qualidade. Ao se passar ao século XX, com a análise circunscrita aos anos 1930-1960, com os frutos das Missões Francesas no Rio de Janeiro (fundação da Universidade do Distrito Federal e mais tarde Universidade do Brasil, com a Faculdade Nacional de Filosofia na linha de frente) e antes de tudo em São Paulo (fundação da USP) já sendo colhidos, quando os goliardos diletantes cederam o passo ao *sidescholar* ou ao virtuose *expert*, será a hora de perguntar pelo estado de coisas reinante. A suspeita é que as coisas continuam ralas e de segunda mão, conforme mostram padre Vaz, Bento Prado, Paulo Arantes e Cruz Costa. Ora, ao fazer essas incursões na realidade nacional, conquanto negativas em seus resultados (déficits das produções intelectuais), porém positivas em suas perspectivas (solidez das instituições criadas), não estarei fazendo outra coisa senão seguir a diretriz já avançada, ao se concluir o último estudo, o 3º Passo, segundo a qual doravante os parâmetros e as escalas serão procurados não só fora, mas também dentro do país, não sem antes reconhecer, de pleno direito, que a filosofia é um patrimônio ocidental e um fenômeno mundial, não podendo por isso mesmo ser encastelada ou feudalizada.

Posto isso, passarei na terceira seção ao exame da instauração do aparato da filosofia em nosso país, numa perspectiva abrangente incluindo a fundação das universidades, a implantação dos primeiros departamentos, a formação dos profissionais especializados em diferentes áreas da filosofia, a realização dos primeiros congressos nacionais e a instauração do sistema de publicações – editoras e revistas –, com os anos 1930-1960 como horizonte, abrindo o conjunto desses dispositivos o caminho para aquilo que será o sistema de obras filosóficas entre nós, no sentido de Candido, e brasileiro ao fim e ao cabo.

3. A INSTAURAÇÃO DO APARATO INSTITUCIONAL DA FILOSOFIA

Com a ressalva de que não há por que dar às questões de método a primazia analítica, pela simples razão de que a *techne*, conquanto importante, não pode recobrir tudo o que acontece no trabalho intelectual, devendo muita coisa ser colocada na conta da intuição e da inventividade, que não podem ser metodizadas, passo à sumarização do escopo desta seção, para em seguida desenvolver a dialética das ideias. Tendo muito ocupado de déficits nos estudos anteriores, ocupa-se agora de positividades. O foco é a instauração do sistema filosófico brasileiro, por meio de uma análise genética em busca de suas raízes histórico-institucionais nas primeiras décadas do século XX, a cujo exame me dedicarei agora, deixando para o próximo ensaio (5º Passo), como já ressaltado, os últimos 50 anos (1960-2010), quando o sistema de ensino superior se consolida, abre-se à filosofia e chega à maturidade.

Dois são os pontos fortes da análise genética vista desse prisma, durkheimianamente conduzida sob a ótica institucional, com a instauração das academias e dos demais aparatos no centro das investigações, e historicamente completada com datas, fases, acontecimentos e heróis-fundadores.

De saída, a criação em 1920 da primeira universidade no Brasil, a Universidade do Rio de Janeiro, mais tarde renomeada Universidade do Brasil (1937 e 1939), ao se reunir numa só instituição as Escolas de Medicina, Engenharia e Direito, que já existiam antes e tinham o *status* de faculdades isoladas, cujos modelo e tripé serão adotados, sob a égide da nova universidade, por outras instituições federais. Sobre tal criação, em circunstâncias controversas, como se verá, e às quais voltarei na sequência, outros intentos com o mesmo fim foram registrados desde o Segundo Reinado, quando um certo Paulino de Sousa propôs em 1870 a criação da Imperial Universidade Pedro II, nucleada por quatro faculdades: direito, medicina, ciências matemáticas e naturais, e teologia. Embora contasse com a simpatia e o apoio do Imperador, o certo é que o projeto não vingou, tendo sido alvo dos ataques dos positivistas, com Teixeira Mendes à frente, que eram favoráveis à educação do povo, não à criação de universidades.[14] Todavia, se o projeto da nova universidade fracassou, não é menos verdade, como mostrado no 3º Passo, que desde o Vice-Reinado e o Império um conjunto de instituições acadêmicas e científicas foi criado, em especial no Rio de Janeiro. Integram essa lista a Escola Politécnica, a terceira escola de engenharia mais antiga do país: criada em 1792 com o nome Real Academia de Artilharia, Fortificação e Desenho, recebe outras denominações e estatutos durante o Império e passando a se chamar Escola Polytechnica em 1874. Acrescente-se o Conservatório de Música, criado em 1841, depois renomeado em 1890 Instituto Nacional de Música e atualmente Escola Nacional de Música. Quando foram

---

14 Sobre esse projeto e a resistência dos positivistas, ver Cruz Costa (1967, p.185-186, n.183 e 192).

criadas, a Universidade do Rio de Janeiro, depois Universidade do Brasil e a atual UFRJ, passaram a integrar essas faculdades isoladas, não tendo sido diferente o caminho de outras federais.[15]

À URJ se segue, em âmbito estadual e paulista, a criação da Universidade de São Paulo em 1934, em torno do mesmo tripé, acrescido da Escola Superior de Agricultura, da Escola de Farmácia e de Odontologia e da recém-criada Faculdade de Filosofia, Letras e Ciências Humanas (FFLCH). A ressaltar que a fundação da FFLCH ocorreu na mesma data, junto à missão estatuária de prover a unidade à nova universidade, vencendo a fragmentação das escolas isoladas, cuja implantação contou com a ajuda da Missão Francesa, e cujo impacto sobre o destino da filosofia e das ciências humanas brasileiras será de máxima importância, como reconhecem os estudiosos. Todavia, como ver-se-á na próxima seção, além da presença francesa, devem ser contabilizadas outras influências, como a alemã e a italiana, cujas tradições marcaram a trajetória da Poli desde a sua criação em 1893.[16]

---

15 A crônica das fundações não para aqui. Além da experiência de ensino superior dos jesuítas durante a Colônia, conforme comentado no Passo 2, poderiam ser acrescentadas à lista outras instituições de ensino superior ao longo do século XX, e antes mesmo da UB e URJ, uma delas na origem da Universidade Federal do Paraná. Estou me referindo à Universidade do Paraná, uma instituição privada de ensino superior fundada em 19 de dezembro de 1912, com um cardápio variado de cursos (Direito e Ciências Sociais, Medicina, Comércio, Odontologia, Farmácia e Bioquímica), fechada em 1915 por pressões do governo federal, quando foi desmembrada em faculdades isoladas, e finalmente federalizada em 1951. Então ela passou a ser chamada de Universidade Federal do Paraná, conhecida pela sigla UFP e depois renomeada UFPR. Segundo estudiosos, ela seria a primeira universidade brasileira. Só que ela durou pouco e apenas foi federalizada mais de trinta anos depois e em outro contexto.

16 Sobre o modelo de universidade seguido na USP quando a FFLCH foi criada, comentei no 1º Passo, nota 38, a dissonância entre a interpretação de Paulo Duarte e de Simon Schwartzman, com o primeiro pretendendo que o modelo seguido foi o da Universidade de Paris – ou a Sorbonne – e o segundo que se tratava do modelo da universidade italiana reformada pelo fascismo. Na ocasião terminei por dar razão a Schwartzman, por causa da ausência do ensino de ciências na Sorbonne, levantando a suspeita de que o modelo italiano seguido era a Sapienza de Roma, já bastante tempo fascitizada pela reforma de Gentile. Ao voltar ao ponto, retomo a passagem do livro de Schwartzman (trata-se de *Uma janela para a ciência*) em que a polêmica aparece, na p.24 do cap.5: lá o leitor encontrará o precioso depoimento de Paulo Duarte, um dos fundadores da USP, que disse que no momento da fundação o grupo de trabalho – coordenado por Fernando de Azevedo, como se sabe – hesitava entre dois modelos, o da Sorbonne e o de Cambridge, tendo a escolha recaído sobre o modelo da Sorbonne, que teria sido seguido em 80%. Curiosamente, ao fazer esse reparo, Paulo Duarte deixa entender que a USP era mais francesa do que a Sorbonne, pois quando eles a criaram estavam seguindo o modelo tradicional, modernizado é claro, da velha Faculdade de Filosofia, que era a *alma mater* da Universidade. Contudo, nem Paulo Duarte nem Simon Schwartzman dão as explicações do que seria tal *alma mater*. Digo que não é outra senão a Faculdade de Artes, criada na Idade Média e seguida por toda a Europa, num tempo em que elas eram a porta de entrada do ensino superior, funcionando como o vestíbulo – com seu ciclo de

Com efeito, tudo isso é pertinente, deve ser sopesado e confere à análise um viés histórico, ainda que não exatamente historiográfico, mas genético de alguma sorte e em certa extensão: na falta do objeto (o sistema de obras filosóficas, conforme Antonio Candido, depois do colapso do sistema de educação dos jesuítas), será investigada a sua gênese, e esta será procurada, a supor que os sociólogos estão certos, nas instituições que as preparam e lhes abrem o caminho, estimadas mais perenes e mais robustas, não nos recessos da cultura e das ideias, mais voláteis, que vão e vêm. Não menos importante, constituindo seu complemento natural e indispensável, a análise institucional será acompanhada pela análise da corporação dos intelectuais; numa perspectiva mais focada nesta e nas próximas seções, com a ênfase recaindo sobre os professores de universidades, e numa época em que o sistema de educação superior recém-fundado era ainda pobre e incipiente, reservando aos professores o ensino e ao estudante a aprendizagem. Trata-se da Universidade de ensino, antes de tudo, e nesse sentido nada ou pouco humboldtiana, que deve ou deveria aliar o ensino e a pesquisa. Mas

> estudos de 2 ou 3 anos, ciências e humanidades inclusas – aos cursos de Medicina, Teologia e Direito, situados no topo do sistema, e eles, sim, rigorosamente falando, cursos superiores. Por isso, ao pensar na centralidade e no topo que a FFLCH iria ocupar estatutariamente na USP, assim como a Faculdade Nacional de Filosofia na UB, e não como porta de entrada ou na base do edifício, entendo que é outra concepção de faculdade de artes que está em jogo, e portanto Paulo Duarte se equivocou ao fazer a comparação. Mais acertada é a consideração de Schwartzman na p.28 que vê na origem da USP não uma invenção paulistana ou o modelo francês, mas a obra a um tempo da Revolução de 1930 e do cérebro de Francisco Campos, cuja Lei do Ensino forneceu o arcabouço jurídico que instituiu "a noção de uma Faculdade de Filosofia central, destinada ao trabalho científico e à educação pedagógica, ideia extraída da experiência italiana, e esse conceito foi mantido". Sobre essa suposta influência italiana, digo em abono à interpretação de Schwartzman que, além da USP e da Universidade do Brasil, o modelo da Faculdade de Filosofia, Ciências e Letras foi seguido por outras Universidades Federais, como a UFMG: lá, a velha Faculdade que ficava na Rua Carangola seguiu o modelo em apreço até os anos 1960, quando a Reforma Universitária promoveu na UFMG a separação das Letras bem como a constituição dos Institutos de Ciências Biológicas e Ciências Exatas; antes da Rua Carangola, à época da fundação (1939), a Faculdade funcionava na Casa d'Itália, conhecido centro de difusão do fascismo em Belo Horizonte, em outras cidades do Brasil e pelo mundo. Para terminar duas observações: [1] de fato, antes de mudar de nome – mais de uma vez, em verdade – a velha faculdade que funcionou na Casa d'Itália e no Instituto de Educação era chamada de Faculdade de Filosofia, e nela foram ensinadas com o passar dos anos filosofia, história, letras, pedagogia, física, química, biologia e geografia (trata-se em suma do mesmo modelo Filosofia, Ciências e Letras seguido no Rio e em São Paulo, salvo que, até onde eu sei, na USP a pedagogia ficou de fora); [2] para embaralhar as coisas, lembro que a Universidade de Coimbra, depois da reforma de Pombal ocorrida em 1772, trocou o modelo jesuíta do Colégio de Artes pelo modelo novo da Faculdade de Filosofia onde eram ensinadas, além de filosofia, as disciplinas de física, química e história natural.

napoleônica, como no caso das federais, tuteladas pelo dirigismo estatal. Tal perspectiva focada será consideravelmente ampliada no próximo ensaio, 5º Passo, com a entrada em cena de novos elementos e aparatos, exigindo novas reacomodações e importantes inflexões. Antecipo, com o fim de precisar as coisas que estão em jogo no presente estudo, que o próximo, concluindo o *tour* analítico, terá como núcleo duro a criação do sistema de pós-graduação brasileiro, na esteira da Reforma Universitária de 1968, patrocinada pelo regime militar, e cuja importância para a filosofia no Brasil, não digo brasileira, será decisiva. Tanto que, mais rarefeitas antes, quando a figura do autodidata imperava, quem se interessar pelo assunto vai deparar-se em nossos meios, no novo ambiente surgido, com as diferentes figuras do filósofo às quais os grandes centros já estão habituados: o *scholar* e o virtuose do ofício, professor universitário e pesquisador da filosofia, agora não mais os franceses da USP, mas brasileiros e em maior escala o discípulo-iniciado e o estudante-aprendiz espalhados pelas universidades, pois a aprendizagem da filosofia hoje se dá nos bancos das instituições a ela consagradas, culminando com as orientações de doutorado e seguindo depois com as lealdades clânicas e mesmo tribais; o autodidata e o curioso da filosofia que continuam por toda parte, arejam o sistema e constituem parte de seu público consumidor; o intelectual público, este mais raro e espécie em extinção, tanto aqui como alhures.

Ao levar a cabo a análise genética, como se está a fazer agora, a exemplo dos períodos históricos anteriores, os objetivos visados não são propriamente os do historiador, nem os do sociólogo. O plano em que se desenvolvem as reflexões é o da metafilosofia, como já salientado – a filosofia da filosofia –, focado no problema da filosofia no Brasil e abrindo-se à história, história intelectual e ainda história social ao abrir-se à sociologia, mas a história entra em linha de conta não como objeto e fim, mas como fonte e ferramenta. Vale dizer, fonte de informações e ferramenta intelectual, preparada e disponibilizada por outros. Com elas à mão, cabe ao estudioso de outras áreas simplesmente usá-las à sua discrição, como venho fazendo, sem a competência para entrar nas querelas historiográficas, mas com o cabedal e o discernimento requeridos. De resto bem mais módicos, ao usar as informações como matérias dos argumentos e meios de conhecimento (ferramentas) em vista de uma análise não empírica, porém teórica e conceitual. Mas nem por isso o estudioso das questões metafilosóficas passará incólume pelas querelas acerca de datas ou do significado histórico dos acontecimentos referidos ou coligidos.

Assim, a decisão de onde introduzir o ponto de corte instalando o divisor de águas, o antes e o depois, o fim e o começo de alguma coisa. Mas antes e o depois do quê? Antes da sociedade urbano-industrial e depois da sociedade oligárquico-patriarcal? Ou será antes da instauração do sistema filosófico ou depois dele? Ou então depois de algum outro evento fundador da área da cultura, mais amplo do que a filosofia e à qual ela está ligada? Como se nota na simples formulação das perguntas, são várias as possibilidades de respostas e inúmeras as hesitações.

Em seus escritos luminares sobre a filosofia no Brasil, padre Vaz parece hesitar em introduzir o começo dos começos ou o início da grande transformação entre os anos 1920 e 1922, ou ainda entre os anos 1920, 1930 e 1931. No artigo publicado pela *Revista Portuguesa de Filosofia*, o primeiro deles, datado de 1961, ele cita a fundação da Universidade do Rio de Janeiro (1920), acrescenta-lhe a Reforma de Francisco Campos, com a decretação do Estatuto Básico das Universidades do Brasil (1931), e ressalta a criação da USP (1934) (Vaz, 1961, p.239-240). Por seu turno, na conferência de 1976 publicada pelos *Cadernos Seaf* em 1978, ele parece hesitar entre 1920, cujo evento fundador é a URJ, e 1930, que extrapola a história intelectual e nos coloca no terreno de um terremoto político (Vaz, 1978, p.14). Por fim, na última vez em que ele escreveu sobre o assunto, a referência é outra e a escolha recai sobre a Semana de Arte Moderna, que transcorreu entre 13 e 18 de fevereiro em 1922, no Teatro Municipal da capital bandeirante. Assim, ele escreve: "A Semana de Arte Moderna de 1922, qualquer que tenha sido a sua influência real, pode servir de marco convencional para assinalar, no domínio da cultura, essa contemporaneidade do Brasil aos eventos e problemas da sociedade ocidental" (Vaz, 1984, p.21). *Et nous voici*, de novo, às voltas com os problemas de datas e de datação, fazendo lembrar o dilema de Sartre do "inferno com" e do "inferno sem". Com efeito, antes de uma data há sempre uma outra, que esconde outras, e uma data sempre será seguida de outra, de mais outras... e então elas se desfazem, junto aos pontos discretos de referência, e eis que estamos imersos em um processo, que é contínuo e forma um intervalo, sem sabermos quando começou ou terminou, e menos ainda – tarefa impossível – quando vai terminar. Contudo, como nas análises referidas ao espaço, precisamos de referências naquelas referidas ao tempo, e as datas ajudam, ainda que convencionais ou arbitrárias, mas que deverão ser justificadas e ter suas pertinências resguardadas, não podendo as inconveniências ser escamoteadas, e tudo estando a depender dos contextos, que fornecerão as balizas e os *backgrounds*.

Assim, recaída a escolha sobre o ano de 1920, a criação da Universidade do Rio de Janeiro (URJ), duas serão as inconveniências. Por um lado, as circunstâncias em que ela foi criada, até hoje sujeitas a controvérsias nada abonadoras e pouco conclusivas, ligadas a suspeitas de arranjos *fakes* e apressados, muito conformes ao famoso jeitinho brasileiro, com o intuito de dar o título de *doctor honoris causa* ao rei da Bélgica, Alberto I, que por aqui estava. Não se sabe ao certo se em missão oficial ou em viagem de *business*, conforme foi assinalado no 1º Passo, quando foi lembrada a circunstância da fundação da Cia. Siderúrgica Belgo-Mineira. Porém, queria-se agraciar-lhe com a honraria e quem podia e pode dar tal título são as universidades, e o país não as tinha à época, apenas faculdades isoladas... Por outro lado, a circunstância de a URJ, fruto de um ajuntamento das três faculdades tradicionais, não ser rigorosamente uma universidade no sentido forte (histórico) do termo, surgida na Europa em torno de uma faculdade de filosofia e teologia, como no caso da Sorbonne, ou em torno de uma faculdade de direito, como no caso da Universidade de Bolonha. De fato, uma vez criada, a URJ jamais se elevou à condição de modelo ou paradigma para outras universidades públicas, não passando durante muito tempo de uma instituição isolada (federação de faculdades), assim como outras criadas no mesmo período (UMG: 1927). Se modelo houve, e é certo que houve, ele só será criado em 1937, quando foi fundada a Universidade do Brasil, em plena era Vargas, sob os auspícios de Capanema, levando à remodelagem da URJ, que desaparecerá ao se integrar à sua estrutura. Contudo, a saga fundacional então iniciada só terminará em 1939, quando ocorreu a implantação de uma nova e importante escola, esta sim relevante para o destino da velha rainha do saber em nossas terras: a Faculdade Nacional de Filosofia. Então, mais uma vez, como já tinha acontecido com Lima Vaz, a data vacila e a escolhida conduz a uma outra, a uma outra, e assim por diante, levando-nos a trocar a referência: esta simplesmente deixa de ser a *Universidade (URJ)* e a República Velha (ano 1920), e passa a ser a *Revolução de 1930*, com seu novo aparato institucional (Reformas do Ensino de Francisco Campos e Capanema) e a Universidade do Brasil à frente, precedida da Universidade do Distrito Federal (UDF), criada em 1935 e incorporada à Universidade do Brasil em 1939.[17] A UB, no entanto, será criada duas vezes, uma em 1937 e outra em 1939, sendo a segunda a data mais importante, quando Capanema remodela o projeto inicial, e passa a ter o atual nome UFRJ em 1965, quando a nomenclatura do sistema federal de ensino superior foi alterada pelo regime militar, não sendo mais o Rio de

---

17 Assinale-se que a UDF, idealizada por Anísio Teixeira, não seguiu a rota tradicional de incorporar o tripé das faculdades isoladas de medicina, direito e engenharia, acrescentando-lhes a faculdade de filosofia, letras e ciências humanas, mas uma faculdade de educação, com a missão de formar os professores para os ensinos superior e médio.

Janeiro a capital federal. Todavia, a par do estorvo dessa gênese sincopada, o inconveniente maior da escolha de 1920, tomando a instituição universitária como critério, ainda não foi mencionado: a fundação da USP em 1934, cujo impacto sobre a história da filosofia no país e o processo de instauração de uma filosofia autônoma foi maior do que o agrupamento URJ/UDF/UB/UFRJ, como reconhecem os estudiosos e, aliás, o próprio padre Vaz (Vaz, 1961, p.240, nota 25).

Por seu turno, recaída a escolha sobre o ano 1922, embora atraente e festejada pelos críticos, as inconveniências não são de menor monta. Primeiro, porque a Semana de Arte Moderna não marca o início das artes ou do sistema da literatura brasileira, mas o início de outra coisa – fase, interregno, vanguarda paulista ou o que seja –, não funcionando como divisor ou marco nem mesmo para a literatura que ela tanto influenciou: é o que mostra Antonio Candido, que recua a constituição do sistema brasileiro de obras literárias a quase dois séculos antes, terminando a sua consolidação com a obra de Machado, e portanto antes daquela data famosa. Segundo, porque a filosofia passou ao largo da Semana, não tendo dela participado nem sido diretamente influenciada por ela, e se dois dos epígonos de 22 se interessaram por filosofia, um deles é Mário de Andrade, que disse faltar envergadura filosófica à literatura brasileira, já comentada, sem qualquer propósito de remediá-la, o outro é Oswald de Andrade, porém cujo interesse não era por uma filosofia brasileira, que mal existia, mas por filosofia francesa. Ou, melhor, pela filosofia ensinada por franceses na USP (os cursos de Jean Maugüé, no caso), depois que a Universidade foi fundada pela oligarquia paulista, junto à FFLCH e o Departamento de Filosofia, chamado de "Département français d'outre-mer" por Michel Foucault.[18] Quer dizer, recaída a escolha em 1922, como no caso de Vaz no artigo referido, nem por isso estar-se-á em melhor situação. Antes, ao tomar como referência o *locus* institucional onde a filosofia é ensinada, primeiro os colégios religiosos, agora a Universidade, a data seminal é cambiada ao se esmiuçar a implantação do sistema das federais, deixando de lado a URJ e o ano de 1920 com a alegação justa de que nela não havia nenhuma filosofia: com isso, alteram-se o ponto de partida e o nexo causal, passando a ser o evento fundador a Revolução de 1930 e seu

---

18 Cf. sobre esse ponto Giannotti, J. A., que na entrevista concedida à revista *Trans/form/ação* diz que Foucault usou aquela famosa invectiva que deu o título ao livro de Paulo Arantes – acréscimo meu – em conversa pessoal com ele, Giannotti: *Trans/form/ação*, n.1, 1974, p.29. Na mesma entrevista, ele ressalta na p.26 que frequentava a casa de Oswald de Andrade e que foi por intermédio do modernista que ele estabeleceu o primeiro contato importante com a vida intelectual brasileira.

duplo, o Estado Novo (1937), ao se colocar em relevo o papel estruturante das Reformas Francisco Campos e Gustavo Capanema, quando finalmente a Faculdade Nacional de Filosofia foi criada (1939). Depois, ao se fazer o percurso inverso e começar pelo evento fundador – a Semana de 1922 – e em seguida instalar a filosofia, como no caso de padre Vaz, mais uma vez a data vacila e conduz a uma outra, levando-nos a trocar a referência: esta volta a ser a Universidade, mas será outra a data, 1934 (criação da USP) e não 1922.

Estou comentando essas coisas para dar ao leitor uma ideia das dificuldades de pensar o começo da filosofia autônoma no Brasil. Embora importantes, as datas isoladas não decidem nada, da mesma formam que não o decidem os eventos e os processos, aqueles discretos, esses contínuos. Não tendo um evento fundador e uma obra inaugural, conforme será mostrado, a instauração da filosofia autônoma deverá ser procurada nos processos, por meio de uma análise genética, com a ajuda de uma multidão de referências (filiações etc.), assim como de datas (eventos etc.). Ora, de minha parte, entre os candidatos a ponto de corte acima assinalados, não exatamente a evento fundador da filosofia, mas do contexto que delimitará o período em que se dará a fundação, seus eventos inaugurais e heróis-fundadores, a escolha – sem nenhum segredo, porquanto já realizada nas seções anteriores – foi a Revolução de 1930. Caberá agora simplesmente acomodar-lhe a filosofia, com remissões aos períodos anteriores e posteriores segundo as necessidades analíticas, acrescidas do mapeamento e do escrutínio dos *gaps*, das defasagens e das inconsistências. Tal foi o caso da fundação da Universidade de São Paulo, de resto obra não da Revolução, mas das velhas oligarquias paulistas, porém cooptadas por Vargas depois de 1932 ao escolher Armando Salles como interventor do Estado sulista, com a perspectiva dele, Salles, candidatar-se à presidência em 1937, e elas mesmas "modernizadoras" e na vanguarda da cultura, já evidenciada na Semana de 1922. E tal também foi o caso da fundação da Universidade do Brasil, esta sim uma obra da Revolução e do Estado Novo, com seu projeto de modernização nacional-desenvolvimentista. Distinto [do] e correndo em rota paralela ao modernismo paulista, e sendo a UB, de fato, uma refundação da UDF, que era municipal, e uma remodelagem da URJ, que era federal e criada pelas oligarquias da República Velha.

Ao concluir esse ponto, eu gostaria de precisar um pouco mais sobre o papel da Missão Francesa, papel modernizador antes de tudo e cuja centralidade não só para as humanidades, mas também para a filosofia, venho salientando ao longo do livro. Além de São Paulo e da USP, a influência da Missão foi de suma importância para as duas universidades públicas do Rio de Janeiro, a UDF e a UB, conforme mostra Simon Schwartzman em seu já citado e instigante livro *Uma janela para a ciência*. Especialmente, no capítulo 5 – A Revolução de 1930 e as primeiras universidades, em que o leitor irá encontrar preciosas informações sobre o papel de George Dumas, que se revelará decisivo nas duas cariocas, assim como já tinha sido na estadual paulista. E ainda, paralelamente, trocas de missivas que evidenciam a preocupação do governo Vargas de impor um crivo ideológico nas contratações e nos convites, inclusive de estrangeiros, para desespero de Alceu de Amoroso Lima, que terminou se afastando das duas.[19] Por fim, a lista de nomes de professores estrangeiros convidados tanto para a UDF quanto para a UB, em boa parte já conhecidos dos paulistanos. Assim, na UDF, em seu primeiro ano de funcionamento, 1936, o período letivo "foi iniciado com uma série de conferências pronunciadas pelos membros de uma missão universitária francesa, que incluía Émile Bréhier (filosofia), Eugène Albertini, Henri Hauser e Henri Tronchon (história), Gaston Léduc (linguística), Pierre Deffontaines (geografia) e Robert Garric (literatura)" (Schwartzman, 2001, p.16). Já na UB, três anos depois, Getúlio Vargas autorizou a contratação de um contingente expressivo de professores estrangeiros, dos quais sete italianos (literatura, matemática, física) e um grupo de franceses, como o geógrafo Deffontaines (um dos fundadores da USP e da UDF), o linguista Garric (ex--USP e ex-UDF) e o filósofo Poirier (ibidem, p.20).

Como nos estudos anteriores, ao inquirir a repercussão desses episódios e experiências institucionais sobre a intelectualidade, as investigações serão levadas a cabo seguindo o esquema de Antonio Candido focado na distinção sistema de obras e manifestações episódicas e operacionalmente fundado no tripé autor-obra-público. Ao estender o esquema à filosofia do período (anos 1930-1960), vou dar-me mais de uma liberdade com o intuito de calibrá-lo às

---

19 Sobre a missiva relativa ao afastamento de Alceu de Amoroso Lima, ver Schwartzman, S. Cap. V – A Revolução de 1930 e as primeiras universidades, in: *Um espaço para a ciência...* (2001, p.21, n.40). Sobre as missivas que atestam o controle ideológico nas contratações, ver Schwartzman (2001, p.20, n.38) (carta de Capanema Dumas) e p.20, n.39 (carta do embaixador francês a Capanema). Tal crivo ideológico iria favorecer, como mostram as missivas, a contratação de professores e o convite de visitantes afinados ideológica e filosoficamente com Alceu de Amoroso Lima, convidado para ser diretor da nova Faculdade, tendendo a escolha a recair sobre franceses de extração católica, como Deffontaines, e protagonizando a disseminação do espiritualismo católico francês em nossos meios. Essa tendência e esse crivo foram mantidos mesmo depois do afastamento de Alceu e ajudam a explicar a importância dessa corrente em outros centros do país, além do Rio de Janeiro, a exemplo de Belo Horizonte, Porto Alegre e mesmo São Paulo, conforme evidenciado por padre Vaz.

especificidades das três décadas, acarretando a necessidade de ajustar duas ordens de fenômenos e considerações. Por um lado, a filosofia como fenômeno acadêmico-profissional, deixando de ser assunto de salão, de torneios retórico-religiosos e de discussão em praça pública (*ágora*), e passa a ser ensinada e difundida pelas universidades, ao dar livre curso a uma experiência intelectual estável, continuada e conforme a um padrão, inclusive internacional: contextualizada ao Brasil dos anos 1930-1960, tal ordem de considerações me levará a colocar em primeiro plano o exemplo da USP e o papel da Missão Francesa de Filosofia. Por outro lado, de acordo com esse padrão, a veiculação da produção filosófica em teses, dissertações, manuais e compêndios, além de *papers* inéditos e livros autorais, gerando o mercado editorial e a indústria do livro: incipiente nos anos 1930-1960, na falta de escala e de densidade, tal situação incontornável me levará a adiar seu exame para os anos 1970 em diante (criação do SNPG pela Capes). Vista porém em conjunto, a filosofia é então as duas coisas: peça literária e fenômeno acadêmico, acarretando questionamentos diferentes, mas interligados. O reconhecimento disso e a necessidade de juntá-las, com suas positividades e suas negatividades, conduziram à segunda hipótese que está guiando os estudos: a hipótese de Leonel Franca/padre Vaz da deficiência institucional, herdada dos períodos anteriores e gerando a necessidade de recontextualizá-la. O novo contexto é a Revolução de 1930, com seus antecedentes e consequentes, ao gosto dos historiadores; porém, o terreno ou o campo de estudos em que a hipótese e o esquema vão inscrever-se é a *metafilosofia* e dois são os métodos ou, antes, os componentes do método, herdados da linguística, e que deverão ser coordenados para se efetuar as comparações e o recenseamento das identidades e das diferenças: os já mencionados métodos *in absentia* e *in praesentia*, subsumidos no entanto ao método dos tipos ideais, que irá coordenar os dois aspectos ao se aplicar à *intelligentsia* nacional e ao seu *ethos*, tipificado no *scholar* e no intelectual público. Esta é em suma a proposta, cujas pertinência e plausibilidade vêm sendo testadas, quando a gênese do intelectual da Colônia – o intelectual orgânico da igreja ou o jesuíta – foi procurada e encontrada na universidade medieval, reaparecendo e tendo vida longa nos seminários e colégios da Companhia espalhados no Sudeste e no Norte-Nordeste. E agora ao se buscar a gênese do *scholar* e do intelectual público no diletante estrangeirado do período pós-colonial, em cuja origem mais remota vai-se encontrar o "goliardo" medieval, conforme Le Goff. Como antes, nos dois períodos analisados, o colonial e o pós-colonial, até a República Velha, além do embasamento histórico proporcionado por Jacques Le Goff, precisava-se de outras ferramentas analíticas para escrutinar e penetrar nas obras do intelecto – livros e assemelhados. Foi nesse contexto que cheguei à distinção de Antonio Candido, acomodando-lhe a hipótese da deficiência de Leonel Franca/padre Vaz e tomando como referência agora os anos 1930-1960.

Eu dizia que, ao fazê-lo, tomaria mais de uma liberdade, e procederia a mais de uma calibragem ou ajuste no modelo ao estendê-lo ao novo ambiente. Antes de mais nada, ao focalizar a "formação" e suas filiações genéticas, umas levando ao devir, outras ao sistema, a analogia já esboçada nos estudos anteriores entre filosofia e literatura será mantida, e esse ponto é essencial. Contudo, embora seja mantida a distinção entre manifestação episódica e sistema de obra, a sequência temporal da literatura será simplesmente abandonada e dará lugar a outra sequência, bem mais tardia, com a gênese da filosofia autônoma (aparato institucional) iniciando-se depois dos anos 1930-1940 e a instauração do sistema de obras filosóficas só ocorrendo depois dos anos 1960-1970, como será mostrado.

Tudo isso é importante e tem a ver com as analogias, justificando o reconhecimento da importância do crítico uspiano não só para o estudo da literatura e da cultura brasileira, mas também para a filosofia, com a qual travou contato desde os anos 1950 na USP. Já as calibragens e os ajustes serão de várias ordens e incidirão em mais de um ponto. Ao se referir aos elementos externalistas que o estudioso deverá examinar com o intuito de mapear os denominadores comuns, o crítico menciona os fatores psicológicos e sociais: estendendo o esquema à filosofia, acrescentarei os elementos *políticos*, importantes para se introduzir a figura do intelectual público, como já tinha feito ao tratar de Joaquim Nabuco, quando distingui aquela figura da do homem público ou político. Por sua vez, ao desenvolver a noção de obra, Candido se restringe ao exame da obra literária e dá a primazia ao livro. De minha parte, a par do livro e seus correlatos – ensaios, manuais e *papers* –, cujo exame será postergado para o próximo ensaio (5º Passo), tratarei agora, distanciando-me um tanto de Candido, da *obra* na acepção de formação de indivíduos (*scholars*, intelectuais) e, mais ainda, na acepção de fundação ou criação de instituições (faculdades, departamentos). Ou seja, faculdades, universidades e departamentos como obra de indivíduos, vistos como heróis-fundadores e, como tais, reconhecidos por seus legados e pela importância de sua obra, ainda que não tenham legado uma obra propriamente literária. Ao aquilatar o alcance e o significado dessas criações, a comparação mais óbvia e imediata é com o século XIX, quando o Império criou as primeiras escolas de direito, de medicina e de engenharia, tendo sido a última a fundação da Escola de Minas de Ouro Preto, em 1876. Por ato de Pedro II, que tomou como modelo – viu-se – as grandes escolas francesas (no caso, a École de Mines, de Saint-Étienne), entregando sua direção ao *normalien* Gorceix. Como tais, escolas profissionais destinadas à aquisição de uma habilidade ou de uma profissão, alheias a qualquer perspectiva de unificação do conhecimento, bem como ao propósito de formação de caráter e de educação das mentes que caracterizavam o humanismo medieval e renascentista. Ora, a busca de unificação do conhecimento e o objetivo de difundir a formação humanista foram justamente o ideário que comandou a fundação das universidades medievais, como é sabido, e mantido pelos jesuítas em seus seminários e colégios. Ideário que também foi mantido em diferentes períodos da era moderna pelas universidades norte-americanas mais importantes quando elas foram criadas, como Yale e Harvard, e preservado por Humboldt ao fundar a Universidade de Berlim em 1810, colocando as Humanidades e as Ciências em coabitação e no centro das atividades de ensino e pesquisa. Em contraste, tal busca e tal formação foram quase que completamente obliteradas no curso do século XX, pelo mundo afora bem como no Brasil. Aqui, paradoxalmente, quando nossas universidades públicas foram fundadas, à exceção óbvia das PUCs, consumou-se algo diferente, ao comparar ao que depois sucedeu. Ou seja, depois que a maioria das ciências humanas e sociais nelas instaladas se converteu nos quatro cantos do planeta ao projeto científico da *Big Science*, ao trocar a via reflexiva da filosofia, donde a maioria saiu, pela via observacional e empiricista da ciência positiva – donde a importância dos projetos da FFLCH da USP e da Faculdade Nacional de Filosofia, depois remodelada e integrada à UFRJ, uma e outra fundadas com o objetivo de proporcionar à universidade nascente a unidade científica ansiada, bem como a formação humanística perdida.

Dito isso, tendo reconhecido minha dívida com Antonio Candido, não mais retornarei a esse ponto tantas vezes evocado e procurarei a partir de agora focalizar a filosofia, com a ajuda de um esquema ajustado à "proto-história" da implantação do sistema da filosofia brasileira com foco nas instituições, nas disciplinas e nos indivíduos, tomando como referência a primeira metade do século XX. Ao se passar na sequência para a fase histórica propriamente dita, a partir dos anos 1960, quando a filosofia ganha autonomia e a ideia de sistema de obra literária torna-se pertinente, autorizando uma análise sistêmica, outro esquema será montado e outras pertinências serão introduzidas. Agora é o primeiro esquema que está em jogo e ele implicará uma análise com quatro *legs*, como dizem os anglo-saxões:

> [1] listar as universidades e outros elementos que dão o arcabouço institucional da filosofia no século XX, retomando a hipótese de Vaz/Leonel Franca do déficit e visando evidenciar a sua neutralização;

[2] comparar a situação da filosofia e seus déficits com as ciências humanas e sociais, focalizando a noção de obra e o propósito dos seus principais expoentes de pensar o Brasil;
[3] listar os heróis-fundadores da filosofia e seus legados;
[4] inserir a paisagem filosófica, as matrizes de pensamento e os principais nomes.

O ponto de corte é a Revolução de 1930, mas como já antecipado a linha temporal será mais de uma vez rompida e a abrangência geográfica variará com os fatos escrutinados e as necessidades analíticas, colocando-se São Paulo no epicentro, mas abrindo-se as investigações ao Rio, a Minas e a outros centros. Assim:

- *Universidades públicas* – Com as estaduais paulistas e o sistema das federais à frente, elas só foram criadas no século XX, a maioria no período em apreço, sendo duas as pioneiras, como já ressaltado. A Universidade do Rio de Janeiro, primeiro, fundada em 1920, e portanto antes do ponto de corte, 1930, mais tarde renomeada Universidade do Brasil (1937) e depois, 1965, Universidade Federal do Rio de Janeiro (UFRJ). Depois, em 1934, será a vez da fundação da Universidade de São Paulo (USP), por obra e graça da oligarquia paulista, liderada pelo governador Armando Salles e com o apoio ativo de Júlio de Mesquita, tendo Fernando de Azevedo como mentor intelectual. O reparo sobre as datas e o destaque do papel das oligarquias mostram que, embora importante, o ponto de corte não é absoluto, havendo mais de uma defasagem e dissonância entre as ações e a natureza dos governos, e as iniciativas e a vida das instituições. Outra defasagem importante é a dissonância entre a tendência profunda de a sociedade brasileira pós-1930 instaurar a passagem da cultura elitista à cultura de massa, e a implantação de universidades fechadas e elitistas em seus três principais segmentos (federais, estaduais paulistas e algumas PUCs). De resto, sem a escala e o raio de ação da universidade de massa, que de fato só entrou na agenda dos países centrais depois da explosão de maio de 1968, ainda assim como coisa das camadas médias, e só se consumando nestas paragens mais tarde, como será mostrado no próximo Passo. Porém, o recorte funciona e as duas universidades abriram uma nova rota no ensino superior do país. Na sequência, na esteira da URJ/UB foi a vez de outras tantas federais, mais de duas dezenas, a exemplo da

UFMG e a UFRGS, criadas respectivamente em 1927 (com o nome de UMG) e 1934 (então nomeada Universidade de Porto Alegre). No rastro da USP foi a vez da Unicamp, criada em 1966, com sede em Campinas, no estado de São Paulo, por iniciativa do governo paulista e sob a liderança de Zeferino Vaz. E, dez anos depois, em 1976, a criação da Unesp por ato do governador Paulo Egydio Martins, também conhecida como Universidade Júlio de Mesquita Filho e com dezenas de câmpus espalhados pelo interior do estado, seguindo o modelo das universidades da Califórnia.

Essas informações contextuais, de caráter geral, não nos levariam a lugar algum, se não fossem acompanhadas de seu claro liame e impacto sobre a filosofia.

No caso da URJ/UB o liame só foi estabelecido mais tarde, como já comentado, quando foi criada em 1939 a Faculdade Nacional de Filosofia, organizada em torno de cinco seções: Filosofia, Letras, Ciências (Ciências Sociais, História, Geografia, Física, Matemática, Química e História Natural), Pedagogia e Didática – uma enorme pletora no início vinculada à Universidade do Brasil e depois inflada mais ainda com a criação de novos cursos, permanecendo nessa situação por quase 30 anos, até a Faculdade ser desmembrada pelo regime militar em 1967, dando origem aos Institutos, como o IFCS, integrados à UFRJ.

Quanto à USP, dois foram os liames, e importantes, embora de natureza diferente, foram os seus impactos.

O 1º liame foi a criação da Faculdade de Filosofia, Ciências e Letras (FFLCH) da USP, em torno da qual e de outras faculdades já existentes foi edificada a USP, tendo portanto um sentido inaugural, ao menos na mente dos fundadores. A data da fundação é 1934, como se sabe, mas o certificado de nascimento da filosofia só foi dado um ano depois, quando desembarcou no porto de Santos, descendo as escadas do navio de carreira *Mendoza* Jean Maugüé, considerado o pai fundador do Departamento de Filosofia, depois de esquecido Etienne Borne, e ladeado (Maugüé) por Lévi-Strauss e outros personagens ilustres da Missão Francesa. O resto é conhecido e sua história foi escrita como a criação de um Departamento Francês de Ultramar – a expressão é de Foucault, segundo Giannotti, como já ressaltado, e deu o título ao livro famoso de Paulo Arantes. Contudo, se essa expressão é exata no tocante à filosofia, o mesmo não se pode dizer para o conjunto da FFLCH, obra também de italianos, alemães, portugueses e brasileiros, não só de franceses, totalizando esse contingente nos dois primeiros anos de funcionamento cerca de 27 docentes: franceses (7 + 6), italianos (4), alemães (2), português (1) e brasileiros (7), dos quais dois jovens franceses que se revelarão duas grandes sumidades e irão construir dois grandes impérios em suas áreas, Ferdinand Braudel e Claude Lévi-Strauss. Quanto aos estudantes, desmentindo a ideia de precariedade da filosofia, Schwartzman fornece os números de matriculados em 1935, todos os cursos da FFLCH computados: "46 estudantes de filosofia, 29 de matemática, 10 de física, 29 de química, 15 de ciências naturais, 16 de geografia e história, 18 de ciência política e social, 5 de português e literatura clássica e 9 de línguas estrangeiras" (Schwartzman, 2001, p.28-29).

O 2º liame foi a criação do Instituto Brasileiro de Filosofia, que representa um capítulo diferente, ligado menos à filosofia do que à filosofia do direito, evidenciando que o velho vínculo da filosofia laica do Brasil Império com as Escolas de Direito continuava vivo e ativo no Brasil Moderno: com relações muito próximas com a Faculdade de Direito do Largo de São Francisco, tendo ocupado o lugar da Escola de Recife ao patrocinar a difusão daquela disciplina, o IBF foi fundado em 1949 e desde então ficou nas mãos de Miguel Reale e seu grupo, com atuação muito dinâmica e dando origem à chamada "direita filosofante" (a expressão é de Paulo Arantes), às turras com a filosofia da USP. Porém, com Reale e outros próximos, antes de se encastelar na filosofia do direito, a exemplo de outros pontos do país, o escopo da filosofia era consideravelmente mais amplo, abarcando outros campos disciplinares, como a metafísica, a antropologia filosófica, a filosofia da cultura e a filosofia luso-brasileira, ao confirmar o papel histórico das Faculdades de Direito no Brasil de berço da filosofia e das ciências sociais.

- *Universidades católicas* – A primeira de todas é a PUC-Rio, criada pelos jesuítas em 1941 e reconhecida em 1946, com a missão de divulgar a cultura e a filosofia católica entre nós, cujo primeiro reitor foi o padre Leonel Franca, várias vezes citado. Em seguida, a PUC-SP, nascida em 1946 a partir da fusão de duas faculdades isoladas, a Faculdade Paulista de Direito e a Faculdade de Filosofia de São Bento, salvo o seminário, que foi preservado à parte pela ordem dos beneditinos. E, por fim, sem que a sequência tenha terminado, pois estou apenas listando universidades mais importantes criadas no período, com conexão direta com a filosofia, foi a vez da PUC-RS, sediada em Porto Alegre e fundada em 1948. A notar que a maioria delas, em sua criação, seguiu a via usual de fundir faculdades isoladas, como ressaltado e à semelhança das federais, com a diferença da centralidade dos seminários e cursos de teologia.

Quanto à missão de difundir a cultura e o pensamento católicos entre nós, cabem ainda duas observações. A primeira sobre a concorrência do pensamento laico, à custa da necessidade de uma universidade completa se expor permanentemente à cultura científica e tecnológica, com seu fundo agnóstico e, mesmo, seu ateísmo militante, podendo o fundamentalismo religioso – conforme mostra Dawkins em nossos dias em seus embates contra o criacionismo – atingir taxas sumamente elevadas, como nos Estados Unidos. A segunda sobre o papel das faculdades isoladas na difusão da filosofia católica, o qual persistirá e mesmo ganhará um protagonismo proeminente, como aconteceu com a Faculdade de Filosofia de São Bento: com uma trajetória institucional sinuosa, depois de agregar-se à Universidade Católica de Lovaina e ser incorporada em seguida à PUC-SP, separa-se da Universidade Pontifícia em 2002, quando criou um novo curso de filosofia e passou-lhe o controle aos beneditinos, ficando com "a glória, como ressalta Lima Vaz, de ter iniciado no Brasil o estudo universitário de Filosofia" (Vaz, 1961, p.235).[20] Algo parecido ocorrerá, dessa vez do lado dos rivais jesuítas, com a Faculdade de Filosofia da Companhia de Jesus sediada em Nova Friburgo, no estado do Rio de Janeiro, fundada em 1941 e transferida para Belo Horizonte em 1982, quando passou a ser conhecida como Faje, tendo nelas ensinado, em dois momentos diferentes de sua vida, o padre Vaz.

- *Outras instituições* – Instituto Superior de Estudos Brasileiros (Iseb) – Com sede no Rio de Janeiro, como comentado, o Instituto foi criado em 1954 no governo Café Filho, tendo como campo de atuação a pesquisa, e extinguido em 1964 pelo regime militar, treze dias depois de desferido o golpe, fato que por si só sugere a sua influência abrangente, com um protagonismo que ia muito além da filosofia. Quanto a esta, o Iseb tentou pautar a agenda da filosofia brasileira colocando em primeiro plano a ideia de desenvolvimento nacional e buscando no hegelianismo e no marxismo os elementos para a renovação de uma filosofia alienada e indiferente ao projeto

---

20 De fato, essa glória não é tranquila, pois há a precedência do Colégio de Artes, e justamente dos rivais jesuítas, como visto no 2º Passo, remontando aos tempos coloniais e sediado em Salvador, na Bahia.

de nação, a ponto de o filósofo sentir-se exilado em seu próprio país, como viu Corbisier (Corbisier, 1978, p.57). Todavia, o projeto desenvolvimentista esteve longe de ser uma ideia coesa para a filosofia e mesmo para outras áreas, a julgar pelos conflitos infindáveis que opuseram Hélio Jaguaribe, Guerreiro Ramos e Roland Corbisier, este último filósofo de formação, com passagem por Paris. De fato, solução nunca houve, e o próprio Hélio Jaguaribe sentiu-se sem ambiente e terminou saindo. Contudo, muitos ficaram, como Celso Furtado, e o próprio Roberto Campos o frequentara no início, tendo assinado a sua ata de fundação. Daí a impressão, como a de Paulo Arantes, de que o Iseb era um verdadeiro saco de gatos ideológico, abrigando integralistas, marxistas e nacional-desenvolvimentistas, numa dualidade jamais resolvida de órgão de governo, e portanto chapa-branca, pertencendo ao MEC, e instituição acadêmica: esta, dividida nas seções de Ciência Política, Sociologia e Filosofia, e ficando a de Filosofia nas mãos de Álvaro Vieira Pinto (Arantes, 2005, p.11).[21]

- *Revistas* – Às universidades, faculdades e institutos soma-se a criação das revistas: a *Kriterion*, primeiro, fundada por Artur Versiani Velloso, na UFMG, em 1947, a mais antiga delas, à qual se seguiu a *Revista Brasileira de Filosofia*, do IBF, fundada em 1951 por Miguel Reale. A terceira em longevidade é a revista *Veritas*, da PUC-RS, fundada em 1955. E é só, tendo muitas nascidas e cessadas desde então, em claro testemunho como a filosofia era rala entre nós, mesmo nessa época em que as instituições foram criadas e houve considerável ganho de escala. Hoje, a situação é completamente distinta, havendo não déficit, mas uma verdadeira infestação, com várias centenas de revistas, conforme mostrarei no 5º Passo.
- *Congressos* – Comuns em outros pontos do globo, tendo Schopenhauer comentado já em seu tempo o hábito de seus colegas os frequentarem e tendo sido o Primeiro Congresso Mundial de Filosofia realizado em Paris no ano de 1900, e multiplicado indefinidamente depois – com todos os quilates (seminários, colóquios, simpósios, congressos mundiais ou por áreas do conhecimento e mesmo zonas do país, como nos Estados Unidos) e para todas as tribos, cada qual realizando os seus ou dando um jeito de se acomodar naqueles de

---

21 Mais à frente voltarei a Álvaro Vieira Pinto e Paulo Arantes.

abrangência maior –, aqui no Brasil houve no período apenas dois minguados congressos nacionais e um internacional. E o que é importante: todos organizados pelo IBF de Miguel Reale, como lembra padre Vaz: o primeiro congresso nacional foi realizado em 1950, em São Paulo; o segundo ocorreu em Curitiba, em 1953; e o único internacional foi promovido na capital bandeirante em 1954, tendo por efeméride o ano do quarto centenário da fundação da cidade de São Paulo (Vaz, 1961, p.243-244).

Tudo isso, ainda que insuficiente, dá uma ideia do arcabouço institucional que foi criado na época heroica da fundação do sistema da filosofia brasileira – época que estou chamado de proto-histórica e cujo desenvolvimento levará à etapa propriamente histórica em que finalmente o sistema se consolida e ganha autonomia. Digo "insuficiente", porque muito falta ainda para que o aparato fique completo, como a implantação da pós-graduação, que apenas ocorrerá depois dos anos 1970, conforme será mostrado mais à frente. Prosseguindo, à lista das insuficiências faltam também os levantamentos da massa crítica (número de professores e de cursos) e da situação do mercado editorial – coisa que não tenciono fazer, na falta de dados confiáveis, não tendo nem a competência nem os meios para gerá-los eu mesmo. Todavia, por mais incompletas e lacunares que sejam as informações sobre o aparato institucional, elas dão uma ideia de que a hipótese de Vaz/Leonel Franca é certeira quanto ao passado colonial e à sociedade oligárquico-patriarcal, ou pós-colonial, como referida no Passo 3. Não só, mas também a ideia de que alguma coisa estava mudando no *modus faciendi* da filosofia no Brasil por volta da primeira metade do século XX, depois da Revolução de 1930. Numa entrevista concedida aos *Cadernos de Filosofia Alemã* e publicada em 1997, o filósofo mineiro voltará ao ponto e dirá que a data é 1934, quando a USP e a FFLCH foram criadas, abrindo novas rotas para a filosofia, com a ajuda dos franceses, que lhe deram o *"status* de padrão universitário" (Vaz, 1997, p.98-99). Porém, outros aspectos deverão ser considerados ainda, antes de se estabelecer ilações mais amplas e chegar a conclusões definitivas.

Um desses aspectos, para dar uma ideia da situação relativa das áreas no sistema do conhecimento, é a comparação da filosofia com as ciências humanas e sociais, algumas delas suas filhas, outras não. Sobre esse ponto, é preciso levar em conta que o grande retardo da filosofia frente à literatura corresponde a um outro *gap*. De resto, não tão extenso ou tão longo, mas ainda assim um importante *gap* da filosofia do período face às outras disciplinas das humanidades, algumas delas instaladas no Brasil, como no caso da sociologia, bem depois de a filosofia ter-se iniciado nos seminários e colégios religiosos. Não tenho a menor condição de esboçar aqui um estudo comparativo dos diversos campos disciplinares das ciências humanas e sociais, acompanhando sua trajetória nas diferentes FFCLs instaladas em nossas universidades, à luz da massa crítica, da participação relativa das diferentes áreas no mercado editorial e de outros itens importantes. Contudo, há um ponto tido como importante pelos estudiosos cuja consideração e, portanto, comparação por si só revelaria a precariedade da filosofia no período, dando a impressão de que a velha rainha do saber estava defasada e não tinha o que fazer e dizer nesse novo cenário. O ponto é o seguinte: restringindo a comparação tão só às obras produzidas e publicadas de 1930 até 1960, à luz de sua relevância e originalidade, a conclusão é que disciplinas como a História, a Economia e a Sociologia brasileiras já tinham as suas glórias e a Filosofia nacional não contava com uma só, de sorte que a situação não poderia ser mais desfavorável àquela que seria a mãe das ciências, inclusive das ciências humanas e sociais.

Assim, a História já tinha seu clássico, *Raízes do Brasil*, de Sérgio Buarque de Holanda, publicado em 1936. A Antropologia igualmente, nas fronteiras com a História, já tinha chegado lá, só que três anos antes, quando Gilberto Freyre, aluno de Franz Boas, nos tempos em que estudou em Columbia, publicou em 1933 *Casa grande & senzala*. A Sociologia, num tempo em que não estava separada da Política, também já tinha uma obra-prima, essencial para pensar a realidade política brasileira, *Os donos do poder*, de Raymundo Faoro, publicado em 1957. A Economia, com Celso Furtado, legou uma obra da maior envergadura dois anos depois, em 1959, a *Formação econômica do Brasil*. Nas fronteiras da Economia e da História Caio Prado Jr. publicou em 1942 a obra que, juntamente com *Casa grande & senzala* e *Raízes do Brasil*, constituirá o terceiro dos clássicos que pensaram as estruturas profundas do nosso país: *Formação do Brasil contemporâneo – Colônia*. Por fim, no terreno da Crítica Literária, como já salientado tantas vezes, Antonio Candido publicou a obra essencial *Formação da literatura brasileira* em 1959. Sem esquecer que cinco anos antes ele já tinha defendido sua tese de doutorado intitulada *Os parceiros do Rio Bonito*, porém só publicada dez anos depois e considerada um marco da sociologia da cultura, tendo como objeto o caipira paulista.

Para proporcionar a comparabilidade da filosofia com as ciências humanas e sociais – como no presente caso, tendo como amostra um conjunto de disciplinas expressivo e variado cujos protagonistas são reputados como mestres pensadores do Brasil e cujas obras são consideradas clássicas da literatura científica brasileira –, seria preciso encontrar no campo das letras filosóficas um autor com igual feito, reunindo o propósito de pensar o Brasil e o reconhecimento pelos pares, além do público. Não sendo encontrado na USP, com a Missão Francesa no centro das ações e a discipulagem brasileira como que de joelhos para a Europa, uns estrangeirados segundo os críticos, a saída seria buscá-lo nas hostes do Iseb, com seu duplo projeto, como disse Corbisier:

> [1] de criar um pensamento brasileiro autônomo, livre das corveias do mimetismo, do filoneísmo e da vassalagem, compartilhado pelo conjunto das ciências humanas e sociais com abrigo nas diferentes seções do Instituto, dando azo à política nacional-desenvolvimentista;
> [2] de colocar a filosofia a serviço dessa política e desse pensamento.

Este foi o projeto, um projeto nacionalista patrocinado por um governo ironicamente considerado "entreguista", e depois abandonado sem ter tido o tempo requerido e os meios necessários para se consolidar, colocando lado a lado disciplinas em situações acadêmicas e institucionais diferentes: aquela autonomia buscada, independentemente do Iseb, já consumada naquelas ciências, como já ressaltado, e esse ideal de autonomização com seu viés nacionalista nunca reconhecido no tocante à filosofia.

Não foi reconhecido, a julgar pelas críticas devastadoras de padre Vaz àquela que foi considerada a obra mais ambiciosa do período, justamente *Consciência e realidade nacional*, de Álvaro Vieira Pinto, e publicada no último ano do período examinado (Pinto, 1960). Ora, as críticas consistem justamente em que não encontraremos no livro nada de "documentadamente brasileiro" na caracterização da "realidade nacional" como promete o título (Vaz, 1978, p.68). Não bastasse, o autor não se dignará a fornecer qualquer referência bibliográfica das fontes inspiradoras do seu pensamento, sobretudo existencialistas e marxistas, deixando o leitor no ar, sem os meios para fazer uma avaliação crítica da originalidade da obra (ibidem, p.71). Quer dizer, do jeito como está escrita, a obra poderia ter tido como objeto qualquer país subdesenvolvido, não especificamente o Brasil, e a dialética das consciências lá desenvolvida não tem a menor densidade sociológica, não passando de um esquematismo vago e abstrato, falhando por isso em seu propósito de pensar e problematizar a realidade brasileira, com a ajuda da filosofia. Voltarei a esse ponto no fim do Passo.

Penso que esses registros são suficientes. Ao apontá-los, não quero sugerir ou dizer que a filosofia, pega em situação tão desavantajada, deveria ir à forra e produzir alguma coisa equivalente, tendo o Brasil como objeto.

Nada disso. O que estou dizendo é que não temos no período uma obra inaugural de igual quilate considerada de referência, como passaram a ter os norte-americanos quando Dewey, Peirce e James publicaram seus livros de filosofia, constituindo aquilo que vai ser o pragmatismo, e dando azo àquilo que vai ser conhecido como filosofia norte-americana. Quanto ao mais, sinal da precariedade da filosofia no tocante à noção de obra, marcados que são os textos produzidos no período pelo selo da deficiência – em sua maioria de divulgação e de segunda mão – é que até hoje ninguém ousou replicar o gênero "formação" e falar da *Formação da filosofia brasileira*, como fizeram Candido e Furtado, preferindo ficar com a descomprometida "A questão da filosofia no Brasil". A exceção é Paulo Arantes que em seu livro essencial fala de formação da filosofia uspiana, e portanto com escopo consideravelmente menor, ao tratar da transplantação da filosofia francesa para São Paulo, e num processo que só vai terminar, autorizando a falar da formação do *scholar* brasileiro, ou antes paulistano, nos anos 1960, e, assim, fixando sua consumação fora do período. O resultado é contundente: se já não tinha o que dizer do Brasil Colônia e da Sociedade Oligárquico-Patriarcal, menos ainda terá o filósofo quanto às novas estruturas da Sociedade Urbana e da Cultura de Massa, saídas da Revolução de 1930, que colocaram a filosofia acadêmica em questão, e ficando ela sem dar conta do que estava se passando nestas paragens. Foi o que mostrou Paulo Arantes com respeito à USP no transcurso dos anos 1950, dizendo que todo mundo naquela época, à exceção de Cruz Costa, vivia de olho na Europa e de costas para o Brasil, justificando as desconfianças dos isebianos.

Prosseguindo, num tempo em que o *métier* de filósofo, que é o professor de filosofia, era ainda coisa de autodidata e condomínio de clérigos e juristas, antes da chegada dos virtuoses e das obras foi preciso criar as instituições e os cursos. Este foi o grande desafio do período, e maior ainda no ensino laico, onde era preciso partir do zero e havia todo um mundo a ganhar. E esta foi a empreitada – vista como uma verdadeira missão a exigir toda uma vida de entrega e abnegação – de uma meia dúzia de indivíduos espalhados em diferentes pontos do país, aos quais se pode dar o título de heróis-fundadores da área. Eles são poucos, como é normal nessa ordem de coisas, em que o *métier* é governado pelo padrão e a mediania, mas seus nomes são conhecidos e seus feitos celebrados, ainda que em escala regional e com ares provincianos.

Para ficar apenas com os grandes centros, numa visão retrospectiva que leva ao Rio Grande do Sul, passa por São Paulo e Rio Janeiro, e se estende a Minas Gerais, a galeria dos nomes pode ser retraçada com a ajuda de padre Vaz, que dela tratou em seu artigo seminal publicado na *Revista Portuguesa de*

Filosofia. No entanto, será preciso efetuar uma triagem, pois os nomes vêm misturados com outras coisas e intenções, bem como proceder a uma ou a outra inclusão, a título de reparo das lacunas ou omissões. Assim, no Sul é citada a dupla Armando Câmara e Ernani Maria Fiori, fundadores do Instituto de Filosofia da então Universidade do Rio Grande do Sul (Vaz, 1961, p.270 e nota 141). Em São Paulo dois são os centros pioneiros, mas a questão dos nomes é menos tranquila para um deles. Da Faculdade de Filosofia do Mosteiro São Bento o grande nome, ao que parece, é o Abade Miguel Kruse, Faculdade a que Vaz atribui a glória de ter iniciado o curso universitário de filosofia no Brasil em 1908, como já foi mencionado. Já a glória da teologia e das ciências sagradas, num complexo de ensino que abrigava também filosofia (artes) e letras (humanidades), o filósofo concede ao Seminário dos Jesuítas do Rio de Janeiro, existente desde a Colônia, esquecendo-se de computar o congênere da Bahia. Todavia, esse erro material não enfraquece o argumento, por incidir sobre outro contexto, circunscrito ao tema da *intelligentsia* da Colônia. Quanto a Miguel Kruse, hoje um ilustre desconhecido, sua inclusão na galeria dos heróis está associada à criação da Faculdade de Filosofia de São Bento, e se a ela cabe o reconhecimento pelo importante feito ("a glória"), a ele cabe o de seu artífice e herói-fundador. Já a USP, se fundador único há, o título deve ser dado não a um brasileiro, mas a um francês, Jean Maugüé, não citado por Vaz. Todavia, antes dele houve Etienne Borne, que por aqui ficou menos de um ano e não deixou reminiscência, só os registros nos autos de fundação da Faculdade. Tal não é o caso de Maugüé, cuja memória todo mundo ajudou a salvar, e a quem devem ser ligados os nomes de dois ilustres brasileiros e uspianos de primeira hora, Lívio Teixeira e Cruz Costa. Também eles conhecidos e a justo título celebrados (heróis da 1ª geração), cujos assistentes foram, respectivamente, Bento Prado e Giannotti, com outras ascendências intelectuais, francesas ao fim e ao cabo, dando origem esses primeiros chegados a toda uma estirpe. Então, em São Paulo naqueles tempos heroicos, não se está diante de um herói individual da filosofia paulista, mas de um fundador coletivo, e com mais razão ainda a entidade Missão Francesa, a quem se dá de bom grado o título de fundadora tutelar da filosofia uspiana, e que não passa de uma etiqueta coletiva colada sobre uma pluralidade de indivíduos, não só Maugüé, tais como Etienne Borne (antes) mais Gilles-Gaston Granger, Martial Gueroult e outros tantos (depois). Passando para o Rio de Janeiro, devem ser citados a PUC-Rio, o Iseb e a atual UFRJ. Da PUC-Rio, a se acreditar em Vaz, cabe a Leonel Franca a credencial de fundador da primeira Universidade Católica do Brasil, e, por extensão, pode-se dizer, do curso de filosofia daquela Universidade, levando a alguma acomodação com o seminário dos religiosos, em torno do qual o curso surgiu. Da UFRJ é difícil dizer ao certo se houve efetivamente um fundador: o certo é que a Faculdade Nacional de Filosofia foi fundada por ato de Gustavo Capanema, que era um político e ministro de Estado, e ela integrava a Seção de Filosofia, com direito a catedráticos e a curso de bacharelado, tendo a ela se integrado o padre Penido, que foi o grande nome e teve como discípulo e assistente Eduardo Prado de Mendonça, mas que não são exatamente fundadores (ibidem, p.266-267). Já do Iseb o herói-fundador, não do Instituto, mas da filosofia patrocinada pelos isebianos, tendo sido o primeiro chefe do Departamento, foi certamente Álvaro Vieira Pinto (porém há que se considerar Roland Corbisier), que também atuava na Faculdade Nacional de Filosofia, onde ensinou lógica e história da filosofia durante anos, até ir para o exílio depois do golpe de 1964, e ao qual voltarei depois. Por fim, chegando a Minas Gerais, o grande nome da UFMG e artífice da filosofia é sem dúvida Arthur Versiani Vellôso, ligado a Leonel Franca e muito próximo de Cruz Costa, cuja figura legendária fez época em Belo Horizonte e a quem cabe como poucos no país o reconhecimento das credenciais e da honraria de fundador – fundador da Faculdade de Filosofia e Ciências Humanas, fundador do Departamento de Filosofia, fundador da revista *Kriterion* (ibidem, p.268-269).

Esta é a galeria dos heróis-fundadores. Muito mais ainda poderia ser dito acerca deles e do trajeto da filosofia em suas universidades e em suas cidades e mesmo estados, numa época em que faltavam recursos e o país padecia dos males de uma pobreza crônica, relegado à periferia do sistema. Haveria muito que dizer, não certamente das obras, que não possuíam, mas de seus feitos, enriquecendo, quem se dispusesse a resgatar-lhes a memória, o relato de uma vida cinzenta e cheia de sacrifícios mediante a inclusão do anedotário que cerca suas vidas e a generosidade com que se entregaram à missão de fundar e criar. A uma tal tarefa de restituição, sem dúvida importante, poderia dedicar-se um estudante de doutorado com o gosto cultivado e continuamente exercitado acerca da filosofia em nosso país, acumulando a erudição e o conhecimento requeridos, junto com a aquisição e o domínio da *techne* que o ofício de historiador da filosofia exige. A maioria dos estudos consagrados ao assunto ainda é muito tímida e provinciana, imperando – naquilo que se conseguiu de melhor – os *papers* e poucos livros de qualidade. As exceções são o livro de Cruz Costa, *Contribuição à história das ideias no Brasil*, e o de Paulo Arantes, *Departamento de ultramar*, consagrado a São Paulo, ou melhor, à filosofia uspiana, ambos várias vezes mencionados ao longo desses ensaios. Algo parecido deverá ser feito para os outros centros, outras épocas e outras regiões, trazendo-os à atualidade, e a cuja tarefa infelizmente não posso me dedicar: simplesmente, como dizem os espanhóis, *"me faltan días"*...[22]

Passando, para fechar o quadro do período, à paisagem filosófica, as matrizes do pensamento e aos principais nomes, vou limitar-me ao essencial e deixarei para outros o desenvolvimento em profundidade dos estudos requeridos. Afinal, de minha parte, os estudos e os resultados a que cheguei não me permitem ir além de um ensaio, com as vantagens e as desvantagens que o gênero comporta. Quanto à paisagem ou à cena filosófica, ela só não era uma desolação total, sem *scholars* e sem virtuoses, porque era dominada pelos clérigos e egressos do direito, como nos casos do Abade Kruse e do padre Penido num campo e Versiani Vellôso, Ernani Fiori e Armando Câmara noutro. Aqui e lá, como se tivesse saído de um mesmo molde, a cena era arraigadamente provinciana, com seus intelectuais municipais e suas discipulagens ciumentas, mas provincianos. Não havia filosofia nacional, ninguém viajava e era convidado ao estrangeiro, quase não havia efemérides (tipo aniversário de Descartes ou Kant), e vivia-se ainda na periferia do sistema. Simplesmente, nessa época, a indústria cultural que na Europa e na América do Norte já tinha mostrado a que veio, com seus efeitos devastadores, não tinha mostrado ainda seus ares por aqui – para o bem e para o mal. Sinal disso são os congressos de filosofia, cuja explosão no mundo inteiro esteve associada à indústria do turismo, como é sabido, levando ao aumento das linhas aéreas, da rede hoteleira e dos centros de convenções. Todavia, no Brasil tais congressos se reduziram a minguados dois nacionais e um internacional, organizados pelo IBF de Miguel Reale e já referidos, tendo sido o único internacional promovido na capital bandeirante em 1954 e tendo por efeméride não a data celebrativa de um filósofo, mas o ano do quarto centenário da fundação da cidade de São Paulo. Donde a impressão de que a filosofia continuava rala e havia ainda déficit de escala: duas ou três revistas, uma meia dúzia de departamentos, poucos *scholars* ou especialistas e menos de cem professores no ensino superior, não passando de cinco ou seis na USP, como notou Bento Prado, referindo-se aos anos 1950 (Prado Jr., B. Entrevista, in: Schwartz, 2003, p.181). Certamente, tivemos nossos heróis-fundadores e junto com eles os mitos de fundação. Pudemos até mesmo ter nossos "filosofantes" com suas ruminações e fumaças filosóficas, como dizia Cruz Costa. Houve ainda disputas de clãs e de tribos envolvendo estados e

---

[22] Já citei em outras ocasiões o trabalho importante de Paulo Margutti, tendo já nos brindado com o seu livro sobre o período colonial, publicado pela Loyola, e ficando prometido o segundo tomo, onde se ocupará do período pós-colonial até os dias de hoje.

regiões, como as desconfianças entre os exilados da USP e os lunáticos do Iseb, conforme testemunham Giannotti e Paulo Arantes.[23] Mas, apesar de tudo isso, não havia obra e por toda parte, mesmo em São Paulo, que estava à frente, dominavam os mestres sem discípulos e uma filosofia sem obra – *autoral*, quero dizer.

Tal situação não impedia que as grandes tradições aqui tivessem suas ressonâncias e as mais variadas filiações. Em São Paulo, na USP, predominava a tradição francesa em sua vertente laica, transmitida por jovens professores aqui desembarcados vindos de diferentes partes do Hexágono, muitos deles *ex-normaliens* que integravam a *Mission Française*, com seu projeto meio neocolonialista de civilizar o mundo. Pelos lados do Mosteiro de São Bento, se a influência francesa dominava, era a vertente, não laica, mas religiosa ou, melhor dizendo, para-religiosa, com o chamado espiritualismo francês à frente, próximo da neoescolástica e com outras alianças, dando à Faculdade de Filosofia a reputação "do mais antigo centro de estudos tomista do Brasil", segundo padre Vaz (Vaz, 1961, p.269). No Sul havia de tudo um pouco, a se dar fé à listagem de padre Vaz em seu levantamento generoso que integra o artigo de que venho falando, publicado na revista portuguesa: na então URGS era grande a influência do espiritualismo francês, patente em Amando Câmara, muito influenciado por Maréchal e Blondel, de extração jesuítica ou próxima como o segundo, e sendo ele próprio um filósofo cristão; mas havia também a influência da filosofia alemã, como no caso de Ernani Fiori, em quem transparece as marcas da fenomenologia husserliana e da ontologia fundamental de Heidegger (ibidem, p.270). Passando ao Rio, a constelação europeia será maior ainda: na PUC-RJ, fundada por Leonel Franca, que tinha estudado na Gregoriana de Roma, com filiação neotomista e forte ascendência francesa (ibidem, p.266, n.127),[24] será grande a influência da neoescolástica e do espiritualismo francês. No Centro Dom Vital, fundado por Jackson Figueiredo e empenhado na renovação do catolicismo, também é fortíssima a presença do espiritualismo católico francês, havendo desde

---

23 No ensaio publicado em *A filosofia e seu ensino*, Paulo Arantes não economizará adjetivos ao se referir às querelas entre os nativistas isebianos e os cosmopolitas uspianos: "[...] os nacionalistas nos tachavam de colonizados" (Arantes, 1996a, p.47), enquanto os uspianos se lhes referiam como "filosofantes cariocas" (ibidem, p.55) e desqualificavam sua proposta de uma filosofia brasileira como a "gafe isebiana" (ibidem, p.52). Por sua vez, na entrevista à revista *Trans/form/ação*, Giannotti afirma algo parecido, ao falar de uma "certa desconfiança" dele e de outros colegas do Departamento de Filosofia/USP "contra os intelectuais da década de 1960, tão impregnados que eles foram pela ideologia do Iseb" (Giannotti, loc. cit., p.31).

24 Nessa referência são citados dois neotomistas franceses: Sertilanges e Maréchal.

pascalianos anti-intelectualistas, como Figueiredo, até escolásticos neotomistas, como Alceu de Amoroso Lima, influenciado por Maritain, e conhecido em outros meios como Tristão de Ataíde. Na ex-Universidade do Brasil, hoje UFRJ, várias tradições conviviam na seção Filosofia, a francesa à frente, representada pelo padre Penido. Hoje um ilustre desconhecido e que tinha estudado na Bélgica, cuja carreira de magistério dividiu-se entre a filosofia e a teologia, com filiação neotomista e reconhecido como eminente especialista em Bergson, tendo sido sua tese publicada por uma editora em Genebra, na Suíça, em 1918, com o título *La méthode intuitive de Bergson*, e é considerada referência (ibidem, p.266-267).[25] Some-se a ela, num plano mais abaixo, a tradição alemã em suas várias vertentes, como as hegelianas e as marxistas, cujas marcas são profundas em Álvaro Vieira Pinto e no próprio Corbisier, às quais deve-se adicionar a influência do existencialismo, francês inclusive. Por fim, em Minas Gerais, a influência do espiritualismo francês não será menor, onde encontrará terreno fértil preparado por Versiani Vellôso, que era próximo do padre Franca, e desde cedo ocupação de clérigos bandeados à filosofia, os quais, como em outros centros, tinham forte presença nos tempos heroicos da fundação do Departamento. Todavia, Vellôso admirava as obras de Kant e Schopenhauer, e por aí se viram abertas as portas para a penetração da filosofia alemã na fortaleza neotomista francesa das Montanhas de Minas, como ocorrerá mais tarde com os cursos de padre Vaz e José Henrique Santos.

Comparado com o passado colonial e o século XIX, não é difícil perceber o quão longe foram os legados, tendo havido vários rearranjos na constelação das correntes e das escolas, mas continua imperando por toda parte a herança neoescolástica, agora transmitida pelas universidades católicas e pelo próprio sistema das federais com sua vocação laica. Do tripé do século XIX constituído pelo espiritualismo cristão e seu ecletismo, pela dupla materialismo/evolucionismo e pelo positivismo comtiano, haverá no curso do XX um rearranjo das tendências, com a troca de ênfases e o desenvolvimento de variantes, paralelamente à manutenção e ao esvaziamento de algumas delas. Assim, a neoescolástica continuará sendo transmitida e renovada graças à força irradiadora do espiritualismo francês e suas vertentes contemporâneas (personalismo etc.), ao mesmo tempo que o evolucionismo perderá o passo em favor do materialismo, agora propagado pelo marxismo. Enquanto, na esteira dessas inflexões, o positivismo perderá a influência, mas conservará

---

25 Mais à frente, na p.267, Vaz cita Eduardo Prado de Mendonça, também de formação francesa e de orientação neotomista.

sua presença e memória por meio de Ivan Lins, que lecionava história da filosofia na Faculdade do Direito da então Universidade do Brasil. Trazidas as correntes paras as disciplinas da filosofia, é notória a centralidade da metafísica e o monopólio da escolástica neotomista, com a consequente hegemonia da tradição francesa em sua vertente não laica espiritualista, bifurcada [1] na extração franco-germânica dos virtuosos acadêmicos (antes o erudito das humanidades, depois o *scholar* especializado) e [2] nas correntes "goliárdicas" dos modismos e holofotes parisienses que seduzem tanta gente. Por outro lado, há em vários pontos do país, sobretudo em São Paulo, uma verdadeira inflação de filosofia do direito, a ponto de Vaz conceder ao seu exame cerca de seis páginas, dedicadas a Reale, a seu discípulo Czerna e a Washington Vita; alguma atenção se dá à filosofia moral, quase um anexo da teologia, assunto de clérigos e matéria da neoescolástica; rara é a atenção concedida à estética, durante tempos com apenas um verdadeiro especialista, D. Gilda de Mello e Souza, na USP; é nula ou de pequena monta a presença da lógica e da epistemologia; e quase ninguém faz história da filosofia ou história das ideias, à exceção do padre Franca, de Cruz Costa e de Ivan Lins, este menos influente do que aqueles e reputado por sua história do positivismo no Brasil.

Ao chegar a esse ponto, para bem fechar o quadro, talvez fosse o caso de acrescentar aos nomes já mencionados e aos heróis-fundadores mais outros nomes, mas não vou fazê-lo, por entender que o levantamento apresentado para o período é o bastante, e o espichamento da lista não teria valor conceitual e metafilosófico, mas historiográfico ou memorialístico, e este não é o meu caso. Quem tiver ânsia por mais nomes poderá consultar com proveito o artigo citado de padre Vaz, bastante circunstanciado e com toda a competência, como era de seu feitio. Ao fim da consulta poderá experimentar uma ampla saciedade depois de beber no imenso caudal alimentado pelo manancial das ilustres figuras que povoaram os departamentos de filosofia pelo país afora, pois o que não faltam são nomes, e Vaz foi generoso. Ou então experimentar uma grande frustração e mesmo um grande vazio nihilista, ao constatar que, depois de duas ou três gerações, grandes promessas e ilustres figuras que eram, ninguém mais sabe quem são eles, só os historiadores, e estes são poucos em nossos meios, e menos ainda aqueles dedicados à filosofia brasileira.

4. UMA NOVA FIGURA INTELECTUAL: A MISSÃO FRANCESA E O *SCHOLAR* ESPECIALIZADO

A filosofia é uma atividade ingrata e, como outros campos disciplinares, sua história não é nada sem a sua recepção, quase sempre avara em reconhecimento. Em todo campo intelectual e respeitante ao seu conjunto, prevalece no Brasil, à diferença dos Estados Unidos, a indiferença e a pouca disposição de celebrar as obras e os vultos, que se vão, e não proporcionando a quem lhe consagra toda uma vida, diferentemente das artes, a menor esperança de ter seu feito lembrado, e menos ainda depois de morto. Essa impressão, espécie de fantasma, assombrou minhas reflexões ao focalizar a sociedade colonial e se estendeu aos séculos XIX e XX, quando terminou o regime político do colonialismo, mas continuou sua obra sociológica. O resultado desse processo longo e arraigado é conhecido. Por um lado, até tarde do século XIX, como notou Cruz Costa, citando Frei Vicente do Salvador, continuamos a "caranguejar" pelo litoral, de olho na Europa e de costas para o interior. Por outro, os nossos intelectuais, vítimas da síndrome de Nabuco, o transoceanismo, eram "estrangeirados", e o mesmo mal atingia o filósofo e a filosofia.

Admitido isso, ao focalizar o século XX – depois de pôr em evidência a remodelagem da *intelligentsia* brasileira e o aparelhamento da atividade intelectual com a criação das universidades e um conjunto de instituições coligadas – poderemos então fazer as comparações e verificar se, para além das mudanças externas, o *ethos* interno do intelectual brasileiro mudou, e, por extensão, o *ethos* do intelectual consagrado à filosofia: o filósofo, o filósofo brasileiro, em suma.

A julgar por Mário de Andrade, na sua dupla condição de protagonista e pensador do período, tendo-lhe consagrado um livro seminal em 1943, de fato uma coletânea de ensaios com o primeiro deles remontando a 1930, as conquistas foram enormes:

> É certo que sob o ponto de vista cultural progredimos bastante. Se em algumas escolas tradicionais há muito atraso, junto ao núcleo de certas faculdades novas de filosofia, ciências e letras, de medicina, de economia e política, já se vão formando gerações bem mais técnicas e bem mais humanísticas. [...]. Esta melhoria sensível de inteligência técnica se manifesta principalmente nas escolas que tiveram o bom senso de buscar professores estrangeiros, ou mesmo brasileiros educados em outras terras, os quais trouxeram de seus costumes ao progresso pedagógico uma mentalidade mais sadia que desistiu do brilho e

da adivinhação. (Andrade, M., *Aspectos da literatura brasileira*, p.238 apud Cruz Costa, 1967, p.386)

Tudo isso ocorreu como indica tacitamente Mário, que fala de faculdades novas criadas, e este também foi o caso da filosofia, depois de implantado o sistema de universidades. Algo tardiamente é verdade, e ainda assim incompleto, universidade de ensino e não de pesquisa, universidade de graduação antes de tudo, muitas vezes um grande "colejão", ficando a pós-graduação adiada e a titulação de doutores nativos, não como rotina de bancas e colegiados de curso, mas como assunto extraordinário de congregações de faculdades ou conselhos superiores. Não obstante, em que pese esse limite, o caminho estava aberto e uma nova experiência intelectual pôde se adensar, tendo como base sociológica os diletantes e autodidatas. Ou seja, os nossos "goliardos" (Le Goff) que durante o século XIX e início do XX viviam soltos em nossas cidades, com um emprego qualquer que lhes proporcionasse um ordenado fixo, mas que agora nos anos 1940-1950 puderam ser atraídos pelas novas universidades. No caso da filosofia, em sua maioria autodidatas egressos do direito, senão do clero católico, com a ressalva de que neste último caso não eram exatamente "goliardos", mas de algum jeito intelectuais orgânicos da Igreja, tendo estudado em Lovaina ou em Roma. Além dos diletantes e autodidatas, a filosofia teve seus virtuoses, em menor número, com efeito, mas não menos essencial e decisivo para o seu futuro próximo, composto por laicos de alta classe média que estudaram na Europa, como Cruz Costa. Ou então, numa outra vertente, composto por visitantes estrangeiros atraídos pela Faculdade Nacional de Filosofia do Rio de Janeiro, de modo aleatório e por um curto período de tempo, e antes de tudo pela Universidade de São Paulo, mais organicamente e por cerca de 30 anos, tendo como grande protagonista a Missão Francesa. A hipótese que eu vou testar nesta seção, com esse contexto ao fundo, é o aparecimento de dois tipos de intelectuais nesse período importante em nossa história, entre os anos 1930 e 1960 – um deles com livre curso em várias áreas do conhecimento, e outro mais incipiente e ainda assim real, abrindo um caminho que em filosofia só se consumará e será consolidado depois dos anos 1960-1970, objeto do 5º Passo. Esses dois tipos são:

[1] o *scholar* ou o especialista, tendo como origem mais próxima o velho erudito e o profissional das faculdades isoladas (engenharia, medicina e direito);
[2] o intelectual público, também ele proveniente do direito como mostrou Foucault (demanda de justiça), e a exemplo de Fernando de

Azevedo, tão importante para as letras nacionais e a história da universidade brasileira, bem como de egressos "des hommes de lettres", como dizem os franceses – na Europa e também aqui vivendo de sua própria pena, vocacionados para a cena pública e agora professores de Universidade.

Começarei então pelo *scholar*, em cuja gênese na filosofia vou seguir o estudo essencial de Paulo Arantes, e cujo tipo ideal vou fornecer no fim do excurso.

O estudo mencionado é o *Departamento Francês de Ultramar*, Parte 2, composto pelos capítulos Certidão de nascimento (Arantes, 1994, p.61-87) e Instinto de nacionalidade (ibidem, p.88-107), mais Parte 3, capítulos O essencial da filosofia é uma certa estrutura (ibidem, p.111-135) e Instauração filosófica no Brasil (ibidem, p.136-154). Depois de examiná-los, de olho na gênese do nosso virtuose em filosofia que, tendo adquirido a *techne* filosófica, se verá habilitado a fazer estudos de textos e análises históricas, o estudioso descobrirá que se trata de uma *transplantação* e, como tal, não muito diferente da transplantação da segunda escolástica pelos jesuítas no Brasil Colônia: impregnada de cores locais ao se adaptar aos trópicos, mas transplantação ao fim e ao cabo. Ou seja, a transplantação da filosofia e da *techne* francesas, direta de Paris e das universidades, além das grandes escolas francesas, como a da Rue D'Ulm, a famosa École Normale Supérieure, que está na origem da famosa estirpe dos *normaliens* que domina a universidade francesa e cuja linha de descendência um belo dia foi parar na USP quando ela foi fundada – e isto, num pacote completo, com livros, professores e funcionários de governo (supervisores e outros), em missão de civilização, e como tal parecida com a missão de evangelização dos jesuítas. Com a diferença que, enquanto estes cuidaram de difundir uma filosofia única, a segunda escolástica, e com a ajuda de uma única pedagogia, a *Ratio Studiorum*, visando disseminar a filosofia e a fé cristãs, a Missão Francesa difundirá uma filosofia laica e plural. Nem sempre francesa, como se sabe, mas aberta à filosofia alemã e virtualmente a toda a tradição ocidental, e com a ajuda de uma pedagogia "científica" diversificada, e não exatamente "humanista", à discrição do professor (liberdade de cátedra) e coisa de *scholar*.

Segundo Arantes, essa nova experiência de transplantação teve data certa e lugar conhecido: a data é 1934 e o lugar é a Universidade de São Paulo, tendo como primeiro protagonista Etienne Borne, que por aqui ficou um ano (1934-1935), seguido por uma plêiade de jovens e mais tarde seniores ilustres, tais como Jean Maugüe, de formação ampla, que ensinou na FFLCH filosofia geral (1935-1943); Gilles-Gaston Granger, especialista em lógica e filosofia da ciência (1947-1953); Martial Gueroult, renomado historiador da filosofia, tendo-a ensinado em São Paulo junto com o método de análise estrutural (1948-1950); Claude Lefort, especialista em filosofia política e com ligações profundas com o Brasil (1952-1953); Michel Debrun, encarregado pela Missão das disciplinas de ciência política, no Departamento de igual nome, e de ética, no de Filosofia (1960-1965, indo posteriormente atuar na Unicamp, fora e depois dentro da filosofia, e tendo permanecido no Brasil até sua morte, em 1997); Francis Wolf, o último da série (1980-1984), precedido de Gérard Lebrun, encarregado de filosofia geral, cujo vínculo direto com o Brasil se estendeu por trinta anos, mais além dos primeiros seis anos em que passou em São Paulo como funcionário da Missão (1960-1966).[26] E mais: tão densa e tão visível foi a influência francesa naquelas paragens, que Foucault quando passou por São Paulo, num tempo em que mal sabia que o nosso país ficava no *"là-bas"*, no Hemisfério Sul, logo se deu conta e formulou a tirada que mais tarde, como já se lembrou, deu o título do livro de Paulo Arantes, a saber, que o Departamento de Filosofia da USP era um "Département Français d'Outre-Mer".[27]

Coisa curiosa: foi nessa época que o mal da filosofia brasileira, segundo Paulo Arantes, estava diagnosticado – o filoneísmo e o transoceanismo,

---

26 Sobre a Missão Francesa, ver Araújo Filho et al. (1989, p.17-25).
27 A invectiva de Foucault e o papel proeminente da Missão Francesa, colocando no centro da fundação da USP e do Departamento de Filosofia uma bem-sucedida experiência de transplantação, deram livre curso à ideia de que os uspianos eram estrangeirados e alienados, à diferença dos isebianos, nacionalistas e engajados. Todavia, essas afirmações podem até ter algum embasamento histórico, mas têm de ser nuançadas em mais de um ponto. Do lado brasileiro, Antonio Candido, que frequentou os bancos da USP na época, com colegas de filosofia e assistindo às aulas dos franceses, inclusive as de Maugüé, lembra em depoimento dado a Sônia Maria de Freitas, citado por João Cézar de Castro, que os professores franceses ensinavam aos alunos brasileiros voltar os olhos para a realidade, à diferença de seus colegas paulistas: "Para os professores brasileiros, o *chic* era conhecer a Europa. Davam aulas falando sobre a França, a Inglaterra, citando línguas estrangeiras; nos puxavam para fora. Os professores estrangeiros, falando francês, nos puxavam para dentro". Cf. para as referências Castro, J. C. Introdução à edição brasileira do livro de René Girard *Mentira romântica e verdade romanesca*, publicado por É Realizações, São Paulo, 2009 (edição francesa: 1961), p.23, n.11, e Freitas, S. M. *Reminiscências*. SP: Maltese, 1993, p.40. Do lado francês, testemunhando o esforço recíproco dos franceses de dirigirem o olhar para dentro – para dentro do Brasil = para fora da França –, podem ser citados Gerard Lebrun e o seu já referido artigo sobre o Iseb, bem como, melhor do que nenhum outro, o ex-missionário naturalizado brasileiro Michel Debrun, que foi professor do Iseb e desenvolveu pesquisas sobre a identidade nacional brasileira, deixando dois livros inéditos sobre o assunto, disponibilizados no CLE/Unicamp.

respondendo por uma filosofia rala e de segunda mão, e levando muitos críticos a falar de anemia endêmica e raquitismo intelectual –, e para o qual as oligarquias paulistas, eminentes educadores como Fernando de Azevedo, então à frente da criação da USP, e Georges Dumas do lado francês com trânsito nos ministérios, tendo sido encarregado de missões anteriores na América Latina, e próximo da *intelligentsia* brasileira, acharam então o remédio: a importação de professores, a frequentação dos textos dos grandes filósofos e a familiaridade com a história da filosofia – textos franceses e aulas em francês ao fim e ao cabo, porém que no fim do percurso, como mais um capítulo de nossa "formação", a filosofia não só iria conseguir seu atestado de nascimento e chegar à maturidade, mas iria abrir o caminho para a cidadania cultural num país periférico e as portas para o cosmopolitismo. E isso graças aos professores franceses, que criaram o núcleo daquilo que mais tarde será o Departamento de Filosofia da USP, e com cuja ajuda será formada a primeira geração de *scholars* em filosofia no país, nos anos 1950-60, e serão moldados os primeiros representantes em filosofia dessa coisa francesa por excelência que é o intelectual público, tendo por modelo Sartre, Voltaire e Zola.

Nada mais natural então, em meio às crônicas de fundação e de suas efemérides, que Paulo Arantes em seu brilhante livro – tendo reconhecida a fundação da filosofia uspiana e invocando sua certidão de nascimento, guardada em algum lugar dos arquivos das Missões e do Conselho Universitário da USP – irá perguntar pelo herói-fundador e autor desse feito extraordinário. Não sendo ele brasileiro, só poderia ser francês, com Georges Dumas como candidato, mas não: tratando-se da filosofia, o fundador será Jean Maugüé e sua viagem mitológica, no Paquebot Mendoza, que aportou em Santos em 1935 e por aqui ficou 8 anos. Hoje pouco se sabe da personalidade histórica Jean Maugüé, jovem *normalien*, discípulo de Alain e contemporâneo de Raymond Aron, que em sua autobiografia fornece um sóbrio e afetuoso depoimento acerca do amigo esquecido (Aron, 1986, p.32). Contudo, a julgar por Cruz Costa e o próprio Arantes, Maugüé era um tipo brilhante, de inteligência viva, meio diletante e chegado ao ensaísmo – quer dizer, era tudo, inclusive um excelente professor caído nas graças dos alunos, mas não exatamente um *scholar*. Gueroult e Granger, sim, não ele, e muito menos Etienne Borne, de quem hoje ninguém se lembra, dele não havendo, enquanto eu saiba, nenhum registro por algum de seus contemporâneos. Contudo, de Maugüé há e importantes, como o depoimento de Antonio Candido dado a Paulo Arantes, em que o crítico perfila o professor francês ensinando filosofia alemã: Kant, Hegel, Schopenhauer, Nietzsche, Scheler e Freud (Arantes, 1994, p.65).[28] Acrescente-se o registro de estudiosos e de pessoas próximas que apontam que Cruz Costa e Lívio Teixeira foram seus assistentes no pequeno Departamento então criado, o primeiro tendo sofrido a influência de Brunschvicg e o último de Gueroult, com Giannotti assistente de Cruz Costa reconhecendo a ascendência de Granger – quer dizer, mais uma vez falta uma coisa importante no herói fundador: filhos, herdeiros, discípulos. Por isso, ao reconhecer que a influência francesa é inegável, tendo sido a *Mission Française* a fundadora da FFLCH e da filosofia na USP, com a participação de duas gerações de missionários – fato esse histórico bem estabelecido num processo que durou 50 anos, terminando em 1984 quando a "Mission" foi transformada em "Poste" –,[29] proponho que em vez de um herói individual passemos a falar de um herói anônimo e de um sujeito coletivo. Precisamente, em vez de um indivíduo, o ente coletivo Missão Francesa, composto por uma meia dúzia de professores que ensinaram filosofia francesa por aqui, e também filosofia grega e filosofia alemã. Como de resto Maugüé e o próprio Gueroult, Gueroult que nos anos 1950 ofereceu um curso dedicado Leibniz, sobre quem ele publicou mais tarde um livro. E curso que foi seguido nada menos do que por Giannotti, que o saudará décadas depois dizendo que ele lhe proporcionara "a descoberta da grande história da filosofia, dos problemas técnicos de análise de texto, de toda a problemática que predominou no Departamento dos anos 60" (Arantes, 1994, p.111).

Já tive a ocasião de tratar desse ponto no 1º Passo, ao me referir a uma característica uspiana e francesa de tomar exegese por história da filosofia e vice-versa, como se fossem a mesma coisa, quando não são, só o sendo naquelas abordagens que procedem a um "vácuo histórico" (expressão de Paulo Arantes) em suas análises dos textos. Agora, ao deixar esse importante ponto de lado, vou me concentrar naquilo que nos interessa nesse momento: evidenciar como a missão filosófica francesa, com toda a diversidade de seus membros, moldou a *techne* filosófica uspiana e colocou a filosofia brasileira num novo patamar, agora mundial e comparável com outros centros do Ocidente, não apenas com Paris e a tradição francesa. Assim, para

---

28 De Antonio Candido, pode ser consultado também o artigo publicado na revista *Discurso*, n.37, 2007, com o título emblemático "A importância de não ser filósofo", onde a memória e o papel de Maugüé são evocados com especial apreço e riqueza de detalhes.

29 Cf. Lefebvre (1990, n.12), onde ele mostra os números de 1934, com os franceses respondendo por 6 missionários, contra 4 italianos, 3 alemães, 1 espanhol e 1 português, e ficando os alemães e os italianos com as cátedras de ciências exatas e naturais. Nota-se mais de uma discrepância no levantamento de Schwartzman apresentado supra.

ficar só com os membros das missões que passaram por São Paulo, não faltarão considerações e invectivas – citadas por Paulo Arantes – que deixarão claro que se trata bem das técnicas hermenêuticas já bastantes difundidas pelo mundo afora e que deverão ser aprendidas pelo neófito com o fim de usá-las tanto nas exegeses quanto nas histórias da filosofia. Técnicas que, com efeito, podem ter escopo e fins diferentes, mas têm em comum o fato notório de que elas operam com textos e usam os textos como fontes e meios de suas demonstrações. Simplesmente, a filosofia está nos textos e a história da filosofia, assim como a exegese, quer dizer retorno aos textos, e antes de mais nada textos dos clássicos, que criaram tudo e o melhor que podemos fazer é aprender com eles. Assim, escreve Maugüé: "[...] consideramos que a base do ensino de filosofia no Brasil é a história da filosofia [...] que pode ser ensinada seguindo métodos rigorosos e perfeitamente modernos" (Arantes, 1994, p.74). Gueroult, que antes da USP já tinha publicado seu famoso *Descartes selon l'ordre des raisons*, e depois torna-se professor da disciplina "Tecnologia dos sistemas de pensamento" no Collège de France, dirá numa entrevista concedida em 1970 à *Radio-Télévision-Scolaire* que as questões de doutrina (conteúdo) pesam muito em suas análises, não só as questões de forma e de arquitetônica. E mais: intitulada "Análise de estruturas como método de leitura das obras filosóficas", ele acrescentará que nelas há estruturas que evoluem, como nos casos de Fichte e Malebranche, e estruturas que permanecem imóveis, como no caso de Descartes, devendo cada filósofo ser tomado em sua individualidade, e não tendo seu método nada a ver com o formalismo dos estruturalistas. E Granger enfim – para além da matriz linguística e antropológica, tendo Lévi-Strauss como a figura proeminente – reconhecerá em *Pensée formelle et sciences de l'homme* que uma das fontes do estruturalismo francês é a história da filosofia (Arantes, 1994, p.101): no caso, seguindo as pegadas de Bréhier que dizia: "O essencial de uma filosofia é uma certa estrutura" (Bréhier, 1950, p.41), título de um capítulo do livro de Paulo Arantes, mais além das pegadas de seu (dele Granger) mestre Gueroult.

Sobre as relações entre a filosofia, a exegese e a história da filosofia, pode-se dizer que as passagens e as ligações estão por toda parte, havendo um *continuum* que leva umas às outras e devendo, pois, a aquisição das ferramentas da história da filosofia e da exegese filosófica – as *technai* do filósofo e do estudioso da filosofia, em suma – ser vista como a aquisição e a aprendizagem da *techne* da própria filosofia ou *techne* filosófica, simplesmente. Nesse horizonte, uma vez aceito que aprender a filosofia é retornar aos textos e seguir a sua história, a história da filosofia enfim, nada mais natural do que a lei de ferro estabelecida pela filosofia francesa entre filosofia e história da filosofia, observada por quase todo mundo, e também nestas paragens. Inclusive por aqueles que a ensinaram em São Paulo na fase heroica de fundação do Departamento de Ultramar, como viu Paulo Arantes, ao lembrar que a ligação entre Filosofia e História da Filosofia é uma das características definidoras da Filosofia francesa: as duas outras, acrescento eu, são o esteticismo e o modismo. Assim, longe de São Paulo, Boutroux, segundo Arantes o fundador da escola francesa contemporânea da história da filosofia (Arantes, 1994, p.111), professor da disciplina na Sorbonne, tendo estudado em Heidelberg, na Alemanha, e eminente especialista de Kant, estando portanto a par das duas tradições, dizia que "Para viver, [a filosofia] se alimenta da história da filosofia, ou não existirá". Guéroult, por outro lado, que não se considerava filósofo, mas historiador da filosofia, afirmava que "A história da filosofia é de fato o principal instrumento da iniciação à filosofia" (ibidem, p.121). E o próprio Bergson, que era filósofo, lembra Arantes citando Bento Prado, considerava o emprego da história da filosofia uma etapa essencial do método filosófico (ibidem, p.116-117).

Ora, não é exagerado dizer que esta lei de ferro, sendo ela universal como toda lei de física, será observada *in totum* nos trópicos, como dito, e na própria USP, no Departamento de Ultramar, como arremata Paulo Arantes: "[...] aqui, em nosso Departamento, a História da Filosofia faz as vezes de filosofia" (ibidem, p.135) e houve mesmo a tendência, apontada por Paulo Arantes linhas antes, de substituir "a filosofia pela filologia: a rigor, apenas tomávamos ao pé da letra (histórica) o mote kantiano interpretado por Lebrun, segundo o qual, doravante, a *Crítica fazia as vezes de Teoria*" (ibidem, p.135). Forçando as coisas, ao juntar as duas pontas de Paulo Arantes, pode-se dizer não apenas que exegese e história da filosofia coincidem, mas a própria filosofia coincide com a história da filosofia e a exegese. Foi essa visão que prevaleceu em São Paulo. A exceção foi Porchat, que foi estruturalista um dia e depois o abandonou, ao trocá-lo pela lógica e no fim pelo ceticismo, cuja perspectiva, deixado o componente doutrinal de lado, combina com a história da filosofia, poder-se-ia dizer.

Desde o fim da Colônia dominando a cena filosófica brasileira, e não só São Paulo, mais tarde dividindo com a filosofia alemã a outra vertente da filosofia moderna que também estabeleceu a lei de ferro do liame inquebrantável entre filosofia e história da filosofia, ao seguir sua transplantação para o Brasil o estudioso há de reconhecer o seu legado benéfico ou positivo, a saber: a formação não exatamente do aparato institucional da filosofia – as universidades, os departamentos e o sistema de publicações, obras do governo

federal e do de São Paulo – mas a joia da coroa ou, antes, a "alma" do sistema, que não é senão o profissional da filosofia na figura do *scholar* ou especialista, a cujo exame vou passar daqui a pouco. Antes, porém, será preciso dar um passo a mais e fazer o balanço dos pontos altos e baixos do sistema francês de ensino, seguindo uma pista de Paulo Arantes (ibidem, p.115-117, nota**), em que ele chama a atenção para o papel conferido à filosofia por Napoleão (igreja leiga, no lugar da educação moral e religiosa), bem como por Victor Cousin durante décadas: ministro da Educação Pública e presidente do Jury de l'agrégation en philosophie, Cousin reservará "às classes de filosofia" dos Liceus a função de "formadoras e reguladoras da consciência", quando a velha rainha das ciências se verá marcada por um prestígio sem par em qualquer região do globo. Contudo, paradoxalmente, aquilo que será reconhecido como a fonte do poder e da estabilidade da filosofia francesa, será visto pelos críticos como a fonte de suas distorções e de sua fraqueza. Um desses críticos foi Piaget, citado por Paulo Arantes. Piaget que conhecia a coisa de perto, como professor da Sorbonne, num tempo em que a psicologia francesa era forçada a disputar com a filosofia em situação de desvantagem, sem laboratórios e sem departamento próprio, e acerca da qual num longo trecho, o qual cito agora na íntegra, ele fornece um relato precioso, pondo em evidência os altos e baixos de uma tradição longeva e poderosa.
Escreve Piaget:

> Ora, as causas dessa situação são evidentes, se bem que complexas. Por um lado, a França é o país no qual o ensino de filosofia no nível de bacharelado (o famoso "curso de filosofia") é o mais desenvolvido, porque respondeu, sem querer se pronunciar sobre o estado atual, a uma necessidade social e vital bastante profunda de coordenação dos valores, nos tempos principalmente do ensino laico. As *Célèbres Leçons* de J. Lagneau e a repercussão do ensino de Alain são indícios inequívocos da significação moral do curso de filosofia. Disso resultou, na opinião pública ou na consciência coletiva, uma auréola de prestígio e de autoridade cercando tudo o que concerne à filosofia; formou-se uma espécie de corpo social dos filósofos, beneficiando-se não só de uma carreira assegurada, mas ainda e sobretudo dessa consideração permanente que desempenha um tão grande papel nas decisões sociais e administrativas em todos os níveis. Por outro, e isso não é imputável à filosofia, a França é o país não apenas mais centralizado, mas também, e há muito, aquele em que a gerontocracia intelectual causa danos com a maior facilidade: o regime dos concursos, com a possibilidade de impor programas, o sistema de pós-graduação que quase todos acham absurdo (é antes de mais nada um teste de expressão verbal), mas no qual se

evitará tocar porque confere aos Antigos um considerável poder, o papel de "patronos" no êxito de uma carreira, a notável instituição de conservação intelectual que o Instituto representa, o costume segundo o qual um professor que se retira se ocupa de sua sucessão, todos esses fatores e muitos outros asseguram em grande linhas uma espantosa continuidade de doutrina e, no caso particular, oferecem ao filósofo possibilidades de ação espiritual e material que ele não tem o poder em parte alguma, na canalização das jovens gerações.

É evidente que num tal contexto sociológico (não foi por acaso que a doutrina de Durkheim nasceu na França), a filosofia não permanece ao nível de uma sabedoria individual ou coletiva: sua tendência permanente em considerar-se como uma forma de conhecimento, e mais precisamente como o supremo conhecimento, é reforçada de todas as maneiras na França. Para quem bebeu desde o seio o leite da filosofia, o problema nem sequer se coloca e desde o calouro do bacharelado até os grandes mestres reina a convicção de que uma iniciação filosófica permite falar de tudo. Encontram-se deste modo estudantes que se tornaram especialistas da síntese antes de qualquer análise, ou entrando no mesmo nível no mundo transcendental com tanto mais facilidade quanto ignoram o empírico. E apenas no domínio onde poderiam aprender com relativa facilidade o que seja uma verificação experimental, eles preferem a psicologia de Sartre e de Merleau-Ponty, onde todo controle é substituído pelos decretos do gênio, à psicologia científica, laboriosa e que pareça estranha aos grande problema da filosofia.

Se volto à psicologia, não é para dela me ocupar, já que esta obra visa à filosofia, mas para mostrar como uma certa convicção nos poderes do conhecimento geral que a filosofia comportaria acaba de fato por retardar sistematicamente o progresso de uma disciplina experimental que tem como objeto o espírito e, o que é ainda mais significativo, abordando problemas dos quais todos os filósofos sempre falaram (mas, em grande parte, *antes* da constituição da nossa ciência e para muitos do que escreveram depois, ignorando-a mais ou menos deliberadamente): natureza da percepção (que não é uma cópia mas uma estruturação), respectivos papéis da experiência e das atividades do sujeito na formação das noções, natureza das operações intelectuais e das estruturas lógico-matemáticas naturais, esquematismo da memória, teoria da decisão, função simbólica e linguagem etc. Eu fazia essas amargas reflexões por ocasião de uma reunião da seção de filosofia, onde estávamos tendo enorme trabalho para criar (finalmente!) uma cadeira de psicologia experimental e nomear o único e excelente candidato presente, meu amigo Paul Fraisse, que era no entanto especialista dos problemas do tempo, pelos quais nenhum metafísico deixou de interessar-se!

Certamente, essa situação mudou e muito hoje, com a psicologia ocupando um lugar especial todo seu no sistema universitário francês, com laboratórios próprios, bem equipada e às voltas não com a filosofia, mas com as neurociências. Porém, naquela época, as barreiras à constituição da psicologia como disciplina científica autônoma pareciam intransponíveis: por um lado, os dogmas das autoridades universitárias, conservadoras e pouco propensas a alterar as relações de poder, diga-se; por outro lado, numa formulação meio descolada de Piaget, mas fiel ao espírito de sua análise, os *parti-pris* dos próprios filósofos, compartilhando das mesmas convicções e agindo em comum acordo (a psicologia faz parte da filosofia; todo filósofo está credenciado para ensinar psicologia; o estudante de pós em filosofia não precisa aprender psicologia empírica; as pesquisas experimentais deverão ser feitas onde podem e devem ser feitas: nos laboratórios...). Resultado: por mais de cinquenta anos, o Laboratório de Psicologia da Sorbonne foi uma instituição à margem, sem relação com as Faculdades, nem mesmo com a Faculdade de Letras onde a psicologia era ensinada, inclusive por Piaget – durante muitos anos o único estrangeiro a ensinar na Sorbonne, ele mesmo de fato não tão estrangeiro assim, visto que era suíço francófono (Piaget, 1978, p.86-87).

Paro por aqui. Vou tentar agora, guiado por essas informações contextuais, me colocar num plano mais abstrato e esboçar o tipo ideal do *scholar*, francês neste Passo, brasileiro no próximo, em sua dupla genealogia – europeia, ao focalizar a transplantação da filosofia da França para o Brasil, com os professores franceses como regentes de cátedras para os quais foram criadas e disseminando em São Paulo a *techne* francesa; brasileira, ao seguir a rota do diletante estrangeirado, solto e como um "goliardo" no início, e no fim cooptado, adensado e focado, ao se converter no erudito das humanidades, abrindo o caminho com ajuda dos franceses que o levará a fundir-se com o *expert* das ciências, agora hegemônico no século XX-XXI nas humanidades e na própria filosofia.

Começo pelo par *scholar*/erudito. Tudo considerado, o *scholar* não é senão a tradução inglesa do latim *Eruditus*, que significa culto, letrado ou civilizado, por oposição a rude, iletrado e primitivo. Por seu turno, o Erudito encerra dois significados:

> [1] aquele indivíduo que leu e aprendeu muito acerca de um assunto ou de uma área de estudos, tornando-se por isso uma autoridade, evidenciada tanto pela profundidade quanto pela minúcia de seus conhecimentos: por exemplo, o filólogo, o historiador ou o jurista;

[2] e também aquele indivíduo que, além de conhecimento minucioso e profundo de um assunto, reúne – à custa de muito ler e estudar tudo obsessivamente – conhecimentos vastos e diversificados de outros campos, conseguindo passar de um a outro, revelando grande versatilidade e promovendo a universalidade do saber: esse segundo tipo de erudito, mais raro e com horizontes largos, foi chamado na Antiguidade de polímata (do grego *polymathēs* = ter aprendido muito = aquele que sabe muito = extensão, variedade e profundidade). Exemplos: Varrão[30] e como ele Leon Batista Alberti e Leonardo Da Vinci. Designava também o monge beneditino (trabalha duro como um monge), e era e é popularmente conhecido como o "rato de biblioteca".

Quanto às disciplinas que vão ser o *habitat* natural do erudito, tendo por meio o livro e por objeto o livro, elas são a filologia e a história, que no método e no saber eruditos – a *Eruditio* como diziam os latinos – vão alterar a posição de fim e meio de uma em relação à outra. De um lado, a filologia que ao estabelecer e trabalhar um texto se verá às voltas com problemas de datação, de localização e de edição de textos, devendo fazer apelo à história. De outro, a história ao trabalhar os documentos se ocupará de variantes lexicais, de questões de estilo e de problemas gramaticais que ela não poderá resolver sem o apoio e os aportes da filologia. Tão grande é a proximidade entre a filologia e a história que elas vão compartilhar o mesmo método: o método histórico-crítico, variando, no entanto, o escopo, as ferramentas e as técnicas de pesquisa. E como tal podendo ser utilizado como ferramenta de análise e meio auxiliar por outras disciplinas, como a filosofia, em sua qualidade de disciplinas do livro ou dos textos, como viu Nietzsche ao dizer que "Eu entendo aqui a palavra 'filologia' num sentido muito geral: saber interpretar os fatos sem falseá-los pelas interpretações" (Nietzsche, 1977, p.60). Porém, com escopo menos vasto do que o dos polímatas (acepção 2), a erudição tende a ficar com questões pontuais e um campo mais restrito, podendo o erudito passar toda a sua vida ocupado com filigranas e toda sorte de minúcias (acepção 1). E de um modo especial, nos casos dos filólogos e historiadores, cujos exemplos emblemáticos são os gramáticos da biblioteca

---

30 Marcus Terentius Varro: romano do século II-I a.C, de quem se diz que escreveu centenas de livros, quase todos perdidos, cobrindo história, filosofia, gramática e outros campos da erudição, e tendo chegado até nós *Res rustica* (*Coisas do campo*) e *De lingua latina* (*Sobre a língua latina*), esta incompleta, mas de grande valor.

de Alexandria, como Aristarco da Samotrácia, Aristófanes de Bizâncio e Zenódoto de Éfeso.

Já o *ethos* do erudito é claro como o dia:

[1] o ascetismo intramundano, comum a todos os intelectuais, marcado agora seu caráter e psiquismo pela paciência, o espírito de minúcia, o sentido de rigor, o gosto pela história, o amor aos textos (de filologia = *philo* +*logos*), o culto ao passado e o zelo pelos restos e as ruínas, inclusive dos textos e seus fragmentos;

[2] o criticismo, caracterizado pelo afã de questionar tudo antes de estabelecer os textos e os fatos, acompanhando as acepções 1 e 2 supra, nas variantes do colecionador (antiquário) e do polímata enciclopedista (acumulação);

[3] o virtuosismo, ou a habilidade e a destreza no trabalho dos textos, também conhecido como virtuosismo do artesão, compartilhado por outros ofícios manuais com suas *technai* e fazendo do trabalho intelectual uma categoria do artesanato.

Ao se chegar ao século XX, quando passa a prevalecer o *ethos* da ciência e da divisão intelectual do trabalho, levando ao parcelamento da atividade intelectual e ao império das disciplinas especializadas, o erudito tradicional sairá de cena e em seu lugar ficará o *scholar* contemporâneo. Desde então, o *ethos* do trabalho intelectual muda, exigindo do *scholar* a conversão moral à ciência, e não ao ofício, ao credo ou à Igreja; o colecionador ou entesourador do conhecimento cederá o passo ao *expert* atualizado e ao descarte do velho; ao mesmo tempo que será o fim do polímata e em seu lugar ficará o *scholar* especializado, em que se pode ver a fusão do erudito (humanidades) e do *expert* (ciências) e quem comandará a cena e irá instalar um novo mandarinato. Este é o quadro e o novo cenário que passou a prevalecer na Europa e na América do Norte, mas que demorou a se consolidar por aqui no conjunto das ciências humanas e sociais, e só chegando à filosofia nos anos 1960-1970, depois de gestado nos anos 1950 em São Paulo.

Bem entendido, está-se a falar de tipos ideais, com suas variantes, suas combinações e seus afastamentos, levando o estudioso a perguntar pelas individualidades históricas que os cristalizam ou os realizam de uma maneira ou de outra. Acerca do *polímata* haveria em ciências humanas e sociais mais de um exemplo, podendo Gilberto Freyre ser apontado como o maior de todos e tendo a filosofia, ao deixar de lado as mentes generalistas que nela prevaleciam desde a Colônia, como exemplo emblemático padre Vaz com sua erudição enciclopédica e cabeça de polímata, porém que de fato pertence a outro período (anos 1960 em diante). Já o *erudito virtuose especialista*, certamente as letras terão os seus filólogos, cujos nomes não pude levantar, e em história um dos nomes mais emblemáticos do período colonial é sem dúvida o jesuíta italiano Giovani Antonio Andreoni, depois aportuguesado para André João Antonil, quando passou a viver no Brasil. Ou seja: ninguém menos do que o autor de uma obra sumamente bem documentada que veio a lume em 1711 com o título *Cultura e opulência do Brasil*, e referida no Passo 2 – até hoje considerada essencial pelos especialistas para o estudo do Brasil Colônia, vista como perigosa pelas autoridades portuguesas que a proibiram por medo da publicização das informações econômicas que ela continha (engenhos, minas etc.), e só republicada em 1837, cujas reedições não mais pararam. Quanto à filosofia, esse tipo de erudito só apareceu mais tarde, sendo difícil dar um exemplo que realize o tipo puro, talvez Francisco Benjamin de Souza Neto, ou antes o Frei Estevão de Souza (1933-2012), da Ordem de São Bento, renomado teólogo e helenista que lecionou no Mosteiro com igual nome, na USP, na PUC-SP, na Unesp e, por fim, na Unicamp.

Por isso, sendo incipiente e quase ausente nos meios filosóficos brasileiros, quem for procurar os exemplos fará melhor colheita se buscá-los na Missão Francesa que fundou o Departamento de Filosofia da USP. Quem é o melhor exemplo? Quem encarna a figura? Não há de ser Jean Maugüé, como já comentado, e pelas razões apresentadas. Talvez Gueroult e Granger... Poder-se-ia dizer que a invenção do virtuose filósofo do Brasil ocorreu na França, que desde a Idade Média tinha muito do velho erudito, como mostrou Le Goff, e o transplantou direto para o Brasil nos anos 1930-1960 quando a USP foi fundada, dando razão a Paulo Arantes. Porém, nos casos de Gueroult e Granger, não se trata mais do velho erudito, mas do *scholar*, moldado no curso do século XX, num ambiente caracterizado pela coação da divisão do trabalho intelectual, a explosão das disciplinas e a fragmentação do saber, contemporâneos do advento do especialista e do taylorismo acadêmico, que terminarão por levar de roldão a própria filosofia.

Donde a conclusão, ao dar remate a esta seção, de que na construção desse tipo ideal o método *in absentia* prevaleceu sobre o método *in praesentia*, cumprindo o 4º Passo a função de transição e elo intermediário, com os anos 1930-1960 se abrindo aos 1960 em diante e neles se consumando, como será mostrado na sequência (5º Passo).

5. OUTRA FIGURA DA *INTELLIGENTSIA* DO PERÍODO: O HUMANISTA INTELECTUAL PÚBLICO

Junto a essas mudanças no sistema de ensino, tendo como epicentro as universidades públicas e tendo como resultado em filosofia o advento do *scholar* especialista, francês primeiro e brasileiro depois, Cruz Costa localiza em seu importante livro várias outras transformações mais ou menos do mesmo quilate: por um lado, ao destacar o crescente interesse da nossa intelectualidade pelos problemas sociológicos que afligiam a nossa contemporaneidade; por outro, o interesse pelo legado do nosso passado colonial, condenando-nos ao atraso e à servidão. Desde então, pode-se dizer, toda uma agenda nacional veio a lume e em seu bojo um problema que um país demasiadamente "litoralizado", à exceção de Minas, tinha colocado em recesso e teimava em esquecer: o problema do *sertão* e de seu povo sofrido, o problema do Brasil do interior com seus séculos de atraso, enfim o problema real e enorme de um país maior do que o Brasil e do que a Europa. É o que salienta Cruz Costa quase no fim do livro, ao listar os nomes daquela que será uma nova estirpe de intelectuais, cujo início ele recua ao Império e cuja sequência ele estende à República Velha: "No devir de nossa história – escreve –, vamos, pouco a pouco, encontrando exemplos de mais clara consciência desses problemas, como em Tavares Bastos, no Império; em Euclides da Cunha, Alberto Torres e Capistrano de Abreu, na República" (Cruz Costa, 1967, p.400). Seguindo as pegadas do paulista ilustre, quem o quiser e se dispuser não terá dificuldades em ampliar a lista ao focalizar os anos 1930 e as décadas seguintes: assim, poderá incluir os nomes de Gilberto Freyre, Sérgio Buarque, Caio Prado, Celso Furtado, Antonio Candido e Fernando de Azevedo. Então, junto com os nomes, poderá dizer que se está diante de uma nova experiência do pensamento e de uma nova figura do intelectual: justamente a figura do intelectual público, preocupado com o país e engajado na agenda nacional, e como tal diferente do *scholar* especialista ensimesmado e o antípoda do intelectual estrangeirado do século XIX. Na sequência, depois de traçar o modelo de tal intelectual, indagarei se algum filósofo brasileiro do período faria parte dessa nobre estirpe.

Mais uma vez, ao focalizar junto com o objeto o processo e o contexto, proceder-se-á por comparação e contraste, visando às positividades, às negatividades e também às virtualidades: tal procedimento leva-nos de volta aos métodos *in absentia* e *in praesentia*, ao ajustar os elementos da realidade circundante e os processos intelectivos, mediante modelos e constructos mentais. Tal é o caso da *intelligentsia* e dos tipos de intelectual, com suas variantes, seus modelos ideais ou tipos puros otimizados *in abstracto* e seus afastamentos na realidade que o hospeda e em que se materializa.

Focalizando o intelectual do século XIX: o intelectual do Império e da República, o seu tipo ideal foi construído em contraste com o intelectual da sociedade colonial, o intelectual "orgânico" da igreja ou o *Homo scholasticus*, sociologicamente determinado pelo clérigo jesuíta e tendo como arquétipo o padre Vieira. Por sua vez, de outra lavra e extração social, sociologicamente determinado pelos bacharéis e letrados, o modelo do intelectual do século XIX muda e passa a ser o intelectual estrangeirado, marcado pelo transoceanismo e tipificado por Joaquim Nabuco: como visto, mais do que ninguém, aquele que melhor encarna a variante política ou engajada da figura, o homem público, em contraste com a outra a variante apolítica e caracterizada pelo indiferentismo, como a maioria daqueles que se dedicavam à filosofia, tendo como exemplo emblemático o germanófilo Tobias Barreto. Ao se passar para o século XX, com o projeto de nação mais decantado, a paisagem urbana mais dilatada e o país mais exposto à agenda internacional, a coisa mais uma vez muda e um novo tipo de intelectual entra em cena, a saber, o intelectual cosmopolita e caracterizado pelo engajamento social e político. Tal intelectual não é senão o intelectual público, cujo modelo foi encarnado na França por Émile Zola no famoso caso Dreyfus, ele mesmo um homem de letras e que graças ao poder da sua pluma pôde provocar um verdadeiro terremoto político, levando à reviravolta do caso. Contudo, a extração social dessa intelectualidade no mundo contemporâneo é bem mais ampla do que a componente dos letrados, e no Brasil, assim como alhures, é sociologicamente determinada pelos cientistas sociais e outros segmentos das humanidades, como historiadores e mesmo – por que não? – juristas, que nunca abandonaram a cena. Tal foi o caso de Ruy Barbosa, que também se ocupou do *affaire* famoso, tendo-o comentado numa carta datada de 07/01/1895 quando morava na Inglaterra, e mais tarde vindo a lume com outras missivas na obra *Cartas em Inglaterra*, publicada em 1896.[31]

Ao tocar nessas coisas, está-se a falar de modelos abstratos e tipos ideais, como tantas vezes comentado, podendo o real se afastar e discrepar do modelo em pontos e aspectos salientes, sem que o modelo seja abandonado: trata-se apenas de recalibrá-lo e reajustá-lo, mantendo os ganhos

---

31 Outras datas do *affaire*, importantes para a compreensão do papel de Ruy Barbosa, se não como intelectual, ao menos como homem público preocupado com as coisas de seu tempo: Dreyfus foi preso em 1894, Zola publicou *J'accuse* no jornal *Aurore* em 1898, e Ruy comentou o episódio em sua missiva três anos antes, em 1895.

de seus serviços metodológicos. Historicamente, o modelo do intelectual público – o intelectual *citoyen* engajado nas coisas da cidade e do país – já era conhecido dos antigos, como o historiador Luciano que, ao virá-lo ao avesso, dizia do historiador de ofício que ele era e deveria ser um *a-polis*, um expatriado e estrangeiro em seu próprio país. Vivendo numa época da decadência da *polis* e com o mundo grego helenizado, anunciando aquilo que será o Império Romano, que virtualmente cobria toda a extensão do mundo conhecido da época, o intelectual romano – mais do que o grego – será verdadeiramente o cidadão do império e virtualmente o cidadão do mundo. Porém, ao se construir o tipo ideal do intelectual cosmopolita do século XX, e em especial o intelectual brasileiro, num mundo dividido em nações e com a agenda nacional em primeiro plano, o cosmopolitismo deverá ser ressemantizado, assim como a ética que lhe dá sustentação e expressa o seu *ethos*: a ética republicana. Com efeito, em sua primeira acepção que será mantida por Kant, o cosmopolitismo, do grego *kosmopolites*, de *kosmos* = mundo e *polites* = cidadão, com seu significado massivo de cidadão do mundo, consagra a ideia de descolamento, ao se referir àquele indivíduo que vive indiferentemente em vários países, como registra o Dicionário *Robert*. Porém, para se dar conta da experiência intelectual que está em jogo, será preciso tensionar os polos do *kosmos* e do *polites*, colocando em relevo as perspectivas do global e o local, como no caso do cidadão, que de direito, é a pessoa cívica de um país e que vive numa república ou numa cidade = *polis*. Tal é o caso de Rousseau, o cidadão de Genebra, e de Platão, o cidadão de Atenas. Tal é também, numa outra perspectiva, o caso da cidade ela mesma, em sua maioria local e provinciana, e algumas poucas cosmopolitas e chamadas de cosmopolitas, como Paris, referida por Balzac como "a cidade do cosmopolita" (*Robert*). Saliento então que este é o caso de certa estirpe de intelectual que foi urdida nas primeiras décadas do século XX, que vivia no Rio e em São Paulo com seu provincianismo, mas que virtualmente abraçava o Brasil e tinha alguma coisa de cidadão do mundo. Essa estirpe é a que estou chamado de intelectual público, numa acepção algo diferente do intelectual simplesmente cosmopolita, como ficará claro no fim desses ensaios (6º Passo), e cujo *ethos* é o da ética republicana, definida pela primazia do público sobre o privado e justificando o emprego do qualificativo "público" ao se falar do intelectual que tem a política como um de seus campos de atuação, ou seja: aquele que ocupa a cena pública e se contrapõe ao letrado que se ensimesma e vive alienado do mundo.

Assim, numa tentativa de modelar o tipo ideal do *ethos* do intelectual público brasileiro do século XX, buscando seus fundamentos na ética republicana e abarcando (o *ethos*) o pensador de ciências humanas (sociólogos, economistas, historiadores etc.), sobre a mesma base do ascetismo e do criticismo que define todo intelectual, os seguintes traços ou disposições de caráter lhe poderiam ser atribuídos:

[1] o engajamento nas causas sociais e ações coletivas;
[2] o cumprimento do dever e o senso de responsabilidade pelos resultados de suas ações e omissões;
[3] a renúncia pessoal e a aceitação da primazia do interesse público sobre o interesse particular;
[4] a busca da perspectiva universal em seus atos, suas postulações e seus engajamentos, mas procurando integrar no universal o particular: o particular do indivíduo, do grupo, da nação, de um povo etc., fiel ao princípio da unidade sintética do todo, ao integrar o global e o particular, bem como ao preceito segundo o qual a ciência e a filosofia não têm pátria, mas o cientista e o filósofo, sim;
[5] o sentimento de desterro e de exílio permanente, provocado pelo duplo inconformismo: diante dos males do mundo em direção ao qual transcende ou para o qual se transporta ou evade; diante dos males de seu próprio país e ao qual está atado, não podendo livrar-se de suas raízes, mas elaborá-las ou se deixar vencer por elas;
[6] o distanciamento reflexivo, o questionamento constante e a crítica permanente.

Em suma, em comparação com o intelectual do século XIX, será conservado o ascetismo, elaborado o transoceanismo (ao introduzir a tensão nação/mundo) e sublimado o ecletismo macunaímico. Quanto à diferença com o *scholar*, se se considera que o intelectual público só tem escuta na sociedade porque fala com conhecimento de causa de alguma coisa, tendo portanto autoridade e sendo portanto um *scholar* ou um *expert*, porém cujas ações e influências vão além da *expertise* e dos muros da academia, por suas ideias chegarem ao grande público e se converterem em força social e política: ou seja, o intelectual público hoje é o *scholar* não com o *office* e o laboratório exclusivamente, mas com os cidadãos e a esfera pública, conseguindo atuar nos dois meios ou espaços, como será mostrado. Já seus demais traços, eles foram introduzidos por desdobramento ou por acréscimo, não passando de um constructo mental e de uma idealidade otimizada, ou ainda de uma lente de aumento, podendo os indivíduos concretos dele se afastar em mais de um aspecto ou a ele não se adequar completamente; e, portanto, exigindo o modelo daquele que o maneja toda sorte de ajustes e calibragens ao se aplicar à realidade. Reconhecido isso, cabe indagar quais intelectuais daqueles anos (1930-1960) fariam parte da estirpe do intelectual público e se dela participaria algum filósofo.

A julgar pelos estudiosos e os testemunhos, os candidatos são poucos e tal situação não poderia ser diferente, ao menos nas primeiras décadas do século XX, quando a cena intelectual era ainda dominada pela figura do intelectual estrangeirado, e contra a qual se insurgiram críticos ilustres, como Afonso Arinos, Ronald de Carvalho e Euclides da Cunha.

Assim, Afonso Arinos, muito influente na época, em livro póstumo publicado em 1917, em que aparece uma passagem retida por Cruz Costa e que na origem fora usada numa conferência proferida na Sociedade de Cultura Artística de São Paulo, logo depois do início da Primeira Guerra: "Durante um século estivemos a olhar para fora, para o estrangeiro: olhemos agora para nós mesmos. Quantas vezes a vária Fortuna esconde junto de nós aquilo que com renitente afã buscamos ao longe" (apud Cruz Costa, 1967, p.401).

Ronald de Carvalho, nos seus *Estudos brasileiros* publicado em 1924, dirá coisa parecida:

> O nosso dever é destruir o preconceito europeu, o pior, o mais nocivo de todos os nossos males. Demos à história dos povos americanos o lugar de eminência que, em nossas cogitações ocupa o das nações de outros continentes. Deixemos de pensar em europeu. Pensemos em americano [...]. O nosso dever é combater todos esses desvios, completando com a do pensamento a obra de nossa independência política. (p.401)

Euclides da Cunha, secundando Nabuco, se referirá em *Contrastes e confrontos*, publicado em 1907, à condição de desterrado e à busca de um exílio interior pelo intelectual brasileiro, ao denegar a terra onde nasceu ou que lhe deu acolhida:

> [...] alheamo-nos desta terra. Criamos a extravagância de um exílio subjetivo, que dela nos afasta, enquanto vagueamos como sonâmbulos pelo seu seio desconhecido. Daí, em grande parte, os desfalecimentos de nossa atividade e de nosso espírito. O verdadeiro Brasil nos aterra; trocamo-lo de bom grado pela civilização mirrada que nos acotovela, na Rua do Ouvidor; sabemos do sertão pouco mais além de sua etimologia rebarbativa, *desertus*; e, a exemplo dos cartógrafos medievais, ao idealizarem a África portentosa, podíamos escrever em

alguns trechos de nossos mapas a nossa ignorância e o nosso espanto: *hic abent liones*... Não admiram o incolor, o inexpressivo, o inacaracterístico, o tolhiço e o inviável da nossa arte e das nossas iniciativas: falta-lhes a seiva materna. (Idem. Apud Cruz Costa, 1967, p.401)

Ora, tal situação e tal atitude só serão alteradas como o modernismo, conforme viu-se antes, ao comentar Mário de Andrade, que reconhece que o movimento remodelou a mentalidade do país, justificando sua condição de vanguarda literária e artística, mas não foi capaz de mudar o destino social e político do povo, postergado indefinidamente. Contudo, antes mesmo de Mário e dos modernistas, que irromperam a cena pública e colocaram o país na agenda intelectual, houve um brasileiro ilustre que a justo título deve ser considerado não digo o nosso primeiro intelectual público, pois houve outros, como Nabuco e Ruy Barbosa, que antes de intelectuais eram políticos, com cadeira no Senado e posto de mando. Mas um dos nossos raros e grandes intelectuais que se tornaram públicos e ocuparam a cena política pelo poder da pluma e sem qualquer cargo ou mandato, a exemplo de Zola na França, como ressaltado. Estou me referindo a Euclides da Cunha, de origem humilde, nascido numa fazenda fluminense em 1866 e morto em circunstâncias trágicas em 1909: polímata de horizontes largos, segundo seus biógrafos, reunindo *expertises* de engenheiro, jornalista, sociólogo, historiador, geógrafo e escritor, Euclides publicou sua obra mais conhecida, *Os sertões*, em 1902, ambientado na guerra de Canudos (1896-1897), tendo lá passado algum tempo, sem todavia assistir ao trágico desenlace da contenda e do Conselheiro. Seu liame biográfico com a filosofia é conhecido, datando da época em que disputou com Farias Brito a cátedra de lógica no Colégio Pedro II e venceu. Mas não foi como filósofo que ele ocupou a cena pública, mas antes de tudo como jornalista, contribuindo com o *Estadão*, onde escreveu sobre Canudos, e também graças a outras qualidades literárias: a de escritor motivando o reconhecimento de historiadores como Nelson Weneck Sodré de ter sido ele "o primeiro a colocar os problemas da terra e do homem em equação" (Sodré. *Orientações do pensamento brasileiro*, p.100 apud Cruz Costa, 1967, p.402). Ou seja, justamente o problema da terra e do sertão esquecido, ao qual Pedro II já tinha se referido, conforme viu-se no 3º Passo, ao ressaltar a importância e a urgência de colocar o problema do interior pobre e abandonado na agenda nacional. E mais do que ninguém, no mundo das letras foi Euclides quem abriu o caminho, e no rastro dele, como viu Sodré, "uma grande curiosidade surgiu entre os brasileiros" (apud Cruz Costa, 1967, p.402), a ele se juntando mais tarde Antonio

Candido e o próprio Guimarães Rosa, focalizando um o caipira paulista, e outro o capiau (sertanejo) mineiro.

Como observou Cruz Costa, "Foi este interesse – e talvez também, ao menos inicialmente, o espanto que as verdadeiras condições do país produziram no letrado do litoral, que pensara até então o Brasil 'como se a sua cabeça estivesse na própria Europa' [citação de Vicente Licínio Cardoso, À margem da história do Brasil, p.72] – foi este interesse que tiveram escritores como Vicente Licínio Cardoso, Ronald de Carvalho, Paulo Prado, Oliveira Viana, Manuel Bonfim, Azevedo Amaral, para citar apenas alguns" (Cruz Costa, 1967, p.402).

Acrescento que a lista poderia ser consideravelmente aumentada, depois dos anos 1930, mediante a inclusão de historiadores, de sociólogos e economistas, porém nenhum filósofo se habilitaria. E a razão parece simples e convincente: nenhum se habilitaria porque todos continuavam "estrangeirados" e viviam alienados do país, vítimas do transoceanismo renitente bem como do indiferentismo político, fazendo deles desterrados em sua própria terra e buscando nos livros e no pensamento puro o escape da realidade ingrata e o exílio interior referido por Euclides. Essa situação já tinha vitimado Farias Brito, considerado o maior filósofo das duas primeiras décadas do século XX, e continuava a fazer seus estragos sobre aqueles que vieram depois.

O único filósofo candidato a filósofo brasileiro e intelectual público nos anos 1930-1960 é, no entender de muitos, Álvaro Vieira Pinto. Porém, cassado pelo regime militar, quando foi parar no exílio e perdeu a escuta, junto com a plataforma de ação (o livro, a cátedra e o Iseb), ele viu sua carreira pública barrada, agravada por uma recepção por demais dura e nada generosa, terminando tudo isso por minar a irradiação de suas ideias e convencendo muitos estudiosos que sua influência não foi nacional, mas carioca e local: professor da Faculdade Nacional de Filosofia e intelectual do Iseb, um pouco como a Benjamin Constant antes, cuja recepção com o passar do tempo limitou sua influência e raio de ação, fazendo dele intelectual das forças armadas, como muitos ainda acreditam.

Não bastassem as críticas devastadoras de padre Vaz ao seu ambicioso livro *Consciência e realidade nacional*, há as críticas e avaliações não menos duras e extremamente negativas de Paulo Arantes e Bento Prado, evidenciando que a recepção do autor e da obra estava definitivamente selada.

A começar por Paulo Arantes, no seu importante depoimento sobre padre Vaz, por ocasião de sua morte, publicado pela revista *Síntese* em 2005. Lá o leitor encontrará, além da menção à resenha de padre Vaz (Arantes, 2005, p.13), passagens aludindo à virada desastrada na carreira de Álvaro

Vieira Pinto, quando deixa de ser um professor de filosofia convencional da Universidade do Brasil, onde ensinava epistemologia e filosofia antiga, e se converte em intelectual do Iseb, do qual foi diretor. Um Instituto, como tantas vezes ressaltado, que era um saco de gatos ideológico, reunindo integralistas e marxistas, e ao mesmo tempo era meio chapa-branca, vinculado ao MEC e criado durante o governo de Café Filho (1954), tendo seus tempos de glória na era JK que lhe deu a missão de fomentar "ideologicamente" o desenvolvimento brasileiro (ibidem, p.11). O leitor da resenha lá encontrará várias passagens sobre o livro ao longo do qual AVP se propõe a colocar o tema do desenvolvimento nacional na agenda das discussões filosóficas, *Consciência e realidade nacional*, já atacado por padre Vaz, e onde aparecem invectivas contundentes de Arantes, como a afirmação que as suas 1.000 páginas são um "monumento à insensatez filosófica" e seu autor uma "espécie de Policarpo Quaresma". Com a diferença que ele, Álvaro, "não defende o tupi guarani" (ibidem, p.12), mas o bom português. Tal não é o caso do personagem de Lima Barreto, com seu nacionalismo exacerbado, seu projeto agrícola-científico de acabar com as saúvas do Brasil e seu plano quixotesco de salvar a República contra a Revolta da Armada, em alusão a um episódio bem real de nossa história, relacionado com a rebelião da Marinha contra o governo do Marechal Floriano. Com efeito, a comparação não poderia ser mais dura, basta levar em conta o título completo da peça literária: *O triste fim de Policarpo Quaresma* – e o fim, depois de acessos de loucura, foi a prisão na Ilha das Cabras, quando o livro termina e ele fica aguardando a morte certa... Por fim, Paulo Arantes arremata a crítica ao livro, retomando um ponto já destacado por Vaz: "não há a menor referência no livro que permita saber tratar-se do Brasil" (ibidem, p.13). Fala-se de realidade nacional e de subdesenvolvimento. Fala-se também de consciência, de consciência ingênua e de consciência crítica, de consciência revolucionária. Porém, reitera Paulo Arantes,

> Não há nenhuma referência histórica, cultural, econômica, sociológica, que permita dizer estar-se falando do Brasil e do desenvolvimento brasileiro. É um projeto completamente desatinado, sem sentido: é como se ele fizesse uma fenomenologia à maneira hegeliana – uma fenomenologia do Espírito funcionando num país, o Brasil, até chegar ao Absoluto que é a nação. [...]. É genial esse projeto, e ao mesmo tempo louco". (Ibidem, p.13)

Para finalizar, Bento Prado no seu excelente "O problema da filosofia no Brasil" faz penetrantes análises acerca do projeto filosófico de Álvaro Vieira Pinto, bem como sobre sua associação com a questão política nacional e as principais fontes de seu pensamento.³² Antes de mais nada, um projeto essencialmente prático, e não teórico e especulativo, como muitos acreditam: "a filosofia no Brasil não deve ser a mera reprodução da metafísica europeia, ela deve transformar-se numa forma autônoma de compreender e de dirigir o discurso da nação" (ibidem, p.161). Não obstante, Álvaro Vieira Pinto não denega a influência europeia, importante em sua formação, e Bento reconhece as marcas deixadas por Hegel, Sartre e Marx: a perspectiva filosófica de AVP – escreve Bento – consiste num "hegelianismo interpretado à luz da filosofia contemporânea, saturado de existencialismo e marxismo" (ibidem, p.162).

- *Hegelianismo* – transparece na sua interpretação da problemática do subdesenvolvimento com o auxílio das categorias da dialética do mestre e do escravo, como consciência (níveis), totalidade e nação, bem como com a ajuda da famosa distinção entre o "em-si" e o "para-si" que será retida por Sartre. Reinterpretadas à luz do contexto brasileiro, AVP mostra que, ao se estacionar no nível mais baixo do subdesenvolvimento, a nação e a consciência permanecem opacas a elas mesmas, incapazes de elevar-se ao nível do Saber; contudo, introduzida a boa mediação, não mais o conceito, mas a ideologia, ao elaborar os interesses, interesses nacionais no caso, a situação muda e a Nação eleva-se ao para-si e se determina como *universal concreto* (ibidem, p.162-163).
- *Existencialismo* – "Assim como o judeu ou o negro para Sartre, o pensador brasileiro deve, para AVP, assumir a sua 'brasilidade' para atingir a sua 'autenticidade', para passar da condição de 'objeto' à condição de 'sujeito' autônomo, da alienação à liberdade". E emenda Bento Prado: de fato, o universal concreto de AVP "não é mais [...] o objeto do saber conceitual que percorreu a totalidade das mediações, mas é o objeto de uma experiência vivida: o concreto emigrou do campo do *Logos* para o domínio da *Lebenswelt*" (ibidem, p.163).
- *Marxismo* – dois são os componentes retidos e reelaborados, a nova visão da filosofia e o novo papel conferido ao intelectual-filósofo, cujas repercussões sobre a problemática do subdesenvolvimento/desenvolvimento são diretas.

---

32 Cf. Prado Jr. (2000, p.161-167).

- *Visão da filosofia = ideologia* – "O que é essencial, é que não se define o estatuto teórico da filosofia e que não se pode distingui-la da ideologia" (ibidem, p.165).
- *Papel do filósofo* – o filósofo não é mais o funcionário da humanidade [Hegel], mas "o assessor de um governo desenvolvimentista" (ibidem, p.164). E mais: "A tarefa do filósofo não é outra senão a de destruir os obstáculos ideológicos que se opõem ao desenvolvimento" (ibidem, p.164). Então, diferentemente de Paulo Arantes, não estamos diante de sandices e de um novo Policarpo Quaresma, mas do mesmo mimetismo que dominou o pensamento colonial e neocolonial. Agora, porém, em meados do século XX, invertido e com sinais trocados, levando ao descentramento da Europa e ao recentramento do Brasil em nome do nacional-desenvolvimentismo, a cujo serviço deveria estar a filosofia. E se originalidade há, a pouca que há, ela não vem da filosofia, servilizada à política e relegada à ideologia, mas foi tomada às pressas da sociologia e da economia, a saber: os temas do desenvolvimento/subdesenvolvimento, trabalhados por Hélio Jaguaribe e em outras seções do Iseb.[33]

De minha parte, procurei no Passo 1 remediar a recepção de Álvaro Vieira Pinto, reconhecendo a dureza e a ingratidão dos pares, além da relevância de suas posteriores contribuições importantes para a inteligência nacional, longe do Iseb, no campo da filosofia da tecnologia. E acima de tudo, porque tratei de considerar ao traçar o seu perfil, o contraste, diante dos filósofos, do depoimento reverenciado de Paulo Freire, ao reconhecer a importância extraordinária do legado pedagógico do filósofo, a quem chamava de "meu mestre", ao se referir aos seus aportes ao tema da educação de base, na época em que ele morava no Chile.[34]

Porém, a sorte estava lançada em filosofia, com Álvaro primeiro cassado e depois aposentado, arremetido longe dos estudantes e cortado o convívio com seus pares, vítima como muitos outros dos anos de chumbo e da fortuna

---

33 Cf. Lebrun (1962), em que se ocupa inteiramente de Álvaro Vieira Pinto, de um modo bem menos contundente, contrariando o seu feitio, do que as avaliações e análises de Vaz, Arantes e Bento Prado, mas ainda assim críticas, porém algo acadêmicas e meio anódinas, típicas de um francês recém-desembarcado que estava tentando entender o que se passava ao seu redor, razão pela qual a deixarei de lado.

34 Cf. Pinto (2010). A referência é mencionada por Dermeval Saviani na Introdução, p.10, que contém uma entrevista esclarecedora com o autor, talvez a última concedida pelo isebiano, falecido em 1987.

da política. Má fortuna de resto, sem que ele pudesse reverter a situação depois da redemocratização (*"le faltaron días"*, como diriam os espanhóis), de modo que diante de Álvaro Vieira Pinto não se está diante de um pensador original que pôde desenvolver a carreira em seu *habitat* e menos ainda diante de um intelectual público com presença na arena política da cena pública. Ou melhor, foi sim, antes, quando foi o chefe do departamento de filosofia do Iseb e colocou a filosofia a serviço do projeto nacional-desenvolvimentista. Contudo, o Iseb era chapa-branca, como notou Paulo Arantes, e não se tratava do intelectual público, no sentido que se está propondo aqui, mas do intelectual orgânico do Estado, no sentido de Gramsci, e acerca do qual eu tratei no 2º Passo, ao falar da *intelligentsia* da Colônia, dos jesuítas e do padre Vieira.

Logo, como no caso do *scholar* brasileiro, será preciso esperar pelos anos 1960-1970 para que o filósofo intelectual público entrasse em cena. Longe do Brasil havia a França e os franceses, tão criticados por Julien Benda ao denunciar *la trahison des clergés*, mas que continuavam atuantes lá e seus exemplos reverberando aqui, nesta parte do hemisfério. E como ninguém naqueles tempos, com Sartre na linha de frente, tendo visitado São Paulo e Araraquara em 1960.

– 5º PASSO –

OS ÚLTIMOS 50 ANOS: O SISTEMA DE OBRAS FILOSÓFICAS, OS *SCHOLARS* BRASILEIROS E OS FILÓSOFOS INTELECTUAIS PÚBLICOS

1. A GRANDE VIRADA DOS ANOS 1960

Passando ao exame da época contemporânea, embora ela prolongue a época anterior ou mesmo a abrigue em seu interior como ciclo ou fase, dando a impressão de que não há nada de novo sob os céus do Hemisfério Sul, é preciso dizer que não é bem assim. Tanto que novos e importantes dispositivos, tendências e atores vão alterar o sentido geral do processo, algumas dessas alterações de ordem qualitativa, outras de ordem quantitativa. De resto, experiências e alterações significativas, como será visto na sequência, e como é comum nos processos históricos ao combinar os elementos que permanecem e os que mudam. O outro nome para esse estado de coisas é devir, ao associar as permanências, as mudanças e as transformações, desde logo justificando o uso de termos como inflexão (no sentido de alteração na direção do movimento), desenvolvimento, amadurecimento, envelhecimento, decadência, e assim por diante. Estando afastados os dois últimos, são os três primeiros termos que estão em jogo ao se procurar circunscrever e determinar a etapa em que o sistema filosófico brasileiro se consolida e a noção de obra *filosófica* ganha toda a sua pertinência e densidade.[1]

Se antes o foco do ensaio precedente foi a história das instituições como obra dos heróis-fundadores, agora a coisa muda e o foco passa a ser a obra literária, ou – o que é a mesma coisa – a *literatura filosófica*, na esteira de Antonio Candido, como tantas vezes ressaltado. Ao ilustre crítico uspiano, visando pavimentar o caminho da dialética das ideias que junto à obra se propõe a capturar o autor e seu *ethos*, bem entendido autor e *ethos* circunscritos ao novo período, acrescento agora o sociólogo norte-americano Ben-David, da escola mertoniana, que em seus estudos distingue o papel do intelectual disciplinar e o papel institucional dos indivíduos.[2] Algo análogo, mas não

---

1 Tecnicamente, seria possível dizer que os últimos cinquenta anos prolongam os anos 1930, estando em jogo a mesma experiência intelectual e a hegemonia da mesma figura do *scholar* especializado. De fato, em grande parte é isso, porém há um conjunto de inflexões e novidades que justifica distinguir os dois períodos, ainda que reconhecendo que eles integram o mesmo processo. Assim, como será evidenciado ao longo da seção, haverá a transição do modelo do intelectual que comandou os anos 1930 quando a USP foi fundada – o jovem *normalien* indeciso entre o futuro virtuose erudito ou o humanista das letras com horizontes largos e capaz de opinar acerca de tudo, como viu Sartre – ao modelo do *scholar* talhado sobre o *expert* da ciência. Então, no mesmo compasso, haverá a passagem do modelo do artesanato e da manufatura, por assim dizer, quando o ofício de intelectual era coisa de elites e para poucos, ao modelo taylorista e da indústria, protagonizado pela universidade de massa, acarretando o taylorismo acadêmico e levando ao produtivismo. Dois serão os resultados dessa alteração do regime do saber: [1] a mudança de escala das coisas, a instauração do modelo do conhecimento incremental e o império do mais do mesmo ou o taylorismo; [2] a implantação de um novo mandarinato: o mandarinato do *scholar* ou do *expert*. Neste quadro, será preciso distinguir os dois períodos quando se deu a profissionalização da filosofia entre nós, [i] iniciada com a transplantação nos anos 1930 do modelo francês do virtuose *normalien* – processo esse que de fato não foi uma exclusividade paulistana, tendo a Missão Francesa estado presente, em menor escala é verdade, no Rio e em Belo Horizonte – e [ii] concluída, em meio à sua progressiva "nacionalização", nos anos 1970 em diante com a americanização e a padronização do processo de conhecimento (auditagens, *rankings*, índices de impacto etc.), a filosofia incluída. É claro que nesse ambiente a formação daquele que será o primeiro espécime do intelectual público saído das hostes da filosofia sofrerá as marcas desse processo (efeito de contexto), devendo fundir os horizontes vastos e o universalismo do velho intelectual das humanidades com a ultraespecialização e insulamento do *scholar* da ciência. Este é o caso de padre Vaz, conhecido por seu vasto enciclopedismo digno do velho polímata, bem como pela *expertise* de seus conhecimentos técnicos da obra de Platão, Aristóteles e Hegel. Quanto ao mais, nesta seção, assim como nas outras, vou seguir o mesmo roteiro da investigação metafilosófica assentada sobre o tripé semiótico de Candido e o eixo da história intelectual e seu tripé das histórias da cultura, da mentalidade e da sociedade, brasileira no caso, em seus vieses econômico e sociológico.

2 Ver estudo de Anne Marcovich e Terry Shinn, publicado como apêndice à recente tradução brasileira da obra de Robert K. Merton, que saiu pela Editora 34, São Paulo, 2013, e intitulada *Ensaios de sociologia da ciência*. O estudo de Marcovich e Shinn, excelente, recebeu o título de "Robert K. Merton, Fundador da sociologia da ciência".

idêntico, posto que não falarei de "hibridização" dos papéis, conquanto tal ocorra, se passou com a filosofia nessas paragens, quando os heróis saem de cena e aparecem os virtuoses e os *scholars*. Uma nova estirpe, em suma, cujo trabalho rotineiro e anônimo criará a tradição que preparará o caminho para que um dia finalmente alguém possa falar, sem reservas, de obra autoral e filosofia brasileira. Então, estará completado o processo de formação que começou pela instauração do aparato institucional da filosofia, gerando o paradoxo metafilosófico de instalar uma filosofia sem obra. Porém sociologicamente real, como obra institucional e histórica de fundadores, e que será concluído com o aparecimento de um sistema de obras literárias, quer dizer, *filosóficas*, conforme a um padrão internacional e constituído fundamentalmente por textos técnicos universitários, inclusive teses e outras produções. Ao se chegar a esse ponto, valerá para a filosofia aquilo que já valia para a literatura, que em sentido próprio, como dizia Antonio Candido, é um conjunto de obras, não de autores, e muito menos autores sem obras e mestres sem discípulos, embora a realidade por toda parte esteja cheia deles.

Aqui, assim como alhures, ao se procurar circunscrever e compreender as coisas, será necessário seguir o roteiro do mesmo método *in absentia* e *in praesentia*, passando a prevalecer nas comparações o segundo sobre o primeiro componente, diante do fato novo de se estar diante de uma positividade – o sistema de obras filosóficas – e a necessidade de interpretá-la com as lentes e as ferramentas da filosofia. Como assinalado, ao se passar a esse estádio do processo histórico em que a filosofia brasileira finalmente ganha autonomia, conduzindo a rearranjos institucionais e a um novo *modus faciendi* das coisas filosóficas, será preciso introduzir algumas modificações no esquema até agora desenvolvido, antes de tudo inflexões, mas também supressões. Assim:

[1] será focalizada não mais a fundação das universidades e dos departamentos/institutos de filosofia, por ser ociosa e dar-se esse conjunto como adquirido e algo real, mas a implantação do sistema de pós-graduação: por obra da Capes, completando o quadro da crônica fundacional, ao perfazer o ciclo completo do ensino superior, e examinado à luz da hipótese de Vaz/Leonel Franca do déficit, que finalmente será sanado e neutralizado;

[2] será deixada de lado a comparação com as ciências humanas e sociais, para ficar apenas com a comparação da filosofia consigo mesma, vale dizer, entre os dois períodos, com a intenção de computar as mudanças qualitativas e de escala;

[3] serão abandonados os heróis-fundadores, com uma única exceção de máxima importância, ficando em seu lugar os virtuoses de ofício e condenando os autodidatas ao desaparecimento;

[4] e será mantido o tema da paisagem filosófica, das matrizes de pensamento e dos principais nomes, culminando naqueles poucos indivíduos que lograram ocupar o espaço público ou a cena pública, ao se transformarem em verdadeiros intelectuais públicos: com isso, ao unir as perspectivas da ação e do intelecto, a filosofia é levada ao máximo de suas possibilidades como experiência e elaboração da cultura, e por isso mesmo poderá lograr o máximo de relevância social e mesmo política, com todos os riscos que a ação pública comporta para o trabalho intelectual – inclusive a traição da filosofia e o suicídio do intelecto.

O contexto geral permanece o mesmo, agora compreendendo o intervalo temporal 1960-2015, frouxamente designado como os últimos cinquenta anos, podendo a linha de corte ser 1964, ao se favorecer o acontecimento político: o golpe militar de 1964, ou 1968, o ano do AI-5, ao prevalecer igualmente o aspecto político (o endurecimento do regime e o início dos anos de chumbo). E também, 1968, o ano da Reforma Universitária, podendo ser esta o caso, ao enfatizar o aspecto institucional, com a primazia do ensino superior e seu impacto sobre a filosofia. Porém que na perspectiva da estrutura e da *longue durée* justificam ser vistos, ambos os aspectos, como a outra fase de um mesmo processo, a saber: a instauração de uma sociedade urbano-industrial de cultura de massa nos quatro cantos do país, iniciada nos anos 1930, tendo no centro das ações a economia e a política, como não podia deixar de ser, às quais vai subsumir-se e acomodar-se com seu protagonismo próprio a cultura e seu aparato, e caracterizada tal sociedade por duas etapas, distintas porém complementares.

- *Economia* – principiada com a revolução famosa (1930), ao se ver desafiada pela necessidade de proporcionar novos e consistentes rumos ao país, em meio dos terremotos do *crash* de Wall Street, da crise do café e da eclosão da Segunda Grande Guerra, assistir-se-á ao advento de uma nova dinâmica econômica tendo como eixo o nacional-desenvolvimentismo e dando ensejo ao famoso processo de substituição de importações. Iniciada naqueles anos decisivos, como vimos, com a clara opção do país pela industrialização e o desenvolvimento internos, cujo principal resultado é a perda da centralidade do latifúndio agrário-exportador que dominou a nossa história desde a Colônia. E concluída a mudança nos anos 1960 em diante, com a nova inserção da economia brasileira no mundo globalizado, protagonizada pela inflexão da orientação da geração interna da riqueza em favor do vetor externo: em vários aspectos, o antípoda do que se passara até então, tendo ao fundo a urbanização do país com um ritmo e numa escala nunca vistos antes no Ocidente, quando a população urbana salta de 40% em 1940 para os estonteantes 85% nos dias de hoje, e sendo caracterizada a economia do novo período por um conjunto de seis componentes ou fatores dinâmicos, a saber:

[1] a base instalada – e não menos ameaçada pela dinâmica mesma da economia – de uma industrialização robusta e diversificada;

[2] a centralidade de um sistema financeiro "turbinado" pelos favores do velho Estado patrimonialista;

[3] a refuncionalização das antigas junto com a indução das novas *commodities* e seu direcionamento a novos e importantes mercados;

[4] a expansão contínua dos serviços nas grandes cidades e no interior do país;

[5] o aumento do mercado interno, impulsionado pelo crescimento demográfico e pela dinâmica da economia nacional;

[6] o advento de uma nova classe média ávida de consumo, como de resto em qualquer lugar do mundo e que em anos recentes acreditou ter chegado ao paraíso – tudo isso pôs o Brasil de ponta-cabeça, levando à troca do padrão de acumulação da riqueza de uma economia agrário-exportadora, como fora até então, pelo da economia urbano-industrial.[3]

---

3 Sobre o tema do desenvolvimento, pode-se dizer que ele está na agenda brasileira desde o Império, tendo como grande ícone o Barão de Mauá, um dos homens mais ricos do mundo na época e com grande protagonismo no Segundo Reinado, tendo construído estradas de ferro em todo o território nacional, montado um importante conglomerado financeiro com atuação internacional e implantado um complexo industrial de vulto no Rio de Janeiro. Contudo, dominado pelo agrarismo, a agenda nacional-desenvolvimentista só irá adquirir hegemonia nas políticas públicas brasileiras quando, em vez de política de um homem e de um imperador, se converte em política pública de Estado, com foco na indústria e com uma permanência garantida desde os governos Vargas, passando pelos governos JK, Jango e militares, até chegar à Nova República, com destaque para os governos FHC e Lula/Dilma. Sobre este ponto, ver Schwarcz (2012), especialmente o cap. 15, no qual o segundo governo Vargas é focalizado, ao ressaltar a centralidade do Estado na formulação e execução da agenda nacional-desenvolvimentista, com ênfase no mercado interno, tendo como principal realização a criação da FNM e da Petrobras (Schwarcz; Starling, 2015, p.402-403); o

- *Política* – marcada no início pelo fim das oligarquias tradicionais com seus mesmos sócios desde a Independência, o Império e a República Velha – os bacharéis, os médicos, os militares, os padres, os senhores de engenho eles mesmos, os fazendeiros e os chamados coronéis – e depois o surgimento de novos atores, com representantes diretos ou patrocinados pelos novos segmentos dinâmicos da economia (patronato industrial, conglomerados financeiros, novas oligarquias rurais etc.), se esboçará um novo padrão do jogo e do mundo da política: alternando ao longo das décadas as democracias representativas e os regimes autoritários, como nos casos do Estado Novo (1937-1945) e do regime militar de 1964, com os "anos de chumbo" indo de 1968 (AI-5) a 1974 (fim do governo Médici), e a "abertura política" se estendendo de 1974 (início do governo Geisel) a 1988 (promulgação da Nova Constituição). Findo esse processo, é mais um ciclo da democracia que se inicia, bem como uma nova cultura que adensa e se decanta. Como veremos mais à frente, tão avassalador foi este processo que ao cabo de poucas décadas esta cultura, de rude, agrária e patriarcal que era, como viu Gilberto Freyre, torna-se agora mais refinada (padrões nossos), mais urbana e mais impessoal ou anônima. E como não podia deixar de ser, terminando a filosofia por nele se reacomodar, com direito a novos influxos e experimentações, sem alterar, no entanto, sua índole: já instalada entre nós desde a Colônia, a sua natureza e a sua vocação universal serão mantidas; agora, será a vez de imprimir-lhe as cores locais do país e de sua cultura, bem como de ampliar o escopo da atividade filosófica, com a experimentação de novas possibilidades e a incorporação de novos gradientes.

---

cap. 16, em que o foco passa a ser o governo JK, com seu famoso plano de metas comandado pelo bordão dos 50 anos em 5, seus 31 objetivos e suas 4 prioridades: a primeira sendo o setor de transportes, com ênfase na indústria automobilística e na implantação da malha rodoviária, e sendo as três restantes os setores de energia, alimentos e indústria pesada (ibidem, p.416); o cap. 17, cobrindo o governo Jango e o regime militar, destacando [1] no primeiro as famosas Reformas de Base, seis ao todo: Agrária, Urbana, Bancária, Eleitoral, Estatuto do Capital Estrangeiro (regulação da remessa de lucros, estatização do setor industrial estratégico) e Universitária (fim das cátedras, reorientação do ensino e da pesquisa, atendimento às necessidades nacionais) (ibidem, p.439-440), e [2] no segundo (regime militar) a mudança de foco, que deixa de ser nacional-desenvolvimentista, com ênfase no mercado interno, e passa a ser nacional-associado, associado em sua face externa ao capital estrangeiro, bem entendido, que passa a ser cortejado, e nacional em sua face interna, dando ensejo ao projeto do Brasil Grande (ibidem, p.454) e ao Milagre Econômico (ibidem, p.452-453), cujo apogeu se dará nos anos 1970-1972, justamente os anos de chumbo.

Feitas essas considerações de ordem geral, procurarei na sequência dar um passo a mais e introduzir novos elos no argumento até agora apenas esboçado, com vistas a dar o quadro completo da filosofia brasileira em sua nova e importante etapa. Não menos que antes nos Passos anteriores – com as lentes da combinação dos métodos *in praesentia* e *in absentia*, ajustando os elementos empíricos e os abstratos, coordenados pela metodologia dos tipos ideais –, cuidarei de fornecer os grandes números do processo, junto à informação histórica e o embasamento estatístico, iniciando pela economia, passando pela sociedade ou o social e pela política, e culminando com a cultura e seu aparato: educativo e ensino superior, antes de tudo. Peço então vênia e paciência ao leitor, ao voltar e insistir com esse procedimento, porém nessas matérias não se pode ficar apenas com a opinião e a consistência dos argumentos: é preciso dar-lhes lastro e controlar a análise conceitual e outras ações do intelecto.

Primeiro, a demografia e alguns elementos comparativos, contrastando o período anterior e fases ou etapas no atual (últimos cinquenta anos):

Tabela 1 – População

1920	30.635.605 h
1950	51.944.397
1960	70.070.457
1980	119.011.052
2000	169.799.170

Fonte: Ipeadata apud Tombolo e Sampaio (2013, p.181-216).

Note-se que, conforme ressaltado acima, essa população bruta com seu crescimento constante e acelerado, chegando a quintuplicar em cinquenta anos (1950-2000), sofrerá uma grande alteração em seu componente urbano e rural, saltando a população urbana de 40% em 1940 para 85% nos dias de hoje, comparável com os países ricos e justificando a hipótese da cultura urbana de massa, que comanda esse Passo dos ensaios.

Tendo comparado o Brasil consigo mesmo, seguindo o roteiro já observado nos ensaios anteriores, tratarei de completar o quadro ao computar a população dos cinco países já comparados antes em outros quesitos: Estados Unidos, França, Reino Unido, Alemanha, Argentina, incluindo o Brasil e quebrando a simetria completa, por me ater – na falta de dados completos – ao período 1960-2000. Principiando por 1960, em números aproximados, no patamar mais baixo está a Argentina com 21 milhões de almas, vindo depois nos estratos intermediários França e Reino Unido com respectivamente 45 e 52 milhões, aparecendo no topo Alemanha (incluída a ex-Oriental) com 72 milhões, precedida pelo Brasil com 71 milhões. Com vulnerabilidade demográfica até meados do século XIX, levando Pedro II a adotar uma agressiva política migratória, de cunho racista em boa medida (influenciado por Gobineau, o Imperador intencionava promover o embranquecimento dos súditos), o resultado dessa política não tardou: em poucas décadas foi alterada a composição étnica da população brasileira e o país conseguiu imprimir uma progressão constante do crescimento demográfico, que terminou por inverter essa situação. O sinal disso é que em 2000, segundo o censo do IBGE, o país atingiu 170 milhões de habitantes, ficando classificado entre os cinco mais populosos do mundo. Contudo, esses números, conquanto impressionantes, ainda não fornecem a confirmação da hipótese sociológica que vem conduzindo meus estudos: o da passagem de uma sociedade agrária de cultura elitista a uma sociedade urbana de cultura de massa. Ora, a prova é a inversão dos componentes urbano e rural da população brasileira, estampada na comparação dos censos de 1960 e 2000: em números absolutos aproximados, da ordem de 32 (população urbana) e 39 milhões (população rural) para um total de 71 milhões em 1960, contra os incríveis 138 (população urbana) e 32 milhões (população rural) para um total de 170 milhões de habitantes em 2000. E mais, em termos relativos, ao se comparar os dias de hoje com o primeiro censo quando foram discriminados os contingentes rural e urbano (até então, nos censos anteriores, a decomposição era por sexo e etnia): 39% em 1940 e 85% população urbana em 2012, segundo dados do IBGE.

Segundo, a economia e o PIB brasileiro, visado conforme a participação de seus componentes: agricultura, indústria e serviços, bem como conforme a *renda per capita*, cobrindo um período não exatamente igual ao da demografia, salvo em duas datas, mas próximo em duas outras consideradas, permitindo a comparabilidade:

Tabela 2 – PIB e renda per capita (em reais: 2008)

Ano	PIB (milhão)	Renda per capita
1925	51.256	1.535
1950	179.593	3.757
1975	1.076.533	10.141
2000	2.278.662	13.304

Fonte: Tombolo e Sampaio (2013, p.198); dados elaborados pelos autores a partir das estatísticas disponíveis; e quadro adaptado por mim, com várias supressões, em vista dos fins visados e da comparabilidade.

Tabela 3 – Renda per capita – Quadro comparativo com outros países (em dólares)

Ano	EUA	França	Reino Unido	Argentina	Chile	México	Brasil
1925	9,466	6,278	7,751	5,906	4,750	2,875	1,379
1950	14,406	7,813	10,455	7,513	5,529	3,563	2,592
1975	24,535	19,523	17,850	12,238	6,439	7,772	6,471
2000	42,892	30,770	30,666	12,929	15,333	10,961	8,581

Fonte: Tombolo e Sampaio (2013, p.203); dados elaborados pelos autores a partir das estatísticas disponíveis para o Brasil; para os demais países: Maddison (2006); e quadro adaptado por mim, com várias supressões, em vista dos fins visados e da comparabilidade.

Note-se nos dados supracitados que, igualmente, a renda *per capita* brasileira triplicou no período 1950-2000, da mesma forma que a população. Por conseguinte, ao serem cruzados, dando a ideia de paridade da distribuição de renda e mesmo da possível manutenção do mesmo padrão da estratificação social, com os graus de pobreza e riqueza inalterados, e evidenciando a disparidade da renda *per capita* dos países ricos diante dos países da América Latina, bem como a derradeira posição do Brasil no quadro geral dos países latino-americanos: tal situação será importante para a aferição da cultura urbana de massa, ao considerar o poder de compra do brasileiro médio e a situação de uma sociedade fortemente desigual e excludente. Contudo, segundo o IBGE (Estatísticas do Século XX), ao longo do século a economia brasileira cresceu cem vezes e a população dez vezes, acarretando outra ordem de considerações.

Some-se, enfim, para fechar o quadro da economia, a participação dos diferentes ramos de atividade no PIB, segundo o IBGE:

Tabela 4 – Participação dos setores no PIB – (%, baseadas valores constantes, a preços de 1949)

Anos	Agropecuária	Indústria	Serviços
1900	44,6	11,6	43,8
1930	35,8	14,8	49,4
1950	22,4	25,6	51,9
1980	9,8	34,3	55,9
2000	11,0	27,7	61,2

Fonte: Contas Nacionais [IBGE], elaboração do autor. Adaptada de Bonelli, R. 12. O que causou o crescimento no Brasil?, p.307-334, in: Giambagi (2005, p.310).

Note-se na tabela, ao tomar como ponto de arranque 1900, em plena República dos Fazendeiros, autorizando o recuo aos períodos colonial e pós--independência, e considerar o que sucedeu depois, décadas mais tarde, o contraste não poderia ser mais claro: antes, a constatação do largo e massivo domínio da agropecuária e do extrativismo nas atividades econômicas, com o latifúndio escravista e agrário exportador em linha de frente, justificando a imagem rústica, o padrão casa-grande e senzala e a ideia de ruralismo ou de seu sinônimo agrarismo retratados nos Passos precedentes: agora, serão a indústria e os serviços, como atividades eminentemente urbanas, que ocuparão a linha de frente e serão o carro-chefe da economia. Todavia, conquanto real e acertada, revelando a queda livre da agricultura na formação do PIB, essa imagem poderosa e reiterada pelos estudiosos está longe de ser total e definitiva, exigindo sua necessária revisão, tão logo, em vez de segmentar os ramos de atividade econômica, passemos a combiná-los e a considerar a sua "mixagem" real: então, descobriremos uma nova tendência na economia brasileira, consumada no fim do século XX, na esteira da revolução biotecnológica proporcionada pela Embrapa, levando à conquista do cerrado brasileiro; justamente, o poder econômico e a força social do *agribusiness* (ou do agronegócio), que segundo o Cepea passou a responder por 25% da atividade econômica total. Ou seja, quanto aos seus componentes ou setores coligados: insumos = 6,3%; agropecuária = 28%; e agroindústria + distribuição = 64,9% (Fiesp, 2008). Obviamente, essa informação é relevante para a composição do quadro, embora não afete ou mantenha relação direta com a filosofia nacional. Digo, ainda... ficando para o futuro que já está no horizonte a convocação do filósofo para se manifestar nas questões de políticas públicas, com implicações na assim chamada ética pública, abarcando em seu escopo as experiências de transgenia que estão no centro do *agribusiness* e da revolução do cerrado, com suas controvérsias ambientais e médicas.

Terceiro, a sociedade e a questão social, levando na esteira da economia a consideração da estratificação social, ao contrastar a sociedade agrária, elitista, chapada, tosca e estagnada da Colônia, do Império e da República (República Velha ou República dos Fazendeiros), com a sociedade urbana, de massa, diferenciada, letrada e dinâmica do Brasil Moderno. *"Ma non troppo"* ou nem tanto assim, conforme evidenciam os sociólogos, que logo viram que as classes e as frações de classe não são mera questão de salário e de renda, mas dependem do *habitus* (Bourdieu), do padrão e do modo de vida (Weber), e, portanto, de um conjunto de símbolos e de *status* próprio que acompanham os indivíduos e as famílias: assim, o sociólogo Jessé de Souza em seu mais recente livro dirá que o Brasil, com inclusão e tudo, segue sendo um país tremendamente elitista e campeão mundial da desigualdade social – um país, diz ele, para 20% dos brasileiros, inclusa a classe média e a elite de 1% dos muito ricos, às expensas de 80% da ralé (a expressão é do autor) dos trabalhadores, excluídos de tudo e até hoje "invisíveis" nos confins do país e na periferia das cidades.[4]

De minha parte, na esteira de Antonio Candido, levarei a sério esse fator sociológico ao calibrar a sociedade e cultura de massa entre nós: certamente houve uma alteração significativa, como as mudanças profundas provocadas pela Revolução de 1930, e sem dúvida "positiva" – acrescenta o crítico –, ao franquear às diversas esferas da cultura um contingente maior da população brasileira. Com efeito, segundo Candido, comparada com o período anterior, "a situação nova representou um grande progresso, embora tenha sido pouco, em face do que se esperaria de uma verdadeira revolução" (Candido, 1984, p.34). Não obstante, as mudanças foram significativas e sumamente reais, justificando a ideia de democratização, quando a "cultura [...] começou a ser vista, pelo menos em tese, como direito de todos, contrariando a visão aristocrática que sempre havia predominado no Brasil [...]" (ibidem, p.34). Dir-se-á então que estava aberta a via que levará à implantação da cultura urbana e popular no Brasil, porém não nos iludamos: tirante a música popular, cujo trajeto vai das esferas populares às camadas médias superiores (ibidem, *Post-Scriptum*, p.36), protagonizadas pelo sistema de radiodifusão e os programas de auditório no Rio de Janeiro, de fato quanto ao mais foi a rota inversa e algo diferente que teve lugar. Simplesmente, o alijamento do povo e das massas populares, paralelamente ao *empowerment* das camadas médias, "graças à difusão do ensino médio e técnico, que aumentou suas possibilidades de afirmação e realização, de acordo com as necessidades novas do desenvolvimento econômico" (ibidem, p.34). Antecipo então que a hipótese a ser testada, ao enquadrar a filosofia nesse quadro cambiante, será justamente a ampliação das suas bases de atuação e a consequente mudança de escala como fenômeno das *camadas médias*. Quase nulas na Colônia e mais expressivas depois da Revolução de 30, elas aumentaram em grandeza e robustez sociológica e ampliaram seu raio de ação nos últimos cinquenta anos, e antes de tudo pela via do ensino superior, onde se localizará a

---

4 Cf. Souza (2015, p.246, 248, 249); o autor não cita a fonte de suas estatísticas, mas, embora não seja muito chegado a números, ele é do ramo, com a credencial de até recentemente presidente do Ipea e visto na academia como alguém que conhece de perto a questão social brasileira; o contexto de seus números é a atualidade, a julgar pelas considerações relativas aos dados as manifestações de 2013.

filosofia, e tendo o SNPG como carro-chefe. Das camadas médias, portanto, e não como fenômeno de massa e das camadas populares: estas continuarão à margem e invisíveis, não mais e nem menos que antes, não sendo muito diferente a situação do escravo letrado da Bahia e a do favelado alfabetizado das cidades – isto, num tempo em que o ensino fundamental foi universalizado, beirando os 100% das crianças em idade escolar, enquanto as grandes massas não vencerão o grande gargalo do ensino médio que barrará a metade dos estudantes e a universalidade ficará para as elites, não atingindo nem mesmo os 20% das camadas médias e ricas da população.

Vejamos então os grandes números, ao se passar para a "superestrutura" do Brasil moderno, onde vai localizar-se o conjunto da cultura e suas manifestações, porém do qual vou destacar apenas a esfera do ensino, e antes de tudo o ensino superior, com a filosofia e a pós-graduação no centro das atenções, e a periodização recobrindo os últimos cinquenta anos. Para tanto, vou apoiar-me bastante no estudo já citado de Simon Schwartzman, intitulado *Uma janela para a ciência* e republicado em 2001, bem como em alguns dados estatísticos fornecidos por Eunice Durham no seu artigo "A educação no governo de Fernando Henrique Cardoso", vindo a lume em 1999. Somem-se aos dois, ao incluir os governos Lula/Dilma, algumas tabelas e considerações extraídas do documento *PNPG 2011-2020*, publicado pela Capes em 2010, documento que eu mesmo ajudei a elaborar, como membro da Comissão responsável por ele. E, por fim, um artigo de minha lavra pessoal, em coautoria com outro colega, publicado por *Educação em Revista*, em 2012.

Do livro de Simon Schwartzman o essencial de que se precisa para caracterizar o período está no cap. 8 – Modernização do Pós-Guerra, bem como no cap. 9 – O grande salto à frente e no cap. 10 – Epílogo, abarcando duas grandes fases:

[1] a que se estende do fim dos anos 1940 até o início dos anos 1960;
[2] a que vai dos anos 1960 até o início dos anos 1990, período coberto pelo livro republicado em 2001 a partir da versão inglesa que veio a lume em 1991, e não pela primeira edição, datada de 1979, e, portanto, sem a consideração de mais de um decênio, não podendo ser a referência a ser consultada.

Como a primeira fase ou etapa foi tratada no Passo precedente, vou concentrar-me na segunda, e a começar pela comparação dos anos 1950 e 1980, que aparece na Tabela 4, em que encontra-se a informação fundamental de que há uma ideia da mudança de escala e patamar dos diferentes níveis de ensino: segundo Schwartzman, com a população alfabetizada (10 anos ou mais de idade) saltando de 43,0% para 74,5%, o segmento com 8 ou mais anos de educação (19 anos ou mais de idade) pulando dos míseros 1,9% (1940) para 22,8% e as matrículas em instituições de ensino superior (% do grupo etário), de 0,9% a 10,0% (Schwartzman, 2001, p.2).

Com razão, o autor intitula a tabela de "Mudanças Estruturais na Sociedade Brasileira", pois em sua inteireza ela contém um bloco de informações sobre demografia, indústria, agricultura, exportações e emprego, todos esses itens com alteração significativa nas respectivas taxas. De tal tabela eu retive apenas as informações relativas ao ensino. O contexto e o período em apreço são o do golpe civil-militar de 1964,[5] levando Schwartzman a tomar como ponto de corte a Reforma Universitária de 1968, mesmo ano do AI-5 e implantada sob a sua égide, acarretando uma mudança profunda no sistema de ensino superior. Desta feita, comandada não mais pela USP e o governo de São Paulo, como nos anos 1930 e depois 1960 com a fundação da Unicamp. Em vez, protagonizada pelo sistema das universidades federais e tendo como agências coligadas a Capes e o CNPq, cujo papel na implantação do sistema de pós-graduação (Capes) e do aparato institucional da pesquisa (CNPq) – dispositivos, editais, financiamento de projetos, formação de

---

5 Sobre a expressão golpe civil-militar, em vez de golpe militar simplesmente, é um *topos* recorrente ressaltar o papel da classe média e da oligarquia tradicional na deflagração do chamado movimento de 1964, com direito à Marcha da Família, com Deus e pela Liberdade, para ficarmos com a face mais visível da grande mobilização que o precedeu e lhe deu sustentação. Contudo, há outros componentes civis talvez mais decisivos, se não para a eclosão, ao menos para a organização do regime que se lhe seguiu e durou quase 20 anos. Sobre esse ponto, ver, por exemplo, Schwarcz (2015), em que o leitor tomará familiaridade com os papéis de órgãos e agências como a CIA, com sua atuação por todo o continente, como se fosse o quintal dos Estados Unidos; a ESG, criada em 1949 e inspirada no National War College dos Estados Unidos, e que propugnou a doutrina da segurança nacional, ao fazer a transposição da guerra fria externa contra os russos para guerra interna contra os inimigos de diferentes pontos do país (Schwarcz, 2015, p.440); o Ibad (Instituto Brasileiro de Ação Democrática), que funcionava no Rio de Janeiro desde 1949, com ligações com a CIA e outras agências do governo norte-americano, fechado por João Goulart em 1963 e cujos membros, no entanto, continuaram influentes, apoiando o novo regime (ibidem, p.440); e mais ainda o papel do Ipes (Instituto de Pesquisas e Estudos Sociais), fundado em 1961 no Rio de Janeiro, com filial em São Paulo, com um papel decisivo antes e depois do golpe, revelando-se como uma espécie de *Thinking Tank* e um verdadeiro celeiro dos altos escalões técnicos do regime – e isto, não só nos Ministérios da Fazenda e do Planejamento, tendo idealizado a criação deste último e controlado os dois, fornecendo seus superministros, como Roberto Campos, Octávio Gouvêa de Bulhões, Antônio Delfim Neto, Hélio Beltrão e Mário Henrique Simonsen (ibidem, p.451), mas também em órgãos políticos estratégicos, como a Casa Militar (ibidem, p.448), tendo saído das extrações do Ipes Golbery do Couto e Silva, depois chefe do SNI e Gabinete Civil.

pesquisadores – foram decisivos. O resultado será uma expansão fortíssima do ensino superior, a formação da comunidade de pesquisadores brasileiros com repercussão direta neste nível de ensino e a criação do último degrau da universidade brasileira, já existente em São Paulo, e que agora se estenderá sistemicamente ao restante do Brasil e às universidades federais: justamente, a criação, consolidação e expansão da pós-graduação, que durante o regime militar e depois, findo o mesmo, responderá por uma série de feitos espetaculares e cujos números correspondentes testemunham-no *ad nauseam*, dando a impressão que estávamos diante de uma grande revolução. Ou seja, diante de alguma coisa como a implantação da universidade humboldtiana entre nós, vazada na associação entre o ensino e a pesquisa, vem a ser mais precisamente a versão norte-americana do modelo humboldtiano, como os primeiros ciclos do ensino superior, os departamentos como microunidade acadêmica e a pós-graduação dividida em mestrado e doutorado. Mas que de fato resultou na americanização e humboldtianização pela metade, em razão do desequilíbrio da pesquisa em favor do ensino. E ainda, do fim dos professores catedráticos (substituídos pelos titulares sem o regime e as prerrogativas do *Full Professor* norte-americano) e da posterior implantação do início do processo, ao menos para as camadas médias, que levou à instauração nos governos do PT, iniciados no ano 2000, do ensino superior de massa entre nós. Atento a esse estado de coisas, Schwartzman mostra que o que não faltam são os números e as evidências que atestam essas mudanças estruturais profundas que introduziram um *no turning point* no ensino superior brasileiro, em que é possível destacar os grandes números da graduação, da pós--graduação e do ensino superior de massa. Assim:

[1] *Graduação* – Segundo o autor, o ensino superior brasileiro

[...] matriculou no ano de 1968 cerca de 278.000 estudantes, isto é, menos que cinco por cento do grupo etário compreendido entre 20 e 24 anos de idade. (A população estimada para o Brasil desse ano era de 87 milhões). A matrícula para o nível secundário chegava a cerca de 800.000, e no nível primário (até a oitava série) a algo em torno de 14 milhões de alunos, a maioria dos quais concentrados nos quatro primeiros anos de ensino. Cinquenta e quatro por cento dos alunos [do ensino superior] frequentavam instituições públicas, gratuitas, em sua maioria pertencentes a uma universidade. Os restantes 45 por cento iam a estabelecimentos particulares, quase sempre escolas isoladas sem *status* universitário. Em termos de temas de estudo, cerca de 25 por cento correspondiam a áreas "suaves" ["*softs sciences*", conforme a terminologia inglesa], tais como humanidades, literatura ou ciências sociais (principalmente nas escolas de filosofia, ciências e letras); cerca de 20 por cento se dirigiam ao direito; 10 por cento, a medicina; e outros 10 por cento a engenharia [esta e aquela inclusas nas "*hard sciences*"]. A admissão ao ensino superior se fazia por meio de exames públicos aplicados por cada instituição e abertos aos portadores de diploma de nível secundário. Havia 2,4 candidatos para cada vaga em 1968, com taxas muito mais elevadas para as profissões já consagradas em universidades públicas. (Schwartzman, 2001, p.16)

[2] *Pós-graduação* – Prossegue Simon Schwartzman no cap. 9 – O grande salto à frente:

Em 1970, existiam nas universidades brasileiras cerca de 57 programas de doutorado; em 1985, havia mais de 300, com cerca de uns outros 800 para formação em nível de mestrado. Cerca de 90 por cento desses cursos funcionavam em universidades públicas. Combinados, os dois níveis estavam graduando cerca de 5.000 estudantes a cada ano. Segundo o consenso geral, o Brasil começara a construir uma comunidade significativa. (Ibidem, cap. 9, p.9)

Todavia, a bem da verdade, embora significativa, o conjunto do sistema estava longe de ser "*balanced*", havendo uma mal disfarçada hegemonia das *soft sciences* sobre as *hard sciences*, bem como das ciências básicas sobre as ciências aplicadas, revelando a indisfarçável dificuldade bem brasileira de converter ciência em tecnologia, conforme mostra Schwartzman:

Crescimento do Sistema Educacional no Brasil, 1965-1980 [1970 = 100]

	1965	1970	1975	1980
População	87,3	100	115,0	127,8
Concluíram o nível secundário	49,3	100	163,1	239,6
Vagas para o nível superior	39,7	100	240,1	279,3
Candidatos a instituições de nível superior	33,7	100	237,5	548,5
Matrículas nos cursos de pós-graduação	34,2	100	212,0	294,9
Matrículas em instituições particulares	28,3	100	245,3	353,7
Matrículas em universidades públicas		100	164,0	238,2

Fonte: Dados educacionais do Ministério da Educação, Serviço de Estatística da Educação e Cultura; dados sobre população colhidos em recenseamentos brasileiros.

[3] *Ensino superior de massa* – Os números são sem dúvida significativos, ainda que não exatamente estonteantes ou colossais, mas significativos a

ponto de sugerir mudança de escala e de patamar no ensino superior brasileiro. Como venho insistindo, nível que chegou tarde demais entre nós em sua vertente laica e moderna, ao passar do modelo napoleônico das grandes escolas (como na Escola de Minas de Ouro Preto, modelada na École de Mines, de Saint-Étienne) ao modelo humboldtiano americanizado das universidades de ensino/pesquisa. Assim, escreve Schwartzman, num trecho longo do cap. 10 – Epílogo, no qual contrasta os anos 1970 e 1980, e em cujo trecho introduzirei alguns recortes, para não sobrecarregar o leitor, ficando o convite para ler-se no original o texto integral:

> Na década de 1970, a educação superior no Brasil afastou-se cada vez mais do "modelo único" de pesquisa, ensino e extensão prescrito na reforma de 1968. Em 1985, ela tornou-se um sistema muito amplo, complexo e altamente diferenciado, de acordo com as seguintes características principais: Uma pequena elite de cerca de 14.000 professores universitários com grau de doutorado ou títulos equivalentes (por vezes chamada de "alto clero" da educação brasileira) e cerca de 40.000 estudantes inscritos em programas de mestrado ou doutorado nas melhores universidades públicas, a maior parte das quais na parte sul do país. (Ibidem, cap. 10, p.6)

Para o conjunto, Schwartzman acrescenta, haverá "cerca de 45.000 professores em tempo integral, com nível acadêmico relativamente baixo (grupo por vezes chamado de "baixo clero"), atendendo a algo como 450.000 estudantes em universidades públicas e gratuitas, em todo o território nacional". E em seu conjunto, com cursos e instalações apresentando "nível de qualidade muito irregular, estando os melhores localizados na região Centro-Sul, e concentrados nas profissões tradicionais" (ibidem, p.6).

E conclui o autor referindo-se a esse contingente importante do ensino superior, a saber, as instituições particulares, divididas em confessionais e empresariais. Umas e outras com grande protagonismo – pode-se dizer – na graduação e menos na pós-graduação, à exceção de certas PUCs, e cujo conjunto crescerá mais ainda no fim dos anos 1990, quando vai responder pela maior parte do sistema superior brasileiro, mas que fica fora do período recoberto pelo estudioso, que se detém antes: segundo ele, ao dar-lhe os números, no igual período referido anteriormente às federais, "por volta de 60.000 professores que se responsabilizam por cerca de 600.000 estudantes em instituições particulares". E ainda, ao precisar suas características e extrações sociológicas, professores que "em sua grande maioria [...] trabalham em regime de tempo parcial" e não são "bem qualificados" (ibidem, p.7), ao passo que, paralelamente, "os estudantes tendem a ser mais pobres e mais velhos que nas entidades públicas; e os cursos se dão sobretudo nas áreas não técnicas" (ibidem, p.8).

Tudo isso mostra que estamos diante de um fato novo e expressivo, protagonizado pela Reforma Universitária de 1968, uma reforma ansiada por quase todo mundo, mas que nunca tinha se consumado, e que agora se realizou, porém não era aquela que todo mundo queria, democrática e modernizadora. Mas autoritária e conservadora, em meio a cassações de professores e instalando o macarthismo entre nós, uma verdadeira caça às bruxas, com muitos professores e cientistas presos ou no exílio. E ao mesmo tempo modernizante e transformadora, sobretudo nas áreas científicas e tecnológicas, instaurando a modernização conservadora do sistema, cujo resultado será a expansão, como notou Schwartzman, sem precedentes do sistema (ibidem, cap. 8, p.2).

Trata-se – nesse contraste entre o idealizado e o ansiado diante do realizado e do efetivado, tanto no tocante aos segmentos civis intelectualizados que desde as reformas de base de Jango protagonizaram a luta pela reforma da universidade brasileira, quanto no concernente ao regime militar que nunca intencionou instaurar uma universidade popular de massa entre nós – ao fim e ao cabo do paradoxo das consequências de Max Weber. Ou seja, o paradoxo entre as intenções dos agentes ao protagonizarem as ações e os resultados das ações ensejadas, que descolam das intenções e fins visados e geram outra coisa. Esse foi mais uma vez o caso do sistema de ensino superior brasileiro, desde a época dos jesuítas, passando pelas escolas e faculdades isoladas mais ou menos napoleônicas, até as primeiras universidades públicas de ensino e as humbodtianas americanizadas de ensino/pesquisa, que de fato são poucas, algumas federais, uma PUC e as estaduais paulistas. E o que é importante: todas elas percorrendo o caminho tradicional do ensino elitista, mas que agora se vê às voltas (o sistema de ensino superior brasileiro) com a explosão do sistema, acarretando a passagem da universidade elitista de pesquisa à universidade popular do ensino de massa. Conforme Schwartzman:

> A implementação da reforma levou a resultados não previstos, em parte porque os reformadores de 1968 não haviam antecipado a explosão na demanda por educação superior, que estava ganhando velocidade precisamente naqueles anos (ver Tabela 5). O número de pedidos de inscrição em instituições de ensino superior aumentou mais de cinco vezes entre 1970 e 1980, em parte devido à expansão da rede de ensino secundário e em parte porque contingentes dos novos grupos sociais (mulheres, idosos) estavam tentando ingressar no

sistema. As autoridades governamentais responderam à pressão, permitindo que instituições particulares de ensino superior viessem a proliferar sem muito controle de qualidade, e desse modo afastando-se cada vez mais do modelo de universidade de pesquisa que, pela legislação, deveria ser adotado por todos. (Ibidem, cap. 9, p.6)

Porém, cabe dizer com Antonio Candido, em seu instigante ensaio sobre a Revolução de 1930 e a cultura, embora certamente mais ampla e incisiva que as reformas de Francisco Campos e Capanema, está-se diante – no curso desse processo patrocinado pela Reforma Universitária de 1968 e levado mais tarde a trilhar outros e inesperados caminhos, como a agenda da inclusão dos governos do PT nos anos 2000 – de uma maior democratização e maior acesso da sociedade ao ensino superior. Porém, não se trata de uma universidade popular ou franqueada ao povo, às massas proletárias – longe disso, de fato nenhum país do mundo fez isso –, mas de uma universidade para os 20% das camadas ricas e médias da sociedade brasileira: precisamente, um contingente de 10% em 1980 e que chegou a 13% em 2009, quando os extratos mais baixos da classe média foram atraídos em sua grande parte pelas universidades privadas, financiados pelos Fies e Prounis do governo federal, e um pequeno contingente foi acomodado nas federais pelo sistema de quotas.

Essas mudanças de escala, na esteira da modernização conservadora do sistema de ensino protagonizada pelo regime militar, foram consumadas nas décadas recentes, não exatamente no governo FHC, cujo ministro da Educação nunca se mostrou comprometido com o ensino público, mas nos governos Lula/Dilma, como ressaltado. Entretanto, sem quebrar o padrão elitista e conservador do sistema, que em grande parte continuou ultrapassado, precarizado e nada humboldtiano, prevalecendo em todo esse tempo o mesmo dirigismo estatal, que faz de todas elas universidades napoleônicas ao fim e ao cabo. Todavia, as análises de Schwartzman, conquanto excelentes, interrompem-se antes dos governos FHC e Lula/Dilma. Para dar uma ideia do que se passou no conjunto do sistema do ensino superior, vou buscar apoio no artigo de Eunice Durham, já citado, bem como no documento da Capes, já referido, relacionado ao PNPG 2011-2020, além do artigo de minha lavra. Depois de considerar brevemente esses estudos, vou situar a filosofia, focalizar o tipo de profissional e de intelectual que se formou nesse período e finalizar a reconstrução do quadro contextual, passando para a segunda seção, quando o exame do nova figura intelectual do período ocupará o primeiro plano.

Começo por Eunice Durham e seu importante estudo "A educação no Governo de Fernando Henrique Cardoso", publicado em *Tempo Social* em 1999, disponível na Web, e segundo a autora editado em fevereiro de 2000. Antecipo que o artigo é muito bom, de uma autora que ocupou posições importantes no governo de FHC, bem como no CFE, e, portanto, com grande familiaridade com o assunto, cobrindo seu estudo o ciclo completo do sistema de ensino: fundamental, médio e superior. Rico (o artigo) em dados sociológicos, séries históricas e tabelas estatísticas, o leitor poderá, se tiver a paciência requerida para examinar as tabelas, ter uma visão completa do sistema – e esse ganho compensará certamente o esforço dispendido –, cobrindo os três níveis de ensino, até fins dos anos 1990. Assim:

[1] *Ensino fundamental*, considerado prioritário durante os governos FHC, que segundo a autora teve "uma evolução muito positiva" no período (Durham, 1999, p.236), como evidenciam os seguintes agregados estatísticos:

Taxa de escolarização líquida (crianças entre 7 e 14 anos, excluídas as crianças mais velhas que repetem o ano ou voltaram aos estudos = taxa bruta): saltou de 67% em 1970 para 95% em 1998 (ibidem, p.236).

Três problemas persistem como mancha e desafio persistente desse nível de ensino, que nas últimas décadas praticamente universalizou ao cobrir quase 100% das crianças em idade escolar:

Baixa qualidade, evidenciada no exame Pisa da capacidade de leitura e de performance em matemática, ponto ao qual voltarei na sequência.

Altas taxas de repetência e evasão, comprometendo um terço do sistema:

Ano	Repetência	Evasão
1981	36%	6%
1998	29%	4%

Ibidem, p.236; fonte: MEC/Inep/Seec.

Analfabetismo, que – diga-se – caiu significativamente no tocante ao letramento, mas não desapareceu, cuja consideração deverá ser complementada pelo exame do analfabetismo funcional, não abordado pela autora. Assim, comparando quatro diferentes datas do século XX:

1920	64,9%
1950	50,5%
1980	25,4%
1996	14,7%

Ibidem, p.238; fonte: IBGE; adaptado por mim, com supressão de outras datas.

[2] *Ensino médio*, o gargalo do sistema, com índices ruins, à exceção de um ou outro quesito, permanecendo na maioria dos indicadores longe dos padrões internacionais, com uma dinâmica pouco elástica ao longo das décadas e, a exemplo dos demais níveis de ensino, com grande dependência do setor privado. Assim:

Taxa de matrículas – segundo a autora, no período 1994-1997, houve uma verdadeira explosão das matrículas, atingindo 57,3% (ibidem, p.239).

Taxa de escolarização líquida (15-17 anos), em compensação permaneceu bastante baixa, da ordem de 32,6%, contra 80-90% nos países desenvolvidos (ibidem, p.240).

Taxa de repetência – 36% em 1998.

Ensino Superior – essencial para os meus fins – pois é lá que se decide a situação e a perspectiva da filosofia, que mal dá seus ares no ensino médio, já soterrado de outras matérias que irão exigir tudo do aluno –, será preciso distinguir as várias etapas e cadências no período 1960-2000, levando a autora a distinguir:

- Anos 1960-1970 – Expansão
- Anos 1980 – Estagnação
- Anos 1990 – Retomada (crescimento moderado) (ibidem, p.246).

Quanto aos demais índices do ensino superior, a autora fornecerá dados apenas para o conjunto do sistema, sem distinguir os dois níveis que o compõem, graduação e pós-graduação, e os quais dados, não obstante, são extremamente significativos e dão muito que pensar:

Taxa bruta de matrícula (20-24 anos) – 12%, segundo a autora reconhecidamente baixa para os padrões latino-americanos, ao se considerar o ano de 1994: Argentina = 39%, Chile = 27% e até mesmo Bolívia = 22%. E a anos-luz de distância dos países desenvolvidos: Inglaterra = 48%, França = 50% e Estados Unidos = + de 80% (ibidem, p.245).

Outra característica do sistema do ensino superior, como os demais e mesmo mais ainda, é a forte dependência do setor privado: da ordem de 64,3% das matrículas em 1980, contra 60,7% em 1998 (ibidem, p.246) – dados que, por um lado, desmentem a ideia de que houve privatização do ensino superior durante o governo FHC (ibidem, p.246), e, por outro, mostram o grande gargalo representado pelo segundo grau, como bem mostram os índices que medem a relação entre concluintes do segundo grau e o número de vagas no ensino superior: 1,3 no início da década de 1990, 1,5 em 1995 e 1,9 em 1997 (ibidem, p.247). Pior ainda será o caso do estado de São Paulo, o mais rico da Federação e com uma rede de ensino superior extremamente capilarizada: simplesmente, "desde a década de 80 o sistema tem operado com vagas ociosas, tanto no setor privado como no público", e a razão não poderia ser mais simples, denunciando o desequilíbrio estrutural do sistema. Ou seja, ao longo dos anos, no estado bandeirante o número de egressos do ensino médio é inferior ao número de vagas no ensino superior (ibidem, p.246), colocando o estado de São Paulo e o país na contramão das nações cultas pelo mundo afora.

Passo agora à pós-graduação, cujas referências principais eu já as apresentei ao considerar o contributo de Simon Schwartzman, e agora eu vou completá-las ao incluir o *Plano Nacional de Pós-Graduação [PNPG] 2011-2020, vol. 1*, publicado em 2010, de cuja elaboração eu participei, como ressaltado, e acrescido de "O PNPG 2011-2020: Os desafios do país e o sistema nacional de pós-graduação", de minha lavra pessoal, como dito, em coautoria com Francisco César de Sá Barreto, presidente da Comissão criada pela Capes para elaborar o PNPG.

Do citado Plano, não podendo explorar o conjunto dos dados e a imensa riqueza das análises que os acompanham, vou limitar-me a apresentar os grandes números do sistema, à luz de quesitos que mostram a robustez de um sistema tão tardiamente implantado entre nós, ao longo dos anos 1970, e concluído nos anos 1990. Em contraste com outros não menos significativos que evidenciam os gargalos e as barreiras estruturais, justificando a necessidade de introdução de corretores de rota e de verdadeiros *"tours de force"*, como aliás preconizados pelo plano em suas recomendações. Vejamos então:

Ensino de Graduação – viveiro da pós, em 2008, segundo o PNPG, cap. 3 – Situação da Pós-Graduação, "em 2008, 2.552 Instituições de Ensino Superior (IES) ofereceram cursos de graduação presencial e à distância, assim distribuídos: 90% de instituições privadas e 10% de instituições públicas, entre federais (4,1%), estaduais (3,6%) e municipais (2,7%)" (ibidem, p.246). O número de matrículas em 2008 cresceu 7,8% em relação ao ano anterior, sendo que do total as instituições privadas abocanharam 74,9% e registram um aumento de 4,6% diante de 2007 (ibidem, p.42). E, replicando em seu nível um fenômeno que era marcante nos outros níveis, a evidenciar que se está diante de uma estrutura, ou melhor, de uma distorção estrutural, o ensino de graduação superior apresentou no mesmo ano de 2008 uma taxa de fracasso extremamente alta: da ordem de 57,3% o percentual de concluintes em relação aos ingressantes de 2005, "sendo que a maior proporção foi observada entre os alunos das instituições federais (67%); seguidos pelos alunos de instituições estaduais (64,3%) e das municipais" (ibidem, p.42).

Ensino de Pós-Graduação – Sempre de acordo com o PNPG,

> o panorama atual da pós-graduação brasileira congrega os seguintes dados: havia em 2009, 2.719 programas em atividade responsáveis por 4.101 cursos, sendo: 2.436 de mestrado (59,4%); 1.422 de doutorado (34,7%) e 243 de mestrado profissional (5,9%). Havia 57.270 docentes e 161.117 estudantes matriculados no final de 2009, sendo destes 103.194 alunos de mestrado e mestrado profissional e 57.923 alunos de doutorado. (Ibidem, p.45)

Este é, portanto, o *flash* do quadro atual, podendo vaticinar que, ao ser trasladado para os nossos dias, terá havido alteração nesse montante, mas de ordem inercial e incremental. Em contrapartida, ao considerar o conjunto observando a série histórica e em bases comparadas, logo veremos que houve uma forte expansão do sistema, como já antecipado, e como testemunham os agregados estatísticos: segundo o PNPG,

> [...] observam-se as seguintes taxas de crescimento em perspectiva comparativa entre os anos de 1976 e 2009 e entre 2004 e 2009 [...]. De 1976 a 2009, houve um crescimento de 370,3% no número de cursos de mestrado e 685,6% nos de doutorado [...]. De 2004 a 2009, houve um crescimento de 35,9% no número de cursos de mestrado e de 34,4% no de doutorado [...].

E conclui o PNPG, ao trazer os números para a atualidade e perspectivar o futuro: "As taxas de crescimento anual da pós-graduação brasileira mantêm-se elevadas mesmo no momento atual, o que demonstra potencial de crescimento ainda ativo" (ibidem, p.46).

Tais potencial e robustez, evidenciados do lado das instituições e dos cursos, os PPGs, têm sua contrapartida e são confirmados no plano discente, ao se considerar, por exemplo, os alunos de doutorado, cuja taxa de matrícula saltou de 10% em 1987, quando começa a série, para 20% em 2009, tendo "o número de alunos novos evoluído de 1.796 para 14.155 e o número de titulados [partindo] de 864 e [alcançando] 11.368". Ou seja, em termos relativos, "o crescimento percentual absoluto de alunos matriculados no período foi de mais de 500%; o de alunos novos atingiu cerca de 700% e de alunos titulados alcançou 1.200%" (ibidem, p.57).

Se tudo isso é verdade, e os números dão sustentação, evidenciando a robustez e a dinamicidade do sistema, incluída nesse conjunto a própria filosofia, não é menos verdadeiro também que há outras cifras que mostram o contrário e mesmo apontam perigosamente para a saturação do sistema e a ideia não só de que o conjunto bateu no teto, mas de que alguma coisa errada aconteceu. É o que mostra o cap. 9 – "Recursos humanos para empresas: o papel da pós-graduação", em que aparecem as comparações com outros países e os grandes gargalos junto às graves distorções do sistema de ensino nacional.

• *Comparações com outros países* – no Brasil, em 2009, segundo o IBGE, "em torno de 13% dos jovens entre 18 e 24 anos estão matriculados em instituições de ensino superior [...]", enquanto na Argentina, Chile e Estados Unidos o montante é, respectivamente, de 70%, 52% e 60% (ibidem, p.191).[6]

• *Distorções* – "cerca de 70% do total das matrículas na educação superior no Brasil estão nas áreas e ciências humanas e sociais, enquanto apenas 11% correspondem às engenharias e ciências tecnológicas", perfazendo 1,5%, enquanto nos países da OCDE é da ordem de 30% (ibidem, p.191). Há outras distorções, como o *gap* entre a capacidade de o Brasil produzir ciência e a deficiência na geração de tecnologia, tendo o país alcançado a 13ª posição nas bases ISI e Scopus (ibidem, p.228-229) e ficado em 25º colocado no *ranking* internacional de patentes, de acordo com a OMPI (ibidem, p.189), mas vou parando por aqui.

• *Gargalos* – não bastasse a taxa de 1,9 relativa ao número de concluintes do ensino médio e os ingressantes do ensino superior, é preciso considerar que no mesmo período "menos de 50% dos jovens entre 15 e 17 anos estão matriculados no ensino médio, onde a baixa qualidade do ensino tem sido comprovada pelo Sistema Nacional de Avaliação da Educação Básica (Saeb)". E para completar o quadro é preciso considerar ainda a "situação calamitosa" do ensino fundamental, para o qual os

> [...] dados do Saeb/Inep revelam que o percentual de alunos com desempenho acima do nível adequado em Língua Portuguesa e Matemática, na 4ª série do ensino fundamental, foi respectivamente de 27,8% e 20,5%, e na 8ª série [...] respectivamente de 23,7% e 14,3%, ou seja, muito aquém das habilidades e competências mínimas necessárias para resultar em uma futura formação científica. (Ibidem, p.191)[7]

---

6 Acerca do percentual relativo aos Estados Unidos, Eunice Durham tinha achado 80% em 1994.
7 Para se fazer uma ideia do gargalo e do apagão que atingem o ensino de segundo grau, ver o gráfico 3.3-1 Estudo e Trabalho, por Idade (Pnad 2005), p.44.

Penso que tudo isso é suficiente para dar uma ideia geral do quadro e o bastante para em seguida expandir as ilações e esboçar o perfil do profissional, bem como do intelectual formado saído desse "molde", quase uma indústria com seus padrões e seus produtos. É o que afinal se revelou ser, em seus êxitos e fracassos, o SNPG implantado pela Capes desde os anos 1970, incluindo a filosofia, e desde logo ficando autorizada a generalização das consequências, assim como das tendências, algumas já descritas no PNPG e outras às quais será possível chegar por expansão e dedução. A primeira delas é a continuidade do sistema, desde a ditadura militar até os governos FHC e Lula/Dilma, este em que pesem o Reuni e os sistema de quotas, que conservarão o mesmo padrão elitista no ensino superior: por um lado robusto e cheio de realizações (o sistema de pós, que é a joia da coroa do sistema); por outro precarizado e atingido por um verdadeiro apagão, cujo gargalo deixa fora da pós mais de 85% da população, e sendo franqueado a apenas 13%, em sua maioria em universidades e faculdades privadas.

A essa situação some-se um sistema exitoso e robusto, como venho insistindo – está-se a falar da pós-graduação –, porém conservador e excludente até a medula, caracterizado pelo primado da quantidade sobre a qualidade e entregue ao mais destemperado *publish or perish*. Um sistema e uma tendência mundiais, porém no nosso caso marcado por nossas particularidades e pelas cores locais, com os indivíduos funcionando de acordo com o *modus* Capes no ensino e nos PPGs, em aliança com o *modus* Lattes na pesquisa e como pesquisador do CNPq. A consequência, como eu dizia, é a instauração de um verdadeiro "molde" e mesmo de uma espécie de indústria, tendo como produto e padrão o *scholar*, que tanto poderá ser o modelo do profissional destinado aos quadros técnicos da sociedade, quanto o *scholarship* ou o *expert* dos diferentes campos do conhecimento, resultante da fusão do erudito das humanidades e do especialista das ciências. A hipótese que estou considerando, ao perguntar pelo tipo de intelectual que prevaleceu nesses últimos cinquenta anos, quando o ensino e a pesquisa finalmente se profissionalizaram entre nós e atingiram o mesmo padrão técnico da Europa e dos Estados Unidos, é justamente o surgimento e a consolidação do *scholar* com seus dois tempos fortes: em São Paulo inicialmente, na esteira da Missão Francesa e por muito tempo restrito à USP, conhecido como uspiano, e depois generalizando-se aos quatro cantos do país, por obra do SNPG e graças ao protagonismo da Capes.

Quanto à modalidade do conhecimento e ao tipo de intelectual que vão junto com o *scholar* – indiferente às diferenças ideológicas que distinguem os governos tucano e do PT, com o governo FHC se revelando um desastre para as universidades públicas, especialmente as federais, e com Lula/Dilma abrindo mais universidades e mais ainda ampliando perigosamente as existentes, implantando o sistema de quotas –, não foram muito diferentes esses governos no tocante ao tipo do profissional e do especialista saído do ensino superior e também da pós-graduação: tratou-se, ao fim e ao cabo, de patrocinar e produzir *o mais do mesmo* – e isto, desde o regime militar, sob a égide do conhecimento técnico, com a filosofia profissional iniciando-se na USP, onde ela estava em melhor situação. Coisa de 46 estudantes em 1935, quando tudo começou, e meia dúzia de professores nos anos 1950, sem contar os rivais da Escola de Direito do Largo São Francisco. Hoje muito mais, passando da casa dos milhares em todo o país, com 40 cursos de pós-graduação, 667 docentes permanentes e um total de 3.103 estudantes, entre mestrandos e doutorandos.[8]

Sobre o modo de conhecimento patrocinado pelo *scholar* e, por conseguinte, pelo *modus* Capes e pelo *modus* Lattes, eu forneci o modelo dele no já referido artigo "O PNPG 2011-2020: os desafios do país e o sistema nacional de pós-graduação", e publicado por *Educação em Revista* em 2012. Lá, ao concluir o estudo ao longo do qual se faz o balanço do PNPG 2011-2020, é apresentada na p.49 a Figura 7 – Eixos da Criação, Imitação e Incrementação, tendo como campo de aplicação os modelos de universidade pelo mundo afora e os tipos de conhecimento patrocinados pelas universidades brasileiras (Domingues; Sá Barreto, 2012, p.49). Com os modelos institucionais em mente, eu concluí que na maioria das nossas universidades, aquelas totalmente consagradas ao ensino, prevalece a *Imitação*, ao passo que as restantes, aquelas poucas que poderiam ser chamadas de universidades de pesquisa, estão estacionadas no eixo da *Incrementação*, ficando a *Criação*, que é coisa rara, indefinidamente adiada. Ao colocar agora em foco a filosofia, penso que algo parecido poderá ser mostrado: antes, a prevalência absoluta do Eixo da Imitação, desde a Colônia, passando pelo Império, até a fundação da USP e o papel decisivo da Missão Francesa, com a primeira geração de uspianos imitando seus mestres da Gália. Depois, nos anos 1970 em diante, foi a vez do modelo da Capes e o Eixo Incremental, em que prevalecem a quantidade

---

8 Fonte: Capes – Plataforma Sucupira – Anos de referência: 2013-2014. Assinale-se que a Plataforma funciona em Base On-line, ou seja, ela é alimentada continuamente pelos Programas de Pós-Graduação, de modo que os números em apreço estão sujeitos à revisão. Não obstante, os dados são relevantes e dão uma ideia bastante fidedigna da real situação – trata-se de uma fotografia, de um instantâneo, e para cumprir seu propósito deve ser acompanhada de séries históricas e outros dados comparativos. Um pouco é o que estou procurando fazer.

sobre a qualidade e a renovação continuada, na linha da inovação tecnológica e do progresso científico acumulado, tendo como grande protagonista o *scholar*. E, assim, deixando o Eixo da Criação com o primado da qualidade e do conhecimento novo indefinidamente adiado, no mundo assim como no Brasil, tópico ao qual voltarei no próximo Passo.

Ao chegar a esse ponto, caberá introduzir a hipótese principal que está comandando os meus estudos e situar de uma vez por todas a filosofia, a saber: a hipótese do déficit institucional dos padres Franca e Vaz. Hipótese já testada na Colônia, no Império e no período Republicano em suas várias fases, e que agora poderá ser definitivamente avaliada ao se considerar os dois acontecimentos maiores da história intelectual brasileira, vista na perspectiva da filosofia. Por um lado, a fundação da USP, tendo por ponto forte o protagonismo da Missão Francesa, iniciada com a vinda de Étienne Borne e chegando ao fim em 1984, com Francis Wolf como último visitante, quando o capítulo da Missão foi definitivamente encerrado pelo governo francês. Por outro, a implantação do SNPG nos anos 1970, iniciada com o mestrado e concluída com o doutorado em 1990, tendo a Capes como grande protagonista e fiadora. Trata-se num e noutro caso, como de resto em outros capítulos da história das instituições e das ações humanas, de mais um exemplo do paradoxo das consequências preconizado por Max Weber. Várias vezes referido nesses ensaios e caracterizado pelo descolamento dos resultados dos processos sociais e históricos diante das mais firmes e sinceras intenções humanas ao deflagrá-los. Evidenciado no caso da USP, na esteira da criação da FFLCH com a missão nunca realizada de dar a unidade a uma universidade que depois se converteu numa verdadeira pletora e numa federação de faculdades isoladas, mas onde a filosofia se consolidou e adquiriu os ares de excelência, porém restrita à graduação. E evidenciado também no caso do sistema federal, com a implantação da Reforma Universitária e, na sua esteira, a implantação do SNPG em todo o país, São Paulo e USP incluídos, no curso dos anos 1970, quando se consumou a outra face do paradoxo das consequências. Ou seja, o paradoxo proporcionado por uma Reforma Universitária que ninguém queria e protagonizada por um regime ditatorial que tinha cassado Cruz Costa em São Paulo em 1965 e instaurado o macarthismo em todo o país nos anos 1970, os anos de chumbo, condenando ao exílio, forçado ou não, uma plêiade da fina flor da inteligência brasileira:[9] de volta

---

9   Na entrevista concedida à revista *Trans/form/ação*, p.11, Giannotti relata que naqueles tempos difíceis, com o Departamento de Filosofia "cindido por dentro", a FFLCH ocupada e as trevas cobrindo o país [acréscimo meu], sua "intenção era emigrar", mas ela não se

ao país, em fins dos anos 1970 e no início dos anos 1980, juntamente a um grande contingente de jovens professores que concluíram estudos doutorais nos Estados Unidos e na Europa – em sua maioria, com financiamento da Capes e do CNPq –, houve naquele momento histórico único o encontro das duas gerações em Minas, São Paulo, Rio de Janeiro e Rio Grande do Sul que iria instalar o *no turning point* na história da filosofia brasileira. De resto, um encontro que não foi intencionado nem fazia parte dos cálculos de ninguém, mas foi o resultado que de fato aconteceu, e cuja consequência será a implantação do SNPG, que logo será reconhecido como a joia da coroa do sistema de ensino brasileiro: visto em seu conjunto, com seus êxitos e excelências, e também com suas distorções e seus problemas, como já ressaltado, mas cuja compleição ou robustez é inquestionável, incluída a filosofia. De modo que foi assim – em meio a uma mistura de ações planejadas, fortuitas e não intencionadas – que a hipótese de Vaz/Leonel Franca viu-se ao mesmo tempo confirmada e desmentida. *Confirmada* para as sociedade colonial e oligárquico-patriarcal do Império e da Primeira República, como foi visto, e *desmentida* para a sociedade urbano-industrial moderna, iniciada nos anos 1930 e consolidada nos anos 1970 em diante, mostrando que o déficit tinha um viés histórico, era contingente e podia ser sanado. Não uma fatalidade, algo natural ou um desvio sistêmico que não podia ser vencido.

Com o sistema de pós-graduação recobrindo quase todo o país, produzindo anos a fio teses e mais teses, mais do que prover a requerida continuidade sem a qual não há sistema, é sua expansão continuada que fica garantida, proporcionando a mudança de escala tanto ansiada quanto temida. Ansiada porque sem escala não há massa crítica nem adensamento da massa crítica, e é do aumento da quantidade que pode sair o aumento da qualidade, jamais o contrário: de fato, Isaac Newton e Bernard de Chartres não tinham total razão ao dizerem que a vista do anão que se apoia sobre os ombros do gigante enxerga mais longe; os gigantes são raros, e no mais das vezes eles

---

consumou, tendo o Cebrap lhe proporcionando a saída, cujo papel na formação de Giannotti como intelectual público vou examinar em outra nota, no fim da 3ª seção. Por sua vez, cassado em 1969, Bento lembra na entrevista concedida ao *Mais!* que a sua saída foi ir para a França, depois de recusar o convite de FHC para trabalhar no Cebrap, visto que "não tinha a menor afinidade com pesquisa empírica" (p.189). Então, conseguiu uma bolsa do governo francês, um ano depois prestou concurso ao CNRS, e passou um bom tempo em Paris como pesquisador (p.190). De volta ao Brasil, depois de dar aulas na PUC-SP na área de filosofia da psicanálise, foi anistiado em 1977 e contratado pela UFSCAR em 1978 (p.191). Há ainda um trecho da entrevista de Marilena Chaui que veio a lume em *Conversas...* (2000), em que ressalta que nas mesmas circunstâncias, com o Departamento esfacelado, ela teve de antecipar sua volta da França, e do qual falarei daqui a pouco.

só veem mais longe porque apoiados sobre os ombros de uma massa enorme de anões anônimos que pacientemente abriram o caminho... Temida porque a mudança de escala e o aumento da massa crítica podem levar ao produtivismo sem peias e a uma competição avassaladora, governada pelo *publish or perish*, conduzindo ao enlouquecimento do sistema, tirando todo o *glamour* e o romantismo do trabalho intelectual, cujo produto será medido pelas planilhas do *Office*, e tornando a vida nas academias um inferno.

Reconhecido isso, quando a implantação do aparato institucional da filosofia chega ao fim, tendo como último ato a implantação da pós-graduação em todos os cantos do país, será possível distinguir dois vetores ou duas direções nesse intervalo temporal: um vetor que leva ao adensamento do nacional e do local, na esteira do ideário de *formação* autóctone e da busca da autonomia conforme a agenda nacional-desenvolvimentista, tendo por *análogon* nas universidades a substituição das importações de artigos estrangeiros pelos nacionais, incluindo *experts* e ideias, que passarão a ser formados e gerados dentro do país; um vetor que, depois de concluído o processo de nacionalização e formação da inteligência brasileira, leva à abertura ao exterior e à agenda da internacionalização, cuja resultante é a agenda da *pós-formação*, que será tratada mais especificamente no próximo Passo. E vencido o déficit institucional, são essas duas agendas que irão caracterizar as ações do conjunto das áreas do conhecimento nesses cinquenta anos, inclusive as ações da filosofia.

2. A FILOSOFIA NO BRASIL NOS ÚLTIMOS 50 ANOS: UMA NOVA EXPERIÊNCIA INTELECTUAL

Feitas essas considerações contextuais, tentarei em seguida dar lastro ao argumento de que algo de novo aconteceu no período, calçado na hipótese da associação do novo padrão de desenvolvimento socioeconômico em curso no país – a sociedade urbano-industrial, cujo modelo chegou aos tempos atuais, quando o país finalmente entrou na era dos serviços e da financeirização da economia, conservando não obstante aquela base – com a implantação de um novo modelo cultural nas universidades e fora delas. Ou seja, o modelo da cultura de massa, como já ressaltado, tendo como motor e correia de transmissão a chamada indústria cultural, e de uma ponta a outra com as camadas médias como grandes protagonistas, conforme Antonio Candido. Para dar tal lastro, com foco na filosofia, não hesitarei em recorrer a elementos "doxográficos", provenientes da impressão daqueles colegas que estiveram no epicentro dos acontecimentos nos últimos 50 anos, bem como a elementos propriamente sociológicos: empíricos por assim dizer, relacionados com dados diversos sobre número de docentes, de revistas, livros e assim por diante.

Passo às impressões, e a começar por padre Vaz, tantas vezes citado que abriu o caminho em 1960 e voltou ao assunto em 1997 numa entrevista, onde constata que as coisas mudaram, e muito:

> [...] de 1960 para cá, houve uma mudança geral naquele quadro [traçado no artigo da *Revista Portuguesa de Filosofia*]. De fato, eram poucas as faculdades, duas ou três revistas, muito rala a produção filosófica: portanto, para escrever aquele artigo, tive que me desdobrar, não havia muita coisa para escrever. Hoje a situação é totalmente diferente: houve uma enorme multiplicação dos departamentos de filosofia; muitas revistas de filosofia, cada dia aparece uma; ademais, centros de interesse filosófico diversificados, no Rio Grande do Sul, em Belo Horizonte, em São Paulo, no Nordeste e no Rio de Janeiro. O panorama é bem diferente. (Vaz, 1997, p.99)

Paulo Arantes, na mesma linha, ao comparar com o que se passava antes, dirá que tudo muda depois dos anos 1960. O contexto é uma fina discussão com Cruz Costa e Bento Prado, várias vezes citada, ao longo da qual reitera o bordão de que foi a partir desses anos que a USP passa a colher os frutos da Missão Francesa, criando seus próprios virtuoses e fazendo da filosofia uma "especialidade universitária" (Arantes, 1996a, p.62). Algumas páginas antes, Arantes tinha iniciado uma instigante polêmica com Bento Prado, que em artigo publicado em 1969 considerara que a certidão de nascimento da filosofia no Brasil não tinha sido lavrada ainda: tinha sido lavrada, sim, décadas antes, com o início da Missão Francesa – argumenta Arantes –, e se alguma coisa nos faltava era maturidade intelectual, "hoje menos *introuvable* que no início dos anos 1960" (ibidem, p.62). Tanto que, se antes ninguém se considerava à altura de Descartes e Kant, tampouco no mesmo patamar de seus pares europeus que faziam filosofia acadêmica universitária, cujo padrão era considerado inalcançável, a partir daqueles novos tempos os colegas da USP, os "maiores", passaram "a aceitar sem muito pejo a denominação genérica de 'filósofos'" (ibidem, p.62).

Tudo somado, essas mudanças de atitude e de humor não têm nada de excessivo ou de arrogante, nem surgiram de repente, num passo de mágica; mas foram sociologicamente preparadas décadas antes, como – com o aval de Paulo Arantes – tinha visto Bento Prado em seu artigo de autocrítica publicado em 1986, na origem uma conferência proferida em 1982. E foram preparadas, dizem eles, pela via institucional da criação de cursos universitários de filosofia, invertendo o que antes tinha acontecido na Europa, onde a filosofia existia antes de seu ensino nas universidades, e cujo resultado em São Paulo e no Brasil foi uma "pequena revolução cultural", assevera Paulo Arantes citando Bento Prado: "[...] no Brasil, e particularmente em São Paulo, 'a instalação da escola precede e condiciona o exercício do pensamento – ela tornou possível a passagem do puro consumo da filosofia a um esboço de produção'" (ibidem, p.62).

Por fim, passando diretamente a Bento Prado e aos artigos referidos, sem a necessidade de pessoa interposta, a comparação dos dois e de seus teores – de crítica e de autocrítica –, assim como a consideração de outras manifestações, como as entrevistas, permitirá aquilatar quão distante estávamos nos anos 1970 – data que Bento prefere – das primeiras décadas do século. Assim, no artigo "O problema da filosofia no Brasil", publicado originariamente em italiano pela revista *Aut-Aut* em1969 e depois republicado em *Alguns ensaios* pela Paz e Terra, Bento vai certeiro ao ponto ao ressaltar uma característica importante do *ethos* do intelectual brasileiro – e, por extensão do filósofo –, bem como um elemento saliente que definia as obras aqui produzidas no curso do século XX.

Ethos – ao comparar o pensador brasileiro com Macunaíma, de Mário de Andrade, Bento descobrirá, para além do transoceanismo de Joaquim Nabuco, o fato de que todo intelectual brasileiro, inclusive o filósofo, é por definição *macunaímico*, ou seja, como o herói sem caráter, "o herdeiro ignorante de todas as culturas" (Prado, 2000, p.155-156). Herdeiro ignorante e mais alguma coisa – pode-se dizer –, com a disposição de ingerir tudo que passa por suas mãos e, também, sem digerir o que leu e engoliu completa ou devidamente, resultando no ecletismo endêmico que marca as nossas produções intelectuais.

Obras – o fato de tudo o que se faz por aqui estar marcado pelo duplo selo do mimetismo e de sua natureza de segunda mão, sem nenhuma originalidade. Escreve Bento:

> Há obras, é certo, e nenhuma "escola" filosófica, provavelmente, deixa de estar representada nas "manifestações filosóficas" de nosso país. [...]. Aqui *também* se faz marxismo, fenomenologia, existencialismo, positivismo etc.: mas, quase sempre, o que se faz é *divulgação*. (Ibidem, p.155)

Em contrapartida, outras vão ser as considerações e os juízos de Bento ao voltar ao assunto décadas depois em duas oportunidades. Numa entrevista concedida ao *Mais!* em 2000, dirá sem reservas que

> a filosofia cresceu muito em nosso país nos últimos 30, 40 anos. No meu tempo de estudante, não havia textos traduzidos para o português. Hoje em dia, há uma quantidade enorme de traduções, publicam-se muitas teses – há, enfim, um mercado e um público leitor de textos filosóficos. O padrão médio acadêmico melhorou muito. [...]. [E] Os filósofos saíram dos limites da universidade e passaram a intervir no debate público com muito mais presença do que no passado. (Prado Jr., B. Entrevista ao *Mais!* in: Schwartz, 2003, p.185-186)

No artigo de autocrítica já referido, publicado em 1986, aliviará o juízo severo segundo o qual por aqui só se faz obra de divulgação, reconhecendo que "a produção de filosofia estava sendo feita, as coisas interessantes estavam aqui", e o problema era que "a gente estava amarrado lá fora" (Prado Jr., B. Cruz Costa e a história das ideias no Brasil, in: Moraes, 1986, p.121).

Quanto aos indicadores sociológicos das transformações, associados de uma maneira ou de outra ao aparato institucional instaurado ao longo das décadas, bem como à própria dinâmica avassaladora da indústria cultural, relacionada com a indústria do livro, a realização de congressos e a outros campos da atividade intelectual, cujas agendas não são mais pautadas tão só *interna corporis* pela Academia. Some-se a isso, não exatamente indicadores, mas as ações e o peso dos fatores políticos que, a depender das conjunturas, vão alterar em profundidade o curso normal das atividades acadêmicas, deixando as universidades em situação de grande fragilidade, ao se exporem, sem nada poderem fazer, ao arbítrio dos governantes, como na época do regime militar.

Assim, referindo-se aos anos 1950 e início dos 1960, Bento Prado e Marilena Chaui dão-nos uma ideia da situação de verdadeira precariedade em que se encontrava a filosofia de São Paulo e mesmo do Brasil nos dois períodos considerados. Na entrevista concedida ao *Mais!*, Bento fala que o Departamento de Filosofia da USP contava nos anos 1950 com um corpo docente de 5 ou 6 professores, como já foi lembrado: "Lívio Teixeira e Cruz Costa, da primeira geração, Gilda de Mello e Souza, da outra, e depois José Arthur Giannotti e Ruy Fausto, que começavam a dar aulas" (Prado Jr., B. Entrevista..., in: Schwartz, 2003, p.181).[10] A esse montante soma-se a

---

10 Incluindo ele mesmo o número passa a ser seis.

situação dos professores-assistentes, contratados a título precário, sem direito a salário e a nenhuma outra vantagem, como nos casos dele, Bento, e de Giannotti, que foram assistentes, respectivamente, de Lívio Teixeira e Cruz Costa (ibidem, p.182). Por sua vez, Marilena comenta que, na época em que fazia seu doutorado na França, ela pôde acompanhar o que se passava no Brasil logo depois que o AI-5 foi promulgado, com levas de professores da USP cassados, os exilados chegando a Paris e as notícias de desmantelamento do Departamento de Filosofia. Foi então que ela decidiu antecipar seu regresso ao Brasil, "inicialmente prevista para 1970, e voltar em 1969 para ajudar a preservar o que restara do Departamento, que havia sido esfacelado e que, a duras penas, a professora Gilda de Mello e Souza dirigia" (Chaui, M. Entrevista, in: Nobre, 2000, p.305).[11] Adicione-se a questão dos congressos e das revistas, que, segundo padre Vaz, mal existiam: três congressos nacionais e um internacional até 1959, e cerca de duas ou três revistas, como já comentado. Acrescente-se, enfim, a precariedade econômica do país, como mostram Bento Prado e José Henrique Santos, que foram fazer doutorado na Europa, aquele na França, este na Alemanha, numa época em que a instituição das bolsas da Capes e do CNPq não existia, havendo poucas portas a bater, uma delas o Itamaraty.

Bento relata que em 1961, quando ele foi para a França, conseguiu uma ajuda do Itamaraty, por intermédio de Fernando Henrique Cardoso, de US$ 50 (Prado Jr., B. Entrevista..., in: Schwartz, 2003, p.182), tendo sido generosamente ajudado por Lívio Teixeira, que retirava de seu próprio bolso uma pequena soma providencial. Já José Henrique Santos me revelou à época em que lhe fiz a saudação de professor emérito, em 2010, que quando ele foi estudar na Alemanha, em 1962, obteve do Daad (Serviço Alemão de Intercâmbio Acadêmico) uma bolsa. Trivial hoje, a ajuda à época foi um grande acontecimento: ele foi não apenas o único escolhido em Minas, mas a concessão foi o primeiro caso em Minas Gerais e um dos primeiros no Brasil. O valor da bolsa era 500 marcos mensais, muito pouco segundo ele. Foi então que ele e Ângela procuraram o Itamaraty, e por intermédio de Guimarães Rosa conseguiram um pequeno auxílio semestral de 200 marcos, o que, dividido por seis meses, significava um acréscimo de mais ou menos 33 marcos

---

11 Ver também a sequência da entrevista, p.305-306, na qual ela comenta as circunstâncias em que ela e Maria Sylvia de Carvalho Franco foram instadas a apressar a conclusão de suas teses de doutorado, depois que Miguel Reale, então reitor da USP, "mandou avisar dona Gilda que o nosso Departamento corria sério risco de intervenção, pois não preenchíamos o número de titulações estipulado legalmente".

por mês. Segundo ele, a quantia não era uma fortuna, mas de qualquer modo o ajudou e sua família a vencer aqueles tempos difíceis. Descobri depois, ao fazer a conversão cambial do marco alemão em dólar norte-americano para comparar o auxílio conseguido por Bento, que em 1962 US$ 1 equivalia a 4 marcos. Isso significa um adicional de cerca de US$ 8, valor que para ser trazido à atualidade deverá ser multiplicado por US$ 7,58, ou seja, um total aproximado de US$ 60 (não tenho a menor ideia se Bento atualizou ou não os seus US$ 50).

Comparados com o que sucedeu depois, os números e os dados mostram que o país e a filosofia passaram por uma profunda transformação. O número de professores de filosofia na USP hoje é mais de 30, montante expressivo e que se rivalizará com o de outros centros importantes, como a UFMG e a UFRJ. O total de professores do país ninguém sabe, pois o cômputo ainda não foi feito. Certamente, eles são mais de 1.000, a julgar pelo último congresso da Anpof, que teve em 2014 mais de 2.000 inscrições, incluindo estudantes.[12] Por outro lado, há no país cerca de 40 programas de pós-graduação em filosofia, como salientado,[13] e hoje ninguém precisa ir mais ao exterior fazer doutorado. O CNPq e, mais ainda, a Capes instauraram um sistema de bolsas de causar inveja aos países desenvolvidos, com valores que ultrapassam US$ 2.000 no caso de estudos no exterior. Não bastasse isso, o número de revistas nacionais de filosofia pulou de três nos anos 1950 para 220,[14] enquanto o número de livros de autores nacionais aumentou bastante, grande parte oriunda das teses, tendo a Capes realizado em 2013 o primeiro levantamento.[15] E nesse entretempo a simples edição de Platão pela Coleção "Os Pensadores", em 1972, rendeu a espantosa cifra de 120.000 exemplares, impensável em países de língua inglesa, como a Inglaterra, segundo Bento Prado.

É, pois, com o respaldo desses dados, ainda que incompletos, num país tão pobre em estatísticas, e em especial em humanidades, assim como dos elementos macrossociológicos do sistema de ensino em seu conjunto

---

12 Trata-se de uma estimativa, ao acrescentar aos 667 já referidos, segundo a Plataforma Sucupira da Capes, uma quantidade expressiva de docentes com doutorado espalhados pelos diferentes pontos do país, e mais ainda ao serem computados os docentes atuantes nos cursos de graduação em filosofia, exclusivamente, bem como avulsamente em outros cursos.
13 Esse montante poderá ser alterado para baixo ao considerar a particularidade daquelas instituições que distinguem mais de um Programa de Pós-Graduação, como a UFRJ e a UFPB, ao passo que a imensa maioria funciona em bases unificadas.
14 Cf. *Qualis Capes 2013*, montante aproximado, considerando apenas a pós-graduação.
15 Trata-se do *Qualis livros*, mas não há ainda estatística disponível.

referidos na seção anterior, que me sinto autorizado a falar tanto em mudança de escala quanto em aumento da massa crítica. Se é certo que em grande parte o alcance das atividades continua local, marcado pelo provincianismo e espalhado pelos quatro estados onde se concentra a filosofia brasileira, é a partir dos anos 1970 que começa a se desenhar aquilo que será o espaço nacional onde aos poucos se consolidará um fórum não mineiro ou paulista, mas brasileiro de discussão. Tal espaço será construído graças aos esforços da Seaf (fundada em 1976), da Anpof (fundada em 1983, tendo Giannotti como primeiro presidente e sendo o primeiro encontro realizado em Diamantina, em 1984) e do CLE da Unicamp (idealizado por Porchat e implantado oficialmente em 1977), por meio de conferências, encontros e congressos regulares. Evidentemente, as três experiências não são rigorosamente comparáveis, visto que não tiveram a mesma motivação em sua criação, nem depois de criados cumpriram a mesma função no desenvolvimento da história da filosofia no Brasil. O papel da Seaf foi antes de tudo político, ao patrocinar a resistência à ditadura, a volta dos cassados, a filosofia engajada nas questões e urgências nacionais. Hoje existe ainda, ao menos tem o mesmo nome e conservou a sigla, mas o seu velho ideário desapareceu, junto a seu papel aglutinador e raio de ação. Em contrapartida, o papel da Anpof e do CLE foi sobretudo acadêmico, o da Anpof com o viés de política científica, pactuado desde a sua fundação na célebre reunião patrocinada pelo CNPq e depois cooptado pela Capes, ao passo que o do CLE se restringiu ao plano puramente acadêmico. Sobre o CLE, não consegui apurar quando ocorreu o primeiro colóquio ou congresso, confirmando mais uma vez a minha suspeita acerca da dificuldade da filosofia em operar com parâmetros numéricos e restrições espaçotemporais, como datas, evadindo facilmente no universal e nas generalidades, e criando as conhecidas dificuldades de documentação. Há, porém, um excelente depoimento de Porchat no livro *Conversas com filósofos brasileiros*, no qual ele relata sua experiência na Unicamp, ao fundar o CLE e empreender outras iniciativas correlatas, atendendo a convite do reitor Zeferino Vaz. Escreve Porchat, destacando o pioneirismo do CLE e de seus empreendimentos, como os colóquios e as revistas:

> Antes dele [CLE] não havia colóquios de filosofia [no Brasil]. Os professores do Rio não conheciam os de São Paulo; os de São Paulo não conheciam os do Rio Grande do Sul; os do Rio Grande do Sul não conheciam os de Minas Gerais; e assim por diante. Como o CLE organizou, em alguns anos, trinta e cinco colóquios e congressos, nós tivemos a possibilidade de convidar professores do país inteiro, fora uns setenta do exterior. Com isso, ele tornou-se um

lugar de reunião, de encontro. Por outro lado, as revistas do CLE, que estão vivas até hoje, também marcaram pontos importantes no cenário brasileiro. (Porchat, O. Entrevista, in: Nobre, 2000, p.125-126)[16]

Passadas algumas décadas, tanto o CLE quanto a Anpof não cumprem mais o mesmo papel, em razão da própria dinâmica das coisas e das contingências que acompanham a vida das instituições, com o CLE perdendo o *páthos* da época heroica. Enquanto a Anpof terminou se convertendo numa imensa feira de filosofia, com a entidade às voltas com funções e tarefas próprias de uma sociedade filosófica, inexistente no país, à diferença de outras áreas do conhecimento. Mas o seu significado histórico de criar o fórum nacional de filosofia é inquestionável, testemunhando a transformação profunda do estado de coisas.

Sobre essas transformações e a chave analítica de sua compreensão – a hipótese –, quem foi mais longe foi Bento Prado Jr. em seu já referido ensaio de autocrítica "Cruz Costa e a história das ideias no Brasil", e ao qual volto mais uma vez. O tom de autocrítica aparece ao dizer, de saída, que ele, na época em que publicou o artigo de *Aut-Aut* em 1969, "não tinha lido direito nem o Foucault nem o Cruz Costa" (Prado Jr., B. Cruz Costa e a história..., in: Moraes, 1986, p.108). E ainda, ao acrescentar, generalizando, que ele não tinha compreendido a real situação da filosofia brasileira nas décadas precedentes, nem calibrado a justa perspectiva que permitisse vaticinar o que sucederia depois nas décadas seguintes. Tudo somado, o problema que se coloca – o grande desafio intelectual, segundo Bento – é a necessidade de compreender que a partir de 1968 "houve uma transformação completa e absolutamente radical do horizonte da produção cultural no Brasil" (ibidem, p.120). Tão profunda ela foi, e em certo sentido tão inusitada, que aquele que se desse a tarefa de tentar explicar o processo, como no caso dele, Bento, deveria começar por rever as ferramentas analíticas.

Ora, sobre esse ponto, a questão da transformação, quem diz transformação profunda diz algo importante, mas não diz tudo: o que houve foi uma "transformação completa e radical" que atingiu todos os fundamentos da sociedade brasileira, alterando os padrões da economia, da demografia e da própria cultura (ibidem, p.120). O resultado dessas transformações é de várias ordens. Por um lado, na esteira do processo de urbanização estonteante, já ressaltado, "a transformação do Brasil numa sociedade de massas",

---

16 Sobre a importância e o papel do CLE, na sequência agregarei ao registro de Porchat as considerações de Giannotti e de Balthazar Barbosa.

a qual será acompanhada pela "massificação da cultura", acarretando em pouco tempo uma série de mudanças no regime da produção e consumo da literatura, das ciências sociais e da filosofia, que nunca mais serão as mesmas (ibidem, p.120). Por outro, a mudança nas relações do intelectual com o público: "[...] até 1970 eu escrevia para um público europeu, porque até essa época não havia público para filosofia no Brasil". E isso era assim, porque simplesmente não havia "um mercado interno consumidor de filosofia", situação que, no entender de Bento, não deveria ser creditada sem mais ao nosso passado colonial – passado que já estava longe, diria eu. Então, não tendo público, ele e seus colegas da mesma geração entendiam que não tinham saída: se não tinham público aqui, deveriam procurá-lo lá fora, e em outra língua que não o português. Só que eles estavam errados: "[...] o público leitor estava aparecendo, a produção da filosofia estava sendo feita, as coisas interessantes estavam aqui, mas a gente estava amarrado[a] lá fora" (ibidem, p.121). E estava amarrada, em razão das síndromes de Nabuco e de Macunaíma, seria possível dizer, Macunaíma que ingeria tudo que encontrava – pronto – e Nabuco com a cabeça na Europa e o coração no Brasil ou antes em Pernambuco. Mas em cujo atamento ("a gente amarrada lá fora") Bento Prado vê algo mais, um misto de ilusão de perspectiva e de erro de avaliação, resultando num entrave metodológico.

Proposta de Bento para vencer a dificuldade: trocar a perspectiva tradicional da história das ideias, focalizada na produção e na figura do autor, típica da história econômica e social, patrocinada pelo marxismo e seguida por Cruz Costa, pela abordagem da história das mentalidades, com foco no produtor, e também no consumidor, entendendo que eles "fazem uma espécie de círculo" (ibidem, p.121). O argumento parece convincente:

> A história da filosofia, a história da ideia normalmente é a história das grandes obras, e às vezes história das ideias é a história das pequenas obras, mas é sempre a história da produção e jamais a história do consumo, é uma história que jamais deslinda como é que o consumo da produção provoca a produção. Então eu diria que seria menos uma relação mimética da periferia com a metrópole que define o destino da filosofia no Brasil do que a presença ou ausência de um público leitor consumidor e produtor de filosofia. (Ibidem, p.121-122)

Não tenho a intenção de discutir se é acertada ou não a interpretação da história das mentalidades e do círculo entre a produção e o consumo. O que eu gostaria de reter é a ideia de que no Brasil estava em curso a implantação de uma sociedade e cultura de massa – ao menos, no tocante ao ensino superior, em que vai alojar-se a filosofia, no sentido de incorporar em maior extensão as camadas médias que cresceram muito, beirando os 20% da população – e, juntamente à tal sociedade, porém com a suspeita de defasagem e de atraso ao situar a ex-rainha do saber, a ideia de que a filosofia chegou relativamente tarde a essas transformações. Tais ideias são a todos os títulos condizentes com a hipótese que estou desenvolvendo, ainda que não seja a mesma a direção das análises, por ser diferente e mais amplo o meu escopo, e pelo fato de o nosso autor ter interrompido suas considerações antes. Em abono à ideia de que a implantação da cultura de massa começou pelas artes, espelhando as mudanças estruturais pelas quais passava o país, Bento Prado cita Antonio Candido, que distingue dois momentos nas mudanças que atingiram as artes: os anos 1920 no nível das vanguardas, e os anos 1930 em nível de massa. Assim, ele escreve:

> [...] é nos anos 20 que é feita a revolução literária no Brasil, no nível da pintura, da poesia, do romance, da arquitetura e assim por diante. Mas ela é feita na década de 20 no nível das vanguardas e ao abrigo das elites e confinada nos salões da burguesia rica de SP. Os anos 30 vão significar alguma coisa radicalmente diferente, vão significar a generalização da arte moderna e um processo de integração cultural nacional. (Ibidem, p.122-123)[17]

Ora, argumenta o filósofo, é só no término dos anos 1960 que finalmente o processo chega à filosofia, e vários são os sinais ou os fatos que atestam a mudança, sendo o mais saliente o lançamento da Coleção "Os Pensadores", na qual Platão atingiu cifras estratosféricas, como já salientado.

Conclusão do autor: "Houve uma transformação estrutural na história da cultura brasileira que tem alguma coisa a ver com a transformação real da história da sociedade brasileira" (ibidem, p.123). Diz que ao reconhecer essas coisas ele torna-se um "sociologista", e muito mais do que ele o fora no passado. Ora, também Cruz Costa é um sociologista de primeira hora em história das ideias, ao mostrar que "a filosofia brasileira não pode ser pensada independentemente da história social do país [...]" (ibidem, p.124). Bento Prado entende que essa intuição básica de Cruz Costa foi confirmada pelos fatos, mas há um ponto em que ela se mostra especialmente vulnerável, justificando a sua crítica: é que Cruz Costa "jamais se preocupou com o consumo da filosofia no Brasil", e se é verdade que ele faz uma história das

---

17 As afirmações de Bento estão baseadas em conferência de Antonio Candido proferida em São Carlos, a que Bento assistiu em pessoa.

ideias, "é uma história produção das ideias", e como tal, "completamente desligada [...] do [seu] consumo" (ibidem, p.124).

De minha parte, se me ocupei em citar tão longamente o autor, colocando em destaque seus *insights* profundos e suas análises instigantes, é por reconhecer que estou dizendo coisas parecidas, vendo na convergência de opinião não o respaldo do argumento de autoridade, mas o sinal de um argumento consensuado e compartilhado. Especificamente, o sinal, se não da verdade, ao menos da realidade dos processos analisados, como se acredita em ciência. Todavia, há as ilusões compartilhadas, e o ponto que nos une é o que nos separa – um certo sociologismo, ao endossar a hipótese sociológica do déficit institucional e da transformação da composição social do país, ao se passar da sociedade agrária de cultura elitista à sociedade urbana da cultura de massa, não tratada por Bento. Conforme será mostrado mais à frente – e eis o ponto da clivagem com Bento Prado, depois de tê-lo acompanhado até aqui –, essa mudança de fundo irá implicar importantes transformações do trabalho intelectual. E, como tais, polarizadas pelo *scholar* ultraespecializado e o intelectual público cosmopolita, em cujas extremidades é possível reconhecer elos intermediários, já experienciadas (as transformações) pelo profissional das ciências humanas e agora finalmente chegando à filosofia.

Sobre esse ponto, quem se dispuser a aprofundá-lo logo perceberá que nesses tempos novos não haverá mais lugar para heróis-fundadores. E não haverá – nunca é demais insistir sobre isso –, porque a tarefa de fundação e de instauração do aparato institucional da filosofia fora concluída, e no lugar deles vão ficar os virtuoses de ofício que vão ocupar toda a cena filosófica, condenando os autodidatas ("goliardos") que historicamente estão na sua origem ao desaparecimento. Associado ao surgimento e à perenização dos virtuoses – esses novos mandarins: os *scholars* e *experts* – está o fato notório de nos centros mais importantes não mais haver egressos do direito nem dos seminários, todo mundo vindo da filosofia, área em que tem a sua formação e adquire a *techne* filosófica. Há, contudo, uma exceção de máxima importância a esse estado de coisas que passou a prevalecer por toda parte, com o especialista cultivando em seus estudos o gosto desmesurado pelas minúcias e a disposição narcísica além de ciumenta de vender caro a *expertise*. A exceção é Oswaldo Porchat, visto por muitos como herói-fundador e pai primevo do Departamento de Filosofia da Unicamp, cujo papel acadêmico-institucional já foi reconhecido anteriormente, e ao qual volto para acrescentar outras coisas a seu respeito e a propósito do CLE, ressaltadas por colegas próximos dele.

Sobre a figura de Porchat, sua ação real à época da criação do CLE, em meados dos anos 1970, está envolta hoje por uma aura mitológica, a ponto de dar à filosofia da Unicamp, que mal tem quarenta anos, um mito de origem e um herói mítico, competindo em pé de igualdade com a USP e a UFMG, que também tem os seus (Maugüé, uma vez esquecido Étienne Borne, e Arthur Versiani Vellôso). Desfeita essa aura, fica o reconhecimento da importância de Porchat para a história da filosofia no Brasil ao fundar o CLE. A ressalva é que, se ele foi um fundador, não o foi como os outros – fundadores de instituições que depois iriam instaurar o pensamento filosófico em seus quadros, ainda marcado pelo autodidatismo –, mas ao mesmo tempo fundador de uma instituição e de uma filosofia *técnica*, seria possível dizer. E, como tal, coisa de virtuose ou, antes, de *scholar*, colocando-se por inteiro nos tempos novos, mas cujos excessos e equívocos ele passou a denunciar depois, ao se insurgir contra seus mestres franceses, em nome de um ceticismo cada vez mais pronunciado. Mas não é menos verdadeiro que Porchat patrocinou a tal visada técnica, cujas ferramentas ele foi buscar na lógica, depois de abandonar a exegese. Reconhecer as duas coisas leva ao abandono do mito e a ficar com a história. Todavia, mesmo que historicizada, a importância de Porchat não pode ser diminuída e ele continua vivo a testemunhar o que vale.

Quem nos dá uma boa ideia de onde ele foi buscar esta visada, além do seu feito extraordinário à frente do CLE, é Giannotti em seu discurso de saudação na solenidade em que lhe foi concedido o título de Professor Emérito da USP. A visada técnica foi buscada e adquirida nos antípodas da filosofia contemporânea. Na tradição continental francesa, primeiro, graças à formação que ele teve na Universidade de Rennes, onde realizou o curso de graduação em filosofia sob a supervisão de Goldschmidt, com quem aprendeu as técnicas do método estrutural, tornando-se um fervoroso adepto do método, até repudiá-lo mais tarde. Na tradição analítica anglo-americana, depois, adquirida em Berkeley, Ucal, na Califórnia, onde foi estudar Lógica com Benson Mates, trazendo o *background* adquirido para o CLE (Giannotti, J. A. Oswaldo Porchat de Assis Pereira da Silva – Professor emérito, in: Smith, 2003, p.38-39).[18] O feito extraordinário é conhecido e de pronto reco-

---

18 Na entrevista publicada em Nobre (2000, p.123), Porchat esclarece aspectos importantes de sua passagem pelos Estados Unidos e o que ele encontrou na lógica, suas qualidades e suas limitações: "Fui fazer curso de lógica nos Estados Unidos, onde passei dois anos, 1969 e 1970, e estudei lógica, fundamentos da matemática, álgebra, teoria dos conjuntos etc. Eu julgava ter descoberto então que a lógica nos brindava com todas as qualidades que eu esperava, e que muitos esperam, do discurso filosófico: a lógica é rigorosa, justifica plenamente cada proposição que avança, nos dá verdades. Embora, é claro, essas verdades não sejam verdades sobre o mundo, mas sim verdades puramente formais, o fato é que a lógica me dava o que eu queria da filosofia – ainda que me fazendo pagar o preço altíssimo de me alienar do mundo, pelo fato justamente de não ter nada a ver com ele". Alhures, cavando

nhecido por Giannotti: o fato de o CLE ter-se transformado "na instituição que mais fez para reunir os cantos filosóficos do país num sistema de vasos comunicantes" (ibidem, p.40).

O mesmo julgamento é fornecido por Balthazar Barbosa Filho, com a credencial de um *insider* que conheceu o CLE de dentro, tendo por lá passado uns tempos e convivido com Porchat. Mais do que um julgamento, trata-se de um depoimento sobre a instituição e um homem, que nos tempos da fundação eram um só, tamanha era a simbiose, justificando o uso do termo "hibridização" proposto por Ben-David, e mesmo algo mais forte, como "fusão" ou coisa parecida. Estou me referindo à entrevista concedida aos editores do livro *Conversas com filósofos brasileiros*, tantas vezes citado. Balthazar lembra-se da circunstância em que o CLE (Centro de Lógica e Epistemologia) e o Departamento de Filosofia foram fundados: Porchat, Bento e Giannotti

> eram a Santíssima Trindade da filosofia em São Paulo. Fomos em bando para Campinas, e essa experiência foi extraordinária sob todos os pontos de vista. Éramos um bando de metecos, no qual não havia nenhum aborígene, mas muitos estrangeiros. Lembro-me de Michel Debrun, Gérard Lebrun, Andreas Raggio, Ezequiel De Olazo, Eduardo Robossi, professores que faziam parte do corpo regular.

Havia também brasileiros, como ele Balthazar, e um bando ilustre com variado repertório e interesse filosófico, "que ia desde a fenomenologia, com Carlos Alberto [Ribeiro de Moura], até Frege, com Luiz Henrique [Lopes Santos], passando por Hegel, com Marcos Muller, e assim por diante". Quanto ao projeto institucional que comandou o CLE e a filosofia da Unicamp, idealizado e liderado por Porchat, diga-se, ele se restringiu – lembra Balthazar – "à lógica e à filosofia da ciência". Como se sabe, a filosofia da ciência naquela época "dedicava-se essencialmente aos neopositivistas, aos positivistas lógicos do grupo de Viena", e a situação da Unicamp não poderia ser diferente. "No entanto, no Departamento, os clássicos históricos do conhecimento nunca foram negligenciados, como Descartes, Hume, Husserl e assim por diante."

> mais fundo ainda o fosso que separa a filosofia da lógica, em que vai introduzir o seu afamado ceticismo, Porchat dirá que não há um *corpus* de verdades em filosofia. Sobre a experiência na França, na mesma entrevista ele acrescenta os nomes de Granger, cujos cursos ele seguiu em Rennes, e esclarece pontos importantes de sua tese, iniciada na França, na École Normale, e concluída no Brasil.

Dois outros pontos são destacados, diferentes mas vinculados, tendo em comum a liderança e a centralidade de Porchat.

Primeiro, "a atmosfera de debate e de discussão que se instalou ali. Antes, qualquer discussão de ideias filosóficas, qualquer discordância ou crítica veemente a uma tese, exposição ou argumento, era tomada como uma agressão pessoal, e imediatamente a pessoa criticada se punha em legítima defesa. Isso fazia que a discussão se degenerasse rapidamente. A Unicamp, naquela ocasião, conseguiu criar – o que felizmente depois se espalhou – a tradição da discussão feroz, acesa, mas que, no entanto, permanecia exclusivamente no terreno das teses e das ideias, e não no terreno pessoal. Isso foi a contribuição mais importante da Unicamp". E isso, diga-se, ao recriar entre nós um ambiente parecido com o do mundo anglo-saxão, onde se discute muito, e mesmo ferozmente, sem concessões e sem jamais perder a cordialidade acadêmica, terminando os embates, como na Inglaterra, com os contendores e a audiência confraternizando-se no *pub* mais próximo.

Segundo, a um tempo causa e efeito da atmosfera de debate e discussão, a inauguração da tradição dos colóquios, com convidados do estrangeiro e de colegas de outros pontos do país, resultando na criação de um verdadeiro fórum nacional, como salientado:

> "Havia, antes disso [do CLE e dos seus colóquios], o Instituto Brasileiro de Filosofia (IBF) do professor Miguel Reale, que realizava sempre um grande congresso nacional, e, às vezes, congressos internacionais, interamericanos etc. Esses congressos tinham uma estrutura formal: uma grande conferência seguida de comunicações. Mas não havia no Brasil a tradição do pequeno colóquio temático, em que um número reduzido de pessoas fossem convidadas para falar, para se expor e discutir. Isso não era um costume nem em Porto Alegre, nem em São Paulo, nem no Rio de Janeiro nem em Minas Gerais. Os trabalhos que eram feitos nessas cidades eram isolados. São Paulo tinha um trabalho em filosofia bem mais desenvolvido do que aquele que era feito no resto do país, mas trabalhava de maneira muito autista, ignorando o que se fazia fora de seu estado. Não havia, portanto, uma integração nacional no campo da filosofia. Pouco a pouco, os colóquios de Porchat foram reunindo e pondo em contato as pessoas que trabalhavam nos diferentes centros", permitindo a elas se conhecerem melhor e saberem umas das outras. (Barbosa Filho, B. Entrevista, in: Nobre, 2000, p.405-407)

Todavia, a experiência de Porchat e do CLE da Unicamp só deu certo porque foi inscrita num mesmo contexto que de algum modo os solicitavam e que eles mesmos ajudaram-no a construir e a consolidar, transformando a paisagem filosófica. De seu cenário passam a fazer parte um dispositivo institucional agora completo, ao integrar o sistema de pós-graduação e fazer dele o polo dinâmico, como no caso da Unicamp, que durante tempos nem graduação tinha, bem como ao incorporar o virtuose ou o *scholar* associado àquele sistema, com suas ferramentas de trabalho, suas tarefas várias e suas companhias habituais: a leitura e o comentário de texto, os encargos de ensino e de orientação, os colóquios e os congressos, as revistas e os *papers*. Certamente, o virtuose erudito e o seu sucedâneo – o *scholar*, fusão do erudito das humanidades e do especialista das ciências – não são capazes de alçar grandes voos e elevar a filosofia a cimos mais altos, mas o que eles fazem é filosofia e é ele quem pavimenta o caminho. Quanto ao mais, é a partir de uma filosofia mais rasa e mais técnica, em linha de continuidade e vincada numa tradição, que será possível um dia a alguém entre nós, com a *techne* requerida, ousar mais e dar o ansiado grande salto, imprimindo em sua obra o selo da originalidade. Na sequência, finalizando o quadro das grandes transformações da paisagem filosófica, e tendo destacado o papel do último fundador, vou tratar das matrizes de pensamento, das suas mudanças e dos principais nomes a elas associados. Ao fazê-lo, recobrindo as diferentes maneiras de fazer e difundir a filosofia, a listagem dos nomes culminará naqueles poucos indivíduos que, conquanto continuando a ser *scholars*, ultrapassaram os muros da academia e lograram ocupar o espaço público ou a cena pública, ao se transformarem em verdadeiros intelectuais públicos. Trata-se de mais uma faceta do tema do *ethos* do intelectual: iniciado com o tipo ideal do intelectual orgânico da igreja (Colônia), o *Homo scholasticus*, continuado com o intelectual estrangeirado, caracterizado pelo complexo do colonizado e pela síndrome do transoceanismo (Independência, até a República Velha). Agora, dando passagem nos novos tempos, depois dos anos 1970, ao *scholar* especializado e ao intelectual público com horizontes mais vastos, a um tempo *scholar* internacionalizado e inserido em seu próprio país, às voltas com a agenda nacional.

Primeiro, a questão das matrizes intelectuais. Ao contrário do que imaginou Cruz Costa, ao se aclimatar nas terras áridas dos trópicos, a filosofia não deu vazão nos últimos cinquenta anos àquele instinto prático terra a terra do colonizador português. Recalcado pela escolástica do *Ratio Studiorum* dos jesuítas em livre curso nos seminários e colégios, tal instinto continuou em vigor na vida prática e acompanhou as ações da Companhia em suas missões pastorais na *Terra Brasilis*. Todavia, a filosofia daqueles tempos, "servilizada" pela teologia, preferiu não mudar de rota e, desconfiada da imanência da ação crua e volátil, sempre cambiante e utilitária, refratária a toda metafísica, terminou por escolher o caminho da transcendência do ser e o atalho das essências e quididades. Adiada para os séculos vindouros, com a ação mais decantada, a esperança de Cruz Costa não se consumou. Em vez do pragmatismo e do *ethos* pragmático do *Homo americanus*, o que se viu desde os anos 1970, com as idas e vindas de levas de estudantes brasileiros que fizeram sua formação no exterior, foi a reprodução em nossos meios – nas universidades mais importantes do país, aumentando ainda mais o mimetismo do período colonial – das mais variadas tendências da filosofia norte-americana e europeia. O resultado, como antecipado no início desses estudos, foi o embaralhamento dos legados, a incorporação de elementos novos e o deslocamento das velhas influências.

Evidências desse estado de coisas não faltam, com efeito. A começar pela situação da filosofia do direito, de influência tão grande e de circunscrição tão vasta antes, a ponto de colonizar quase tudo o que se fazia de filosofia no século XIX, bem como na primeira metade do século XX, com a Escola de Recife e o Largo de São Francisco se convertendo nos dois epicentros da filosofia laica no Brasil. Por outro lado, nos últimos 50 anos, essa vertente verá sua influência diminuída e sua circunscrição significativamente encolhida, ao se encapsular nas escolas de direito, de onde não irá mais sair, com a agenda da filosofia geral ou da assim chamada "filosofia pura" sendo assumida pelos Departamentos de Filosofia. Acrescente-se a dança de outras disciplinas, com os *ups and downs* das influências, dos mercados e das modas, caracterizando-se os últimos 50 anos por três notas características:

[1] pelo ocaso da metafísica, que perderá sua relevância e centralidade tão marcante da primeira metade do século, e mais ainda no período colonial, quando os jesuítas comandaram a cena filosófica;
[2] pela ascensão da epistemologia e da lógica, em grande parte patrocinada pelo CLE, com núcleos e *scholars* nos principais centros do país, e hoje em refluxo, como é sabido;
[3] pela ética superestimada, fora de moda e coisa de clérigo até os anos 1970 quando eu era estudante, num tempo em que ela foi trocada pela filosofia política no *ranking* das preferências e das disciplinas de prestígio, seguida de sua volta triunfal nas duas últimas décadas, quando uma legião de colegas passou a fazer filosofia moral.

Some-se ainda, ao se passar para as correntes filosóficas, o recolhimento do espiritualismo francês católico, tão onipresente outrora, alimentando a metafísica e a ética, mas que nas últimas décadas do século irá refluir e esmaecer até mesmo nas PUCs. E em seu lugar ficarão não mais o positivismo e o evolucionismo, com quem disputava o controle do território na segunda metade do século XIX, mas outros *ismos*: o marxismo, o existencialismo, o estruturalismo, e mais recentemente o neopositivismo, o pragmatismo e o pós-modernismo francês, eles mesmos sujeitos a outros surtos e viradas.

Muito mais poderia ser comentado acerca de outras tendências e transformações, como a tendência tardia de a filosofia analítica se instalar como *mainstream* entre nós, num momento em que estava em desintegração pelo mundo afora, mas que aqui viu-se fortalecida, promovendo o *linguistic turn* e fazendo da filosofia da linguagem a filosofia primeira: como nos países anglofônicos, a centralidade da epistemologia e da filosofia da linguagem em meios analíticos brasileiros de fato é coisa do passado, cedendo o passo para a metafísica – que está de volta, depois de malvista e ter virado um palavrão nas hostes do neopositivismo –, bem como para a filosofia da mente, que deixa o filósofo analítico em posição desavantajada nas vizinhanças das neurociências. Reconhecido isso, muito mais poderia ser comentado sobre as permanências e continuidades, como a história da filosofia e a exegese, antes assunto de clérigos, autodidatas e diletantes, agora matéria de especialistas e profissionais – os virtuoses do ofício, que fornecerão o liame do velho erudito ao novo *expert* moldado pelas *hard sciences* e finalmente desembarcado nas humanidades, a saber: o *scholar*. Ou mesmo muito poderia ser comentado sobre o velho conflito entre a filosofia popular e a filosofia acadêmica, iniciado na Alemanha à época de Kant, e que encontrará no Brasil um solo fértil, como bem mostrou Paulo Arantes ao tratar do conflito entre a USP e o Iseb (Arantes, 2005, p.16-17). E ainda, Raul Landim ao tratar dos dilemas associações nacionais/sociedades temáticas e qualidade filosófica/participação política, em torno da criação do CLE, da Seaf, da Anpof, das Sociedades Kant e Século XVIII e da revista *Analytica* (Landim, R. Entrevista, in: Nobre (2000, p.259-260), agravados a certa altura e causando o terremoto dos anos 1980 que quase acabou com a Anpof. Contudo, não tenho intenção nem condições de fazer esse levantamento. O que eu vou fazer é acomodar tudo isso num esquema daquilo que poderia ser chamado de matrizes do pensamento, abarcando correntes, disciplinas, temas e outras possibilidades, e organizando-as ao modo de uma tópica ou de lugares. Um pouco como tinha feito antes padre Vaz num artigo publicado na revista *Síntese* em 1984, em que retoma o mesmo esquema já apresentado numa conferência publicada pelos *Cadernos Seaf* em 1977.

No início de tudo está o artigo seminal publicado na *Revista Portuguesa de Filosofia*, combinando correntes, instituições, lugares geográficos e nomes de indivíduos ou expoentes. Dessa combinação resultará um conjunto de quatro estratos:

[1] Reflexão sobre a ciência, herdeira da tradição positivista e aqui representada por Ivan Lins, Djacir Menezes e Pontes de Miranda (Vaz, 1961, p.245-248);
[2] Culturalismo e Naturalismo, estes bem mais ecléticos e cuja nomenclatura, bem como inclusão de nomes, Vaz não justifica direito: apenas diz que são herdeiros de Dilthey, de Rickert, Hartmann, Ortega y Gasset e Marx, e tendo como expoentes entre nós uma lista compósita que inclui filósofos, sociólogos, historiadores etc., tais como Hélio Jaguaribe, Miguel Reale, Gilberto Freyre, Caio Prado Jr. (ibidem, p.248-257);
[3] História das ideias, de ascendência francesa (Brunschvicg) e representada no Brasil por Cruz Costa (ibidem, p.257-258);
[4] Reflexão metafísica, de abrangência bem mais vasta, recobrindo a neoescolástica e outras vertentes do pensamento católico, o existencialismo, o idealismo alemão e o heideggerianismo, com uma profusão de representantes no Brasil (ibidem, p.259-270).

Posteriormente, sem maiores explicações, na citada conferência da Seaf, Vaz substitui essa classificação por um esquema de lugares ou *topoi* – lugares sociais, segundo ele, ou mesmo lugares da cultura, pois é a cultura brasileira e o modo de inserção da filosofia em tal cultura que estão em jogo. Como no esquema quadripartite anterior, mas com os componentes alterados, haverá quatro lugares:

[1] um lugar "socioinstitucional" da filosofia na cultura, que é a universidade, pois é lá que a reflexão filosófica tem o espaço de que ela precisa para se desenvolver, porém que no Brasil só foi criado muito recentemente (Vaz, 1978, p.14-15);
[2] um lugar "socioideológico" de avaliação e questionamento das produções teóricas e culturais, lugar que é antes de tudo da filosofia, vista como a instância da reflexão crítica por excelência: além de poder tomar a si mesma como objeto da crítica, perguntando se o que ela faz tem sentido, ao radicalizar a reflexão até o fim, a filosofia poderá questionar e desestabilizar o papel da ciência e da técnica

como agente dinâmico da sociedade e da cultura contemporâneas, o Brasil incluído, abrindo o caminho para a filosofia da ciência e da técnica (ibidem, p.15);[19]

[3] um lugar "axiológico" da reflexão, que corresponde à filosofia das ciências humanas e em cuja extensão vão acomodar-se a filosofia da história e a antropologia filosófica (ibidem, p.15-16);

[4] um lugar "teleológico" da reflexão filosófica, onde são elaboradas as visões de mundo e vão se acomodar o marxismo e o personalismo (ibidem, p.16).

Como salientado, ao voltar ao assunto sete anos depois na revista *Síntese*, o mesmo esquema é retomado tal qual (Vaz, 1984, p.23-24), sem nenhum acréscimo ou ajuste na formulação, salvo o esclarecimento de que na época em que o formulou o principal alvo que tinha em mira era definir "o *lugar social* da Filosofia (como prática de ensinamento e como pesquisa) na atualidade brasileira" (ibidem, p.23). E à sua reapresentação se segue a consideração, ao concluir o artigo, segundo a qual "o Brasil [...] apresenta hoje uma das sociedades mais dramaticamente injustas entre quantas existem sobre a face da terra" (ibidem, p.24). Ao precisar esse estado de coisas, ele acrescenta se tratar "de uma injustiça não só estrutural mas como que inerente ao [...] *ethos* profundo" da nossa cultura, e no fim reserva – não sem um certo exagero – à filosofia a tarefa maior de achar a saída, ao propor novas formas de relação humana fundadas na "racionalidade do consenso" e "da convivência justa" (ibidem, p.24).

Nota-se na última formulação o aparecimento de um tema que nos dará o mote da agenda do intelectual público do qual me ocuparei mais à frente ao voltar a padre Vaz e incluir outros filósofos nacionais, como Marilena Chaui e Giannotti, a saber: o tema da *injustiça* e do seu correlato a busca da *justiça*, com sua conhecida centralidade no direito e sua grande ressonância tanto na ética quanto na política em diferentes épocas, atestadas nas obras de Platão e Aristóteles onde ocupa o topo da filosofia moral, cuja bandeira é empunhada no final do século XIX por Zola no *affaire* Dreyfus como injustiça pessoal e agora levantada por Vaz como injustiça social.

---

19 Afastei-me um pouco da formulação de Vaz ao incluir a própria filosofia como objeto de avaliação crítica da filosofia = autocrítica, e me permiti glosar a proposta de uma filosofia *crítica* da ciência e da técnica como a via para uma abordagem não epistemológica e não logicista da ciência e da tecnologia. Portanto, longe do *mainstream* anglo-americano, que na terminologia vaziana fica no plano "instrumental", sem conseguir se instalar na instância crítica que define a filosofia.

Antes de tratar dessas matérias, será preciso demorar um pouco mais no esquema vaziano, acerca do qual digo de saída que no meu entender ele é pertinente e atende aos propósitos de uma filosofia definida como sabedoria, com ambições teóricas de totalização, e também ambições práticas da melhor forma de vida, no sentido dos gregos. E como tal, decidida no plano da *phronesis* teleologicamente orientada pela busca da *eudaimonia*, a exemplo de Aristóteles, e chamada pelos anglofônicos de *good life*, sem qualquer pretensão metafísica, à diferença de Vaz que, como o Estagirita, buscou para a ética a companhia da filosofia primeira.

Não obstante a pertinência, sinto certo desconforto com respeito ao esquema apresentado, não só por faltar os expoentes de cada *rank*, mas também no tocante à terminologia empregada, por vezes bizarra e duvidosa, além da abrangência dos *ranks*, seja no que incluem, seja no que excluem. Assim, quanto à terminologia, as ciências humanas como lugar axiológico, apartadas das outras ciências, que são arroladas no lugar ideológico, enquanto o marxismo aparece como lugar teleológico, glosado como visão de mundo e, como tal, diferente da ideologia. Visivelmente falta ao esquema vaziano um exame preliminar crítico dessas categorias, que em outras abordagens estão inclusas no mesmo campo semântico, sobrepõem-se e mesmo são sinônimas. Quanto às inclusões e às exclusões, falta o lugar da filosofia como elaboração metafísica da experiência do mundo e da cultura, podendo a filosofia da história e a antropologia filosófica nela serem integradas ao lado da filosofia da natureza, por exemplo. Demais, a ciência e a técnica interrogadas como lugares socioideológicos, ao se indagar pelo seu sentido ou falta de sentido, bem poderiam ser acomodadas ao lado das ciências humanas visadas do prisma axiológico, pois a questão do sentido vai junto à questão do valor. Enfim, há a dificuldade de emparelhar coisas díspares, como instituições, ideologias políticas e tradições de pensamento.

Por isso, ainda que reconheça a grande penetração e o importante serviço do esquema dos lugares, tendo nele me inspirado, proponho a sua troca pelo que passarei a chamar agora de "matrizes de pensamento". Vem a ser, tomadas no sentido preciso de lugar onde algo se gera ou se cria, conforme o *Aurélio* ao dar a definição geral de matriz e à qual eu acrescento uma acepção importante encontrada em "matrizador" e remetida a "moldador": o ato de matrizar e a confecção de estereotipias. Assim, sem mais delongas, por expansão, a moldagem de matrizes de pensamento, definidas como uma tópica abrangendo lugares e instâncias. De resto, lugares diversos e instâncias várias, situados acima ou além dos indivíduos, das instituições, das escolas de pensamento e de campos disciplinares, tendo por crivo os pontos de aglutinação (temas) e a capacidade de abarcar afiliações ou temas afins e subunidades. E ainda: abrangendo individualidades e acompanhadas de seus respectivos expoentes nacionais, tendo por contexto os últimos cinquenta anos e interrompendo a listagem em minha geração, pela simples razão de que aquela que vem abaixo envolve colegas mais jovens e uma época em que as coisas ainda não estão decididas. Porém, no tocante à minha geração e à anterior, sem poder encompridar a lista com o intuito de fazer justiça, não passando os nomes de meras ilustrações, nem mesmo de reduzir a lista em busca dos arquétipos, por não se tratar de personagens conceituais estritos, como no caso das figuras intelectuais. Não obstante, um expediente que eu considero válido e mesmo necessário: por um lado, ao suprir a argumentação com a "dieta" necessária de exemplos, como venho insistindo; por outro lado, por acreditar que uma tópica como esta tem valor heurístico e pode render serviços ao intelecto, a supor que as matrizes prevalecem sobre as correntes e as biografias, por causa de sua maior perenidade. Assim, contextualizadas no Brasil contemporâneo, proponho seis matrizes, ressalvando que um mesmo nome pode aparecer em mais de uma delas, a saber:

[1] *Matriz epistemológica* – Fazendo filosofia no prolongamento das ciências, abarcando as matemáticas, as ciências naturais e as ciências sociais, e vivendo hoje não digo de crise, mas um período de esvaziamento e perda de relevância, ela deu origem a duas vertentes em nossos meios:

[i] a vertente logicista, que faz filosofia da ciência na extensão da lógica, como Newton da Costa e Oswaldo Chateaubriand, tendo ainda no CLE da Unicamp como centro de referência;

[ii] a vertente historicista, bifurcada (a) na escola epistemológica francesa, que faz filosofia da ciência na esteira da história da ciência e da própria filosofia, como no meu caso no campo da epistemologia das ciências sociais, e (b) na confluência da história das ideias e da epistemologia analítica, como no caso de Pablo Mariconda na USP, onde leva à frente sua tarefa infatigável de editor da revista *Scientiae Studia*, uma referência na América Latina. Somem-se ainda as diversas correntes da epistemologia e da filosofia da ciência analíticas espalhadas em vários cantos do país, onde dividem o terreno com os popperianos e os kuhnianos, estes mais difusos e ao que parece com maior influência nos Departamentos de Sociologia e de História do que nos de Filosofia. E enfim, extrapolando a matriz

epistemológica e abrindo-se a outras conexões, as variantes da filosofia da tecnologia, de implantação mais recente no país, e tendo na linha de frente o grupo de Pablo Mariconda em São Paulo (Projeto *Scientiae Studia*) e o meu grupo em Belo Horizonte (Projeto de biotecnologias e regulações do NEPC) – ambos dentro do campo interdisciplinar dos chamados STS, conforme a sigla inglesa (Science and Technology Sudies).

[2] *Matriz metafísica* – Já teve melhores tempos, quando foi vista como filosofia primeira, depois vira quase um palavrão ao ser detratada pelos positivistas e marxistas, e depois volta à cena, pelos neotomistas, hegelianos, heideggerianos e inclusive por filósofos analíticos. À exceção dos últimos, que só agora irromperam a cena e seus plantios ainda não vingaram em nossas terras áridas, seus melhores representantes são Giannotti em São Paulo (recorde-se que o último livro de Giannotti tem filosofia primeira no título, e nos tempos em que o autor era mais próximo do marxismo ele buscou os fundamentos da ontologia do social), Carlos Cirne Lima no Rio Grande do Sul e padre Vaz em Minas Gerais.[20]

---

20 Sobre o padre Vaz e sua formação, ver seu importante depoimento autobiográfico no livro organizado pelo padre Stanislaus Ladusans publicado em 1976 pela Loyola e intitulado *Rumos da filosofia atual no Brasil: em auto-retratos*, no qual reconhece sua formação neoescolástica realizada em Roma e em Nova Friburgo, tendo o latim como língua filosófica, além da sua dívida importante contraída com o espiritualismo francês (p.302), com a língua de Proust se convertendo para sua geração como "nossa [segunda] língua-mãe filosófica" (p.300). Por fim, destaca sua aproximação de Platão (p.303), bem como de Hegel, em que ele viu uma espécie de "império do meio" da filosofia (p.305) e descobriu a sua "planície tumultuosa e agitada", ou seja "a província da *praxis*", que fora "ocupada primeiro pela 'esquerda hegeliana', depois por Marx e pelos marxismos" (p.305). Contudo, segundo ele, embora Hegel conceda em sua filosofia grande espaço à história, e mesmo à história da filosofia, "não é como historiador da Filosofia que me interesso por Hegel" (p.306). Mas por seu esforço especulativo e metafísico de colocar a filosofia na rota do saber absoluto, com o qual ele se identifica por inteiro, à luz da pergunta "Como conciliar o Saber absoluto, imanente, ao desenvolvimento histórico, que nele conhece a hora meridiana em que se torna possível uma Ciência da Lógica, o pensamento do Sistema, com a transcendência cristã?". E conclui seu depoimento, juntando Platão e Hegel, deixando São Tomás ao fundo, como a santíssima trindade de sua filosofia: "Atualmente, meu projeto ou minha formação (talvez desmesurada) é um grande estudo histórico sobre a relação entre 'theoria' e 'praxis', ao longo de um grande arco que vai de Platão a Hegel; e a retomada especulativa, mais uma vez, da dialética 'theoria-praxis', na tentativa de superar o que Rüdiger Bubner denunciou, nos que filosofam depois de Hegel, como uma 'abstração pós-hegelaiana'" (p.307). Penso que esses esclarecimentos são suficientes para justificar a inclusão de Vaz na matriz metafísica, metafísica historicizada, mas metafísica.

[3] *Matriz histórica*, ou antes *histórico-filosófica* – Ao fazer filosofia na extensão da tradição filosófica, discutindo os problemas e as soluções que chegaram até nós, ela pode dar origem a duas vertentes, a depender do acento dado ao elemento histórico e à forma de expressá-lo. Por um lado, [i] pode dar lugar à distinção entre a história da filosofia e a filosofia, ficando a história da filosofia a cargo de historiadores e professores de filosofia, e a filosofia a cargo dos verdadeiros filósofos, nas mais das vezes considerados inexistentes entre nós, os quais podem ou ignorar a história da filosofia ou simplesmente "servilizá-la", tomando-a como instrumento. Por outro lado, [ii] pode dar lugar à igualação entre a filosofia e a história da filosofia, como se fossem a mesma coisa. Exemplos:

[i] *distinção* (meio e fim): na origem, a obra historiográfica de Cruz Costa, cumprindo ressaltar seja a sua contribuição à história das ideias no Brasil, em seu importante livro, até hoje considerado uma referência, seja os seus estudos sobre o positivismo em nosso país (*Augusto Comte e as origens do positivismo*), ao se colocar na companhia de Ivan Lins e outros; na mesma linha, o estudo de Paulo Arantes sobre a filosofia paulista e a influência francesa, já citado em mais de uma ocasião; e, com escopo mais amplo, com foco na tradição ocidental, Danilo Marcondes na PUC-Rio;

[ii] *igualação* (meio = fim): a ambição aqui é maior e os modelos são fornecidos por Hegel e Aristóteles; assim, na França Boutroux dirá que a relação da filosofia com a história é interna e essencial, de sorte que a escolha é clara, "ou ela, para viver, se alimenta da história da filosofia, ou não existirá"; ainda, na França, ao distinguir a filosofia da ciência, Koyré dirá que se a história da ciência é uma história das coisas mortas, em contraste com a da filosofia é uma história do presente e nela Platão e Aristóteles não estão mortos, mas seus pensamentos são vivos e jamais perderam a atualidade (Arantes, 1994, p.121); Foucault, que dirá que a história, e não só a da filosofia, é o canteiro de obras do filósofo; enfim, no Brasil, Giannotti e Bento Prado – Giannotti, ao dizer na entrevista à revista *Trans/form/ação* que para ele "não existe um discurso sobre a História da Filosofia que não seja simultaneamente Filosofia" (Gianotti, 1974, p.35), vendo nesse reconhecimento uma "profissão de modéstia", enquanto Bento nos seus estudos sobre Bergson vê no emprego da história da filosofia pelo filósofo francês uma etapa essencial do método filosófico (Arantes, 1994, p.116-117).

[4] *Matriz exegética* – Tão antiga quanto a filosofia, levada à mais alta excelência por Teofrasto na Grécia e pelos monges medievais na Idade Média, a exegese vazada em comentário de texto era moeda corrente no Brasil Colônia, proveniente em grande parte de Coimbra, como ressaltado no 2º Passo, e com esse estatuto, de glosa ou comentário, chegou até nós. Trata-se de um *métier* de virtuose, talvez até mais do que a do ofício do historiador, o qual requer outros talentos, tem diferente escopo e se exerce com outros fins, ao pôr em foco não o texto e o espaço que o demarca (uma palavra, uma seção, um livro inteiro, uma rasura, uma tradução fiel ou desastrada), mas o contexto e o tempo em que se inscreve a obra.
Como já assinalado, essa matriz e maneira de fazer filosofia não é levada em conta, em sua especificidade, pelo pessoal de São Paulo, que rápido demais assimila exegese e história da filosofia, ainda que Paulo Arantes reconheça que o método estrutural faça um vácuo histórico dentro e ao redor da obra analisada. Todavia, exercida como comentário de texto e mesmo comentário *mot à mot*, a exegese pode ser vista como campo independente. Ou então como disciplina auxiliar da história da filosofia e ser tomada como parte integrante da filologia, que mantém com a história relação de fim e meio, ou de meio e fim, dependendo das aplicações e dos contextos. Já a história da filosofia pode ter um escopo maior do que a exegese, trocando a perspectiva do sistema de pensamento de um autor pela perspectiva comparativa de um conjunto de autores, arrolados num período temporal maior ou mais extenso, ao colocar em relevo acontecimentos econômicos, sociais, políticos e culturais, e correlacionando-os com as obras de pensamento.
Exemplos: nessa vertente de comentário do texto ou exegese, detratada injustamente por Capistrano de Abreu, há um conjunto de estudos feitos no Brasil que evidencia que fazer filosofia pode ser muito bem fazer exegese, como tinha visto Montaigne ao dizer que os filósofos fazem glosas e comentários, passando suas vidas a se entreglosarem. É o que mostram os trabalhos de Guido de Almeida sobre Kant, os de José Henrique Santos sobre Hegel, os de Raul Landim sobre São Tomás e Descartes, os de Marilena Chaui sobre Espinosa e os de Ernildo Stein sobre Heidegger – todos considerados referências e com os quais aprendemos filosofia, e boa filosofia, evidenciando que nas boas exegeses a história está a serviço da filologia e da hermenêutica, e não o contrário. E, juntamente a eles,

evidenciando a um tempo o vigor e a atualidade da matriz em nossos meios e a sua diversidade de modalidades, instrumentos e propósitos – mais ou menos filológica, mais ou menos histórica, mais ou menos técnica – os nomes de Franklin Leopoldo e seus trabalhos sobre filosofia francesa, de Paulo Margutti e seu estudo sobre Wittgenstein, de Roberto Machado sobre Foucault e Deleuze, de Giacoia e Scarlett sobre Nietzsche, de Porchat sobre o ceticismo e suas várias colorações etc.

[5] *Matriz ético-política* – Com grande abrangência e bem fincada na tradição filosófica desde os gregos que não separavam as duas vertentes, essa matriz se caracteriza por uma variedade de tendências e por mais de uma inflexão em nossos meios nas últimas décadas. Assim, nos meus tempos de estudante, era a política que estava em primeiro plano e a ética em segundo, desprestigiada e vista como coisa de moralista e de padre ou *défroqué*. Depois foi a vez de a ética ir à forra, não a ponto de esvaziar ou desprestigiar a política, digo a filosofia política, porém de ganhar relevância e ampliar o seu escopo, ao se ocupar de um conjunto de temas e de problemas que tem outros enraizamentos culturais e por vezes longe da política, ao menos da política em seu sentido tradicional. Ao passo que, como em outros países, a filosofia política passará a enfrentar a concorrência da ciência política e ela mesma partirá em busca de caminho próprio e ao largo da ética, havendo um tempo em que a sua agenda foi definida pelo marxismo e cedendo o passo depois para outras tradições ou vertentes, como as ligadas aos nomes de Maquiavel e de Hobbes.
Neste cenário, evitando tanto as clivagens artificiais definitivas quanto as assimilações ou acomodações apressadas, pode-se dizer que a cena filosófica brasileira contemporânea foi caracterizada pela constituição de uma sólida matriz ético-política, variando a ênfase sobre uma ou outra de suas duas vertentes: assim, a vertente ética, que terminou por se impor sobre a política na obra tardia de padre Vaz; a vertente política e seu inverso, como nas obras e nas propostas de Marilena, Giannotti e Paulo Arantes; e não faltando aqueles que de algum modo transitem ou procurem o liame das duas vertentes, como Renato Janine Ribeiro.

[6] *Matriz cultural* – Abrange as várias modalidades das artes e outras manifestações da cultura, como a religião, o saber popular, o senso comum, os costumes, as ideologias e os mitos fundadores, dando vazão a inúmeras vertentes, nem sempre harmônicas ou

coextensivas, apenas tendo a cultura e a história de um povo como cimento e argamassa.

No plano internacional não faltaram nomes de peso que souberam examinar com a lupa de filósofos os grandes dramas da humanidade, bem como os principais *enjeux* da civilização/cultura ocidental: uns colocando em relevo a sua decadência, como no caso de Nietzsche; outros, a questão do atraso ou da *"cultural lag"*, como em Marx relativamente à Alemanha atrasada face à Europa; outros, enfim, o homem e o Renascimento, como em Cassirer; e assim por diante.

Passando ao Brasil, na vertente das artes, podem ser citados Benedito Nunes, no Pará, ao se consagrar à estética literária, bem como Gerd Borheim no Rio de Janeiro, que se ocupou com rara maestria do teatro, e ainda, em Belo Horizonte, os nomes de Sônia Viegas e Moacyr Laterza, no campo da filosofia da arte e da literatura, além de Gilda de Mello e Sousa em São Paulo. Na vertente da cultura, em sua vizinhança com a política, os nomes de Paulo Arantes e Marilena Chaui em São Paulo, acrescidos de José Henrique Santos em Belo Horizonte, como ressaltei no Prefácio, ao me referir a seu ensaio sobre a brasilidade, cujo escopo extravasa a esfera da política e por isso devendo ser visto como mais uma variante. Por fim, no terreno da religião, o excelente exemplo é padre Vaz, que soube como poucos elevar as exigências da espiritualidade e da fé cristã às alturas da filosofia como obra metódica e imanente da razão, na sua acepção mais rigorosa de *techne* e doutrina.

3. OS FILÓSOFOS BRASILEIROS INTELECTUAIS PÚBLICOS

A filosofia é um ofício ingrato – eu dizia –, e o *métier* de filósofo – acrescento agora – depende da *techne* e esta é adquirida, junto às competências e às habilidades, pela frequentação e o trabalho dos textos. Tudo isso é um truísmo; se a descrição do *métier* da filosofia terminasse aqui, das seis matrizes já elencadas a exegese e a história da filosofia estariam inteiramente contempladas, e o ofício da filosofia não seria muito diferente do *scholar* e do erudito de outras áreas do conhecimento, como a filologia e a história. Contudo, para além das tecnicidades e habilidades do *métier*, abarcando o uso das ferramentas e a destreza no manuseio, a atividade da filosofia em seu nível próprio é uma atividade reflexiva e questionadora, não mantendo com o real e o empírico a mesma atitude reverencial da ciência. Para ser levada a cabo, requer a reunião de outros talentos, como a força especulativa do pensamento, o *flair* ou o sentido dos problemas, o gosto pela discussão de temas abstratos e o cultivo do espírito crítico: em suas vertentes, com a disposição de radicalizá-lo e levá-lo até o fim, ao perguntar pelos princípios do conhecimento e das coisas, bem como de voltar-se sobre si (re-flexão), somando-lhe o exercício continuado da introspecção meditativa, ao problematizar suas conclusões e questionar-se a si mesma como atividade intelectual.

Em suma, qualidades e propensões que não podem ser metodizadas ou logicizadas, como o *feeling* e a intuição, abarcando o *ethos* filosófico não só as habilidades e as ferramentas da *techne* que irão compor o aparato metodológico do filósofo profissional. Mas igualmente e antes de tudo, como dito, os talentos da reflexão, do questionamento e da (auto)crítica, que não são exatamente instrumentos ou ferramentas, porém disposições e qualidades intelectuais. E como tais, conduzidas pelo filósofo na solidão do trabalho da mente e integradas ao método propriamente filosófico – transcendental, dialético, hermenêutico, analítico, pouco importa –, ao passo que as técnicas exegéticas e historiográficas dele deverão fazer parte como métodos auxiliares. Este, aliás, é o caso da lógica ao ser usada como ferramenta pela ética, a epistemologia e a própria exegese, evidenciando o quanto a questão do método em filosofia é vasta e complexa, não podendo as seis matrizes passar sem ele, e ao mesmo tempo mostrando o seu limite: nem tudo em filosofia é formulado e decidido usando as ferramentas e os recursos do método, devendo muita coisa ser colocada na conta da intuição, dos *insights*, da fantasia e da força especulativa da mente do filósofo. De resto, qualidades intelectuais que não podem ser metodizadas – nunca é demais insistir sobre esse ponto, tamanha é a tirania, a ilusão e a atração hipnotizante da ideia de método, malgrado Descartes, que nunca deixou de reconhecer os poderes da intuição –, devendo ao contrário ser exercitadas permanentemente, ao se integrar ao *ethos* filosófico. Certamente, não a sós mas junto com os dispositivos da *techne*, e a esse título – não é exagerado dizer – atuam num plano superior e definem a *alma* da filosofia ou o seu *esprit*, como preferem os franceses.

Estou dizendo essas coisas a título propedêutico e para introduzir o último tópico do 5º Passo: a questão do *ethos* do filósofo e do intelectual brasileiro, uma vez consumada a grande transformação que foi a passagem da sociedade agrária elitista à sociedade urbano-industrial de cultura de massa.

A comparação é com o tipo ideal do intelectual colonizado, caracterizado pelo transoceanismo, o diletantismo e o próprio ecletismo, se às figuras de Nabuco e do Diletante adiciona-se a de Macunaíma. A ele se opõe, como viu-se no Passo precedente, o intelectual público republicano, vertente do intelectual cosmopolita, do grego *cosmopolites*, vem a ser, o intelectual cosmopolita cidadão do mundo, como é mais conhecido. Vocábulo composto com a ajuda de dois outros: *cosmos* = mundo e *polites* = o habitante da *polis*, ao qual corresponde o latino *civis* ou, antes, *civitas*, empregado pelos romanos para designar o membro livre de um Estado ou de uma cidade. Trata-se, portanto, do intelectual cosmopolita: não como Kant ao se consagrar aos ofícios de pensamento enterrado em sua pequena cidade da qual nunca saiu, mas com audiência no mundo inteiro, porém aquele pensador que acrescenta à sua formação de *scholar* e iniciado em filosofia – filosofia acadêmica, bem entendido, que Kant distingue da filosofia popular e mesmo cosmopolita – a agenda política, como Rousseau, circunscrita a um país e definida pela inserção do pensador ou escritor na vida da cidade (*polis*). Transcendendo a filosofia, viu-se, o modelo é Zola e no Brasil, na República Velha, Euclides da Cunha, que era jornalista e escritor e junto a quem pode ser incluído Roberto Simonsen; porém, em outro campo de atuação da esfera pública, estendendo sua carreira de intelectual e homem público das primeiras décadas do século até os anos 1940, e não havendo nenhum filósofo a integrar a estirpe.

Em contrapartida, acrescento agora, com os novos tempos instaurados desde os anos 1960-1970, haverá uma profunda mudança no regime do trabalho intelectual, levando à sua maior diversificação e à ampliação da escala das atividades, como já comentado. Os resultados são conhecidos, com repercussões tanto na organização social do ofício, ao se integrar ao ensino superior e às profissões universitárias, quanto ao chamado *ethos* do filósofo, às voltas com as tarefas e os deveres da academia, conforme é de se esperar, bem como – o que é mais raro – ao ser solicitado externamente pela sociedade e ocupar a cena pública. Se é certo que a universidade brasileira segue sendo elitista, franqueada a menos de 15% da população, nem por isso ela está menos sujeita às coerções da cultura de massa, levando à padronização internacional do ensino e da pesquisa, e, no mesmo compasso, expondo-a às solicitações, aos atrativos e aos perigos da indústria cultural, tendo na mídia um de seus dispositivos mais poderosos.

Compreende-se então, num quadro como esse, que a cena filosófica tenha sido modificada, por conta da incorporação em massa (questão de escala) dos virtuoses de ofício – o erudito humanista ou o *scholar* especializado –, cujo horizonte e campo de atuação são a própria academia, e cuja atividade se efetuará com os mesmos cacoetes e os mesmos dispositivos técnicos encontrados nos quatro cantos do mundo, abarcando os epistemólogos, os metafísicos, os exegetas e os historiadores etc., e fazendo da filosofia um *métier* universal. Todavia, continuarão a existir a legião dos diletantes e dos autodidatas, inclusive filósofos rigorosos e da mais alta estirpe, como Benedito Nunes – é ele mesmo quem se disse autodidata, mas os Beneditos são raros –, além dos difusores e divulgadores da filosofia. Estes, às voltas com material didático e o ensino, agora chegando ao segundo grau, e sem os quais não há nem escala, nem massa crítica.

Tudo isso é importante e evidencia que a paisagem mudou, assim como que houve mudança de escala nas atividades e produtos da filosofia, mas não mostra que houve a transformação do *ethos* do velho intelectual brasileiro e de seu duplo na filosofia: como notou Bento Prado, a quase totalidade dos virtuoses e *scholars* continuava se sentindo desterrada no próprio país, condenada a fazer e a discutir filosofia numa língua sem lustro filosófico e imaginando que o "nosso público verdadeiro encontra-se na Europa" (Arantes, 1996a, p.53). Por seu turno, sem poder alçar voos mais altos, a mesma síndrome de Nabuco e o mesmo canibalismo macunaímico serão encontrados nos diletantes e autodidatas, assim como nos divulgadores e difusores da filosofia, que poderão até mesmo não achar que brasileiro não tem cabeça filosófica, mas continuarão acreditando que o modelo da verdadeira filosofia está na Europa. Haverá, porém, uma notória exceção a esse estado de coisas, a qual a indústria cultural não conseguirá submeter, ao exigir a rendição à razão instrumental: a exceção, como já antecipado, e à qual voltarei agora para desenvolver a dialética das ideias, é aquele grupo de pensadores que, além de filósofos e partidários de uma concepção técnica da filosofia, são cada um à sua maneira intelectuais públicos. Este é o caso de Giannotti, de Marilena Chaui e do padre Vaz.

Comparados com os expoentes do período anterior, recuando o cômputo até o início do século XX, há ao menos três pensadores-filósofos que podem ser considerados candidatos a intelectuais públicos: Clovis Beviláqua, ligado à Escola de Recife, que publicou *A filosofia positivista no Brasil* em 1883, corrente à qual foi ligado, além de ter sido autor do projeto do *Código Civil Brasileiro* promulgado em 1916, com vigência até 2002; Miguel Reale, ligado à Faculdade de Direito da USP, fundador do IBF (1949), secretário da Justiça de São Paulo (1945), e mentor do novo *Código Civil* brasileiro, promulgado em 2003; Álvaro Vieira Pinto, já referido no Passo anterior, proveniente da medicina, ligado à Faculdade Nacional de Filosofia da ex-Universidade do Brasil, chefe do Departamento de Filosofia (1955) e um dos diretores do Iseb (1962).

Entretanto, se olharmos mais de perto as três figuras, descobriremos que suas carreiras não foram favorecidas ou protagonizadas pela filosofia, mas foram por outras vias que eles entraram na vida e na cena públicas. Nada menos que pelo direito e pela via da política, nos casos de Beviláqua e Reale (a lembrar que Reale foi ligado ao Partido Integralista e era um intelectual de direita). Patrocinado por uma instituição e pela via da política no caso de Álvaro Vieira Pinto: ele que também fora integralista e depois adere ao projeto desenvolvimentista de JK e às Reformas de Base de João Goulart, fazendo do Iseb a plataforma de sua atuação intelectual, que lhe dará a ressonância e a influência que a Faculdade Nacional de Filosofia, onde ensinava história da filosofia, nunca lhe pôde dar.

Ora, estes não são os casos nem de Vaz, nem de Marilena, nem de Giannotti, que nunca abriram mão da concepção técnica da filosofia, sendo Vaz notório erudito e especialista em Platão, Hegel e São Tomás, Marilena exímia virtuose e reputada por sua especialidade em Espinosa, e Giannotti conhecido pela busca de um caminho próprio e suas passagens inconstantes por Husserl, Marx e Wittgenstein. Com a ressalva de que Giannotti, por mais de um motivo, não gostasse de se dizer que era um *scholar*, conforme pude escutar-lhe diretamente o desdito ao menos uma vez, porém mantendo em suas diferentes investidas em filosofia, ele que fora professor de lógica na USP, o mesmo padrão e requisito da tecnicidade (rigor técnico, ascese conceitual, esmero linguístico, argumentação impessoal e desinteressada, mesmo intelectualmente "apaixonada", como era e é de seu feitio). Portanto, se eles chegaram à cena pública e influenciaram o mundo da política, não é porque instrumentalizaram a filosofia e fizeram dela uma arma ideológica. Mas de uma outra maneira: tendo-a encontrado no campo da experiência pessoal, como um problema premente ou objeto a mais da reflexão, ou com ela se deparado em situações extremas, como Platão, que foi preso, exilado e vendido como escravo, o caminho poderá ser [1] por expansão da reflexão filosófica em direção à política (Vaz), [2] por aproximação ou justaposição das duas (Giannotti), e, ainda, [3] por sua assimilação e integração (Chaui), como será mostrado.

Essa preocupação filosófica com a política não é uma exclusividade do intelectual público. Ela é compartilhada também pelo filósofo político desde Aristóteles e é elevada às alturas das excelências acadêmicas no ambiente contemporâneo pelo judeu alemão radicado nos Estados Unidos Leo Strauss, que era filósofo de formação e atuou como professor de ciência política na Universidade de Chicago: com uma obra variada e copiosa, Strauss era um *scholar* e muito influente, porém não era um intelectual público, mas – em filosofia – um filósofo político e nada mais. Em contrapartida, outra vai ser a situação e a agenda de Sartre que, embora *normalien*, voltou as costas para a academia, porém com a pluma de escritor numa das mãos, saía o tempo todo de seu gabinete de trabalho e das mesas do Café Flore para as ruas de Paris e mais de uma vez tomou frente nas barricadas do Quartier Latin – e desde logo, como verdadeiro intelectual e filósofo público, ocupando-se diretamente com a política e atuando na agenda política de seu país e do mundo: guerra do Vietnã, guerra da Argélia etc.

Passando ao Brasil, depois de distinguir analiticamente o filósofo público do filósofo político, bem como o homem público do intelectual público, ao se considerar o exemplo de Giannotti, padre Vaz e Marilena Chaui, com a política em linha de conta, logo se notará que haverá um paralelismo com Miguel Reale. Porém, ao avesso, pois Reale era um intelectual de direita, ao passo que os três são de esquerda, se se poupa Giannotti, como será o meu caso, da pecha de direita que passou a marcar os políticos e intelectuais tucanos depois da grande guinada neoliberal dos anos 1990. Contudo, há um paralelismo e ele passa sobre a importância dos movimentos e partidos políticos na vida e carreira de cada um, autorizando-nos a falar de uma agenda nacional em sentido forte, agenda política bem entendido. Precisamente, no caso de Vaz, a proximidade com a JUC (Juventude Universitária Católica) e a AP (Ação Popular) no início dos anos 1960. Trata-se do "Jovem Vaz", como se diz, e a quem é atribuída, senão a liderança intelectual, ao menos uma grande influência na elaboração dos documentos que serviram de base para a fundação da AP, cuja presença na cena política naqueles anos do governo Goulart e depois na resistência armada da ditadura é considerada da maior importância.[21] No caso de Giannotti, bem mais tarde, graças à proximidade com o

---

21 Ver sobre este ponto a entrevista de Vaz in: Nobre (2000, p.30 e 32-32), em que relata a sua relação com a AP, a JUC e a Teologia da Libertação, esta última com reservas, e ainda na entrevista concedida à revista *Cadernos de Filosofia Alemã*, tendo recebido o título "Filosofia e forma de ação", já citada, p.85-86, especialmente na p.85 na qual ressalta: "A questão da Ação Popular deve ficar bem esclarecida: nunca fui membro da AP, nunca me inscrevi; fui uma espécie de assessor informal. Havia muitos amigos vindos da Juventude Universitária Católica (JUC), e foi uma participação, não da reunião do grupo como tal, mas de encontros, conversas, sobretudo no Rio de Janeiro, em São Paulo e em Belo Horizonte. Minha participação na Ação Popular foi informal, mas colaborei na redação de alguns de seus documentos". Ver também entrevista de Paulo Arantes, in: *Conversas...* (2000, p.338-340), em que fala de sua relação com a JUC e a AP, destacando sua proximidade com Vaz, e em especial "Um depoimento sobre o padre Vaz", já citado e proferido em 2002, um pouco depois de sua morte, in: revista *Síntese* (2005), ao longo do qual reverencia o papel de Vaz como intelectual público e mentor da AP, sendo o último tópico evocado nas p.14 e 18-20. Ver ainda Raul Landim, in: *Conversas...* (2000, p.254-255), em que ressalta a liderança de Betinho, Aldo Arantes e Luiz Alberto Gomes de Souza na fundação da AP, bem como o papel de Vaz, a quem Landim era muito ligado, na elaboração do famoso documento fundador da AP: um papel mais relativizado e ainda assim importante, esclarecendo que de

MDB nos anos 1970 e, depois, com o PSDB desde quando foi criado em 1988, tendo como tribuna o Cebrap e favorecido pela proximidade com a mídia de São Paulo, que sempre abriu espaço para suas tomadas de posição.[22] E no caso de Marilena Chaui, enfim, pela ligação umbilical com o PT, fundado em 1980, a ponto de fazer dela uma intelectual do PT, que ela ajudou a fundar ao mesmo tempo que foi favorecida e teve a sua ressonância ampliada pelo petismo, que fez dela a musa filosófica do partido: um exemplo excelente com efeito, sendo ela mais midiática do que os dois colegas e mantendo não obstante com a mídia uma relação ambivalente e mal resolvida; porém, reconhecidamente, com sua imagem pública reverberada e coconstruída por ela, a mídia, que ajudou a criar o ícone.[23]

Dos três, aquele que tem um perfil mais singular, e mesmo em um aspecto essencial inusitado, foi sem dúvida padre Vaz. Singular e inusitado, para não dizer paradoxal, porque, como mostra Paulo Arantes no depoimento-obituário, diante de Vaz estamos diante de uma figura intelectual rigorosamente *pública*, tão vasta era a irradiação de sua influência, e ao mesmo tempo totalmente *privada*, tamanha era sua reserva em relação a coisas pessoais, preferindo à publicidade da mídia o completo anonimato da vida monacal:

> O caso do padre Vaz – escreve Arantes – foi um caso absolutamente *sui generis* de intelectual público mas absolutamente clandestino, porque ninguém sabia dele: ele não falava em público, não escrevia em jornal, mas estava por trás de um movimento social da maior importância. E a discrição dele não se devia apenas à sua situação religiosa, à filiação à Companhia de Jesus, mas principalmente ao seu perfil psicológico. Vocês imaginem uma pessoa enciclopédica como ele, sendo modesto (por razões pessoais, cristãs, ou outras que a gente não sabe) num país de megalômanos... Isto era fantástico! Ele era, portanto, um

---

fato foi de autoria coletiva – ele próprio incluído, pode-se dizer – e cuja primeira versão passou a ser conhecida como "manifesto da PUC", tendo Vaz, que lá atuava, feito várias sugestões no momento da revisão do documento, as quais foram acatadas, e partido em defesa pública do manifesto quando ele foi atacado pelos setores conservadores da Igreja. Voltarei mais de uma vez ao Vaz "político" na sequência.

22 Cf. Arantes, P. Entrevista, in: Nobre (2000, p.343), em que ao falar de Giannotti destaca "a influência do Cebrap, que a partir das eleições de 1974 passara a assessorar o MDB".

23 Ver comentários de Paulo Arantes sobre Marilena em *O fio da meada*, especialmente nas p.149, 152 e 224 em que ele traça o perfil da filósofa, e em Nobre (2000, p.345-346), em que destaca sua "condição inquestionável de mentora filosófica [...] da então novíssima esquerda". Ver também as importantes considerações de Marilena sobre suas relações com o PT in: *Conversas...* (2000, p.307-308).

intelectual público, um filósofo público, mas absolutamente privado. (Arantes, 2005, p.19)

Sem dúvida, Vaz foi um intelectual público, e a prova é que ele esteve à frente de um dos movimentos políticos mais importantes do país, como ressaltou Paulo Arantes. Porém, por razões até hoje ainda não inteiramente explicadas, Vaz depois se afastou do tal movimento, abandonou a cena política e se recolheu ao silêncio obsequioso, por decisão de seus superiores na Companhia. Silêncio, de resto, observado não em Nova Friburgo, na região serrana do Rio de Janeiro, mas em Belo Horizonte, onde passou a morar ao aceitar o convite de Versiani Vellôso para lecionar na UFMG, tendo fundado o Mestrado em Filosofia daquela Universidade, do qual foi o primeiro coordenador, e lá se aposentando após 25 anos de dedicação. Todavia, mesmo que sem falar diretamente de política, sua influência ampliava e seu círculo de relações crescia sem cessar, com as pessoas procurando-o em Belo Horizonte, como aliás Paulo Arantes, ou por meio de missivas. Daí a impressão de que ele era um intelectual público, não ao modo atual, mas à *antiga*, com sua pena e suas ideias, sem mídia à frente e sem partido por trás: ao contrário, foi ele quem esteve detrás de um partido, porém como mentor, não como militante, como ele mesmo cuidou de precisar na entrevista ao *Cadernos de Filosofia Alemã* acima referida, e tendo ele mesmo se afastado da Ação Popular depois de sua inflexão marxista-leninista, quando finalmente terminou anexada ao PC do B. Todavia, com o passar dos anos, o certo é que padre Vaz se afastou da política e do marxismo católico, a teologia da libertação, e terminou seus anos como *scholar*, bibliófilo, clérigo e eminente filósofo que era. Em outras palavras, nessas diversas frentes, terminou longe da cena pública e inteiramente ocupado com o ensino na Faculdade e a Biblioteca da Faje, em Belo Horizonte, com seus "escritos de filosofia" que iriam influenciar uma legião de admiradores e com os ofícios de sacerdote da Companhia que ele tanto prezava.

Por seu turno, quanto a Giannotti, há uma excelente passagem numa entrevista ao *Mais!* na qual Bento comenta a novidade que foi a uma certa altura, depois dos anos 1970, o aparecimento da filosofia na cena pública brasileira, com Giannotti na linha de frente, já com o *status* de intelectual público – pode-se dizer: foi então que

> os filósofos saíram dos limites da universidade e passaram a intervir no debate público com muito mais presença do que no passado. Nos anos 70, não havia nada disso; só economistas e sociólogos participavam da discussão política. Hoje, os filósofos estão presentes aqui muito mais do que nos EUA, onde

predomina uma concepção puramente técnica da filosofia. Aqui, mesmo Giannotti, que é adepto da concepção técnica da filosofia, tem presença forte na vida pública. (Prado Jr., B. Entrevista, in: Schwartz, 2003, p.186)

Sobre esse ponto, a julgar pelo próprio Giannotti, foi de caso pensado a sua decisão, a qual repercutiu diretamente na construção de sua imagem como intelectual público e filósofo brasileiro, de virar as costas para a Europa e falar para o público brasileiro, conforme ele declarou em entrevista ao *Mais!*:

> [...] para mim sempre foi um problema o que significa fazer filosofia num país periférico. No início, pensei que o importante seria participar do debate internacional, mas logo percebi que isso me obrigava a um *trottoir* para o qual eu não tenho ânimo. E, depois, o que me importa é falar para um público que tenha cara" (Giannotti, J. A. Entrevista, in: Schwartz, 2003, p.92).

Quer dizer, a nossa cara, a cara brasileira.

Mas não era só a agenda do *scholar* nacional e o encontro com seu público que estava em jogo: de fato, o perfil do Giannotti como intelectual público para ficar completo requer a consideração adicional do fato biográfico de que o mesmo (perfil) foi em grande parte construído como uma agenda *extrauspiana*, depois que ele foi aposentado pelo AI-5, quando perdeu sua plataforma cômoda e quase que natural de *scholar*, devendo reinventar a função de intelectual e abrir outros caminhos.

Dois caminhos com efeito, mas que no fim se juntarão: o caminho que leva ao Cebrap, e por tabela ao MDB e ao PSDB, e o caminho interdisciplinar, fazendo dele não só um *avis rara* de outra estirpe, com outro pé fora da filosofia, que na época estava inteiramente consagrada à agenda disciplinar, mas um *avis rara* de outra estirpe, com outro pé fora da filosofia, o *scholar* interdisciplinar!!, ou talvez melhor dizendo intelectual interdisciplinar, e – coisa rara – bem-sucedido. Esses dois caminhos axiais em sua trajetória são considerados diretamente por ele numa importante entrevista concedida no livro comemorativo dos 40 anos do Cebrap, organizado por Flávio Moura e Paula Monteiro e publicado pela Cosac Naify em 2009 com o título *Retrato do grupo: 40 anos do Cebrap*. Ressalte-se que de fato a construção dessa dupla agenda *extrauspiana* foi de fato precedida e teve seu embrião gerado na própria USP, na velha FFLCH da Maria Antônia. Precisamente, no curso dos anos 1950, quando foi criado o hoje quase mitológico Seminário do Capital, dando ensejo, no entender dos críticos, a uma reputação algo desproporcional ou exagerada, com o que, aliás, Giannotti estava de acordo. Sobre o Seminário, como o filósofo ressalta, ele teve como fundadores o próprio Giannotti, Fernando Henrique Cardoso e Fernando Novais, aos quais se agregaram depois Paul Singer, Ruy Fausto e Roberto Schwarz, e encerrou suas atividades quando os três fundadores mais Paul Singer criaram no fim dos anos 1960 o Cebrap, liderados por Fernando Henrique e financiado pela *Ford Foundation*. Sobre as agendas interdisciplinar e política do Cebrap, sem poder detalhar com a minúcia necessária esse tópico, devendo o leitor interessado se dirigir diretamente à entrevista, vou limitar-me a fazer duas observações:

[1] tratava-se de uma experiência interdisciplinar nucleada pelas ciências sociais, com o marxismo funcionando como disciplina-piloto e integradora, papel esse largamente facilitado pela experiência acumulada desde o Seminário do Capital;
[2] a aproximação do Cebrap com o MDB (depois PMDB), a Igreja Católica, os sindicatos do ABC e outros movimentos de resistência à ditadura nos anos 1970, seguida pela bifurcação ocorrida depois da redemocratização (Nova República), no curso dos anos 1980 e mais adiante, quando o Centro se dividiu em dois grupos: PT e PSDB, este último liderado por Fernando Henrique, que terminou Presidente da República com dois mandados, dominando a cena política nos anos 1990.

Por fim, sobre Giannotti pesquisador do Cebrap e intelectual público, ele mesmo amigo de FHC e podendo – se quisesse – ser favorecido pela proximidade, com os gabinetes de Brasília abrindo-lhe as portas, note-se que nada disso aconteceu, tendo prevalecido a sua condição de intelectual e a certeza de que a missão do intelectual público não combina com militância política e muito menos partidária. "Eu não quero cargos", dirá o filósofo, lembrando na entrevista que "quando o Fernando foi eleito, eu lhe disse claramente: 'Vale aquele nosso acordo do Cebrap: você faz política, e eu faço filosofia, e não quero cargos' – o que ninguém entendia" (Moura; Monteiro, 2009, p.64). Tratava-se ao fim e ao cabo de uma escolha intelectual, engajado nas coisas de seu país ao seu modo, e como tal consumada como uma tentativa de achar um caminho próprio. Um caminho a um só tempo guardando distância do modelo francês, *à la* Sartre, com seu parisianismo, o gosto de espetáculos e os holofotes da mídia (ibidem, p.66), e de costas, Giannotti, e como aliás Sartre, para a universidade com sua "visão muito idealizada da política" (ibidem, p.68): este era o caso de Habermas e de outros tantos, acreditando no poder das ideias e das discussões de gerarem acordos e promoverem um bom entendimento, ignorando que no mundo da política muitas vezes prevalecem o dissenso e a força bruta, e vitimados, quando se consideravam autônomos e críticos, pelo enfeitiçamento das ideias e das belas palavras – pode-se dizer. Daí o seu sentimento, em meio à sua convicção de que o Cebrap hoje não é mais o mesmo, em razão do eclipse do marxismo e não sendo mais um grupo interdisciplinar (trata-se de um departamento integrando vários departamentos sem um projeto intelectual integrador (ibidem, p.69), ao considerar sua formação pessoal, numa visão retrospectiva, de que sem o Cebrap nada feito. Simplesmente, não seria um intelectual público:

> Seria um professor de filosofia como tantos outros. Não teria podido combinar minhas reflexões com a exposição na mídia. E como o interlocutor principal de nossa geração, o marxismo, saiu de foco, nada mais seria do que um professor aposentado. (Ibidem, p.70)

Passando a Marilena Chaui, que dos três foi quem levou mais longe os laços da filosofia com a política, a ponto de estendê-los à militância, é mais uma vez Paulo Arantes quem fornece uma análise vigorosa e instigante de seu perfil de intelectual público, dessa vez na entrevista publicada em *Conversas com filósofos brasileiros*. Dois são os traços mais salientes da filósofa, encontrados em duas tradições da filosofia consideradas antagônicas e que nela convivem como se fossem uma só. Por um lado, o fato de ela ser uma *scholar*, especialista em Espinosa, como já ressaltado, e, portanto, fincar raízes na chamada filosofia acadêmica (Arantes, P. Entrevista, in: Nobre, 2000, p.344). Por outro, a sua preocupação e o sincero comprometimento com as causas populares, levando-a a se envolver com a agenda do PT, como é sabido, e dando um jeito de integrar à sua agenda filosófica temas diretamente ligados à política e à cultura, cujas raízes estão na "filosofia popular". Assim, os temas do autoritarismo (como na sua tese sobre o integralismo, ao propor uma "crítica da razão autoritária"), da democracia (não a democracia formal ou representativa, com seu viés juridicista, pode-se dizer, mas a democracia na ótica de novos atores políticos e aberta aos movimentos sociais), e da cultura popular (com destaque para o seu envolvimento nas discussões e posterior fundação do Cedec [Centro de Estudos de Cultura Contemporânea], visto como antípoda do Cebrap).

Desenvolvida num ambiente em que a filosofia paulistana viu-se polarizada pela clivagem PSDB/PT, justificando toda sorte de anátemas e ataques, essa segunda vertente do pensamento e das atividades de Marilena rendeu-lhe a "fama" – de fato "má-fama", ao ser empregada por seus detratores – de "filósofa populista" e "rainha do baixo clero", como lembra Paulo Arantes (ibidem, p.344-345). Mas as coisas não pararam por aí, ao contrário, com Marilena se transformando em "mentora filosófica" da nova esquerda (ibidem, p.346) e em "ícone do PT", com capa de revista e tudo mais, dando vazão a um novo *modus faciendi* da filosofia e do trabalho intelectual, cujo resultado será a unidade finalmente conquistada tanto da vida e da obra quanto da filosofia e da política. Contudo, mal o PT acabara de chegar ao poder, justificando a celebração da vitória da esperança sobre o medo, a razão de Estado – governabilidade – se impôs sobre a ética, bem como a *nomenklatura* sobre a militância, cujo resultado foi o "mensalão", as manifestações de 2013 e o grande desastre da Petrobras. Desconfortada, sem ter o que dizer, a filósofa troca a verve acesa e ruidosa do intelectual público pelo silêncio eloquente e contrafeito da militante estorvada.

Com esse episódio, mais uma vez os velhos desacertos das relações da política com a filosofia conhecidos desde a época de Sócrates e Platão vieram à tona: ao fim e ao cabo, a política opera com opiniões consensuadas, exige do militante a adesão a certezas incondicionais (crenças) e é matéria da ideologia, que não tolera o vácuo da crítica e do questionamento, por acarretar a perplexidade e a paralisia dos atores, à diferença da filosofia, instância da distância reflexiva e da crítica por excelência. Por isso, a filosofia se dá mal com a política e o risco do intelectual, às voltas com as urgências da ação, mas perdendo o lugar da crítica e o sentido do tensionamento, é deixar de pensar e, mesmo sem querer ou buscá-lo intencionalmente, promover o suicídio do intelecto.

Tudo isso faz parte do escopo do trabalho intelectual, de suas possibilidades e de seus riscos, riscos de vários tipos ou naturezas, ao fim e ao cabo, e não exclusivos do filósofo envolvido com a política. Na origem de tudo no ambiente contemporâneo estão as transformações da sociedade e da cultura de massa que, se por um lado em seu conjunto aumentou a escala das coisas, por outro nivelou e aplainou a atividade intelectual, criando *standards* e tiranizando os indivíduos. É o que ocorre quando a atividade intelectual deixa de ser o prolongamento do artesanato e se transforma em segmento da indústria cultural, como mostraram os frankfurtianos, com Benjamin falando de reprodutibilidade técnica das artes e podendo a expressão ser estendida às ciências e à própria filosofia: numa outra perspectiva, porém parecida, como já mostrei em outras oportunidades e ponto sobre o qual vou insistir ao tratar do taylorismo acadêmico. Com efeito, se o virtuose ou o *scholar* pode sem mais integrar-se à indústria cultural e ao taylorismo acadêmico, preservando a sua identidade, e aumentando a escala (massa crítica) e o ritmo das atividades, o mesmo não ocorrerá com o intelectual ou o pensador: à linha de produção e aos bens fungíveis do mercado, ele escolhe a solidão do gabinete e os bens infungíveis do intelecto, certo de que em filosofia se está à busca dos diamantes da mente e do *análogon* da obra de arte, além da excelência da atividade filosófica ela mesma, não se prestando aos fins da indústria cultural, e introduzindo entre estes e os fins do intelecto uma cisão inultrapassável.

Em artigo publicado recentemente, com um escopo diferente, tive a oportunidade de tratar da figura do intelectual público, ao sofrer a concorrência do especialista ou do *expert*, tanto no campo das ciências quanto no das humanidades. Tal situação bastante conhecida, iniciada no século XIX, levou à fragmentação do conhecimento e produziu a primeira sentença de morte do intelectual público, na acepção de intelectual cosmopolita, caracterizado por sua visada universal. A segunda sentença ocorreu no século XX quando se instaurou o chamado taylorismo acadêmico que transformou a ciência em *business* e terminou por fraturar o *ethos* da ciência ou do cientista tradicional, o qual segundo o sociólogo Merton é definido por quatro traços, cujo arranjo nos dá o seu modelo ou o tipo ideal:

> [1] o comunalismo: a pesquisa científica deve ser socialmente construída, conduzida no espaço público e com seus resultados publicizados;
>
> [2] o universalismo: a ciência visa ao universal e o cientista não tem pátria (o indivíduo, como cidadão, sim, mas isso é outra coisa);
>
> [3] o desinteresse: a ciência tem valor intrínseco (= bem da civilização), é impessoal e está acima dos interesses dos cientistas;
>
> [4] o ceticismo organizado: as proposições da ciência devem ser acatadas com reservas e averiguadas o tempo todo. (Domingues, 2011b, p.474)

Ao se converter em *business* no curso do século XX, quando haverá a troca da busca da verdade pela busca do lucro e de outras vantagens, cada um desses quatro traços será abalado e haverá a fratura do *ethos* da ciência, pode-se dizer, ao se trazer o modelo mertoniano para a atualidade:

> [1] o comunalismo e a publicização cederão lugar aos grupos, ao segredo das corporações e à privatização do conhecimento;
>
> [2] o universalismo será abandonado e em seu lugar ficará o particularismo e a ultraespecialização, imperando a perspectiva de delimitar

os problemas e achar soluções específicas, sem a preocupação de formular uma teoria geral;
[3] o desinteresse e a busca da verdade pela verdade deixarão de existir e darão lugar a um conhecimento instrumentalizado e "comissionado" (*comissioned* em inglês), isto é, um conhecimento que visa a fins práticos (utilitários) e feito sob medida ou encomenda = encomendado, devendo ser pago;
[4] o ceticismo e a cautela desaparecem, ficando em seu lugar o dogmatismo, o pragmatismo e a tentativa de imunizar as proposições das ciências, que são antes de tudo produtos e oportunidades para negócios, não artigos para disputas e satisfazer a vaidade dos cientistas.

Sem poder desenvolver mais o assunto, limito-me a acrescentar que no *paper* eu mostro que a fratura do *ethos* da ciência não significa o fim da ética ou o fim da ética do cientista, mas a emergência e a hegemonia da ética utilitarista, compatível com as ideias de interesse e de vantagem, mas que deixará a ciência e o cientista desprotegidos diante das ações/pressões dos governos, das empresas e dos grupos. Foi então, nesse contexto, num tempo em que a ciência e a tecnologia se converteram em matéria de políticas públicas e são destinadas fábulas de recursos ao financiamento da pesquisa em C&T, tendo como contraparte as exigências de transparência e de prestação de contas típicas das sociedades auditadas (os *accounts*), que eu propus o programa de religar o *ethos* fraturado da ciência e de relançar a ética republicana. Ou seja, a ética das virtudes estendida à política e à administração da coisa pública (*res publica*), tal como formulada por Rousseau, para quem no mundo da política não basta ter boas leis e cidadãos obedientes dispostos a segui-las; é preciso antes que o cidadão lhes dê assentimento *in foro interno* ("*for intérieur*" em francês) e o desafio em sua dupla face moral e política é formar o cidadão virtuoso, "modificando sua consciência e os costumes". Porém, à diferença da ética republicana tradicional, que identificava rápido demais a esfera pública com a esfera política, tendo o Estado na linha de frente, trata-se da proposta de uma nova ética que deverá inserir, entre o público e o privado, a esfera mais ampla do social e do cultural.

Com essa proposta de religação do *ethos* e de relançamento da ética republicana, pude voltar ao *ethos* mertoniano e mostrar sua adequação à minha proposta. Isto, não sem um certo forçamento e com a ajuda de um *tour de force* que permitiu sua releitura por meio da chave da ética das virtudes, devendo ela própria sofrer várias calibragens e ajustes ao ser trazida para a atualidade. Mantida sua orientação essencial de estar fundada sobre o caráter dos indivíduos, para desagrado de Kant, *o tour de force* leva à inflexão da busca da felicidade (*eudaimonia*), relegada hoje ao indivíduo, subjetiva e particularizada (projeto pessoal), em favor da *phronesis* ou da prudência e tudo aquilo que ela implica ou carrega: as intenções e os fins visados dos agentes; o cálculo das consequências e dos resultados das ações; a deliberação refletida diante dos problemas, das soluções e dos riscos; a escolha do melhor ou do menos danoso, entre os cursos de ações possíveis, considerando os meios e os fins visados; o sentimento de solidariedade e o senso de responsabilidade (obrigação, dever) individual e compartilhada. Quanto ao *ethos* mertoniano e seus quatro componentes, a releitura:

[1] reterá o comunalismo, mas mostrará que ele e a publicização dos resultados não bastam: é preciso introduzir os *accounts* e assegurar o controle democrático do processo inteiro, não apenas sobre as aplicações e os resultados, com a reserva de que os *accounts* por si sós, num nível puramente procedimental, não garantem nada e podem levar a uma sociedade de controle, cujo outro nome é *Audit society* ou sociedade auditada;

[2] conservará o universalismo, mas reconhecerá (a) que o cidadão virtuoso, por uma questão de cultura e de proximidade, como notou Rousseau, estará mais predisposto a ser mais solidário para com seu conterrâneo europeu do que com o nativo da longínqua Tartária, (b) que o universal ele mesmo inclui o particular e é uma unidade sintética do global e do particular, como viram os marxistas e os hegelianos, levando em Antonio Candido, com o exemplo e a proposta de Machado em mente, a uma reelaboração original ao focalizar a literatura brasileira;

[3] conservará a ideia de que a ciência tem valor intrínseco (bem da civilização/busca da verdade pela verdade), mas reconhecerá que a sua polarização com o interesse particular do cientista, embora acertada, é insuficiente: assim, introduzirá entre os dois extremos (verdade universal e interesse particular) o *interesse público*, que fará o liame – daí a glosa e a inflexão: em vez de neutra e desinteressada, a ciência é interessada e governada pelo interesse público, ao se determinar como matéria de política pública, como ocorre nas sociedades contemporâneas, permitindo afirmar sem cair em contradição que a ciência é governada pela busca da verdade, enquanto a política científica, pelo interesse público;

[4] ceticismo organizado, que será mantido, mas glosadas a reserva e a checagem (verificação) como instância da crítica e do questionamento

= razão. Todavia, Merton nunca associou a ética das virtudes e o *ethos da ciência*, dando-se por satisfeito em emparelhar a ciência e a sociedade democrática à americana, fundada sobre a primazia do indivíduo. Rousseau associou a ética das virtudes e a ética republicana, mas colocou a política em primeiro plano e deixou a ciência de lado. Ao voltar a esses pontos, reconhecendo a importância do legado do americano e do suíço-francês, o desafio é ir adiante e incorporar aquilo que faltava.

Concluindo essas reflexões, ao longo das quais acrescentei novos elos no argumento desenvolvido no artigo em apreço, é preciso dizer que a proposta de relançamento da nova ética republicana lá apresentada, ao retomar uma terminologia francesa familiar aos estudiosos, tinha em vista o *ethos* dos *hommes de lettres* e das *gens de science*, em busca de sua unificação. Foi nesse quadro que introduzi a figura do intelectual público, deixada na conta dos *hommes de lettres* pela tradição, ficando as *gens de science* de fora. E foi então, depois de mostrar que a situação da ciência tinha mudado profundamente no curso do século XX, ao se tornar matéria de políticas públicas de governo voltadas para a C&T, que propus a dilatação da figura do intelectual e sua extensão à ciência, passando a merecer o título de intelectual, e mesmo de intelectual público, aqueles cientistas preocupados com as relações da ciência com os governos, a cultura e a sociedade. Este é o caso, por exemplo, de Richard Dawkins ao se ocupar das relações entre religião e ciência. Ora, se tal extensão pôde ser feita à ciência, com maior facilidade ainda poderá ser estendida à filosofia, tradicionalmente parte das *lettres*, como é sabido. Contudo, num tempo dominado pela *expertise*, quando o filósofo e o cientista são solicitados a dar a sua opinião sobre um assunto em que é reconhecida a sua competência, o desafio é modelar uma perspectiva capaz de articular o universal e o particular, fazendo do intelectual não o mestre da verdade e o especialista em generalidades, capaz de dar opinião em tudo, como dizia Sartre. Mas o universalista *in situ* e o pensador *expert* ou especializado, inscrevendo suas ações e suas ideias no espaço público da *polis*, ao ser convocado para dar uma opinião com conhecimento de causa ou ao protagonizar uma linha de força ou uma corrente de pensamentos na agenda e no debate políticos, e como tal mais do que um *scholar* ou um virtuose.[24]

---

24 Sobre o intelectual público, que nos tempos em que veio à cena cultural moderna, bem foi e podia ser o humanista das letras com cultura geral, que vivia da própria pena como escritor ou professor, e também com o talento, o *feeling* e a disposição para ocupar a cena política

Assim, numa tentativa de modelar o tipo ideal do *ethos* do intelectual público dos séculos XX-XXI, buscando seus fundamentos na ética republicana, esta e aquele deverão abarcar o filósofo, o pensador de ciências humanas (sociólogos, economistas, historiadores etc.), além do engenheiro e do cientista ilustrados etc., virtualmente todo aquele em que se reconhece o pensador. Sobre a mesma base do ascetismo e do criticismo, invocados para todo intelectual e pensador de qualquer época, com sua conhecida tendência de evadir-se da experiência e da realidade externa, refugiando-se no eu interior e buscando a companhia do intelecto, os seguintes traços ou disposições de caráter lhe poderiam ser atribuídos:

[1] o engajamento nas causas sociais e ações coletivas, motivado pelo sentimento de indignação moral diante das injustiças infligidas aos indivíduos ou aos grupos, como no *affaire* Dreyfus (indivíduo) ou aos desvalidos do Brasil e de outros cantos do mundo (coletividade);

[2] o cumprimento do dever e o senso de responsabilidade, que no fundo são um só sentimento e assentidos *in foro interno*, diante dos resultados de suas ações e omissões;

[3] a renúncia pessoal e a aceitação da primazia do interesse público sobre o interesse particular;

[4] a busca da perspectiva universal em seus atos, suas postulações e seus engajamentos, mas procurando integrar no universal o particular: o particular do indivíduo, do grupo, da nação, de um povo, de uma cultura etc., fiel ao princípio da unidade sintética do todo,

---

e participar como livre-pensador dos embates do espaço público da *polis*: este foi o caso, nos tempos modernos, de Émile Zola na França, por ocasião do *affaire* Dreyfus, em fins do século XIX, que fornece o modelo, tendo a mídia como tribuna, e sobre o qual, ao ressaltar--lhe a importância, conforme venho insistindo, ao lembrar que Zola era um escritor e ele venceu o embate; mas que agora, nos tempos atuais, essa figura do intelectual generalista e livre-pensador perdeu a vez, quando a especialização passou a dominar todas as áreas do conhecimento, e deu lugar, além do *scholar* trancado em seu gabinete ou no laboratório, ao *scholar* que, além de *expert* em sua área, é intelectual público. Ou seja, mais precisamente, deu lugar ao especialista com horizontes largos, qual o antigo polímata e que de tempos em tempos é convocado para dar sua opinião de *expert* em assuntos de interesse público, ou em matérias de políticas públicas, ou então aquele que, somando sua *expertise* à sensibilidade e outros talentos para tratar diretamente da questão política, irá influenciar a opinião pública, formatar correntes de pensamento e até mesmo formular programas partidários: estes foram os casos na história recente do Brasil de Fernando Henrique que, antes de se converter em político e virar presidente da República, era considerado o príncipe dos sociólogos brasileiros, e em filosofia os casos de Giannotti, padre Vaz e Marilena Chaui, cada um deles com um pé num campo disciplinar, como um renomado *expert*, e outro pé na política, como estou procurando demonstrar ao longo desta seção.

ao integrar o global e o particular, bem como ao preceito segundo o qual a ciência e a filosofia não têm pátria, mas o cientista e o filósofo como cidadãos, sim;

[5] o sentimento de desterro e de exílio permanente, provocado pelo duplo inconformismo: diante dos males do mundo em direção ao qual transcende ou para o qual se transporta ou evade; diante dos males de seu próprio país e ao qual está atado, não podendo livrar-se de suas raízes, mas elaborá-las ou se deixar vencer por elas;

[6] o distanciamento reflexivo, o questionamento constante e a crítica permanente.

Tais traços foram ressaltados em seus aspectos essenciais antes e neles é impossível não reconhecer alguns dos componentes mertonianos. Porém, há algo mais e o *plus* é que Merton nunca pensou no intelectual público, e menos ainda na ética republicana pois, bom norte-americano que era, ele só enxergava indivíduos privados e sua associação em comunidades, como a da ciência, devendo ser protegidos da esfera pública da política bem como da tirania invasiva do Estado.

Em suma, em comparação com o intelectual brasileiro do século XIX, o estrangeirado, ao se traçar o tipo ideal do intelectual público do século XX, nele acomodando o filósofo, será conservado o ascetismo, elaborado o transoceanismo (ao tensionar nação/mundo) e sublimado o ecletismo macunaímico. Quanto aos demais traços, eles foram introduzidos por desdobramento ou por acréscimo, não passando de um constructo mental e de uma idealidade otimizada, podendo os indivíduos concretos dele se afastar em mais de um aspecto ou a ele não se adequar completamente, e, portanto, exigindo o modelo daquele que o maneja toda sorte de ajustes e calibragens ao se aplicar à realidade. Reconhecido isso, pode-se dizer que Vaz, Marilena e Giannotti, com seus conhecidos engajamentos na cena pública brasileira, satisfazem ao tipo ideal do intelectual público republicano, ficando as discrepâncias e os afastamentos na quota dos desvios e das calibragens, assim como dos alinhamentos ideológicos e partidários.

É então, junto com o intelectual público às voltas com a agenda nacional, que a ideia de filósofo *brasileiro* fica justificada, como tinha justificado Antonio Candido o escritor nacional ao falar de literatura brasileira como síntese do particular e do universal, secundando Machado, à luz do exemplo de Shakespeare. Da mesma forma, a filosofia e o filósofo = brasileiros. Com a condição de não se esperar mais do que o filósofo pode dar ou oferecer. O filósofo jamais poderá competir com o sociólogo, o economista e o historiador como pensadores do Brasil. Esta não é a índole nem a tarefa da filosofia. A filosofia não "figura" o real, observa Paulo Arantes; porém, a boa filosofia enraíza-se na experiência e a elabora, trazendo-a à expressão em companhia da realidade, mesmo que delas se evadindo para melhor contemplá-las do exterior e de mais longe. Kant em sua antropologia e na metafísica moral está às voltas com a cultura alemã e filtra a moral prussiana. Fichte se dirige à nação alemã em seus discursos, depois da humilhante ocupação de Berlim pelas tropas de Napoleão. Hegel fala da relação do senhor e do servo, num tempo em que a Alemanha tinha abolido a servidão feudal e não tinha nenhuma colônia escravista nas Américas, produzindo uma das páginas mais brilhantes e influentes da história da filosofia. Não bastasse essa figura histórica, tão celebrada, a dialética do senhor e do escravo, Hegel transfigura em sua obra a invasão das tropas napoleônicas, a que ele assistiu em Jena na companhia de Goethe, vendo no general francês o espírito absoluto montado a cavalo.

Não é só. De fato não se está diante de um fenômeno alemão. Tome-se Descartes. Como viu Gouhier, não faltam boas razões para alguém ler em filigrana a experiência da meditação cartesiana como a sublimação filosófica dos exercícios espirituais de Santo Inácio que o filósofo aprendeu em La Flèche. Não faltam também boas razões – acrescento eu – para se dizer que Descartes é o pai da filosofia moderna e que seu pensamento anuncia aquilo que será o traço mais saliente da modernidade, a saber, a autonomia do sujeito, equipado com os dispositivos da ciência e da técnica e, por meio deles, se convertendo em senhor e possuidor da natureza – fórmulas demasiadamente conhecidas que caíram no senso comum e viraram um verdadeiro truísmo. Todavia, mesmo que essas razões sejam pacíficas, ninguém está autorizado a extrapolar e dizer aos quatro cantos que Descartes, filósofo francês e europeu, tenha pensado a França em sua filosofia. Ou, como também notou Gouhier, que o *cogito* seja a metáfora das chaminés da Europa, figurando nas entrelinhas a Revolução Industrial que irá consumar-se mais de um século depois. Simplesmente, o *cogito* e a meditação não instauram uma experiência empírica e um pensamento objetual, e menos ainda uma realidade, mas uma experiência interior (sondagem da subjetividade) e um pensamento reflexivo (meditação metafísica). Trata-se, no entanto, de um tipo de experiência e de uma forma de relação com a realidade, inclusive o projeto bem real de formar os virtuoses requeridos pelos novos *métiers* de seu tempo.

A exemplo de Descartes, que instaurou o sujeito metafísico universal e filosofava na primeira pessoa, falando de seus sonhos e de suas experiências pessoais nos *fronts* e em várias cortes da Europa, o filósofo brasileiro como intelectual público, ao voltar-se para o Brasil e questionar a cultura brasileira, se descobrirá como cidadão do mundo e pensador universal, mas duplamente estrangeiro: no mundo que o rodeia e em seu próprio país.

Sem esse duplo estranhamento não há nem filósofo nem intelectual, muito menos intelectual público. Trata-se de uma figura com lastro e aparato institucional, findo o processo de formação da nação e da cultura nacional: a instauração das universidades desde os anos 1930 e a implantação do SNPG a partir dos anos 1970, incluindo a filosofia, como ressaltado, e tendo como dispositivo jurídico a Reforma Universitária de 1968, que criou os Departamentos e, virtualmente, com a ajuda de pareceres *ad hoc* (Parecer Sucupira), os PPGs. O resultado é conhecido. Uma filosofia sociologicamente densa e variada, por um lado: a criação do *métier* de filosofia; o advento da multidão de *scholars* anônimos, com seu indiferentismo político, vistos como verdadeiros anões sobre os quais vão se apoiar os pensadores e os intelectuais públicos; a indústria do livro e das publicações, com seus padrões e suas coerções, e antes de tudo coerções de mercado, levando ao taylorismo acadêmico; as dissertações e as teses, também elas com seus padrões e alimentando o taylorismo; o mercado dos leitores, onde vai ser encontrado de tudo um pouco, desde o leitor diletante que lê para se cultivar e mesmo para distrair, passando pelo leitor *expert* ou em vias de formação, à procura de aprimoramento e instrução pessoal, ou o leitor necessitado de direção e amparo pessoal, que buscará na filosofia uma espécie de terapia existencial e encontrará o que procura no *menu* oferecido pelas filosofias clínicas. Por outro lado, uma filosofia politicamente influente, reconhecida extramuros, e que "se quer fazer mundo", na esteira de Kant (na acepção política de cosmopolitismo): como nos casos mais óbvios de Marilena Chaui e Giannotti, e como ocorreu com padre Vaz, celebrado com brilho e afeto pessoal por Paulo Arantes, e conforme mostraram Reginaldo Dias e Herbert de Souza, o Betinho, cujos depoimento e aporte eu tratei largamente no 1º Passo.[25]

---

25 Cf. o artigo de Reginaldo Benedito Dias, publicado na *Revista Brasileira de História das Religiões*, ano 1, n.1 – Dossiê Identidades Religiosas e História, 2008 e intitulado "Da esquerda católica à esquerda revolucionária: a ação popular na história do catolicismo", em que é reconhecida a influência de padre Vaz na "formulação doutrinária da JUC e da primeira fase da AP", p.171, n.7. Em abono a essas afirmações Dias cita nas p.171-172 o testemunho privilegiado de Betinho, nada menos do que o primeiro coordenador nacional da AP e que em seu último livro, além do papel do filósofo mineiro de "assessor da JUC", conforme as palavras de Dias, refere-se ao Documento de Base da AP, do qual Vaz foi o responsável pela seção da fundamentação filosófica. Acerca de Betinho, ver a passagem do citado livro referido por Dias (cf. Souza, 1996, p.38), em que o ex-coordenador da AP diz textualmente que "O padre Vaz foi nosso ideólogo. [...] Quando a gente quis elaborar para o documento da AP a parte ideológica, teórica, filosófica, foi ele quem escreveu. Já nascemos com a teoria

No próximo Passo, ao concluir esses estudos, vou examinar a outra figura que compõe o par do intelectual cosmopolita, introduzir seu tipo ideal e indagar se ele foi moldado e aparece na cena filosófica brasileira: a figura do intelectual cosmopolita globalizado, que faz *pendant* com o intelectual público politizado, tendo como amparo sociológico o *expert* especializado, ao adquirir a *techne* filosófica, mas com horizontes mais largos e tendo como auditório o mundo – tal intelectual, à diferença do *scholar* com sua *expertise*, não é propriamente um pesquisador, produtor de *papers*, coletor de dados ou analisador de conceitos, mas um pensador e produtor de conceitos novos capazes de cambiar os paradigmas e mudar as visões, tendo alguma coisa do antigo polímata. Já as diferenças que o afastam do intelectual político, tendo já avançado que é justamente o descentramento da política nas suas ações em favor das agendas da cultura e do pensamento, serão tipificadas e aprofundadas no próximo passo, no rastro dos exemplos consagrados de Diderot, Voltaire, Kant, Nietzsche e Habermas.

---

elaborada, a gente elaborou mais a parte da análise histórica e política". Trata-se de uma perspectiva bem diferente da de Raul Landim vista acima e condizente com a de Paulo Arantes. Contudo, como já comentado, essa celebração do "Vaz político", conquanto acertada e importante, deve ser temperada com o reconhecimento, por decisão pessoal, sem a coação da hierarquia da Igreja, da figura do "*scholar* recolhido" que irá prevalecer no fim de sua vida.

– 6º PASSO –

CONQUISTAS E PERSPECTIVAS: OS NOVOS MANDARINS E O INTELECTUAL COSMOPOLITA GLOBALIZADO

A supor que os elementos até agora reunidos, embora lacunares e enviesados, são suficientemente variados e consistentes para autorizar certas conclusões, procurarei em seguida fazer o balanço das aquisições e traçar o quadro das perspectivas. Como nos Passos anteriores, também no derradeiro continuarei seguindo os métodos *in absentia* e *in praesentia*, combinando-os, infletindo-os e tensionando-os. Assim, ao fazer o balanço, certamente o método *in praesentia* comandará as análises, focalizando as positividades e as conquistas. Contudo, ao examinar as perspectivas, está--se diante de virtualidades, e é o método *in absentia* que terá o controle. Não obstante, o exame das perspectivas precisa de pontos de apoio, ou seja, de positividades, e ficará patente que o exame das perspectivas outra coisa não é senão a sondagem do futuro, e a sondagem é feita apoiando-se no presente e recuando-se ao passado. O escopo é o Brasil, o contexto é o Ocidente e o método é comparativo, abarcando o exame das positividades, das negatividades e das virtualidades, cujas pertinência e plausibilidade – suponho eu – foram evidenciadas nos estudos precedentes e autorizam sua extensão ao último.[1]

1. O PARADIGMA DA FORMAÇÃO E A FILOSOFIA

Começando pelo plano mais baixo – as estruturas da sociedade colonial e do Brasil moderno –, o contraste não poderia ser maior. Como se viu, se os fundamentos da sociedade colonial permaneceram intactos até o fim da

---

1 Como antecipado, esse Passo se afastará do *modus operandi* dos anteriores, caracterizado pela busca de embasamento histórico-sociológico, e mesmo etnológico-cultural, para a montagem do argumento, com a prevalência do método *in praesentia* sobre o método *in absentia*, levando à contínua alternância do foco sobre a ordem do real e a ordem do pensamento, em função das necessidades da pesquisa de demarcar as positividades e levar a investigação adiante. Sobre esse ponto, mesmo no tocante aos componentes semióticos da investigação metafilosófica – o segundo eixo da pesquisa –, a dominância das positividades persistiu no conjunto dos estudos desenvolvidos até aqui, até mesmo na construção das figuras dos intelectuais com a ajuda do método dos tipos ideais de Max Weber. Ao seguir os passos do grande sociólogo alemão, tanto na construção dos tipos dos intelectuais quanto em sua instanciação concreta, a pesquisa empírica dos fenômenos da cultura deve se articular com o método lógico da construção dos tipos, método esse que só faz sentido ao se colocar a serviço do empírico, e não o contrário. Agora, ao longo do 6º Passo, é algo diferente que estará em jogo e haverá uma espécie de inversão da estratégia analítica: o *enjeu* passa a ser a sondagem do futuro, na direção do inventário dos possíveis, como visto no Prefácio com Ducrot, e desde logo dando azo a um estudo de teor especulativo e conjectural. E o que é importante: desenvolvido não no vácuo ou no céu das abstrações, mas focado no real e devidamente contextualizado – o Brasil contemporâneo e a filosofia –, e ao mesmo tempo algo descolado do real comum, em busca da perspectiva ou das perspectivas – donde a dupla entrada, uma real e a outra conjectural. Esta última levada a cabo com a ajuda das ferramentas da lógica modal, algo frouxamente entendido no sentido de Weber ao propor a categoria de possibilidade objetiva, em vez de causalidade necessária, para pensar os fenômenos histórico-sociais. Trata-se, um pouco como em Aristóteles na questão dos futuros contingentes, de pensar o domínio da ação humana como aberto, no qual o que é pode não ser e o que não é pode ser, como todo mundo sabe no tocante às ações vindouras e seus resultados, nunca respeitante ao passado, que é fechado e irreversível. Tal situação, no plano lógico das possibilidades, reduzirá bastante o campo das virtualidades, acarretando a necessidade lógica de contrapor o possível e o impossível, bem como o real e o virtual, ou conjectural, com o consequente "ensanduichamento" entre o real e o possível. Então, como será evidenciado ao longo do passo, a sondagem do futuro deverá estar assentada na realidade do presente, e o ensanduichamento do possível e do real, ou do real e do conjectural, resultará em uma restrição enorme do campo das virtualidades: por um lado, a possibilidade maior de vingar a tirania do novo mandarinato: o *scholar* ou o *expert*; por outro, a possibilidade menor de vingar em nossos meios o intelectual cosmopolita globalizado (efeito de contexto) – a contraparte é o afastamento de outras possibilidades, reais no passado e impossíveis agora, como a volta do intelectual orgânico da Igreja e o exercício da filosofia como apostolado intelectual.

República Velha, apesar do desaparecimento do regime com seus dois pilares de sustentação: a escravidão e a monarquia – monarquia que, diga-se de passagem, mal aguentou um ano de pé, depois de abolida a escravidão, e fundamentos esses que não são senão o modelo da economia rural e do latifúndio agrário-exportador –, com a chegada dos anos 1930 tais fundamentos vão ficar de ponta-cabeça e uma nova era se iniciará. Confusos no início, o processo de mudança e a ruptura que o acompanhou principiaram com a Revolução de 1930, com um mesmo padrão de modernização conservadora e o mesmo acordo das elites, trocada apenas a geografia, vacilando entre as ditaduras puras e simples (Estado Novo, Golpe de 1964) e as democracias republicanas (República Nova, Nova República ou Redemocratizações), e se consolidaram nos anos 1950. Foi então, justificando retrospectivamente a ideia de revolução, e não exatamente de um golpe ou quartelada – muito embora o Estado Novo tenha sido um golpe de Estado, e dos mais sinistros –, que se firmou em definitivo o padrão da economia urbano-industrial, com as mudanças espetaculares que o novo acarreta, além das conhecidas inflexões e os inevitáveis corretores de rota. E o contraste não poderia ser maior, com efeito, ao se fazer as comparações das duas épocas: de sociedade rude que era, agrária e com quase todo mundo vivendo no campo; de poucas letras, com mais de 85% de analfabetos (Jorge Caldeira, já citado, fala em mais de 95%), findo o Período Colonial; sem cidadãos e sem povo, como disse o francês Couty no século XIX, ao focalizar o par hegemônico da sociedade colonial que é o senhor e o escravo; e mesmo uma sociedade "sem superestrutura", como notou Caio Prado Jr. ao pôr os olhos sinópticos sobre aquele vasto período – passa-se ao longo do século XX a seu antípoda.

Ou seja: uma nação – agora sim – mais civilizada (de *civis/civilis*, oposto a bárbaro e a selvagem, com costumes cultivados e boas maneiras; porém, não se iluda, não se está na Europa, variando o mais e o menos com os contextos); mais e mais urbana (31% da população vivendo nas cidades em 1940, contra 85% nos dias de hoje); além de mais letrada (com 8,7% de analfabetos em 2012, segundo o IBGE, contra 85% em 1821); não só com povo e cidadania assistidos por mais e mais direitos, mas em plena sociedade de massas, com tudo de bom e de ruim que isso implica; e, para fechar o quadro, uma nação com superestrutura variada e dispositivos há algum tempo implantados, a exemplo das universidades, com criação iniciada nos anos 1930, e terminando a institucionalização da filosofia nos anos 1970, com o estabelecimento do Sistema Nacional de Pós-Graduação (SNPG) pela Capes, conforme foi visto no 5º Passo.

Este é, em suma, o quadro geral das comparações e das mudanças, com o qual o leitor terá a composição física ou "inorgânica" do sistema, conforme Caio Prado Jr. (2011), e a partir do qual poderá fazer seu julgamento pessoal das transformações e das escalas das coisas, reconhecendo uma estrutura mais compacta no regime econômico e mais difusa na mentalidade e na modelagem das ideias. Na esteira dessas transformações podem-se contrastar aquelas duas mudanças onde vão residir os dois pontos de corte que separarão o Brasil Colônia do Brasil Moderno: a passagem da sociedade agrário-exportadora e do modelo bifurcado do regime colonial à sociedade urbano-industrial e ao modelo ramificado da estrutura social. De minha parte, ao percorrer os circuitos da estrutura profunda de nossa sociedade nos dois segmentos temporais (Brasil Colônia e Brasil Moderno) e chegar a esses resultados contrastantes, não fiz senão seguir os caminhos dos assim chamados pensadores do Brasil, que colocaram na agenda o tema da conformação ou gênese dos dois Brasis – Colônia e Independente, ou Moderno –, dando azo ao paradigma da "formação". Esse paradigma é encontrado em Gilberto Freyre, que pôs em sua obra maior, *Casa-grande & senzala*, publicada em 1933, o subtítulo de "Formação da família brasileira sob o regime da economia patriarcal"; em Caio Prado Jr., com *Formação do Brasil contemporâneo*, de 1942; em Antonio Candido, com *Formação da literatura brasileira*, de 1957; em Celso Furtado, com *Formação econômica do Brasil*, de 1959; e em Raymundo Faoro, com *Os donos do poder – formação do patronato político brasileiro*, de 1957, aos quais será preciso acrescentar Paulo Arantes no terreno da filosofia, com seu livro de escopo menor e sem o propósito de pensar o Brasil, mas não menos essencial: *Um departamento francês de ultramar*, com o subtítulo "Estudos sobre a formação da cultura filosófica uspiana (uma experiência nos anos 60)" e publicado em 1994. Dos chamados pensadores do Brasil, a única exceção parece ser Sérgio Buarque de Holanda, cujo clássico *Raízes do Brasil*, publicado em 1936, não evoca o *topos* da formação no título ou em um suposto subtítulo, caso houvesse, mas que nem por isso deixa de tratar da "formação histórica do Brasil" – do período colonial aos tempos modernos. Da mesma forma, a filosofia também tem uma exceção de vulto, nada menos do que Cruz Costa e sua obra seminal, *Contribuição à história das ideias no Brasil*, publicada em 1956, que não deixa de ser sobre a formação do pensamento filosófico brasileiro, com escopo maior do que a Universidade de São Paulo (USP) e a capital paulista.

Terminado esse percurso, pode-se então dizer que todo meu esforço consistiu em estender para a filosofia o paradigma da formação já em largo uso pelos historiadores, economistas, sociólogos e críticos literários. Com a ajuda de Cruz Costa e, mais ainda, de Paulo Arantes – que já tinha estendido explicitamente o paradigma à velha rainha do saber, ao seguir o exemplo de seu mestre Antonio Candido, restringindo não obstante o paradigma à USP –, ampliei-o ao Brasil e ao conjunto da filosofia brasileira, até chegar à curva do século XX-XXI. Com isso, ao acompanhar Paulo Arantes, secundado por Cruz Costa, certamente aumentei o escopo de seu livro, mas não sem antes diminuir a embocadura do empenho analítico, ao limitar as análises, como várias vezes ressaltado, ao *ethos* filosófico e aos tipos ideais de algumas, não todas, experiências intelectuais dos dois Brasis – Colonial e Moderno. Ao fazer o levantamento das conquistas e dos legados da filosofia, buscando apoio nas positividades e visando às perspectivas futuras, deverei fazer o balanço do paradigma da formação e ver se ele fica em pé, ou de pé, ao sofrer ataques dos críticos e diante do novo contexto do país em sua reinserção no mundo contemporâneo globalizado.

Nesse novo cenário, foi-me de grande serventia o ensaio de Marcos Nobre publicado nos *Cadernos de Filosofia Alemã*, em meados de 2012, com o sugestivo título "Da 'formação' às 'redes': filosofia e cultura depois da modernização" (2012a, p.13-36). Trata-se de um estudo bem fundamentado e especialmente instigante ao pensar o momento atual da filosofia brasileira. Tanto ao fazer o balanço de sua *pós-formação* (expressão minha), atento às perspectivas que lhe são abertas hoje no mundo globalizado e ao legado do passado colonial, quanto ao emparelhar ao paradigma um segundo componente que de fato se revelará mais amplo e mais decisivo em nossa história desde o fim da Colônia – ele sim, na perspectiva de Nobre, abarcante e verdadeiro paradigma, a saber: o projeto do *nacional-desenvolvimentismo*, que dominou a história recente do país a partir dos anos 1930 e deixou a componente formação como que abarcada ou a ele integrada e, portanto, funcionando não como modelo, mas modelada por ele.

Finalizando essas breves considerações, creio acertado e profícuo o emparelhamento efetuado por Marcos Nobre, cuja fertilidade será evidenciada nas páginas que seguem, embora discorde da genealogia, por ver na formação algo não só historicamente anterior, mas independente. Porém, a certa altura ela terminou por se emparelhar e se fundir com o projeto nacional-desenvolvimentista, com suas duas vertentes, democrática e conservadora, esta última remontando à modernização conservadora de Pombal, e a primeira irrompendo bem mais tarde em nossa história, só vindo a lume na segunda metade do último século. Voltarei a esse ponto mais à frente, ao concluir o Passo.

Antes, porém, será preciso inscrever a filosofia brasileira no paradigma da formação e apurar as conquistas e as perspectivas que se abrem ao estudioso. Como já notado por *experts* como Silviano Santiago (cf. 2014, p.4-5),[2] o paradigma da formação tem uma elasticidade extraordinária, abrigando em seu campo semântico a ideia de formação pessoal, como encontrada em Joaquim Nabuco (em sua biografia *Minha formação*, publicada em 1900), bem como a noção de formação de caráter e da própria mente, com ressonância na *Bildung* dos alemães, na *Paideia* dos gregos, na *Humanitas* dos latinos e na Ilustração dos europeus modernos. Sem muito esforço, qualquer um poderá ampliar esse núcleo semântico originário e estender-lhe a significação aos campos da história, da política, da sociedade, da economia, da literatura e da própria filosofia, como fizeram Caio Prado Jr., Raymundo Faoro, Gilberto Freyre, Celso Furtado, Antonio Candido e Paulo Arantes. Notar-se-á, então, que, ao se emparelhar com o projeto *nacional-desenvolvimentista*, a ideia de formação com seu duplo viés de processo, abarcando um antes e um depois no tempo, e de aquisição/cristalização de uma forma (em francês, *mise en forme*; em português, in-formação ou conformação), será consideravelmente ampliada e enriquecida. Tanto mais que o projeto desenvolvimentista – hesitante no início, com direito a crises e mais crises, porém sólido e irresistível depois, culminando com sua derrocada nos anos 1960, quando deixou de ser nacional e passou a ser associado ao capital externo, bem entendido – teve sua unidade algo difusa revelada, por exemplo, nas diferentes extrações ideológicas que compuseram o Iseb. Paralelamente, conferindo-lhe os contornos e delineando os contrastes, à tal unidade se somarão as polaridades reluzentes de arcaico (antes)/moderno (depois), bem como de centro/periferia, além de desenvolvido/subdesenvolvido. E o que é importante: todas elas com seu enorme impacto nas ciências sociais brasileiras, mais tarde convocando a filosofia e moldando-lhe o caminho nestas paragens, ainda que meio ao largo, com suas particularidades, tangenciando a rota daquelas ciências e mesmo da literatura. Contudo – da Colônia, com a formação do *Homo scholasticus*, ao Brasil Moderno, com o desenvolvimento do *scholar*, como já antecipado no 1º Passo e evidenciado nos que lhe seguiram –, ao enquadrar a filosofia no paradigma e avistar o quadro comparativo, o estudioso logo perceberá que está diante de um gradiente rico e variado, com um mais e um menos de originalidade, bem como toda sorte de gêneros, *technai* e estilos literários.

Agora, no derradeiro Passo, ao concluir esses ensaios metafilosóficos, depois de me consagrar por inteiro nos passos anteriores às investidas nos

---

2 Versão mais curta de uma elocução a ser apresentada pelo autor na Universidade Nacional de Tres de Febrero, em Buenos Aires, em simpósio a ele consagrado.

diferentes *ethei* filosóficos nacionais, que vem a ser a conformação do *ethos* do filósofo visado em sua diversidade, será a vez da aquisição das *technai*, e é a formação da obra com suas diferentes técnicas de composição (gêneros literários, técnicas argumentativas) que estará em jogo.

Assim, no tocante à filosofia, haverá quem prefira o gênero tratado, como padre Vaz, em suas éticas e antropologias, ou Marilena Chaui, em sua exegese monumental de Espinosa, como haverá aqueles que escolherão o gênero ensaio, a exemplo de Giannotti, em *Trabalho e reflexão*, e José Henrique Santos, no artigo "Brava gente brasileira". Não bastasse, há o gênero tese universitária, que tanto poderá dar azo – a depender da escola filosófica – ao gênero *Armchair Philosophy*, tipo corrente em Oxford e com bastante lastro no Brasil de hoje, quanto seguir as rotas da filosofia alemã. Um pouco como notou Paulo Arantes, ao se referir ao gênero dissertativo-historiográfico, que, segundo ele, "tem certamente a idade histórica da invenção da filosofia transcendental (Kant, Fichte, o primeiro Schelling)". Ou seja, o estudo histórico-sistemático dos problemas filosóficos em que ele reconhece uma

> [...] salutar indiferença doutrinária (a marca de fábrica da maneira uspiana de lidar com os sistemas filosóficos do passado) [que] tem tudo a ver com o retorno reflexivo da razão sobre os seus procedimentos específicos, movimento de exílio cósmico no centro do qual Fichte fincou a bandeira da imaginação soberana [...]. (Arantes, 1996b, p.22-23)

Ao se converter em técnica exegética e dar vazão ao gênero de teses acadêmicas, porém, se verá algo degradado ao se acomodar à necessidade de incorporar citações copiosas, nas quais o eu do autor – o doutorando – não conta nada e deverá trocar a reflexão sem amarras do pensador solitário pelo respaldo dos textos e das autoridades. Ou, então, pegar a rota da filosofia francesa, em que cada filósofo ou estudioso da filosofia se propõe também a ser um escritor e tudo faz para dar à obra publicada os lustres daquelas de literatura: assim, em nossos meios, como se pode vislumbrar nas teses dedicadas a Bergson, Sartre, Merleau-Ponty e Jacques Derrida, motivando no caso dos derridianos o ensaio debochado de Bento Prado sobre Desgaudrioles. Por fim, no tocante aos estilos, poderá haver o estilo *Grand Seigneur*, como o de Descartes, com seu filosofar em primeira pessoa e seu tom altivo e confiável; o estilo gótico dos escolásticos medievais com o sentido da verticalidade das coisas, como nas novas catedrais, com a cruz no alto das torres e Deus no *apex* das sumas; o estilo barroco e rebuscado de Foucault, com suas curvas argumentativas e intermináveis retomadas; o estilo egoico do tipo "reflexão sem amarras do sujeito autoconsciente", que Paulo Arantes credita a Fichte (ibidem, p.25), em cujo percurso, ao dobrar sobre si (= re-flexão), vai do eu ao eu, mas que de fato é a marca de todo o idealismo alemão, Hegel e Schelling incluídos; e, ainda, o estilo do pensamento complicativo ao gosto dos metafísicos, condenado por Aristóteles ao creditá-lo a Platão, e também por Hume, ao se referir ao estilo "abstruso" de seus colegas, preocupado ao vê-lo grassando na filosofia moderna e exigindo que se fizesse alguma coisa. Mas não é só: será preciso distinguir ainda com Kant dois outros tipos de filosofia. A filosofia acadêmica, que, segundo Paulo Arantes, funciona "para uso próprio, com terminologia específica, dessas que só se aprende no colégio, cuidando menos do conhecimento do que de sua possibilidade, dele mesmo e de seu objeto possível, coisa mais eminente e complicada", como na *Crítica da razão pura*. A filosofia popular, que trata ou "deveria tratar daquilo que tivesse um significado na vida das pessoas", como em antropologia (ibidem, p.32) e em seus opúsculos sobre política e história. Aceitado isso, poder-se-á, acompanhado de Kant, mas indo além dele, considerar o Brasil e tratar de compreender toda uma gama de produção filosófica, bifurcada [1] nas teses universitárias, bem como em livros ou *papers*, em que prevalecem as críticas do conhecimento e da moral, intramuros, voltada para os pares, e, portanto, dentro do rol da filosofia acadêmica, [2] nas obras de divulgação e em publicações de circunstância, em que predominam as críticas da cultura e da política, voltadas para o grande público, e, assim, dentro do rol da filosofia "popular". E, enquanto tal, diferente da filosofia *cult* que, como os filmes – ao traçar o paralelo com os *cult movies* dos quais a expressão surgiu, a exemplo de *Matrix* e *Star wars* –, tem um séquito de fãs espalhados por todo o globo, mas sem resultar em um fenômeno de massa e realmente popular: tal é o caso de Deleuze e Derrida nos Estados Unidos e no Brasil, constituindo seus seguidores uma verdadeira seita e a aprendizagem de sua filosofia coisa de poucos iniciados; e, portanto, como com toda seita, não alcançando grande difusão e amplo reconhecimento junto ao grande público, como é sabido.

Foi pensando nessas possibilidades, nas quais desde o início o filósofo está às voltas com a obra e o público, tendo ao fundo as correias da indústria cultural – em um tempo em que os livros e os *papers*, assim como as editoras e as revistas, foram avassalados pelo *business* ao se converterem em *goods* e caírem de joelhos ao taylorismo acadêmico – que peguei emprestado de Antonio Candido a ferramenta de que precisava para seguir adiante em minha empreitada, a saber: o tripé semiótico autor-obra-público, com cuja ajuda analisei no 5º Passo e nos anteriores o mercado filosófico brasileiro – essencial para apurar a escala e a densidade das coisas; pequena e rala no

Brasil Colônia; maior e consistente no Brasil Moderno, especialmente depois dos anos 1970.

Posto isso, com o paradigma da formação ao fundo, passo então ao exame das conquistas e das perspectivas da filosofia brasileira contemporânea, já focalizada no passo anterior. Agora, será reexaminada no tocante à aquisição da *techne*, não sem me referir e emparelhá-la ao *ethos* que a nucleia e lhe dá embasamento, considerando o passado colonial, a inserção na comunidade internacional e as expectativas acerca do futuro.

Começando pelas conquistas, digo de saída que elas podem não ter sido muitas ou espetaculares, levando a uma nova idade de ouro da filosofia, mas nem por isso elas deixam de ser significativas, e mesmo surpreendentes, com reviravoltas e guinadas. A maior das reviravoltas é, sem dúvida, a quebra do complexo colonial, ou antes do complexo do colonizado, o qual repercute diretamente sobre o *ethos*, moldando-o e levando no século XIX ao aparecimento do filósofo "estrangeirado", alma gêmea do intelectual das letras e dos egressos do direito. Contrastadas com esse estado de coisas prevalecente desde a Colônia, em um tempo em que não houve filosofia genuína entre nós, apenas transplantações, arremedos e falsos *semblants*, no entender de muitos, saltam à vista as três maiores conquistas do último período (anos 1960 em diante): [1] o aparecimento dos virtuoses do ofício – *scholars*, eruditos e especialistas – que vão ocupar a cena; [2] a aquisição da *techne* filosófica condizente com o novo estado de coisas, que acompanha os virtuoses e se define como sua ferramenta de trabalho, variando com os objetos a que se aplica, ao ser empregada pelos exegetas, epistemólogos, historiadores, "eticistas" e metafísicos; [3] o surgimento do sistema de obras, na acepção de *obra literária*, no sentido de Antonio Candido, abarcando as autorais, as de divulgação, teses de doutorado, ensaios, *papers* etc. Nesse novo ambiente, pôde-se finalmente falar de uma filosofia genuinamente brasileira entre nós e de um novo *ethos* acadêmico, o *ethos* do *expert* e do *scholar*, nem mais nem menos do que em outras paragens do Hemisfério Norte. E ao qual mais tarde, naquelas mentes privilegiadas e em tempos mais favoráveis, se acoplou o *ethos* republicano do intelectual público, colocando o filósofo e a filosofia na rota da política com tudo o que ela implica: subir aos céus ou descer aos infernos, como nas peças de Shakespeare.

Para bem avaliar o alcance e o significado dessas importantes mudanças na cena filosófica brasileira, é preciso circunspecção e cautela. Antes de tudo, é necessário vencer o preconceito de gênio legado pelo Romantismo Alemão, como já salientado, a saber: o gênio das artes, que faz do pensador e do artista uma espécie de semideus ou criatura quase divina, e de sua mente e sensibilidade poderosas – ou o *Génie* – um dom da natureza, alguma coisa de única e incontornável, como nos casos de Dante, de Goethe, de Beethoven e de Einstein. É certo que a filosofia moderna também teve os seus, como Descartes e Kant; mas não se trata de nada disso: está-se a falar de mentes poderosas, mas ordinárias, além de *standards* e de comparações, sem o tudo ou nada da atração pelo abissal ou do começo absoluto e do ponto zero. Outra barreira a vencer é o preconceito da originalidade, associado ao preconceito de gênio, nas artes e também na filosofia, que leva à busca da originalidade e da obra única incomparável. Busca essa em um tempo de tremenda profusão de publicações e de enorme inflação de autorias, ao dar vazão às forças avassaladoras da indústria cultural, que passaram a pautar tudo: se já era impossível falar de originalidade e de obra única na época de Descartes, que copiou Santo Agostinho, ou mesmo na época de Aristóteles, que glosou Platão, o que dizer hoje, em qualquer lugar do mundo, inclusive no Brasil, quando a filosofia se estandardizou, ao criar o padrão acadêmico das publicações, e se transformou em um imenso hipertexto? Então – convenhamos –, se é verdade que o sistema de obras foi instaurado nesta parte do Hemisfério Sul, na *Terra Brasilis*, não é menos verdadeiro que com ele não foi legada "a obra" única ou uma "obra-prima", e menos ainda legado um conjunto delas, mas um gradiente com *ups* e *downs*. Quer dizer, um gradiente de diferentes graus de originalidade, com os *mais* e os *menos* dispersados, e mesmo de todo ausentes, devido ao mimetismo, prevalecente no conjunto saturado de exegeses, artigos, ensaios, manuais e outras peças de divulgação que hoje caracterizam a produção filosófica brasileira. Produção incremental ao fim e ao cabo, prevalecendo a profusão do mais do mesmo. Tudo somado, a distância temporal ainda é curta demais para que o selo de originalidade ou de obra-prima *brasileira* imprima-se sobre uma delas: o candidato é o legado de padre Vaz, que de todos tem a obra mais vasta e em boa parte ainda não publicada, e – sinal dos tempos – a geração atual mal sabe da existência dele.

Quanto às duas outras conquistas, os virtuoses e as *technai*, é preciso considerar que, ao ocuparem a cena filosófica brasileira, os virtuoses trouxeram consigo as tradições, as escolas e as correntes da filosofia, algumas recentes, outras mais antigas, gerando em diferentes pontos do país um verdadeiro mosaico. Foi o que se sucedeu em São Paulo, no Rio, em Minas e no Rio Grande do Sul, e de tal forma que não haverá nada de relevante feito pelo mundo afora que não seja encontrado por aqui. Se há uma novidade, e de fato houve, e da maior importância, foi a crescente influência da filosofia anglo-americana entre nós, rarefeita em décadas recentes e mesmo nula no passado distante, mas agora massiva e robusta, primeiro via filosofia analítica, seguida pelo pragmatismo e suas vertentes "neo" tardias. Fazendo-lhe *pendant*, continuam presentes e sumamente influentes as inúmeras vertentes da chamada filosofia continental, com as tradições franco-alemãs em linha de frente.

Embora a filosofia pelo mundo afora não tenha um *mainstream*, tamanha é a diversidade de caminhos e de experiências intelectuais, e nunca se tenha determinado como um *corpus* de verdades adquiridas, muito menos demonstradas, pode-se dizer que no ambiente contemporâneo há duas tradições que rivalizam entre si nos planos doutrinal e metodológico: já bastante exploradas pelos estudiosos, para além dos efeitos de superfície (anedotários etc.) elas acarretaram profundas repercussões na *techne* e na maneira de fazer filosofia, conforme mostrei em livro publicado recentemente e já citado ao longo desses ensaios (Domingues, 2009).[3] Ora, também no Brasil vai se encontrar coisa parecida, e ela deverá ser levada em conta ao se tratar da *techne* no capítulo da "formação", como, aliás, foi feito nos passos precedentes ao se focalizar o *ethos*. Contudo, ao recontextualizar a linha argumentativa de *O continente e a ilha* para o ambiente brasileiro, será preciso mais de uma recalibragem, ao considerar a cena atual e os colegas que venho citando com certa insistência, incluindo o livro organizado por Marcos Nobre et al.

Antes de mais nada, quanto às *technai*, houve a troca do *distinguo* e dos torneios dialéticos (disputas) da escolástica jesuítica, bem como da verbosidade da tradição retórico-bacharelesca, pela argumentação técnica circunstanciada: bem entendido, argumentação, que não quer dizer demonstração, tendo por fio o argumento ou um conjunto de argumentos, podendo estar lastreada na experiência ou não, na história ou no senso comum – e, como tal, cindida da retórica, oriunda da erudição (histórica e filológica) e urdida pela lógica, resultando em um novo *modus faciendi* da filosofia. Todavia, não se adquiriu de fato uma *techne* ao longo dessa formação, com a exposição do noviço nacional às tradições mais importantes que dominavam a cena filosófica mundial, mas duas *technai*: como tantas vezes ressaltado, a via dos que faziam filosofia na extensão da lógica, alinhando-se à tradição anglo-americana; a via daqueles que faziam filosofia na história da filosofia, alinhando-se à tradição franco-alemã. Conforme será mostrado, são esses os dois caminhos que caracterizariam a filosofia

---

3 A obra é dividida em duas partes, como já ressaltado: a primeira consagrada à tradição anglo-americana, incluindo a filosofia analítica; e a segunda, à chamada tradição continental, focalizando as filosofias francesa e alemã contemporâneas.

brasileira em anos recentes, e são essas duas *technai* que vão formatar, não exatamente as demonstrações filosóficas – expressão que não faz sentido em filosofia, que não é uma ciência formal e não pode blindar suas postulações –, mas as argumentações filosóficas, como foi lembrado, ponto esse essencial e ao qual volto mais uma vez. Quanto ao mais, embora a referência às duas tradições autorize falar em bifurcações e polaridades, e de fato elas existem, haverá também simbioses e fusões, tornando menos crispadas as relações entre os dois campos, ao menos em certas filiações e abordagens, como será mostrado.

Quem faz uma excelente defesa daquilo que será o núcleo duro da *techne* analítica, o uso lógico do argumento, ainda que sem se alinhar inteiramente ao credo analítico, é Balthazar Barbosa Filho, na entrevista publicada em *Conversas com filósofos brasileiros*:

> Nessa acepção do fazer filosofia, penso que o Brasil ainda não possui um estilo próprio, mas, talvez, comece lentamente a esboçá-lo e comece a introduzir uma forma argumentativa dominante de filosofia. Não se pode esquecer que a filosofia no Brasil, talvez por sua proveniência jurídica, acentuou muito a retórica. Se se ler os textos de filosofia no começo do século XX, percebe-se como eram retóricos e pouco argumentativos. Penso que progressivamente a ideia de argumentação tornou-se um pouco [mais] importante na filosofia no Brasil, assim como o fato de considerar que uma ideia clara não é necessariamente uma ideia trivial e que uma ideia obscura não é necessariamente uma ideia profunda. Nesse sentido, talvez seja permitido pensar em algo que possa vir a se chamar filosofia brasileira. (Nobre; Rego, 2000, p.410)

Não obstante, embora seja a favor de uma argumentação circunstanciada, Balthazar não defende o logicismo, nem a necessidade de fazer *tabula rasa* da história da filosofia, como propuseram Carnap e Searle. Em vez disso, ele vê na história da filosofia não exatamente uma técnica de argumentação (o que ele não diz explicitamente), mas uma inesgotável fonte de problemas filosóficos. Além de manancial, um fecundo e indispensável instrumento de aprendizagem da filosofia, ao fazer seu o bordão "ignorar a história da filosofia é condenar-se a repeti-la", vendo em sua aquisição um importante meio de ganhar tempo. De acordo com ele, há duas maneiras igualmente equivocadas de fazer história da filosofia: com uma veneração sacrossanta da obra do filósofo, tomando-o como autoridade, e acreditando que o máximo que se pode fazer é reproduzir seu pensamento *ipsis litteris* (princípio da fidelidade); ou, como fazem os historiadores analíticos de Oxford, com desprezo e certa negligência, acreditando-se mais bem preparado do que os filósofos antigos, que não sabiam nada de lógica fregeana (ibidem, p.411-412).[4]

Ora, comenta Balthazar, ao se referir ao que se passa entre nós, em Porto Alegre ou em Belo Horizonte, distantes de Oxford e de Heidelberg (exemplos meus):

> Esses dois equívocos, em relação à história da filosofia, estão pouco a pouco sendo evitados no Brasil, em que se começa a ter um cuidado crescente em perceber que os pensadores clássicos não pensavam necessariamente como nós fomos habituados a pensar. Isso tem a seguinte vantagem: reconhecer um pensamento alheio facilita reconhecer as nossas próprias opções e decisões fundamentais. Funciona, muitas vezes, como um contraste: se uma pessoa reconhece uma tese alternativa, torna-se possível a ela reconhecer que sua tese tem alternativas, e, portanto, isso faz com que ela compreenda melhor seus próprios argumentos. (Ibidem, p.412)

Uma defesa parecida o estudioso irá encontrar em Raul Landim e Guido de Almeida, ambos à sua maneira "analíticos", falando um deles de um "Descartes analítico", o outro, de um "Kant analítico".

Landim, por exemplo, na entrevista publicada em *Conversas...*, fez extensas considerações explícitas sobre as virtudes do método analítico. De resto, visto como análise conceitual ou método de clarificação de conceitos, sem que isso signifique introduzir um vácuo histórico em torno dele, pois a história e os clássicos contam, e muito, de sorte que o método adequado para trabalhar os textos e os problemas filosóficos é o histórico-conceitual. Assim, ele diz que seu interesse pela lógica e pela filosofia começou muito cedo, desde os tempos em que fazia doutorado em Lovaina, quando seguiu os cursos de Ladrière, seu orientador, com cuja ajuda travou contato com as obras de Kant, Carnap e Wittgenstein. Tal contato despertou-lhe a atenção sobre os problemas metafilosóficos (formulação minha) ligados à natureza do conhecimento gerado pela filosofia, que não lida com fatos, nem tem objeto próprio, levando-o a descobrir a proximidade entre Kant, Wittgenstein e a filosofia analítica:

> Kant tem uma concepção semelhante à concepção analítica da filosofia no sentido de que o conhecimento filosófico não é um conhecimento de objetos

---

[4] Permiti-me ampla liberdade ao retomar o argumento de Balthazar, oferecendo uma formulação mais minha do que dele.

(coisas ou eventos), mas é um conhecimento de regras ou de princípios que tornam possível o conhecimento de objetos, isto é, a filosofia é um conhecimento racional por conceitos. E os conceitos (filosóficos) permitem formular regras (princípios) de identificação de objetos. Por mais estranho que possa parecer, o *Tractatus logico-philosophicus*, de Wittgenstein, que não tem qualquer vinculação histórica com a *Crítica*, retoma uma temática análoga à temática kantiana ao introduzir a distinção entre *mostrar* e *dizer*, entre esclarecimento conceitual, efetuado pela análise (lógica) da linguagem, e conhecimento de fatos. (Ibidem, p.256)

Essa maneira de ver a filosofia e de trabalhar as questões filosóficas, que ele descobriu em Lovaina, na Bélgica, e, portanto, em plena Europa, pode ser contrastada com a diferente concepção de filosofia e de método filosófico da chamada tradição continental. Encontrada na Bélgica e em outros centros importantes da Europa, tal tradição buscaria o liame dos problemas e dos sistemas filosóficos na história da filosofia. Disso resultaria uma diferença de estilos (formas) que, no fundo, traduz distinções de doutrina e de concepção, colocando os estudos conduzidos por uma e por outra tradição em rotas bem diferentes. Assim escreve Landim:

[...] os estudos anglo-saxões sobre Descartes e Kant, muito em voga atualmente, contrastam também com alguns estudos continentais desses autores. O objetivo da abordagem anglo-saxônica é o de reconstruir a argumentação do texto avaliando a coerência e a validade das teses apresentadas. Raramente esses estudos são meramente descritivos ou eruditos. As influências históricas, o contexto de produção do texto não são considerados como elementos essenciais para a compreensão das teses do autor estudado. Além disso, a reconstrução da lógica argumentativa do texto não impede que sejam introduzidos instrumentos e categorias externos à teoria do autor estudado. Essa reconstrução da lógica permite uma tomada de posição do historiador (e do leitor), isto é, permite uma avaliação das teses do autor estudado. Um historiador da filosofia anglo-saxônico pretende também ser um filósofo. (Ibidem, p.257-258)

O contraste com os continentais é introduzido mediante a referência a Gueroult, cuja fama deve-se bastante a seus estudos sobre Descartes, e conhecido por estabelecer a clivagem entre a filosofia e a história da filosofia, dizendo que são duas coisas diferentes, como, aliás, bem o mostra seu caso pessoal: simplesmente, desde os tempos da USP, e mesmo antes, ele nunca se propôs a ser um filósofo, mas um mero historiador, pautando-se por sua decisão de fazer análise de textos, ficando no terreno da pura imanência, e desde logo justificando a confusão jamais desfeita entre exegese e história da filosofia. Contudo, o mesmo contraste poderia ter sido feito no interior da filosofia analítica, ao se comparar os procedimentos acima dos historiadores anglo-saxões com os de Carnap, por exemplo, eminente representante das versões mais *hards* daquela corrente. Assertivo e com pensamentos límpidos, ele dirá que fazer filosofia é uma coisa, e fazer história da filosofia, outra, evidenciando a existência de mais de uma filosofia analítica, ele próprio se alinhando à primeira vertente, considerada a mais exigente e genuína. Cabe, no entanto, observar que Gueroult e seu estruturalismo metodológico de fato não são o modelo ou o exemplo que melhor representa a posição média dos estudos continentais e sua relação com a história da filosofia: sobre esse ponto, o melhor contraste seria, sem dúvida, com aqueles estudos continentais conduzidos no terreno da pura erudição histórica, como os de Gilson sobre a filosofia medieval, de Gouhier sobre Descartes, de Philonenko sobre Kant e de Cassirer sobre a Renascença. Voltarei a esse ponto na sequência, ao focalizar a segunda rota.

Concluindo, por mais que considere que as distinções de estilo traduzem diferenças de concepções e de doutrina mais "intratáveis", polarizando os dois campos, Landim entende que, no fundo, as controvérsias entre fazer filosofia e fazer história da filosofia são "uma polêmica estéril, embora seja real" (ibidem, p.258). De seu ponto de vista:

> [...] a melhor maneira de fazer filosofia é analisar as questões filosóficas através de um método de análise histórico-conceitual. Uma questão filosófica geralmente tem um "enraizamento histórico", isto é, ela (ou alguma questão conexa a ela) foi tematizada por um texto, clássico ou contemporâneo. Reconstruir a lógica argumentativa do texto [...] é o primeiro momento da análise que denomino de histórico-conceitual. [...] [E] como o objetivo principal é usar o texto para elucidar a questão, é legítimo explicitar, acrescentar, corrigir a lógica do próprio texto. (Ibidem, p.259)

E, mais uma vez, o que está em jogo na filosofia analítica não é a doutrina e o sistema, mas o método e a *techne*, de modo que se está diante de uma filosofia do método, do método da análise filosófica, e não de algo mais robusto ou ambicioso, como uma concepção metafísica ou uma visão de mundo.

Quanto a Guido de Almeida, em sua entrevista publicada em *Conversas...*, referindo-se ao período em que esteve próximo de Tugendhat, ele afirma que relativamente cedo percebeu que a oposição apresentada pelo alemão, a pretexto de defesa da filosofia analítica, entre a fenomenologia e essa corrente filosófica de fato era "simplificadora" (ibidem, p.232). Todavia, não deixou de dar-lhe razão no tocante à sua concepção da filosofia analítica como "mais interessante, mais produtiva e mais livre de ambiguidades" (ibidem, p.232).

É nesse quadro, já influenciado pela filosofia analítica, que se deu sua aproximação com Kant, iniciada na Alemanha em 1966 e continuada depois no Brasil, resultando em sua celebrada edição crítica da *Fundamentação da metafísica dos costumes*. A proximidade de Kant com aquela tradição já tinha sido avistada por outros estudiosos antes dele – é bom que se diga, como no caso de Strawson –, e ele próprio não teve dificuldade de reconhecer esse importante ponto, ao constatar que, para o grande filósofo alemão, "a filosofia não é, em sentido próprio, uma forma de conhecimento, mas de reflexão e de aclaramento conceitual" (ibidem, p.236). Tal como foi vista e exercitada por Kant, essa atitude clarificadora não deve ser restringida à atividade cognitiva e, por extensão, à epistemologia, estendendo-se também à ação, à moral e à estética. Não lidando com fatos, os problemas filosóficos surgem não da ignorância deles, "mas da falta de clareza [dos] conceitos" atinentes, e sua solução – elucidação, melhor dizendo – se dá por oposição e em contraste (clareza/obscuridade). Daí sua conclusão de que "a abordagem dos problemas filosóficos só se pode fazer de uma maneira dialógica e polêmica", tal como patrocinado pela filosofia, de sorte que a discussão dos problemas e o confronto das teorias devem ser considerados algo essencial, não apenas ao se estudar Kant, mas todos os clássicos da filosofia (ibidem, p.236).

Por fim, arremata, generalizando:

> A filosofia analítica é um império em expansão que, ao mesmo tempo, está ficando multiforme e multicolor. O último grande acontecimento ligado a ela foi a descoberta dos problemas clássicos da filosofia. Os filósofos analíticos primeiro descobriram Aristóteles, depois descobriram Kant, Descartes, Leibniz e, com isso, a filosofia analítica garantiu a sua sobrevivência, incorporando os temas clássicos da filosofia, da metafísica, da filosofia moral a seu registro. É preciso ressaltar que, hoje, a filosofia analítica é apenas um método de aclaramento conceitual e de argumentação, que se esforça para tornar os conceitos claros e [...] para dar razões ao que se afirma. É claro que existe também uma filosofia analítica dura, ligada ao empirismo, a uma concepção positivista da ciência, mas isso é um momento transitório da história da filosofia. Contudo, a filosofia analítica pensada por aquele método de aclaramento conceitual e de argumentação se expandiu. Pode-se abrir a *Kant-Studien*, por exemplo, e constatar que a maioria de seus artigos são escritos num espírito analítico; se se abrir

os livros, as coletâneas publicadas continuamente sobre Aristóteles – sobre a filosofia moral, a metafísica etc. –, constata-se também que tudo é concebido num espírito analítico. E isso não significa uma redução empirista. (Ibidem, p.246)

Ato contínuo, ao ser indagado se esse é também o sentido dado à revista *Analytica*, da qual ele é um dos fundadores, responde:

> A palavra "analítica" não é propriedade privada da filosofia que reivindica esse nome no século XX [...]. Esse título tem uma história que remonta aos *Analíticos* de Aristóteles. Passa por Kant, no qual designa o próprio núcleo da filosofia transcendental. E, em nossos tempos, até mesmo Heidegger a utilizou para caracterizar a filosofia como uma "analítica existencial". [...] Como se vê, o termo encontra acolhida nos mais diversos sistemas filosóficos, e isso é compreensível, porque designa esse núcleo comum a toda filosofia, que é a análise de conceitos, e foi nesse sentido amplo que a palavra foi escolhida para dar título à revista. (Ibidem, p.246)

Passando para o campo dos continentais, bastante facilitado pelas considerações acerca da tradição anglo-americana que fez do método analítico uma de suas mais importantes vertentes (há outras, como o pragmatismo, o empirismo lógico etc.), e com expoentes de primeira linha no Brasil, ainda que nada ortodoxos ao buscarem a companhia da história da filosofia, é essencial considerar que aquela tradição (continental) é vastíssima. Há mais de uma maneira de ver as relações da filosofia com a história da filosofia: a de Nietzsche, ao dizer nas *Considerações intempestivas* que o espírito histórico e a mania de revolver a história é coisa de coveiro, e que o excesso de erudição histórica atrapalha e deve ser deixado de lado; a de Heidegger, que diz que a história da filosofia ocidental é a história da errância e do extravio do ser, sendo a proposta adequada a esse estado de coisas não a conservação da tradição, mas a *Destruktion*, vista como a superação do entrave metafísico e a liberação do novo solo onde vai se enraizar o verdadeiro pensar; e a de Hegel, que via na história da filosofia e no trabalho do filósofo por ela guiado a rememoração do ser e o enriquecimento da experiência do existir, abrindo ao ente novas possibilidades, não sua perda ou extravio: a filosofia é a experiência do tempo histórico apreendida como conceito – dirá.

Em *O continente e a ilha*, ao tomar as tradições continentais francesa e alemã em conjunto, chamando-as justamente de tradição franco-alemã e mostrando que o ponto de união entre elas é a centralidade da história da filosofia, não deixei de observar, entretanto, que esse ponto que as conecta é o que as separa, exigindo mais de uma recalibragem na ideia de fazer filosofia na esteira da história da filosofia. Um caminho é o de Hegel e o dos historiadores da filosofia alemães, que propõem a abordagem histórico-sistemática, como Cassirer ao tratar da época da Renascença. Outro caminho é o de Foucault que, em uma mesa-redonda ocorrida em 1978 e reproduzida em um livro organizado por Perrot em 1980, afasta-se da ideia de sistema e de totalidade e põe sua filosofia na rota do ensaio, do fragmento e do canteiro de obras:

> Não gostaria de que aquilo que pude escrever ou dizer [o contexto é a publicação de *Vigiar e punir* e seus desdobramentos] apareça como trazendo em si uma pretensão à totalidade. Não quero universalizar o que digo; e, inversamente, o que não digo, não o recuso, não o tenho forçosamente como não essencial. Meu trabalho está entre pedras de espera e pontos de suspensão. Gostaria de abrir um canteiro, tentar e, se falhar, recomeçar de outro modo. [...] *Meus livros não são tratados de filosofia nem estudos históricos; no máximo fragmentos filosóficos em canteiros históricos.*[5] (Foucault, 2010, p.336)

Não é exagerado dizer que essas possibilidades, a exemplo da filosofia analítica, teriam seus expoentes no Brasil, de sorte que a *techne* erudita e historiográfica, ao se instalar no país, viu-se polarizada em duas grandes tendências: aquela que julga que fazer filosofia é fazer história da filosofia, e aquela que pretende que são duas coisas diferentes. Assim, quem faz filosofia deve tomar distância da história da filosofia, ainda que reconheça que a ela seja um meio importante para a aprendizagem da filosofia e para a aquisição do conhecimento filosófico.

Um excelente exemplo da segunda tendência é Oswaldo Porchat. Na entrevista publicada em *Conversações*, recordando sua formação e o peso da herança estruturalista, ele dirá que nunca quis ser propriamente um "historiador da filosofia", conquanto tenha aprendido com Gueroult e Goldschmidt que "fazer filosofia corretamente era fazer história da filosofia" de alguma maneira. Todavia, com o passar dos anos, ele foi levado a aliviar o peso de tal herança e formatar outra visão da relação entre filosofia e história da filosofia:

---

5 Trata-se de uma mesa-redonda ocorrida em 1978 com a participação de François Ewald, Carlo Ginzburg, Jacques Revel, entre outros, além do próprio Foucault, e publicada em *L'impossible prison – Recherches sur le système pénitentiaire au XIXe siècle*, organizado por Michelle Perrot e editado pelas Editions du Seuil em 1980; a ênfase na última frase é minha.

Num sentido muito particular, sou estruturalista até hoje: penso que o método estruturalista é o melhor método para a *primeira leitura* de um pensador, para se descobrir a lógica interna das razões, a estrutura da obra. Trata-se tão somente de um instrumento de trabalho, um instrumento para pensar. Enquanto naquela época isso para mim era tudo, hoje é apenas uma etapa, porque depois disso vem o diálogo pessoal com o filósofo: tendo-se aprendido (supostamente) a sua filosofia, interage-se com ela, toma-se posição em relação a ela, endossando-a – total ou parcialmente – ou não a endossando. Enfim, não se está obrigado a ser um historiador. Pode-se ser um filósofo por conta própria, ainda que, é claro, buscando na história da filosofia um alimento precioso, como parte do desenvolvimento e da exposição de seu próprio pensamento. (Nobre; Rego, 2000, p.122)

Não tenho condições de avaliar aqui a correção ou não da posição de Porchat acerca de Gueroult e da tese, segundo o francês, de que fazer filosofia é fazer história da filosofia, em visível confronto com Raul Landim, que diz exatamente o contrário, que Gueroult não se considerava um filósofo, mas um historiador. Digo não ter condições por considerar algo elípticas as observações de Porchat, que pega uma metade da proposição dizendo que fazer filosofia é fazer história da filosofia, e deixa na penumbra a outra metade: fazer história da filosofia é fazer filosofia. O certo, porém, é que Porchat se afastou de Gueroult e de Goldschmidt (embora continuasse reverenciando este, de quem fora muito próximo, desde os tempos em que estudou em Rennes). Afastou-se, por entender que a visão dos dois era limitada, terminando por condenar o interessado em filosofia a fazer história da filosofia, e por julgar, o próprio Porchat, que desse jeito não seria mais possível "pensar filosoficamente" (ibidem, p.122). Tudo somado, ao se considerar esse ponto, logo se verá que não se trata de um problema pessoal e de menos importância, a ser creditado aos azares da influência francesa entre nós ou sobre um de seus maiores epígonos em São Paulo. Trata-se, ao contrário, de um problema de maior monta e que marcou em profundidade o ensino de filosofia no Brasil, levando Porchat a dizer que é preciso "libertar o ensino brasileiro de certa ênfase exagerada na história da filosofia, de certa orientação estruturalista radical" (ibidem, p.126). Esse diagnóstico, sem tirar nem pôr, ainda que sem falar de estruturalismo, é o mesmo de Carnap na época em que ele patrocinou a reforma do curso de doutorado de filosofia na Universidade de Chicago (anos 1950), dizendo que era preciso trocar a ênfase excessiva em história da filosofia pela análise dos problemas filosóficos. Quanto a Porchat, sabe-se que ele próprio buscou a companhia da filosofia analítica, bem como de sua ferramenta, a lógica, em estágios pós-doutorais nos Estados Unidos, e, descobrindo que não poderia blindar a filosofia com o ferramental da lógica, preferiu ficar com a companhia definitiva do ceticismo, do qual ele é seu mais conhecido epígono nestas paragens.

Por sua vez, o melhor representante da primeira tendência talvez seja padre Vaz, em cujas obras e declarações não se vão encontrar fórmulas tão contundentes sobre as relações entre a filosofia e a história da filosofia, nem muito menos o endosso da ideia de Porchat da influência do estruturalismo radical no ensino superior brasileiro, e sobre a história da filosofia praticada entre nós. O exemplo é Émile Bréhier, também ele francês e historiador da filosofia, mas que tinha outra visão das relações entre a filosofia e a história da filosofia e que deixou um importante legado no Rio e em Minas Gerais, diferente do de Gueroult. Assim, em Minas Gerais, ele cita Versiani Vellôso, que era discípulo de Bréhier e não pegou a rota do estruturalismo. No caso do Rio de Janeiro, com uma influência mais difusa, tendo como epicentro a Faculdade Nacional de Filosofia, onde Bréhier ensinou em seus primeiros anos, padre Vaz notou que o grande historiador, com seus horizontes largos, conferiu à história da filosofia "uma espécie de dignidade filosófica" (Vaz, 1997, p.99). Quanto a seu próprio pensamento, ainda que sem reconhecer a influência direta de Bréhier, é possível, não obstante, reconhecer a importância da história da filosofia em sua visão da filosofia e de sua maneira própria de fazer filosofia. Para tanto, sem a necessidade de consultar sua volumosa obra, basta reunir as observações espalhadas nas entrevistas publicadas em *Conversas...* e em *Cadernos de Filosofia Alemã*, algumas delas citadas nos 1º e 5º Passos.

Por um lado, junto com a vigorosa proteção das conquistas da civilização ocidental, sendo a filosofia uma das maiores, haverá a defesa da tradição filosófica como fonte permanente de referência e de aprendizagem da filosofia. Esse é o caso dele, Vaz, conhecido pela vasta erudição e por sua mente enciclopédica, mas que deveu sua formação, por um lado, à frequentação da neoescolástica nos escolasticados jesuítas, reunindo a influência do tomismo medieval e sua atualização contemporânea pelo espiritualismo católico francês; por outro, à incorporação posterior a seu *background* filosófico da influência de Platão e de Hegel, como ele próprio reconhece. Assim, em sua vasta produção filosófica, não vão faltar obras e estudos em metafísica, antropologia filosófica, filosofia da história e filosofia moral, não sendo difícil constatar o peso e a extensão da argumentação histórica em sua filosofia, levando-o a reconhecer em *Conversas...* o peso da herança grega em sua ética, para além da tradição cristã:

O conceito fundamental aqui, recebido de Platão e Aristóteles, é o conceito de *Bem*, que se apresenta como conceito metafísico, sendo um conceito transcendental coextensivo com o *ser*, e, como conceito antropológico, definido como Fim e estrutura teleológica do ser humano como ser que se autodetermina para o Bem. Estes dois conceitos fundamentais, antropológico (Eu como expressividade) e ético (Bem), guiaram-me na redação dos dois textos, *Antropologia filosófica* (2 vols.) e *Introdução à ética filosófica* (2 vols.), que publiquei recentemente. (Nobre; Rego, 2000, p.36-37)

Então, vista sob esse prisma, a história da filosofia não será considerada com desconfiança e tomada como barreira do pensar filosófico, mas sim com crédito e como condição do filosofar, reconhecendo padre Vaz no liame entre filosofia e história da filosofia algo cossubstancial e constitutivo do verdadeiro filosofar. Diferentemente de Porchat, que as cinde, e de Foucault, que troca o sistema pelo fragmento e vê na história da filosofia o canteiro de obras do filósofo, Vaz procura outra coisa e une o espírito de sistema dos alemães com a não menos hegeliana historicidade da filosofia, acomodando o hegelianismo no neotomismo e mesmo no helenismo, com Aristóteles na linha de frente. Simplesmente, segundo Vaz, ao se colocar a serviço da filosofia, a história da filosofia deverá ser cultivada como rememoração do ser e conservação das raízes da humanidade, e por extensão da civilização ocidental com suas duas matrizes, a greco-romana e a judaico-cristã, e, a esse título, integrada na argumentação filosófica – essa é a proposta.

Por outro lado, haverá a *mise en garde* e a tomada de posição de cautela em relação aos excessos da tradição e da história, que levam ao tradicionalismo e ao historicismo, como externadas na entrevista concedida aos *Cadernos de Filosofia Alemã*.

Contra o tradicionalismo:

O tradicionalismo é uma degradação da tradição. Entendo "tradição" como uma espécie de elo contínuo que pode nos levar ao passado. Só se pode ter contato com o passado pelo elo que ele nos transmitiu sucessivamente, mediante documentos arqueológicos ou documentos escritos. Enfim, a História é história dos documentos; não existe outra História e ela não é adivinhação do que foi o passado. Tradição é simplesmente esse elo contínuo que nos liga ao passado. (Vaz, 1997, p.87)

Não seu culto ou seu congelamento puro e simples – pode-se dizer.

Ambivalência do historicismo: visto como um mal a ser combatido e repudiado, por alimentar o ceticismo e destruir a tradição – pode-se dizer –, mas que poderá ser integrado na filosofia, ao se achar a justa perspectiva, como pretende Vaz, dizendo ter afinidade com ele e se mostrando preocupado com seu declínio (ibidem, p.83). A perspectiva é a de Hegel, que soube neutralizar as inconveniências da pulverização do devir e do mal infinito da alteridade (o outro que se remete ao outro, e esse, ao outro, ao outro, e assim indefinidamente, sem jamais poder estabilizar-se em um ponto qualquer, o *eu* ou o que seja, levando ao relativismo – formulação minha) ao integrar a diferença na identidade. Simplesmente,

> [...] a diferença hegeliana não é uma diferença que se opõe, porque na diferença a identidade é conservada, mas diferentemente; é tal dialética do mesmo e do outro, a diferença é o *outro* do *mesmo*. E, portanto, a História poderia ser pensada assim, porque ela tem de ter uma coerência qualquer, senão seria uma rapsódia, não se poderia comparar um episódio passado com o presente, um não teria nada a ver com o outro [...]

Como acontece com Paul Veyne, diga-se (ibidem, p.84).

Defesa da erudição:

> [...] hoje a filosofia é dividida em muitas – convencionalmente chamadas tarefas filosóficas, mas sem ligação orgânica com o que foi a filosofia até Hegel. Por exemplo, a filosofia hoje, ou presta um serviço ideológico, ou é uma erudição; este, aliás, é o uso mais comum que se faz dela atualmente. Tomemos o *Répertoire International de Philosophie*. Nunca fiz um levantamento, mas suponho que 80% dos títulos ali registrados são de história da filosofia ou têm sempre uma referência histórica. Ela tornou-se um tema da erudição. (Ibidem, p.89)

Defesa do espírito do sistema: nada menos para afastar os riscos da erudição e da história da filosofia que, não neutralizados, levarão à ruína a argumentação filosófica, transformando a filosofia em filologia e a história da filosofia em uma rapsódia, como notou padre Vaz. Ou seja, uma mera compilação de eventos díspares sem qualquer liame racional, na qual "não se poderia comparar um episódio passado com o presente" e um fato "não teria nada a ver com o outro". Resultado: para Vaz, fazer filosofia é fazer história da filosofia, como para Hegel, que foi um misto de erudito e filósofo, tendo reinventado a filosofia ao reinventar a história da filosofia, integrando-a por inteiro no método filosófico, ao fazer da dialética sua estrutura ou armadura lógica, como se fossem um pleonasmo.

Passando para São Paulo, além de Porchat e da Universidade de Campinas (Unicamp), onde a influência anglo-americana foi maior no Centro de Lógica, Epistemologia e História da Ciência (CLE) e compartilhada no Departamento de Filosofia com outras tradições, é preciso acrescentar a USP, onde também atuou Porchat, conhecida como reduto por excelência da influência francesa e, por extensão, da tradição continental. Assim, Giannotti dirá na entrevista concedida à revista *Trans/form/ação*, como já salientado, que, para ele, fazer filosofia é fazer história da filosofia, e vice-versa, não existindo "[...] um discurso sobre a história da filosofia que não seja simultaneamente filosofia" (Giannotti, 1974, p.35). Quanto às influências, elas formam, segundo ele, um arco que vai da filosofia alemã, com Marx e Husserl, à frente (ibidem, p.25 e 28), à filosofia francesa, abarcando Goldschmidt (ibidem, p.29), Merleau-Ponty (ibidem, p.29) e Granger (ibidem, p.34). Mais tarde, como é sabido, Giannotti se aproximou de Wittgenstein e de Quine, o primeiro, um dos pais da filosofia analítica; o segundo, o último analítico e o primeiro pós-analítico, ambos não muito chegados à história da filosofia na abordagem das questões filosóficas.

Constituindo com Porchat e Giannotti a trinca dos monstros sagrados da USP, conforme notou Paulo Arantes, Bento Prado em mais de uma ocasião deixou claro seu pensamento sobre as relações entre filosofia e história da filosofia. A começar pela entrevista ao *Mais!*, na qual sentencia: "Como não faço uma distinção fundamental entre história da filosofia e filosofia, não vejo como descrever a experiência contemporânea do mundo sem um pouco de história da filosofia" (Prado Jr. apud Schwartz, 2003, p.184). Reputado por sua francofilia e suas especialidades em Bergson, Sartre e Rousseau, Bento, ao se alinhar à filosofia continental, manteve-se o tempo todo em guarda contra as etiquetas costumeiras de filosofia alemã e filosofia francesa, preferindo tomar a tradição continental em bloco, em vez de cindi-la em duas ou mais vertentes. Referindo-se a Sartre e à filosofia francesa (e quem poderia ser mais francês do que Sartre?), lembra que "[...] Sartre ironizava essa história do cartesianismo francês, que é uma coisa de jornalista, como se todo francês fosse cartesiano, como se fosse uma alma francesa, assim como os ingleses eram empiristas" (Prado Jr. apud Moraes et al., 1986, p.109). Na mesma entrevista concedida ao *Mais!*, voltaria mais uma vez ao ponto, com a intenção notória tanto de embaralhar as duas tradições quanto de aprofundar o abismo que separa a filosofia continental da filosofia anglo-americana.

Embaralhamento:

Meu artigo no *Mais!* [29 de agosto de 1999], republicado depois na *Magazine Littéraire*, mostra que, para Sartre e Merleau-Ponty, o que importa são a fenomenologia e a dialética – Hegel, por meio de Alexandre Kojève, e fenomenologia, pela via de Jean Wahl. No fundo eles descobriram e optaram pela filosofia alemã, jogando-a contra a tradição espiritualista e epistemológica francesa. (Prado Jr. apud Schwartz, 2003, p.184)

Antes, porém, os alemães já tinham "incorporado Rousseau [...], pelos autores do *Sturm und Drang*" (ibidem, p.191).

Abismo: "Com certeza, a filosofia implica certa dose de tecnicidade. Mas aquilo que se configura hoje como o seu *mainstream*, que é de inspiração analítica, corresponde a um esvaziamento total da filosofia" (ibidem, p.193). E ainda: "O que me interessa é o abismo que separa a circunscrição da subjetividade na tradição analítica e essa mesma circunscrição na fenomenológica" (ibidem, p.193). Todavia, além das diferenças abissais que deverão ser aprofundadas, há as falsas clivagens que precisarão ser desfeitas, permitindo ao estudioso aproximar, em vez de afastar, os autores, como nos casos de Husserl e de Frege, que estavam em busca de coisas parecidas na lógica e na filosofia da linguagem: tais vão ser também os casos de Husserl e Wittgenstein, que reconhecem formulações de suas filosofias nas de Bergson (ibidem, p.193-194). Compreende-se, então, que a *techne* historiográfica, ao gosto dos eruditos e *scholars*, possa levar a argumentações que introduzam *tours de force*, que aprofundem as polêmicas e as crispações, como na tentativa de Bento Prado de descobrir diferenças abissais em sua história jamais escrita da subjetividade moderna. Ou então, numa outra direção, levar a acomodações e a descobertas de liames inesperados, como os insinuados entre Husserl e Wittgenstein. Por isso, em suas mãos, diferentemente de Vaz, que força as homogeneidades, são as heterogeneidades que são visadas, evidenciando que a tradição pode abrigar abismos intransponíveis, como nas rotas das filosofias anglo-americana e continental-europeia. Quanto ao Brasil, integrado à civilização ocidental, mas condenado à periferia do sistema, as analogias se transformarão em mimetismos, e as tensões, em deslocamentos: por um lado, continuaremos a ser um povo caracterizado por uma espécie de "à vontade" com as ideias, e isso leva ao ecletismo; por outro, um povo condenado a produzir, como viu Roberto Schwarz, "ideias fora de contexto ou de lugar" (Prado Jr. apud Moraes, 1986, p.111).

Por fim, é preciso citar Marilena Chaui, conhecida por sua resistência ao método estrutural e por sua tentativa de abrir outros caminhos para a filosofia, especialmente para a filosofia brasileira, tendo sido ela mesma protagonista de uma contribuição importante ao estudo da mentalidade autoritária, e para quem, conforme formulação de Ricardo Musse,

> [...] o método do departamento não se limita à análise estrutural dos textos e incorpora também uma interpretação da cultura, pela associação da história da filosofia com a história da ciência, das artes etc., sem deixar de lado a matriz social e política da história. (Prado Jr. apud Schwartz, 2003, p.185)

Que o leitor me perdoe pelas minúcias com que a questão da *techne* foi tratada, levando ao reconhecimento de acomodações e variantes nas duas tradições principais, bem como a cisões e inflexões em um e em outro agrupamento: assim, Balthazar Barbosa e Raul Landim, que fizeram seus doutorados em Lovaina, na Bélgica, e lá descobriram, com Guido de Almeida, que estudou na Alemanha e lhes era ligado, as vantagens de unir o método lógico da análise dos argumentos, de proveniência da filosofia analítica, com o método da história da filosofia em suas diferentes vertentes, inclusive em Lovaina; em contraste e contraposição com eles, há os nomes de Porchat, Bento Prado, Marilena Chaui, Giannotti e padre Vaz, que se formaram na tradição continental franco-alemã, bifurcada nas escolas francesa e germânica. Contudo, a via por eles seguida não foi a mesma. A começar por Vaz, que, depois de buscar a companhia de Hegel, terminou por se alinhar ao espiritualismo francês em sua vertente moderna (neotomismo, personalismo). Já o grupo paulista aderiu às correntes laicas rivais, como o estruturalismo, o marxismo e o existencialismo, caracterizados os dois últimos por suas matrizes germânicas. E, por fim, Porchat, depois de buscar a companhia da filosofia analítica, uniu-se ao ceticismo, com seus grandes epígonos franceses, como Montaigne, Charron e Gassendi.

Que o leitor considere, ademais, que no capítulo da "formação" da *intelligentsia* filosófica brasileira até agora estiveram em foco nas considerações o *scholar*, o historiador e o erudito, cujos estudos, tendo por eixo as *technai*, vão integrar aquilo que se está chamando com Antonio Candido de sistema de obras filosóficas, ou seja: um conjunto de textos técnicos que abarca os livros, além dos *papers*, e subsume o gênero da tese universitária, proporcionando ao doutorando o treino e as ferramentas, em uma espécie de rito de passagem – e nada ainda foi dito acerca do núcleo racional e da técnica de argumentação do intelectual público, ou antes do filósofo-intelectual público. Nada foi dito, porque não é a mesma coisa, não se trata da mera aquisição da *techne*, ainda que não possa passar sem ela, precisando o intelectual público de algo mais do que a erudição e a lógica estrita da argumentação para chegar ao público, falar-lhe ao coração e convencê-lo: trata-se de um *feeling*, de uma intuição, de uma soma de opiniões e, mais ainda, de um *ethos* que exige uma verdadeira conversão moral, com o talento e a disposição pessoal de ultrapassar os muros da academia e inscrever o pensamento do filósofo na esfera pública da *polis* ou de uma nação. Ou seja: não se trancando no gabinete de trabalho ou evadindo-se do mundo real pela ascese do pensamento puro, mas imanentizando-se na ação, buscando a companhia de outrem e alinhando as ideias – a favor ou contra – ao jogo das forças e dos sistemas de forças nelas atuantes, resultando naquilo que se poderia chamar de força das ideias e correntes de pensamento. E, ao fazê-lo, além do requisito de credibilidade pessoal, tal intelectual deverá ter o gosto ou consentir de correr um risco todo seu, desconhecido do *scholar* trancado em seu gabinete de trabalho e em seu indiferentismo político, podendo estar na Patagônia ou em Palo Alto, a saber: o risco de subir ao céu e ser cegado, acreditando que é um deus, ou de descer aos infernos da política e ser condenado pelo que fez e o que não fez, como aconteceu com Vieira, ao se ver expulso do Maranhão e, mais tarde, ser condenado à prisão em Portugal pela Inquisição. Porém, o modelo do intelectual público moderno vem do direito em simbiose com o *l'homme de lettres*, ou o escritor que vive de sua pena e de seus escritos, tendo como exemplos emblemáticos Voltaire e Zola. Melhor ainda Zola, em meu entendimento, quando o vocábulo intelectual foi criado, como foi visto no 1º Passo, por ocasião do *affaire Dreyfus*, ao longo do qual ele soube como poucos aliar em sua cruzada pela justiça o poder da pena com a mais alta determinação política (uma campanha) e a maior das indignações morais, perto da ira santa. Mas, para chegar lá, precisava mais do que a *techne* argumentativa, precisava de uma tribuna e de um espaço público: o jornal *L'Aurore*, no caso, que publicou o *J'accuse* e proporcionou a grande reviravolta. Contudo, a mídia não é o único meio de se chegar ao público. Pode ser também a tribuna política, o púlpito das igrejas (veja Vieira e seus sermões) e, mais raro, as cátedras das universidades. Em uma e em outras vias, não bastam a lógica e a história, precisa-se da retórica e, antes de tudo, da força irradiadora das ideias. Afinal, o intelectual tem que ter ideias, doutrinas e propostas, e dificilmente a história da filosofia, com seu ceticismo enrustido, com a sua paranoia das palavras, e a filosofia analítica, com sua anemia de ideias arrebatadoras, poderiam desempenhar esse papel.

À pergunta, compreensível tanto quanto inevitável, sobre quem ou qual dos filósofos brasileiros desempenhou esse papel, se é certo que não houve por aqui um Zola nem um *affaire Dreyfus* parecido, não é menos real que não nos faltaram filósofos que desempenharam o papel de verdadeiros intelectuais públicos. A resposta à questão foi iniciada no 2º Passo ao falar de Vieira, mas em uma época em que não havia projeto de nação nestas paragens. Indefinidamente postergada, a resposta só será fornecida no 5º Passo, no contexto do Brasil Moderno, tendo como maiores expoentes Giannotti, Henrique Vaz e Marilena Chaui, secundados por Álvaro Vieira Pinto, que foi condenado ao exílio, perdendo a tribuna (o Instituto Superior de Estudos Brasileiros – Iseb) e a plataforma de ação.

Na entrevista concedida aos *Cadernos de Filosofia Alemã*, deixando ao fundo a experiência da cristandade e colocando em evidência as relações da filosofia com a história, ao encontrar a política em meio a elas, Vaz volta ao ponto e diz que "o filósofo nunca profetiza, apenas analisa" (Vaz, 1997, p.92). Esse é, portanto, o paradoxo: para ser completa, a experiência filosófica e do pensar filosófico não poderá se furtar à política e sobre ela lançar as luzes críticas do intelecto, tomando a rota do intelectual público; contudo, a ação política real vira as costas para a filosofia e é matéria não da crítica e de suas incertezas paralisantes, mas da opinião corrente e de suas certezas arrebatadoras. Por isso, como já o sabia o intelectual das letras, *les gens de lettres*, todo cuidado é pouco. Sabendo disso, ao finalizar as reflexões, vou tentar desenvolver uma análise das perspectivas da filosofia no Brasil ao modo de uma sondagem do futuro que não redunde em profecias, mas no esboço de quadros ou de caminhos possíveis, que deverão ser avaliados em termos de sua plausibilidade, junto com a plausibilidade de modelação de uma nova experiência intelectual.

A pergunta a que se procurou responder, ao se focalizar os últimos cinquenta anos, era sobre a pertinência de se falar de uma filosofia *brasileira*, depois do fiasco do Iseb e da obra de Álvaro Vieira. Este, com seu hegelianismo delirante, comentou sobre consciência e realidade nacional, tomando a dialética do reconhecimento de Kojève como modelo, mas, como viram Vaz e Paulo Arantes, em nenhum lugar o Brasil é analisado e referido.

A resposta foi sim, e a prova é São Paulo – o único estado onde, de fato, se encontra realizada a figura do sistema literário em Antonio Candido, e estendido à filosofia: há uma intertextualidade, as pessoas se leem e se referem, pelo menos os paulistas e mais ainda os uspianos. Outra prova é que em São Paulo vários filósofos se converteram em intelectuais públicos, com outros colegas ocupando a cena pública, como Paulo Arantes e Renato Janine, indo à TV, discutindo em auditórios mais amplos e escrevendo para os jornais. Mas há vários problemas, e eles não são de pequena monta, em um tempo em que nas tradições mais poderosas o intelectual público foi condenado ao desaparecimento, ao se ver vencido pela figura do cientista ultraespecializado e ver abandonada a cena pública aos políticos e às celebridades. Se o desconforto era grande no tocante a países como a França, onde a figura do intelectual público foi inventada, o que dizer do Brasil e do intelectual público brasileiro – economista, sociólogo, historiador ou filósofo?

Uma das grandes dificuldades, senão a maior, ao se focalizar o qualificativo "brasileiro", seja o filósofo brasileiro ou o filósofo-intelectual-público brasileiro, é o provincianismo paulista, ressaltado por Balthazar Barbosa e Paulo Arantes, com a tendência de o intelectual paulista se ensimesmar e tomar São Paulo pelo país, ignorando o que se passa no restante dele. Não sem certa razão, com efeito, devido à vantagem competitiva de São Paulo, fazendo que, de saída, quem publica ou diz alguma coisa na capital bandeirante tem ressonância garantida, transformando-se em um pensador nacional, ao passo que aqueles oriundos de outros estados deverão trabalhar dobrado, empenhar mais tempo em suas vidas e impor um verdadeiro *tour de force* para vencer o anonimato e conseguir igual lastro. Outra dificuldade é a relação especular do filósofo-intelectual com a mídia, cujos holofotes tendem tanto a maximizar e a magnificar os efeitos de superfície do trabalho intelectual, adulando e fabricando gênios municipais, quanto a acelerar o processo de descarte e de obsolescência, aumentando a superexposição e a usura. Outra dificuldade, enfim, é a partidarização do trabalho intelectual, levando ao alinhamento dos filósofos com os partidos políticos e à polarização exacerbada, trazendo para uns os encantos e os empuxes da notoriedade do intelectual público, para outros sua servilização e instrumentalização pelo partido – veja o caso de Marilena Chaui, eminente filósofa e intelectual, mas que deve boa parte de sua notoriedade ao petismo. Este hoje em processo de desidratação moral, não certamente política, pois ganhou as últimas eleições presidenciais, e permaneceu assim com sólida hegemonia nas esquerdas, até recentemente, quando houve as manifestações (2013), seguidas do processo do *impeachment* e agora às voltas com a Lava-Jato e o escândalo da Petrobras, dando a impressão de ter chegado ao fim. Porém, o partido já teve melhores dias, dentro e fora de São Paulo, com Marilena atingindo o apogeu de figura pública, com direito a capa de revista e tudo o mais nos anos 1970-1990, como reconhece Paulo Arantes em uma passagem instigante no livro-entrevista *O fio da meada* (cf. Arantes, 1996b, p.148-149, 152-153, 174, 206, 224 e 241).[6]

Diferentemente de São Paulo, embora encaminhada a implantação, não se consumou em Minas o sistema literário-filosófico nos passos de Antonio Candido: como no Rio, em São Paulo e em Porto Alegre, há em Belo Horizonte vida acadêmica intensa, as pessoas vão a congressos, é comum receber visitantes e todo mundo publica mais e mais *papers,* elevando o taylorismo acadêmico a uma altura nunca antes alcançada. Porém, os mineiros continuam se ignorando, ninguém conversa com o vizinho e não há o encadeamento de obras e de discussões. A exceção foi padre Vaz, como viu Paulo Arantes em seu depoimento várias vezes citado; além de reconhecer a importância extraordinária de sua obra, enxerga em sua pessoa e em sua atividade um verdadeiro intelectual público. E o que é importante: não como o intelectual público paulista "turbinado" pela mídia e pelo partido; sim, como um tipo absolutamente *sui generis,* que teve uma atuação pública ao fundar a Ação Popular (AP) e influenciar a Ação Católica nos idos de 1960; mas que depois se afastou da cena pública e se recolheu na Universidade Federal de Minas Gerais (UFMG), mais tarde na Faculdade Jesuíta de Filosofia e Teologia (Faje), em Belo Horizonte. Porém, embora isolado, ensinando Hegel e sem falar abertamente de política, continuou muito influente, com sua voz atingindo os quatro cantos do país. Daí o paradoxo, registrado por Paulo Arantes e já comentado no passo anterior: Vaz era um intelectual *público,* mas absolutamente *privado.*

Esses são, pois, o contexto c os contrastes que se vai levar em conta ao se procurar perspectivar o futuro da filosofia brasileira depois de se aclimatar em solo nacional, protagonizar a formação da *intelligentsia* e dar seus primeiros frutos. Tendo-os ao fundo, duas hipóteses conservadoras vão guiar as análises, cuja aceitação dará às possibilidades o caráter de *tendências,* em razão da força coercitiva e da ação aglutinadora, e também niveladora, dos processos que as abarcam. Porém, não lhes dará a natureza de decretos do destino e a expectativa de sua realização inexorável – de resto, impossíveis

---

6 O autor apresenta, nessas páginas, um vigoroso perfil intelectual da filósofa. Especialmente na p.149, ao ressaltar sua (dele, PA) volta ao Brasil, quando se depara com Marilena "dominando a cena filosófica nacional ao longo daquela década de 1970", em meio às desavenças com Giannotti, ao compartilhar a *avant-scène* com ele. E na p.152, em um trecho em que ele se lembra "de um pronunciamento apoteótico da Marilena em 1977, o Tuca pondo gente pelo ladrão naquela SBPC", tornando evidente a mudança do *modus faciendi* da filosofia – pode-se dizer –, mais pública, ocupando a esfera pública, e mais "barulhenta", segundo Arantes, e por isso mesmo – digo eu – mais ouvida e lastreada.

nas matérias históricas, como no caso das ações humanas, que são contingentes. As duas hipóteses são: [1] a instauração no Brasil dos padrões de desenvolvimento urbano-industrial, agora acrescido dos serviços urbanos, levando à implantação da sociedade e da cultura de massa, com a classe média como grande protagonista; [2] a extensão desses padrões à academia, conduzindo à sua exposição e, mais ainda, a submissão às coações da indústria cultural: o resultado é o taylorismo acadêmico e a vitória do *expert* sobre o intelectual, acarretando a refuncionalização do erudito e do virtuose aos ditames da cultura de massa (ganho de escala, aumento da massa crítica, padronização do conhecimento, auditagem dos processos e resultados etc.).

Ao fazer o cômputo dos resultados conseguidos nesse novo ambiente, viu-se que, com o sistema de obras finalmente instaurado, uma das maiores conquistas dos últimos cinquenta anos foi a implantação do SNPG. Esse sistema permitiu o adensamento da massa crítica e o aumento da escala das atividades filosóficas, propiciando a criação de um fórum nacional em que as pessoas se aproximam, travam contato e discutem filosofia, vencendo o provincianismo e o isolamento. Outra conquista importante, tantas vezes ressaltada, foi o surgimento dos virtuoses de ofício, que virão equipados com a *techne* filosófica, polarizada em tecnicidade lógica e tecnicidade historiográfica, virtuoses que vão ocupar a cena filosófica, indo aos congressos, publicando pilhas de *papers* e dominando o fórum nacional. Outra conquista foi a constituição do público de leitores, relativamente amplo e diversificado, quando finalmente se deu por concluído o tripé semiótico de Antonio Candido: autor-obra-público. Como se sabe, todas essas conquistas estão associadas e representam uma verdadeira revolução no *modus faciendi* da filosofia brasileira, abrindo o caminho que permitirá o aparecimento daqueles primeiros indivíduos que vão merecer de fato o título não só de filósofos, mas de filósofos *brasileiros*. É sobre essas bases ampliadas (aumento da escala das atividades) e apoiando essas importantes conquistas (os virtuoses e as *technai*) que tentarei vaticinar o futuro que nos espreita, tomando como preceito a ideia de que a melhor maneira de sondar e perspectivar o futuro é sondando e perspectivando o passado, à luz da positividade do presente, o único efetivamente real.

Tome-se como exemplo os Estados Unidos, que em 1800 tinha uma população menor do que a do México e um pouco maior do que a do Brasil, da ordem de 4,9 milhões de almas, mas que depois explodiu e ganhou densidade e escala: então, na curva do século XIX ao XX, os norte-americanos comunicaram ao mundo que eles tinham uma filosofia própria, feita com a ajuda da tradição e adaptada ao ambiente do novo mundo, e que essa filosofia tinha um nome: pragmatismo, como tive a oportunidade de observar.

Passados mais de 500 anos da chegada dos portugueses, o Brasil já dispõe da *techne* e do *background* para fazer algo parecido – isso se não tivesse uma autoestima tão baixa nessas matérias –, como vaticinado por Sylvio Romero e Clovis Beviláqua. E, com mais razão, agora, depois de tanta coisa acumulada e adensada, podendo estar em curso nestas paragens e prestes a mostrar ao mundo que há uma filosofia brasileira que mal começou a se espraiar, ao se voltar para a nossa realidade. Precisamente, ao dar-lhe a circunscrição e o vetor, uma filosofia que tem por centro irradiador São Paulo com todas as suas qualidades e todos os seus defeitos, mais do que simplesmente uma filosofia feita no Brasil, mimetizando e transplantando a Europa. Falta-lhe, porém, o nome, e, mais do que o nome, falta a nossos filósofos penetrar mais a fundo na experiência da cultura brasileira, como Fichte o fez no tocante à política alemã no curso do século XIX, sem perder de vista, agora assim como antes, a dialética do particular e do global que atravessa a filosofia e outros campos disciplinares das humanidades. Ao afirmar essas coisas, suponho que a filosofia, em vez de só procurada nos livros, deve estar enraizada na experiência – experiência existencial, bem entendido, a qual será elaborada –, e deve igualmente, com a ajuda da perspectiva histórica, evadir a experiência imediata para adquirir a distância crítica requerida a fim de vencer o paroquial e chegar ao universal. De resto, ao dar vazão à maior de suas vocações, a filosofia só se converterá em sabedoria e terá reconhecida sua relevância, podendo o filósofo se converter em intelectual público, se o filósofo conseguir atingir outras mentes e, mais ainda, como viu Rousseau, se lograr falar ao *coeur* das pessoas e despertar as paixões adormecidas, como Zola no caso Dreyfus. Em contraste com essas potencialidades e vocações, o certo é que nada disso até hoje a filosofia realizou entre nós, mas já esboçou um começo. Vencida a indigência da época colonial, o Brasil, as Américas e a Europa fazem hoje um só sistema no sentido de Antonio Candido e são parte de um mesmo processo civilizatório: a civilização ocidental, se é que esse nome ainda nos quer dizer alguma coisa, civilização que tem na filosofia, não a rainha do saber, como gostaria padre Vaz, mas uma de suas maiores realizações, ao lado da ciência e das artes.

Nos últimos cem anos, assistiu-se ao desmentido de duas afirmações sobre a índole do brasileiro e sua conexão com a filosofia: [1] a afirmação de Tobias Barreto de que o brasileiro não tem cabeça filosófica; [2] a afirmação de Clovis Beviláqua, endossada por Cruz Costa, segundo a qual, se um dia a filosofia nascer nestas terras, não será nos cimos da metafísica, mas no terra a terra pedestre da ação, nos moldes de uma filosofia prática parecida com o pragmatismo norte-americano. Ora, nem uma coisa nem outra foram confirmadas. Mas está ainda por nascer aquilo que seria, em sentido forte, uma filosofia brasileira genuína ou original.

Livres dos devaneios românticos do gênio e da originalidade, pode-se sem favor dizer que há bem uma filosofia brasileira, na acepção menos ambiciosa de filosofia feita no Brasil, espalhada pelos quatro cantos do país, mas geograficamente concentrada em São Paulo, no Rio de Janeiro, no Rio Grande do Sul e em Minas Gerais. "Ranqueado" com a quinta população do planeta e já com uma demografia estabilizada, semelhante à do primeiro mundo, o certo é que o Brasil escapou do monocentrismo cultural – como ocorre com Buenos Aires, na Argentina, e com Paris, na França, e em claro paralelo com o policentrismo da Alemanha e dos Estados Unidos – e não deverá apresentar mudanças significativas nesse quadro nas próximas décadas. Admitido isso, creio que é possível vaticinar o futuro incerto que nos aguarda.

A supor que esteja garantida para a filosofia aquilo que Antonio Candido considerava uma realidade para a literatura, autorizando o estudioso a falar em sistema de obras literárias: "um lento acumular de trabalhos aparentemente gratuitos, mas que vão formando uma atmosfera, uma tradição, um estilo, dentro dos quais as atitudes adquirem sentido e consistência" (apud Arantes, 1996a, p.63). Recuando um pouco no tempo, até as primeiras décadas do século XX, esse sistema não estava garantido para a filosofia, e o pouco que havia de literatura filosófica naquele tempo, a se acreditar em Paulo Arantes, corria em sua fragilidade dois grandes riscos, podendo pôr tudo a perder: ou a evasão na especulação abstrata, virando as costas para o país, satelitizada pela Europa; ou a "reportagem" sociologizante, engajada nas urgências nacionais, deixando a filosofia de mãos dadas com a ideologia (ibidem, p.63-64).[7] Penso que hoje, com os virtuoses entrincheirados por toda parte, vendendo caro as *technai* aprendidas, em um tempo em que o taylorismo comanda a atividade acadêmica impulsionado pelas coações da sociedade de massa e da indústria cultural, o risco é de outra natureza: a implantação de uma espécie de mandarinato, com a filosofia degradada a uma fábrica de *papers*, sociologicamente forte, mas sem a menor relevância acadêmica.

Outra possibilidade foi aventada por padre Vaz na entrevista publicada pelos *Cadernos de Filosofia Alemã*:

---

7 Afastei-me bastante de Arantes em minha formulação.

Creio que a filosofia no Brasil tem diante de si dois caminhos. Haverá a filosofia profissionalizada, sobretudo se tornar matéria obrigatória no curso secundário, como já o é em alguns lugares. Além dessa filosofia do bacharel que se destina a ser professor no secundário, haverá – já num nível de elaboração de pesquisa e, possivelmente, de formulação de sínteses filosóficas mais originais – a filosofia reservada aos cursos de pós-graduação, sobretudo os de doutorado. Estes não poderão multiplicar-se tanto, pois o critério para sua aprovação é mais rigoroso, e não é fácil manter um curso de doutorado em filosofia, como em qualquer outro campo. Por isso, creio que a filosofia no Brasil caminha nessas duas direções: ou a filosofia tornada profissão, ou a filosofia tornada produção intelectual, como já está acontecendo em alguns centros. (Vaz, 1997, p.99)

Se isso é verdade, segue-se dessas possibilidades um conjunto de consequências que podem ser vaticinadas: o amplo predomínio da filosofia acadêmica sobre a filosofia cosmopolita/popular, condenando à morte certa tanto o dilentantismo quanto o autoditatismo, já combalidos nos meios acadêmicos e profissionais, mas contando-os como consumidores potenciais (público amplo cultivado) pelo mercado editorial.

A pergunta que fica, com uma *techne* tão profissional e um pensamento tão aparelhado, além de indexado e controlado: onde vão parar a criatividade pessoal e a curiosidade do indivíduo, sem as quais não há nem atividade intelectual nem filosofia? Elas continuarão sendo coisas de *outsiders*, cultivadas pelos filósofos genuínos e pelos intelectuais públicos, que para viver deverão simplesmente pensar, nada mais. Os outros, os *insiders* que integram a cena filosófica – mandarins, bacharéis formados e aprendizes da filosofia –, poderão continuar aplicando a *techne* adquirida ou, então, aprender a usá-la e descobrir-lhe as vantagens, como um *automaton*, uma máquina de pensar, sem qualquer pensamento e intelecto pensante a comandá-la. Mas aí a filosofia terá chegado ao fim, no Brasil e por toda a parte – e quem será testemunha e se preocupará?

2. O PARADIGMA DA PÓS-FORMAÇÃO E O INTELECTUAL PÚBLICO GLOBALIZADO

Ao concluir o exame desse quadro, submetendo o paradigma da formação à prova dos fatos no terreno da filosofia, parece então que não apenas sua pertinência e fertilidade foram atestadas no tocante às conquistas, mas que o empenho analítico de sondagem do futuro por ele guiado chegou ao limite.

Formação de colônia submetida primeiro, formação de nação ou de país independente depois, tudo conspira em favor da pertinência e da fertilidade. Assim, mais recentemente, com um escopo muito maior do que de seus predecessores, o historiador Luiz Felipe de Alencastro, hoje radicado na França, publicou em 2000 um livro importante que estampa o paradigma no título, evidenciando sua atualidade: *O trato dos viventes: formação do Brasil no Atlântico Sul*, ao longo do qual, como lembra Marcos Nobre, recua ao Período Colonial e volta aos tempos atuais, com a ajuda de duas metáforas espaciais: dentro e fora, em vez das tradicionais centro e periferia. Segundo Marcos Nobre, e esse é o ponto que interessa, ao procurar tirar os benefícios epistêmicos da troca, Luiz Felipe Alencastro "desliga a ideia de formação da ideia-força de 'nacionalidade', com seu vínculo pretensamente intrínseco a um determinado território, a uma determinada população e a uma forma específica e exclusiva de soberania". Em vez disso, Alencastro mostra que no Período Colonial "'o Brasil se formou fora do Brasil' [citação de LFA], em um espaço transcontinental, sul-atlântico", comandado por Portugal e fundado sob o pacto colonial, tendo por eixo o latifúndio-escravista-exportador – pode-se dizer. Esse padrão do processo de formação transcontinental, que se passa por inteiro fora do espaço territorial, segundo o eminente historiador, só vai ser alterado nos anos 1930-1940, quando "passa a ocorrer 'inteiramente no interior do território nacional'". Ou seja, como lembra Marcos Nobre, "coincide com o momento em que se cristalizou o 'nacional-desenvolvimentismo'" (Nobre, 2012a, p.31), e também – acrescente-se – com o período que se está a analisar, com a filosofia na linha de frente.

Sumariando a fertilidade e a pertinência do paradigma da formação, agora com o foco na filosofia, digo que uma coisa e outra são função direta de sua extraordinária elasticidade, já ressaltada antes, ao endossar uma fórmula de Silviano Santiago, e tomada ao ser recontextualizada nas acepções de: [1] filosofia transplantada no Brasil Colônia, sob a custódia do *Ratio Studiorum* nos seminários e nos colégios dos jesuítas, quando imperou a segunda escolástica nos dois lados do Atlântico, resultando na conformação do *Homo scholasticus*, sem que ninguém se preocupasse com originalidade e filosofia brasileira; [2] filosofia diletante no fim da Colônia e no período da independência até a Primeira República, importada como antes, mas agora laica e de várias proveniências, sobretudo da França e da Alemanha, com a mesma indiferença ao nacional e ao símile, com todo mundo fazendo filosofia de segunda mão; [3] filosofia de *scholar* e de profissional: primeiro transplantada quando a USP foi fundada, tendo como protagonista a Missão Francesa, mas que ensinava filosofia alemã; em seguida aprendida lá fora, bem como aqui mesmo, depois dos anos 1970 quando a Capes implantou o SNPG, deixando o *scholar* de ser uma exclusividade uspiana ao se estender aos quatro cantos do país e justificando, então, o epíteto de filosofia nacional ou brasileira; [4] filosofia *cult* e popular, a primeira com seu pequeno séquito de fãs e a segunda perigosamente próxima em suas vertentes mais extremadas da autoajuda, como se a filosofia se redescobrisse como terapia e medicina da alma (filosofia clínica), aparecendo acotovelada com a medicina e a psicologia e ficando a questão nacional obnubilada; [5] filosofia cosmopolita, no sentido de Kant, bifurcada (a) naquelas vertentes que exploram as urgências do mundo contemporâneo como aspectos da filosofia da cultura, englobando religião, ciência, tecnologia, ideologia, arte, e assim por diante, com uma agenda transnacional ao fim e ao cabo, e (b) naquelas em que a questão da justiça em suas várias facetas e a agenda da política com seu viés nacional e local ocupam toda a cena, abrindo caminho para o aparecimento dos assim chamados intelectuais públicos.

Tudo isso é importante e foi mostrado *ad nauseam*, permitindo aquilatar os problemas em sua real extensão, desfazer as falsas dicotomias e evidenciar a contingência e a relatividade das coisas.

Problemas reais: a questão da originalidade – deixando de lado os *copyrights* e os *royalties*, ela só aparece no contexto das disputas e com a filosofia já implantada, ou seja, já *formada*, alimentando as pretensões dos grupos e dos indivíduos. Os norte-americanos, até recentemente, como mostrou Schneider, acreditavam estar na periferia do sistema, fazendo filosofia europeia importada, mas hoje tudo mudou, quando tudo que vem da América do Norte aparece com a aura de suma relevância. No outro lado do Atlântico, antes que os franceses se tornassem importadores da filosofia alemã na segunda metade do século XIX e durante todo o XX, até mesmo Sartre, como é sabido, foi o contrário que se sucedeu nos séculos XVIII e XIX, como notou Paulo Arantes: época em que os alemães se ressentiram de uma "falha de formação", cuja "queixa [...] era uma constante de Herder a Goethe, sempre de olho no modelo francês [...]", e motivando cá embaixo a mesma reação "em um Sylvio Romero, à vista da falta de seriação em nossas ideias, só que agora seu ideal de vida intelectual orgânica era projetado nos alemães", como ele mesmo se encarrega de mostrar (Arantes, 1996b, p.83).

Falsas dicotomias: como a díade original/cópia, com os alemães copiando os franceses e vice-versa, ontem estes últimos lendo e consumindo avidamente Kant, Husserl e Heidegger, hoje os primeiros às voltas com Foucault e o pós-modernismo francês. A ela se soma o par universal/local, com a filosofia sofrendo por toda a parte – no centro e na periferia –, por um lado, a coerção da vocação universal do pensamento, como se o auditório fosse o mundo, ou mesmo o universo, a exemplo da física e da matemática; por outro, a coerção do espaço e do tempo, em que ela e o filósofo estão inseridos e enraizados (efeito de contexto), como nas artes, nas ciências humanas, na geografia, na paleontologia, na oceanografia e na própria química, que são universais, mas sempre possuem uma cor "local".

Contingência e relatividade das coisas: prisioneira dos contextos e o tempo todo procurando evadir-se deles, a filosofia se exporá às corveias do tempo e do espaço, podendo ser instrumentalizada, sob a aparência de comandar e prestar serviços, mas de fato comandada, senão "servilizada", se existisse esse verbo em português, à teologia (Colônia), à política (Inconfidências mineira e baiana), à ideologia (Iseb e esquerda marxista), ao direito (século XIX: Largo de São Francisco e Recife; antes, nos séculos XVII e XVIII: Coimbra) e à ciência (positivismo, empirismo e primeira filosofia analítica). Não obstante, sendo contingente o meio em que se move e se instaura – o meio histórico, bem entendido –, a corveia poderá ser desfeita ou revertida, atestando a relatividade das coisas, com a filosofia se propondo como disciplina autônoma, ao modo de uma profissão ou de um conhecimento puro (filosofia pura): tal relatividade será atestada no diletantismo, por exemplo, tantas vezes vilipendiado, mas de fato historicamente marcado em nossos meios por uma ambivalência a justificar, de uma parte, o surgimento das reservas e das críticas, por levar ao amadorismo e à improvisação; de outra parte, o reconhecimento de seu papel positivo e de seus resultados proeminentes na cena brasileira, ao abrir o caminho para a *expertise*, livre das corveias da escolástica, e ao reafirmar a experiência da liberdade – inclusive a de criar, mais do que simplesmente copiar ou mimetizar o que vem de fora.

Ora, tudo isso deve ser creditado ao paradigma da formação e ter-se-ia chegado ao fim em seu exame, se uma desconfiança não aflorasse e a impressão de se esbarrar em um limite não viesse à tona. É que, na perspectiva de Antonio Candido, e que de resto é também a minha, a ideia de formação, segundo Silviano Santiago, para além da *Bildung*, "passa a qualificar nosso desejo literário de independência e de liberdade sob o jugo do poder colonial da cultura portuguesa, nosso desejo de autonomia política e literária" (Santiago, 2014, p.4), e a ela se atrelou o projeto nacional-desenvolvimentista "como tarefa prioritária no crescimento da jovem nação brasileira" (ibidem, p.5). Segundo o crítico mineiro, nem uma coisa nem outra têm sustentação nos tempos atuais, uma vez que a nação desejada é uma realidade, e a literatura já existente desde os árcades mineiros deixou a agenda nacional de lado e opera hoje com horizontes mais vastos. Daí, se o velho paradigma da formação não funciona mais, o melhor a fazer é substituí-lo por outro, novo: justamente o *paradigma pós-colonial*, tendo como matéria não as *belles lettres*, mas os estudos culturais (ibidem, p.5), e, como tal, definido pelos seguintes parâmetros: *abrangência dos estudos*, com escopo não mais local ou nacional, mas mundial ou transnacional, tendo a inserção do Brasil no conjunto das nações; *objeto de estudos*, o sistema literário, que deixa de ser a literatura regional ou nacional, e passa a ser transnacional, a literatura comparada = entre-lugar; *defesa do cosmopolitismo e do "cosmopolita"*: virada da página da formação, hoje "a nação está habilitada a tomar assento no plenário do planeta" (ibidem, p.5).

Como já antecipado, a mesma proposta de câmbio e o mesmo diagnóstico de esgotamento do paradigma da formação serão encontrados no artigo já citado de Marcos Nobre: "Da 'formação' às 'redes': filosofia e cultura depois da modernização", publicado em 2012 em *Cadernos de Filosofia Alemã – Crítica e Modernidade*, v. XIX, com argumentos parecidos fundamentando o diagnóstico e uma proposta diferente, mas não contraditória à de Silviano Santiago.

[1] O reconhecimento do papel do paradigma da formação e de seu dublê nacional-desenvolvimentista na gestação, consolidação e autocompreensão do país, como nenhum outro modelo ou paradigma: segundo Nobre, o paradigma em apreço deixou um legado positivo e um potencial crítico que deverá ser conservado (Nobre, 2012a, p.34), mas em outro patamar, sem a prisão da circunscrição geográfica, entendendo que a defesa hoje do paradigma, tal qual, de fato, "cumpre uma função primordialmente ideológica – e retrógada. Também no caso da filosofia" (ibidem, p.31).

[2] Irresistível e quase uma unanimidade no início, o paradigma da formação nacional-desenvolvimentista sofreu duros ataques no plano teórico-epistemológico, dando origem a novas elaborações conceituais que rompem com a linearidade arcaico/moderno e propõem que seja a combinação dos dois, seja o amálgama ou sua fusão: assim, Fernando Henrique, em seu livro em coautoria com Enzo Faletto, publicado em 1967 e intitulado *Desenvolvimento e dependência na América Latina*, fala de desenvolvimento dependente associado, ao modo de uma gramática profunda que funciona como entrave estrutural ao projeto de desenvolvimento autônomo e soberano do nacional-desenvolvimentismo – de resto, em toda a América Latina, não só no Brasil (ibidem, p.26); Chico de Oliveira, tendo como foco a economia, mostrou em dois estudos essenciais (*Crítica à razão dualista*, de 1972, e *O ornitorrinco*, de 2003) que esses padrões de desenvolvimento arcaico e moderno não estão em oposição, mas amalgamados e imbricados, o arcaico alimentando

o moderno e o moderno legitimando o arcaico (ibidem, p.27); Roberto Schwarz, no campo da crítica literária, em dois livros consagrados a Machado de Assis: *Ao vencedor as batatas* (1977), com destaque ao ensaio anteriormente publicado *As ideias fora de lugar* (1973), e *Um mestre na periferia do capitalismo* (1990), mostra que não apenas moderno e arcaico se encontram amalgamados, mas a ideia de moderno ela mesma "serve de legitimação ideológica para o 'atraso', ao qual se imbrica necessariamente" (ibidem, p.27). E mais: mostra que a ideia de "moderno" de fato

> [...] não é efetiva alavanca de progresso, não serve à modernização autêntica que o paradigma da formação tem em vista. Entretanto, essas modernas ideias fora do lugar cumprem papel fundamental na lógica de dominação periférica, isto é, estão, de fato, em seu devido lugar. (Ibidem, p.27)

[3] Em parte precedendo a essas elaborações, em parte sucedendo-as – mas ainda assim, acrescento eu, nesse segundo caso potencializando-as ao instigar novas retomadas e o aprofundamento das análises críticas pelos estudiosos –, houve segundo Nobre um conjunto de acontecimentos políticos, econômicos e institucionais que terminaram por levar à *débâcle* do paradigma da formação, assim como ao fim do projeto nacional-desenvolvimentista: o contexto é os anos 1980, o fim da ditadura, a redemocratização, a abertura econômica e a nova inserção do Brasil nos arranjos internacionais, tendo como protagonista o Consenso de Washington, como agenda econômica a globalização e como ideologia o assim chamado "pensamento único", que não é senão o neoliberalismo como credo e valor absoluto (ibidem, p.32). Tudo isso não apenas tornou caduco o paradigma da formação, mas fez inviável qualquer ideia de "'projeto de país' nos termos em que o nacional-desenvolvimentismo (em suas variadas formas) cunhou a expressão" (ibidem, p.28). E mais: nesse novo ambiente, não há mais centro nem periferia, tudo está articulado e é um espaço transnacional que se configura, levando de roldão os nacionalismos e os estados-nações, tendo como principais agentes não os governos, que continuam existindo, mas as grandes corporações e os fóruns econômico-políticos mundiais. O resultado será, então, o fim de um processo iniciado na Colônia (formação da colônia portuguesa), bem como o encerramento de um ciclo que comandou as mentes em quase todo o século XX (o ciclo nacional-desenvolvimentista), e antes de tudo o término de um equívoco: a ideia de déficit de nação ou de país, gerada na Colônia e transmitida até nós. Terminado o ciclo, vê-se então – livre da ilusão ideológica – que não se trata ou se tratava de falta ou déficit, mas de presença e positividade, em

que o arcaico e o moderno, ao se combinarem, devem ser pensados "em termos de *elementos constitutivos* de *uma modernização forçada em condições de subdesenvolvimento*". (Nobre, 2012b, p.8)

Daí que, certo de ter chegado ao fim de linha, Marcos Nobre propõe um novo paradigma, e com ele uma nova inserção do Brasil no cenário internacional: o paradigma é a rede da informática e a inserção é horizontal, não mais vertical, que admite formas de subordinação no cenário internacional e, ao mesmo tempo, ampla autonomia, na qual, no fim, vai acomodar a filosofia nesse novo cenário.

Rede: no ambiente globalizado transnacional, o paradigma das redes "se impôs como princípio organizador da produção cultural em geral e do conhecimento acadêmico universitário em particular" (Nobre, 2012a, p.32-33), tendo surgido "para ficar" e compondo-se

> [...] de pontos que podem estar em qualquer parte do planeta ou do mundo virtual. Pontos que podem ser movimentos sociais, empresas, Estados, indivíduos, pesquisadoras e pesquisadores e que são tanto mais ricos quanto mais numerosas forem suas conexões. (Ibidem, p.33)

E mais: seu protagonista – diga-se – não é nem o cientista das *hard sciences* na bancada dos laboratórios, nem o intelectual das ciências humanas trancado em seu gabinete, considerados no paradigma da formação como individualidades, mas um ente composto e uma inteligência coletiva, a saber: o ator-rede (formulação minha), que opera em consórcio, em um espaço transnacional desterritorializado, e tendo como padrão não a relação entre o centro e a periferia, mas entre o dentro e o fora de um espaço não mais fixo e geográfico, e sim móvel e virtual.

Subordinação e autonomia:

> [...] o Brasil é hoje uma combinação de subordinação (a um capitalismo internacional bastante instável e desorganizado) e de inédita autonomia decisória (em que ao menos a margem de manobra é a mais ampla que já se dispôs). De certa maneira, não somos a realização nem do sonho nem do pesadelo do projeto "nacional-desenvolvimentista", mas uma combinação de ambos. (Ibidem, p.34-35)

Filosofia: o paradigma das redes "se impôs como princípio organizador da produção cultural em geral e do conhecimento acadêmico universitário em particular" (ibidem, p.32-33). E acrescento: tendo já aprendido a atuar em consórcios, mas devendo reconhecer agora que seu processo de formação se encerrou, como o da substituição das importações, que levou à criação de nossas primeiras universidades com o projeto de criar uma inteligência nacional (Iseb, SNPG-Capes); e computando-se ainda o fato de que o país dispõe hoje de uma "margem de manobra inédita" (ibidem, p.34), inclusive no campo da inteligência nacional; segue-se nesse novo cenário que a filosofia – sempre tão refratária e individualista – verá abrir-se diante de si a possibilidade de atuar em rede, nem mais nem menos do que a *intelligentsia* de outras áreas do conhecimento e de outros cantos do mundo.

Penso que Silviano Santiago e Marcos Nobre têm razão. Todavia, de minha parte, não escondo certa dificuldade com as terminologias e as propostas, bem como com os diagnósticos e os fundamentos. O desconforto com Silviano é, antes de tudo, terminológico: por um lado, a expressão "estudos culturais" é por demais marcada e seu uso poderia colocar a filosofia sob o comando da sociologia e da crítica da cultura; por outro, o termo pós--colonialismo deixa o estudioso refém da ideia de colônia, e é isso que não se quer mais, nem em filosofia nem em literatura. Já a dificuldade com Marcos Nobre, embora reconheça que seu artigo seja de grande envergadura e sumamente instigante, é de ordem conceitual, mais além de terminológica, com a filosofia no centro das divergências.

À diferença do colega, não julgo que o paradigma da formação deva ser abandonado pura e simplesmente, sendo aquilo que a formação é, um conceito aberto e dinâmico que pode ser ressemantizado e recontextualizado, e assim continuar a prestar seus serviços epistêmicos, bastando que se lhe ajunte o prefixo pós: pós-formação, para nos distanciarmos do passado recente e garantirmos uma visão diferente. Da mesma forma que, embora já tenha usado o paradigma da rede em outras situações, reconhecendo sua validade e sua relevância, julgo que será preciso introduzir hiatos, vazios, assimetrias e hierarquias no conjunto reticulado. Não só, mas também acrescentar nos nós e nas arestas pesos, graus, tráfegos mais ou menos intensos, centros operacionais, periferias distantes (bordas), para combinar a horizontalidade e a verticalidade do sistema, levando à hegemonização de uns segmentos sobre outros, como a hegemonia do mundo anglo-saxão. Por fim, embora aprecie a proposta de Luiz Felipe de Alencastro de pensar a relação colônia/metrópole no espaço maior transnacional, incluindo a África e o tráfico negreiro, julgo não obstante as metáforas do dentro e do fora nada amigáveis à ideia de rede. Assim penso, devido a seu binarismo com o tudo ou o nada absolutos, levando em um mundo globalizado a colocar tudo por igual (vide argumento anterior) dentro da rede – deixando de fora o que ou quem, exatamente? Em contrapartida, abrindo uma outra perspectiva, as metáforas de centro e de periferia, que não padecem de um mal de nascença geográfico, havendo centros políticos, econômicos e intelectuais, poderiam muito bem ser compatibilizadas com a noção de rede, uma vez ressemantizadas e recalibradas.

Tudo somado, a ser verdade que a eleição do *Hub* nas modelagens é arbitrária e depende do valor atribuído aos nós e às arestas, além de intuitivo, o par centro/periferia é mais ajustável à realidade das redes, e, portanto, mais operacionalizável do que o rival, ficando a centralidade e a excentricidade a depender da intensidade e do número de conexões e sendo admitido um gradiente entre as extremidades. Assim, o par permitirá discretizar o dentro e o fora das redes, com os vazios e os *gaps* internos, bem como se mostrará mais pertinente e efetivo para a análise de um conjunto de situações reais, e de resto bem mais massivas: distinguidas não segundo o tudo ou o nada absolutos, mas o mais e o menos relativos, como ocorre nas publicações, com seus números, comparações e fatores de impacto, inclusive em filosofia. Para terminar, julgo a noção de rede sociologicamente mais pobre do que a de formação, que lhe fornece os elementos e as informações requeridas, e desconfio que a noção de sistema, como empregada por Antonio Candido com o tripé semiótico autor-obra-público, pode ainda render muitos serviços epistêmicos, ao ser emparelhada com a ideia de formação ou de pós-formação.

Vejamos, então. A justificativa do uso de pós-formação, agora, deixando na penumbra o seu par "formação" a lhe servir de referência e contraponto, rigorosamente é a mesma experienciada no 4º Passo, levando ao emparelhamento entre o "colonial" e o "pós-colonial": a necessidade de cunhar um conjunto de termos e mais ainda conceitos relativos que pudessem designar as transições e as mudanças que sobrevieram numa sociedade histórica, reais e profundas a ponto de designarem o início de um processo em vários aspectos novo ou inédito, mas não a ponto de em seu conjunto se arrancarem totalmente das velhas estruturas e instaurarem um *no returning point* – e isto pela simples razão de as transições em apreço implicarem a volta do antigo e do *oldfashioned*, bem como a simbiose do velho e do novo, qual o Ornitorrinco de que se falou no 5º Passo. Ora, um pouco de tudo isso é o que se assistirá no período que se está a examinar, ao se chegar ao fim do século XX, quando a realidade global foi profundamente alterada e tendo o inglês se firmado na agenda brasileira como *língua franca* da ciência. Agora, nesse novo cenário, porém não muito diferente de antes, justificando a busca de novos conceitos, como os cunhados pelos estudos culturais, ao proporem a noção de "descolonização" (português), *"decolonial"* (espanhol) e *"post-colonial"* (inglês), e, junto com eles, a ideia de mudança de atitude (fim da atitude reverencial ou subalterna) das ex-colônias *vis-à-vis* dos países centrais.

Todavia, esses novos conceitos, conquanto necessários e mesmo férteis para pensar as novas realidades e processos em curso, nesta parte do Hemisfério e nas duas bandas das ex-colônias ibéricas, não são suficientes para aquilatar a envergadura e o alcance das mudanças na chamada "composição inorgânica" do sistema, e em particular no tocante ao Brasil. Será preciso ainda, como venho fazendo desde o início da Colônia, fornecer os grandes números da economia e da sociedade (estratificação social) dos anos recentes, ao se chegar ao século XXI. Sumariando o essencial dos dados e informações que eu pude obter em vista de fechar o quadro histórico-econômico-social desses ensaios, com o intuito de dar o embasamento sociológico à enquete metafilosófica em vias de conclusão, volto ao velho bordão do Brasil como "terra de contrastes" e ao seu par de "país condenado ao futuro", tendo deixado para trás as imagens paradisíacas dos nossos mitos de fundação.

Assim, ao fornecer os fundamentos econômicos e sociológicos do paradigma da pós-formação, com o Brasil aparecendo no concerto das nações num mundo globalizado como um novo *"player"* na cena mundial, nada mais ilusória do que a percepção do Brasil como país rico e com grande protagonismo pela frente, em termos de potencial, no campo da cultura, da ciência e tecnologia. Aqui, mais uma vez, volto ao argumento dos grandes números – os enormes e os miúdos – para aquilatar a escala, a densidade e o alcance dos processos. Sopesados e contrastados, o que os números nos mostram não deixa de ser significativo e mesmo chocante, em alguns aspectos positivos e auspiciosos, em outros negativos e devastadores.

Por um lado, o Brasil tem uma escala enorme e se insere hoje na cena mundial com grandes vantagens competitivas: o quinto país em extensão territorial e com uma vastidão de recursos naturais e *commodities*; a quinta população do mundo (cerca de 207 milhões em 2015), diversificada e estabilizada, com taxa de crescimento europeia, como já salientado; e a nona economia do globo, segundo dados do Banco Mundial, com o PIB cravando 1,803 trilhões de dólares, também em 2015. Por outro lado, o Brasil é um dos países mais desiguais do mundo, com taxas de desenvolvimento social quase africanas, conseguindo ser nove vezes pior do que o "desenvolvimento" econômico: é o que mostra o IDH de 2015, segundo Relatório das Nações Unidas, aparecendo o Brasil com o índice de 0,755 e em 75º lugar, num universo de 188 países, atrás da Venezuela e do Sri Lanka, que nos ultrapassou naquele ano (*O Globo* – Economia, em 14/12/2015).

Não bastasse, para piorar o quadro, há as estatísticas relativas à estratificação social, como as geradas pelo Instituto Data Folha, que trabalha com estratos de renda familiar parecidos com o IBGE (este com seis estratos; aquele com cinco) e que num dos levantamentos divulgados recentemente levou o instituto a cravar a manchete "Brasil é pobre". Tanto mais reveladora que cunhada num momento em que o país se acreditava mais rico e justo, depois de tanta inclusão social e do surgimento das novas classes médias. A realidade, porém, não é nada disso, o padrão casa-grande & senzala continua com a sua obra e o resultado é a velha pirâmide das classes sociais. Como, de resto, a figurada pelo Data Folha que mostra o país em 2013 com a seguinte situação, tomando como critério a renda mensal das famílias em % em reais (família de três pessoas e salário mínimo de R$678,00):

1%	R$ 13.560,00 a R$ 33.900,00
4%	R$ 6.780,00 a R$ 13.560,00
9%	R$ 3.390,00 a R$ 6.780,00
16%	R$ 2.304,00 a R$ 3.390,00
20%	R$ 1356,00 a R$ 2.034,00
46%	até R$ 1.356,00

Ou seja, segundo o instituto, "66% das famílias ganham até R$ 2.034,00", e portanto em seu conjunto – digo eu – estão longe das delícias da sociedade de consumo e no limite da sobrevivência, sem esquecer daqueles contingentes ainda enormes que não ganham nem mesmo o salário mínimo.

Minha proposta, ao concluir o 6º e último Passo, é então reter a noção de pós-formação, considerar esse estado de coisas alterado mas persistente e fazer o trânsito para as prospecções metafilosóficas, fazendo o "ensanduichamento" do possível aberto e da realidade ingrata, e tendo por foco as ideias de *ethos* e *techne* e por escopo o sistema literário e seu tripé: autor-obra-público, e perguntar o que o estudioso da filosofia ganharia com ele ao usá-lo como lente de aumento se perguntasse pelas possibilidades tanto ao se voltar para o nosso presente atual quanto ao dirigir os olhos para o futuro.

A resposta poderia ser decepcionante se me limitasse a dizer que fundamentalmente todas as conquistas do paradigma da formação seriam mantidas, nem mais, nem menos. A obra e seu conjunto: os livros autorais e de divulgação; as teses universitárias, as monografias e as dissertações; os manuais, os *companions* e as "sebentas"; os *journals*, os *papers* e os *reviews*. O autor, o filósofo e seu *ethos*: o jesuíta intelectual orgânico, também conhecido como Homo scholasticus; o estrangeirado diletante e o bacharel de direito; o *scholar* e o profissional; o intelectual público e sua agenda nacional. O leitor anônimo e suas múltiplas competências: uns lendo para distrair; outros, para se formar e adquirir uma habilidade – figuras que já tinham comparecido à cena filosófica desde o Período Colonial e acerca das quais se poderia predizer que continuariam a reaparecer na cena futura.

Todavia, recontextualizadas essas figuras e combinando o método *in praesentia* das positividades e o *in absentia* das virtualidades, o paradigma da *pós-formação*, apoiado nas conquistas, e movendo-se no espaço virtual do futuro e das possibilidades, poderia respaldar o vaticínio do aparecimento de um novo tipo de intelectual-filósofo, já conhecido em outras paragens, mas até hoje ausente da *Terra Brasilis*: justamente, a figura do intelectual cosmopolita globalizado. Ou seja: *cosmopolita* como o intelectual público, porém sem carregar sua agenda com a missão e a agenda política, aprisionado ao contexto nacional e local, ao trocá-las por temas da cultura e desafios da atualidade, em uma perspectiva mais ampla e virtualmente universal, na esteira de Diderot, Voltaire, Kant e Nietzsche. E *globalizado* – perdoe-me a redundância –, mas perfeitamente justificável ao se acrescentar [1] ao cosmopolita cidadão do mundo, como em Kant, porém vivendo em seu país, de medo de se exilar e perder as raízes, em um tempo em que seu próprio país ou uma instituição como a Igreja era o próprio mundo, existente desde o mundo antigo e a Idade Média, [2] a figura do indivíduo desterritorializado contemporâneo – parecido com o *a-polis* de Luciano, mas diferente de desterrado –, vivendo virtualmente em vários ambientes, em um mundo globalizado e transnacional.

Essa acepção, de um modelo ainda em construção e, portanto, com exemplos ainda não perfeitamente encaixáveis, inexistente nos dicionários portugueses, já é corrente em dicionários ingleses, como o de Oxford, cujas ressonâncias conceituais são encontradas em vocábulos do tipo *global village*: "o mundo todo, visto como uma única comunidade conectada por sistemas de comunicação eletrônicos", e *globaliz[s]ation*: "o fato de diferentes culturas e diferentes sistemas econômicos pelo mundo estarem se conectando e se tornando semelhantes entre si devido à influência de grandes empresas MULTINACIONAIS e ao desenvolvimento da comunicação" (*Oxford Advanced Learner's Dictionary*, 2005, p.659).

Creio que essas descrições são suficientes para meu intento, ao colocar em tela um mundo mais e mais conectado, tendo como agente ou elemento dinâmico a internet com seus inestimáveis serviços na circulação de bens e das ideias, parecido com e em uma escala bem maior à revolução causada pela imprensa e a caravela no limiar da modernidade (lado bom da coisa). Ao mesmo tempo, patrocinado pelas grandes corporações internacionais que cedo iriam impactar a indústria cultural e, por extensão, a indústria do livro e das publicações, promovendo a centralização/oligopolização do mercado e tendo como resultado o taylorismo acadêmico, cuja alma é o famoso *publish or perish*, com as pesadas distorções que ele acarreta nas academias pelo mundo afora (lado mau da coisa).

Tirante as distorções, que não são de menor importância e não vão poupar nenhuma área do conhecimento, inclusive a filosofia, mas que eu não posso desenvolver aqui (cf. Domingues, 2014),[8] basta lembrar que um de seus mais conhecidos resultados é nada menos do que a hegemonização da filosofia anglo-americana, que ganhou das tradições francesa e alemã, com elas concorrendo nos dois lados do Reno, com cursos de filosofia oferecidos em inglês em Heidelberg e em outros templos das universidades alemãs.

Quanto aos nomes, com suas diferentes nacionalidades e extrações intelectuais, não é difícil dar exemplos de pensadores e filósofos de primeira linha no plano mundial que se enquadrariam nesse modelo do intelectual cosmopolita globalizado, como Dawkins (que não é exatamente um filósofo, mas cuja cruzada contra a religião tem importante impacto filosófico), Amartya Sen, Michael Sandel (cujo curso de ética em Harvard tem mais de 10 milhões de seguidores), Rawls (cuja agenda e influência vão além da política, com grande força na China e pelo mundo afora), Habermas e Foucault (malgrado ele, que preferia se intitular intelectual específico). Todavia, ao elencá-los, não quero dizer que eles sejam filósofos da internet ou da aldeia global, e menos ainda das grandes corporações, mas que suas obras e seus pensamentos se inscrevem em um mundo mais e mais globalizado e com indivíduos mais e mais desterritorializados, com uma agenda e um escopo que vão além da política. E isso ainda que Foucault, quando pôs os pés no

---

8 Sobre a filosofia, especificamente, cf. o *e-book* publicado pela Anpof em 2015, organizado por Marcelo Carvalho e por mim, intitulado *Pesquisa e pós-graduação em filosofia no Brasil*, no qual o leitor encontrará o complemento, de minha autoria, do artigo *supra* e cuja versão primitiva foi apresentada em uma mesa ocorrida no Encontro de 2014, na qual a filosofia estava em destaque. O título do capítulo é "O taylorismo acadêmico e a filosofia no Brasil: situação e tendências das publicações", p.69-102. Na mesma publicação, o leitor encontrará outros capítulos convergentes com os temas tratados neste e no Passo anterior, como o de Marcelo Carvalho e de Daniela Gonçalves, intitulado "O crescimento da pós-graduação em filosofia no Brasil: dados e análises sobre o período 1971-2015".

Brasil pela primeira vez, tenha confessado que ele não fazia ideia de em qual hemisfério a *Terra Brasilis* se localizava, bom francês que era, convencido de que Paris era uma das capitais do mundo. Trata-se de um tipo ideal que se está a propor, e, como todo tipo, afastamentos e incongruências são admissíveis, e mesmo inevitáveis na realidade, sem que isso destrua o conceito, ao contrário.

Quatro são os traços do tipo ideal de intelectual cosmopolita globalizado:

[1] o ascetismo intramundano, no qual todo intelectual, ao trocar o hedonismo dos sentidos pela ascese do intelecto e seus resultados ou "produtos" pelos pensamentos e pelas ideias, tem o mundo como campo de ação (daí intramundano, e não extramundano: fora do mundo, como na fuga mística): não o mundo tal qual, o real comum, visando reafirmá-lo, como o cientista, mas um mundo idealizado e fabricado pelo intelecto, que irá concorrer com ele, e mesmo ficar no lugar dele, ao reformá-lo ou ao se propor a retificá-lo, como nas utopias e revoluções;

[2] o criticismo, ligado ao ascetismo, tendo como aguilhão o sentimento de desconforto provocado por um duplo inconformismo: diante dos males do mundo e diante dos males de seu próprio país;

[3] a renúncia ao pessoal e aos interesses particulares em favor do engajamento nas causas sociais e coletivas, associado aos sensos de dever e de responsabilidade pelo cumprimento das ações e perante seus resultados;

[4] a eleição ou o descortinamento, na esteira da filosofia cosmopolita de Kant, da esfera da cultura como campo de atuação e de embate do intelectual, tendo por âmbito virtualmente todo o planeta – e, portanto, à diferença do intelectual público, que com ele compartilha os traços 2 e 3, mas restringe em sua ação a esfera pública à esfera política, ficando com o nacional, senão com o local, devido à natureza contextualizada da política, e às expensas do mundial ou do global.

Pergunta-se, então, se no Brasil houve quem cristalizasse esse tipo de intelectual, e a resposta é Machado de Assis, de todos o mais universal e com maior lastro, com obras traduzidas em várias línguas, de quem se falou bastante no 1º Passo. Com a sagacidade habitual, em uma fórmula célebre, ao incluir a si mesmo, ele disse que um pensador pode ser "homem de seu tempo e de seu país, ainda que quando trate de assuntos remotos no tempo e no espaço", repudiando a estreiteza daqueles que "só reconhecem o espírito nacional nas obras que tratam de assunto local": assim, dir-se-á, sendo brasileiros, têm de falar de palmeiras e de sabiás, e não de casas e sobrados, como em qualquer lugar do mundo (Machado de Assis, 1959, p.817).

Sabendo que até hoje a filosofia brasileira não forneceu um exemplo análogo, só resta vaticinar que no futuro poderemos ser brindados com ele, depois de concluído e consolidado o longo ciclo de nossa formação, sendo autorizados a falar de "pós-formação" – e livres do estorvo de antes ter uma filosofia genuinamente brasileira. Ora, se não tivemos e não vamos ter uma filosofia brasileira internacionalizada ou reconhecida mundialmente, pouco importa, em se tratando de coletividades, pois poderemos muito bem ter um filósofo cosmopolita globalizado. Ou mesmo cosmopolita simplesmente, o que decerto – um ou outro – é bem mais fácil, de saída já é de boa conta e poderá satisfazer aos egos e às fantasias: se já o temos ou tivemos em literatura e em artes, por que não na filosofia e com uma mente privilegiada nascida nestes cantos?

REFERÊNCIAS BIBLIOGRÁFICAS

ABREU, M. P.; LAGO, L. A. C. do. A economia brasileira no Império, 1822–1889. [s.d.]. Disponível em: <http://www.econ.puc-rio.br/pdf/td584.pdf>. Acesso em: fev. 2017.
ALENCASTRO, L. F. de. *O trato dos viventes*. A formação do Brasil no Atlântico Sul. São Paulo: Companhia das Letras, 2000.
_____. Santo Anchieta dos poucos – Negros não tiveram a proteção do jesuíta. *Folha de S.Paulo*, São Paulo, 20 jul. 2014. Caderno Ilustríssima, p.6.
ALFÖLDI, G. *A história social de Roma*. Lisboa: Editorial Presença, 1989.
ANDERSON, P. *Passagens da Antiguidade ao feudalismo*. Porto: Edições Afrontamento, 1982.
ANDRADE, O. de. Manifesto da poesia pau-brasil. *Correio da Manhã*, Rio de Janeiro, 18 mar. 1924.
_____. Manifesto antropófago. *Revista de Antropofagia*, ano I, n.1, São Paulo, maio 1928.
ANTONIL, A. J. *Cultura e opulência do Brasil*. 3.ed. Belo Horizonte/Rio de Janeiro: Editora Itatiaia, 1997.
ARANTES, P. E. Cuidando de filosofia no Brasil e vice-versa. *História do pensamento*. v.60. São Paulo: Nova Cultural, 1989.
_____. *Um departamento francês de ultramar*. Rio de Janeiro: Paz e Terra, 1994.
_____. Cruz Costa, Bento Prado Jr. e o problema da filosofia no Brasil – Uma digressão. In: VVAA. *A filosofia e seu ensino*. Petrópolis: Vozes/São Paulo: Educs, 1996a.
_____. *O fio da meada* – Uma conversa e quatro entrevistas sobre filosofia e vida nacional. São Paulo: Paz e Terra, 1996b.
_____. Um depoimento sobre o Padre Vaz. *Síntese*. v.32, n.102. Belo Horizonte: Faje, 2005.
ARAÚJO, R. B. de. *Guerra e paz: Casa-grande & senzala* e a obra de Gilberto Freyre nos anos 30. São Paulo: Editora 34, 1994.
ARAÚJO FILHO, F.; SIMÃO, A.; FRANÇA, E. O. Université de São Paulo – Faculté de philosophie, lettres et sciences humaines – Rapport sur les professeurs français. In: CARDOSO, L. C.; MARTINIÈRE, G. (Org.). *France-Brésil* – Vingt ans de cooperation (Science et Technologie). Grenoble: Ed. de L'IHEAL/Presses Universitaires de Grenoble, 1989.

ARON, R. *Memórias*. Rio de Janeiro: Nova Fronteira, 1986.
ASÚA, M. *La ciencia de Mayo*. Buenos Aires: FCE, 2010.
BARRETO, A. L.; FILGUERAS, C. A. Origens da universidade brasileira. *Química Nova*, v.30, n.7, p.1780-1790, 2007.
BARRETO, T. *Vários escritos*. Aracaju: Editora do Estado do Sergipe, 1926.
_____. *Obras completas*. Rio de Janeiro: MEC-INL, 1963.
BENDA, J. *La trahison des clercs*. Paris: Les Éditions Grasset, 2003.
BEZERRA A. *Achegas à História da Filosofia*: conferências 1928-1936. Rio de Janeiro: Oficinas Gráficas do Arquivo Nacional, 1935.
BEZERRA, E. *Ribeiro Couto – três retratos de Manuel Bandeira*. Rio de Janeiro: Academia Brasileira de Letras, 2004.
BOSCHI, C. C. A universidade de Coimbra e a formação intelectual das elites mineiras coloniais. *Estudos Históricos*, v.4, n.7, p.100-111, 1991.
BOTELHO, A.; SCHWARCZ, L. *Um enigma chamado Brasil*. São Paulo: Companhia das Letras, 2009.
BOXER, C. R. *A great Luso-Brazilian figure*: padre Antonio Vieira, S. J.: 1608-1697. Londres: The Hispanic & Luso-Brazilian Councils, 1957.
BRÉHIER, E. *La philosophie et son passé*. Paris: PUF, 1950.
CALDEIRA, J. *Nem céu nem inferno* – ensaios para uma visão renovada do Brasil. São Paulo: Três Estrelas, 2015.
_____. *História do Brasil com empreendedores*. São Paulo: Mameluco, 2011.
CAMPOS, E. de S. *História da universidade de São Paulo*. São Paulo: Edusp, 2004.
CANDIDO, A. A Revolução de 1930 e a cultura. *Novos Estudos*. Cebrap. São Paulo, v.2, n.4, p.27-32, 1984.
_____. (Org.). *Sérgio Buarque de Holanda e o Brasil*. São Paulo: Fundação Perseu Abramo, 1998.
_____. A importância de não ser filósofo. *Discurso*, n.37, p.9-14, 2007.
_____. *Formação da literatura brasileira*. 9.ed. Belo Horizonte: Itatiaia, 2000; 12.ed. Rio de Janeiro: Ouro sobre Azul, 2009.
CANO, W. *Desequilíbrios regionais e concentração industrial no Brasil (1930-1970)*. Campinas: Editora da Unicamp/Global, 1985.
CARDOSO, F. H. *Pensadores que inventaram o Brasil*. São Paulo: Companhia das Letras, 2013.
CARVALHO, J. M. *A construção da ordem* – Teatro de Sombras. Rio de Janeiro: Civilização Brasileira, 2013.
CARVALHO, T. F. de. Instrução pública – primeiras aulas e escolas de Minas Gerais; 1721-1860. *Revista do Arquivo Público Mineiro*, ano XXIV, p.345-391, 1933.
CASTRO, E. V. Entrevista. *Estado de S. Paulo*, São Paulo, 20 abr. 2008. Caderno Aliás.
COELHO, M. C de M. N. António Vieira between Greeks, Romans, and Brazilians: Comments on Rhetoric and the Jesuit Tradition in Brazil. *Rhetoric Society Quaterly*, v.45, n.3, 2015.
CORBISIER, R. Filosofia no Brasil. *Cadernos SEAF*, n.1, p.52-81, 1978.
CORTESÃO, J. *Alexandre de Gusmão e o Tratado de Madrid*: Parte I – Tomo I (1695-1735). Rio de Janeiro: MRE Instituto Rio-Branco, 1950.
CRUZ COSTA, J. A filosofia e a evolução histórica nacional. *A filosofia no Brasil – Ensaios*. Porto Alegre: Livraria do Globo, 1945.

_____. A universidade latino-americana – Suas possibilidades e responsabilidades: contribuição brasileira ao estudo do problema. *Revista de História*, n.46, 1961.

_____. *Contribuição à história das ideias no Brasil*: o desenvolvimento da filosofia no Brasil e a evolução histórica nacional. 2.ed. Rio de Janeiro: Civilização Brasileira, 1967.

_____. Entrevista à revista *Trans/Form/Ação*, v.2, p.87-94, 1975.

CUNHA, L. A. R. da. *A universidade temporã*. São Paulo: Unesp, 2007.

DIAS, F. C. *Construção do sistema universitário no Brasil*: memória histórica do Conselho de Reitores das Universidades Brasileiras. Brasília: CRUB, 1989.

_____. Raízes e destino. *Diversa*, n.11, UFMG, 2007.

DIAS, R. B. Da esquerda católica à esquerda revolucionária: a Ação Popular na história do catolicismo. *Revista Brasileira de História das Religiões*. Dossiê Identidades Religiosas e História. ano I, n.1, p.166-195, 2008.

DOMINGUES, I. *O continente e a ilha: duas vias da filosofia contemporânea*. São Paulo: Loyola, 2009.

_____. A filosofia, as ciências e a questão antropológica. *Analytica*, v.15, n.1, 2011a.

_____. O intelectual público, a ética republicana e a fratura do *ethos* da ciência. *Scientiae Studia*, v.9, n.3, 2011b.

_____. A universidade e o mundo contemporâneo. *Forum de estudos contemporâneos* – Coletânea de conferências. Belo Horizonte: Imprensa Universitária/UFMG, 2013a. p.125 e 127.

_____. Filosofia no/do Brasil: Os últimos cinquenta anos – Legados e desafios. *Analytica – Revista de Filosofia*. Edição especial Analytica – 20 anos, v.17, n.2, 2013b.

_____. O sistema de comunicação da ciência e o taylorismo acadêmico: questionamentos e alternativas. *Estudos Avançados*, USP, v.28, n.82, 2014.

_____. O taylorismo acadêmico e a filosofia no Brasil: situação e tendências das publicações. In: CARVALHO, M.; DOMINGUES, I. *Pesquisa e pós-graduação em filosofia no Brasil*: debates Anpof de políticas acadêmicas. São Paulo: Anpof, 2015 (e-book).

DOMINGUES, I.; BARRETO, F. C. S. O PNPG 2011-2020: os desafios do país e o sistema nacional de pós-graduação. *Educação em Revista*, Belo Horizonte, v.28, n.3, set. 2012.

DUCROT, O.; TODOROV, T. *Dictionnaire encyclopédique des sciences du language*. Paris: Seuil, 1972.

DUQUESNE, J. D. *Historia de un congreso filosófico tenido en Parnaso por lo tocante al Imperio de Aristóteles* [El año, 1791]. SILVA, R. (Ed.). Medellin: La Carreta Editores, 2011.

DURANTE, A. L. *Contravenciones y anomia*. Reforma jurídica o revolución cultural? Buenos Aires: Dunken, 2013.

DURHAM, E. R. A educação no Governo de Fernando Henrique Cardoso. *Tempo Social*. Revista de Sociologia da USP, São Paulo, v.11, n.2, p.231-254, out. 1999. Dossiê FHC 1º Governo (editado em fev. 2000).

DUVIOLS, J.-P. (Ed.). *Le nouveau monde* – Les voyages d'Amerigo Vespucci (1497-1504). Paris: Chandeigne, 2005.

FAORO, R. *Os donos do poder*: formação do patronato político brasileiro. São Paulo: Globo, 2012.

FARIAS BRITO, R. *A finalidade do mundo. Segunda parte*: a filosofia moderna. Ceará, 1899.
FÁVERO, M. L. A. A suposta outorga do título de doutor honoris causa ao rei da Bélgica e a criação da Universidade do Rio de Janeiro. *Educação Brasileira*, Brasília, v.26, n.53, 2004.
FERREIRA NETO, E. L. A Restauração da Companhia de Jesus no Brasil: Dimensões. *Jesuitas Brasil* (Org.). *Bicentenário da Restauração da Companhia de Jesus (1814-2014)*, v.1. São Paulo: Loyola, 2014.
FIESP. *Agronegócio brasileiro*. Centro de Estudos Avançados em Economia Aplicada. ESALQ/USP, São Paulo, 2008.
FILGUEIRAS, C. A. A química de José Bonifácio. *Revista Química Nova*, 9(4), 1986.
FINLEY, M. I. *A economia antiga*. Porto: Afrontamento, 1986.
FLECK, E. C. D. O legado da Companhia de Jesus para a implantação de uma cultura científica na América platina. In: GALDEANO, L.; ANTONI, L. M.; AZEVEDO, S. M. (Org.). *Bicentenário da restauração da Companhia de Jesus (1814-2014)*, v.1, São Paulo: Loyola, 2014.
FLUSSER, V. *Fenomenologia do brasileiro*. Rio de Janeiro: UERJ, 1998.
FOUCAULT, M. La fonction politique de l'intellectuel [1976]. *Dits et écrits II*. Paris: Gallimard, 2001.
_____. Les intellectuels et le pouvoir [Entrevista de Foucault com Deleuze]. *L'Arc*, n.49, 1972. [Republicada em *Dits et écrits I*. Paris: Gallimard, 2001.]
_____. Structuralisme et post-structuralisme. *Dits et écrits II*. Paris: Gallimard, 2001.
_____. *Ditos e escritos IV* – estratégia, poder-saber. 2.ed. Rio de Janeiro: Forense Universitária, 2010. [Original francês: *Dits et écrits II*. Paris: Gallimard, 2001.]
FRANCA, L. *Noções de história da filosofia*. São Paulo: Cia. Editora Nacional, 1943. [Agir, 1990]
_____. *O método pedagógico dos jesuítas*: o "Ratio Studiorum": Introdução e Tradução. Rio de Janeiro: Agir, 1952.
FREITAS, S. M. *Reminiscências*. São Paulo: Maltese, 1993.
FREYRE, G. O período republicano. *Estado de S. Paulo*, São Paulo, 30 set. 1943.
_____. *Sobrados e mucambos*. São Paulo: Global, 2004a. [1936]
_____. *Ordem e progresso*. São Paulo: Global, 2004b.
_____. *Casa-grande & senzala*. São Paulo: Global, 2006. [1933]
FURTADO, C. *Formação econômica do Brasil*. São Paulo: Companhia das Letras, 2012.
FURTADO, J. F. *Oráculos da geografia iluminista* – Dom Luís da Cunha e Jean-Baptiste Borguignon d'Anville na construção da cartografia do Brasil. Belo Horizonte: UFMG, 2012.
GÂNDAVO, P. M. *História da província de Sa(n)ta Cruz a que vulgarme(n)te chamamos Brasil*, 1576. [Edição original consultada disponível nos acervos da Biblioteca Nacional de Portugal com a referência: Cota Res – 365 – P]
GIAMBIAGI, F. et al. *Economia política contemporânea*. São Paulo: Elsevier/Campus, 2005.
GIANNOTTI, J. Entrevista à revista *Trans/Form/Ação*. Universidade Estadual Paulista. Marília, v.1, p.25-36, 1974.
_____. Um livro polêmico. *Novos Estudos*. Cebrap, São Paulo, n.39, p.243-250, jul. 1994.

_____. Entrevista. In: MOURA, F.; MONTEIRO, P. *Retrato de grupo:* 40 anos do Cebrap. São Paulo: Cosac Naify, 2009.

GIRARD, R. Introdução de J. C. Castro. *Mentira romântica e verdade romanesca.* São Paulo: É Realizações, 2009. [edição francesa: 1961]

GRACIA, J.; VARGAS, M. Latin American Philosophy. *Stanford Encyclopedia of Philosophy.* Stanford: Stanford University, 2013.

GRAMSCI, A. *Cadernos do cárcere*: Os intelectuais; o princípio educativo; jornalismo. v.2. Rio de Janeiro: Civilização Brasileira, 2000.

HADDAD, C. *Crescimento do produto real.* Brasil 1900-1947. Rio de Janeiro: FGV, 1978.

HALLEWELL, L. *O livro no Brasil*: sua história. 3.ed.: São Paulo: Edusp, 2012.

HANSEN, J. A. *A sátira e o engenho.* São Paulo: Ateliê Editorial/Campinas: Editora da Unicamp, 2004.

HASKINS, C. H. *A ascensão das universidades.* Camboriú: Danúbio, 2015.

HOLANDA, S. B. de. Piratininga: 1532-1560. *Folha da Manhã*, São Paulo, 24-25, jan. 1954, p.1-3.

_____. *Caminhos e fronteiras.* Rio de Janeiro: José Olympio, 1957.

_____. *Monções.* 3.ed. ampl. São Paulo: Brasiliense, 1990.

_____. *Visão do paraíso* – Os motivos edênicos no descobrimento e colonização do Brasil. São Paulo: Companhia das Letras, 2010.

_____. *Raízes do Brasil.* São Paulo: Companhia das Letras, 2013. [1936]

IBGE. Brasil: 500 anos de povoamento. Rio de Janeiro, 2000. Disponível em: <http://brasil500anos.ibge.gov.br>. Acesso em: fev. 2017.

_____. Estimativas da população (1550-1870). Dados históricos do Censo. Disponível em: <http://www.ibge.gov.br/home/estatistica/populacao/censohistorico/1550_1870.shtm>.Acesso em: fev. 2017.

_____. Tendências demográficas: uma análise da população com base nos resultados dos Censos Demográficos 1940 e 2000. Disponível em: <http://www.ibge.com.br/home/estatistica/populacao/tendencia_demografica/analise_populacao/1940_2000/default.shtm>. Acesso em: fev. 2017.

IHGB. *Revista Trimensal do Instituto Historico e Geographico Braziliero*, tomo LVIII, parte 1. Companhia Typographica do Brazil: Rio de Janeiro, 1895. Disponível em: <https://ihgb.org.br/publicacoes/revista-ihgb/item/107784-revista-ihgb-tomo--lviii-parte-i.html>. Acesso em: 18 fev. 2017.

INSTITUTO NACIONAL DE ESTATÍSTICA. Anuário Estatístico do Brasil. Tipografia do Departamento de Estatística e Publicidade: Rio de Janeiro, 1931. Disponível em: <http://biblioteca.ibge.gov.br/biblioteca-catalogo?view=detalhes&id=720>. Acesso em: 18 fev. 2017.

KRITERION. Revista da Faculdade de Filosofia da Universidade de Minas Gerais, Belo Horizonte, v.X, n.39-40, 1957.

LABRADOR, C. Melanchton iniciador e la segunda ensenanza humanística.m *Pensamentos*, 42, 1984.

LAS CASAS, B. *O paraíso destruído.* Porto Alegre: L&PM Pocket, 2001.

LE GOFF, J. *Os intelectuais na Idade Média.* Rio de Janeiro: José Olympio, 2003.

LEBRUN, G. A "realidade nacional" e seus equívocos. *Revista Brasiliense*, v.44, p.42-62, nov.-dez. 1962.

LEFEBVRE, J.-P. Les professeurs français des Missions Universitaires au Brésil (1934-1944). *Cahiers du Brésil Contemporain*, Paris, n.12, 1990.
LEITE, A. F. P. *História "histórica" da filosofia no Brasil:* João Cruz Costa. [Tese de doutorado]. Belo Horizonte: UFMG, 2014.
LEITE, S. *Novas cartas jesuíticas*. São Paulo: Cia. Editora Nacional, 1940.
_____. *História da Cia de Jesus no Brasil*. Lisboa: Portugália/Rio de Janeiro: Civilização Brasileira, 1945.
_____. O curso de filosofia e tentativas para se criar a universidade do Brasil no século XVII. *Verbum*. Rio de Janeiro: Universidade Católica, 1948.
LÉRY, J. de. *História de uma viagem feita à Terra do Brasil, também chamada América* [Introdução de Carlos Araújo Moreira Neto e Restauração técnica dos vocábulos em língua tupi por Aryon Dall'Igna Rodrigues]. Rio de Janeiro: Fundação Darcy Ribeiro, 2009.
LÉVI-STRAUSS, C. *Anthropologie structurale deux*. Paris: Plon, 1973.
_____. *Tristes trópicos*. São Paulo: Companhia das Letras, 2010.
LINS, I. O Padre Antônio Vieira e a "História das ideias no Brasil" do professor Cruz Costa. *Aspectos do Pe. Vieira*. 3.ed. Rio de Janeiro: Edições de Ouro, 1966.
MAC DOWELL. J. A. O bicentenário da restauração da Companhia de Jesus – 1814-2014. In: VVAA. *Bicentenário da restauração da Companhia de Jesus – 1814-2014*. São Paulo: Loyola, 2014.
MACHADO DE ASSIS, J. M. Notícia da atual literatura brasileira – instinto de nacionalidade. *Obra completa*. Rio de Janeiro: José Aguilar, 1959.
_____. Teoria do medalhão, in: GLEDSON, J. (Org.). *50 contos de Machado de Assis*. São Paulo: Cia das Letras, 2013.
MADDISON, A. *The World Economy*: Paris. OCDE, 2006.
MARCONDES, D. Le nouvel Éden: La quête du bonheur en Amérique au XVIème siècle, l'exemple des explorateurs français au Brésil. CASTELNÉRAC, B.; MALINOWSKI-CHARLES, S. (Éds.). *Sagesse et bonheur:* Études de philosophie morale. Paris: Hermann, 2013.
MARCOVICH, A.; SHINN, T. Robert K. Merton, fundador da sociologia da ciência" [Apêndice]. In: MERTON, R. K. *Ensaios de sociologia da ciência*. São Paulo: Editora 34, 2013.
MARQUES, L. A. *Philosophia brasiliensis*. Porto Alegre: Fi, 2015.
MAXWELL, K. *A devassa da devassa*. São Paulo: Paz e Terra, 2010.
MEDINA, J. *História de Portugal* – dos tempos pré-históricos aos nossos dias, v.5. Lisboa: Clube Internacional do Livro, 1997.
MELLO, A. D. de. *Primórdios da justiça no Brasil*. Florianópolis: Tekoá et Orbis, 2014.
MIGNOLO, W. D. Coloniality of power and subalternity. In: RODRÍGUEZ, I. (Ed.). *The Latin American subaltern studies reader*. Durham/Londres: Duke UP, 2001.
_____. *The darker side of the Renaissance* – litteracy, territeriality & colonization. Ann Arbor: Michigan UP, 2003.
_____. *The idea of Latin America*. Malden/Oxford/Carlton: Blackwell Publishing, 2005.
_____. *The darker side of Western Modernity* – global futures, decolonial options. Durham: Duke University, 2011.
MONTAIGNE, M. Dos canibais. *Ensaios*. Livro I. Cap. XXXI. São Paulo: Martins Fontes, 2000.

MONTEIRO, J. M. La langue "la plus commune" de la côte du Brésil: grammaires, vocabulaires et catéchismes en langue native dans l'Amérique Portugaise". *Brésil(s) – Sciences humaines et sociales*. Centre de recherché sur le Brésil colonial et contemporain/EHESS, p.95-213, 2013. [Precedido de uma nota editorial intitulada "Hommage à John Manuel Monteiro (1956-2013)", assinada por Jean Hébrad (CRBC-EHSS), p.93-94.]

MORAES, R. et al. (Org.). *Inteligência brasileira*. São Paulo: Brasiliense, 1986.

MOTA, C. G. *Ideologia da cultura brasileira* (1933-1974). São Paulo: Ática, 1980.

MUCHAIL, S. T. *Um passado revisitado* – o curso de filosofia da PUC-SP: 80 anos. São Paulo: Educ, 1992.

NABUCO, J. *O abolicionismo*. Rio de Janeiro: Nova Aguilar, 2000.

_____. *Minha formação*. São Paulo: Editora 34, 2012; Rio de Janeiro: Fundação Biblioteca Nacional/Departamento Nacional do Livro/Ministério da Cultura, s/d.

NETO, A. S.; MACIEL, L. S. B. O ensino jesuítico no Período Colonial brasileiro: algumas discussões. *Educar em Revista*, Curitiba, n.3, 2008.

NIETZSCHE, F. *Fragments posthumes*. WII 5. Printemps 1888. Paris: Gallimard, 1977. (Oeuvres Philosophiques Complètes)

NOBRE, M. Da "formação" às "redes": filosofia e cultura depois da modernização. *Cadernos de Filosofia Alemã – Crítica e Modernidade*. v.XIX. São Paulo: USP/Departamento de Filosofia, jan.-jun. 2012a. p.13-36.

_____. Depois da "formação" – cultura e política na nova modernização. *Piauí*, São Paulo, n.74, nov. 2012b.

NOBRE, M.; REGO, J. (Org.). *Conversas com filósofos brasileiros*. São Paulo: Editora 34, 2000.

NÓBREGA, M. da. Cartas. In: LEITE, S. (Org.). *Cartas dos primeiros jesuítas do Brasil*. T. 1. Lisboa: Tipografia Atlântida, 1956-58.

NUCCETELLI, S. *Latin American thought* – philosophical problems and arguments. Cambridge (MA): Westview Press, 2002.

NUCCETELLI, S.; SCHUTTE, O.; BUENO, O. *A companion to Latin American Philosophy*. Malden/Oxford: Wiley-Blackwell, 2013.

NUNES, A. d'A. Educação jesuítica na Bahia colonial: colégio urbano, internato em seminário, noviciado. In: Anais do II Encontro Internacional de História Colonial. *Mneme – Revista de Humanidades*. UFRN. Caicó (RN), v.9. n.24, set./out. 2008. Disponível em: <http://docplayer.com.br/16606111-Educacao-jesuitica-na-bahia--colonial-colegio-urbano-internato-em-seminario-noviciado.html>. Acesso em: fev. 2017.

PAIVA, E. F. *Dar nome ao novo*: uma história lexical da Íbero-América entre os séculos XVI e XVIII (As dinâmicas de mestiçagem e o mundo do trabalho). Belo Horizonte: Autêntica, 2015.

PAZ, O. Conquista y Colonia. In: *El labirinto de la soledad*. México: Fondo de Cultura Económica, 1989.

PIAGET, J. Narração e análise de uma desconversão. *Sabedoria e ilusões da filosofia*. São Paulo: Abril Cultural, 1978. (Coleção Os Pensadores) (Original francês: *Sagesse et illusions de la philosophie*. Paris: PUF, 1969.)

PINHO, R. V. Entre a temporalidade do mundo e a atemporalidade do Quinto Império: a visão ético-espiritual do Padre António Vieira. *Reflexão – Revista semestral de filosofia*, PUC-Campinas, ano 33, n.93, p.107-111, 2008.
PINTO, A. V. *Consciência e realidade nacional*. 2.v. Rio de Janeiro: Iseb, 1960.
_____. *Ciência e existência*. Rio de Janeiro: Paz e Terra, 1969.
_____. *O conceito de tecnologia*. 2 v. Rio de Janeiro: Contraponto, 2005.
_____. *A sociologia dos países subdesenvolvidos*. Rio de Janeiro: Contraponto, 2008.
_____. *Sete lições sobre educação de adultos* [Inclui entrevista concedida a Dermeval Saviani]. 16.ed. São Paulo: Cortez, 2010.
PINTO, P. R. M. Aspectos da visão filosófica de mundo no Brasil no Período Barroco (1601-1768). In: WRIGLEY, M. B.; SMITH, P. J. *O filósofo e sua história* – uma homenagem a Oswaldo Porchat. Campinas: CLE, 2003.
_____. *História da filosofia do Brasil* – 1ª parte: o Período Colonial. São Paulo: Loyola, 2013.
PORCHAT, O. Um ensaio brilhante. *Novos Estudos*. Cebrap. São Paulo, n.39, p.251-254, jul. 1994.
PRADO JR., B. Cruz Costa e a história das ideias no Brasil. In: MORAES, R. et al. (Org.). *Inteligência brasileira*. São Paulo: Brasiliense, 1986.
_____. Uma obra essencialmente filosófica. *Novos Estudos*. Cebrap. São Paulo, n.39, p.255-257, jul. 1994.
_____. O problema da filosofia no Brasil. *Alguns ensaios – Filosofia, Literatura e Psicanálise*. Rio de Janeiro: Paz e Terra, 2000.
PRADO JR., C. *Formação do Brasil contemporâneo* – Colônia. São Paulo: Companhia das Letras, 2011.
RAFDR. *Revista Academica da Faculdade de Direito de Recife*. Recife, I-37, 1891-1929.
RESENDE, M. E. L. de; VILLALTA, L. C. (Org.). *História de Minas Gerais*: As Minas setecentistas, v.2. Belo Horizonte: Autêntica, 2007.
RFDSP. *Revista da Faculdade de Direito de São Paulo*. São Paulo, 1-26, 1893-1930.
RIBEIRO, D. *O povo brasileiro* – A formação e o sentido do Brasil. São Paulo: Companhia das Letras, 1995.
RIHGB. *Revista do Instituto Historico e Geographico Brasileiro*. Rio de Janeiro, 1-92, 1839-1930.
ROCHA, J. J. da. *Geografia histórica da capitania de Minas Gerais*. Belo Horizonte: Fundação João Pinheiro, Centro de Estudos Históricos e Culturais, 1995.
ROMERO, S. *A philosophia no Brasil* – ensaio crítico. Porto Alegre: Typographia da Deutsche Zeitung, 1878.
_____. *Evolução da litteratura brasileira (Vista synthetica)*. Campanha: ed. não identificada, 1905.
_____. *Quadro sintético da evolução dos gêneros literários na literatura brasileira*. Porto: Chardron, 1911.
_____. Explicações indispensáveis. In: BARRETO, T. *Vários escritos*. Aracaju: Editora do Estado de Sergipe, 1926.
_____. *Obra filosófica*. Introdução e seleção de Luís Washington Vita. Rio de Janeiro: José Olympio, 1969.
ROSA, T. M. R. da F. *História da Universidade Teológica de Évora* (Séc. XVI a XVIII). Lisboa: Universidade de Lisboa/Instituto de Educação, 2013.

ROUANET, S. P. As Minas iluminadas, a ilustração e a inconfidência. In: NOVAES, A. (Org.). *Tempo e história*. São Paulo: Companhia das Letras, 2006.
SÁ, F. O abolicionismo de Joaquim Nabuco. In: CARVALHO, J. M. de et al. (Org.). *Linguagens e fronteiras do poder*. Rio de Janeiro: FGV, 2011.
SAID, E. W. *Representações do intelectual* – As conferências Reith de 1993. São Paulo: Companhia das Letras, 2005.
SALVADOR, F. V. (do). *História do Brasil 1500-1627*. São Paulo: Edusp, 1982.
SANCHES, R. *Cartas sobre a educação da mocidade / António Nunes Ribeiro Sanches*. Porto: Domingos Barreira, 1922.
SANTIAGO, S. Anatomia da formação – A literatura brasileira à luz do pós-colonialismo. *Folha de S.Paulo*, São Paulo, 7 set. 2014. Caderno Ilustríssima, p.4-5.
SANTOS, J. H. Padre Vaz, filósofo de um mundo em busca de sentido. *Boletim da UFMG*, n.1353, ano 28, 13 jun. 2002. Disponível em: <http://www.padrevaz.com.br/index.php/biografia/depoimentos-sobre-lima-vaz/394-padre-vaz-filosofo-de-um-mundo-em-busca-de-sentido>. Acesso em: fev. 2017.
SCHNEIDER, H. W. *A History of American Philosophy*. NY: Columbia UP, 1946.
SCHWARCZ, L. M. *O espetáculo das raças*. São Paulo: Companhia das Letras, 2012 [1993].
SCHWARCZ, L.; STARLING, H. *Brasil*: uma biografia. São Paulo: Companhia das Letras, 2015.
SCHWARTZ, A. (Org.). *Memórias do Presente* – Artes do conhecimento, v.2. São Paulo: Publifolha, 2003. [Especialmente as entrevistas de J. A. Giannotti, Ruy Fausto, Bento Prado Jr., Hélio Jaguaribe, Raymundo Faoro e Lévi-Strauss.]
SCHWARTZMAN, S. *Um espaço para a ciência:* a formação da comunidade científica no Brasil. Brasília: MCT, 2001. Disponível em: <http://www.schwartzman.org.br/simon/spacept/espaco.htm>. Acesso em: fev. 2017.
SCHWARZ, R. Filosofia em formação. *Novos Estudos*. Cebrap, São Paulo, n.39, p.238-242, jul. 1994.
SERINELLI, J.-F.; ORY, P. *Les intellectuels en France de l'affaire Dreyfus à nos jours*. Paris: Armand Colin, 1986.
SERINELLI, J.-F.; RIOUX, J.-P. *Histoire culturelle de la France. Tome 4: Le temps des masses, le XXe siècle*. Paris: Éditions du Seuil, 1998.
SERRÃO, J. *Demografia portuguesa*. Lisboa: Livros Horizontes, 1973.
SIMONSEN, H. *História econômica do Brasil (1500-1820)*. São Paulo: Cia. Editora Nacional, 1969.
SMITH, P.; WRIGLEY, M. B. (Org.). *O filósofo e sua história* – Uma homenagem a Oswaldo Porchat. v.36. Campinas: Unicamp, 2003. (Coleção CLE)
SOUZA, H. *No fio da navalha*. Rio de Janeiro: Revan, 1996.
SOUZA, J. *A tolice da inteligência brasileira*. São Paulo: Leya, 2015.
STADEN, H. *Duas viagens ao Brasil*. Porto Alegre: LP&M, 2007.
STEGER, Hanns-Albert. *As universidades no desenvolvimento social da América Latina*. São Paulo: Biblioteca do Tempo Universitário, 1970.
STORCK, A. The Jesuits and the Indigenous Slavery: a Debate over voluntary slavery in Brazilian Colonial Period. *Mediaevalia – Textos e Estudos*, n.31, p.67-80, 2012.
TAUNAY, V. de. *Memórias*. São Paulo: Iluminuras, 2005.

TODOROV, T. *A Conquista da América:* a questão do outro. São Paulo: Martins Fontes, 1991.
TOMBOLO, G. A.; SAMPAIO, A. V. O PIB brasileiro nos séculos XIX e XX. *Revista de Economia*, v.39, n.3, ano 37, p.181-216, set./dez. 2013.
VAINFAS, R. *Antônio Vieira*. São Paulo: Companhia das Letras, 2011.
VAZ, H. C. L. O pensamento filosófico no Brasil de hoje. *Revista Portuguesa de Filosofia*, v.37, p.235-273, 1961.
_____. Consciência e realidade nacional. *Cadernos SEAF*, Rio de Janeiro, n.1, ano 1, p.68, 1978; *Síntese*, Rio de Janeiro, v.4, n.14, p.75-109, 1962.
_____. Meu depoimento. In: LADUSANS, S. (Org.). *Rumos da filosofia atual no Brasil:* em autorretratos. São Paulo: Loyola, 1976.
_____. Filosofia no Brasil, hoje. *Cadernos SEAF*, ano 1, n.1, p.7-16, 1978.
_____. O problema da filosofia no Brasil. *Síntese*, n.30, p.11-25, 1984.
_____. Filosofia e forma da ação [Entrevista]. *Cadernos de filosofia alemã*, v.2, p.77-102, 1997.
VEIGA, T. R. *A população portuguesa no século XX*. Porto: Edições Afrontamento, 2004.
VELHO, O. *Capitalismo autoritário e campesinato*: um estudo comparativo a partir da fronteira em movimento [online]. Rio de Janeiro: Centro Edelstein de Pesquisas Sociais, 2009. Disponível em: <http://static.scielo.org/scielobooks/p8pr7/pdf/velho-9788599662922.pdf>. Acesso em: 17 fev. 2017.
VENÂNCIO FILHO, A. *Das arcadas ao bacharelismo:* 150 anos de ensino jurídico no Brasil. São Paulo: Perspectiva, 2004.
VERÍSSIMO, J. Letras e Literatos. *Estudinhos Críticos da Nossa Literatura do Dia*. 1912-1914. Rio de Janeiro: José Olympio, 1936.
VESPUCCI, A. Le Nouveau Monde [Mundus Novus]. In: DUVIOLS, J.-P. (Ed.). *Le nouveau monde – Les voyages d'Amerigo Vespucci (1497-1504)*. Paris: Chandeigne, 2005.
VESPÚCIO, A. *Novo Mundo – As cartas que batizaram a América*. Apresentação e notas de Eduardo Bueno. São Paulo: Planeta, 2003.
VIEIRA, A. Décimo quarto sermão do Rosário. *Sermões*. v.XI. Porto: Livraria Lello & Irmão, 1945. p.285-321.
_____. Vigésimo sermão do Rosário. *Sermões*. v.XII. Porto: Livraria Lello & Irmão, 1948. p.85-121.
_____. Vigésimo sétimo sermão do Rosario. *Sermões*. v.XII. Porto: Livraria Lello & Irmão, 1948. p.333-371.
_____. *As lágrimas de Heráclito*. São Paulo: Editora 34, 2001.
VILLALTA, L. C. O que se fala e o que se lê: língua, instrução e leitura. In: SOUZA, L. M.; NOVAIS, F. A. (Org.). *História da vida privada no Brasil I*: cotidiano e vida privada na América Portuguesa. São Paulo: Companhia das Letras, 2002.
_____. *Livro no mundo luso-brasileiro:* reformas, censura e contestações. Belo Horizonte: Fino Traço, 2015.
VILLALTA, L. C. et al. As reformas ilustradas e a instrução no mundo luso-brasileiro. In: AMARAL, L. G.; NEVES, J. L.; NASCIMENTO, M. R. do (Org.). *Ordem crítica:* a América Portuguesa nas "Fronteiras" do século XVIII. Belo Horizonte: Fino Traço, 2013.
VVAA. *A filosofia e seu ensino*. Petrópolis/São Paulo: Vozes/Educ, 1996.

_____. *Latin American Philosophy*. Bloomigton & Indianopolis: Indiana UP, 2003.
_____. *PNPG 2011-2020*, v.1. Brasília: Capes, 2010.
_____. *Bicentenário da restauração da Companhia de Jesus* – 1814-2014. São Paulo: Loyola, 2014.
WEFFORT, F. *Formação do pensamento político brasileiro*. São Paulo: Ática, 2006.
WEGNER, R. *A conquista do Oeste*. Belo Horizonte: UFMG, 2000.
ZAFFARONI, E. R. et al. *Derecho penal*: parte general. 2.ed. Buenos Aires: Ediar, 2002.

SOBRE O LIVRO

Formato: 16 x 23 cm
Mancha: 27 x 42 paicas
Tipologia: Iowan Old Style 10/13,1
Papel: Off-white 80 g/m² (miolo)
Cartão Supremo 250 g/m² (capa)
1ª edição Editora Unesp: 2017

EQUIPE DE REALIZAÇÃO

Capa
Marcelo Girard

Edição de texto
Arlete Sousa (Copidesque)
Carmen T. S. Costa (Revisão)

Editoração eletrônica
Sergio Gzeschnik (Diagramação)

Assistência editorial
Alberto Bononi
Richard Sanches

Impresso por :

Tel.:11 2769-9056